KB199344

★약물/마약류 ★중독/오남용 ★범죄 ★치료

약물중독
예방과 치료

윤흥희 저자
조현섭 추천

법문북스

추 천 사

　전 세계 마약류 남용 인구는 2010년 약 2억 2,600만 명에서 2020년 약 2억8,400만 명으로 10년 사이 약 26% 증가하였으며 이중 약 13.6%(3,860만명)가 마약류에 중독되어 있는 실정이다. 최근 우리나라도 마약류사범이 2000년 1만 명에서 2023년 2만 7천명으로 크게 증가하였다. 특히 청소년(MZ세대)들이 인터넷, SNS, 텔레그램, 다크웹 등 위장된 매체의 은어와 코인을 사용하고 국제우편이나 특송화 등을 이용하여 국내에 밀반입하여 판매해서 투약자가 급속도록 확산하고 있다. 이제, 우리나라도 약물 중독의 위험에 심각하게 노출되어 있는 나라이다. 약물중독은 개인은 물론 가정과 사회에 엄청난 피해를 주기 때문에 일차적으로 예방과 치료, 사전 차단 정책 등이 우선되어야 한다. 약물중독은 일시적으로나마 강력한 쾌감과 환각을 유발하기 때문에 한번 약물에 중독된 사용자는 약물의 유혹으로부터 쉽게 벗어나지 못하고 비참한 삶을 살게 된다.

　이 책은 약물중독 이론의 이해, 성인 약물중독자를 비롯하여 청소년 약물사용 등을 이해하고 예방과 치료하는 데 꼭 알아야 할 약물중독의 기본지식을 중심으로 기술하였다. 또한 일반인들도 약물의 개념이나 특성들을 이해하기 쉽도록 설명해주고 있다. 전통 마약류인 양귀비(아편) 필로폰, 대마초, 신종마약류, 임시마약류, 청소년 약물사용, 투약 방법의 종류 등 다양한 약물들을 다루면서 각 약물의 역사, 약물사용자 범죄, 약리학, 기능, 중독자 심리적 접근의 이해와 치료모델, 예방 대책에 대하여 30년 동안 현장에서 실무를 통해 직접 경험한 사례, 강력마약을 범죄수사한 경험과 교육에 종사한 경험자로서 자세히 소개하고 있다. 또한 약물의 위해성이나 내성, 의존성, 금단증상 등 약물중독 분야에서 알아야 할 필수 사항들도 잘 기술하고 있다. 그에 따라 약물(마약류)중독자 예방과 치료 및 재활에 관련된 약물중독 학문의 입문자, 석, 박사 한문 연구 학생, 상담사, 약물중독에 대해 배우고자 하는 학생들과 가족, 일반인에게 추천자로서 본 책을 권해드리고 싶다.

2025년

총신대학교 중독상담학과 교수 조현섭

머 리 말

저자는 약물(마약류) 에 대한 관심은 서울경찰청 마약수사대와 일선경찰서 강력범죄 수사와 마약수사관으로 근무하면서 80년도 청소년들의 서울 재개발지역 공사장, 야산 등에서 본드, 부탄가스, 대마초 사범을 검거하면서 가정적인 원인, 지역적 원인, 환경적인 원인 등을 알게 되어 청소년 약물남용 원인과 실태에 관하여 연구를 시작으로 관심을 가지고 현재까지 연구와 대학, 대학원에서 석`박사 전문가 양성에 전념하고 있다. 또한 과거 한성대 국제대학원 마약학과, 경찰인재개발원, 경찰수사연수원, 태국 마약수사청, 미국 DEA 교육 등 30년 동안 마약 수사와 중독자를 현장에서 접하면서 실무적 경험과 사례, 이론 등을 접목하여 부족한 책을 출판하게 되었다.

21세기 국제사회에서는 약물남용 확산에 따른 각국의 사회문제로 떠오르고 있으며, 국내에서도 약물남용 중독문제가 심각하게 사회문제로 대두되고 있다. 약물 남용은 정신적 질환으로, 이를 차단하고 예방하기 위해서는 정부와 지방자치단체, 민간단체, 단속기관, 학교, 시민과 함께 상호 공조하여 사전에 차단과 예방을 위해 노력해야 한다. 미국, 영국, 호주, 일본에서는 초기예방 교육을 실시하고 있으며, 5개년 계획 등을 수립하면서 차단과 예방, 재활 치료 정책을 수행함으로 확산되는 약물에 대해 성공적으로 대처하고 있는 실정이다.

국내는 80년도 산업화 경제의 급속도록 발달과 86아시아게임, 88올림픽 국제대회, 월드컵 축구대회 90년도 글로벌 개방 정책으로 인하여 외국 산업체 근로자, 원어민강사, 외국인 유학생, 어학당 교포생, 국내 청소년 조기 유학과 여행, 미군, 연예인, 귀관자녀, 농어촌, MZ세대 등으로 약물 남용자는 100만명 이상 기하급수적으로 확산 되었다.

그에 따라 국내는 1999년도에 약물남용 사용자가 10,000만명을 넘었으며 약물남용 사용자의 지수는 인구 10만 명에 20명 이하로 청정국가로 2016년까지 유지하다가 사회적 문화적 환경의 변화에 따라 지속적으로 확산 16,000만 명으로 선회하면서 5년 동안, 2019년도 16,044명에서 2023년도에는 27,611명으로 국내 약물 남용자는 확산일로 청정국 위상은 사라지고 말았다. 이러한 원인은 코로나19, 청소년들의 인터넷, SNS ,텔레그램, 다크웹 등을 활용하면서 위장된 매체를 통해 마약류의 은어 (아이스 크리스탈, 사뷰, 얼름, 빙두, 캔디, 사탕) 이용 접근 비대면 거래 형태로 공급책과 직거래 구매, 구매 자금은 가상화폐와 차명계좌를 이용 구매하다가 더욱 진화의 행위로 국제우편과 특송화물을 이용 밀반입에 가담, 국내에 판매하고 특히 10대 청소년(MZ세대)들의 집중력이 좋은 약물로 강남의 우유약물, 여학생의 필로폰 사용과 강력한 신종마약류인 펜타닐, LSD, MDMA, YABA, JWH-018, 케타민, 코카인, 대마쿠키 등 신종마약류가 청소년들의 마약으로 전환하게 되었다. 그에 따라 청소년들의 약물남용의 실태는 그 어느 때보다, 심각하게 확산되면서, 19세 이하 청소년들은 2019년, 481명에서 2023년, 1,477명, 젊은 층 20대에서 29세까지 5,894명에서 8,368명으로 확산되었다. 이런 확산실태로 인한 청소년 중독자는 증가 할 것으로 예상되며, 최근 언론에 의하면 10대 청소년 3명중 1명을 약물을 사용한 경험이 있다 하며, 국내 약물 남용자는 약 100만 명으로 추정하고 있다.

또한 국내 외국인 거주 체류자는 2,689,317명으로 외국인들에 의한 마약밀수와 공급으로 확산에 편승하면서 국내는 더욱더 약물의 남용실태는 심각한 수준에 와 있다. 2000년 개방정책에 따른 여행자, 산업체근로자 등을 통해 국내에 외국산 마약류가 그 어느 때 보다 확산되었다. 그 원인으로 산업체 근로자들이 고향의 향수를 달래기 위해 자기 국가의 마약류를 국내에 들여와 투약 사용하면서 농민, 어민들에게 무상으로 공급하다가 최근에는 투약, 판매와 공급까지 발생하였다. 또한 밀반입 판매 외국인 국가는 주로 태국, 중국, 베트남과 미국, 캐나다 등 49개국 나라에서 신종마약류인 야바, 대마초 해시시, 대마종자, 헤로인 , 코카인, 케타민, LSD, 필로폰, 야바, 엑스터시, 아편 등을 특송화물,국제우편 밀반입 유통과 소지 하여 국내 밀반 입 지방의 농촌, 어촌 지역에 지속적으로 공급하고 있다. 이러한 국내의 마 약의 약물이 청 소년, 외국인 근로자, 여행자, 유학생, 원어민, 미군, 북한이탈자, 중국교포, 조직폭력배 등 국내의 마약 시장은 그 어느 국가보다 큰돈을 벌 수 있다는 문제와 외국산 전략 지역으로 되면서 환승의 방법을 이용한 필로폰, 마약 등을 일본 야쿠자와 중남미 등으 로 유통되고 있 다. 이러한 국내의 마약실태의 상황 속에 중독자가 증가할 것으로 예상되어 사전 약물중독 에 따른 예방과 상담, 재활 치료, 정책에 대하여 살펴보면서, 21세기 미래에 는 약물중독 외 섹스, 도박, 일, 쇼핑, 운동, 인터넷 등 소위 " 과정중독"이 확산 될 것으로 예상된다.

본서의 구성으로는 제1장에서 약물과 약물의 분류에 대하여 설명하면서 약물의 투약 경로를 설명하였다. 사실은 약물 투약 경로가 불법 약물 (마약류) 투약 사용의 경로이다. 최근 약물 투약 방법은 시대적 환경적 변화로 과거 정맥주사, 피하주사 투약 사용에서 희석

(Cocktail)식으로 사용하고 있는 실정으로 종류별 이해와 불법 약물 사용으로 인한 뇌의 손상에 대하여 살펴보았다.

제2장에서는 마약류(약물과 마약 같은 용어 사용의 종류와 특성에 대하여 살펴보면서 최근 변이된 중독자의 마약류 범죄 발생에 대처하기 위해 신종마약류 임시마약류 또한 MZ(청소년) 마약류에 대하여 간단히 설명하였다.

제3장에서는 본 책의 핵심내용으로 약물 남용의 이론과 주요 용어설명 및 남용 약물의 분류와 약리작용에 대하여 설명하였다.

제4장에서 약물의 중독에 대해 인류 최초의 역사, 종교역사, 신성 식물의 천연마약인 대마초, 아편에 설명하고, 근대 마약의 역사로 유럽 미주, 중국(아편전쟁) 일본의 히로뽕과 한국 역사에 대하여 살펴보았다. 역사의 이해와 중독의 이론적 이해 및 증상의 특징, 급성 금단증상, 재발, 중독의 특성, 약물 중독자에 대한 범죄 종류와 특성 그리고 중독자의 혈액형에 의한 심리적 변화 현상을 현장에서의 경험을 국내 최초로 열거하였다.

제5장에서는 약물중독의 원인과 치료모델의 종류를 설명하면서 중독자 실정에 맞는 모델을 선정, 상담자는 모색하여 도출하는 이해 방법이다.

제6장에서는 국내 약물 중독자 대상별 청소년, 여성, 노인들에 대한 상담과 치료, 최근 마약중독과 음식중독의 상관관계 연구를 위해 기초적인 이론을 제시하고, 원숭이 집단 중독과 동물치료의 애착의 중독이 인간 중독자와 비교 등에 대하여 설명하면서, 제7장에서 국내 치료기관 및 회복, 재활 소개와 중독의 최우선 방향인 예방과 치료, 재활상담을 통해 회복과 자조활동을 다루었다.

마지막으로 중독자 발생에 대한 문제점과 대책에 대하여 필자가 평소 생각했던 내용을 열거하면서 한없이 이 분야에 30년 동안 현장에서 느끼던 점과 부족한 본서에 대해 용서를 구함과 동시에 함께 미래의 더 좋은 책을 만들 것을 약속드리며, 필자가 경찰공무원 재직과 학문에 연구할 수 있었던 것은 사랑하는 아내와 자녀들의 힘이 되었고 또한 어린 시절 저를 키워주고 학문을 지속하도록 뒷받침 해주신 김경희 형수님께 감사한 마음 전한다.

또한 본서가 출판하기 까지 물심양면으로 도와주신 법률미디어 대표님, 편집직원님께 진심으로 감사드리며 이 책이 약물중독예방과 치료라는 새로운 실천 학문의 정체성을 확고히 하며, 이 분야의 입문한 학부, 대학원생, 상담과 예방치료실무자, 학교상담전문가에게 조금이라 도움이 되기를 기대한다.

2025년

남서울대학교 국제대학원

글로벌중독재활상담학과

저자 윤 홍 희

목 차

제1장

약 물

제1장 약물

제1절 "약물"

1. 약물(Drug)의 정의

인간은 지구상에 출현한 이래 어떤 병으로 고통을 당할 때 치료를 위해, 기분 변화와 잠을 자기위해 또는 악마를 물리치기 위한 목적 등으로 천연적 약을 사용하여 왔다. 약의 역사는 이런 목적을 달성하기 위하여 경험이나 또는 마음의 신, 미신에서 어떤 식물이나 동물, 나무, 등을 사용한 것에서부터 시작되었다고 할 수 있다. 오늘날 대부분의 약은 화학 및 생물학적 기술에 의해 제조되지만 어떤 약물들은 아직도 식물과 동물의 조직 또는 그들의 직접 추출함으로써 얻어지고 있다.

현대의 약이라 함은 누구나 잘 알고 있지만 이것을 정확하게 간단히 표현하기는 쉽지 않다. 심한 아픔으로 고통을 당할 때 아픔을 없애 주는 약에 대하여 사람들은 뛰어난 효과를 갖는 것이 약이라고 생각할 것이며, 연구실험실에서 산에 넣으면 색이 변하거나 거품이 생기는 것을 보았을 약은 화학물질이라고 생각할 것이다. 약국에서 아름다운 포장으로 장식된 약을 보았을 때 약은 상품이라고 생각할 것이며, 맛이 좋은 영양제를 먹어 본 아이들은 약은 맛이 있는 것이라고 말할 것이다. 약에 대한 이런 생각은 모두가 가지고 있을 것이다.

그러나 약의 범위를 의약품에 국한한다면 우리나라 약사법은 "약"(의약품)이라 함은 대한 약전에 수재 된 물품으로서 의약외품이 아니고 사람 또는 동물의 질병을 진단, 치료, 기계 또는 장치가 아닌 것 몇 사람 또는 동물의 구조, 기능에 약리학적 영향을 주기 위한 목적으로 사용되는 물품으로 기구, 기계 또는 장치가 아닌 것"으로 규정하고 있다.

그러면 다른 의미의 이해를 알아보자 약물남용은 약물(drug)이란 단어와 남용(abuse)이란 용어의 합성어이다. 약물남용의 개념정의 전에 약물의 개념을 정리할 필요가 있다. 약물의 영어표현으로 "drug'과 substance'가 혼용되어 사용되었는데 우리나라에서도 약물은 형사사법적 용어인 (마약)이란 용어와 함께 사용되고 있다.

세계보건기구 WHO는 의약품이라 투약 받은 사람의 생리 상태 또는 병적 상태를 치료하거나 또는 검사하기 위해서 사용되는 것이라고 정의하고 있다.

지금까지 종합하면 약이란 "질병이나 기타의 이상 상태를 진단, 치료, 예방, 경감 또는 생리학적, 병리학적 상태를 조절" 개선하기 위해서 사람이나 동물에 투약하는 화합물"이라고 정의 할 수 있다.

그러나 의학적인 기능을 가지고 있지 않는 흡입제, 환각제 등은 약물의 범위에서 벗어나므로 여기서는 약물의 범위를 의약물과 의약품이 아니면서 실질적으로 사람에게 육체적, 정신적, 사회적으로 영향을 미치는 환각제, 흡입제 등을 포함하여 약의 개념으로 정의한다.

- 병이나 상처 치료하기 위하여 먹거나 바르거나 주사하는 물질 =의약품
- 일반 화학공업에서 사용되는 물질인 본드, 신나, 알칼리, 산,
- 우리의 일상생활에 해를 끼치는 동물이나 식물을 제거하기 위하여 사용되는 물질로 농약, 파리약, 모기약 등
- 물건을 윤기를 내기 위하여 바르는 물질로 구두약, 니스, 등
- 그리고 술, 담배 마약류 등

또한 약물의 사용방법에 따라 긍정적인 면과 부정적인 면을 모두 가진다. 긍정적인 면은 의학에서 약물 본래의 목적을 가지고 질병을 예방 치료하는 데 사용하는 합법적인 물질 (substance)을 말하고, 부정적인 면은 감정의 변화를 목적으로 의사의 처방에 따라 정해진 양을 사용하지 않고 과량을 남용하여 자기 자신의 파괴는 물론 사회적으로도 문제를 일으키는 물질을 의미한다.

또한 환각의 목적으로 사용되는 의약품이 아닌 본드, 부탄가스, 시너와 대마초 등도 광의적 약물남용에 포함된다. 최근 알코올중독이 질병으로 간주 되면서 음주, 흡연 등도 중독을 일으킬 수 있는 물질로 판명됨에 따라 중독을 일으킬 수 있는 모든 약물을 (drug)이라는 명칭 대신에 물질(substance)이라는 용어로 통합하여 사용한다는 전문학자도 있다.

2. 약물의 분류

약에 대하여 약사법 규정에 의한 분류과정을 간단히 설명한다.

약사법에 의하면 의약품을 그 작용과 강도와 작용에 따라 분류한 것이다.

1) 전문의약품

일반의약품이 아닌 의약품을 전문의약품이라 한다. 의사나 치과의사, 처방전이 없을 때는 약국에서 구입할 수 없는 의약품을 말한다. (항생제, 주사제, 항암제, 진통제 ,당료약, 혈압약, 통풍약, 한외마약, 치료용마약 ,의료용 대마, 향정신성의약품), 단 한의사는 전문의약품 중 사상처방한약제제를 처방할 수 있다. *약사와 한약사가 처방전에 의해 전문의약품을 판매 할 수 있다.

2) 일반 의약품

일반의약품은 의사나 치과의사의 처방전 없이도 개개인이 아무 때나 약국 개설자에게 구매할 수 있다. 예: 약국, 24시 편의점에 안에서 일반(안정상비)의약품 표시가 있는 약물의 판매가 가능하며, 1인 1회 1개씩 만 구매가 가능하다. 이외의 취급 품목은 전부 의약외품이다.

- * 약사법 제2조 규정에 따라
  가) 오용` 남용될 우려가 적고, 의사나 치과의사의 처방 없이 사용하더라도 안전성 몇 유효성을 기대할 수 있는 의약품
  나) 질병 치료를 위하여 의사나 치과의사의 전문지식이 없어도 사용 할 수 있는 의약품
  다) 의약품의 제형과 약리 작용 상 인체에 미치는 부작용이 비교적 적은 의약품

3) 의약외품

의약외품이란 식품의약품안전처장이 지정하는 약품으로 약사법 제2조 제7호에 규정하고 있다.

- 사람이나 약물의 질병을 치료`경감` 처치 또는 예방할 목적으로 사용되는 섬유` 고무제품 또는 이와 유사한 것
- 인체에 대한 작용이 약하거나 인체에 직접 작용하지 아니하며. 기구 또는 기계가 아닌 것과 이와 유사한 것
- 감염병 병방을 위하여 살균`살충 몇 이와 유사한 용도로 사용되는 제제를 말한다.
예: 생리대, 탐폰, 생리컵, 안대, 붕대, 탄력붕대, 석고붕대, 거즈, 타지면 ,반창고, 구중청량제, 액취방지제, 땀띠 짓무를 용제, 치약제, 콘택트렌즈 관리용품 등

4) 한약

한약이란 한약방제 등에 흔 이 사용되는 천연약물로 그 생산이나 유통 몇 품질관리 등에 대한 우리나라가 관장하고 있는 생약을 말한다. 또한 한의학적 원리에 입각하여 생약을 가공하여 조제한 약물이다. 우리나라에 본격적으로 사용하던 시기는 중국에서 들어온 것으로, 고구려, 백제, 신라의 삼국시대로 알려져 있다. 따라서 동물 식물 또는 광물에서 채취된 것으로 건조` 절단 또는 정제된 생약을 말한다. (약사법 제2조제5호) 예: 탕(물약), 산(가루약), 환(알약), 고(연고)
엑스산(엑시스) 연조제(포장 짜먹는 형식) 그리고 식물에 채취된 것은 인삼, 영지버섯, 감초 등과 웅담, 사향 등은 동물, 그리고 광물성에서는 백반, 석고, 주사 등이 있다. 또한 한의원에 납품되는 약재는 모주 종부에서 인정한 GMP인증 약재들이다.

5) 신약

새로 개발된 의약품으로 화학구조나 본질 조성이 전혀 새로운 신물질 의약품 또는 신물질 유효성분으로 함유한 복합제제 의약품으로서 효과나 성분이 널리 알려져 있지 않은 것 중에서 의약품으로서의 효과 및 안전성 등 이 충분히 연구되어, 신약으로써 인정되어, 식물의약품 안전처 지정하는 의약품을 신약이라 한다. 또한 국가가 그 개발의 공을 인정해서 일정 기간 생산의 독점을 허용하여 보호하는 경우도 있다.

6) 국가 검정 의약품

생물학적 제제 변질이나 변패하기 쉬운 의약품 및 기타 식품의약품안전처장이 필요하다고 인정하는 제제로 식품의약품안전처장이 지정한 자의 검정을 받아 합격한 것이 아니면 판매하거나 판매할 목적으로 진열하거나 보관 또는 저장할 수 없는 의약품을 국가 검정 의약품이라 한다.

7) 습관성 몇 중독성 의약품

중독성 몇 습관성이란: 오용 시 정신적, 신체적 의존성을 유발하여 건강에 해를 끼칠 수 있는 습관성, 중독성 의약품을 말한다. 이에 따라 제조나 관리 등에 관하여 필요한 사항 따로 법률로 정한다. 습관성은 정신적 갈망 즉 정신적 의존을 말한다. 다시 말해서 내 정신이 그 약물에 의존되어 있다는 것이다. 대표적인 약물이 담배(니코틴)이다. 담배는 상당 기간 피우다가 중단하면, 흡연자의 생각이 담배로 가득 차 있게 된다. 또한 중독성은 육체적 갈망 즉 육체적 의존을 말한다. 다시 말해서 내 육체가 그 약물에 의존되어 있다는 것이다. 마약류 등 사용 중단될 경우에 경련과 금단증상이 발생하여 또 마약을 찾는 것이 중독성이라고 한다.

- 약사법 제55조 : 마약류 , 향정신성의약품으로 식품의약품안전처에서 평과자정, 마약류관리에 관한 법률로 엄격하게 관리한다.

8) 마약

약사법 제55조 규정에의한 마약란이란 양귀비, 생아편, 안편, 코카엽 또는 이들에서 추출된 모든 알카로이드(alkaloid) 또는 이들과 동일하게 남용되거나 해독작용을 일으킬 우려가 있는 화학적 합성품 ,액속, 아편, 코카엽과 이들에서 추출된 알칼로이드 및 화학적 합성품을 함유하는 것을 마약이라 한다.

마약을 함유하더라도 다른 약품과 혼합되어 있어서 다시 제제로 할 수 없으며 그 약품에 의하여 육체적, 정신적 의존성을 일으킬 염려가 없는 것으로 보건복지부장관이 지정한 것을 "한외마약"이라 하며 이들은 마약에서 제외한다.

　이들 마약류를 계속하여 사용하게 되면 심각한 중독증상을 일으킬 수 있으며 중독증상이 심해지면 사회생활을 할 수 없는 상태가 된다.

　@ "마약" (국내법 처벌 3종)

　- 양귀비: 양귀비과의 파파베르 솜니페롬 엘(Papaver somnilerum L)또는 파파베르 세티게롬 디`시(Papaver setigeum D.C) 또는 파파베르 브락테아툼(Papaver bracleatum)
　@ 아편 : 양귀비의 액즙이 응결된 것과 이를 가공한 것 다만, 의약품으로 가공한 것은 제외한다.
　@코카 잎 (엽): 코카 관목, 에리드록시론속의 모든 식물을 말한다)의 잎 다만, 코카인 및 엑고닌 알칼로이드 성분이 모두 제거된 엽은 제외 한다.
　@약사법에서는 "마약류"라 할 때는 마약, 향정신성의약품, 및 대마를 말한다.
　(세계에서 우리나라만 마약류 용어 사용하며 2000년 7월 1일부터 시행)

　9) 향정신성 의약품 (대통령령 규제대상 물질, 가-라 사항)

　마약류관리에 관한 법률 제2조 규정 정의에 의하면 인간의 중추신경계에 작용하는 것으로 오용 또는 남용할 경우 인체에 현저한 영향을 미치는 약물을 향정신성의약품이라한다. 정신의 세계는 중추신경계의 지배를 받는데 향정신성의약품은 중추신경계에 작용하는 약물을 말한다. 중추신경에 작용하는 약물은 중추신경계를 흥분시키느냐, 억제시키느냐, 두 가지 작용이 한꺼번에 일어나느냐에 따라 크게 세 가지로 분류된다. 중추신경계를 흥분시키는 약물을 환각제라고 한다. 향정신성의약품은 오용 또는 남용할 경우 육체적, 정신적으로 의존성과 내성을 일으킬 수 있으며 최근 청소년 등 대다수 마약 사용자들이 투약하고 있다.

3. 약물(중독자 사용투약자)의 투약 경로

뇌에 억제, 흥분, 환각이 직접 화합물 변이하여 혈류를 따라 뇌 조직에 도달한다. 3대 마약인 마약, 향정신성의약품 대마 약물은 경구, 주사, 흡입, 흡연, 점막 등의 경로 중 하나로 투약 사용한다.

1) 경구투약 (최근투약방법)

최근 투약 사용방법으로 대부분의 약물은 입을 통해 체내로 들어온다. 이 경로가 가장 단순한 투여방법인 것처럼 보이지만 사실은 위장관을 통한 흡수는 혈류로 약물이 들어가는 가장 복잡한 방법이다. 소화관에 있는 화합물은 위산과 소화 효소의 작용을 견뎌내야 하며 흡수되기 전에 음식물에 의해 비활성화 되어서는 안된다. 항생제 테트라사이클린이 장을 통한 투여 위험성의 좋은 예가 된다. 이 항생제는 칼슘 이온과 쉽게 결합하여 흡수가 잘 안 되는 화합물이 된다. 테트라사이클린을 우유(칼슘 이온)와 함께 사용한다면 혈중 농도는 다른 어떠한 음료수와 함께 사용할 때보다도 낮을 것이다.

이어서 약물 분자는 위장관의 내벽 세포를 통과해서 모세혈관으로 유입되어야 한다. 캡슐 또는 정제의 형태로 사용하면 우선 녹을 것이며 이어서 액체 상태로 위나 장 속의 내용물과 혼합될 것이다.

위장 내에 다른 물질이 많을수록 약물은 더 희석되며 흡수는 느려질 것이다. 분자가 위장 전체에 퍼지기 위해서는 약물은 수용성이어야 한다. 그러나 지용성 및 극소량의 수용성 분자만이 소장을 둘러싸고 있는 모세혈관에 없게 흡수되며 이 모세혈관에서 대부분 혈류로의 흡수가 일어난다.

혈류 내로 일단 흡수되어도 경구 투여의 위험이 완전히 끝난 것은 아니라 장의 정맥은 가장 먼저 간으로 간다. 약물이 간에 의해 신속하게 대사되는 유형이면(니코틴은 삼키는 것보다 흡입할 때 훨씬 큰 효과가 나타난다.

2) 주사

주사는 소화관을 통과하지 않으므로 위장 장해를 일으키지 않고 약물을 투약을 할 수 있는 방법이다. 그리고 경구투약에 비해 작용이 신속하고 효과가 빠르지만 강하고 부작용도 일어나기 쉬운 단점이 있다. 주사에는 여러 방법이 있으나 피하 주사, 근육주사 몇 정맥주사가 약물 사용자들이 많이 사용하고 있는 방법이다. 따라서 과거 전통 투약 사용방법으로 약물은 피하주사로 직접 혈류 내로 전달되거나 근육 또는 피부의 상층에 축적할 수 있다. 정맥주사는 약물을 직접 혈류 속에 투입시키기 때문에 약효 발현도 경구 투여나 다른 종류의 주사보다 훨씬 빨리 나타난다. 또 하나의 장점은 자극성인 약물도 이 방법으로 주사할 수 있다는 것이다. 왜냐 하면 혈관 벽은 비교적 둔감하기 때문이다. 또한 매우 농도가 놓은 약물도 정맥주사로 투여할 수 있으나 이는 장점이 되기도 하지만 위험할 수도 있다.

정맥주사의 큰 단점은 주사 부위 부근에 있는 정맥의 벽이 강도(근력)와 탄력성을 잃게 된다는 것이다. 볼 수 있는 자리에만 주사를 놓아야 하는 약물 중독자들처럼 좁은 부위의 정맥에 많은 주사를 놓으면 해당 정맥의 벽은 마침내 붕괴되며, 혈액이 더 이상 흐리지 않으므로 다른 주사 자리를 찾아야 한다. 정맥주사의 가장 큰 위험은 혈류에 직접 감염될 수 있다는 것인데 피부에서 나온 박테리아에 의해 주사 바늘이 들어가는 도중이나 혈흔이 남아 있는 오염된 바늘과 주사기를 통해 감염될 수 있다. 주사기와 바늘을 공동으로 사용할 경우 이 위험은 특히 심각하며 에이즈나 혈액을 통한 다른 질병도 바로 이와 같이 전파된다.

피하주사와 근육주사는 근육주사의 약물 흡수가 더 빠르다는 점을 제외하고는 유사한 특성을 가지고 있다. 근육은 피부의 하부층보다 혈액공급이 더 잘 이루어지고 흡수가 이루어질 수 있는 면적도 더 넓다. 약물 흡수는 팔의 삼각근에 주사 시 가장 빠르고 엉덩이에 주사 시 가장 느리다. 흡수 속도가 이 두 부위의 중간에 해당하는 곳은 허벅다리이다.

근육주사의 경우에는 자극의 위험이 줄어드는데 이는 혈액공급이 원활하고 흡수가 빠르기 때문이다. 다른 장점은 피하주사보다 더 많은 양의 물질을 근육 내에 주사할 수 있다는 것이다. 간혹 매우 느리게 흡수되는 약물이 바람직한 경우도 있다 (수일 또는 수주일). 물에서 아주 느리게 용해되는 약물은 근육주사로 투여할 수도 있으며 마이크로캡슐(흡수를 지연하기 위해 코팅한 약)로 씌울 수도 있다.

피하주사의 단점 중 하나는 조직을 극도로 자극하는 약물을 주사할 경우 주사 부위 부근의 피부가 죽어 벗겨질 수 있다는 것이다. 이 주사법은 의료 목적으로는 흔히 사용되지 않으며 처음 마약을 시작하는 사람들이 오래 전부터 사용해 왔다.

3) 정맥주사

국내 마약류 중독자들이 사용하는 주사 방법으로, 가장 효과적인 투약 방법인 약물을 정맥 내에 직접 투약시키는 것이다. 이것은 가장 신속하게 투약하는 방법이지만 불법으로 제조된 마약류에 대한 신체적 외부 현상에서 심각한 부작용이 발생 할 수 있다. 전통 마약류인 "필로폰" 투약자들이 왼쪽 팔 중간 지점에 투약하는데 투약하기 전 고무줄로 왼팔 상단을 묻은 다음 투약, 투약 후 즉시 고무줄을 풀어 뇌에 신속하게 도달하는 방법으로 뇌에 도달시간은 10초-15초 사이 정맥을 통해 도달한다.

4) 근육주사

근육주사는 허벅지` 엉덩이, 넓적다리 등 혈액 공급이 용하한 지점에 약물을 투약하는 것이다. 근육에는 혈관 분포가 피하주사에 비하여 비교적 풍부하며 흡수가 빠르고 작용이 빨리 나타난다. 이 경유에는 일부의 약물은 주변 조직에 자극을 줄 수 있다. 그러나 과거에 약물 처음 사용자들이 이용하였으나 최근에는 사용사례를 발견할 수 없다.

5) 피하주사

피하주사는 표피 바로 밑에 약물을 투약하는 방법으로 주사 방법으로 가장 쉬운 방법이다. 약물을 피하에서 주변의 모세 현관을 통해 흡수되지만 이것은 상당히 느린 과정이며 이렇게 투약한 약물 중에는 주변 조직에 자극적인 것도 많다. 마약을 처음 사용하는 사람들이 피하주사를 대부분 피부 괴사 현상이 나타나며. 특히 표피에 투약 자국이 발생하여 수사관의 은닉을 위해 화장품 등으로 위장하는 사례가 있으며 최근에는 사용사례가 없다.

6) 구강투약

약물을 입술 바로 밑 구강에 넣는 방법으로 투약한다. 예 코담배는 치아와 입술 사이에 넣어 입안의 부드러운 조직을 통해 활성 성분이 혈액으로 흡수되게 하는 것이다. 구강투약도 역시 국부 조직 특히 잇몸에 대한 자극이 있을 수 있다. 마약 사용자들은 대부분 경구투약으로 최근에 확산되고 있다.

7) 좌약

약물을 직장이나 질에 투약하여 체온에 의해 약물을 녹게 하여 혈액으로 흡수되게 하는 방법이다. 최근 유흥가 주변 여성 투약들이 필로폰을 질에 의한 투약자가 종종 발생한다. 좌약은 질염이나, 치질, 어린이 해열제로 많이 사용되고 있는 의약품이다.

8) 흡입과 흡연

* 중국, 북한과 동남아 지역에서 투약 사용 방법으로 국내 중국교포, 탈북민들이 필로폰 (어름, 빙두) 흡입 사례 지속적으로 발생되며. 흡연은 대마초, 담배, 크랙 코카인을(코킹) 흡연하거나, 휘발유, 페인트 또는 기타 흡입제를 흡입하는데 사용되는 약물 전달체계이다.

또한 의학적으로는 여러 마취제에 사용되며, 흡입은 매우 효과적인 투약 방법이다. (중국, 북한 사용방법) 폐 내부의 모세 혈관 벽은 아주 접근이 용이함으로 약물은 신속하게 혈액으로 들어간다. 따라서 약효가 아주 빠르게 나타난다. 흡입을 통해 향정신성 약물이 투여될 경우 정맥주사보다 빨리 효과가 나타날 수 있는데 이는 인체의 혈액순환 체계 때문이다. 폐에서 나온 혈액은 불과 8초-10초 만에 뇌에 직접 도달한다. 반면에 팔의 정맥주사 사용 시 정맥의 혈액은 심장으로 되돌아간 후 다시 폐를 거쳐 뇌로 가는데 뇌에 도달시간은 10~15초이다.

폐를 경유해서 일부 약물을 투약 하는데 분무기가 사용되었으나 세 가지 점을 고려하면 의료 목적으로 사용하기에는 적합하지 않다. 첫째, 약물이 점막과 폐에 자극을 일으키지 않아야 한다. 둘째, 다른 전달체계보다 투여량 조절이 더 어렵다. 셋째, 어떤 약물에는 투약량 조절이 더 어렵다. 셋째, 어떤 약물에는 유리한 점이 그리고 다른 약물에는 불리한 점이 될 수도 있는데 흡입의 경우에는 체내에 약물 저장 장소가 없다. 이는 약효가 필요한 이상 계속 투여해야 하며 투약이 중단되면 약효는 급속하게 떨어지는 것을 의미할 수 있다.

9) 점막, 기타 방법 (최근사용)

대부분의 약물은 피부를 통해서는 잘 흡수가 되지 않기 때문에 피부를 통한 약물의 국소 투약은 널리 사용되는 방법이 아니다. 그러나 이 방법에 의해 여러 시간에 걸쳐 서서히 꾸준하게 흡수되는 약물도 있다. 예를 들어, 피부 패치를 쓰면 니코틴은 하루 종일 서서히 흡수된다. 이런 패치를 쓰면 금연자들이 다시 담배를 피우는 것을 막는 데 도움이 되는 것으로 밝혀졌다. 그 외 최근 청소년들의 전문 의약품 (향정신성의약품) 펜타닐을 사용함으로 사회에 심각성이 나타나고 있다.

점막을 통한 투약은 피부를 통한 투약보다 흡수가 더 빠른데 이는 이런 막들이 촉촉하면서 혈액을 풍부하게 공급받기 때문이다. 좌약은 매우 드물게 사용되지만 직장과 질에 사용하는 좌약은 이런 특성을 이용한 것이다.

대부분의 코카인 사용자는 코의 점막을 사용하는데 코카인 분말을 코로 흡입하거나 들이쉬면 분말은 코 속에서 용해되어 점막을 통해 흡수된다. 또한 씹는 담배의 니코틴은 위, 장, 간을 거치지 않고 구강의 점막을 통해서 직접 혈류로 흡수된다.

그리고 국내에서 신종 투약 방법으로는 여성 음부(점막)에 사용하며, 성인기구 판매소에서 여성 젤 혼합 사례가 종종 발견되고 있다. 외국과 국내에서는 성관계 시 남 `여 음경에 바른 사례가 있다.

(그림 1-1) 약물사용 인체 침투 경로

약물사용 후 "뇌" 침투경로

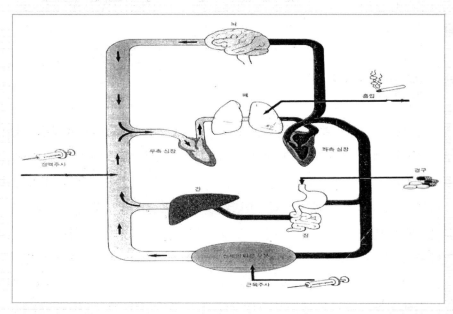

4. 약물 투약 후 인체 내의 배설

약물이 어떻게 혈류로 그리고 향정신성 약물의 경우 어떻게 뇌로 흡수되는지를
살펴보았으므로 이제는 신체가 어떻게 약물을 제거하는지를 알아보자 약물의 제거
에 가장 흔히 이용되는 방법은 간과 신장에서 일련의 반응을 거친 뒤 소변을 통해
배설한다. 그 외 에는 호흡, 땀, 침, 타액, 손톱, 모발, 손톱, 항문의 털, 등으로 배
설한다. 소변으로 배출되기까지의 일련의 대사과정의 시작단계는 주로 간에 있는
특성 효소들의 작용을 통해 생변환이라는 과정이다. 생변환에 의한 생성물을 대사
산물이라고 하는데 이는 원래의 약물이 구조적으로 변형된 것이다. 일반적으로 말
하면 대사산물은 수용성일 경우 신장으로 운반되어 결국에는 소변으로 배출된다.

한편, 수용성이 낮은 대사산물은 장에서 흡수되어 대변으로 배설한다. 드문 경우이지만 약물이 간에서 어떠한 생변환도 거치지 않고 온전한 형태로 배설될 수도 있다. 환각성 약물인 환각버섯이 그건 종류의 예이다. 여 가지요인들이 변환과 소변을 통해 배설에 따라서 신체에서 약물이 제거되는 속도에, 영향을 미친다. 대부분의 약물의 경우 생변환율은 혈류 내 약물의 농노에 비례하여 증가한다. 사실상 약물의 양이 많을수록 신체는 더 빨리 그것을 제거하려고 한다. 그러나 한 가지 예외는 알코올로서 얼마나 많은 양을 섭취 했던 상관없이 알코올의 생변환율은 일정하다.

생변화에 필요한 효소들의 활동은 체내의 다른 약물의 존재 여부에 따라 증가 또는 감소할 수 있다. 그 결과 한 약물은 다른 약물의 효과와 상호작용할 수 있고, 때에 따라서는 그 조합이 위험할 수 있어 여러 마약을 사용하는 청소년 사용에 문제가 될 수 있다. 따라서 복용자의 나이 또는 한 가지 요인이 될 수 있다. 간의 효소작용은 40세 이후 쇠퇴하기 때문에 나이 든 사람은 젊은 사람보다 약물을 배출하는 속도가 느리다. 다시 말하면 약물은 단순히 그 화학작용 성질에 따라 특정한 속도로 신체에서 서서히 배출된다는 것이다. 일반적으로 약물이 지용성이며 수용성일 때보다 배출된 sthreh가 느리다. 대체로 특정 약물의 배출속도는 제거 반감기라는 지수를 통해서 할 수 있다. 이것은 약물이 혈류 내에서 차지하던 애초의 형평 농도의 50%까지 내려가는데 걸리는 시간이다. 코카인과 담배 같은 많은 약물들의 반감기는 겨우 몇 시간밖에 되지 않는다. 대마초 몇 일부 전문의약품들은 반감기가 훨씬 더 길다. 약물 복용 행동을 탐지하는 약물검사절차들을 개발하는 데 에는 약물과 그 대사물질의 배출은 다양성을 이해하는 일 극히 주요하다.

1) 약물투약 시기와 작용 현상

투약한 약물이 체내 혈류에서 시기와 작용 효과에 특정한 제약을 가한다. 예를 들어 어떤 약물의 효과는 경구 투약할 때 최적인 반면에 어떤 약물은 혈류에 더 직접적으로 접근하는 것이 필요하다. 다른 원인들도 고려해야 한다. 약물을 반복해서 상습투약 할 경우 투약 시기가 약물의 최종 결과에 중요한 역할을 한다. 두 개의 약물이 시간적으로 가깝게 투약될 경우에는 이 약물들이 서로 어떻게 상호작용하여 급성 효과를 일으킬지도 고려해야 한다.

따라서 투약 시기 방식과 관계없이 모든 약물이 시간이 흐르면서 나타내는 효과에는 어떤 공통적인 특성들이 있다. 최초의 '잠재기' 동안에는 약물의 혈중 농도가 점차로 증가하되 아직 그 효과가 감지될 만큼 충분히 높지는 않다. 이 잠재기가 얼마나 지속되는가는 일반적으로 약물의 흡수 시간과 관련이 있다. 약물의 농노가 계속 증가함에 따라 그 효과도 점점 강해진다. 어느 단계에 도달하면 마침내 약물의 효과는 최대가 되는데 이때에도 여전히 약물의 혈중 농노는 증가하고 있을 수 있다. 따라서 불행히도 이 시점은 또한 약물이 원치 않는 부작용을 나타낼 수 있는 지점이다. 이 문제에 대한 한 가지 해결책은 약물을 "서방형" 제제로 투약하는 것이다. 이 방법은 처음엔 약물의 효과는 피할 만큼 낮은 "치료역"내에 유지시키는 것이다. 동일 용량의 약물을 반복상습 투약할 경우 처음 복용량의 효과가 채 감소하기 전에 두 번째 복용량이 약물의 혈중 농노를 너무 높게 상승하도록 한다. 그에 따라 두 가지 약물이 혼합에 의한 작용 이루어진다. 첫째, 두 가지 약물이 혼합되면 가각을 따로 복용할 때보다는 더 큰 급성 효과를 낼 수 있다.(필로론 등) 어떤 경우에는 그런 혼합 효과가 순수하게 상가적(additive)이다. 예를 들어, 한 약물의 효과는 4이고 다른 약물의 효과가 6이라면 두 가지가 합쳐진 상가적 효과는 10이다. 그런데 어떤 경우에는 그 혼합 효과가 상승적(hyperaddlitive) 이어서 개개의 약물은 단독으로 복용할 때의 효과를 합한 것보다 더 큰 효과가 나타난다.

　　위에 예를 들어 두 약물이 홉합되어 13 효과가 나타나는 경우가 그런 것이다. 이처럼 두 가지 이상의 약물이 혼합되는 나타나는 상습적 효과를 시너지 효과(synergism)라고 한다. 어떤 시너지 효과의 경우에는 한 약물이 다른 약물의 효과를 두배 혹 3배로 증가하기도 한다. 또한 어떤 약물은 다른 약물과 동시에 복용하지 않으면 전혀 효과가 없을 수도 있다. 이와 같은 투수한 시너지효과는 상승작용이라고 하는데 약물이 마치 그 자체로는 전혀 효과가 없다가 6의 효과를 내는 약물과 혼합희석 되며 10의 효과를 내게 되는 것과 같다. 이런 상호작용의 위해성과 위험성은 약물들의 혼합과 희석에서 효과가 독성을 나타낼 만큼 너무 강력할 수 있다는 데 있다. 극단적인 경우에는 그 독성이 치명적일 수 있다. 두 번째 유형의 상호작용은 두 약물이 서로 길항적(antagonistic)인 것으로서 한 약물의 급성 효과가 다른 약물과 힘께 투약되면 어느 정도 감소되는 것을 가리킨다. 예컨대 6의 효과를 갖는 약물과 4의 효과를 갖는 약물이 합쳐져서 3의 효과를 내는 경우이다.

서로 완전히 길항적인 약물들, 즉 한 약물의 효과가 다른 약물에 의해 중화되는 현상이다. 이러한 경우 심각한 작용 효과에 따라 위험성 발생 될 수 있다.

그리고 장기간에 상습적으,로 바르비투르산염(신체 기능의 억제 작용하는 진정제)을 투약하여 그 효과에 대한 내성이 생겼다면 한 번도 투약한 적이 없는 다른 억제제에 내성에서도 내성이 생길 수 있다. 다시 말하면 한 약물에 대한 내성 효과는 다른 약물에 대한 내성을 자동적으로 일으킬 수 있는 것이다. 이런 현상을 교차성 내성(ctoss-tolerance)이라 한다.

알코올 , 바르비투르산염 그리고 항불안 약물의 한 분류인 벤조디아제핀의 생리적 및 심리적 효과에서 흔히 나타난다. 교차내성으로 인해 알코올 중독자는 이미 바르비투르산염에 대한 내성이 발생 상태일 것이고 , 바르비투르산염 사용자는 수술시 더 많은 용량의 마취제가 필요할 것이다. 억제제 약물들이 상호 연관되어 있음은 다른 측면에서도 볼 수 있다. 한 약물의 금단증상을 또 다른 약을 투약하여 완화할 수 있다면 이 두 약물은 교차의 존성(ctoss- dependence)을 보이는 것이다. 사실상 이 경우, 복용을 중단한 한 약물이 이기 하던 모든 생리적 효과를 다른 약물이 대체할 수 있다. 불행히도 교차 의존성은 남용하던 한 약물을 새로운 약물이라는 가면을 쓰고 계속 사용할 수 있게 하는 수단이 된다. 약물 남용이 사람들 눈에 띄게 되어 난처해지거나 좋아하던 약물을 구할 수 없게 되면 사용자는 금단 증상을 피하기 위해 교차 의존적인 약물(마약류)로 바꿀 수 있다. 예컨대 자신이 알코올 중독자임을 가족에게 숨기려는 여성은 아침 해장술 대신 디아제팜을 복용할 수도 있다.

그러면 사용자들의 특성으로 체중과 성별, 차이에 대한 상호작용을 살펴보자 우선 개인의 몸무게가 무거운 사람과 가벼운 사람들의 같은 량의 약물을 투약할 경우 몸무게가 무거운 사람이 kg당 mg으로 환산, 더 많은 양을 투약하여야 효과를 볼 수가 있다. 즉 강력한 환각을 맞볼 수 있다.

또한 다른 특징은 성별로 남성과 여성의 몸무게가 정확히 같다 하더라도 신체의 구성 성분과 성호르몬의 차이로 인해 약물의 효과는 다르게 나타날 수 있다. 여성은 평균적으로 남성보다 지방 대근육 비가 높기 때문에 신체의 지방의 비율은 더 높고 물의 비율은 더 낮다. 성에 따른 필로폰의 투약 효과는 0.0.3g을 물에 희석하여 남`여가 똑같이 투약할 경우 여성의 투약자가 심각한 환각 상태에 발생 사실을 수사현장에서 발견할 수가 있었다. 그리고 중독 상태에서도 여성 중독자가 더 많이 발생 되며. 강력한 환각 현상을 현장에서 볼 수 있었다.

제2절. 뇌 약물 사용의 이해

1) 뇌 사용의 이해

우리 인간의 뇌는 무게가 약 1.3 kg이고 하얀 소시지 무더기처럼 생겼고, 껍질을 깐 삶은 달걀 정도로 단단하다. 약 1천억 개의 신경세포(뉴런)가 전선처럼 뒤엉켜 있다. 이 세상 모든 비행기의 전선을 거대한 참고에 밀어 넣은 장면을 상상하면, 한 사람의 뇌 안에서 신경세포들이 뒤죽박죽 엉켜 있는 모습을 얼핏 떠올릴 수 있을 것이다, 기관처럼 생긴 세포는 매우 다양한 방식으로 서로 연결된다. 많은 관들이 뇌에서 출발해 팔, 다리, 내장, 기관을 비롯한 몸이 구석구석까지 이어진다. 또 다른 기관은 온몸의 이런 부분들로부터 나와서 뇌로 다시 구불구불 비집고 들어간다. 뇌 안에서는 여러 기능이 특정 중추들 안에 각각 조직되어 있기도 하고, 또 다른 기능들은 비교적 무질서하게 뇌 전체에 퍼져 있다. 뇌 과학자들이 그런 뇌지도에는 해명되지 않은 여백이 많이 남아 있다.

신경세포에서 마치 전선처럼 전류가 전달된다. 가전제품을 분해해보면 내부에 부품과 전선들이 단자나 납땜으로 연결되어 있다. 인간의 뇌도 마찬가지다. 다만 뇌에서는 납땜부분에서 조금 더 복잡한 일이 일어난다. 하나의 신경세포로 훌쩍 건너뛴다. 이 분자는 다음 신경세포에서 전기 방전을 일으키고, 이는 그 다음 세포로 계속 전달된다. 시냅스라고 부르는 납땜 부분은 뇌 안에 약 100조 개가 있다. 인간의 뇌에 약 1천억 개의 뉴던이 있고, 각 뉴던이 대략 1천 개의 시냅스로 연결되기 때문이다. 오늘날 컴 크기의 3/1의 밖에 안 되는 USB 메모리의 데이터 저장 용량도 64GB에 이르지만 ,뇌의 저장 용량은 최신 PC저장 용량보다 네 배나 크다.

약물, 심리질환이 어떻게 발생하는지 이해하려면, 신경전달물질에 대해 조금 알아 둘 필요가 있다. 신경전달물질은 마치 열쇠처럼, 수용체라고 불리는 자물쇠에 꼭 들어맞는다. 즉 신경 전달물질 중 하나가 도파민이다. 예를 들어 시냅스에서 도파민 작용을 약화시키면 정신분열증을 효과적으로 치료할 수 있다. 도파민은 파킨슨병에서도 어떤 작용을 하는데, 여기서는 정신분열증과 반대다. 뇌의 도파민 양을 증가시키면 파킨슨병의 운동 장애가 호전된다. 또 다른 질병도 도파민과 관련이 있는데, 예를 들면, 중독증, 의존증, 인격장애, 청소년 주의력결핍 과잉행동장애(ADHD)증후군이 그렇다. 이것을 보면, 여러 가지 도파민 체계가 존재한다는 사실과 다양한 질병에 이 체계들이 모두 관련되는 것이 아니라 각 질병마다. 그때그때 각각 다른 체계가 관련된다는 것을 알 수 있다. 뇌의 도파민은 클럽과 같다. 클럽은 여러 장의 종이를 한데 끼울 수 있지만 그 종이에 적힌 내용과는 무관하다. 도파민은 우리를 행복하게 만들거나 미치게 만들은 호르몬이 아니라 신경전달에 필요한 여러 도구 중 하나이다. 그러나 도파민은 적정 비율로 존재해야 한다.

세로토닌(Serotonin)이라는 신경전달물질도 있는데 이것은 우울증 불안장애와 관련이 있다. 실제로 이런 질병에 효과 있는 의약품들은 모두 신경세포에서 세로토닌이 방출되는 양을 늘려 상태를 호전 시킨다. 세로토닌은 종종' 행복 호르몬'이라고 불리는데. 그리 적절한 표현은 아니다. 예를 들면 호르몬을 두개골을 통해 뇌 안으로 직접 주사하더라도 그리 기분이 좋아지지는 않는 것이다. 그렇지만 세로토닌 체계가 적절하게 가능하지 않는다면 불행하고 불안하게 느낄 수 있다.

노르아드레날린(Noradrenalin)이라는 신경물질은 세로토닌처럼 우울증'불안장애의 관계가 있다. 청반 "이라는 작은 부위에 노르아드레날란을 신경전달물질로 쓰는 뇌세포들이 거의 부 대부분 모여 있는데, 창반을 제거한 원숭이는 불안을 느끼지 않는다. 항우울제의 다수는 세로토닌 신경 전달뿐 아니라 노르아드레날린 신경전달도 촉진한다.

뇌에 널리 분포한 신경전달물질 중 하나가 감마아미노낙산이다. 뇌의 연결 지점의 절반 정도에 감마아미노낙산이 참여한다. 흥분한 신경세포를 다시 가라앉히는 억제성 신경전달물질이다. 수면제와 진정제로 제일 많이 사용하는 벤조디아제판은 감마아미노낙산의 효과를 지원한다. 그러니까 감마아미노낙산이 자동차의 브레이크라면 벤조디아제핀은 '브레이크부스터'이다. 이미 오래전부터, 감마아미노낙산 수용체라는 자물쇠에 딱 맞는 열쇠로 작용할 천연성분을 인간 몸속에서 찾고 있다. 그물질은 벤조디아제핀과 유사하고 뇌에 진정효과를 나타내야 한다.

글루타메이트(Glutamate)는 뇌세포를 흥분시키는 신경전달물질이며, 정신분열증, 치매와 관련이 있다. 클루타메이트 수용체에 작용하는 마약들은 정신분열증과 유사한 증상들을 유발할구 있다. 그런가 하면 글루타메이트 수용체에 영향을 주면 치매 환자의 기억 기능을 호전시킬 수 있다.

좋은 기분을 담당하는 물질인 엔도르핀 (Endorpine)은 스트레스를 받는 상황에서도 분비된다. 엔도르핀은 우리 몸이 스스로 만들어내는 진통제이다. 엔도르핀 체계가 장애를 일으키면 중독증, 의존증, 섭식장애, 경계선 인격장애가 발생 할 수 있다.

신경전달물질은 서로 독립적으로 작용하는 것이 아니라 자동차 부품들처럼 서로 연결되어 있다. 하나의 신경전달물질 체계가 자극을 받으면 다른 신경전달물질도 질서 정연한 대열이 흐트러지면서 튀어나오기 시작한다. 그리하여 노르아드레날린은 도파민으로 변하고 거꾸로 도파민이 노르아드레날린으로 변하기도 한다. 심리 질환 앓는 사람들이 건강한 사람이 납득할 수 없는 행동을 하는 것은 이와 같은 뇌의 화학 장애 탓일 수 있다.

2) 신경절달 물질의 발생 현상

예를 들면: 도파민과 글루타메이트 체계 장애로 정신분열증을 앓는 엘레노레는 부모를 살해했다. 뇌에서 부모를 악마의 회신으로 보았기 때문에 이런 현상이 발생 되었다.

또 하는 도파민보상 체계 장애와 세로토닌 체계의 발생으로 샤워를 최소한 장기 시간으로 해야 한다. 그리고 살빼기위해 지속적 음식 섭취를 않고 있는 현상도 도파민 보상체계 장애이다.

마약중독자 여성은 마약을 구입하기 위해 몸을 팔았다 .보상체계의 문제와 실업자인 중독자는 소녀 앞에서 성기를 노출하거나 3명의 여자를 살해 시체를 훼손한 것도 보상체계 장애이다.

세로토닌의 현상으로 우울증 증세의 중독자는 세 명의 어린 자식을 목을 졸라 살해와 의사의 지나친 공포를 느껴서 이가 썩도록 방치하는 경우도 있다.

3) 과학자들의 약물중독(필로폰 등) 뇌의 현상 이야기

국내 전통 마약인 필로폰 투약의 역사는 70년 전반기부터 부산지역에서 확산 전국에 확산되었다고 볼 수 있다. 그 원인은 가까운 일본 "야쿠자"들로부터 밀반입한 것이다. 국내 마약류관리에 관한 법률에 규정한 마약류의 종류는 456가지(24년 법 규정) 중 필로론 중독자 뇌 손상에 심각하게 변화되는 것을 그림을 통해 알 수 있으며, 현장에서 필로폰 투약자 검거 시 공격형, 환각의 현상으로 회칼로 공격하는 중독자를 볼 수 있었다.

국내는 중년들은 과거 필로폰, 각성제로부터 헤로인 등 아편류, 흥분제인 코카인 투약 하였던 것이다. 최근 들어 청소년 젊은 층에서 투약으로 전환 되어 10대 세대들까지 투약사용하고 있다. 이러한 현상들은 중독으로 이어져 영원히 치료 할 수 가 없게 된다.

그럼 최근 과학자들의 필로폰 투약 중독자 연구를 소개하려고 한다.

마약은 뇌 신경세포(뉴런)사이의 공간인 시냅스 등 뇌 구조와 기능에 수백 가지 변화를 일으키는 현상이 있다. 한번 중독되는 뇌는 원상 복원은 절대적으로 불가능함으로 중독자는 다시 마약을 찾게 된다.

이러한 기질에 대해 미국 위싱턴대 의대 신경과학자 나이절 뱀퍼드 박사는 2008년도에 중독자들이 왜 이렇게 필로폰을 지속적으로 찾고 있는지에 대해 생쥐를 이용 10일 동안 실험을 하였다. 그 결과 강한 접압이 컴퓨터 전자회로를 망가뜨리듯 마약은 생쥐 뇌 신경회로를 영구적으로 손상시키는 현상을 관찰하게 되었다.

이후 생쥐는 '만성 우울증' 증상을 보였고 마약을 끊어도 우울증이 그대로 잠복 극심한 금단증상을 호소했다. 그에 따라 마약이 뇌를 손상되는 원리를 따라가다 보면 그 시작에는 쾌락 호르몬'도파민'이 있다. 도파민이란 우리의 기분을 중추신경을 통해 좋게 만들어주는 뇌 속의 신경전달 물질이다. 마약을 투약 할 때는, 예: 뽕가는 것도, 사랑에 빠졌을 때 짜릿한 흥분에 휩싸이는 것도 도파민 때문이다

뇌속 도파민 수치가 상승하면 투약자들은 집중력 강력하게 발생되어 하고자 하는 것들이 마음대로 할 수 있는 뇌의 작용을 알게 된다. 이러한 현상들은 마약을 투약했을 때 뇌에서 분비되는 도파민이 지나치게 많아진다는 점이다. 이 때문에 뇌의 피질에서 선조체로 도파민 등의 신경 정보가 전달되는 쾌감 회로(즉보상회

로)'가 왜곡되기 시작한다. 또 기쁨을 느끼려면 도파민이 신경 세포에 있는 도파민 수용체와 결합해야 하는데 도파민 양이 과도해지면 이 수용체들이 결합을 하지 않고 숨어 버린다. 항상성을 유지하기 위해 봄이 일부러 수용체 수를 줄이기 때문이다. 결론적으로 같은 수준의 쾌감을 위해 더 많은 도파민이 필요해지고 이로 인해 내성이 발생되어 중독자들은 마약량을 증가 투약으로 계속적으로 중독에 빠지는 것이다. 이러한 현상 때문에 중독자 자신이 어떠한 방법으로 치료가 되는지를 치료모델을 통해 선정 이루어져야 한다.

(그림 1-2) 약물 사용에 따른 뇌의 변화 현상

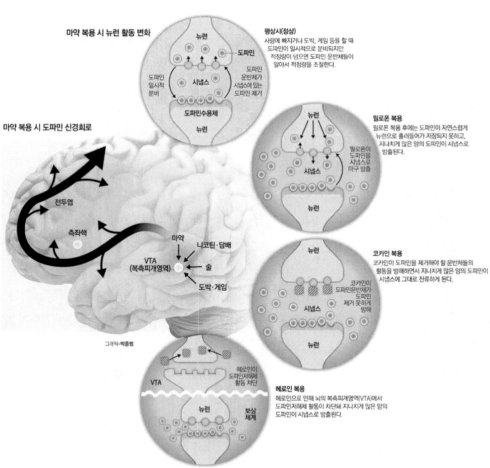

참조 : (구글, 매일경제 인용)

3) 뇌 신경계 이해

약물의 작용을 논하기 전에 이해하기 위한 신경계란, 신경계는 두 가지를 기본적으로 일을 하도록 만들어졌다. 즉 우리 주위의 환경으로부터 정보를 받아드리고, 그 환경 속에서 효율적으로 살 수 있도록 우리의 신체 반응을 제어하는 것이다. 그렇지만 우리는 물론 그보다 훨씬 더 많은 것을 한다. 우리는 들어오는 정보를 해석하여 이해하려고 하고 나중을 위해 스스로 어떤 정보를 종종 생성해 낸다.

우리는 이런 상이한 기능들을 신계의 구성 측면에서 이해할 수 있다. 일반적인 신경계는 "중추신경계"(CNS)와 "말초신경계"로 나뉜다. 전자는 뇌와 척수로 구성되어 있으며, 후자는 중추신경계를 환경과 그리고 근육 및 분비선과 연결해 주는 모든 신경 및 신경섬유들로 구성되어 있다.(그림 1-3)

(그림 1-3) 신경계의 구조

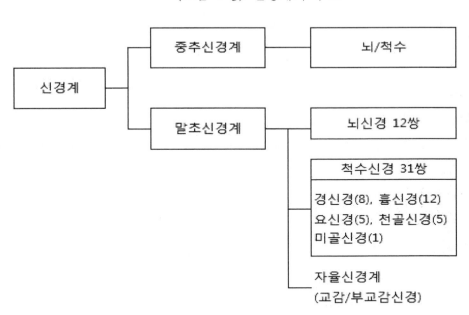

그럼 말초신경계란 정보를 받아들여서는 중추 신경계가 그것을 처리하고 난 결과에 따라 행동적 반응을 실행하는 체계이다. 입력 측면에서는 주변 세계에 대한

감각정보를 받아들이는 시각경로, 청각경로 및 경로들이 포함된다. 출력 측면에서는 말초신경계의 운동경로가 주변 세계에 대한 우리의 반응을 제어하는데, 이 두 가 기본적인 행위들을 만들어 낸다.

첫째 유형은 체성신경계 반응(somatic response)이라 불리는 수의적 반응으로서, 뼈에 붙은 골격근에 의해 수행된다. 예를 들어, 팔을 드는 행위를 할 때 당신은 궁극적으로 굽힘근과 폄근의 수축을 일으키게 되는 일련의 운동명령들을 실행에 옮긴 것이다. 이 경우 그 움직임은 의도적이고 의식적이며 통제된 것이다.

둘째 유형은 자율신경계 반응 (autonomic response)이라 불리는 내게 불수의적인 반응으로서, 심장의 벽을 구성하는 심근뿐 아니라 혈관, 정맥, 모세 `혈관 및 내장기관의 벽을 형성하는 민무늬근(평활근)에 의해 수행된다. 예를 들관 얼굴을 붉힐 때에는 피부 밑에 있는 모세 혈관이 팽창, 즉 확장되는데, 이것이 붉은 색깔과 화끈화끈 느낌을 일으키는 것이다. 대게를 경험으로 알고 있듯이 얼굴이 붉어지는 일은 흔히 우리가 원치 않을 때 일어나며 멈추기가 힘들다. 그렇기는 해도 이는 우리의 감각 경로를 통해 처리되고 넝세 해석된 어떤 상황에 대한 한 반응이다. 이 경우는 어떤 정서적인 내용이 얼굴 붉히기라는 자율신경계 반응을 촉발한 것이다. 한편 우리는 자율신경계 반응을 단순히 성가신 일로 생각해서는 안 된다. 사실상 우리가 생존하기 위해서는 자율신경계 반응이 필요하다. 규칙적으로 숨을 쉬기 위해, 적절한 속도로 심장을 뛰게 하기 위해 혹은 내장기관들에게 생겨나는 수천 가지의 변화들을 실행하기 위해 우리가 시간을 들여 일부러 명령을 내려야 한다면 아마 우리는 분명히 오래 살지 못할 것이다. 전화를 통해 우리에게 생겨난 자율신경계적 통제는 두 하위체계의 상호작용의 산물로서, 각각 독자적인 신경섬유 군들을 통해 민무뉘근과 심근에 그리고 분비선들이 가해진다. 이 두 하위체계를 자율신경계의 교감신경계 및 부교감 신경계가지 (sympathetic and parasym-pathetic branches of autonomic nervous system)라고 부른다.

-교감신경계와 부교감신경계반응에 대해 설명한다.

첫 번째 모종의 위급상황 혹은 스트레스에 대처하는 쪽으로 작용한다. 우리의 내적 안녕 혹은 생존이 위협 받는다고 지각되는 상황에 놓이면 교감신경계가 작동한다. 교감신경계 화성화 시에는 심박률과 혈압이 높아지며. 산소를 더 많이 받아들이도록 폐의 기관지가 확장되고, 눈이 더 많은 빛이 들어올 수 있게 동공이 확장되며, 기타 신체조직들의 기능 수준이 변경되는데 따라서 우리는 더 잘 싸우거나 더 잘 도망가거나 혹은 단순히 무서움을 거 많이 느낄 수 있게 된다. 그러나 교감신경계 활성화 도안 모든 조직들의 활동이 증가하는 것은 아니다. 위장관의 활동은 억제되는데. 그 이유는 살려고 몸부림치고 있는 와중에 점심 먹은 것을 소화시키고 있을 여유는 없기 때문이다.

둘째는 앞에서 정의한 내용에 반대이다. 우리가 평생 동안 경계 태세에 없는 노록이다. 전력을 재정비하고 영양 보충과 내부 수리 보수를 위한 조용한 휴식 상태에 들어갈 시간이 필요하다. 심박률과 혈압이 이제는 낮아지고, 기관지와 동공은 수축되며, 위장관이 억제되는 게 아니라 흥분된다. 이를 비롯한 여러 변화들이 부교감 신경계 활성화를 구성하는 것으로서 교감신경계 활성화에 대립되는 주요한 반응들이다.

우리는 필요에 따라 그리고 상황에 맞추어 교감신경계 활성화와 부교감신경계 활성화 사이를 왔다 갔다 할 수 있으며, 대개 어느 순간에 자율신경계의 상태는 두 극단 사이의 어느 지점에 있다. 그런데 어떤 향정신성 의약물들은 뇌에 직접적인 영향을 미칠 뿐만 아니라 자율신경계에도 변화를 초래하여 교감신경계 활성화 쪽으로 혹은 부교감신경계에도 변화를 초래하여 교감신경계 활성화 쪽으로 혹은 부교감신경계 활성화 쪽으로 변동을 야기 할 수 있다.

그다음에는 약물을 투약할 경우 중추신경계 활성화에 형성되는 중추신경계는 척수와 뇌로 구성되어 있다. 감각 입력에 대한 해석과 정교한 정보 처리가 일어나는 곳이 바로 역이다. 목 아래 부위에서 시작되는 일부 감각신경들은 척수 수준에서 중추신경계로 입력되고, 눈과 귀 같은 테에서 오는 신경들은 뇌 수준에서 중추신경계로 입력된다. 척수로 들어오는 복잡한 정보는 신경경로를 통해 위쪽으로 전달되어 뇌에서 더 깊이 처리된다. 더 단순한 정보의 처리에는 뇌가 전혀 관여하지 않고, 대신에 단순한 반사 반응이 이어나가도 한다.

지금까지 여러 뇌 기능에 대략 적으로 설명하면서 당신이 지금 책을 보고 있는 옆에 누가 접근하면 누군지 시각, 청각으로 확인 후 실제 위협으로 접근 시 몇 초

후 교감신경계가 활성화되어 평활근과 심근의 변화를 통해 당신의 신체를 이 상황에 대처할 수 있게 준비시킬 것이다. 바로 중요한 중추신경계의 가장 중요 부분이 뇌이다. 우리의 일상생활에서 뇌가 하는 역할은 무엇에도 비할 바 없이 중요하다. 우리의 모든 몸짓과 느낌, 주변 환경에 대한 우리의 모든 경험, 모든 깨달음이나 기억은 뉴런(neuron) 이라 불리는 대략 천억 개의 투수 세포들의 활동이 복잡하고 정교하게 조절되어 생겨난 결과이다. 우리의 인지적 세계 전체는 우리가 어떤 존재인지 혹은 어떤 존재라고 생각하는 자는 이 세포들이 기능하고 있는 덕택에 가능하다. 좋은 효과든 나쁜 효과든 향정신성 약물(마약류)이 작용하는 데가 바로 중추신경계이다. 이 중요한 뇌에 약물을 사용 투약하여 중독자가 된 당신이 파괴할 때는 다시는 재생 할 수 없다.

(그림 1-4) 중추신경계

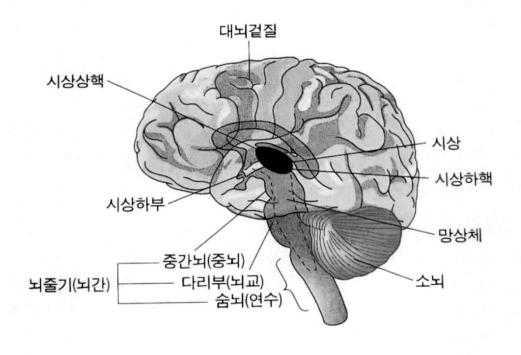

참조 : (출처, 구글 자료)

4) 뇌의 각 역할의 이해

신경해부학자에 의하면 척수를 따라 올라가면 중추신경계가 확장되면서 뇌가 시작되는 지점이 세 가지가 있다. 즉 마름뇌, (후뇌, 능현뇌), 중간뇌(중뇌) 그리고 마지막에 앞뇌(전뇌)로 분류한다. (그림1-5) 뇌에서 오래되고 원시적인 조직일수록 새롭고 정교한 조직보다 더 아래쪽에 있는 경향이 있다. 그래서 후뇌에서 중뇌를 거쳐 전뇌로 따라 올라가면 더 최근에 진화되고 더 복잡한 행동에 많이 관여하는 뇌 구조들을 만나게 된다. 이와 같은 뇌의 배열은 고고학적 발굴과 같이 생각할 수 있다. 즉 한 층씩 파내려 갈수록 시간을 올라가 점점 더 고대의 문명을 만나게 되는 것이다. 뇌를 진화 역사상의 발달의 질서 정연함이란 측면에서 보면 뇌의 복잡성을 이해하는데 도움이 된다.

(1) 마름뇌(hindbrain)란 척수의 꼭대기에 올면 신경조직이 갑자기 넓게 확장되면서 후뇌가 시작된다. 숨뇌(연수)는 척수가 확장되기 시작하는 바로 그 지점에 있다. 이 구조는 신체의 기본적인 생명유지 체계의 지휘자이다. 혈압뿐 아니라 호흡 리듬, 심박률, 소화, 심지어 구토도 여기에서 통제된다. 숨뇌가 정상적으로 가능하지 않으면 몇 초 이내에 죽게 된다. 불행이도 이 부위는 아편제, 알코올, 바르비투르산염 및 기타 억제성 약물에 매우 민감하다. 이들 약물 중 어느 하나라도 과용하여 그 농도가 지나치게 높아지면 숨뇌의 호흡 통제가 억제되고 m rm 결과 질식하여 죽을 수 있다. 설사 죽지 않더라도 호흡정지 동안 혈액 내 산소 부족으로 인해 뇌가 심하게 손상될 수있다. 하지만 좀 더 긍정적인 측면에서 보면, 숨뇌의 구토 중추는 혈액 내의 독성물질에 민감하게 반응하게 구토를 일으킴으로써 원치 않는 위험물 질을 제거할 수 있다. 숨뇌 바로위해 마름뇌의 또구조가 다리뇌(뇌교)이다. 다리뇌는 우리가 생존에 필요한 각성 수준을 유지하는데 필요한 구조이다. 다리뇌에는 위리가 언제 잠들며 언제 깨어날지를 결정하는 구조들이다. 또한 입력되는 정보에 대해 뇌의 다른 부분들이 깨어있게끔 활력을 불어넣은 그물체(망상체)라는 구조의 주요 부분도 존재한다. 우리의 수면 패턴에 영향을 주는 약물들은 다리뇌 내의 수면 중추에 작용한다. 마름뇌에서 숨뇌와 다리뇌 뒤쪽에 있는 구조다 소뇌인데, 이는 신체의 균형 유지와 유연한 동작의 수행에 중요하다. 알코올을 마시면 어지럽

고 몸을 잘 가누지 못하는 것은 소뇌에 미치는 알코올의 억제 효과와 관련된다.

(2) 중간뇌(midbrain)란 중간뇌는 마름뇌 바로 위에 있는데 통증 정보를 처리할 뿐만 아니라 중요한 감각 반사와 운동 반사를 통해하는 중추이다. 흑색질(substantianigra,흑질)이라 불리는 중간뇌의 부위가 없으면 우리는 신체의 운동을 효율적으로 통제할 수 없을 것이다. 근육의 떨림(tremor,진전) 및 운동 곤란늬 특징을 보이는 파킨슨병은 흑색질의 변성으로 인한 결과이다. 불행이도 정신분열증 치료를 위해 항정신병 약물을 복용하는 환자들에게서 파킨슨병을 걇은 증상들이 나타나는 경우가 많다. 이런 유해한 부작용이 없는 향정신병 약물을 개발하려는 노력을 해야 한다.

(3) 앞뇌(forebrain, 전뇌)란 뇌의 가장 위쪽에 부위에는 두 개의 중요한 영역이 있다. 첫 번째는 중간뇌 바로 위에 있는 영역으로 "사상하부"와 "변연계"를 포함한다. 인류라는 한 종의 생존을 보장해 주는 적절한 동기적 및 정서적 행위들을 우리가 수행할 수 있는 것은 이 구조들 덕택이다. 섭식 행동, 마시는 행동 및 성 행동은 사상하부에서 통제한다.
변연계는 사상하부를 둘러싸고 있으며, 스트레스 상황에서 정서적 행동을 조직화 하는데 핵심적인 역할을 한다. 실험동물의 변연계 어느 지점들을 손상시키면 순한 동물이 성난 괴물로 또는 난폭한 동물이 고분고분하게 변할 수도 있다. 따라서 심리적 의존성 기초에 관한 이론들이 변연계에 초점을 맞추어 온 것은 당연한 일이다. 그런 이론 중 몇 가지를 살펴보면 불란, 우울증 및 정신분열증의 증상들을 치료하는 약물들은 변연계 내 영역들에 작용한다.
앞 외의 두 번째 관심 영역이자 인간행동의 이해라는 관점에서 가장 중요한 부분은 뇌의 거의 전부를 덮고 있는 약mm두께의 주름 잡힌 천 같은 "내뇌겉질"(내뇌피질)이다. 그 모양새가 거대한 호두열매를 닮았기 때문에 중세 초기의 의사들은 셈이다대뇌겉질의 특정 영역들은 시각, 청각 몇 체감각(촉각)정보의 처리에 관여하는 반면 다른 영역들은 복잡하고 정밀한 운동의 구성을 통제한다. 겉질조직의 많은 부분이 한 정보를 다른 정보와 연결시키는 과제를 떠맡고 있다. 인간의 뇌에서 겉질의 80% 이상을 차지하는 "연합겉질"리라는 부위는 개념들의 통합에 관여한다.

연합겉질 내의 모든 영역들 중에서도 가장 최근 진화되어 나온 것이"전두엽전겉질 "전전두피질)이라는 뇌의 맨 앞쪽 부분이다. 우리의 고등한 지적 능력뿐 아니라 성격 특징들도 이 부위의 활동에서부터 생겨난다.

(그림1-5) 뇌의 구조

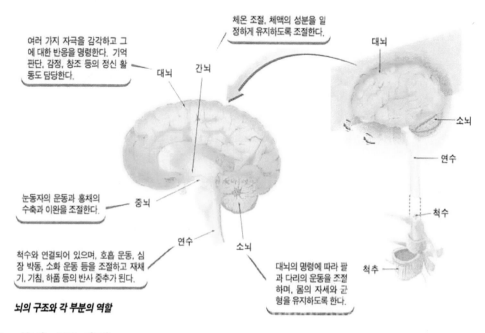

참조 : (출처, 구글 자료)

제2장

마약류(약물)의 특성과 종류

제2장 마약류(약물)의 특성과 종류

제1절. 마약의 정의

1. 마약 (Narcotic)이란

본서에서는 마약이란 국내에서 형사사법적 용어로 이해하면서, 약물과 마약을 연구하는 학계와 의학, 약학 전문가들은 혼용하여 함께 사용하고 있다. 그러므로 본서에서는 마약의 종류와 특성을 설명하려고 한다.

마약은 한자로 '麻藥'이라고 쓴다. 흔히 이 '삼 마(麻)' 자를 '마비 마(痲)'자로 오인하는 경우가 있는데 잘못된 문언이다.

이 '삼 마' 자를 쓰게 된 유래는 잘 알려져 있지 않다. 삼을 대마(大麻)라고도 하는데 마비시킨다는 뜻도 있어서 이 자를 쓰게 된 것 같다. 대마에는 마취성분이 들어 있다. 영문으로는 마약을 'Narcotic' 이라 하는데 희랍어 'Narcosis'에서 유래된 말로 역시 마비시킨다는 의미이다. 그리고 고유 의미의 마약 'Narcotic'는 무감각을 의미하는 그리스어 'Narkotikos'에서 유래하며 약리학적으로 통증을 완화 시켜 주고 수면을 유도하는 마취 진통작용이며 투약 중지 시 금단현상을 나타내는 물질로 앵속 아편, 코카잎 그 제재, 이에 유사한 약리작용과 중독증상 있는 약물(Drug)을 가리킨다.

그러나 일반적으로는 이러한 고유 의미의 마약뿐만 아니라 LSD, 메스암페타민(필로폰), 신경안정제 등 향정신성의약품 및 대마 등을 포함하여 특별한 구분 없이 총괄하는 의미로 사용하여 왔으며, 현재는 마약류라는 용어를 2000년 1월 12일 제정 법률을 통합하여 마약류관리에 관한 법률을 제정 사용함으로써 사회적인 경각심을 주지시키는 한편, 통일된 시각의 마약류 대책을 추진하고 노력하여 국민 보건 건강에 기여할 수 있다.

한편, 마약과 약물은 마약이라는 의미로 특별한 구분 없이 혼용되고 있고 실제적인 구분도 모호하다. 그러나 이들을 엄격히 구분한다면 'Narcotic'은 마약이라는 본래의 의미가 강하여 앵속(과실)에서 추출되는 아편제제로서 마취 진통 작용을 갖는 경우로 한정하고 있고 'Drug'는 일반 약품과 마약으로 규제되지 않는 알코

올, 담배, 커피까지 포함하는 개념으로 약물이라는 의미가 광의로 해석된다. 1957
년 세계보건기구(WHO)의 정의, 약물사용에 대한 욕구가 억제할 수 없을 정도로
강하고(의존성) 상용하는 약물의 양이 증가하는 경향이 있으며(내성) 약물사용 중단
시 불안, 초조, 현기증, 구토 등 신체적 고통증상 (금단현상)이 나타나는 특징이 있
고, 개인뿐만 아니라 사회에도 해악을 끼치는 약물로 정의되었다.

따라서 마약이라는 개념을 명확히 표현하기 위해 통상 'Narcotin Drug'라는 단
어를 사용하기도 한다(신경정신의약계에서는 알코올, 기침약, 유해화학 물질 등을
포함하는 개념의 Substances라는 용어 사용). 한편 'Substance'는 향정신성물질
(Psychotropic Substances) 등 Drug의 의미로 사용되나 Drug 외에 유해화학
물질 관리법상의 환각 각성 효과를 갖는 부탄가스, 본드(톨루엔), 휘발성, 용제 등
약사법상 판매 허용된 규제대상인 염산날부핀, 덱스트로메트로판, 엑스정과 같은
의약품 및 화학약품까지 포함하는 개념으로 마약제조에 사용되는 초산, 염산 등
화학물질(Chemical Substances)에도 사용되고 있다.

2. 마약류(약물) 특성과 종류

1) 마약류의 특성

마약류를 다양한 방법으로 투약 사용 하나, 대다수 투약자와 MZ 세대 들은 정맥
주사, 음료수, 커피, 맥주 희석과 흡연, 흡입 즉 칵테일 등을 경구를 통해 사용한다.
이러한 투약사용 횟수가 점점 늘어 나면서 중독으로 진행, 복합적인 증상을 발현되
어 환각으로 인한 각종 질환과 정신 범죄를 범하는 행위로 이어지는 특성이 있다.

(1) 의존성

의존성(dependence)이란 마약류 사용자가 사용해서는 안 될 신체적 · 정신적 원
인이 있음에도 불구하고 마약을 얻기 위한 신체적 · 정신적 욕구로 괴로움을 겪는 것
을 말한다. 즉, 신체적 의존성과 정신적 의존성이 그것으로 마약류 중에는 두 가지
의존성 가운데 한 가지만 일어나는 경우도 있고 두 가지가 다 일어나는 경우도 있다.
신체적 의존성(physical dependence)은 인체 내에서 투여된 약물과 생체적인

반응이 상호작용한 결과 생체가 투여된 약물의 특정 약리효과가 존재하는 상태에 적응하여 약물의 효과가 나타났을 때에는 정상적인 기능을 하지만 그 효과가 소실되면 신체기능의 균형이 깨지게 되므로 생체의 적응력이 없어져 병적 증후를 나타내는 이상 상태를 말한다.

- 사례: 마약류 사용 중단으로 사회생활과 다시는 마약을 사용 하지 않는다는 다짐과 직장 생활을 하고 있던 중, 불안과 심리적 압박으로 필로폰을 사용하지 않으면 업무를 수행하기 곤란하고 생활하기가 어려워서 그만 마약을 사용하며, 마음도 차분하고 새로운 업무를 수행 할 수 있어 지속적으로 마약을 사용한다고 진술하였다.

(2) 내성

내성(tolerance)이란 마약류 복용의 효과가 처음보다 현저히 줄어들거나, 최초의 복용과 유사한 효과를 얻기 위하여 복용량을 증가시켜야 하는 현상이다. 마약류에 따라서 내성이 생겨 복용량이 증가하거나 감소하는 경우도 있지만, 일반적으로 복용량은 처음과 비교하여 현저히 증가하는 경향이 있다. 이와 같은 내성현상은 마약류에 대한 내성이 인체에 이미 생성되었기 때문이다.

아편, 헤로인, 몰핀 등과 같은 아편제재들은 내성의 효과가 강한데 비하여 알코올이나 바르비탈염제재 등은 상대적으로 약한 내성을 갖고 있다. 따라서 같은 효과를 얻기 위해서 아편제재 중독자들은 점차 더 많은 사용량이 필요하지만 알코올은 그 차이가 별로 없다.

- 사례: 수사현장에서 20대 남성 투약사용자 언동에 의하면 청소년 시절 외국어학연수생으로 갔다가 마라화나(대마초) 여러번 친구들과 흡연하였으나 강력한 반응을 갖지 못하고 심거운 현상으로 필로폰을 정맥주사하여 투약을 시작하였는데 지금은 커피, 음료수에 0.07g 이상을 사용하여야 강력한 맞을 볼 수 있다는 진술을 받았다. 신경적 뇌에서 더 많이 더 강력하게 요구하는 느낌이 자꾸 생긴다는 현장으로 말하고 있다.

(3) 금단증상

금단증상(withdrawal symptom)이란 규칙적인 약물 사용자가 사용을 중단하면 발견되는 특징적인 비자발적 반응으로 마약류를 복용하지 않으면 그 증상이 나타난다.

마약류의 사용 상태에 따라 다르게 나타나며 사용횟수나 사용량이 많을수록 증상의 상태는 더 심하다. 가벼운 증상으로는 눈물을 흘리는 것, 코를 씰룩거리는 것, 제치기, 잦은 하품, 발한적용 등이 있으며, 이 단계가 지나면 팽창, 전율, 소름, 식용상실 등의 현상이 나타난다. 더 뚜렷한 증상으로는 불면증, 가쁜 호흡, 혈압상승, 들뜬 기분 등이 발견된다. 심한 증상으로는 구토, 설사, 간질, 헛소리, 체중감소 등이 있다.

이런 증상은 뇌가 이미 마약류에 중독되어 황폐화 정도가 사용량에 비례해서 더욱 커지게 되었기 때문이다. 마약류의 종류에 따라 금단증상은 다르게 나타나는데, 대마초는 신체적으로 금단증상이 나타나지 않는 반면, 알코올중독은 금단증상이 매우 심하고 위험하다. 따라서 알코올중독자로 판명되면 꾸준히 장기간에 걸쳐 치료받지 않으면 중독에서 헤어나기 어렵다고 하겠다.

사례: 단속현장에서 많은 금단증상을 발견 하였다. 투약자가 흉기공격, 방화, 자실 기도, 쓰러지는 현상을 목격 하였으며, 중독으로 인한 생활로 지속적인 필로폰을 찾고 있었다.

(4) 중독성

신체적, 정신적 남성과 여성, 청소년, 노인 등 변화 현상 외 중독성 현상은 1회 이상 상습적으로 사용자와 자신이 치료목적으로 사용하는 약 또는 독이 입을 통한 섭취나 호흡으로 인한 흡입, 피부를 통한 흡수, 주사 등의 형태로 인체에 들어와 건강에 해로운 영향을 미치는 상태에서, 의약품이나 약물 등의 과다 복용 또는 습관성 복용 등 무제한 약물 남용으로 인해 발생한다. 초기 중단하지 않을 경우 심각한 중독성에 의한 정신범죄자로 전환되면서, 최근 살인, 강도, 강간, 성폭행, 폭력, 운전사고, 자살 등의 사고를 일으키기도 하고, 훗날에 무서운 후유증에 시달리기도 하면서 치료할 수 없는 현상으로 이어 갔다.

(5) 재발현상 (약물 상습투약자 중단할 경우 나타나는 현상)

재발현상(flashback)은 마약류의 복용을 중단한 뒤에도 비정기적으로 과거에 마약류를 복용했을 당시의 환각 상태가 나타나는 현상이다. 필로폰 등 환각제 남용자에게 주로 많이 볼 수 있는데 마약류가 끊기 힘든 이유 중의 하나가 바로 이런 재발현상이다. 상당한 기간 동안 성공적인 과정을 밟아가던 환자들이 어느 날 갑자기 찾아온 재발현상 때문에 다시 옛날로 돌아가는 경우를 현장에서 자주 볼 수 있다.

이와 같은 재현현상은 환각제 사용을 중단 한지 1주일, 1개월, 1년 또는 수년이 지난 후에도 나타나며 이때의 상황은 과거 환각제 경험에서 나타났던 상황들과 관계를 맺게 된다. 이 재현 현상은 매초·매분 동안 지속되는 경우뿐만 아니라, 매시간 동안 나타나는 장시간 지속되어 실제 복용 당시와 같은 즐거움을 맛볼 수 있다고 한다.

그러나 과거의 환각제 복용 당시의 경험이 비참할 경우와 연관될 때에는 심한 공포와 두려움을 자아내거나 때로는 비인격적인 행위를 하기도 하며 자살을 기도하기도 한다. 현대의학에서도 재현 현상이 왜 일어나는지는 정확히 규명하지 못하고 있는 실정이다. 또한 필자는 현장에서 전과 7범으로 교도소에서 복역 출감 후 다시는 필로폰을 사용하지 않는다는 맹세를 하였지만 1개월 이상 견디기 어려워서 다시 필로폰을 사용하였다고 자백하였다.

(그림 2-1) 약물(마약류)의 약리학적 작용 (약물별 특성)

분류	종류	약리작용	의약용도	사용방법	부작용	작용시간
마약	아편	억제	진정, 진통	경구, 주사	도취감, 신체조정력, 상실, 사망	3-6
	모르핀	억제	진정, 진통	경구, 주사		
	헤로인	억제	진정, 진통	경구, 주사		
	코카인	흥분	국소마취	주사, 코흡입	흥분, 정신혼동, 사망	2
	메타돈	억제	진정, 진통	경구, 주사	아편과 동일	12-24
	염산페타민	억제	진정, 진통	주사	아편과 동일	3-6
	펜티닐	억제	진정, 진통	경구, 주사	호흡곤란, 현기증, 근육마비	4-6
향정신성의약품	메트암페타민	흥분	식욕억제	경구, 주사, 코흡입	환시, 환청, 피해망상, 사망	12-34
	바르비탈류	억제	진정, 수면	경구, 주사	취한행동, 뇌손상, 호흡기장애, 감각상실	1-6
	벤조디아제핀류	억제	신경안정	경구, 주사	〃	4-8
	LSD	환각	없음	경구, 주사	환각, 환청, 환시	8-12
	날부핀	억제	진정, 진통	주사	정신불안, 호흡곤란, 언어장애	3-6
	덱스트로메트로판, 카리소프로돌	억제	진해거담	경구	취한행동, 환각, 환청	5-6
	펜플루라민	환각	식욕억제	경구	심장판막질환, 정신분열	6-8
	케타민	억제	동물마취	경구, 주사, 흡연	맥박, 혈압상승, 호흡장애, 심장마비	1-6
대마	대미	환각	없음	경구, 흡연	도취감, 약한 환각	2-4

참조 : (대검찰청 마약범죄백서 2023)

2) 마약류(약물)의 종류

가) 마약류의 종류

세계적인 "마약"에 대한 분류는 다양한 방법이 있다. 국제적으로 분류되는 방법은 조약에 의한 분류로 마약과 향정신성물질로 나누는 방법이 있으며, 이는 국제적으로 통용되고 있다. 이 방법에 의하여 마약단일협약에 의해 설립되어 마약의 국제적 단속에 중추적 역할을 하고 있는 국제마약관리국의 분류상 마약에 속하는 것은 황색 목록, 향정신성물질은 녹색목록으로 나누어 관리하고 있다.

이러한 분류방법 외에 일반적으로 사용되는 분류로는 작용하는 성장에 따라 환각제와 억제제, 약리작용에 따라 마취제 · 진통제 · 환각제 · 각성제 · 진정제로, 의존성 측면에서 중독성 약물과 습관성 약물로 생성원에 따라 천연마약과 합성마약 그리고 반합성 마약으로 분류할 수 있다. 필자는 "마약류"용어 사용하면서, 우리나라의 경우 마약류를 통제하기 위한 법률은 약리적 성질을 바탕으로 법제화한 것이 아니라 특정 약물이 문제될 때마다 그 약물은 규제하기 위한 입법이 이루어져 왔으며, 이에 따라 마약법, 향정신의약품관리법, 대마관리법 등으로 나누어 관리되어왔다. 이들 법의 통합이 필요하다는 관리자와 단속, 정책에 따라 "마약류 관리에 관한 법률"로 이 세 법이 통합된 뒤에도 여전히 마약류의 분류는 그대로 두고 있어 마약류를 마약, 향정신성의약품, 대마 등 3종류로 분류하고 있다. 이러한 분류는 국제사회에서도 천연마약을 관리하기 위한 마약에 관한 단일협약과 향정신성물질협약 등으로 나누어 관리되고 있으나 필자는 약사법 규정에 의한 3가지로 분류하여 설명한다.

(그림 2-2) 마약류의 종류

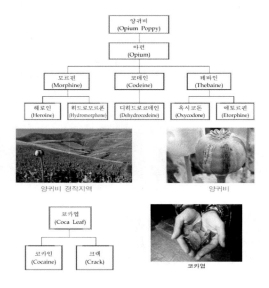

참조 : (출처, 구글 자료)

(1) 마약 (양귀비)

유엔의 마약에 관한 단일협약에 따라 1961년 생산과 사용을 특별히 규제한 마약으로, 마약이란 생아편 · 아편 · 코카엽 등과 이들에서 추출되는 모든 알카로이드로서 천연마약·반합성 마약·합성마약으로 세분되는데, 일일이 열거하기 어려울 정도로 종류가 많다. 지금은 화학적 합성에 의한 마약류의 남용이 크게 늘어나고 있으나, 전통적으로 마약류 남용의 중심이 된 것은 마약이었다. 전통적 마약원료인 생약으로부터 추출되는 천연마약과 화학적으로 합성되는 합성마약으로 분류할 수 있다. 천연마약은 다시 앵속 과실을 원료로 하는 아편알카로이드계와 코카나무를 원료로 하는 코카알카로이드계로 나눌 수 있다. 아편알카로이드계 마약으로는 아편, 모르핀, 헤로인 등이 있으며, 모두 앵속(양귀비꽃)으로 만든다. 코카계 약물은 코카관목의 잎에서 채취되는 코카인과 코카인 염화물을 가공하여 만들어지는 크랙이 있다. 합성마약에는 페치딘계, 메사돈계, 모르피난계, 아미노부텐계 및 벤조몰핀계의 5종이 있다

(가) 천연마약

(1) 앵속(Opium poppy)

앵속은 일명 양귀비라고 불리는 식물로서, 온대 및 아열대 기후에서 자라는 양귀비속 1년생 식물로 기원전 5,000년경 지금의 이라크지방에 살았던 사람들이 아편에 관한 지식을 돌에 새겨서 전하고 있는데 이것이 아편에 관한 인류의 최초의 기록이다. 그리고 그리스 의학자 히포크라테스는 4세기경 이미 질병 치료에 양귀비에서 추출한 액체를 권장하였다고 한다. 앵속은 기원전 300년경부터 지중해 지역에서 자생하였으며, 이후 태국, 중국 등 아시아 지역 및 멕시코 등 중남미지역으로 퍼져 나갔음. 마약에 관한 국제 협약 상 앵속은 "파파베르 솜니페룸 엘"만을 규정하고 있으나, 우리나라의 마약류 관리에 관한 법률에는 "파파베르 세티게름 디·시", 파파베르 브락테아툼 과 3가지 포함하고 있다.(동법 제2조 제2호 가목)

(2) 아편(Opium)

아편이란 말은 희랍어로 OPOS(유액,액즙)에서 유래된 것으로 마약 중에서 가장 오래 전부터 알려진 아편은 고대 BC 4,000년경 고대 수메르 사람들이 기쁨의

식물(hul+gil)이라 불렀고 고대 그리스와 로마에서 의약품으로 사용하였다. 기원전 500년경 지금의 이라크지방에 살았던 사람들은 아편에 관한 지식을 돌에 새겨 전하고 있다. 이것이 아편에 관한 인류 최초의 기록이다. 그리고 그리이스의 의학자 Hyppocrates는 4세기경 이미 질병의 치료에 양귀비에서 추출한 하얀 우유 수액을 권장하였다. 한다. 따라서 법은 아편은 앵속의 설익은 열매껍질의 우유빛 추출액이 응집된 물질로서, 마약류 관리에 관한 법률에는 "앵속의 액즙이 응결된 것과 이를 가공한 것(의약품으로 가공한 것을 제외한다)"로 규정하고 있다

(3) 알칼로이드(Alkaloid, 식물 속에 내포)

앵속 및 아편에는 약 30종의 알칼로이드(alkaloid)가 함유되어 있는 것으로 알려져 있음. 아편 알칼로이드의 약리작용으로는 진정, 진통효과를 나타내며, 부작용으로는 정신적, 신체적 의존성이 강력함. 이러한 의학적 성질과 의존성의 생성 특성은 주 알칼로이드인 모르핀과 코데인에서 발견되었다.(알칼로이드 : 식물체 속에 존재하는 질소 화학물로서 식물체 속에서는 대부분 산과 결합하여 염을 형성하며 보통 쓴맛이 있고 알카리성 반응을 나타낸다).

(4) 모르핀(Morphine)

모르핀은 지금까지 알려진 아편 알칼로이드 중 가장 중요한 페난트렌 알칼로이드로서 중추신경에 강한 영향을 준다. 아편의 주된 약리작용을 대변하고 있으며, 모르핀은 현재 마약인 코데인 제조의 원료로서 주로 사용되어 질 뿐 아니라, 세계에서 가장 큰 문제를 일으키고 있는 헤로인의 불법제조 원료로 사용되고 있다.

(5) 헤로인 : (디아세칠모르핀 (Diacetymorphine)

디아세칠모르핀은 일반적으로 헤로인(heroine)으로 불리는데, 헤로인은 독일에서 유래 1874년 최초 합성,1898년 독일 바이엘사 진통제로 판매,1924년 생산과 수입전면금지, '강력하다'는 의미의 독일어 'Heroisch'에서 유래된 말로서 세계적으로 널리 남용되어 문제가 되고 있는 약물이다.

(6) 코데인(Codeine)

코데인 역시 아편 알칼로이드로서 마약의 일종으로 의학적으로는 진통작용은 모르핀에 비하여 뒤떨어지지만 호흡 장애, 해소, 수면 촉진 등 진정작용은 모르핀보다 우수하며, 비교적 신체적 의존성이 미비하게 존재한다.

(7) 코카인(Cocaine)

코카인은 코카나무 코카잎 추출한 알칼로이드로서 코카나무는 볼리비아, 페루, 콜롬비아 등지의 안데스산맥 고지대에서 자생하는 수목으로서 코카잎에는 약 0.6~1.8 퍼센트의 알칼로이드 성분이 함유되어 있다. 알카로이드에서는 중추신경을 자극하여 쾌감을 야기하는 천연마약이다. 고대 잉카제국에서 제사장들이 종교의식 중에 최면 효과를 이를 내거나 일반인들은 배고품이나 피로감을 잊기 위해 상용하였다. 코카잎은 1532년에 유럽 전해졌고 1873년 에 처음 으료용 진통제로 사용되었으며, 의료용으로는 국소용 마취제사용 사용된다. o남용방법은 보통 코카잎을 씹거나, 코카 반족(코카베에스트)를 섭취 하거나, 결정체 분말을 코로 흡입(코킹)하거나 주사기로 투약한다. 코카인은 약효가 빠르고 강력한 도취감을 일으키는 중추신경계 각성제로 과도한 양을 사용하면 피부에 벌레가 기어 다니는 느낌 (환촉)이 나타나고 맥박이 빨라지며, 호흡이 불규칙해지고 열과 경련이 나타나며 결국 호흡곤란으로 사망한다.

@ 크랙(crack)은 코카인과 탄산나트륨 등을 물에 희석하여 불로 가열한 후 냉각시켜서 추출한 백색의 결정체로, 코카인보다 중독성이 몇 배 강하며 유리관에 넣어 가열하거나 기포화하여 흡입한다.

(8) 펜타닐(Pentazocine)

정맥주사, 정제, 붙이는 패치 약물로 순수한 아편 유사 진통제로 진통 효과를 위해 의사 처방에 약사가 판매하는 마약성 약물이다. 최근 미국에서 마약중독자가 한 해 동안 약 7만 5천여명 사망으로 사회 혼란을 야기하는 마약이다. 우리나라에서도 최초로 경남지역 청소년들이 투약 사용으로 심각한 청소년 마약으로 대두되고 있으며 특히 불법 투약 사 용시 강력한 인체에 치명적 결과를 가져올 수 있는 마약이다. 의료용 사용 시 말기 암 환자, 복합부위 통증 증후군 환자, 대형 수술 환자용 진통제로 사용되는 합성마약이다. 그 또한 위력으로는 모르핀의 약 200배, 헤로인의 약 100배에 달하여 완전치사량도 2mg에 불과하여 극미량이라도 잘못

흡입할 경우 인체에 치명적인 결과를 가져오며, 중독자의 경우 환시, 환청, 호흡억제 증상, 서맥 등 금단증상 현상이 발생 된다. 또한 MZ세대들이 펜타닐과 알코올, 다른 아편유체를 희석 할 경우 심각한 환각 인한 급성중독으로 사망 할 수 있다.

나) 합성마약

합성마약은 모르핀 유사효과를 지닌 강력한 진통제 개발에 따라 합성된 마약으로서, 구조의 유사성에 따라 페치딘계, 매사돈계, 모르피난계, 아미노부텐계 및 벤조모르판계의 5종으로 분류하고 있으며, 현재 약 35종이 알려져 있으나 그 중 페치딘과 메사돈,펜타닐 등이 주로 남용되고 있다.

(1) 페치딘계(Pethidine)

페치딘은 최초로 개발된 합성마약으로서 중추신경계에 작용하여 진통제로 가장 광범위하게 사용되고 있음. 1939 O. Eiseleb가 페치딘을 합성하였고, O.Schaumann이 몰핀과 비슷한 진통작용이 있음을 발견하여 Dolantine이란 이름으로 시판한 것이 합성 마약의 시초로서 현재 페치딘, 펜타닐, 디펜녹실레읕 등 약 101종에 이르고 있다.

(2) 메사돈계(Methadone)

메사돈은 2차대전 중 모르핀 부족을 해결하기 위하여 대용 마약으로 독일의 한 과학자에 의하여 합성되었음. 그러나 독일에서는 독성이 강하여 사용되지 않았고, 1946년 이후 미국, 영국 등지에서 사용되기 시작하였다. 메사돈의 약효는 모르핀보다 더 긴 24시간 동안 지속된다는 점에서 아편제에 의한 마약중독 치료에 사용되어 왔으나 '60년대 우리나라에서는 이를 남용, 메사돈 파동을 야기한 바 있으며, 현재 메사돈, 아세틸메사돌, 디피파논 등 약 22종이 알려져 있다.

(3) 기타 모르피난계(Morphinane), 아미노부텐계(Amionbuten), 벤조 모르판계(Benzomorphan)

※ 모르피난계 8종, 아미노부텐계 4종, 벤조모르판계 2종 등이 있으며 벤조모르판계 중 펜타조신은 향정신성의약품으로 분류되어 있다.

(그림 2-3) 향정신성 의약품

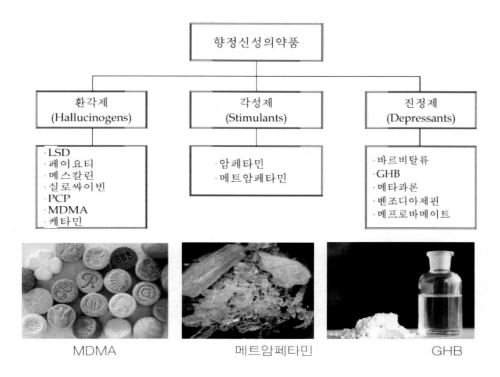

MDMA 　　　메트암페타민 　　　GHB

참조 : (출처, 구글 자료)

다) 향정신성 의약품

향정신성의약품은 인체의 중추신경계에 작용하는 것으로서 이를 오용 또는 남용할 경우 의존성으로 인체에 현저한 해독을 가져오는 약물을 말하는데, 각성제 · 환각제 · 억제제 등의 수백여 가지가 개발되어 있다. 이는 1971년 향정신성물질에 관한 협약에 의해 국제적 규제의 대상이 되고 있다. 오늘날 화학의 발달과 함께 규제의 대상이 되는 향정신성의약품은 갈수록 늘어나고 있다.

향정신성의약품은 오남용의 우려가 심하고 의료용으로 쓰이지 아니하며 안정성이 결여 되어 있는 것으로서 이를 오남용할 경우 심한 신체적 또는 정신적 의존성을 일으키는 약물이나 이를 함유하는 물질이나 이들의 혼합물질 또는 혼합제제를 말한다. 그러나 다른 약물이나 물질과 혼합되어 위의 물질로 다시 제조 또는 제제할 수 없고, 그것에 의하여 신체적 또는 정신적 의존성을 일으키지 아니하는 것으로서 총리령이 정하는 것을 제외한다. 이러한 향정신성의약품은 그 약리작용에 따라 각성제, 환각제, 억제제로 나눌 수 있다.

(1) 메트암페타민 (필로폰, 히로뽕.빙두,어름)

대표적인 국내 향정신성의약품 마약류인 메트암페타민은 속칭 '히로뽕'으로 불리는 국내 주종 남용 약물로서 마약류 관리에 관한 법률 제2조 제4호 소정의 '암페타민 및 이와 유사한 각성작용이 있는 물질' 중 하나로 중추신경을 자극하는 각성제이다. 우리나라에서는 속칭 히로뽕이라 불리는 결정체 메스암페타민이 널리 사용되고 있으며, 미국에서는 가루, 액체 형태의 methamphetamine (speed)과 결정체 형태의 methamphe - tamine(Ice)으로 구분되어 사용되고 있다. 우리나라에서는 '히로뽕', '백색의 공포', '공포의 백색가루', '악마의 가루'라고도 불리며, 불법 사용자들 사이에서는 '백색의 황금', '뽕', '가루', '술', '크리스탈' 또는 '물건' 등으로 불리기도 하고 '총'으로 불리는 경우도 있다. 결정체 메스암페타민이 미국에서는 아이스(ice), 일본에서는 각성제라고 통칭되고, 필리핀에서는 샤부(shabu), 대만에서는 아미타민, 북한 어름, 중국 빙두이라고 불려진다. 메스암페타민은, 1888년 일본의 나가이가 한방에서 천식 약으로 사용하는 마황에서 에페드린을 추출하는 연구과정에서 처음으로 발견하였으나 장기간 결말을 보지 못하다가 1919년에 오카타가 이를 합성하는데 성공하였다. '히로뽕'이라는 말은 'Phinopon'의 일본식 발음이며, 이는 일본의 대일본 제약주식회사에서 개조하였던 각성제의 상품명으로서 우리나라에 들어와 메스암페타민은 '히로뽕'이라 속칭하게 되었으며, 현재는 일반 명처럼 변하였다. 'Philopn'의 어원은 희랍어의 'Philoponos'에서 유래하며, 이는 '일하는 것을 사랑한다'는 의미를 지니고 있다. 따라서 일본에서 각성제를 제조하여 상품명을 지명 할 때에, 이를 사용하면 잠을 쫓고 열심히 일을 할 수 있다는 뜻으로 이 이름을 택한 것으로 보이며 또 다른 이에 따르면, 메트암페타민이란 각성제로서 중추신경 흥분 1종으로 대뇌피질에 작용하여 정신적 기능을 향상시키고 피로감 및 잠을 자지 못하며, 작업 능률을 일시적으로 향상 시키는 물질로 인정되나 활용에 있어서 습관성 및 탐닉성을 일으켜, 망각, 망상, 인격변화 등을 가져오는 마약류이다. 이러한 피해 때문에 각성제 마약류관리관한법률에 의하여 투약 및 소지 등을 엄하게 금지하고 있으나 최근까지 불법제조, 밀수, 공급, 판매 등을 근절되지 않은 국내 최고의 전통 마약류로 자리 잡고 확산되고 있다.

그에 따라 메트암페타민이란 필로폰.(히로뽕)의 모친인 암페타민 각성제1종이다. 1887년 "에데레모"라는 사람에 의하여 처음으로 합성되어 1910년 영국인인 "바-크" 및 "다래"라는 사람에 의하여 그 약리적 연구가 시작 되었으나 단지 "에피네프린"의 유사 화학물 정도 이상은 생각하지 아니 하였던 것이다.

(2) MDMA(엑스터시)

국내 신촌, 이태원, 강남지역 청소년 활동지역에서 판매되는 환각제 마약류로 1912년에 최초로 약물로 합성되고, 1970년대 미국 캘리포니아에서 처음으로 심리치료 보조제로 사용하였다. 우리나라에서는 1999년도 외국에서 유학생 및 해외교포에 의해 밀반입 확산되고 2000년7월부터 마약류로 지정된 마약이다. 그러나 국내에서 사용한 연도는 1998년 8월 서울북부경찰서에 의해 처음으로 적발된 MDMA 역시 알약 형태로 제조된 신종마약이다. 가격은 싸면서도 환각작용은 히로뽕보다 3~4배 더 강하며 약식소변검사로는 투약 사실을 확인하기 어려운 것으로 알려져 있다. 히로뽕과 유사한 화학적 구조를 가진 합성 마약인 MDMA는 이미 2~3년 전부터 호주·독일·영국 등 서구에서는 '엑스터시'라는 이름으로 유행했었다. 더욱이 이는 히로뽕 1회 투약량의 3배 분량인 MDMA 한 알의 암거래 가격이 4만~8만원으로 히로뽕(1회 투약량 8만~10만원)에 비해 훨씬 싸다는 점에서 매우 위험한 마약으로 꼽히고 있다.

엑스터시는 암페타민과 유사하며, 150mg 가량 투약하면, 약 30분간 방향 감각을 상실하고, 때로는 발작적 경련 증상을 보이기도 한다. 엑스터시를 장기간 사용 시 불면증, 집중력 저하, 학대망상, 공항발작, 우울증, 수면문제, 편집증, 구역질, 실신, 오한 등 부작용을 발생시키며, 심장박동과 혈압을 증가시켜 순환기 질환이나 심장질환이 있는 사람에게 특히 위험하다. 또한 생각과 기억에 관여하는 뇌 부위에 장기간 지속되는 손상을 입힌다. 백색분만, 캡슐, 알약 형태로 밀거래 된다.

(3) LSD

최근 MZ세대가 사용하는 약물로 1938년 독일 화학자자인 알베르트 호프만에 의해 리세르그산 기초 합성, 1950년도 각광받아 던 마약으로, 1960년 초 미국의 심리학 교수에 의해 처음 세상에 등장한 LSD(Lysergic Acid Diethylamide)라는 환각제는 1960년대 중반부터 미국의 젊은이들이 폭발적으로 복용해 엄청난 사회적 문제를 일으킨 적이 있다. 이 환각제를 복용하고 고층빌딩에서 자살하는가 하면 한 여자는 알몸으로 거리를 질주하기도 했다. 이 때문에 LSD는 '70년대 미국에서 법으로 금지하고 강력한 단속을 통해 자취를 감추었었다. 우리나라에서는 LSD가 '90년대 초 처음으로 적발되면서 이름이 알려지게 되었고 급속한 확산을 하고 있는 것으로 알려졌다.

LSD는 극소량인 25 마이크로그램(먼지1입자 크기)만 투약 후 30분 후 효과가 발생하며 6-12시간 동안 환각증세를 지속시킬 만큼 강력하다. 게다가 환각증상으로 의사소통에 대한 탈언제, 시청가 이상을 수반한 감각 변화, 체감각 이상, 공감각, 시간감각 상실 심하고 염색체에 치명적인 문제를 발생시켜 기형아를 출산, 유산 등 심각한 후유증이 뒤 따른다. 또 LSD는 환각증서 예측할 수 없는 행위를 하기 때문에 더욱 위험하다.

LSD는 다른 마약에 비해 매우 값싼 편으로 LSD 한 조각이 2만원 정도에 불과해 유흥가를 중심으로 젊은이들 사이에 확산되고 있는 것이다. 또 알약 형태거나 빨아 먹을 수 있는 형태로 제조되기 때문에 단속도 쉽지 않다.

(4) 카트 (Khat)

카트는 예덴과 에티오피아에서 그리고 동부 아프리카 및 남부 아라비아 반도의 해발 789m의 고도에서 자생하는 관목의 일종으로 잎사귀 부분 흥분제 또는 기력 회복제 성분을 함유하고 있다 카트는 크기는 1.5~4m자라고 나뭇잎에서 향정신성 환각효과를 주는 성분Cathinone과 Cath1ne이있으며 그 효과는 안페타민에 견줄 정도로 강하다. 또한 나뭇잎에는 당분, 타닌, 휘발성 기름 등이 함유되어 있다. 상습 중독자는 자살 가능이 있다.

(5) 펜플루라민 (살 빼는 약)

중국, 태국 등지에서 중국교포 보따리장수, 관광객, 중국 인터넷사이트 등을 통해 밀수되는 마약류로 분불납명편, 분미림편, 섬수, 상주청, 철선감미교환, 건미소감비요환 등 제품명으로 판매하고 일반인에게는 살 빼는 약으로 판매하고 있으며, 국내 최초사례로 '분불납명편'은 1999년 7월말 인천의 밀수조직이 62만정(7000명이 1개월 동안 복용할 수 있는 분량)을 중국에서 밀반입하려다 서울지검 강력부에 적발되었다. 이는 운동하거나 식사량을 줄이지 않고도 저절로 살이 빠지는 비만 특효약으로 알려져 주부들 사이에서 알음알음으로 선풍적 인기를 끌고 있는 마약이다. 지난해부터 중국을 드나드는 보따리 장수들에 의해 소규모로 밀반입돼 단속 이전까지는 서울 남대문시장 수입상가 등지에서 공공연하게 판매되기도 했다. 중국에서 비만, 고혈압, 당뇨치료제로 개발된 분불납명편은 중국 현지에서는 약국에서 쉽게 살 수 있고 가격도 20mg짜리 알약 60정들이 1세트(20일분)가 3,000원 정도에 불과해 중국관광객들이 선물용으로 사오다가 통관과정에서 압수당하는 사례도 많았다.

중국교포 들이 밀반입 판매하는 일명 살 빼는 약 분불납명편은 히로뽕과 비슷한 성분으로 식욕을 억제하는 데 탁월한 효과를 발휘하는 것으로 알려져 있으나 복용을 중단하면 곧바로 다시 살이 찌는 등 결국에는 살 빼는 효과가 없다고 한다. 오히려 살 빼는 데 집착해 장기간 많은 양을 복용했을 때는 정신질환을 일으키거나 심하면 사망하는 일도 있다는 게 전문가들의 설명이다. 국내에서도 과다 복용으로 환각 상태에서 자식을 살해한 사례도 있다.

(그림 2-4) 대마

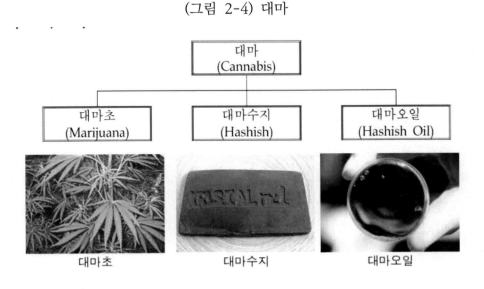

대마초　　　　　　대마수지　　　　　　대마오일

참조 : (출처, 구글자료)

(6) 대마초, (마리화나)

대마 (삼,hemp) 대마(大麻) 삼(마리화나) 학명: 카나비스 시티바 엘

나이 연령 관계없이 대중적으로 대다수 흡연하고 있는 대마는 중국에서 기원전 3000년경부터 사용한 섬유작물 중 하나로 기후나 풍토에 쉽게 적응하여 시베리아 등 한대지방에서 열대지방에 이르기까지 세계 각 지역에서 서식하는 초본식물이다. 칸나비스 속 일년생 식물로서 중국, 인도, 북부아프리카, 중남미 등 광범위한 지역에서 수세기 전부터 섬유 및 천식, 각기병, 변비, 말라리아, 류머티즘, 두통 등의 치료약물로 재배 하였다.

대마초는 60여 종의 칸나비스 속 일년생 식물로서 중국, 인도, 북부아프리카, 중남미 등 광범위한 지역에서 수세기 전부터 섬유 및 천식, 각기병, 변비, 말라리아, 류머티즘, 두통 등의 치료약물로 재배 하였다. 국내에서는 1960년 이후 월남전이 한창이던 시기에 확산 되었고, 마약류관리에 관한 법률에 의하면 '대마초와 그 수지 및 대마초 또는 그 수지를 원료로 하여 제조된 일체의 제품'을 말한다. 다만 대마초의 종자 · 뿌리 및 성숙한 대마초의 줄기와 그 제품을 제외한다. 대마나 마리화나라 불리는 삼은 재배역사가 가장 오래된 식물 중의 하나로 과거에는 주로 섬유를 얻기 위해 재배하였으며 쾌락을 위한 남용은 비교적 최근의 일이다. 세계적으로 널리 퍼져 있으며 미주지역과 아프리카는 주요 생산지이자 소비지역이며, 2014년 미주지역 압수량이 전 세계 대마초 압수량의 3/4을 차지하였고, 아프리카는 전체의 14% 유럽은 5%의 압수량을 기록 하였다. 그리고 역사적으로 대마 줄기의 섬유는 삼베를 짜거나 로프, 그물, 천막 등의 원료로 쓰이고, 열매는 향신료의 원료로 쓰인다. 종자는 조미료용이나 오일을 짜는데 쓰인다.

대마 관련 약물로는 **대마초, 해시시, 해시시오일,** 간자(잘게 썬 대마 잎, 종자, 가지 등을 희석한 것)가 있다. 대마는 육체적 의존성과 정신적 의존성 그리고 내성이 거의 없다고 알려져 있다. 그러나 상습사용자는 정신적 의존성을 갖게 된다고 한다. 마리화나가 이와 같은 약리작용을 나타내는 것은 대마 속의 THC(tetrahydrocannabinol) 성분이 함유되어 있기 때문이며, 이 물질이 대마를 사용할 경우 나타나는 여러 가지 약리작용을 주도하는 물질이다. 대마는 의학적으로 진정, 이완, 행복감, 약간의 환각작용 식욕의 증가, 진통효과 등의 의료용으로 사용되는 경우도 있으며, 사용 방법으로는 담배와 섞어 담배 종이에 말아 흡연하

고, 또 다른 방법으로는 뜨겁게 달군 칼날사이에 끼우고 있다가 흡연, 그리고 경구를 통해 사용되며, 대다수 투약사용자는 흡연의 방법을 이용한다. 대마초의 흡연 시 심장박동이 증가하고 체온이 저하되며 식욕이 증진된다. 몸의 조정력이 상실되고 공중에 떠다니는 느낌, 편집 중, 무기력과 무관심, 호흡기 질환, 혼돈, 실제 사실의 왜곡이 뒤따른다. 또한 우울증, 공포, 불안이 심해지며 다량 투약 사용 시 환각까지도 느끼게 된다. 장기간 사용 시 내성과 심리적 의존이 심해지며 지나친 양을 사용할 때는 편집증, 정신이상 등의 정신질환과 같은 상태가 발생되며 ,지속적 투약 사용하는 경우 만성 폐질환과 폐암에 걸릴 가능성이 높으며 생식기관의 기능저하로 사망한 사례가 있으며 처음 사용한 사용자들은 아무 효과가 발생하지 않는 경우도 있다.

  @ 마라화나: 미국에서 대마초 자체 및 이의 부분으로서 사람의 육체와 정신작용에 변화를 일으키는 물질을 총칭하는 의미로 사용되고 있으나, 통상적으로 는 암 대마초의 잎과 꽃이 달린 윗부분을 말려서 만든 담배와 유사한 물질을 지칭하고 있다. 그리하여 세계적으로 대마초와 마리화나는 특별히 구분되지 않고 사용되고 있으나 엄격히 구분하면 칸나비스는 가공되지 않은 대마초를 지칭하며, 마리화나는 잎과 꽃 등 대마초의 부분을 가공하여 직접 사용될 수 있도록 가공된 상태의 물질을 가르킨다.

(7) 해쉬쉬 (Hashish)

대마초로부터 채취된 대마수지를 건조시키고 압착시켜 여러 가지 형태로 제조낸 것이 해쉬쉬이다. 대마수지는 알콜 처리 등 여러가지 방법으로 대마초로부터 채취하나, 중독 등 해쉬쉬 생산지역 원주민들은 가죽 옷을 걸치고 미성숫된 대마밭을 미친 듯이 뛰어다녀 잎과 꽃 등에 달려 있는 대마수지를 옥에 묻힌 다음 이를 긁어내는 방법으로 수집하기도 한다. 보통 1kg의 해쉬쉬를 제조하기 위서는 약 300kg의 대마초를 처리하여야 한다. 해쉬쉬 주요 생산지는 파키스탄, 아프가니스탄, 레바논 등 중독지역이며, 이 지역 이외도 동남아, 인도, 멕시코 ,아프리카, 북미지역에서 생산된다. 해쉬쉬의 색깔은 연갈색, 갈색, 흑색 등 다양하며 거래되는 해쉬쉬는 주로 덩어리 상태이지만, 때때로 거래 또는 밀수되기도 한다, 해쉬쉬에는 2-10% THC가 함유하여 대마초 보다 8배 ~10배가량 작용이 강하다.

(8) 해쉬쉬 오일 (Hashish Oil)

해쉬쉬 오일은 증류 공장 등 반복적인 과정을 거쳐 대마초자제, 부수러기 또는 해쉬쉬로부터 추출되기 때문에 THC의 함량이 20%에 이르는 고도로 농축된 칸나비스 관련 약물이다. 1kg의 칸나비스 오일을 추출하기 위해서는 약 3-6kg의 대마 수지가 소요되며 대마초는 이보다 더 많은 양을 필요로 한다.

자마이카 등에서는 깊은 신속의 외진 곳에서 임시로 만든 증류기를 설치에 놓고 55캔런들이 통속에 대마초를 아세톤, 알콜, 에테르 등과 희석하여 넣은 다음 3일간 계속 가열하여 해쉬쉬 오일을 증류해 낸다. 담배 한 개피에 해쉬쉬오일 1-2방울을 떨어뜨리며 대마초 담배 한 개피의 흡연 효과를 나타내는데, 최근에는 해쉬쉬와 해쉬쉬 오일의 수요가 감소되고 있으며 최근 합성대마 원료 가공되고 있으며 변이된 대마 초콜릿, 대마 껌, 대마젤리, 대마 쿠키 등이 국내 청소년 상대로 확산되고 있다.

3) 신종 마약류

국내 마약류에 대한 국민들의 인식도는 80년 전후 산업화 발달로 국내에서 전통적으로 투약 사용한 필로폰(히로뽕) 양귀비, 모르핀, 대마초 등으로 사용하다가 수사기관에서 마약류관리에 관한 법률에 규정이 없는 마약, 즉 합성된 마약류가 국내에서 발견 국립과학수사연수원에서 마약류에 유사 물질 포함되어 마약류 범죄로 처벌하게 되었던 시기의 마약류를 신종마약이라고 용어를 사용하였다. 그 외도 지속적으로 마약류가 변이되어 국내에 공급이 확산된 시기는 2000년도 이후 과거에 사용하던 마약류가 갑자기 사용자가 확산된 마약류를 말한다. 그리고 과거 또는 외국의 마약 생산국가의 (미얀마, 라오스 태국, 황금에 삼각지대, 미국 등 유럽에서 역사적으로 사용하던 마약류가 국내에서 처음 사용하게 되면 신종마약류라고 한다. 그 왜 특별히 법률에 규정이 없는 마약류로 신종의 용의는 법률상의 용어는 없다. 또한 신종마약류는 개념이 아닌 실무상의 개념이라고 볼 수 있다. UNODC의 신종향물질(New Psychoactive Substances, NPS)에 대한 정의를 보면 '1961년 마약류에 관한 단일협약이나 1971년 향정신성 물질에 관한 협약에 의해 통제되지 않지만 공중보건에 위협이 될 수 있는 남용 약물이라고 정의하고 있다. 여기서 신종

(new)이라는 용어는 반드시 새로운 발명만 의미하는 것이 아니라 최근에 시장에 나타난 물질도 의미한다. 일부 신종향물질은 40년 전에 처음 합성되기도 하였다.

(1) 기존 마약류와의 차이

신종마약류에는 포함되지 않지만 법률상 규제를 받고 있는 약물로는 톨루엔, 초산에틸 등 유해화학물질관리법상의 환각물질과 덱스트로메토르판 등 약사법상의 오·남용 우려 의약품 등이 있다.

마약류란 중추신경계에 작용하여 중추신경 작용을 앙양하거나 억제하는 물질 중에서 신체적 의존성이나 정신적 의존성이 있는 것으로 관련 법규에 의하여 규제대상으로 지정된 물질을 가리킨다.

일반적으로 약리작용에 따라 흥분제(각성제)와 억제제(진정제)로, 의존성 면에서 중독성 약물과 습관성 약물로, 생성원에 따라 천연마약과 합성·반합성 마약으로, 그리고 제조원에 따라 대마, 마약, 향정신성의약품으로 분류한다. 이런 기존 마약류와 신종마약류가 구별되는 점은 환각이나 흥분 효과의 배가, 성적 각성 능력의 증진, 체중의 감소 등 목적의식을 갖고 개발되었다는 점이고 특히 사용상의 불편함을 크게 개선시킨 물질들이다. 최근 확산되고 있는 신종마약류는 기존 마약류와는 몇 가지 다른 특징을 가지고 있다.

첫째, 저렴한 가격이다. 기존의 마약류는 고가(코카인 1g 13만원, 히로뽕 1g 46만원)에 거래되었지만 신종마약류는 훨씬 저렴(엑스터시 1정 4~15만원, 해쉬쉬 1회분 수천 원)한 가격으로 거래되고 있다.

둘째, 간편한 복용방법이다. 주사기·필터·아편흡식기구 등 다양한 도구를 이용한 기존마약과는 달리 신종마약류는 경구투약 또는 담배형식 및 음료수처럼 마시는 것도 있어 그다지 거부감이나 두려움이 없다. 또한 적발 시 증거가 남지 않는 경우도 있어 신종 마약류를 선호하는 경향이 짙다.

셋째, 다변화된 공급루트이다, 기존의 마약류공급 루트는 동남아와 중국 등이었으나 국내 마약시장 규모가 커지면서 중국 이외의 제 3국으로 공급선이 확대되고 있다. 기존 마약류의 출처국은 천연마약생산지와 인접국가 및 범죄단체 등으로 단순하였지만 신종마약류는 중국, 태국, 필리핀, 러시아, 캄보디아, 방글라데시, 미국 등으로 확대되고 있다. 출처국의 다변화와 더불어 운반책도 다양화하고 있다. 기존 마약류의 운반책은 내국인이 절반이었으나 현재는 방글라데시, 태국, 미국, 필리핀, 러시아, 중국, 캄보디아, 이란, 나이지리아, 파키스탄인 등 다양하다.

넷째, 다양한 유통과정이다. 기존 마약류는 빈곤층과 취약 층 및 장년층 남성, 유흥업소 종사자, 연예인, 과학자, 의사 등에서 유통되는 반면 엑스터시와 살 빼는 약 등 신종마약류는 가정주부, 전문직 종사자, 20대 미혼여성 사이에서 급속히 확산되고 있는 것으로 드러났다. 지금까지 마약 복용자는 대부분 경제력이 있는 30~40대였는데, 요즘은 10대 청소년도 엑스터시를 복용하고 있다. 이와 같이 특징은 신종마약류의 급속한 확산에 영향을 주고 있다.

(2) 신종마약류 남용원인

신종마약류의 남용원인은 기존의 마약류가 널리 퍼지는 이유와 크게 다를 바 없다. 그러나 신종마약류가 갖고 있는 특징과 이에 따른 선호의 차이가 신종마약류의 확산을 부채질하고 있으므로 이하에서는 개인적 원인과 사회 환경적 원인으로 나누어 기존 마약류의 확산배경이기도 한 원인들을 보다 구체적으로 살펴보기로 한다.

가) 개인적 원인

개인적 원인으로는 부모로부터 물려받은 유전적 요인과 인격적 미숙·자아장애·사회화의 부족 등의 성격적 요인·정서불안·자존심 보호·우울증·무력감·반항심·권태감·오락·기분전환·고통회피·현실도피·성취욕구의 대리만족 등의 심리적 요인, 질병치료·성적자극 등의 신체적 요인이 있으며, 신념, 종교적 신앙, 정치적 성향 등의 가치, 태도적 요인 등이 있다. 이런 요인들을 종합해 보면 쾌락추구, 호기심, 의료목적치료의 결과, 마약류에 대한 무지, 사회부적응과 스트레스 등으로 나눌 수 있다.

- 쾌락추구

신종마약류는 특히 강한 성적 충동을 유발하는 것으로 알려져 있다. 앞서 신종마약류의 종류와 약리작용에서 밝힌 바와 같이 엑스터시나 야바 등은 히로뽕이나 코카인 등과 같은 기존의 마약류보다 매우 강한 성적 충동을 불러일으킨다. 사람들은 신종마약류가 지니는 이러한 속성 때문에 이들을 남용한 상태에서 동료들과 파티를 열거나 변태적이고 연속적인 관계를 목적으로 신종마약류를 선호한다. 또한 환각효과가 가져다주는 행복감 혹은 도취감을 기대하고 남용하기도 한다.

- 호기심

미지의 세계에 대한 호기심은 누구에게나 존재하지만, 특히 청소년들에게 있어서는 거의 본능적이다. 대검찰청 마약류범죄백서에 따르면 마약류범죄의 원인 중 호기심이 가장 많은 비율을 차지하고 있다. 전체 마약류사범의 범죄원인별 점유율을 보면 호기심, 유혹, 중독, 영리 순으로 특히 호기심 및 유혹이 전체의 절반이 넘는 50.6%를 차지하고 있다. 이것은 대국민 계몽, 교육 등 홍보활동을 적극 전개하여 일반국민으로까지 확산되는 것을 방지할 필요가 있음을 나타낸다. 그러나 오히려 이러한 홍보가 호기심을 부채질할 수도 있기 때문에 홍보의 구체적 내용 선정 및 정책시행에 있어서 신중할 필요가 있다. 호기심으로 처음 약물을 경험하는 사람들은 약물을 경험한다고 해서 모두가 중독자가 되는 것은 아니라는 생각을 가지는 경우가 많으나, 불행하게도 그들 중 많은 사람들이 그 후에도 약물사용을 계속하게 된다.

나) 의료목적 치료의 결과

6.25 전쟁 및 월남 파병으로 인해 부상을 당한 사람들이 통증을 잊기 위해 마약류를 남용하다가 중독자가 되었듯이 마약류는 진통효과와 환각효과를 동시에 가지고 있기 때문에 마약류 중독자들은 이러한 진통효과와 환각효과의 환상에서 벗어나지 못하고 계속 마약류를 탐닉하게 된 것이다.

일반적으로 마약류는 진통효과와 환각효과 및 식욕억제 효과를 갖고 있다. 특히 살 빼는 약은 식욕감퇴와 지방분해 효과 및 설사를 유발하는 성분을 갖고 있으므로 주부나 미혼 여성들 사이에서 탁월한 비만치료제로 오인되어 확산되고 있는 실정이다. 또한 일부에서는 신경통, 류마티스 및 신경성 질환으로 고통을 받거나 비만으로 고생하는 사람들이 진통효과를 기대하고 이를 남용하는 경우도 적지 않은 것으로 알려지고 있기 때문에 마약류 남용자는 지속적으로 증가할 것으로 보인다.

다) 마약류에 대한 무지

최근에는 마약류에 대한 무지로 인하여 마약류 남용자가 늘고 있는 상황이다. 특히 여성들은 '살 빼는 약'이라고 하며 접근하는 마약밀매업자에 속아 넘어가 마약중독자가 되는 경우가 매우 많다. 특히 화장품 외판원을 가장한 공급조직들이 살 빼는 약이라고 속여 마약성분이 함유된 다이어트 식품을 판매한 다음 여성들이 중독

증세를 보이면 본격적으로 마약류를 판매하는 수법을 사용하기도 한다. 이러한 것들은 마약류에 대한 무지로 인하여 마약류 중독자를 양산하는 대표적인 예이다.

라) 사회부적응과 스트레스

신종마약류 남용자들은 쾌락의 추구나 호기심 때문에 마약에 손을 대는 경우도 있지만 최근에는 사회생활을 영위하면서 정신적·육체적 고통이나 스트레스를 해소하기 위해 마약류에 빠져드는 경우도 많은 것으로 나타나고 있다. 특히 IMF 이후 이러한 경향은 더욱 뚜렷하게 나타나고 있다. IMF 이후 경제적 기반이 무너진 중산층들이 고통과 불안을 잊기 위해 마약의 유혹에 빠져드는 것이다. 이러한 근거로서 1998년부터 마약류사범의 수가 가파른 상승곡선을 그리고 있고 마약류 남용계층도 과거의 유흥가·투전판·연예계·상류층으로부터 전문직과 샐러리맨 등으로까지 확산되는 추세이다.

마) 기타

범죄를 저지르기에 앞서 불안감을 극복하기 위해 마약류를 남용하는 경우도 있는데 이는 주로 지하철 내 소매치기나 성추행사범 중에 이러한 사례가 있는 것으로 알려지고 있다. 또한 운동선수들이 승부에 너무 집착하거나 개인적인 기록 단축을 위하여 신종마약류를 남용하는 경우도 있다.

(3) 사회 환경적 원인

약물남용 행위는 성격상 상호 연관된 복합적인 사회적 변수들에 영향을 받는 복합적인 사회적 행위이다. 사회적 학습이론에 따르면, 약물남용의 빈도가 증가하는 조건으로 ①약물사용 역할모델에 더 크게 노출될 때, ②약물을 사용하고 또래 집단과 성인과 더 많이 교제할 때, ③긍정적인 보상은 더 많은 반면 부정적인 반작용이나 처벌은 더 적을 때, ④약물사용에 대해 중립적이거나 부정적인 정의하기보다 긍정적인 정의를 할 때 약물을 사용할 가능성은 더 높아진다고 한다.

또한 준거집단이론에 따르면, 약물남용은 또래집단이 구성원에게 미치는 영향력의 결과로서 발생한다는 것이다. 곧 준거집단의 영향력은 또래 집단 압력에 대한 순응을 포함하는데 그 내용은 약물사용기술의 학습, 약물효과를 즐기는 방법의 학습, 그리고 이러한 약물효과를 즐거운 것으로 규정하거나 사회적 모형 혹은 모방의 전형적인 예로서 제시한다.

비정상적인 가족환경, 가족 간 정서유대관계의 결여 등의 가족적 요인과 동료집단, 준거집단, 친밀한 관계의 권유, 압력에 의한 복용, 동료의식의 확인의식 등의 집단적 요인과 직업상 입수 가능성(의사, 약사), 마약류에의 노출정도, 구입할 자금능력, 매스미디어의 영향 등의 요인과 알콜, 마리화나 등의 사용경험 등의 이전의 약물경험이 중요한 요인이 된다. 빈민가, 하위문화 등의 마약류수용정도, 마약밀매꾼의 존재, 마약류 시장의 존재, 사람들 사이의 유행 등의 일반적 환경의 요인 등이 있다.

이를 종합해 사회환경적 원인을 크게 동료집단의 영향, 가족의 영향, 마약류사범에 대한 경한 처벌, 인천국제공항의 반입검색 소홀, 마약류 구입의 용이성 및 복용의 편리성, 국민소득의 향상 및 향락산업의 번성으로 나눌 수 있다.

가) 동료집단의 영향

친구나 동료집단과의 관계에서 상호알력현상은 같은 세력끼리 세를 규합하는 형태로 나타나고 반대 세력과는 차별화를 기하고 싶어 한다. 약물에 빠진 동료로부터 약물남용의 유혹을 받고 동료집단과의 신뢰구축을 위해 약물을 경험하게 된다. 이처럼 약물사용여부의 문제에 있어서 동료집단의 영향력은 매우 지대하다. 대다수의 약물남용자들은 친구나 기타 그가 관계하는 사람들로부터 민감하게 영향을 받는 10대에 약물을 경험하기 시작한다. 청소년들에게 있어서 어느 그룹에 속한다고 하는 소속감은 매우 중요한 일이기 때문에 많은 경우에 있어서 이들은 동료로부터 배척당하지 않기 위해서 약물사용을 비롯한 여러 가지 비행을 저지르게 된다.

마약류남용이 보편화된 집단의 환경에서 생활하는 사람들은 그렇지 않은 사람에 비해 마약류 남용에 대한 죄의식을 느끼지 못하며 자기가 속한 동료집단의 일원으로 남기 위해 불법적인 행위를 자행할지라도 이를 당연한 것으로 받아들이는 경향이 강하다. 이와 같이 사람들은 마약류남용이 불법이라는 사실을 알면서도 동료들과의 원만한 유대관계를 영위하기 위해 마약류를 즐기기도 한다. 처음에는 개인들 대부분이 동료집단의 마약류 강요에 거부감을 나타내거나 불안감에 싸여 반발하기도 하지만 시간이 흐를수록 동료집단의 분위기에 동화되면서 마약류를 즐길 수 있는 기술을 익히게 되고 또 그들 스스로가 후배들에게 마약류를 강요하기도 하기 때문에 마약류 남용자는 계속 확산될 수밖에 없는 것이다.

나) 가족의 영향

약물남용의 동기가 가정환경과 밀접한 관련이 있는 것으로 볼 때, 약물남용청소년 성격형성에 영향을 미치는 부모의 영향은 매우 중대하다.

약물남용은 한사람으로 시작되는 것이지만 가족구성원 전체에 심각한 영향을 준다. 가족구성원간의 좋지 않은 관계, 부부간 혹은 부모자식간의 갈등, 부모의 무관심, 이혼 등으로 인한 가정파괴 등 가정이 제대로 역할을 수행하지 못하고 가족구성원간의 불만과 걱정, 두려움, 혹은 적대감까지 갖게 되면 청소년들은 점점 더 많은 시간을 집 밖에서 보내게 된다. 결국 청소년들은 외부 환경의 자극에 아무런 준비도 없이 노출된 상태에서 약물 남용을 목격하게 되고 그것을 배우게 된다. 또한 부모의 모습은 영향력 있는 모델이 되어 어린이들은 그들의 행동모형을 부모들과 동일한 형태 안에서 구한다.

(4) 마약류사범에 대한 경한 처벌

마약사범에 대한 솜방망이 처벌도 마약 확산을 부채질하는 요인이다. 영리 목적으로 엑스터시를 해외에서 밀반입 하다가 적발 당하면 10년 이상 징역에서 사형까지 형을 선고받을 수 있지만 단순 복용자는 초범일 경우 집행유예에서 끝나는 것이 보통이며, 불구속처리 후 벌금이나 내면 그만이다. 최근 마약흡입 혐의로 구속된 연예인이 보석이나 집행유예로 금방 석방되는 걸 본다면 모방심리가 작용할 수 있다. 이는 한국에서 신종마약사범에 대한 처벌이 강하지는 않다고 여겨진다.

반면에 기존 마약에 대해서는 처벌과 단속이 강하기 때문에 이를 피하기 위해서 신종마약이 널리 확산되고 있기도 하다.

그리고 인천국제공항의 개항 초기 이용객들의 불편을 덜어 주기 위하여 공항 검문 검색을 소홀히 한 바 있었는데 이로 인하여 신종마약들이 대량 유입될 수 있었다.

(5) 구입·복용의 편리성 및 많은 수익

현재 마음만 먹는다면 웬만한 마약을 구입할 수 있을 정도로 마약이 우리 사회에 널리 퍼져있다. 그 결과 더 많은 사람들이 마약에 중독되고 있는 상황이다. 엑스터시는 우선 값이 싸고 구입이 쉽다. 알약 형태라는 점이 쉽게 퍼지는 이유다. 복용이 간편하기 때문이다. 기존 마약류처럼 주사기로 몸을 찌르거나 불에 태워 연기를 마실 필요가 없다. 엑스터시는 가장 심리적 거부감이 적은 형태의 마약이다.

우리나라의 경우 이태원이나 신촌, 강남, 홍대 앞에 가면 마음만 먹으면 개당 5~10만원에 구입할 수 있다. 약을 원하는 사람이 10대 청소년이라고 해도 돈을 지불할 수 있다면 구입할 수 있는 상황이다. 뿐만 아니라 살 빼는 약이나 야바 등도 중국이나 태국에서 국내로 들어오는 외국인들이 생활비조달이나 정착자금을 마련할 목적으로 은밀히 내국인과 거래하고 있으므로 값이 매우 저렴한 것으로 알려지고 있다.

구입의 편리성과 함께 공급측면에서 많은 수익을 올릴 수가 있다. 절박하게 마약을 찾는 수요가 상존해 있고 매 단계 건널 때마다 10배 이상 이익이 남는 공급 측면의 강점이 있기 때문이다. 마약 수요란 시대 상황과 관련이 있다. 엑스터시는 제조원가가 50센트(300원 정도)에 불과하지만 미국에서 개당 20~30$에 팔리고 있다. 이러한 차익 때문에 국제적인 갱조직이 엑스터시 판매에 관여하고 더욱이 엑스터시의 판매는 점조직·사조직화 되어있어 적발이 더욱 어렵다.

(6) 국민소득의 향상과 향락산업의 번성

신종마약들이 널리 확산되는 원인들 중의 하나는 최근 국민소득이 전반적으로 향상됨으로 인하여 생활에 여유가 생겼으며 이와 발 맞춰 향락산업이 번성함으로써 확산되는 계기를 마련하고 있다.

신종마약류의 주 남용 층은 MZ세대, 20대로 밝혀지고 있다. 엑스터시나 섹스터시 및 야바 등은 테크노바나 라이브카페 등의 레이브 파티에서 남용되는 것으로 20대의 젊은이들이 이들 향락시설이나 파티에서 분위기 고조나 성적 각성능력의 배가를 목적으로 남용하며 이를 부추기는 주변 분위기에 휩싸여 자신을 절제하지 못하고 신종마약류에 접근하는 경향이 짙다. 서구에서는 연예 오락시설에 종사하는 댄서, 가수, 섹시아이돌, 포르노스타 및 모델들이 신종마약류를 복용한 상태에서 격정적인 춤이나 연기를 펼침으로써 젊은이들을 자극하고 있는데 이를 모방한 유학생이나 국내체류 외국인들이 국내에서 자국의 성문화를 소개하거나 연예오락관련 산업 종사자들이 이를 적극 국내로 유입함으로써 빚어지는 현상이다.

신종향정물질(NPS)은 'desiner drug(합성마약), legal highs, 배스솔트 등과 같은 용어로 시장에 알려져 있다. 합성마약은 본래 합성된 물질에 초점을 맞춰 사용되었지만, 최근에는 불법 약물의 효과를 모방하는 향정물질을 포함하는 것으로 확대 되었고, 약물규제를 피하기 위하여 규제되는 물질의 화학구조를 일부 수정하는 것도 포함하고 있다.

우리나라의 경우 신종마약류에 대해 공식적인 통계를 제시하고 있는 대검찰청과 관세청에서는 대마와 코카인, 해로인, 메스암페타민(전통마약)을 제외한 것들을 신종마약류로 보고 이에 대한 통제를 내고 있다. 또한 실무상에서는 향정신성의약품 중 메스암페타민을 제외한 것을 신종마약류로 보고 있는 것이다. 이와 유사한 정의는 학문적인 연구에서도 찾아볼 수 있다. 즉 신종마약류에 대해 과거에 없었던 새로운 마약류 뿐 아니라 과거에 있더라도 남용 사례가 거의 없다가 최근에 새롭게 확산되는 마약류로 보고 있으며, 주로 향정신성의약품에 속하는 것들이라고 정의하고 있다. 이는 신종마약류에 새로운 물질과 프로포폴 남용사례처럼 의약품 등이 포함되는 것이라고 볼 수 있다. 참고로 유럽의 신종마약류 시장에서도 합성약물과 의약품이 중요한 부분을 차지하고 있으며 국내에서도 신종마약류란 용어는 법률상 또는 의약학적인 용어가 아니기 때문에 명확한 정의를 내리기는 어렵다. 그러나 본 필자는 현장 수사를 통해 신종마약류란 과거에 없었던 새로운 마약류는 물론이고 과거에 있었을지라도 우리나라에서는 남용사례가 거의 없다가 최근 2020년도 후 최근 들어 인터넷, SNS, 텔레그램, 다크웹을 통해 과거 보다 손쉽게 구입 할 수 있고 익명성이 보장됨에 따라서 마약류가 널리 확산 되고 있는 마약류를 말한다. 이들이 기존 마약류와 구별되는 점은 환각이나 흥분 효과의 배가, 성적 각성 능력의 증진, 체중의 감소 등 목적의식을 갖고 개발되었다는 점이고 특히 사용상의 불편을 크게 개선시킨 물질들로서 주로 향정신성의약품과 합성대마, 임시마약류 등 이다.

특히 정제형태로 간편하게 복용할 수 있도록 만들어진 신종마약이 국내에 대량 유통되면서 의례 마약 하면 전통 투약 방법으로 1회 용 주사기로 팔뚝에 정맥주사 사용하였으나, 최근 투약 방법에서는 음료수, 커피, 맥주 등에서 희석, 흡입, 흡연, 점막에 바르는 형태로 다양한 방법으로 투약 사용 사례가 발생되고 있다.

국내에서는 과거 '98년 이후 수사기관에 적발된 신종마약'은 MDMA(메틸디옥시메스암페타민), 태국산 '야바', 살 빼는 약으로 알려진 중국산 분불납명편(펜플루라민), 프로폭시펜, 태국산 '카트' 등 6~7종에 이르고 있다. 이들 신종마약의 특징은 무엇보다 알약 형태로 제조되어 사용하기 쉽고 일반 의약품과도 잘 구별되지 않는다는 점이다. 따라서 관세청에서 적발하기가 어려운 데다 일반인들은 마약이라는 경각심을 갖기 어려워 쉽게 손을 대게 된다고 한다.

　유럽이나 미국 등의 청소년들 사이에 복용이 확산되고 있는 신종마약은 해외 유학생이나 외국인 근로자, 원어민 강사, 외국군인, 종사자 등이 공항항만, 국제우편, 인터넷, SNS 통해 소지하고 들어오기도 하고 있다. 최근에는 서울 신촌, 이태원, 강남지역에서 어학 연구생 소지, 연예인, 국내 학생, 주부, 교수, 회사원, 농민들까지도 투약하는 등 신종마약류가 급속 도록 확산 되고 있다.

(7) 신종 마약류의 종류

가) GHB (물뽕)

　유흥가 주변 여성들이 남성 고위층 상대로 사용되는 강력한 마약이다. 간마 하이드록시 부티레이트는 1961년에 프랑스 정신과 전문의 앙리 라보리에 의해 최초로 합성되었다. 물뽕은 속효성 마취제 및 최면제로 사용하고 수면 리듬 장애치료에 사용되었다. 미국에서는 1990년대에 중독문제로 직면하게 된다. 2001.3.30일 개최된 제44차 유엔마약위원회(cnd)에서 향정마약으로 분류하여 마약으로 규정된 물질로 우리나라는 2001.12.19. 마약류관리에 관한 법률시행령에 포함시키면서 마약류로 규정하였다 무색무취의 물뽕으로 알코올, 엑스터시, 필로폰 희석할 경우 효과가 증가하는 등 음료에 타서 복용하여 "물 같은 히로뽕"이라는 뜻으로 일명 "물뽕"으로 불리기도 한다.

　약물 효과로는 기분이 좋아지고 다소 취한 듯 하면서도 몸이 쳐지는 듯한 느낌이 든다. 그러나 단순한 음료가 아닌 알코올류에 희석하여 마시면 그 효과가 급속하여 의식 불명에 까지 이르며 당시 상황을 기억할 수 없게 된다. 그리고 중독증으로는 현기증, 어지럼증, 구역질과 구토증, 졸도, 간헐적 경련성근수척, 주변시결손, 초조, 서맥, 호흡곤란, 환각, 실신, 혼수상태 등의 증상이 나타난다. 미국, 캐나다, 유럽 등지에서 성범죄용으로 악용되어 "데이트강간약물"로 사용되며 최근 일명 "꽃뱀" 중년 남성, 젊은 층 상대로 유흥가 주변에서 사용되어 수사상 증거 확보가 어려움 있다.

나) 야바 (YABA)

　최근 태국 산업체 근로자들이 태국산 마약인 야바를 국내 지방에 확산시키는 마약이다. 야바의 역사를 보면, 세계적 마약밀매조직인 "쿤사"가 개발한 것으로 태국에서는 '말처럼 힘이 솟고 발기에 좋은 약' 의미로 국내의 사례, 1998년 9월 서울지검 강력분에 적발돼 국내유통 사실이 처음으로 확인된 태국산 '야바'(Yaba)는 동남아시아에서 유행하고 있는 대표적인 신종 마약이다. 히로뽕 가루에 카페인과 파우더 색소 등을 첨가해 알약이나 캡슐 형태로 만들어진 야바는 마약밀매조직인 '쿤사'에 의해 가루형태로 생산된 뒤 태국 등지에서 알약이나 캡슐로 대량생산되는 것으로 알려져 있다. 특히 캡슐 한 알(20mg)의 가격이 태국 현지에서 2,000~3,000원에 불과한데다 대개 의약품으로 위장돼 있어 국내로 대량 반입됐을 경우 순식간에 시장을 석권할 수 있을 정도여서 수사당국이 상당히 경계하는 마약이다. 야바(YABA)는 강력한 환각 흥분제로 식욕상실, 불면, 정신착란, 구토, 혼수와 같은 부작용을 발생시킨다.

다) 합성대마

JWH-018 일명 '스컹크' 또는 '시파이스' 대마의 주성분 THC와 화학구조가 유사하지만 대마보다 강력한 환각 효과를 내는 합성물질을 말한다, 건조된 식물에 합성물질을 흡착시켜 '식물성 제품' 형태로 판매되고 이를 태운연기를 흡입하는 방식으로 사용하고 신경 전달을 저해하고 불안, 동요, 발작이나 경련을 일으키며 그 효과가 대마보다 강하게 나타났다. 그 외 합성대마 성분으로 HU-210, CP-47497, AM-2201 신종 합성대마로 천연 대마초 보다 100배 정도의 강력한 효과를 내고 지속시간이 더 길다. 사용방법으로는 불쾌한 냄새가 나기 때문에 젖은 빵, 말린 과일 등에 넣어 희석시켜 복용하거나 허부와 썩어 흡입한다.

라) 크라톰

태국, 말레이시아 등 동남아시아 지역에 자생하는 열대성 나무로서 말레이시아에서는 'Biak'이라고 칭하며, 성장 할 때는 15;미터까지 자라는 식물이다. 태국이나 동남아시아 지역 사람들은 힘든 일을 견디기 위한 각성제로 수십 년부터 복용하였으며, 잎을 씹거나 차 형태로 복용하거나 분말을 타서 마시는 방법으로 사용한다. 투약 의존 증세로 소량 복용 시 각성효과로 이해 말이 많아지고 사요적인 행동을 보이나, 한꺼번에 다량을 복용하면 지정과 도취효과와 함께 구토, 현기증 등 부작용이 발생한다.

마) 프로포폴

영국 ICI 社에서 최초로 개발하여 1977년 임상시험을 거쳤고, 국내에서는 1992년부터 사용이 허가 병원에서 대장, 위장 검사 시 사용하는 마약류다. 수면마취제로도 불리는 정맥투약제로서 수술시 전신마취의 유도, 유지에 사용되거나 인공호흡 중인 중환자의 진정, 수면내시경 검사 마취 등에 사용되고 있다. 효과로 중추신경의 통증을 억제하는 반면, 불법 투약할 경우 무호흡과 혈압저하 현상을 비롯한 두통, 어지러움, 경련, 구토, 착난 증상 등 부작용을 일으킬 수 있다. 약리학적으로 불면증, 피로감, 불안감을 해소하고 기본이 좋게 만드는 환각효과가 있으며 국내에서는 병원종사자, 간호원, 의사, 유흥업소종사자들을 중심으로 남용됨에 따라 확산 차단하기 위해 정부에서는, 2011년 2월1일 마약류관리에 관한 법률 향정신성의약품제2조제4호 라 목으로 지정하였다.

바) 졸피뎀 (Zolpidem)

졸피뎀은 비 벤조디아제핀계 수면제로 불면증의 단기간 치료제로 사용한다. 졸피뎀 사용 시 할불안, 항경련, 근육이완 효과를 나타내나 상대적으로 영향이 크지 않다. 반변에 진성효과와 수면효과가 동시에 수반한다. 불법적 상습으로 사용 경우 기억력 상실, 우울증, 현기증, 환각, 금단증상이 나타나며, 중독 시 혼수상태와 저혈압 현상을 발한다.

법률관리에 관한 법률 2000.7.1.부터 제2조제4호 처벌한다. 최근 졸피뎀 수면제를 음료수에 희석, 몰래 투약 후 금품을 갈취사례가 있으며, 사기도박, 성폭력에 사용되고 있는 마약류이다.

사) 알프라졸람

알프라졸람은 미국 제약회사 화이자에서 처음으로 합성 송인된 공황장애 치료약이다. 1969.10.29. 특허 신청하여 76년 10.19 일자로 승인 인가 받아 93년 특허기간 만료되어 있는 마약류이다. 효과로는 신경안정제로 불면증, 공항장애, 우울장애에 효과가 있으나 장기간 상습 사용 시 불안 완화제, 진정제 수면장애, 근육이완등로 발생된다. 또한 호읍곤란, 도취감, 피부발진, 기억상실, 환각작용으로 신체에 의존성이 나타났다. 마약류관리법 제2조제4호로 2000, 7,1 부로 규정 처벌되고 있다. 위법사례로는 미국의 할리우드스타'히스클리프 앤드루 레저 영화배우 과다 복용으로 사망하였으며 국내에서도 6년간 불법 사용자가 시력과 청력 감퇴, 치아탈구 등 장애가 발생 사례가 있다.

아) 로라제팜 (Lorazepam)

로라제팜은 벤조디아제핀을 이용하여 제제한 수면제이다. 3일분 한도 내에서 의사의 처벌에 따라 판매하도록 되었으나 다른 벤조디아제핀제 보다 규제가 약하여 널리 남용되고 있다. 또한 약리작용이 강력하여 쉽게 내성에 빠지게 되므로 범죄에 악용되기도 한다. "아티반"을 비롯하여 10여개의 상품명을 가지고 있다.

자) 도리덴 (Doriden)

도리덴은 진정제인 바르비탈류와 유사한 의료용 약물로 심리적 불안, 긴장 해소 등 노인성 질환에 대한 처방 약으로 널리 사용된다. 그러나 장기간 사용하면 내성 및 육체적 의존성이 생기고 바르비탈류와 유사한 금단증상도 나타내어 중독자가 자살하는 경우도 있다.

4) 임시 마약류

(1) 임시 마약류 의의

국내에서 지속적으로 신종마약류가 확산되어 수사 및 관리가 어려움에 따라 국가에서 신속하게 대처하기 위해서 2017년9월 기준으로 104종 지정하였다. 국내 신종마약류 발생되면 식품의약안전처에서 심의를 거쳐 마약류관리에 관한 법률로 지정하여야 하는데 기간 등 지연으로 신속 마약류 수사가 어려워 투약사용자가 어려움 있었다. 국가에서 마약류관리에 관한 법률 제5조의2 지정 규정을 식품의약안전처장 마약류가 아닌 물질`약물제제`제품(이하 이조에 관리할 필요가 있다고 인정하는 물질 등을 임시마약류로 지정할 수 있다. 이 경우 임시마약류는1군 중추신경계에 작용하거나 마약류와 구조적`효과적 유사성을 지닌 물질로서 의존성을 유발하는 등 신체적 정신 위해를 끼칠 가능성이 높은 물질 과 2군 임시마약류 의존성을 유발하는 등 신체적 `정신적 위해를 끼칠 가능성이 있는 물질이다.

처벌 법률은 마약류관리에 관한 법률 제60조 제1항 5호-6호 처벌하며 형벌은

10년 이하의 징역 또는 1억원 이하의 벌금을 처한다.

위반사항으로는 누구든지 재배, 추출, 제조, 수출입하거나 그러할 목적으로 소지`소유한자. 그리고 매매`알선, 수수, 제공하거나 그러할 목적으로 소지`소유 할 때. 소지 소유 사용, 운반, 관리, 투약, 보관자와 1군 2군 임시마약류와 관련된 금지행위를 하기 위한 장소. 시설, 장비, 자금 또는 운반 수단을 타인에 제공한자.

최근 들어 10~20대 청소년들이 외국에서 친구, 선배, 어학연수생들로부터 호기심에 구입 투약사례가 증가 되고 있다. 또 다른 투약사용 원인은 수사관들의 수사에 어려움 점 쉽게 투약 가능하고 가격이 저렴하며 증거 확보가 어렸다는 것을 알고 있으며, 인터넷, SNS. 텔레그램, 다크웹 통해 국제우편을 이용 밀반입까지 가담하고 있다.

(2) 임시 마약류 종류

2013년 임시마약류 최초 지정한 "러시" 마약류로 강한 향을 작용하면서 혈관을 확장하며 의식상실, 심장발작 등의 부작용 유발 가능하며, 18개월간 주기적으로 사용 황반변성 발생과 의존성 `성독성 및 만성독성인 폐렴, 빈혈, 간독성으로 중독된 사례가 발생 되었다. 그리고 최근에는 강남 유흥가 주변에서 여성 흥분제나 환각제, 최음제로 판매 사용자가 증가하고 있다.

-LSD 변형 신종 물질로 1P-LSD 2016년 임시마약류로 지정 중추신경계인 향정신성의약품의 강력한 효과로 LSD 마약보다 약 38% 강력한 환각의 현상이 발생된 마약류 국내에서 유통되고 일본, 스웨덴, 덴마크에서도 법으로 처벌되고 있다.

- 디클라제팜 벤조디아제핀 계열로 2016년 임시 마약류로 최초 지정되어 관리하고 있으며, 현재 마약류 지정됨 디아제팜을 변형한 신종 물질이다. 투약 사용 시 뇌에서 신경흥분을 억제하여 불인 감소 및 긴장해소에 과가 있으나 중독성이 있고 해당 물질을 장기 사용할 경우 뇌세포 손상 가능성을 증가시키는 물질 약물(마약류)이다.

(그림 2-5) 임시마약류 지정 예고 물질 (7종)

1군 (2종)	2군 (5종)
● 디-엘에스디(1D-LSD) ● 에이치에이치시피(HHCP)	● 에이-푸비아타(A-FUBIATA) ● 에이-포나사(A-PONASA) ● 데스알킬기디아제팜 ● 기다제팜(Gidazepam) ● 에이치4시비디(H4CBD)

(그림 2-6) 임시 마약류 클로나졸람

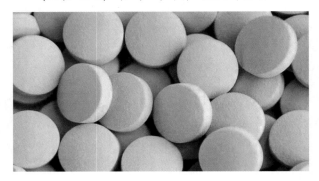

참조 : (출처, 구글 자료)

(그림 2-7) 임시 마약류 나니트라이트((Alky nitrite)러쉬, 파퍼

참조 ; (출처. 구글 자료)

5) 약물의(마약) 원료 물질

(1) 약물의(마약) 원료 물질의 정의

국제적으로 사용되는 마약류에는 여러 종류가 있으나 천연마약이 가장 널리 사용되고 있다. 코카잎이나 앵속 등에서 추출한 천연마약은 그대로 사용하는 경우도 있으나 효용을 높이기 위해 다양하게 가공하여 사용하고 있다. 앵속에서 추출한 아편을 가공하여 헤로인을 만들고, 코카잎을 가공하여 코카인을 제조하는 등 다양한 방법을 사용하고 있다.

마약류를 가공하는 데에는 촉매나 첨가제 등 새로운 재료가 필요하다. 마약류 원료물질 (precursor chemical)은 촉매나 첨가제 등 마약류가 아닌 물질 중 마약제조에 필수적으로 사용되는 특수한 원료 화학약품을 말한다. 이러한 원료물질의 규제를 통하여 불법적인 마약류의 생산을 통제할 수 있다는 관점에서 마약류의 생산에 필요한 원료물질에 대한 통제의 필요성이 대두되고 있다.

마약류의 생산에 필수적인 특정 원료물질의 사용을 제한하는 것만으로도 오늘의 문제가 되고 있는 헤로인, 코카인, 메스암페타민 등 마약류에 생산에 대한 통제가 가능하다는 점은 마약류의 생산을 막는다는 측면에서 새로운 무기가 될 수 있다. 그러나 마약류 원료물질은 순수하게 마약류의 제조에 사용되는 것이 아니라 공업용, 의학용 등 다양한 용도로 사용되고 있기 때문에 이들 물질에 대한 규제는 완성된 마약류의 규제와는 다른 면이 있다. 의학용 등 일부 합법적으로 사용되는 경우를 제외하고는 완제품인 마약류에 대한 규제에 대해서는 별 문제가 없다. 그러나 마약류 원료물질은 마약류의 생산 외에도 다른 용도가 있기 때문에 마약류의 생산을 막기 위해 원료물질을 규제하는 것은 산업에 부정적인 영향을 미칠 수 있다. 마약류 원료물질로 지정이 되면 사용에 제약이 따르거나 복잡한 절차 때문에 합법적인 산업에도 지장을 줄 수 있기 때문에 마약류 원료물질의 관리는 마약류의 관리와는 달리 규제 일변도의 정책을 펴는 경우 문제가 따를 수 있다.

(2) 코카인 불법제조에 사용되는 물질

코카인의 주요 생산지는 콜롬비아이며, 따라서 가장 널리 사용되는 코카인 하이드로클로라이드는 콜롬비아에서 가공되는 경우가 많다. 콜롬비아뿐만 아니라 코카인의 불법제조는 널리 퍼지고 있으며 볼리비아, 브라질, 페루에서 보고되고 있다. 이렇게 광범위하게 남미국가로 코카인의 불법제조가 널리 퍼져가면서 마약류 원료물질에 대한 압수도 늘어나고 있다. 이러한 문제 때문에 이 문제에 대한 접근은 조심스럽다. 한 국가에서 단속을 강화하면 다른 국가로 이동하여 마약류의 불법제조를 할 수 있는 것이 남아메리카의 특징이기 때문에 남미지역에서의 마약 단속은 이웃 국가들이 협력하여 단속할 필요가 있다.

코카인의 불법 제조에 사용되는 원료물질은 솔벤트와 산을 포함하여 많은 물질이 사용되고 있다. 솔벤트와 산은 코카인 하이드로클로라이드의 조제와 천연그대로의 코카인 염기의 순도를 위해 사용되며, 메스암페타민, MDMA와 같은 향정신성 물질과 헤로인의 불법 제조에도 비슷한 방식으로 사용된다. 이들 물질은 대부분 남미에서 사용되고 있다. 남미의 경우 코카인의 제조와 관련하여 많은 문제를 내포하고 있다.

유기용제인 솔벤트의 경우 콜롬비아를 제외하고 남미에서 압수된 것으로 보고된 유기용제인 아세톤, 에틸 이서, 메틸 에틸 케톤의 양은 계속 감소하고 있다. 목록화된 솔벤트와 관련한 압수가 감소하고 있는 반면에 목록화되지 않은 솔벤트의 압수품목이 늘어나고 있다. 여기에는 메틸렌 클로라이드, 클로로포름, 헥산과 시너 및 말리패틱 솔벤트와 같은 혼합물이 포함된다.

코카인 가공에서 솔벤트로서 메틸 이소부틸 케톤의 인기와 연계하여 이미 1996년에 문제가 대두되었다. 마약통제위원회는 미국에서 베네주엘라로 수출되던 이 물질 120톤이 전용 가능성이 있다는 이유로 미국 마약청에 의해 통지된 후 수출업자가 자발적으로 이 수출을 철회하였음에 만족을 표했다. 미국에서 콜롬비아로 메틸 이소부틸 케톤과 메틸 에틸 케톤의 혼합물 26.5톤의 선적물이 수출업자에 의해 자발적으로 취소되었다. 이와 같이 중단된 선적물은 다른 지역에서의 원료물질 제조자와 수출업자를 경고하기 위한 경계발령시스템의 개발에 정당성을 제공하는 등 미주에서의 협력이 잘 이루어지고 있다.

산(acid) 역시 중요한 원료물질로 남미를 통한 하이드로클로라이드산과 설푸릭산의 압수는 감소하고 솔벤트와 함께 콜롬비아에서 산의 압수량이 늘어나고 있다. 페루에서는 코카인 가공의 초기단계에서 사용되는 설프릭 산이 압수되고 있고, 하이드로클로라이드 제조의 양이 증가할 것이라는 나타낸다.

과망간산칼륨 코카인의 생산에서 매우 중요한 원료물질이다. 이러한 중요성 때문에 국제연합에서도 과망간산칼륨만을 규제하기 위한 작업을 추진하고 있으며, 이는 아직도 계속되고 있다. 과망간산칼륨의 국제적 거래규제작업을 통하여 기이아나행 불법전용 혐의 있는 과망간산칼륨의 선적물이 기이아나 당국의 선적물 조사 후 미국에서 자발적으로 철회된 적도 있는 등 이 물질에 대한 집중적인 조사는 상당한 효과를 거두고 있다. 이렇게 감시가 집중적으로 이루어지게 되자 감시의 목록에 오르지 않은 하이드로진 페록사이드, 솔디움 하이드로 클로라이트 등을 사용하는 경우가 늘어나고 있다.

코카인을 생산하기 위해 불법거래자들은 마약류 원료물질을 다양한 지역에서 다양한 방법을 통해 구하기 위해 노력하고 있다. 불법집단의 이러한 노력은 마약류 원료물질의 압수와 선적중단 통계를 통해 알 수 있는데, 유럽과 북미로부터의 전용이 시도되고 있다. 원료물질을 코카인 가공이 이루어지는 국가로 직접 반입하지 않고 인접국가를 통해서 반입하는 경우도 늘어나고 있다. 코카인 염기는 전세계 다양한 지역에서 압수되고 있는 반면에 남미외의 지역에서 이들 물질이 코카인 하이드로클로라이드로 대규모로 전용되는 증거는 거의 없다.

(3) 헤로인 불법제조에 사용되는 물질

헤로인 불법 제조에 사용되는 주요 원료물질은 아세틱 앤하이드라이드로 전세계 압수량은 1989년 이래 증가하고 있다. 1989년은 마약 통제위원회가 이런 압수에 대한 포괄적인 자료를 수집하기 시작한 해였다. 원료물질은 인도에서 파키스탄을 경유하여 파키스탄 혹은 아프카니스탄으로 밀수되고 있다. 걸프만 국가와 중앙아시아의 독립국가연합국가도 주요 밀수통로이다.

아세틱 앤하이드라이드의 전용에 사용되는 통로와 방법들이 마약통제위원회의 1995년 보고서에서 밝혀지고 있다. 다음의 방법들이 마약통제위원회의 1995년 보고서에서 밝혀지고 있다. 다음의 방법들을 통해 불법거래 자들은 화학물질을 헤로인 가공지역으로 운반하고 있으며 남아시아와 서남아시아 일부국가에서는 단속과 사법활동을 직접적으로 더욱 엄격하게 하는 결과를 낳았다.

1991년부터 1994년까지 인도 당국이 압수 보고한 아세틱 앤하이드라이드양은 급격히 증가하고 있다.(1991년 1톤에서 1994년 약 50톤으로) 그러나 1995년(9.3톤)과 1996년(3.1톤)의 통계는 특히 파키스탄과의 국경지대에서 압수량이 적어지고 있음을 보여주고 있다. 비슷한 경향이 파키스탄에서 관찰되었다. 동시에 파키스탄은 인도와의 국경선에서 밀수된 아세틱 앤하이드라이드의 압수를 계속해서 보고하고 있는 반면에 1994년 이래 인도로부터 철도와 항공편을 이용하여 파키스탄으로 들어오는 화학물질의 압수량이 증가하고 있음을 보여주고 있다. 이런 관찰들은 아세틱 앤하이드라이를 파키스탄으로 밀수하는 통로들의 고전적인 방법으로 벗어나고자 하는 움직임을 보여주고 있는 것이다.

인도는 아세틱 앤하이드라이드를 직접 항공편으로 아프가니스탄으로 밀수 시도한 것을 포함해 더 진전된 방법을 보고하고 있다. 인도의 합법적인 시장에서 브로커로부터 구입한 화학물질 약2톤이 압수되었다. 이런 맥락에서 마약통제위원회는 인도정부에 아세틱 앤하이드라이드와 다른 목록화된 물질의 불법거래를 퇴치하기 위한 단속노력뿐 아니라 산업체들과 협력하여 관리를 위한 생산코드개발을 포함한 기존의 화학물질 관리를 강화할 것을 요구하였다.

파키스탄의 1995년 성공적인 단속 작전은 북서접경기지역에서 아세틱 앤하이드라이드 3.7 톤 , 헤로인 6.4톤 , 비밀 불법 마약제조공장 15개소 등을 압수한 것을 포함해 많은 화학물질과 불법헤로인 공장을 압수하였다. 영국 기간과의 협력으로 1톤의 화학물질 위탁화물이 감시 하에 선적되었으며, 파키스탄당국이 파키스탄과 영국의 거래자들을 체포할 수 있었다. 전용시도는 영국에서 효과적인 감시체제를 탄생시켰다.

헤로인 불법제조에 사용되는 주요 원료물질은 남아시아와 서남아시아에서 입수가능하다. 불법 거래자들은 원료물질의 새로운 원산지를 찾고 있다. 비록 압수량이 보고되고 있지 않지만 특히 아세틱 앤하이드라이드가 중앙아시아의 독립국가연합 국가들과 러시아로부터 아프가니스탄으로 거래되고 있다는 보고가 계속되고 있다. 헤로인 원료는 카자흐스탄에서 제조되며 그 지역에서는 아편을 얻기 쉽고 아세틱 앤하이드라이드가 제조되고 있기 때문에 대규모의 불법제조가 근절 될 수 없다.

아프카니스탄과 파키스탄산 헤로인과 불법 생산되 몰핀 염기의 경유지와 최종목적지로 중요한 국가인 터키에서 49.3톤의 아세틱 앤하이드라이가 1995년 압수되었는데 이것은 1994년에 보고된(20.1톤)양의 2배이상 이다. 1996년 압수된 보고는 단속활동이 계속해서 성공을 거두고 있음을 보여주고 있다. 한 사례에서 벨기에를 원산지로 하고 이태리를 경유하는 22.4톤의 아세틱 앤하이드라이드가 압수되었다. 터키는 헤로인 불법 제조에 사용되는 다른 화학물질, 곧 아세톤, 에틸 이서, 하이드로 클로닉산과 설프릭산의 압수를 보고한 아시아의 유일한 국가이다. 독일은 터키로 향하는 아세틱 앤하이드라이드의 5개 선적물 총 41톤을 중단했다.

터키에서 압수된 아세틱 앤하이드라이드 중 일부는 이 나라의 불법 헤로인 공장에서 사용하려던 것이었으나 대부분은 아프가니스탄 등 생산국가로 이동되고자 했던 것이었다. 6개의 공장이 1996년 발견되었으며 몰핀 염기, 아세틱 앤하이드라이드와 다른 화학물질이 압수되었다. 터키에서 압수된 아세틱 앤하이드라이드의 대부분은 서유럽과 동유럽으로부터 밀수된 것으로 보인다. 독일도 불가리아로 향하는 7개의 아세틱 앤하이드라이드 선적물(총259톤)과 루마니아로 향하는 선적(0.1톤)을 중단했다. 아세틱 앤하이드라이드가 걸프만국가와 레바논을 포함한 이웃 국가들로부터 터키로 밀수되고 있다는 보고가 있다.

아편의 불법 생산 상태와 중국 라오스, 미얀마, 태국의 국경지대에 위치한 헤로인 불법제조공장에서의 전용상태를 명확히 밝히는 것은 아주 어렵다. 특히 미얀마에 일부 비밀 헤로인 제조공장이 활동을 중단하고 있음에도 불구하고 헤로인의 절대량이 이 지역에서 불법 제조되고 있다. 화학물질은 이웃 국가로부터 미얀마의 국경 지역으로 들어오고 있는 것으로 보인다. 서남아시아의 몇몇 국가에서 헤로인 불법 거래자들이 메스암페타민 불법제조에도 관여하고 있는 것으로 보인다.

(4) 암페타민 유형의 각성제 불법제조에 사용되는 물질

암페타민 불법제조는 대부분은 유럽에서 이루어지고 있으며, 호주에서도 이루어지고 있는 것으로 나타나고 있다. 페닉라세틱산과 1-페닐-2-프로파논 원료물질의 압수와 확인된 비밀공장의 수와 압수량을 볼 때 우려할 만한 수준의 것은 아닌 것으로 보인다. 네덜란드는 유럽 불법암페타민의 주요 원산지로 인식되고 있다. 그러나 네덜란드의 암페타민 원료물질의 압수에 대한 보고가 없어 단속이 제대로 이루어지고 있는지 의문이 있다.

폴란드는 대규모의 페닉라세틱산과 1-페닐-2-프로파논 압수증 일부를 보고했다. 폴란드에서는 4개의 비밀제조공장이 1994년 궤멸되었고, 1995년에는 8개, 1996년 1/4분기에는 3개가 궤멸되었다. 독일과 영국에서의 암페타민 불법제조는 관련 원료물질의 압수에 의해 추정되는데 이 정보를 통해 보면 압수된 원료물질의 대부분은 국내 원산지로 규명되었다. 1996년 영국은 이 나라에서 밝혀진 가장 큰 것 중의 하나로 암페타민 설페이트 60킬로그램 이상을 제조할 수 있는 능력을 갖춘

암페타민 불법 제조공장을 궤멸시켰다.

마약류 불법제조자들이 전통적인 합성방법에서 자발적 조치하의 국내수준에서만 통제되거나 혹은 통제될 수 없는 원료물질을 필요로 하는 새로운 방법을 사용하고 있다. 이런 대체 물질중의 하나인 벤젤디하이드는 쉽게 접할 수 있으며 일부국가에서 암페타민의 불법제조의 시작물질로 사용되기 시작하고 있다. 메스암페타민의 불법제조는 북미, 동남아시아, 동아시아 그리고 호주의 주요 문제가 되고 있다. 사용되는 원료물질은 주로 에페드린과 수도에페드린이다.

일반 판매약품 혹은 우편을 통해 얻을 수 있는 에페드린을 함유한 정제는 멕시코와 미국의 메스암페타민과 메스캐시논의 불법 제조의 원료물질로 사용되었기 때문에 미국에서는 에페드린 제품의 판매와 배부를 관리하기 위한 법 개정이 이루어졌다. 그 결과 불법거래자들은 정제와 가루형태의 수도에페드린을 찾게 되었다. 수도에페드린 판매를 제한하는 새로운 법률은 최근에 제정되었다.

이런 법률 하에서 멕시코와 미국에서는 페닐프로파놀라민을 사용한 암페타민류의 각성제의 제조에 성공하였다. 페닐프로파놀라민은 에페드린과 수도에페드린과 화학적으로 비슷한 물질이다. 이것은 소염제와 기침감기 치료제로 사용되는 많은 일반 판매 약품과 처방약에서 사용되고 있다. 밀조 공장에서 페닐프로파놀라민은 같은 방식으로 에페드린과 수도에페드린처럼 불법제조에 사용될 수 있으나 최종 제품은 메스암페타민이 아니라 암페타민이다. 이런 불법 사용 가능성 때문에 페닐프로파놀라민은 이미 일부 국가에서 관리되고 있다.

에페드린과 수도에페드린 정의 소매에 대하여 관리를 시작하자 페닐프로파놀라민의 사용으로 점차 전환하고 있으며 암페타민은 미국 일부에서 메스암페타민을 대체하고 있다. 아시아에서는 에페드린이 가장 널리 사용되는 원료물질이다. 아시아에 메스암페타민 불법 제조에 사용되는 원료물질의 원산지 증거는 없다. 그러나 중국에서의 단속활동 증대와 성공적인 원료물질 압수에도 불구하고 중국은 중요한 원산지로 한국 등에서 중국원산의 에페드린 밀수사건이 일어나고 있다. 그러나 동아시아와 동남아시아로부터 보고된 소량의 압수는 화학물질을 밀수하기 보다는 오히려 불법거래자들이 합법적인 국내 시장에서 전용된 원료물질로부터 불법 제조를 위한 중국내 비밀 공장 사용을 선호하고 있음을 보여주고 있다. 중국 원산의 메스암페타민 상당량이 홍콩, 일본, 필리핀, 한국과 대만으로 밀수입되고 있다. 중국은 이러한 점을 인정하고 이를 방지하기 위해 노력하고 있다.

　인터폴은 메스암페타민 불법 가공공장이 중국뿐 아니라 라오스, 필리핀, 태국, 베트남에도 있다는 것을 밝혀내었다. 1996년 라오스에서의 에페드린, 수도에페드린 그리고 페닐라세틱산의 불법공장이 압수되었다. 원료물질들은 중국으로부터 밀수입된 것이었으며 메스암페타민 40킬로그램을 제조할 수 있는 양이었다. 공장은 또한 헤로인 불법 제조로부터 합성약물의 소장으로 전용된 많은 증거들인 헤로인을 가공할 수 있었다. 1996년 많은 불법 메스암페타민 공장이 필리핀에서 발견되었는데 에페드린 하이드로클로라이드 1.6톤과 용액형태의 600킬로그램 이상의 메스암페타민 하이드로클로라이드를 압수했다. 1995년 베트남에서 메스암페타민 불법 제조를 위한 물질과 장비가 압수되었다. 관여한 불법 거래자들은 메스암페타민을 만들기 위해 같은 시설을 사용했다.

　메스암페타민은 유럽에서는 그다지 많이 사용되지 않으나 체코를 비롯한 동구권에서부터 점차 사용이 늘어나고 있으며, 이에 따라 원료물질인 에페드린도 체코, 핀란드, 이태리, 슬로베니아 등에서 압수되고 있다.

(5) 신종약물(마약)류 불법제조에 사용되는 물질

　세계적으로 비록 소규모 압수가 보고되고 있지만, 암페타민(MDA, MDMA 그리고 관련 마약)의 대규모 남용이 서유럽에 광범위하게 나타났다. 유럽과 특히 아시아지역에 배부하기 위하여 MDA, MDMA 및 관련 약물의 불법 제조가 네덜란드에서 주로 발생하고 있다. 유럽에서는 불법 제조에 사용되는 원료물질(곧 3,4-메틸렌네디옥시페닐-2-프로파논(3,4-MDO-2-P), 피페로날, 사프롤과 표I의 모든 물질)의 비교적 소량의 압수는 불법 시장에 대한 그 약물의 구입 가능성을 반영한 것은 아니다. 필요한 원료물질의 압수는 벨기에, 체코, 독일, 아이레, 노르웨이, 호주, 브라질, 미국뿐 아니라 네덜란드에서도 보고되었다.

　신종마약으로 알려진 엑스터시류의 마약은 유럽에서는 체코와 네덜란드 등에서 주로 제조되고 있는 것으로 알려지고 있으나, 체코에서의 생산은 단속으로 인해 거의 중지되었다. 그러나 마약류 불법거래방지협약 표I에 등재된 관련물질을 압수한 사실만으로 마약류의 불법제조가 있었다는 것을 의미하지는 않는다. 사사프러스 기름 형태의 사프롤은 수많은 경우에 사용되고 있기 때문에 이의 압수만으로 마약류의 제조가 있었다는 것을 단언할 수는 없다. 암페타민 원료물질과 관련하여 MDA

와 관련 약물의 원료물질의 불법제조가 서유럽과 동유럽에서 이루어지고 있다.

(6) 메사퀼론 불법제조에 사용되는 물질

최면진정제인 메사퀼론은 인도에서 문제 되고 있다. 1995년 4개의 비밀 공장이 압수됨에 따라 화학물질, 최종 생산물(약20톤)과 공장 기자재가 압수되면서 이 문제가 수면위로 떠오르고 있다. 제조에 필요한 주요 원료물질 중 앤스래닐릭 산(표II)은 나타나지 않았으나 N-아세틸랜스래닐릭 산의 고체 및 액체형태의 압류가 보고되었다. 다른 지역에서는 메사퀼론을 불법으로 제조하거나 정제화하는 공장들이 케냐, 남아프리카, 탄자니아, 잠비아에서 발견되어 폐쇄되었다. 1995년 메사퀼론 공장이 모잠비크에서 붕괴되었으며 N-아세틸랜닐릭 산과 앤스래닐릭산의 압수가 남아프리카의 불법공장에서 처음으로 보고되었다. 1995년과 1996년에 원료물질 독일과 영국으로부터 남아프리카로 통제배달 기법 하에 배달되었다.

1995년 인도와 케냐 당국은 인도로부터 케냐로 앤스래닐릭산과 오소톨루이딘(1988협약에 목록화되지 않은 메사퀼론 제조의 주요 화학물질)의 혐의 있는 선적을 조사하는데 성공적으로 협력하였다. 남아프리카를 목적지로 한 선적물에 포함된 두 사례 중에는 이소톨루이딘이외에 앤스래닐릭산 대체제인 목록화되지 않은 물질인 이사토익 앤하이드라이드가 있었다. 필요한 시작 물질을 압수한 보고서에 따라 원료물질을 얻기 위한 이런 노력들은 약물남용의 계속적으로 증가하는 것을 지지하기 위해 비밀 메사퀼론 공장을 세우기 위한 시도를 명확히 나타낸 것이다. 마약 통제위원회가 앞선 보고서에서 표명했던 것처럼 이런 시도는 아프리카에서의 아세틱 앤하이드라드, N-아세틸랜드란니릭산과 앤스라닐릭산의 합법적 거래를 면밀히 감시할 필요가 있음에 대한 명확한 경고를 주는 것이다.

이런 맥락에서 마약통제위원회는 인도로부터 아프리카로 메사퀼론 밀거래를 중단시키기 위해 인도와 남아프리카 사법 당국간의 면밀한 협력을 언급하고자 합니다. 1995년 남아프리카의 정보에 근거하여 인도당국은 불법메사퀼론 제조소를 궤멸시켰고 남아프리카 마약시장을 목적지로 한 완제품 1.82톤(3백만점 이상)을 몰수했다.

6) MZ(청소년)세대 약물

(1) MZ세대의 개념

최근 MZ세대의 용어가 국내에서 통칭되는 언어로 사용되고 있다. 이러한 용어는 이들의 공유하는 특징과 사회적 환경을 다루며, 이들은 1980년 대 초부터 2000년대 초반에 태어난 이들로 구성되었다. MZ세대는 경제적, 사회적, 문화의 변화 속에서 자라난 세대로 소비 주체로서도 중요한 위치를 차지하고 있다. 이들은 디지털 환경에서 태어나 자란 덕분에 온라인 커뮤니케이션과 정보 검색 능숙하며, 최신경향에 민감한 모습이 두드러진다. 또한 시대에 맞춰 발전해 온 신조어로 생각하면 된다. 사실 이러한 용어는 학술적인 용어가 아니며 언론, 기업의 마케팅 등에서 무분별하게 인용되었기 때문이다.

그러나 우라나라의 MZ세들은 인터넷, SNS, 텔레그램, 다크웹 등을 사용하여 아주 쉽게 누구나 익명성을 보장받으면서 약물을 서울권에서 한두 시간 안에 구입할 수게 되었다. 또한 MZ세대들이 사용하고 있는 약물은 대다수 신종 마약류로 유통구조 속에 손쉽게 구입할 수 있게 되었다. 과거에는 친구, 선배, 호기심에서 마약을 구입하고, 복용 시에도 경험이 많은 사람들의 복약지도에 따라 역설적이지만 비교적 안전하게 약물을 투약하였다, 지금은 그야말로 개인의 선택에 달려 있다. 그러다 보니 약의 치사량이나 체내에 남아 있는 반감기 그리고 신체의 내성, 의존성, 중독성 등의 기전을 잘 알지 못하며 치사량에 해당하는 약물(마약류)을 노출되지 않게 투약하기도 하고 다양한 안정제 계열을 겹쳐 투약 사용하는 등 생명의 위험도에도 노출되는 형국이다. 감기약, 두통약, 수면제, 다이어트 약물 등을 사용한 사람들이 술을 한잔하면서 안정제 계열 약물(마약)을 하게 되며 이 모두가 상승작용을 일으켜 갑작스러운 위급상황에 빠지게 되어 사망에 이를 수 있으며, 또한 구입과 사용이 간편한 약물(마약)를 현 직거래 식으로 구매 사용에 따라 미래의 청소년들은 심각한 중독 현상으로 확산 될 것으로 예상 된다.

(2) MZ(청소년)세대의 특징

MZ세대의 일반적인 특성으로는 디지털 환경에서 친숙하면서 개인의 취향과 사생활을 중요하게 생각한다. 또한 수평적 문화를 선호 하면서 편리함과 간편함을 좋아하며, 핸드폰을 사용하면서 전화보다는 문자를 선호한다. 그리고 사생활과 에서는 정확한 계산을 원하는 세대이다. 이러한 현상들은 부모의 든든한 지원 아래서 자란 세대의 성장배경이 강한 개인주의 성향으로 나타나고 있다. 일반적인 생각으로는 '이기주의'라고 말하지만 MZ세대에게 개인주의란 '나 자신을 돌보는 것'으로 정의할 수 있다. 그 이유는 적극적인 소통에 대한 욕구로 연결되기 때문이다. 단순히 내 옆 사람, 이웃과의 소통뿐만 아니라 작장이나 회사, CEO에게 피드백을 욕하는 것에도 거리낌이 없다. 여기에다. 개인의 사생활을 중요하게 여긴다. 또한 인터넷을 M세대는 유년기부터 접한 세대이고 Z세대는 태어날 때부터 그린 환경이었으며 스마트폰의 경우 M세대는 청년기부터 대부분의 Z세대는 유년기부터 스마트폰을 접했기 때문에 이전 세대와 가장 구분되는 부분이 인터넷 문화를 주도한 다는 점이다. 순위권에 드는 주요 커뮤니티의 연령대 분포나 주요 인기 유튜버의 연령대는 대부분 M세대 위까지는 잘 올라가지 않는 편이다. 결국의 외국문화 익숙, 해외여행과 외국인에 대한 호감, 개인주의 문화와 자유주의 문화를 많이 접하며, 인터넷검색보다는 틱톡, 유튜브, 오픈채팅방 같은 많이 선호하는 세대라고 할 수 있다.

(3) MZ세대의 약물 사용투약 실태와 원인

(가) 약물사용 투약의 실태

국내의 약물(마약)사범의 10중 6명은 30대 이하 젊은 청년층이다. 약물 문제가 곧 청년과 MZ세대의 위기라고 해도 과언이 아니다. 이들 세대 약물중독이 날로 심각해지고 있다. 단속기관 검`경에 따르면 2023년 월간동향을 분석해보면 20대 8,368명, 30대가 6,683명으로 전체의 54.5%를 차지한다고 한다. 또한 대마 사범인 경우에는 30대 이가 78.2% 해당한다고 하며 이러한 현상은 미래에 지속적 확산 될 것 으로 예상한다. 더욱 심각한 현상은 19세 이하 MZ세대 약물 (마약류) 사범 수가 지난 2018년 당시 143명에서 2023년도에는 1,477명으로 1,000% 이상 늘었고, 20대도 2,118명에서 8.368명으로 395% 증가했다. 반면 과거 약물(마약류) 사범의 절반을 차지하던 40대 이상 마약사범은 그 비율이 30%대로 줄어들었다. 또한 MZ세대의 이런 국내 마약사범들의 동향으로 단속기관의 단속 변화는 MZ(청소년)세대의 중심으로 수요 공급 차단 정책으로 강력하게 전환하여야 한다.

(그림 2-8) 마약류 사범 연령별 현황

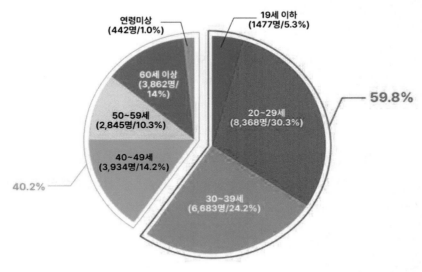

2023년 마약류사범 연령별 현황
합계 27,611명

(출처: 검찰청 2023년도 12월 마약류 월간동향)

참조 : (출처, 대검찰청, 마약류백서)

(나) MZ세대약물(마약류) 사용투약 원인

최근 MZ세대는 연구하시는 여러분 옆에 바짝 다가온 세대로 약물에 새로운 시대를 맞게 되면서. 국내 청정국은 2016년도를 마지막으로 생각되며, 앞으로 MZ세대의 신종마약류(약물) 사용 패턴으로 전환 될 것이다. 현재 국내 약물 투약 사용 실태를 분석해 보면 과거 40~50대 남성들이 대다수 투약하다가 최근 2023년부터는 10대~ 20대가 급속히 확산되면서 검거 사범에 50% 이상이 30대 이하의 MZ 세대가 차지하고 있다.(그림2-8)

그 원인으로는 인터넷, SNS, 텔레그램, 다크웹 등을 사용하는 세대들의 하루 평균 10시간 이상 사용과, 약물 구매시간은 서울에서는 1~2시간 전달되고 구매 금액은 가상화폐, 차명계좌로 그리고 연예인, 부위 층 자녀, 외국 유학, 국내 외국인 2만명 이상 체류, 국제적 개방, 사회 문화적 변화, 외국인 근로자, 원어민 강사 등 많은 원인들과, MZ 자신들이 호기심, 또래, 선배 권유, 무상 등으로 국내에서는 지속적으로 확산될 것으로 본다. 과거에는 낙인 된 전과자, 중독자, 공급자, 제조자, 사용하고 판매가 대다수 저소득층과 지역적인 부산, 대구, 인천, 서울 등에서 8천 명 이하로 필로폰을 사용 시기와 최근 선진 국가들은 약물에 대한 규제와 처벌 완화의 이러한 현상으로 확산되는 MZ(청소년 세대에 대하여 정부, 지방자치단체, 종교단체, 단속기관 학교기관, 영유아 유치원부터 관심을 가지고 단속보다는 예방 교육이 우선으로 되어야 하며, 외국의 경우에도 단속보다는 약물 예방과 재활 치료를 중심으로 대처하고 있다.

(다) MZ세대의 약물(마약류) 의 종류와 유통 및 투약 특징

청소년과 MZ세대의 투약사용 하고 있는 남용 약물은 의료용 향정신성약물로 펜타닐패치, 펜터민, 메칠페니데이트와 합성대마로 JWH-018,대마쿠키, 또한 최근에는 코카인, 케타민, MDMA, 필로론을 사용하고 있는 데 특히 10대 여학생들은 다이어트 용도로 식욕억제제를 사용하고 있다.

MZ세대들은 투약 사용하는 데도 특징으로 약물을 칵테일로 희석하면서 흥분제, 안정제 그리고 환각제 투약 사용이 확산되고 있다. 그리고 알코올 사용하는 MZ세대는 전통 마약인 필로폰을 사용하고, 수면을 취하기 위해 프로포폴, 벤조디아제핀 등을 불안을 줄여주고 편안함을 준다는 인식에 사용하고 있다. 최근 변화는 약물 (마약) 사용 방법에는 흥분제, 안정제, 환각제 이 모두 칵테일 방법으로 사용되고 있으며, 클럽에서 일명 " 몰래 뽕"이라는 칵테일 마약을 투약해 성 경험과 상대 여성들에 성폭행으로 사용되고 있다. 이에 따라 병원의 치료방법은 없으며, 성 중독과 같은 행위중독으로 복합한 문제가 심각하게 강남, 이태원, 신촌 유흥가 주변에서 발생 되고 있다.

또 하나의 특징으로 한국의 MZ 세대들은 서양의 개인주의 문화와 우리의 전통 관계주의 문화의 중간지대에 있는 사실이다. 전통적인 규범과 기존세대의 가치관에는 대단히 독립적, 개인주의적 태도와 가치관을 적용하고 자기 또래나 같은 세대의 사람들 간에는 집단주의 또는 관계주의를 특성을 강하게 보여주고 있다. 그러므로 자기 또래 집단이 좋아하는 음악, 패션, 장소나 활동들은 거의 무비판적으로 수용하고 모두가 같이하고자 하는 반면 50대 이상의 문화와 사회에 대한 불 반응으로 일단 배제하는 경향이 있다.

(그림2- 8) * 10대 의료용 마약 환자 실태

의료용 마약류 처방 10대 환자 현황

펜타닐패치
(진통제)

펜터민
(식욕억제제)

메틸페니데이트
(ADHD치료제)

자료:식품의약품안전처, 이태규 국민의힘 의원

김민지 기자 20230713

참조 : (출처:구글 자료)

제3장

약물 남용

제3장 약물남용

제1절 약물남용의 정의

약물 남용 drug abuse은 향정신성 약물 psychotropic agents의 비의학적 사용 non-medical use을 의미한다. 향정신성 약물은 정신 psyche을 향 teopic 해서 작용하는 약물, 즉 정신에 작용하는 약물을 말하는데, 정신은 뇌(brain)에서 나오고 뇌는 중추신경계로 구성되어 있기 때문에, 향정신성 약물은 곧 중추신경계에 작용하는 약물을 의미한다. 그리고 약물의 비의학적 사용은 약물의 의학적 목적과 상관없이 사용하는 것을 말하는 것으로, 예를 들면 진통제인 모르핀을 통증이 없는데 도취감을 얻기위하여 사용하는 경우이다. 남용 약물들은 감정, 인식,행동에 변화를 일으킨다. 그러므로 약물사용의 정의는 감정, 인식, 행동에 인위적인 변화를 일으키고자 할 정신성 약물(마약류), 즉 중추신경계에 작용하는 약물을 법의학적으로 불법적으로 사용하는 것을 말한다.

1. 관련용어 정리

1) 약물 사용 (drug use)

약물사용이란 함은 의사의 처방 유무에 상관없이 치료 효과가 있고 효능의 위험성이 적은 약물을 사용하는 것을 말한다. 이것은 광의적 정의이며, 특정 약물에 국한된 것이 아니다. 이런 정의를 사용할 때 주의해야 할 것은 모든 약물은 복합적적 효과를 갖기 때문에 효과의 관정이 어려운 때가 있다는 점이다. 만일 약 본래 효과 이외에 다른 효과는 적고 또한 그 효과가 개인이나 사회에 별로 위험을 주지 않는다면 약물사용으로 분류된다. 그러므로 약물사용이란 영어는 오용이나 남용이 분명히 적용되지 않는 경우이다.(예: 드링크제, 피로회복제, 쌍화차, 박카스, 등)

2) 약물 오용(drug misuse)

의학적인 목적으로 사용하나 처방에 따르지 않고 임의로 사용하거나 처방된 약물을 사용하지 않는 것을 말한다. 약물오용은 사용하는 약물의 용량이나 상황 면에서 그 개인 자신이나 다른 사람에게 위험을 줄 수 있다는 점에서 약물사용과 구별된다. 약물 오용은 약물이 치료적으로 사용되었는가에 상관없이 그 잠재적 위험성을 증가시킬 수 있는 용량이나 상황과 관련된다. 그러므로 엄밀한 의미에서 약물의 사용과 오용은 약물 `사람` 환경간의 상호작용의 결과와 구분되어지며 그 합법성과 상관없다.

3) 약물 남용(drug abuse)

의학적 상식, 법규, 사회적 관습으로부터 이탈하여 쾌락을 즐거워 위하여 약물을 사용하거나 과잉으로 사용하는 행위를 말한다. 따라서 법적 구제의 대상이 되는 마약류를 사용하는 것과 법적 규제의 대상에 포함되어 있지 않은 약물이라는 환각 목적으로 사용하는 경우도 포함한다.

4) 약물의 의존(drugdependence)

말 그대로 약물(마약류)의 노예가 되어 약물이 없이는 지내기가 불편하고 괴로운 상황이 되어 계속 약물을 찾는 상태를 말한다. 의존은 남용에서부터 시작되며, 우리가 일상적으로 말하는 중독이란 보통 의존을 지칭한다.(모든 학자들은 중독과 의존현상을 질병으로 말한다)

5) 급성중독(ineoxication)

약물이 신체 내에 과도하게 존재하여 여러 가지 부작용, 착각, 환각 등의 정신병적 증세를 나타내거나 혼수상태와 사망에까지 이르는 상태를 말한다. (최근 들어 외국에서는 전통 강력한 마약에 칵테식 사용으로 급성중독이 발생되고 국내에서도 MZ세대 들이 사용하고 있다)

6) 내성(Tolerance)

약물을 계속적으로 사용하면 감수성이 감퇴되어 일정한 작용을 일으킬 수 있는 약 용량에는 아무런 반응이 없고 용량을 증가하지 않으면 안 되는 현상으로, 전혀 사용해본 경험이 없는 약물에 대한 내성을 선천성 내성이라 하고 일정한 약물을 오랫동안 반복 사용으로 인한 내성을 후천성 내성이라 한다. 내성의 정도는 마약류의 종류에 따라 다르나 모든 마약류가 내성을 가지고 있다. 헤로인, 모르핀 등은 높은 내성을 가진 마약이다. 예를 들어 모르핀 경우 정상인은 100mg으로도 사망하게 되지만 중독자는 1일 최대 5,000mg을 투약해도 생존할 수 있다.

7) 금단증상(Withdrawal syndrome)

약물사용을 중단하거나 사용량을 줄이면 나타나는 일련의 심리적, 생리적 신체 반응으로 초기엔 하품, 콧물, 눈물과 열이 나고 잠을 이루지 못하며 동공을 수축, 확장시킬 뿐 아니라 전신이 돋고 통증을 느끼게 된다. 장기간 투약하면 불면증, 현기증, 혈압상승, 식욕감퇴, 탈수 등으로 체중 감소되고 행동능력을 상실하게 되고 손 떨림, 많은 땀, 맥박이 빨라짐, 불면, 구역질, 구토, 환시, 환청, 불안 초조, 간질 등이 나타나며 약물의 종류, 사용시간, 투약 량에 따라 다르게 나타난다.

8) 습관성(Habituation)

약물의 반복적으로 투약으로부터 생기는 상태로 약이 유발하는 강한 행복감을 위하여 약물 투약을 계속하고자 하는 욕구가 강하고, 약효에 대한 어느 정도의 정신적 의존성은 없으며, 사용량의 증가가 없고 금단증상도 없다. 유해 효과가 있다면 일차적으로 개인에 대한 것이다.

9) 탐익성(Addiction)

약물의 반복적 사용에 의해 나타나는 주기적 또는 만성적 중독 상태로 약물투약을 계속하기 위해 어떤 수단이나 방법을 동원하여 그 약물을 얻고자 하는 참을 수 없는 욕구와 해로운 결과가 있으리라는 것을 알면서도 강박적으로 사용하는 상태로 정신적, 심리적, 육체적 의존성이 강하고 사용량의 증가와 개인과 사회에 대한 유해 효과가 있다.

제2절 남용약물의 분류 및 약리작용

약물은 정신기능에 미치는 영향에 따라, 즉 사용했을 때 정신에 영향을 미치는 약물은 향정신성 약물이라고 하는데 이 약물들은 중추신경계에 작용한다. 중추신경에 작용하는 약물은 중추신경을 억제시키느냐, 흥분시키느냐, 두 가지 작용이 한꺼번에 나타나느냐 따라 크게 세 가지로 나누어진다. 중추신경을 흥분시키는 약물을 중추신경흥분제, 억제시키는 것을 중추신경억제 두 가지 작용이 한꺼번에 일어나는 것을 환각제라고 한다.

1. 중추신경 흥분제(각성제,Stimulants)혹은 자극제

(중추신경계에 작용에 뇌 기능을 활발하게)
중추신경 흥분제란 향정신성 마약류 약물로서 중추신경계를 흥분 자극하는 것이 중요한 기능인데, 이러한 약물을 각성제라고도 한다. 개인의 약물을 사용할 경우 경계심, 흥분, 쾌감 등이 증가한다.

몇몇 중추신경 흥분제는 의학용으로 사용이 승인되어 있다. 아이의 경우 수종(부종), 기면발작, 체중감소, 주의력 결핍, 호흡곤란 등에 사용되며, 주로 마취 용도와 피로 회복에 사용한다. 다른 사용처로서 향정신성 약물의 만성 중독자나 우울증 환자가 표준 처방보다 내성을 가질 수 있도록 하는 데 사용하지만 이는 매우 드물게 이용된다. 이 약물들의 처방은 오직 특수한 의료기관과 대형 병원에서만 할 수 있다. 향정신성 약물들은 중추신경계에 매우 큰 영향을 미친다. 코카인은 가장 강한 힘(효력)을 지니 흥분제이며, 필로폰, 러미나, 암페타민, 메틸페니데이트 그리고 카페인, 니코틴 등이다.

* 단기적 생리적 증상

- 혈압 증가, 콧물, 심장 박동수 증가, 근육 경련, 불규칙한 심박, 성적 흥분, 심장 근육의 긴장 상태, 식은땀, 신진대사 속도의 증가, 발작, 혈관 수축, 배뇨 증가, 심장마비, 얼굴의홍조, 호르몬농도 변화, 어눌한 언어, 혈당증가, 오한 체온 상승, 멀미, 호흡 부전, 어색한 행동 ,불면증, 이명, 식욕 감소, 섬광효과, 운동량 증가, 침샘증가, 다변, 기관지 분비물 증가 (가래), 동공팽창, 미각 둔화, 구강 건조

* 단기적 심리적 증상

- 쾌감, 불안감, 경계심 증가, 정신력이 증가된 느낌, 각성 증가, 긴장 상태 증가, 흥분, 근심, 상동증, 예민함, 에너지 증가, 공격적 성향, 집중력 증강
- 편집중, 감각 왜곡 망상, 산만함, 환청, 환시, 환촉, 환미 또한 내성과 의존성 발현과 동시 금단증상으로 투약을 중지해야 한다.

1) 암페타민계약물(Amphetamine)

우리에게는 필로폰이란 이름으로 잘 알려져 있는 아민계의 대표적 약물이다. 필로폰(philopone, 히로뽕)은 희랍어로 "일을 좋아함"이란 의미의 은어로 '뽕'이라고도 한다. 향정신성 의약품으로 우리나라와 중국, 일본을 중심으로 한 아시아 지역에서 많이 남용되는 대표적 약물이다. 처음 생약으로 발견된 것은 1888년이고, 1919년에 합성에 성공하였다. 독일에서 처음에는 천식치료제로 개발되어 기관지 천식, 기질성 뇌질환, 우울증 등의 치료를 목적으로 사용되었으나, 2차 대전 시 군대와 군수공장 노동자의 전투능력 및 작업능률을 높이기 위해 각성제로 사용되었다. 일반인들은 최음제, 신경통치료제, 술 깨는 약, 피로회복제, 각성제로 또는 체중을 줄일 목적으로 사용하다가 중독에 이르게 된다.

암페타민을 사용하면 혈압이 상승하고, 심장의 박동 수가 증가하는 효과가 있다. 정신적으로는 기분이 좋아지며, 주의집중력이 증가하여 자신감이 생기고, 황홀감을 느끼게 되며 생기가 돌고 말이 많아지고 적극적으로 된다. 피로감이 줄어들고, 다

행감, 고양감, 행동 흥분작용을 하며, 성적 쾌감이 증가하고, 사정이 지연되는 효과가 있다. 또한 이것은 각성작용이 있어 사고력, 기억력 등을 순식간에 고조시키고, 불면을 일으켜 청소년들의 '잠 쫓는 약'으로 오용되기도 하고, 청각·시각·촉각 등 감각기관이 예민해진다. 그러나 약효가 사라지면 강한 무력감, 피로감, 권태감, 우울증 등이 엄습해 오고 정신병적 상태를 유발하기도 한다. 이와 같은 두려움으로부터 도피하기 위해 히로뽕 투여를 반복하게 되면 의존자가 되며, 일단 정신의존이 형성되면 약물 없이는 피해망상, 불안, 초조감 등에 시달리고 환각이나 망상을 일으키게 된다. 또한 정신분열증과 유사한 이상행동을 하고 성격이 난폭해지는 등 인격이 황폐해진다. 암페타민류는 내성이 있기 때문에 만족한 수준에 이르려면 점점 더 많은 양을 복용해야 한다. 따라서 약물을 구매하는 것이 오로지 삶의 목적이 되기 때문에 폭력적이 되고, 범죄를 저지르게 된다.

급성 중독이 되면 불안, 공황, 흥분, 다행감, 착란, 식욕감퇴, 피로감 해소, 부정맥, 과호흡, 발한, 오한, 오심, 구토, 설사, 성욕증가 또는 감퇴 등이 나타나며, 대량 투여 시는 신체적으로 힘이 증가한 느낌이 생기며, 말이 많아지고, 섬망, 흥분, 다행감, 격정, 우울, 편집증, 환각 등의 증상이 생기며, 공격적이 되어 충동적인 살인 등의 폭력행위를 저지르고, 심근경색, 심혈관계 기능의 파탄, 고열, 경련, 퇴출혈 등으로 사망을 초래한다.

암페타민 사용을 중단하고자 하면 금단증상으로 두통, 호흡곤란, 심한 발한, 근육경련 및 위경련 등의 불쾌하고 고통스런 경험을 하게 되며, 무기력, 피로감, 격정, 악몽, 자살 충동을 유발하는 우울감 등을 갖게 된다. 필로폰을 장기간 남용하던 중독자가 약물사용을 중단하고 완치되어 정상생활을 하여도, 몇 년 후 환경의 변화나 작은 자극에 의해 쉽게 갑자기 환각, 피해망상 등의 정신이상 증상이 되살아나는 재발현상(flash back)이 나타나기도 한다.

2) 니코틴과 담배

담배가 사용된 흔적이 최초로 발견된 것은 서기 600년경의 선사시대 마야문 화 유적에서 찾아볼 수 있다. 1542년 크리스토퍼 콜럼버스가 아메리카 대륙을 발견한 이래 원주민이 피우던 토바코스(Tobaccos)를 콜럼버스의 선원들이 유럽에 소개한 것이 시초가 되어 그 이후 전세계로 전파되었다. 원주민들은 종교적·사회적 의식으로서 평화와 우정을 표시하는 행위로 담배를 나누어 피우고 있었다고 한다.

담배(Nicotina tabacum)는 Jean Nicot의 이름을 따라 명명된 것으로 우리나라에 담배가 처음 소개된 것은 1590년대 임진왜란 당시 일본 군인들에 의해서였다. 초기에는 양반계급의 전유물로 사용되다가 1945년 광복 이후 양담배가 상륙하면서 흡연율이 급상승하여 1990년대에는 세계에서도 상위권에 들게 되었다. 담배의 위험성에 대해 수 년 간의 논쟁이 있었으나. 결국 담배의 니코틴 성분은 아편이나 코카인 같은 알카로이드로 헤로인이나 모르핀에 상응하는 습관성 약물로 판명되었다.

임산부가 흡연을 하면 니코틴은 쉽게 태반을 통과하여 태아로 이동한다.

그래서 태앙의 발육에 장애를 주고, 태아는 모든 세포조직들이 극히 미숙하기 때문에 소량의 독성물질로도 건강에 치명적인 영향을 받는다. 조산아와 저체중아들은 흡연여성들 사이에서 가장 일반적인 것이며, 신생아와 미숙아의 사망위험도 훨씬 높다.

니코틴은 독성이 강하고 60㎎이면 사망하게 된다. 담배 한 개피에 0.5㎎의 니코틴이 함유되어 있다. 니코틴은 말초혈관을 수축시키며, 장운동을 증가시킨다. 심하게 되면 오심, 무력, 두통, 진땀이 나고 호흡의 마비로 사망에 이르는 수도 있다. 침 분비가 증가하고, 복통, 빈맥, 정신착란, 감각장애, 고혈압 등이 나타날 수 있다.

흡연은 폐암, 구강암, 기타 다른 암, 심혈관 질환, 만성 폐쇄성 폐질환, 궤양, 산모와 태아의 합병증 등을 유발할 수 있는 위험성을 가지고 있으며, 이러한 문제들은 니코틴 그 자체보다는 담배 속에 있는 발암인자와 일산화탄소에 의해 야기된다.

흡연을 시작하는 연령은 주로 청소년기로, 담배를 피우게 되는 동기는 호기심이나 친구의 권유 또는 현란한 판매광고에 매료되어 피우기 시작하는 것이 일반적이다. 그러나 니코틴은 그 내성이 빠르고 심하게 나타나며, 정기적으로 흡연을 하다 보면 수 주 내지는 수개월 또는 2-3년 이내에 니코틴에 대한 의존이 생긴다. 니코틴의 남용이 병명으로 사용되지는 않고 있으나, 니코틴 의존은 정신사회적 요인에 의해 강회 됨으로 그 사용의 중단이 용이하지 않다.

흡연자는 비흡연자에 비해 다른 약물이나 물질을 남용하는 경우가 많다. 특히 알코올남용자의 90%가 흡연을 하는 것으로 나타났다. 흡연은 알코올의 효과를 증가시키며, 알코올중독이 심할수록 흡연효과는 더욱 강하다.

타르(Tar) 타르는 하나의 화합물이 아니고 담배 성분에서 니코틴과 일산화탄소 및 기체 성분을 제외한 나머지를 말한다. 담배 한 개피 속에는 대개 1-15㎎ 타르 성분이 포함되어 있으며, 그 형태는 미립자가 농축된 흑갈색의 물질로 식으면 젤 타입의 형태가 된다. 일반적으로 담뱃진이라고 하는 독한 물질로, 타르를 재래식 화장실에 넣으면 벌레가 생기지 않으며, 산에서 텐트 옆에 담배꽁초를 뿌려두면 뱀이나 곤충이 가까이 오지 않을 정도로 독성이 강하다.

담배가 인체에 주는 해의 대부분은 타르 속에 들어 있는 각종 독성물질과 발암물질에 의한 것이다. 타르 속에는 약 20여 종의 발암물질이 포함되어 있어 담배를 오래 피운 사람은 후두암, 기관지암, 폐암, 위암 등 모든 종류의 암에 걸릴 확률이 크게 높아진다.

코틴 중추신경계에 대하여 특유하고 복합적인 효과를 갖고 있는 화학물질로 중독과 직접 관련되는 독성물질이다. 니코틴을 다량 투여하면 헤로인, 코카인, 암페타민과 같은 경로에 의하여 중독되며, 중단이 가장 어렵다는 점에서 중독성은 이들 마약보다 오히려 강하다. 담배잎 무게 중 약 5%가 니코틴으로, 담배 한 개피에 평균 1-2㎎ 함유되어 있다. 흡연 시 니코틴은 타르 위에 떠서 폐로 흡입되는데 정맥 투여와 같은 효과가 있다. 이 합성물은 뇌에 도달하는 데 불과 10초 내외가 소요되며, 특정 부위의 뇌세포에 작용하며 뇌의 모든 신경전도물질과 내분비계에 영향을 준다. 뇌와 기타 다른 신체 부분에 대한 약물의 효과 연구에서도 니코틴은 습관성을 가지고 있다는 증거가 발견되었다. 니코틴은 뇌뿐만 아니라 신경계의 다른 부분에 있는 특별한 수용체에 작용하여 골격근을 이완시키고, 심혈관계나 호르몬계에 영향을 미친다.

궐련을 피워서 얻는 니코틴의 효과는 파이프 담배, 시가 담배, 니코틴 껌, 냄새를 맡는 담배를 통한 방법보다 효과가 빠르다. 담배를 피우는 습관은 계속적인 행동 강화요인과 니코틴에 대한 신체적 의존을 빠르게 나타낸다. 거기에다 금단증상의 불쾌감도 담배를 끊기 어렵게 만드는 요인의 하나이다. 니코틴의 금단증상으로는 담배를 계속 찾는 것, 초조, 좌절, 분노, 불안, 집중력 저하, 체중 증가, 심박동수의 감소, 식욕감소 등이 있다. 환경적으로는 주위에 다른 흡연자들이 있다는 것과 쉽게 담배를 구할 수 있다는 점들이 흡연자가 담배를 끊기 어렵게 만드는 요인이다.

일산화탄소 기체 성분 중 가장 해로운 것은 일산화탄소(CO)이다. 일산화탄소는 무연탄 중독의 원인으로 잘 알려진 물질로, 담배를 피우는 것은 마치 적은 양의 무연탄 냄새를 지속적으로 맡고 있는 것과 같다. 이는 혈액의 산소 운반 능력을 감퇴시키고 만성 저산소증을 일으켜 신진대사에 장애를 주고 조기 노화현상을 일으키는 등 각종 성인병을 유발한다. 담배를 많이 피우거나 담배연기가 가득한 방에 오래 있으면 머리가 아프고 정신이 멍해지는 것이 바로 일산화탄소 때문이다. 또한 중독을 설명하는 가설 중 하나인 일산화탄소 중독 가설에 따르면 한 번 중독된 신체는 일정한 수준의 일산화탄소를 유지하려는 경향성이 있어 흡연을 계속하게 된다는 것도 설득력 있게 받아들여지고 있다.

3) 코카인

코카인은 중남미 안데스산맥의 산악지방에서 자라는 코카나무(Erythroxylon Coca)라는 다년생 관목의 잎인 코카엽으로부터 추출되는 중추신경 흥분제이다. 페루와 볼리비아 등의 남미 인디언들은 고대로부터 고산지역에서 발생하는 고산병 및 피로감을 해소하기 위해 코카잎을 사용해 왔다. 1855년에 가르데켄이라는 화학자는 코카잎으로 부터 코카인을 추출하였으며, 1859년 의사인 니만이 코카인이라고 명명했다. 1883년 독일군 의사인 테오도르 아쉘브란트는 병사들을 대상으로 실험한 결과, 병사들의 피로 회복력이 증대되는 등 매우 긍정적인 효과를 갖고 있음을 발표하였다. 그 후 Freud는 자신과 환자들을 대상으로 우울증과 만성적인 피로감을 치료하기 위해 코카인을 사용하여 매우 긍정적인 결과를 얻었으나, 치료받은 환자가 코카인 사용을 통제하지 못하고 사용량을 늘려 결국 코카인 중독자가 되고 심각한 정신적 질병으로 발전하는 결과를 낳았다. 이러한 이유로 20세기에 들어서면서 마약법으로 금지되기 시작하여 모르핀, 아편과 함께 마약으로 지정되어 있다.

코카인은 강력한 중추신경 흥분제로서 흥분효과는 마약성 진통제와는 다르고, 암페타민과 유사한 약리작용을 나타내어 혈관과 신경체제에 심각한 영향을 준다. 소량의 코카인을 투여한 경우에 뇌의 각성 수준 상승, 피로감이나 공복감의 감소, 활력감, 행복감, 쾌감, 자신감 등을 볼 수 있다. 다량(중독량)투여 시에는 경련이 일어난다. 대량(치사량) 투여 시에는 호흡마비로 사망한다. 국소마취작용이 있으며, crack 혹은 snow라는 은어로 통용되고 있다. 코카인은 코카잎을 말아서 흡연하거나, 정맥주사 또는 코로 흡입한다. 코카인은 단시간에도 효과가 나타나 30분-1시간 정도 지속된다. 반복 남용하면 식용 감퇴에 따른 영양실조나 체력 소모를 초래하고 코로 흡입하므로 코 속에 염증과 조직괴사가 일어나는 경우가 있다. 또한 쉽게 중독량에 달하여 정신분열과 비슷한 코카인 정신병을 일으킨다. 크랙(crack)은 코카인을 변형시켜 피우기 쉽도록 만든 것이다. 크랙을 피우는 것은 많은 양의 코카인을 뇌에 즉각적으로 도달하게 하여 코카인의 효과를 강력하게 나타내기 때문에 쉽게 중독에 이르게 된다. 코카인은 남용 가능성이 큰 약물 중의 하나로, 뇌에서의 화학적 변화를 일으켜서 코카인 탐닉을 유발하며, 따라서 코키안이나 크랙을 사용하는 모든 사람들은 상습복용의 위험이 있다.

신체에 대한 코카인의 즉각적인 영향으로는 혈압, 맥박, 호흡수, 체온의 상승, 동공의 확대, 식욕 감소, 불면 등이 나타나며 혈관이 막히기도 한다. 사용기간이 길어짐에 따라 신체 외모에 대한 관심이 감소하고, 코와 기도 감염이 자주 나타나며, 콧물이 심해진다. 금단증상으로는 약물의 효과가 사라짐에 따라 초기의 상승된 기분과 행복한 기분은 실망과 무감각으로 바뀌며, 결국 우울증에 빠지게 된다. 중독 외에도 코카인은 심각한 의학적 문제를 초래하는데, 심장질환이나 순환계질환을 갖고 있는 사람이 코카인을 사용하면 심장질환이 쉽게 유발되며, 건강한 심장을 갖고 있는 젊은 사람이라도 코카인은 심장질환을 일으키기도 한다. 그 외에 코카인과 크랙은 뇌경련(brainseizure)을 촉발시키고, 심장과 호흡을 담당하는 근육을 조절하는 뇌의 전기적 신호를 방해한다. 또 코카인에 의해 상승된 혈압은 뇌에서 혈관 파열을 일으켜 일부 중독자들에서는 뇌졸중이 발생할 수도 있다.

코카인 정신병(cocaine psychosis)은 담배 속의 여러 종류의 화학물질은 흡연 시의 고열로 인한 열분해 과정을 거쳐 담배속의 약 4,000여 종의 화학물질들이 증류, 승화, 수소화, 산화, 탈수화 되며, 그 중 1,200여 종은 인체에 해로운 유기물질인 것으로 알려져 있다.

이 중에서 중독과 관련이 있는 대표적인 물질은 타르, 니코틴, 일산화탄소 등이며, 니코틴과 일산화탄소가 가장 직접적인 영향을 제공한다. 담배를 피우면 식욕이 감퇴되고, 소화불량에 자주 걸리며, 위산과다와 위궤양에 걸리기 쉽다. 또한 위궤양이 잘 낫지 않아 위암으로 이환되어 사망할 수도 있다.

크랙을 사용하는 사람들에게서 많이 나타난다. 코카인 심리적 영향에 의한 정신병적 증상은 망상이나 환각에 의해 폭력적으로 되고, 불안하고, 변덕스러워지며, 그들 자신이 초능력적인 힘을 갖고 있다고 확신하거나, 의심이 많아져 그들의 생활이 위협받고 있다고 믿기도 한다. 예로 자신을 경찰이나 친구가 쫓아다니며 노리는 것이 아닌가 하는 추적 증상에 걸려 자기방위를 위해 무차별 타인을 살상하거나 흔히 환각이 특히 환촉이 현저하여 작은 벌레(cocain bug)가 온몸에 기어다닌다거나 코카인 결정이 피부 내에 돌아다니는 듯한 환각이 특징적이다. 이상한 물체나 물질이 존재하는 것 같은 감각을 느껴 피부를 긁거나 피부 내를 바늘로 찔러 대기도 한다.

코카인 의존자가 약물 복용을 중단하며 일시적 심한 불안감, 우울증, 피로감, 무력감 등의 증상이 나타나지만 이 시기를 지나면 정상에 가까운 상태로 복귀한다. 그러나 약물남용을 중지하고 수개월이 지난 후에도 약물을 복용하지 않은 상태에서 투여 시와 유사한 정신이상증상이 나타난다(재발현상(flash back)).

임신 초기에 코카인이나 크랙을 사용하면 자연 유산이나 사산이 일어날 수 있으며 임신 후반기의 사용은 조기 진통 또는 조기 분만을 일으킨다. 때로는 태반의 조기 박리를 유발하여 산모와 아기의 생명에 쇼크와 출혈로 인한 심각한 위험을 초래한다. 자궁 속에서 코카인에 노출되었던 아기는 출생 후 대개는 난폭하고, 무반응적이 되어 발달의 장애를 초래한다. 코카인을 사용하는 어머니에게서 태어난 유아에게서는 신장과 요도계통에 기형이 유발되거나, 간질의 위험성이 증가하며, 급성 유아사망증후군(sudden infant death syndrome)이 유발되기도 한다. 코카인이 함유된 모유를 먹은 아기는 어른들처럼 심장과 뇌에 문제가 생기기도 한다.

미국에서는 남용되는 마약 중 가장 대표적인 약물이 코카인이다. 1982년의 조사결과 전체 미국 국민 중 약 2천만 명 이상이 과거에 코카인을 사용한 것이 있었고, 1982년 현재 4백만 이상이 이 약물을 사용하는 것으로 알려져 있다. 그 이후 코카인 사용자들이 6백만명 이상으로 증가하였고, 계속해서 급격하게 증가하고 있다. 더구나 현재 코카인을 자주 사용하는 사람들의 대부분은 코카인에 대한 의존적 증상이 있는 것으로 알려져 있다.

우리나라에서는 코카인이 마약으로 엄격히 통제되어 관리됨으로써 사회적으로 별 문제가 되지 않았으나 최근 필로폰과 더불어 교포, 유학생 및 외국인들을 통하여 밀반입된 코카인 사용자도 서서히 증가하고 있는 추세이다.

4) 카페인(커피, 커피, 음료수 등)

커피, 카카오, 코코아, 차 등에 들어 있는 알칼로이드 결정체로서 무색, 무취이며 약간 쓴맛이 난다. 주로 커피, 홍차, 콜라, 피로회복제, 감기약 등에 다량 들어 있으며, 중추신경계에 대하여 흥분제적 역할을 수행하여 정신기능을 향상시키고 감각을 예민하게 하며 정신을 맑게 하고 정신적 피로를 제거해준다. 즉, 뇌신경의 말단에 존재하는 화학물질인 아데노신(신경세포간의 정보를 전달하는 신경전달물질을 방출하지 못하도록 작용함)의 작용을 억제시켜 신경세포가 각성 상태를 유지하도록 하므로 중추신경을 흥분시키는 약물로 분류할 수 있다.

커피 한 잔에는 약 100-150㎎의 카페인(caffeine)이 포함되어 있고, 차에는 커피의 1/2, 콜라에는 1/3이 함유되어 있으며, 타이밍 1정에는 약 50㎎의 카페인이 포함되어 있다. 카페인은 하루 최소 250㎎을 복용하면 중독증상이 나타날 수 있다.

커피를 마신 후 15-30분 경과하면, 심장 박동 수, 혈압, 체온, 위산 분비, 소변량 등이 증가하며, 당을 산화시키는 능력이 저하되어 혈당량을 증가시킨다. 카페인의 체내반감기는 약 4시간으로 커피를 마신 후 8시간이 지나면 카페인이 몸 밖으로 배설되어 약효가 떨어지므로 심한 피로감을 느끼게 된다.

카페인 중독은 두통, 식욕 상실, 체중 감소, 설사, 위통, 급변하는 호흡, 손 떨림, 불규칙적 심장박동, 불면 등을 야기한다. 그러나 갑자기 카페인 사용을 중단하면 습관성으로 인해 불안감, 두통, 초조, 우울 등 금단증상을 보이게 된다. 내성은 불확실하나 심리적·신체적 의존성이 있다.

2. 중추신경 억제제(Depressants, 진정제)

(중추신경계 작용 호흡, 혈압, 심장박동과 세포의 신진대사 활동 억제)

중추신경 억제제란. 중추신경계 억제제는 호흡, 운동협응(motor coordination), 정신적 각성, 심장 박동 수 등과 같은 근본적인 신체적 기능에 관해 일반적 `비특이적 억압 작용을 만들어내는 향정 마약류 약물 군이다. 중추신경 억제제는 의료적 용도가 매우 다양하지만 주로 진정 수면제로 이용된다. 중추신경 억제제는 의약품으로 가장 널리 사용되는 향정 마약류 약물이면서 또한 가장 많이 남용되는 약물이기도 하다. 중추신경계는 억제 효과에 지극히 민감하다. 그래서 이러한 부류의 향정신성 약물들은 다른 신체적 기능에 영향을 주지 않고 중추신경계를 억압하는 약물로 이용된다. 따라서 주로 진정효과 또는 수면을 유도시키기 위해 사용한다. 의료적 가치가 전혀 없는 알코올과 함께, 억제제는 일반적으로 일시적이고 고통 경감 또는 불안과 불면증을 치료하기 위해서 사용된다. 이러한 약물분류는 약물 사용자의 남용 잠재력뿐만 아니라 동시에 향정신성 약물을 두 가지 이상 소비하는 데서 오는 강화작용 때문에 더욱 위험하다. 술과 바르비튜레이트를 함께 사용하면 두 가지의 약물효과가 나타나는데. 그것은 1 더하기 1은 2가 아니라 4와 같다는 수학적인 방정식이 된다. 그것은 중추신경 억제제의 결합으로 잠을 자는 동안 약물 사용자자 사망하는 결과가 초래될 수 있다. 약물의 혼합사용에 의해 모든 호흡 기능들이 심각하게 저하되기 때문이다. 바르비튜레이트와 벤조디아제핀을 처방 받은 환자들은 술과 함께 복용하는 것을 삼가야 한다. 이러한 형태의 약물사용은 단지 수면을 위해 수면제 처방받은 사람들에게 비극적이고 치명적인 결과를 초래할 수 있다.

● **단기적 생리적 증상**

○ 손상된 인체 기능 협응력
○ 어눌한 언어
○ 비틀거림
○ 졸음
○ 근육 이완
○ 느린 호흡
○ 느린 심장 박동
○ 현기증
○ 우울증
○ 진정

● **단기적 심리적 증상**

○ 기억 상실
○ 행복감
○ 판단력 손상
○ 자제력 감소
○ 공포심 감소
○ 환란
○ 과민성
○ 긴장과 불안 감소
○ 편집증
○ 부적절하고 불쾌한 행동

1) 아편 계 약물

마약성 진통제는 가장 강력한 의존성 약물로 아편, 모르핀, 코데인, 헤로인, 메사돈 등이 여기에 속한다. 마약 진통제는 의존성이 약물 중 가장 높으며, 내성, 신체의존 형성속도가 다른 약물에 비해 매우 빠르다는 점에서 위험하다. 그리고 금단현상도 매우 강하게 나타난다.

대표적 마약 진통제인 아편, 모르핀, 헤로인 등은 중추신경을 억제하여 강력한 진통작용을 나타낸다. 그 외에 호흡 억제, 지사작용, 진해작용, 진정작용 등의 효과가 있다. 이러한 마약은 기분을 전환시키고 불안, 긴장, 우울을 사라지게 하며 정신적·육체적 고통으로부터 해방되어 행복감을 느끼고 수동적으로 변한다. 즉, 아름다움과 추함, 정의와 불의, 선과 악의 분별 감정이 사라지며, 꿈꾸는 듯이 평온한 행복감(euphoria)을 느끼게 된다. 반복 사용 시 특히 중추신경 억제효과에 대해서 내성이 생기고, 마약으로서의 특징인 강력한 약물의존이 형성되는 약리작용을 가지고 있다. 내성이 급속히 형성되는 것이 모르핀형 의존성 약물의 특징 중 하나이다. 즉, 진정·진통작용은 즉시 저하되어 용량을 증가시켜 주지 않으면 효과를 얻을 수 없고 금단증상이 나타난다. 즉, 의존자는 마약을 주사 받지 않으면 불쾌, 불안감을 느끼고, 다리, 발이 떨리며 불쾌한 전율감, 복부 통증이 심하게 나타난다. 이와 같은 금단증상으로 인하여 마약 의존자는 마약을 강박적으로 다시 남용하는 과정을 반복하게 된다.

(1) 아편(Opium)

아편은 마약의 원료가 되는 생약으로 양귀비에서 얻는다. 어두운 갈색의 덩일 또는 가루인데 형태에 따라 정, 캡슐, 액체, 시럽, 좌약 등이 있으며, 피우거나 먹는다. 이전에는 아편 약제를 내복하거 아편을 흡연했다. 과거에 전 세계적으로 남용되었던 대표적 약물이다.

아편 사용 시의 부작용으로는 메스꺼워 구토를 하게 되고, 안절부절못하며, 의식이 몽롱해진다. 중독(intoxication) 증상으로는 동공이 수축되고 피부가 차갑고 축축해지며 푸르스름해진다. 호흡이 느려지고 얕아져서 혼수상태에 빠지거나 죽음에 이를 수 있다. 아편의 사용을 중단하면 금단증상은 약물을 중단한 후 4-6시간 내에 시작된다. 증상으로는 배가 아프고, 구토와 설사를 하고, 오한이 들고, 땀, 콧물, 눈물 등이 나온다. 증상의 강도는 얼마나 자주, 얼마나 오래, 얼마나 많은 양의 약물을 사용했느냐에 비례한다. 대부분의 경우 금단증상은 시작된 후 24-72시간에 최고조에 달하고, 1주 또는 10일 이내에 소실되나, 불면과 약물을 찾는 행위는 약 한 달 정도 지속된다.

(2) 모르핀(Morphine)

모르핀은 가장 강한 진통력을 지닌 아편 알카로이드이다. 1805년 독일의 약하자 "제르튀로이드" 에 의해 아편의 주요 활성물질인 "모르피움' 알칼로이드 모르핀을 최초로 추출하여 분리하는 데 성공하였다. 모르핀은 그리시어: 신화 속의 잠의 신" 꿈의 신이라는 뜻을 가진 모르페우스라 명명하였다. 그 후에 모르피움은 모르핀으로 변경되었다. 약리작용으로 피하주사나 정체형태로 진통완화제로 사용하며 중추신경계 작용으로 진통작용, 호흡억제, 위관 운동저하 및 신체적 의존성 일으킨다. 국내 의료계에서 말기 암환자의 통증을 경감시켜주고, 일반수술시 사용한다. 아편에서 (10-20%함유) 얻은 합법적이고 정통적인 마약이다. 우수하고 강력한 진통제이다. 의료용으로 처방이 엄격하게 제한되어 있지만 남용되기 쉽고 특히 암 환자들이 중독으로 금단증상이 발생되기도 한다.

(3) 코데인(Codein)

코데인은 천연상태의 아편에 점유한 농축물약 0.8~3.5%인 아편 알칼로이드에서 분리하여 완성된 모르핀의 주원료이다. 1832년 프랑스 약제사"포비케" 의해서 코데인을 최초로 분리하였다. 코데인이란은 어원은 양귀비 꼬투리(미숙과)를 의미하는 그리스어 Kodeia에서 유래되었다. 특징으로는 외형상 무색, 백색 결정성 분말로 쓴맛이 나며 보통 인산코데인으로 제조되어 정제, 캡슐, 앰플로 밀반입 한다. 그러나 다른 약물보다 의존성이 약해 널리 사용되고 있다.

모르핀의 1/4 정도의 진통작용이 있으나, 의존성은 모르핀보다 훨씬 약하다. 감기 치료나 지사제로 경구 투여된다. 구매가 수월하여 남용되기 쉬운 약물이다. 코데인을 과량으로 복용하면 모르핀과 유사하게 황홀감이 나타난다. 1970년대까지 많이 사용되다가 현재는 사용하지 않는다.

(4) 헤로인(Heroin)

헤로인이라는 명칭은 1989년 독일의 바이엘 제약회사에서 제조, 판매한 상품명으로 "강력하다"는 의미로의 헤로이쉬"에서 유래하였다. 헤로인은 양귀비 열매 액속에서 추출한 생아편(모르핀)에 산화칼륨 및 소석회 염화암모니아 등을 첨가한다. 활성탄, 염산, 에테르 등 혼합, 침전, 여과과정을 거친 모르핀베이스를 추출하고 무소초산으로 화학처리하여 디아세틸 모르핀으로 만든" 마약의 환제" 인 헤로인이 1874년에 최초로 탄생하였다. 헤로인은 본래 아편제의 진통효과는 유지하되 의존성을 제거하려는 목적으로 1898년 독일의 바이엘 제약회사의 하인리히 드렌스서 박사에 의해 개발 되었다. 영웅의 의하는 독일어"Heroisch'를 따서 헤로인이라 불리게 되었다. 헤로인은 모르핀의 10배 이상의 부작용 및 위해성이 다른 마약보다 강한 의존성 만성 중독자로 쉽게 빠지며 금단증상이 발생되기도 한다. 또한 불법 마약의 왕자로 특히 유럽에서 널리 남용되고 있다. 헤로인은 흰색 또는 갈색의 가루이며 물에 녹여서 정맥주사로 사용한다. 헤로인은 의존성 약 중 가장 강력하다. 특히 남용 시 쾌감(euphoria)이 최고이며 불법 마약으로서 널리 남용되었다. 헤로인은 남용약물 중에 가장 심한 금단증상이 보인다. 헤로인은 우리나라에서는 법적으로 사용, 제조, 소지, 판매 모두가 금지되어 있어 우리나라에서는 남용예가 드물다. 헤로인은 미국에서는 Smack 또는 Junk로 알려져 있으며, 사용되는 아편류 약물 전체의 약 90%를 차지하고 있고, 헤로인 중독자가 50만 명에 이르고 있다.

헤로인은 세포의 생화학적 신진대사에 관여하고 있다. 즉, 헤로인을 주사하면 빠르게 뇌에 도달하여 뇌의 골수조직에 영향을 주어 호흡을 억제하고 심장박동을 느리게 한다. 강력한 안정, 진통, 진정효과를 가지고 있으며 동시에 행복감과 다행감을 준다. 그 이외에도 동공이 확대되거나 동공이 빛이 아닌 혈중의 헤로인에 반응토록 하는 등 비정상적인 반응을 나타낸다. 또한 헤로인은 칼슘 신진대사와 관련이 있어, 중독자가 헤로인 사용을 중단하면 혈중의 칼슘과 불수의근의 칼슘이 감소되고, 이로 인해 경련(근육통)과 고통을 야기하며, 헤로인 중독자는 골절이 잘되고 이도 잘 썩는 등 칼슘결핍현상이 나타난다.

(5) 메사돈(Methadone)

메사돈은 모르핀이나 헤로인과 유사한 분자구조를 가지고 있고 그 효과도 유사하여 헤로인 의존성을 치료하는 데 사용되어 온 합성 마약이다. 메사돈은 금단증상이 오랜 기간에 걸쳐 서서히 나타나고 덜 강하게 나타나기 때문에 헤로인의 갈망을 치료하는 데 사용되어 왔지만 메사돈 그 자체도 남용될 우려가 있다. 메사돈 치료 프로그램이 미국 서부지역에서 이민자나 빈민을 상대로 실시되었으나 근본적인 대책보다는 정책적으로 선택한 임시방편적인 방법이었다는 비난과 함께 이 약물이 다른 마약 못지않게 위험하다고 반대하는 사람들이 많다. 우리나라에서는 한때 오용되었으나 1960년대 "메사돈 파동"으로 현재는 사용되지 않고 있다.

2) 알코올(술)

사람들은 약 10,000년 전부터 과일과 곡류를 발효시켜 대체음료로 사용해 왔으며, 특히 종교적 의식에서도 없어서는 안 될 필수품으로 사용해 왔다. 술의 주성분은 에틸알코올로서 마취 효과가 있는 무색의 가연성 액체이다. 알코올은 열량을 낼 수 있는 물질이므로 식품으로 분류되기도 하며, 또한 중추 신경계에 직접적으로 영향을 미쳐 중추신경을 억제하는 약물로 분류되기도 한다. 알코올은 만드는 재료나 방법에 따라 여러 가지로 분류할 수 있는데 크게는 막걸리나 맥주와 같은 발효주나 소주나 위스키와 같은 증류주로 나눌 수 있다. 술의 알코올 함량이란 술에 들어 있는 순수 알코올의 백분율을 말하는데 맥주에는 3~5%, 와인에는 6~23%, 소주에는 25%, 위스키나 진 등에는 40~50%의 알코올이 함유되어 있다.

일반적으로 술을 마시면 말을 많이 하게 된다든가 평상시보다 용감해지는 등의 행위 때문에 흥분제인 것으로 생각하기 쉬우나, 약리학적으로 알코올은 중추신경계의 억제 및 진정제 역할을 한다. 알코올은 너무 많은 사람들이 사용하고 있으므로 그 심각성이 쉽게 간과되곤 하는데 가장 중요한 남용약물의 하나이다. 국내의 성인을 대상으로 한 역학조사 결과에 의하면 전체 정신과 질환 중 가장 높은 유병률을 보이는 질환이 알코올중독이며, 청소년들에게서도 담배와 함께 가장 많이 사용되는 약물이다. 알코올남용은 한 개인에게 비극적인 영향을 미칠 뿐 아니라 가족과 친구, 이웃 그리고 사회 전체에 악영향을 미친다. 우리 사회에서 최근 음주운전으로 인한 교통사고율이 매우 높다는 사실은 그 단적인 예라 할 수 있다. 술은 유전적으로 결정되는 그 분해효소의 유무에 따라 개인의 음주량은 각각 다르게 나타나지만 일반적으로 인간의 평균 알코올 대사능력은 소주로 환산하여 3~4잔 정도이며 일주일에 소주(2홉) 2병 반 정도가 신체적인 문제가 발생하지 않을 정도의 양이다. 따라서 알코올 의존자들은 질병과 사고 그리고 기타 질환에 노출되어 있으며, 그들의 사망률은 예외적으로 높을 뿐 아니라 수명도 일반인에 비해 10~12년 정도 짧은 것으로 많은 연구에서 밝혀지고 있다. 또한 알코올의존은 많은 합병증을 초래하므로 알코올과 관련된 많은 상황들은 적절한 치료를 힘들게 하거나 오히려 역반응을 일으키기도 한다. 알코올은 다른 약물과 함께 복용하면, 간에서 서로 대사를 방해하여 약물의 독성이 나타날 수 있다. 반대로 알코올중독자의 경우는 이미 술에 의해 간장 내 약물 분해효소가 증가되어 다른 언급한 신체적 질환 이외에도 알코올성 망상장애, 알코올성 환각장애, 알코올성 불안장애, 알코올성 수면장애, 알코올성 성 기능장애, 알코올성 기억장애로부터 알코올성 치매에 이르기까지 다양한 정신적 장애를 유발한다. 대표적인 알코올의 금단증상으로는 구역질 또는 구토, 두통, 불면, 허약감, 손 떨림, 땀이 많이 나는 증상, 일시적인 환각 또는 착각 등이 나타날 수 있다.

- **알코올성 환각증(alcoholic hallucinosis)**: 알코올 환각증은 보통 음주를 중단 후 48시간 이내에 발생하는데, 생생하고 위협적인 환청이 나타나며 환청은 쉬하는 음성이나 와글거리는 소리로 들리기도 하고 이런 환각으로 불안이나 공포를 동반하게 된다. 그러나 의식의 혼미와 같은 의식장애는 없다.
- **알코올성 기억상실장애(alcoholic amnestic disorder)**: 알코올성 기억상실 장애는 지속적인 과음으로 유발되며 이는 영양부족으로 관련된 것으로 여겨진다. 만일 티아민이 결핍되면 이는 콜사코프 증후로서 기억상실과 새로운 지식을 학습할 수 있는 능력과 과거의 지식을 회상할 수 있는 능력의 손상을 보인다.
- **알코올성 치매(alcoholic dementia)**: 알코올성 치매는 지속적이고 만성적인 알코올 의존과 관련이 있다. 치매의 증상으로는 지적 능력의 상실을 보이는데 이는 매우 심각해서 사회적·직업적 기능의 장애를 초래한다. 그 외에도 기억력, 추상적인 사고, 판단력의 장애가 나타나는데 이와 같은 장애의 정도는 경한 상태에서 매우 심각한 상태까지 다양하며 때로는 영구적인 뇌손상을 초래한다. 한편 알코올은 태아에게 심각한 영향을 미치는 약물로 알려져 있다. 산모가 알

코올 중독인 경우 알코올과 그 대사산물이 호르몬의 불균형을 초래하여 그 결과 약 35%의 산모가 결함이 있는 아기를 출산한다. 아기에게 유발될 수 있는 결함으로는 정신지체, 발육부진, 구개결함, 사지 기형, 심장 결함, 운동 발달 지연 등이다. 알코올의 흡수 속도는 위장 내의 음식의 종류 및 양, 마신 알코올의 종류 및 농도, 술 마시는 분위기, 음주자의 체질적 요인 등에 따라 달라진다. 습수된 알코올은 전체의 약 10%가 신장 및 폐를 통해 그대로 배설되며, 나머지 약 90%는 간에서 산화되는데, 그 산화 속도는 개인의 대사율과 상관없이 일정하여 평균 한 시간당 40% 정도를 산화시킨다. 알코올이 산화되면서 에너지가 생기므로, 술을 많이 마시는 사람은 다른 음식의 섭취를 소홀히 하여, 비타민 결핍증이나 영양실조가 생기기 쉽다. 또한 술을 마시면 피부혈관이 확장되어 온기를 느낀다. 위액 분비를 촉진시키고 중추신경 마비작용에 의해 상복부 통증을 완화시키기도 하며, 체내의 항이뇨 호르몬이 유리되는 것을 억제하기 때문에 이뇨작용을 나타낸다.

알코올은 뇌에 작용하여 여러 가지 효과를 나타낸다. 즉, 혈중농도 0.05%에서는 사고와 판단력이 느슨해지고, 0.1%에서는 걸음을 제대로 걷지 못하는 등의 운동신경의 불균형이 나타나며, 0.2%에서는 운동신경의 마비가 오고, 감정조절 중추에 영향을 미쳐 갑자기 이유 없이 화를 내는 등의 충동적·감정적 경향을 보이고 0.3%에서는 착란 또는 반 혼수상태가 되며, 혈중농도가 0.5% 이상을 넘으면 혼수상태나 사망을 초래하기도 한다. 때에 따라서는 소위 '필름이 끊긴다.'라는 적극적 단기 기억장애를 초래하기도 한다.

(그림3-1) 체내 알코올 농도

혈중 알코올 농도	중추신경계에 미치는 영향	알코올 제거시간
0.03% (30mg/100㎖)	근육이완, 홍조, 현기증, 보통 편안한 상태	2시간
0.05% (50mg/100㎖)	사고와 판단, 억제력 상실	4시간
0.1% (100mg/100㎖)	억제능력 상실로 수의적인 행동이 눈에 띄게 서툴고 수다스러워짐	6시간

0.2% (200㎎/100㎖)	발음이 분명치 않고 기분에 젖어 있으며, 걸음을 잘 걷지 못하고 주의집중이 어려우며, 기억의 결함이 있음	8-9시간
0.3% (300㎎/100㎖)	운동실조, 경련, 주의산만	10-12시간
0.4~0.5%(400~500㎎/100㎖)	무의식, 혼수, 사망	사망

술을 마셔서 기분이 좋아진다는 것은 술이 뇌 조직, 즉 중추신경계에 직접적인 영향을 주기 때문이다. 하지만 지속적인 음주는 뇌 조직의 광범위한 파괴현상으로 방향감각의 상실, 기억장애 등 치매증상이 나타나 개인에 커다란 인격결함을 발생시키며, 알코올성 중추신경 장애를 조기에 촉발시킨다.

또한 알코올은 간에 영향을 미쳐, 지방간, 간염, 간경화, 간암 등을 유발하며, 위염, 위궤양, 췌장염, 영양실조, 말초신경장애, 심장질환 등을 일으키기도 한다. 간은 일종의 해독공장으로 생명유지에 필수적인 물질을 생산, 저장하고 쓸데없는 물질은 정화하여 배설시킨다. 알코올은 간을 거쳐 대사되며 신장을 통하여 배출되므로 이들 두 기관은 손상을 받기 쉽다. 또한 기본 영양소의 대사기능을 저하시켜 산화되지 않는 지방이 간에 축적되어 간 기능의 손상 원인이 되며 이러한 증상이 발전하면 간경화, 간암 등이 될 수 있으며, 알코올성 간염은 잘 알려진 간 질환이다.

위, 십이지장 등의 기관은 물기가 촉촉한 점막에 의해 강한 소화효소제로부터 스스로를 보호하는데 알코올이 이러한 점막에 손상을 입혀 염증과 궤양을 만든다. 또한 음식물의 소화효소제를 만드는 췌장의 분비기능을 쓸데없이 자극하여 췌장 내의 단백질들이 소화되며 세포의 파괴가 뒤따른다. 췌장의 손상은 당뇨병과 밀접한 관계를 가지고 있으며 실제로 많은 알코올중독 환자들이 당뇨병을 가지고 있다.

이 외에 과도한 알코올 섭취가 계속되면 심장, 근육장애, 내분비계, 면역체계, 생식기계에도 악영향을 끼치게 된다. 특히 남자의 경우 발기불능 등의 성 기능 장애문제가, 여성의 경우 수유 및 생식능력 저하, 임산부의 경우 기형아 출산 등의 위험을 초래한다.

3) 신경안정제 및 수면제(Sedatives-hypnotics)

신경안정제(minor tranquilizer, 항우울약 antidepressant)는 중추신경을 억제하여 신경증 치료와 수면제로 사용되는 약물로서 이들 약물은 대개 GABA수용체 콤플렉스에 작용한다. 그리하여 체내 신경전달물질인 GABA에 대한 친화성을 증가시켜 chloride 이온의 신경세포 내로의 흐름을 원활하게 함으로써 신경세포의 억제적 기능을 강화해 주는 향정신성 의약품의 대표적 약물로 항불안, 정온작용을 가지며 불안, 초조 등으로 인한 정신증상과 그것에 수반되는 신체적 증상을 신속하게 경감시켜 평온감과 다행감을 유발하는 물질이다.

신경안정제에 속하는 대표적인 약으로는 메트로바이메이트와 벤조디아제핀계열이 있다. 메트포바메이트는 1950년대 초기에 근육 이완제로 처음 합성된 이래 항불안약으로 아주 널리 사용되었으나, 다량 복용 시 치명적이라는 것이 알려지면서 현재는 1933년 처음 합성된 벤조디아제핀이 대표적인 신경안정제로 사용되고 있다. 대표적인 약품으로는 리브리움(librium), 바리움, 옥사제팜, 로라제팜, 아티반(ativan, bromazepam) 등이 있으며 대부분 정제나 캡슐 형태로 경구 투여한다. 마약보다는 약하지만 정신의존과 신체의존성이 있다. 복용 시 불안, 긴장, 초조감 등의 증상을 제거하여 평온, 안정감 및 행복감을 유발한다. 따라서 신경안정제는 합법적으로 많이 처방되는 약물로 자주 남용된다. 그리고 비교적 쉽게 구입이 가능하여 남용, 의존되기 쉬운 약물이다. 그리고 자살할 경우에 오용되는 약물이다.

진정 수면제의 종류는 크게 바비추레이트계 약물(barbiturate-barbs, downers)과 벤조디아제핀(benzodiazepine)계 약물로 나눌 수 있다. 이 약물들은 모두가 비슷한 구조를 갖고 있다. 흔히 사용되는 바비추레이트계 약물로는 secobarbital, pentobarbital 등이 있으며, 벤조다이아제핀계로는 lorazepam, 바리움(valium, diazepam), chlordiazepoxide 등이 있다. 이런 약물들은 가장 많이 사용되고 있는 신경안정제인데, 이것은 항불안 작용을 가지며 불안, 초조 등의 증상을 신속하게 경감시켜서 평온, 다행감을 유발하기 때문에 널리 사용된다. 특히 프로작(prozac)은 안전성이 확보된 중독치료제로 남용의 사례는 거의 보고되지 않았다. 그러나 의사의 처방에 따르지 않고 사용하면 신체적·심리적 의존을 일으킬 수 있고, 장기간 규칙적으로 사용하면 내성이 생긴다. 금단증상으로는 안전부절 못함, 불면, 불안,

경련, 사망 등이 있을 수 있다. 다량의 바비추레이트계 약물의 사용은 혼수와 사망을 일으키는데, 특히 이 약물이 위험한 이유는 수면에 이르게 하는 양과 치사량 사이에 큰 차이가 없다는 점이다. 바비추레이트 과량은 자살이나 우발적인 약물중독으로 인한 사망의 1/3과 관련되어 있다. 바비추레이트계 약물의 남용 효과는 알코올과 유사하여 소량에서는 진정작용과 근육을 이완시키고, 약간 많은 양에서는 판단 장애, 느린 말투, 보행 장애, 느리고 불확실한 반사 반응 등의 증상들이 나타난다. 특히, 술과 같이 진정 수면제를 복용하는 것은 매우 위험하다. 임산부가 진정 수면제를 남용하는 경우에는 아기도 약물에 신체적으로 의존되고, 출산 이후 아기에게는 금단증상이 나타난다. 또한 많은 종류의 진정 수면제는 쉽게 태반을 통과하여 기형아를 출산케 한다거나, 태어난 아이들이 행동장애를 일으키는 경우가 많다.

4) 진통, 진해제(Dextromethorphan hydrobromide)

최근에 남용되는 약물은 약국, 병원 등에서 쉽게 구할 수 있는 감기약, 진통제 등이다. 이런 부류의 약들은 약품의 관리와 유통이 엄격하게 제한된 마약류 관리에 관한 법률에 저촉되지 않는다. 이런 약물은 치료 효과가 우수하여 질병 치료에 많이 사용되고 있으며, 치료 효과를 나타내는 상용량에서는 쾌감, 도취감, 환각작용 등은 나타나지 않는다. 그러나 남용 목적으로 상용량의 수십 배에 해당하는 양(중독량)을 사용하면 마약과 유사한 효과가 나타나서, 정신 독성, 퇴약증후 등의 문제점을 안고 있다. 또한 청소년기에 이러한 약물의 사용 경험은 보다 위험한 마약, 환각제, 필로폰 등으로 전환될 수 있는 전 단계로서 사회적으로 심각한 문제라고 하지 않을 수 없다.

(1) 러미라 (Dextromethorphane)감기약

러미라(상품명 Romiler, 루비킹, 일반명 Dextromethorphane)는 약국에서 손쉽게 구입할 수 있기에 남용되는 대표적인 약물로, 약한 중추신경 억제작용이 있다. 약리작용은 코데인과 매우 유사하며 rm 화학구조도 모르핀계 마약과 매우 비슷하다. 이 약물은 상용량에서는 의존성이 없고 비마약성이다. 그리고 강한 중추신경 억제성 진해작용이 있어 코데인 대용으로 우수한 감기약으로서 널리 시판되고 있다. 감기, 상기도염, 급·만성 기관지염, 폐결핵, 기관지 확장증, 폐렴 등에 의한 기침을 치료하기 위해 사용한다. 우리나라에서는 1980년대 이후부터 합법적 약물이면서 환각작용을 일으킬 수 있는 물질로 청소년층과 젊은 성인층을 중심으로 급속히 확신되었다. 러미라는 모르핀 등의 아편계 알카로이드 합성 화합물로서 코데인보다 강력한 진해작용을 타나내면서도 마약은 아니기 때문에 습관성이 없고 독성도 거의 없다고 알려진 안전한 약물이지만, 남용하면 도취감, 다행감 혹은 환각작용을 경험한다. 이 약을 정당한 사용량의 수 십 배에 해당하는 50-100정(중독량)씩 과량 복용하면 횡설수설하며, 정신장해, 호흡억제 및 혼수에 이르며 사망하는 경우도 있다.

러미라는 환각목적으로 사용 시 약효는 2-3시간 후에 나타나 6-12시간 정도 지속된다. 처음에는 수일에 한 번씩 복용하다가 뒤에는 점차 내성이 생겨 이틀에 한 번 혹은 거의 매일 복용하게 된다. 러미라를 복용하면 초기 단계에서는 뇌의 중추신경 억제기능을 감소시켜 활발하고 명랑한 기분을 가지고 하지만, 중독이 진행될수록 환시, 환청, 휜취, 환촉 등 현실을 왜곡하는 정신병적 증상을 강하게 보이게 된다. 신체적으로는 숙련운동기술, 운동조절기능이 소실되며, 점점 더 취하면 그 밖의 신체적 활동이 무력해진다. 약물을 중단하면 주로 불안, 불면, 불쾌감, 불안정감 등을 경험하며, 이런 금단증상들은 마지막 약물 복용한 다음날 아침에 나타나 하루 내지 이틀 지속된다.

감기약 남용 시 술과 함께 복용하는 경우가 많다. 소주 등에 상당량의 러미라나 지놀타를 타서 마시는데 이것을 청소년 사이에서 "정글 쥬스"라고 한다. 이것을 마시면 알코올에 의한 상승효과가 있어 매우 강한 도취감을 즐길 수 있다. 그러나 매우 위험하여 혼수, 호흡마비로 생명을 잃을 수 있다. 퇴약 증후로 약한 정신의존성이 있다.

(2) 에페드린(Ephedrine)

에페드린(ephedrine)은 메트암페타민 제조에 사용되는 전구물질로 한방에서 천식 치료제로 쓰이는 마황이라는 식물에서 최초 추출하였다. 백색 결정성 분말이며 물, 알코올, 클로로포름에 녹고 쓴 맛이 있다. 의학용으로는 교감신경흥분제. 진해제, 기침을 그치게 하는 약, 진정제`발한제`기관지 확장제로 사용한다. 진해작용이 있어 감기약에 처방되며, 불법적으로 히로뽕 밀조의 원료 물질로 사용한다.

(3) 지놀타(지페프롤)

지놀타(일반명 지페프롤 zipeprol) 는 우수한 감기약이며, 청소년에 의해 러미라와 함께 최근 많이 남용되고 있다. 약한 중추신경 억제작용이 있어 남용된다. 지놀타를 과량 복용하면 도취감이 나타나고 습관적으로 남용한 청소년에게는 의존증이 나타난다. 정신독성으로 증상은 불안감을 나타낸다. 과량 복용 시 경련, 발작을 나타내고 혼수에 빠져서 사망하는 경우가 있다.

(4) 누바인(날부핀)

국내 산부인과에서 불법 낙태 시 사용되는 비마약성 진통제 중 누바인(일반명 날부핀 nalbupine)은 약한 중추신경 억제작용이 있다. 반복 투여해도 마약과 같은 의존성이 없는 것이 장점이어서, 주사용 진통약으로 각종 질환의 경우 진통, 마취 전 마취 보조제로 많이 사용되고 있다. 가벼운 신체의 존과 정신의존을 일으키나 큰 사회적 문제를 일으키지 않기 때문에 마약으로 지정할 필요는 없다. 진통작용은 대략 모르핀과 유사하나 과량복용 시 모르핀과 같은 작용이 나타난다. 신체의존으로는 퇴약 시 불쾌감, 호흡곤란, 식욕 감퇴, 구토, 복통, 두통, 탈력, 근경축, 보행실조, 경련발작, 불안, 초저감, 불면, 환각, 망상, 정신장애, 헛소리, 그 외에 전신권태, 체중 감소 등이 나타난다. 이러한 퇴약증후는 투약 중지 후 약 1주간 전후에 거의 없어지지만 정신 의존성은 남아 있다.

3. 중추신경 흥분과 억제제 동시 발생

1) 대마초(마리화나 : Marijuana, Cannabis)

마리화나라고도 불리는 대마는 가장 오랫동안 인도, 중동 등에서 환각제로 남용되어 온 물질이다. 고대 중국으로부터 인도와 아프리카를 거쳐 중남미에 전파되어 많은 나라에서 민간요법의 치료용 약물로 또는 섬유용으로 사용되어 왔으나 그 약리적 효과가 불확실하고 환각작용 때문에 심각한 사회문제를 야기하고 있다. 마리화나는 미국에서 가장 널리, 자주 사용되는 불법 약물로, 1985년 NIDA에 따르면 미국인의 6,200만이 그들의 일상생활에서 한 번 정도는 마리화나를 사용해 본 경험이 있으며, 차차 감소되고 있으나 아직도 1천 8십만 명 정도의 미국인이 마리화나를 사용하고 있다. 우리나라에 알려진 것은 1960년대 중반 미군들을 통해서였으며, 1970년대 중반에는 대학생 및 연예인을 중심으로 급속히 확산되었다. 최근에는 정부의 강력한 단속 때문에 유흥업소 주변이나, 음악을 직접 연주하는 청소년층에서 은밀하게 사용되고 있다. 청소년에 의해 가스, 본드 등과 더불어 남용되기 쉬운 대표적 물질이다. 마리화나는 대마의 잎과 꽃에서 얻어지는 물질로서 400여 종 이상의 화학물질로 구성되어 있는데, 특히 대마초에만 존재하는 60여 종의 카나비노이드를 함유하고 있다. 그 중 향정신성 활성기능을 하는 THC(델타나인 테트라하이드로 카나비놀)라는 성분은 1만분의 1그램으로도 환각상태를 일으킬 수 있어. THC를 많이 함유한 대마초일수록 인체에 미치는 해는 크다.

대마의 주요 환각 성분은 중추신경 억제작용을 갖는 tetrahydrocanabinol인데 대마의 수지(resin) 중에 많이 함유되어 있다. 대마 잎, 꽃, 수지로 제조한 약제를 카나비스(cannabis)라 한다. 그리고 대마 제품으로는 hashish, 마리화나 등이 있다. Hashish는 "건초"를 의미하는 아랍어이며 대마수지로 만든 최상품에 해당된다. 해쉬쉬에서 유해한 단어로는 암살자(hashishin)이 있다. 11세기 경, 페르시아의 한 과격한 회교 종파(hashishin)는 어린 청소년에게 해쉬쉬(hashish)를 복용시켜서, 환각 상태에서 이단 종파와 반대파를 암살하도록 했다고 한다. 해쉬쉬(hashish)는 "기분이 최고"라는 의미의 하이(high)라고도 한다. 마리화나는 대마의 꽃, 잎, 연한 줄기 등을 말려서 가루로 하여 담배처럼 흡연한다. 이것을 깊이 지속적으로 흡연하면 환각상태에 빠진다.

THC는 신체의 정상적인 활동을 위한 중요한 기능을 수행하는 두뇌의 시상하부 및 뇌하수체에도 영향을 준다. 이 기관의 중요한 기능 중 하나가 생식기관을 통제하는 호르몬을 조절하는 것이다. 그러므로 대마초를 피우는 여성들은 월경주기에 문제가 발생하고 난소에서 난자가 생산되지 않거나 미성숙한 난자를 생산하게 되며, 임신 중에 대마초를 사용하면 알코올 중독증상의 유아와 비슷한 미숙아가 태어날 수 있다. 또한 THC는 뇌하수체로 하여금 충분한 남성 호르몬을 생산하는 것을 억제하고, 단백질을 파괴시켜 정자의 활동성을 감소시킴으로써 남성 생식기관의 기능약화를 초래한다. 또한 청소년기 남성에서 성장발육이나 남성의 신체적 특징 발달에 장애를 가져올 수 있다.

대마초는 담배보다 훨씬 많은 자극제와 두 배나 많은 타르를 함유하고 있다. 또한 흡연 시 연기는 가끔 뇌와 인두의 염증 및 목젖이 붓는 현상을 초래한다. 연기 속의 THC와 다른 유독물질은 수 천 개의 작은 기관지 통로 벽과 수백만 개의 아주 작은 고익주머니 벽 속에 담배의 오염물질보다 빠르게 자리 잡는다. 건강한 공기주머니가 점차로 막히게 되어, 그 결과 산소가 효율적으로 혈류 속으로 침투하지 못하게 된다. 이와 동시에 손상된 폐는 순환의 부산물인 이산화탄소를 제거하는 데 문제가 생기게 된다. 계속적인 대마초 흡연은 폐의 감염이나 만성 기관지염, 축농증 등을 유발한다.

대마는 중추신경 흥분제 또는 억제제로 분류된다. 육체적·정신적 의존성이나 내성 등은 없으나, 만성 사용자의 경우 정신적 의존성이 나타난다. 대마초의 약리적 효과는 개인차가 크며 사용할 때의 분위기, 기대감, 복용 경험, 개인의 성격에 따라 큰 영향을 받고, 정신기능에 현저한 변화를 가져오지만 생리기능에 대한 변화는 일반적으로 약하다. THC 50㎎/㎏에 상당하는 마리화나를 흡연하면 30분 후에 감정이 고조되고 색조와 형태가 선명하게 보이며 또한 시각과 청각이 예민해진다. 시간과 공간이 왜곡되어 몸이 구름을 타고 다니는 듯 가볍게 느껴지기도 한다. 단기기억 집중력, 판단력, 정보 인식과정에 장애가 초래되며 나태해져서 비생산적이 된다. 약물을 끊었다고 할지라도 기억 손실은 이후 약 3-6개월간 지속되고, 대마초를 1개피 피우고 나면 적어도 4-6시간 동안 운전기술이 손상된다. 마리화나는 심박동을 증가시키고, 어떤 사람들에게는 혈압상승이 있을 수 있고, 따라서 심혈관 장애가 있는 사람들에게는 심각한 위험이 될 수 있다. 정신의존성은 약하지만 지나치게 많이 대마를 남용하는 의존자에게는 불안, 우울, 수면장애 같은 퇴약증후가 나타난다. 대마를 남용하면 비현실적 환상, 무계획, 무관심, 유치한 사고와 판단을 하게 되며 사회생활, 일, 학업 등에 의욕을 상실하고 퇴행적 반사회적 생활 자세를 보이며 비행에 빠지기 쉽다. 마리화나의 또 다른 부작용은 돌발적인 공포와 불안감이다. 따라서 정신병적 기질을 가진 사람에게 우울증과 불안감을 일으키며, 폭력적 성격을 가진 사람은 폭력적으로 돌변한다. 대마를 ㅂ고용하면 중추억제로 혼수상태에 빠진다. 대마가 비교적 많이 남용되는 이유는 퇴약 증후가 별로 없고 구하기 쉽기 때문이다. 대마는 단독으로 사용되기 보다는 알코올과 코카인 등의 다른 약물들과 같이 사용되고 있다는 점이 특이하다. 따라서 마리화나는 그 자체의 남용보다도 오히려 다른 약물을 함께 사용하는 것이 더 심각한 문제이며, 특히 청소년의 경우, 대마 남용은 더욱 강력한 마약, 히로뽕 등에 대한 욕구를 유발하는 마약 남용의 디딤돌 역할을 하는 결과를 가져온다는 것 때문에 현재 마리화나만 사용하고 있다 하여도 다른 불법 약물의 잠재적인 수요 가능성이 더 중요한 문제가 되고 있다.

4. 환각제(Hallucinogens)

(현실왜곡 정신상태 급격변화, 감각의 변화`망상`환상`환시`환청`환취,환촉, 환미 등 발생 환상의 약물)

1) 환각제 의의

환각제란 사람의 지각과 생각과 감각을 변화시키는 향정마약류 약물이다. 환각을 일으키는 향정신성 약물은 일반적인 의약품으로 공인되지 않은 물질이다. 환각제는 인기절정에 있었던 1960년대 이래 계속 젊은 청소년 최근 MZ세대들 사이의 인기인들에 의해 사용되거나 남용되어왔다. 환각제는 이물질의 강력한 효과에 대해 단순히 호기심을 가졌거나 향정신성 물질을 사용하지 않으면서 자각 의식을 확대시키고 싶은 많은 사람들을 끌어당기는 것처럼 보였다. 사실 환각제가 정신치료에 유용한 보조 재료로 여기진 경우도 있다. 그러나 이러한 주장은 잘못된 이해이다.

- **단기적 생리적 증상**
  - 동공팽창, 구토, 심장 박동 증가, 혈압상승, 운동실조, 어눌한 말투 체온 상승, 빠른 안구 이동, 단기 기억상실, 식욕부진, 식은 땀, 두통, 타액 증가, 경련성 웃음, 근 쇠약, 구역질, 발작
- **단기적 심리 증상**
  - 이 분야에 속한 모든 향정신성 물질은 지각력을 일그러지게 만드는 작용을 기본적인 효과로 가진다.
  - 강한 도취감, 환청, 환시, 통각 감소, 강한 자신감, 빛과 소리에 대한 과민 반응, 긴장 완화, 이탈감, 파괴적 성향, 무엇이든 알 것 같은 생각
  - 억지력 감소, 이상한 느낌의 증가, 흥분, 공상의 심화, 정신착란, 파괴적 성향, 시간이 느리게 가는 것 같음, 산만함, 불안, 공항적 공격성, 구역질, 판단장애, 살인 몇 자살 충동, 편집중, 혼란, 몰개 성화

이에 따라 환각제는 LSD, 메스카린(페이요티 선인장 합성물질,mescarine), 페이

요티(선인장)같은 약물을 말하는데 중추신경 흥분에 의한 정신병 증상과 유사한 환상, 망상, 착란, 기분 변화, 감각이상작용을 나타내는 물질이다. 환각제는 환각을 일으키므로 환각발현약(psychedelics)이라고도 한다. 이러한 약물들은 경구로 남용되며, 남용자가 환각이나 지각의 장애를 경험하게 된다. 환각제로는 LSD, mescarine이 있고, 그 외에 미국에서 문제가 되고 있는 펜시클리딘 PCP(phencyclidine, angel dust, 진통제), DET, STP 등이 있다. 미국에서 보통 PCP, Peace Pill, angel dust라는 이름으로 판매되고 lT는 페사이크리딘(PCE)은 약물을 직접 마시거나 정맥주사 또는 담배로 피우거나 코로 들이마시는 것으로 우리나라에서는 흔하지 않다.

PCP는 환각제의 일종으로 분류되나 실제로 환각을 경험하는 경우는 드물어서 사용자들은 보통 일시적으로 다량을 며칠간 흡입함으로써 계속 취한 상태를 유지하기도 하고, 만성적으로 매일 사용하기도 한다. 환각제는 사람들이 처음에는 호기심에서 시험 삼아 사용해 보지만 대부분은 짜증이 나거나, 침울해지고, 실망스런 환각 경험을 하기 때문에, 일부 소수의 사람들만이 환각을 즐기며 사용을 계속한다. 환각제는 상습 복용 시 내성이 쉽게 빨리 생기기 때문에 효과를 볼 수 있을 정도의 많은 양을 매일 사용하기란 거의 불가능하다. 이러한 이유들 때문에 환각제는 의존보다는 남용의 형태로 사용된 예가 더 흔하다. 환각제는 암페타민의 경우와 마찬가지로 마리화나를 함께 피우거나 술을 함께 마신다. 환각제는 정신의존성이 있고, 정신분열증 등 정신병을 유발한다. LSD는 필로폰보다 중독성이 강하고 극소량만 투약하여도 30분 뒤부터 4-12시간 동안 환각증상이 나타나고, 염색체 이상을 초래하는 치명적인 약품으로, 주로 남미에서 제조되어 미국에서 사용되고, 가로·세로 5mm의 종이에 흡착한 상태로 유통된다. 미국의 경우 환각제는 1960년대 중반에는 주로 30대의 젊은 층에서 인기가 있었지만, 현재는 점점 사용이 줄어들고 있어 미국 젊은이들 중에 1962년 5.2%가 환각제를 사용했지만, 1985년에는 3.2%로 줄었고, 최근에는 2.6%로 감소 추세에 있다.

최근에 값이 싸고 환각효과가 강한 엑스터시(XTC)의 사용이 사회적으로 문제가 되고 있다. 엑스터시는 알약 형태의 약품으로 필로폰과 유사한 암페타민계열의 불법남용약물로 필로폰보다 3-4배의 중추신경 흥분작용과 환각효과를 나타낸다. 네덜란드와 벨기에에서 제조되어 북미 유럽의 젊은 층이 주로 사용하는데 투약한 후 머리를 흔들면서 춤을 추면 환각에 빠진다. 우리나라에서는 1999년에 최초로 엑스터시가 사용되는 것이 발견되었으며, 값이 저렴하여 시중에서 빠른 속도로 확산되고 있다.

엑스터시의 일반명은 3, 4-methylenedioxymethamphetamine이고 별칭 혹은 속어로 미국에서는 MDMA, XTC, X, ADAM라고 부른다. 엑스터시를 투약한 뒤 머리를 흔들며 춤을 추면 극심한 환각상태에 빠지기 때문에 우리나라에서는 일명 '도리도리'라고도 불리며, 최근 들어 신촌, 강남 일대 테크노바를 중심으로 급속도로 번지고 있다. 아스피린 크기로 매우 작아 소지·은닉하기가 간편하고 밀매자들이 최음제 등으로 속여 팔기 때문에 쉽게 남용된다. 국내에서는 미국·유럽 등지로부터 국제우편 등을 통해 반입되어 연예인이나 대학생들 사이에 널리 유포되고 있다. 엑스터시를 복용하면 황홀경에 빠지고 성적 충동을 느끼게 되며 뇌조직에 치명적인 손상을 끼칠 수 있다. 엑스터시 복용자의 뇌를 정밀 검사한 결과 복용자의 뇌신경이 손상되었으며 회복하는데 7년 이상 소요될 것으로 추정된다.

2) 흡입제(Inhalants)/용매(Solvents)

최근 학 부모들이 불법 향정신성 약물을 충분이 염려하지 않았던 것처럼 합법적인 약물의 사용에 있어서도 확산 되었던 것이다. 1990년대 이래 청소년들은 도취감을 얻기 위해 페인트 희소제, 매니큐어 에나멜 제거제, 본드 등과 같은 500개 이상의 가정용품을 사용하고 있다. 이 제품들은 대개 용매나 흡입제라고 불리며 휘발성이다. 그럼 흡입제에 대하여 역사를 설명하고자 한다.

즉 환각을 목적으로 흡입제를 사용한 것은 1960년을 전후해서 미국에서 시작되었다. 우리나라에서는 1970년대 이후 청소년들 사이에서 널리 유행하면서 1980-1990년대 이후 급속도로 확산되고 있다. 본드나 부탄가스 등의 유기용매를 흡입하면 5분 이내에 효과가 나타나며, 15-45분 정도 효과가 지속된다.

이후 1-2시간 정도는 잠이 오고 정신이 없으며, 계속 사용할 경우 약물에 취한 상태가 지속되기도 한다. 중추신경계에 대한 억제작용은 간뇌에 있는 상향성 망상활성계의 억제에 기인하며 그 기전은 다양하다. 호흡중추와 심장기능에 억제효과가 있는데 이는 억제효과가 대뇌→중뇌→소뇌→연수의 순서로 파급되어 연수에 있는 호흡 및 심장기능센터가 영향을 받기 때문이다.

대부분의 흡입제 남용 물질은 여러 용매의 복합물질이기 때문에 약리작용이 복합적이고 부분적으로 흥분작용도 있다. 이들은 비닐봉지 속에 적당량의 본드 또는 가스를 짜 넣은 후 봉지 속의 증발된 증기를 흡입하면 증기가 폐를 통하여 신속하게 체내에 들어가 뇌 관문을 통과하여 향정신작용(중추신경 억제)을 일으키고 환각, 도취감을 느끼게 한다.

유기용매와 가스는 남용 시 정신의존성을 유발한다. 이들을 흡입하면 다행감, 해방감 및 고무감, 환각 상태의 체험을 갖게 되어 강박적인 약물 욕구를 유발하게 된다. 유기용매의 도취감은 술보다도 강하고, 마취효과가 있어 이 효과가 장시간 지속되면 호흡이 마비된다. 흡입제를 장기간 흡입하면 의식장애, 지각이상, 정서 변화 등의 증상이 나타나며, 환각·착각을 경험하게 된다.

흡입제는 골수, 뇌간, 신장 등에 심한 조직 손상을 일으키며 뇌 조직의 손상에 따른 간질 발작, 지능 저하, 학업성적의 하락 이외에 성격이 난폭해지고 신장·간 기능 및 골수 기능의 장애 등이 온다. 고농도의 흡입제를 흡입함으로써, 폐에서 산소 부족을 일으켜 심부전을 유발하기도 하고, 중추신경계를 억제시켜 호흡억제로 사망을 초래하기도 한다. 심각한 피해는 성장 중인 청소년 시기의 뇌 세포와 신경계의 파괴 등으로 성인이 되었을 때 폐인이 된다는 점이다. 또한 부탄가스는 인화성이 강하여 가스 환각 상태에서 담배를 피우는 경우, 폭발 화상의 위험도 있다. 청소년들이 흡입제를 사용하는 목적을 주로 환각을 경험하기 위한 것으로, 이와 같은 환각 또는 자신의 조절능력 상실 상태에서 사고와 범죄를 일으키기도 한다. 흡입제는 의존성과 내성(전체 남용자의 100%)이 있으므로 남용 기간에 따라 점차로 그 횟수와 사용량이 증가하여 결국은 중독 상태에 이르게 된다. 흡입제의 주성분인 휘발성 탄화수소는 지용성으로 지방이 많은 외에 빠르게 흡수되어 뇌 조직이 녹아서 흘러내리는 현상으로 볼 수 있다. 뇌의 장애에 의한 증상으로는 심한 정신기능의 손상, 근육 운동실조 등이 나타나며, 학생의 경우에는 기억력 감퇴로 인한 학습능력 저하, 정서적 불안, 판단장애 등이 올 수 있다. 골수조직은 우리의 뼈 속 깊이 있는 조직으로 인간에게 필요한 피를 만들어 내는 조혈기관이다. 골수조직이 손상되면 골격 발달이 더디거나 정지되는 수가 있으며, 피를 제대로 생산하지 못해 적혈구, 백혈구의 새로운 세포생성에 결핍현상이 생겨 재생 불량성 빈혈이나 백혈병 등이 생기게 된다. 신장조직인 콩팥은 인체의 찌꺼기를 최종 점검하여 소변으로 배출해 내는 기관이다. 콩팥 조직에 손상이 오면 만성 염증을 일으켜 각종 면역계통 질병의 원인이 되게 한다. 이 밖에도 몸의 중앙 신경체계를 영구히 손상시키거나 육체적·정신적 능력을 현저하게 감소시킬 뿐만 아니라 간장, 신장, 피, 척수를 손상시켜 불규칙한 심장고동, 질식, 호흡중지로 사망할 수 있다.

휘발성 물질의 흡입에 의한 사망의 가장 일반적인 형태는 급성 흡입에 의한 사망으로 이는 아드레날린에 의해서 조절되는 심장기능의 감수성을 높여 심장이 자제하지 못할 정도로 뛰게 되어 심장마비를 초래하기 때문이다. 이외에 휘발성 유기용매의 급속한 부분적 냉각효과 때문에 기도가 얼러붙어 질식사하거나, 본드 흡입 중 비닐봉지에 둘러싸여 질식사하는 경우도 있다. 최근에는 용매흡입에 의한 비정상적 행동유발에 기인한 사고사도 증가하고 있다.

흡입제는 신체적으로 나타나는 손상 외에도 다른 약물과는 다르게 청소년들을 공격적이거나 포악하게 만드는 파괴 현상이 있기 때문에 인격을 황폐화 시킨다. 흡입제의 사용은 청소년기에 있어서의 일시적인 문제로 끝나는 것이 아니고, 성인으로 성장하면서 보다 중독성이 강한 다른 약물로 전환하게 되는 경우가 많으므로 잠재적 마약사범으로 발전할 가능성이 높다. 또한 치료를 받고 퇴원을 하더라도 일상생활 도처에서 각종 흡입제를 쉽게 구할 수 있기 때문에 재발 가능성 역시 매우 높다.

이상에서 살펴본 남용약물들은 정신기능에 영향을 미치는 약물(Drug), 즉 사용했을 때 정신을 향하여 작용하므로 향정신성 약물이라고 하며, 정신의 세계는 중추신경계의 지배를 받기 때문에 향정신성 약물은 곧 중추신경계에 영향을 미친다. 이러한 향정신성 약물들이 중추신경계에 작용하는 형태는 두 가지로, 그 하나는 흥분이고 다른 하나는 억제이다.

(그림 3-2) * 약물 남용자의 일반적인 징후 및 증상

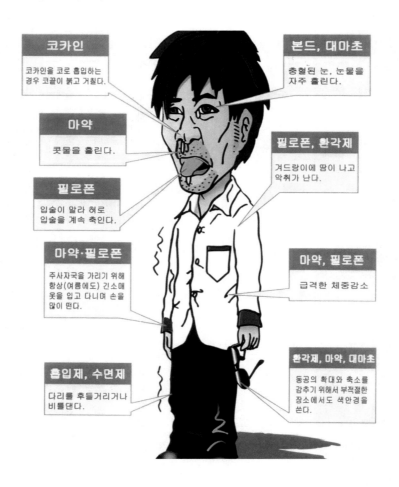

코카인
코카인을 코로 흡입하는 경우 코끝이 붉고 거칠다.

본드, 대마초
충혈된 눈, 눈물을 자주 흘린다.

마약
콧물을 흘린다.

필로폰, 환각제
겨드랑이에 땀이 나고 악취가 난다.

필로폰
입술이 말라 혀로 입술을 계속 축인다.

마약·필로폰
주사자국을 가리기 위해 항상(여름에도) 긴소매 옷을 입고 다니며 손을 많이 떤다.

마약, 필로폰
급격한 체중감소

흡입제, 수면제
다리를 후들거리거나 비틀댄다.

환각제, 마약, 대마초
동공의 확대와 축소를 감추기 위해서 부적절한 장소에서도 색안경을 쓴다.

제4장

약물 중독

제4장 약물 중독

제1절 역사로 본 마약(DRUG)

1. 마약(Drug) 역사의 기원

마약 사용의 역사를 살펴보면 크게 2가지 형태로 대별 된다. 그 하나는 마약 사용으로 얻어지는 환각 경험을 신의 계시로 이해하여 종교적 의미에서 축하 행사에 활용한 것이고, 다른 하나는 귀족, 부유층 등에서 환락을 위해 사용하는 경우가 중국, 인도 등에서 볼 수 있으며, 기록상으로 볼 때 기원전 4000년경 메소포타미아 지방(현 이라크 지역)에서 고대문명을 일으켰던 스메르인들이 아편을 사용한 내용을 점토판에 갈대를 사용하여 쐐기문자로 기록한 것이 최초이고, 중국 신농제 때인 기원전 2737년경 목초서인 '중국의학 개론'에 대마초를 사용했다는 기록이 있다.

또한 남미의 마야, 잉카인들도 사일로시빈 버섯을 오래 전부터 사용했고, 북미의 인디언들도 같은 이유로 페이오테 선인장 등에서 추출한 마약을 사용했었다. 근대 들어 과학자 소설가들이 마약에 대한 깊은 지식 없이 마약을 사용했으며 그로 인한 특이한 저술들이 세상에 많이 나타나게 되었다. 유명한 정신분석학자 '프로이드'는 처음에는 대마초 애호가였다가 남미에서 코카인이 발견된 후에는 연구라는 미명하에 코카인 중독자가 되었다. 그의 유명한 작품 '꿈의 분석'은 마약과 무관하지 않다는 견해도 있다.

2. 종교와 마약(약물)의 역사

마약(drug)은 그리스어로 파마콘(phármakon)이다. 파마콘과 유사한 파마코스(pharmakós)는 희생양(scapegoat)을 의미한다. 결국 어원적으로 마약과 희생양은 상당히 동질성이 있다는 의미이다. 도대체 양자는 무슨 동질성이 있을까? 이를 추적하기 위해서는 고대 원시문화에서의 마약의 역할에 대한 약간의 이해가 필요하다. 한 연구에 의하면 신석기 시대의 고대인들은 종교적 의식, 레크리에이션, 문화적 일체감 혹은 권력 통제의 메커니즘으로 다양한 향정신성 마약(psychoactive drug)을 사용했다고 한다.

이런 마약의 대표적인 예가 마리화나, 아편, 코카잎, 페요테(peyote), 만드라고라(mandragora) 등이다. 저명한 원시종교 연구가인 미르치아 엘리아데(Mircea Eliade)에 의하면 기적적인 생식력이 있다고 믿었던 만드라고라는 구약성경(창세기 30장 14절)에 나오는 환각성 약용식물의 일종이며, 중세에는 마녀 식물의 대명사로 불렸고, 현대의 악마 숭배자들에게도 여전히 신성한 식물로 간주된다. 한마디로 현대처럼 의약품이 풍족하지 않았던 고대 원시인들의 눈에는 육체적 고통을 없애주고 환각(ecstasy)을 제공하는 마약 식물은 분명 신비로운 물건이었기 때문에 당연히 신성(神聖)의 대상으로 간주되었다.

3. 신성한 마약 식물인 마리화나와 아편

신성한 마약 식물로서의 대표로 마리화나를 빼고 이야기할 수 없다. 마리화나 즉 대마에 대한 기원은 중국에서 대마 섬유가 발견된 BC 4,000년까지 거슬러 올라간다. 또한 인도 브라만교의 경전(Atharva Veda)은 '대마는 하늘로부터 떨어진 신찬(神饌)이 있는 장소에서 성장하였다'고 신성을 부여하였다. 조로아스터교의 성전(Ahura-Mazda)과 불교도들 역시 대마의 사용이 명상에 도움이 된다고 간주하여 다른 마약보다 선호하였다. 유목민족인 스키타이인 들은 대마를 이용하여 일종의 대마 찜질방을 즐겼다는 기록도 나온다.

아편의 경우도 마찬가지이다. BC 3000년경 수메르 시대에 아편은 '즐기는 것(to enjoy)'을 의미하는 단어로 사용됐고, 바빌로니아 석기, 이집트 상형문자, 크레타-미케네 문명, 호머의 일리아드와 오디세이에도 아편은 중요한 진통제로 사용했음을 보여준다. 필자도 직접 본 적이 있는 아즈테카족이 건설했다는 멕시코 시의 북부에 위치하고 거대한 피라미드가 있는 테노치티틀란(Tenochititlan)의 테판티틀라(Tepantitla) 벽화와 소치필리(Xochipilli : 꽃의 신)의 조각상에는 '신의 살'을 의미하는 페요테와 같은 향정신성 식물들에 의해 둘러싸여져 있다. 잉카족이 신성시한 코카잎 역시 마찬가지이다.

또한 한 연구에 의하면 구약성경은 와인(soft drink)과 마약(strong drink)을 구별했는데 선지자였던 이사야(Isaiah)와 아모스(Amos)는 거의 항상 아편을 와인이나 맥주에 섞어 마시면서 도취감을 느낄 수 있는 것을 언급하였다. 마태복음 27장

34절은 십자가에 매달린 그리스도에게 진통제로서의 아편(gall)을 섞은 포도주를 마시게 하는 것을 묘사한 것이다. gall은 히브리어로 rosh인데 오늘날 마약 사용 후의 쾌감을 나타내는 말이 바로 영어의 'rush'임을 볼 때 흥미로운 사실이다.

4. 인간이 신에게 받은 선물의 마약 식물

다시 말하면 이러한 신성한 마약 식물들이 원시종교에서 왜 희생양을 의미했을까? 원시종교인 샤머니즘의 마법사(shaman)들은 질병이나 천재지변을 막기 위해, 다시 말해 신의 은총을 얻기 위해 희생물을 받쳤다. 예를 들면, 아즈테카족이 태양신을 위해 인신 공양으로 인간의 심장을 받친 것이나, 구약성경에 나타나듯 하나님을 위해 양을 제물로 바치는 것은 모두 신의 은총을 얻기 위한 일종의 의식이었다. 인간을 제물로 바치든 동물을 제물로 바치든 잔인하다는 측면에서는 차이가 있을 수 없지만 양자는 집단의식에 의해 얼마든지 결합될 수 있는 것이다.

신에게 받친 희생물의 대가로 인간이 신으로부터 받은 선물로 인식한 것이 다름 아닌 마약식물이다. 이 때문에 원시종교에서 '희생양 = 마약'의 등식이 성립되는 것이다. 오늘날 교회에서 주는 '빵'과 '와인'은 그리스도의 '살'과 '피'를 상징함은 누구나 알고 있다. 그런 의식은 그리스도가 인간의 죄를 위해 희생양이 되었다는 의미인 동시에 인간에게는 죄의 씻김을 상징하는 축복을 의미한다. 따라서 십자가에 묶인 그리스도에게 아편을 섞은 포도주를 제공한 것은 당시 사회에서는 전혀 문제가 되지 않는 보편적인 인식이었다.

결론적으로 고대사회에서 마약식물은 오늘날의 부정적 인식보다는 매우 긍정적인 측면을 보여준다. 1960년대 서구에서 자본주의의 부정적 산물인 물질주의에 대한 회의가 나타나면서 등장한 레이브(Rave)와 마약문화, 비 서구종교에 대한 관심, 환경운동, 뉴 에이지(New Age) 등과 결합하여 1970년대 신 샤머니즘 운동이 부활한 것은 흥미 있는 사실이다. 오늘날 테크노 파티에서 젊은이들이 MDMA라 불리는 엑스터시라는 마약을 소위 '레이브 문화'를 만끽하기 위한 수단으로 복용하는 것은 고대 원시사회로의 회귀를 위한 무의식적 몸부림이 아닐까?

그리스 도시국가(polis)의 특징은 종교적으로 다신교이며 사회문화적으로 개인의 자유에 대한 강조이다. 이것은 마약에 대한 히포크라테스(Hippocrates: BC 460?~370?)의 인식에도 영향을 주었다. 그는 병의 치료에 사용하는 마약을 마법이나 종교가 아닌 자연적 과정의 결과로 보았던 것이다. 처음으로 마약이 과학적 인식을 얻는 순간이다. 다시 말하면 원시종교에서 보여준 마약의 이중성이 분리되어 희생양(pharmakos)의 의미는 퇴색하고 순수한 마약(phamakon)의 의미로만 탈색된 것이다. 마약에 대한 히포크라테스의 이러한 과학적 인식은 '名藥(진통제)과 毒藥(중독)의 차이는 단지 복용 비율에 의존한다'라는 명제를 제공함으로써 의학용 마약의 선악에 대한 중립적 입장을 확고히 했다.

아편에 대한 그리스 최초 문헌은 BC 5세기경 호머(Homer)의 오디세이 (Odyssey)에 나타난다. 이 문헌은 아편수액에 대한 간단한 채집 과정과 아편이 진통제와 진정제로 사용됨을 보여준다. 이런 맥락에서 그리스 시대 가장 대중적인 마약은 아편이었다. 이것은 결혼한 여성이 아이가 없는 경우 양귀비 모양의 브로치나 핀을 착용한다든가 혹은 사랑하는 연인들이 건조시킨 양귀비 봉우리를 서로 문지르면서 장래의 서약을 맺는 풍습에서 잘 나타난다. 또한 그리스인은 의식이나 치료 목적을 위해 대마나 아편을 포도주와 맥주에 첨가하거나 혹은 향이나 훈증으로 이용하였고, 해시시 오일(대마에서 추출)을 섞은 와인으로 만든 물약을 개인적으로 수집하기도 했다. 마약에 대한 그리스인의 인식은 그대로 로마인에 전수됐다. 이런 이유로 시저 시대에 유희장에서 마리화나를 피우는 것은 보통이었다. 또한 아우렐리우스(Marcus Aurelius: 161~180) 황제의 주치의(Galen)는 황제에게 거의 매일 따뜻한 와인에 일정량의 아편을 섞은 음료를 제공했다. 그리고 카라칼라 황제(Caracalla: 188~217)와 군인황제시대(235~284)의 황제들은 암살위협으로부터 심적 부담을 줄이기 위해 아편을 이용했고, 로마귀족과 평민도 아편을 이용하였음을 볼 때 로마시대 대마초와 아편은 당시 문화의 중요한 일부분이었다.

이처럼 사회문화적으로 중요한 요소가 된 아편이 점차적으로 수요가 공급을 초과하자, 로마당국은 아편 가격을 통제하기 시작했고 또한 불량 아편이 시중에 만연하게 됐다. 예를 들면 AD 301년에 아편 가격은 대마초 가격의 거의 두 배였으며, AD 312년에는 로마에만 793개의 점포가 있어 총 세입의 15%를 차지하기도 했다. 그러나 이러한 마약의 대량 소비가 오늘날처럼 공적 혹은 사적으로 심각한 사회문제를 일으키지는 않았다. 왜냐하면 그런 마약 사용에 대한 '아편 중독(opium addict)'이라는 용어가 라틴어에 나타나지 않기 때문이다. 오히려 당시 가장 커다란 사회문제는 마약이 아니라 알코올 중독이었다. 따라서 처벌은 주로 알코올 사용자에 대해서만 이루어졌다.

결론적으로 그리스 시대와 기독교가 공인되기 전의 로마 시대에 마약에 대한 기본 인식은 개인의 자유에 의한 개인적 선택의 문제로서 마약의 선악에 대해 히포크라테스의 중립적 입장을 견지했다. 히포크라테스는 마약의 사용에 따른 느긋함(relaxation)이 건강하고 자기 치유의 기능이 있음을 알고 때때로 1~2번 정도 '소박한 도취(sober inebriation: 대마와 아편을 적당하게 사용할 때 느끼는 감정)'에 빠질 것을 권고하기조차 했다. 이러한 그의 신념은 오늘날처럼 마약의 무분별한 사용과는 달리 마약 사용에 대한 개인성의 신뢰에 기반을 둔 것이다. 도취로 인한 느긋함은 디오니소스(Dionysus)의 선물임은 물론 구약에서도 용인된 것이다. 그러기 때문에 초기 그리스도인들이 아편과 대마를 알코올에 섞어 사용하는 것은 큰 문제가 아니었다. 그러나 이런 마약에 대한 초기 그리스도교의 인식은 313년 로마제국이 그리스도교를 공인하면서 변하기 시작한다.

그리스·로마 시대의 마약에 대한 중립성 혹은 소박한 도취의 허용은 로마제국의 콘스탄티누스 황제 313년 밀라노 칙령에 의해 그리스도교가 공인되고, 380년 테오도시우스 황제에 의해 그리스도교가 로마제국의 국교로 인정받으면서 급격히 붕괴됐다. 원래 샤머니즘, 브라만교, 불교, 유교, 초기 그리스도교 등은 오랫동안 다른 활동영역에서 공개 투쟁 없이 공존하였다. 그러나 로마제국에 의해 그리스도교가 공인되면서 이교도에 대한 상대주의는 점차 사라졌다. 따라서 로마제국에 의해 공인된 그리스도교는 초기 다양한 기독교 분파들을 이단화 시키면서 극단적으로 투쟁을 전개했다. 공인된 그리스도교는 이러한 이단에 대한 투쟁에서 효과적으로 사용한 무기 수단의 하나가 당시 사회문화적으로 자연스럽게 용인된 알코올과 마약이었다.

물론 예수 그리스도가 죽은 후 특히 바울(St. Paul)은 '느슨한 행위'(엄격의 포기)로 유도하는 모든 자극물을 일소할 필요성을 누차 강조한다. 이를 위한 첫 번째 타깃은 와인이었다. 음주는 그리스도교에 대한 치명적인 죄로서 로마 초기의 酒神인 바커스(Bacchus)의 경우 사도 바울시대에는 천국에서 추방된 루시퍼(Lucifer)로 변질됐고, 와인은 오로지 사제에게만 허용되었다. 사도 바울의 음주에 대한 통제는 로마제국의 통치자와 이해의 일치를 이루었다. 왜냐하면 그리스 시대처럼 로마시대 역시 술은 골치 아픈 사회문제의 하나였기 때문이다. 그러나 마약의 경우는 조금 달랐다. 당시 의약품이 풍족하지 않는 상태에서 진정제와 진통제의 효과를 지닌 아편은 그리스도교가 공인되기 전까지 생산과 소비에 있어서 중요한 사회경제의 일부분이었다.

그러나 그리스도교가 공인되면서 상황은 변했다. 기존의 모든 자연종교의 핵심인 술에 대한 엄격한 통제와 함께 두 번째 타깃은 마약이었다. 즉 음주통제와 동시에 각종 마약에 대한 통제를 병행했다. 이러한 통제에 대한 변명으로 그리스도교는 술이나 마약대신 순수한 신앙이 필요하며, 육체의 고통은 신앙을 통한 정신의 극대화로 극복할 수 있다는 논리로 합리화하였다. 이런 논리로 술이나 마약으로 육체의 고통을 줄이는 것은 그리스도교 정신에 위배된다는 것이다. 왜냐하면 그리스도교는 육체의 욕망을 육체의 고통을 통해 억제하는 것을 바람직한 것으로 인식하였기 때문이다. 결국 마약에 의한 도취감은 긍정적(만족)이든 부정적(고통)이든 종식되었고, 약학자는 마법사와 동일시되어 처벌받으면서 궁극적으로 약물학의 몰락을 가져왔다.

　　이러한 그리스도교 원리들이 법적 구속력을 획득한 것은 밸런타인 황제의 칙령이었다. 그 칙령은 야간축제 혹은 황홀경의 의식을 모두 불법으로 규정하고 참여자를 사형에 처하였다. 그리고 391년 이집트의 알렉산드리아에서 마약과 관련된 이교도의 지식은 마법에 의해 오염된 것으로 간주하여 기독교판 분서갱유(120,000권)를 단행하였다.

　　더구나 아우구스투스(St. Augustine)는 과학적 탐구 그 자체는 '불건전한 호기심'을 만든다고 선언하면서 마약 판매자는 처형 혹은 노예 신분으로 전락 하게 만들었다. 이와 함께 샤를마뉴 대제는 아편은 '사탄의 작품'과 동일시하였고, 결국 10세기경 교회와 국가가 통합되면서 치료 목적의 마약 사용은 이단과 동일시하였다.

　　그리스도교 교리에 위배된다는 이유로 마약에 대한 탄압은 중세사회가 봉건화(고립화)되면서 더욱 강화된다. 즉 중세사회에 바이킹 족과 사라센 족 같은 외적의 침입과 자연재해의 장기화로 인한 전염병의 확산은 마을의 유기 및 고립으로 이어졌고, 자급자족의 경제인 대농장제는 점차적으로 장원제의 제도화로 유도되었다. 이런 변화는 폐쇄경제에 따른 농업과 목축의 공급부족으로 이어지고 상업의 발달을 방해하여 광산, 야금술, 식품업의 붕괴로 이어진다. 결국 고립에 따른 커뮤니케이션의 미발달은 고립된 마을과 하층계층에서 전통적 샤머니즘의 부활을 촉진하는 계기가 됐고, 중세사회를 점차적으로 불안정한 사회로 유도하였다. 지배계급들(특히 사제계급)은 이러한 불안정 사회에 대한 정치적 희생양이 필요했다. 그리고 그러한 희생양의 극단적 형태의 하나가 중세 말에 나타난 마녀사냥이었다.

　　아이러니컬하게도 초기 그리스도교 시대에 로마제국이 '로마제국의 공고화'를 위해 그리스도교를 탄압한 것과 유사한 방법으로 그리스도교가 국교로 공인된 후에 시간이 지나감에 따라 이제는 그리스도교들이 '그리스도교의 공고화'를 이루기 위해 마약을 탄압하게 된다. 다시 말하면, 로마제국은 로마황제의 숭배를 거부하는 그리스도교들을 탄압했고, 그리스도교들은 육체의 고통을 거부하는 마약 사용자들을 탄압했다. 이 탄압의 클라이맥스가 악명 높은 마녀사냥이었다.

"인간은 종교적 신념이 뒷받침될 때만큼 신이 나서 철저하게 악을 행하는 일은 없다." - 파스칼의 「팡세」 -

유럽에서 마녀사냥은 종교개혁의 시기인 중세 말에서 시작하여 르네상스의 전성기에 절정을 이루었다. 그리고 마녀사냥의 대부분 희생자(75%)는 과부 혹은 독자적 직업을 가진 여성이었다. 탄압 대상으로서의 여성에 대한 특이한 공통점은 대다수 여성들이 잔인한 고문을 통한 강압적인 마녀재판에서 마약을 사용했다고 자백한 것이다. 그렇다면 왜 마녀사냥은 합리주의와 휴머니즘을 표방한 르네상스의 전성기(1550~1650)에 그렇게 기승을 떨었는가? 왜 마녀사냥의 희생양은 여성이었는가? 왜 마녀재판에서 종교재판관은 마약사용의 자백을 강요했는가? 결론부터 말하면 종교개혁과 인문주의, 여성, 마약은 기독교적 관점에서 볼 때 모두 부정적인 요인들이다.

첫째, 왜 마녀사냥은 르네상스의 전성기에 절정에 이르렀는가? 로마제국에서 그리스도교가 공인된 후 약 1,000년이 지나면서 가톨릭교회는 타락과 부패에 빠진다. 결국 16세기에 이르러 교황권은 면죄부 판매에 대한 종교개혁의 불씨를 야기한다. 한마디로 중세에서 근대로 넘어가는 역사의 새로운 물결은 전통적으로 교황을 중심으로 엄격한 위계질서에 대한 도전을 의미한다. 그리고 이러한 도전의 중심에는 로마교회의 개혁운동과 가톨릭교에 대한 반 종교들이 자리 잡고 있었다. 또한 확대하는 군주권과 쇠퇴하는 교황권의 투쟁과 대립에서 전통 및 새로운 지배 엘리트들은 자신들의 입장에서 정치적·종교적 해명은 물론 하층계급에 대한 사회적 통제가 필요했다. 그런 통제의 희생양으로 가장 이상적인 제물은 이단자와 마녀였다. 이런 맥락에서 르네상스는 합리적이고 휴머니즘이 도래하는 시기였지만 한편으로 여전히 보수적이고 신비적인 미신을 믿는 시대였다. 이러한 도전에 대한 가톨릭교의 초기 응징은 종교재판을 통해 이단 퇴치라는 미명으로 자행됐다. 후에 가톨릭교는 마법사를 마녀로 둔갑시키면서 새로운 형태의 종교재판인 마녀사냥을 창조했다. 1459년 프랑스에서 부두교 신자를 고문을 통해 강제로 악마 숭배자로 자백시킨 다음 마법사라는 죄목으로 처형시킨 사건은 악마신화의 탄생을 구체화한 동시에 마녀사냥의 서곡이었다. 종교재판은 1484년 교황 인노켄티우스 8세(1484~1492)에 의해 마녀사냥의 헌장으로 불린 유명한 교서(Summis desiderantes: 가장 바람직한 것에 대하여)에 의해 제도화(마법사=악마 추종자)되었다. 이분법적 선악에 기초한 제도화는 향후 200년 동안 유럽에서 광기어린 마녀사냥을 부추긴 사법장치였다. 종교 재판관들(대부분 도미니크회, 프란체스코회, 예수회 수도사)은 그러한 사법장치를 종교재판을 통해 더욱 정교화 시켰다.

둘째, 왜 마녀사냥의 희생양은 여성이었는가? 이것은 전통적으로 가톨릭교에 내재한 여성혐오주의(아담과 이브의 이야기 = '죄업은 여자로부터 생긴다.')와 중세 말 사회경제적 변혁기에 나타나는 직업여성의 등장 때문이다. 전자의 경우 17세기에 이르도록 신학자들은 여성들을 감시해야 할 불안정한 존재로 인식함으로써 반여권주의의 정신적 지주노릇을 하였다. 이와 함께 사회적인 관점에서 여성은 결혼 전에는 아버지의 보호와 결혼 후에는 남편의 후견이 필요하다고 보았다. 따라서 여성이 자율성을 획득하기 위해서는 과부가 되거나 혹은 직업을 지님으로써 경제적 독립성을 획득하는 것이다. 그러나 과부의 경우 상대적 자율성은 획득하나 사회적 지위는 상대적으로 낮아 마녀사냥의 좋은 사냥감이 되었다. 한편 16~17세기는 유럽에서 종교적으로 구교에서 신교로, 정치적으로 봉건제(귀족정치)에서 민족국가체제(왕권정치)로, 그리고 경제적으로 소작농에서 임금노동 시스템으로 변화하는 과도기이다. 특히 상업자본주의 형성의 토대가 된 노동 집약적 방직산업에 많은 여성이 취업이 되면서 여성이 스스로 독자적인 생계유지가 가능하였고 전통적인 여성에 대한 남성 통제사회에서 벗어나는 계기가 될 수 있었다. 따라서 이러한 독신 여성들에 대한 사회적 통제의 필요성이 대두된 것이다. 이와 더불어 이교도에 대한 탄압의 정당성을 확보하기 위해 악마 숭배, 반가톨릭, 마법집회 및 의식, 성적 문란행위, 마약 사용에 대한 자백 등을 강요하였다. 결국 피해자의 대부분인 여성은 당시 지배적 권력층인 교황 및 사제, 국왕 및 귀족, 그리고 지식층에 의해 조직적으로 희생되었다.

셋째, 왜 마녀재판의 고문 과정에서 마약 사용의 고백을 강요받았는가? 마녀재판의 잔혹한 고문 과정에서 반드시 나타나는 마법사의 고약, 연고, 물약 등은 현대적 의미로는 마약을 의미한다. 대표적인 것은 마리화나와 아편이다. 마녀재판에서 이런 마약을 언급할 때 공통점은 섹스였다. 다시 말하면 이들 마약의 대부분은 악마가 제공했거나 혹은 마녀가 직접 만들었다고 자백을 강요받는다. 그리고 그런 마약의 공통된 사용 목적은 먼 거리에 있는 마법 집회(sabbat)를 단숨에 여행하여 참석하기 위해서라고 자백을 강요받는다. 또한 그러한 마약은 악마와의 성적 접촉이나 흥분을 유발하기 위한 도구로 이용한다고 강제한다. 따라서 마녀재판에서 나타나는 공통 요소를 간단히 도식화하면 '여성＋마약＋섹스＝사탄의 유혹'이었다. 중세 가톨릭 관점에서 이들은 모두 제거해야할 대상들이었다.

이러한 마약 사용의 신비감을 여성에게 저주의 죄인으로 지목하는 것은 결코 우연이 아니었다. 희생양이 되었던 여자들은 마을 공동체에서 아주 특별한 역할을 수행하고 있었다. 그들 중에는 약초의 비밀을 알고 있는 여인네가 종종 있었다. 긴장이 고조되고 마법에 대한 풍문이 떠돌기 시작할 때, 여인들이 지닌 특별한 능력을 두려워했던 대중들은 제일 먼저 그들을 의심했다. 전승받은 지식과 주술적인 힘의 혼동은 약초의 비결을 알고 있었던 여인들을 무서운 존재로 만들어 버리고 말았다. 재판관과 대중들은 이러한 약용식물들의 치료 효과를 대대로 전수받거나 혹은 알고 있던 여자들에 대해 치료 방법을 악마로부터 전수받은 것으로 생각했던 것이다.

결론적으로, 마녀사냥은 중세에서 근대로 넘어가는 사회적 변환기에 기존 지배질서를 위협하는 새로운 세력에 대항하여 지배 엘리트들(신부, 사법관, 지식인 등)이 무너져가는 가톨릭이라는 중세의 지배 이데올로기를 보존하고, 하층계급(특히 하층 여성)에 대한 사회통제의 필요성과 가톨릭 통제의 정당성을 획득하기 위한 수단으로 나타난 정치적 희생양이었다. 그러한 희생양에 대한 정당성을 확보하는 수단의 하나로 마녀재판에서 마녀로 기소된 자들에 대해 사회적인 해악과 악마적인 요인을 강조하는 마약 사용과 섹스를 연계시키면서 마녀혐의를 씌운 것이다. 한마디로 마녀라는 용어는 가톨릭 지배계층의 창조적 작품이었고 마약은 그 작품을 만들기 위한 도구였던 것이다.

제2절 근대 마약의 역사

1. 유럽 미주

1855년 코카 잎으로부터 코카인이 추출된 이후 유럽과 미주사회에서 코카인이 널리 사용되기 시작했다. 원래 코카인은 눈, 코, 입 등의 외과 수술 때 국소 마취제로서 사용되었을 뿐만 아니라 구미에서는 기호품으로도 사용되어 온 역사가 있다. 20세기 초엽까지는 코카콜라와 같은 음료수에 혼입하거나 왕후·귀족·작가들 사이에서는 강장과 강정을 목적으로 술에 섞어서 마시는 풍조가 있어 왔다.

19세기 말에 '안젤로 마리아니'라는 인물이 만든 탄산음료에 코카인을 혼합한 음료수가 크게 유행했었다. 이 '마리아니 와인'이라고 불린 음료수의 애주가 가운데는 미 '머킨리' 대통령, 영국의 '빅토리아' 여왕, 작가 '알렉산더 뒤미', '에밀 졸라', 발명왕 '에디슨' 등이 있으며, 1898년에는 로마교황 레오 13세가 '인류에게 은혜를 가져다주었다' 고 하면서 마리아니라를 선전했다고도 한다. 그리고 코카콜라 전신은 1879년에 '바람과 함께 사라지다' 의 무대가 된 미국 조지아주 애틀란타에서 코카 잎의 추출액과 와인, 그리고 향료를 섞어서 판매하기 시작한 '프렌치 오브 코카'라는 주류였다고 한다. 또한 영국의 작가 스티븐슨이 코카인의 각성작용을 이용하여 며칠 만에 '지킬 박사와 하이드'를 써낸 얘기는 널리 알려진 사실이다.

이처럼 백색분말이라는 데서 '스노우' 라고 불리며 유행되던 코카인 원료인 코카 잎이 16세기 말에 남미의 잉카제국을 정복한 스페인의 손에 의하여 유럽으로 반입되었다. 원래 코카 잎은 안데스 산맥의 일반작물 재배에 적합지 않은 1,000~2,000미터 고지에서 재배하고 있는 코카나무에서 1년에 3, 4회씩 채취되는 것인데, 남미의 인디오들에게는 알칼리성 생석회와 섞어서 씹으면 피로회복과 배고픔, 목마름을 씻어주는 효과가 있는 것으로 여겨지고 있었으며, 잉카의 신화에 의하면 '태양의 아들이 기아와 피로로 약해져 있는 사람들에게 새로운 힘을 주고 불행한 사람들로 하여금 슬픔을 잊게 하기 위하여 인디오들에게 내려준 것'이 코카 잎인 것으로 되어 있다.

2. 중국 (아편전쟁)

중국은 19세기 중엽 영국 등 구미 열강들에 의해 아편이 유입되면서, 군대 내에 아편 중독자가 속출하고 경제·사회질서 상 문제가 발생하자 당시 청나라가 영국 상인들의 아편을 몰수하는 등 아편금지정책(1821)을 시행하여 대응하는 과정에 영국과 충돌, 아편전쟁(1840~1842)이 발발하였고, 이 전쟁에서 청나라가 패북, 난징조약 체결로 인해 반 식민지화되면서 사회전반에 걸쳐 아편사용이 만연하는 결과를 초래하였다. 그 후 1931년 9월 만주사변을 계기로 일본은 '만주국'을 세운 후 동지역 일대에 만연되어 있는 아편문제를 해결하기 위해 아편정책을 실시한다는 명분으로 교묘히 위장하여 아편 판매를 이용한 재정 확보 차원의 독화정책을 전개하면서 더욱 확신되기에 이르렀다.

아편전쟁이란 영국과 중국 간에 일어난 전쟁이며 이 전쟁은 아편이 직접적 문제가 되었기 때문에 아편전쟁이란 중국 청조는 광주의 한 항구에 한하여 외교무역을 하게 했으며, 모든 외국무역은 18세기 이후 영국이 광주 무역의 중심이 되었다. 중국에는 차(홍차), 도자기 및 생사가 주요 수출품이었고, 영국은 약간의 향료, 모직물 외에는 은으로 생사나 차 등을 사들였다.

특히 18세기 말 영국정부가 차의 수입세를 인하하면서부터 차 마시는 풍습이 영국 일반국민들에게 보급되었고, 그로 인하여 중국차의 수입이 급증하였다. 그 당시 중국 무역의 독점권을 부여받은 인도 주재 영국인 회사인 동인도회사는 인도 산 면화와 인도 산 아편을 중국에 수출하여 그 대신 중국산 홍차를 수입하였고, 또 동인도회사는 전매제도하의 아편을 중국인의 마음에 들도록 이 아편을 정제하여 투기성 많은 중국 상인에게 매도하여 중국에 밀수출시킨 아편의 양이 해마다 급증하였다.

한편, 1830년대가 되면서 중국 측의 수지가 약화되어 중국은 은값이 폭등하였고, 따라서 본위 화폐인 은가의 폭등은 재정이나 상업에 파괴적인 영향을 끼쳤다. 특히 일상 동전을 사용하면서 이것을 은으로 환산하여 납세해야 하는 농민에 있어서 동전에 대한 은가의 폭등은 심각했으며, 특히 관청, 군대에 있어서 아편 중독자의 격증은 정부에 있어서 심각한 위협이 되었다.

이와 같은 상태에서 청국 조정은 아편 금지령을 엄격히 실행하기 위하여 강경한 아편 금지론 자로 알려진 '임칙서'라는 관리를 전권대신으로 광주에 파견하고, 아편 밀수입을 근절하려고 했다. 이때 무력적 위협을 포함한 강경책으로 영국 상인으로부터 아편을 강제로 압수한 일이 있었는데, 이것이 아편전쟁의 직접적인 원인이 되었다. 이 당시인 1840년 여름 영국은 48척의 함선 4,000명의 병사로 구성된 영국함대를 파견하여 북경의 통로인 다구 및 천진 지역을 위협하자 청조는 일단 휴전을 명하고 철저한 향전파인 임칙서를 전쟁도발로서 면직시킨 다음 강화교섭을 추진했다. 그러나 평화를 위한 제안은 쌍방의 불만으로 전쟁은 재개되었다. 다음 해에 1만 명의 증원부대를 가세한 영국군은 양자강에 침입, 남경에 육박하게 되었고, 청조는 민중을 무장시켜 장기간에 걸친 게릴라전을 전개하려 했으나, 이를 수행할 능력을 갖추지 못했다. 그런데다가 정규군의 군율은 부패 일로에 있었으며, 일부를 제외하고는 저항다운 저항도 한번 못하고 연전연패했다. 전쟁의 전 기간을 통하여 영국군의 전사자 및 전상자의 수는 520명인데 비하여 청조는 20만 명에 달하였다. 이때 청조는 남경의 함락으로 인하여 황제의 권위가 실추될 것을 두려워하여 영국 측의 전 요구조건을 수락하는 조건으로 남경조약을 1842년 8월에 체결했다. 이때 중국영토의 일부를 영국에 제공한 것이 지금의 홍콩이다. 이로 인하여 아시아의 대국으로 자칭하던 중국의 패전은 군소 아시아 제국에 큰 충격을 준 것이 사실이며, 일본의 군주국의 발달도 이에 기인한 바 크다.

3. 일본

일본은 아편 등 마약이 1차 대전 후 발효된 헤이그아편조약 등 국제법에 따라 불법으로 규정됐으나 내무성과 후생성이 아편정책을 이어받으면서 마약이 국내외에서 대규모로 재배·밀매되는 것을 부추겼다. 일본의 아편 주요 생산지는 와카야마로 1928년 현재 698.4ha에 달했으며, 이는 1930년대에 급격히 증가 추세를 보여 중일 전쟁이 전개되던 1937년에는 1천 520ha에 달했다. 이외에도 내몽골 지역과 만주, 그리고 한반도에서는 아편을 재배하는 등 자본축적을 위해 마약정책이 강력히 추진되었다.

태평양전쟁 중 대일본 제약주식회사에서 히로뽕(메스암페타민)을 생산하여 군수공장 노무자에게 투여하여 군수물자 생산을 독려하는가 하면 이른바 자살특공대인 '가미가제 독꾸다이 신풍특공대' 대원들에게 투여하는 등으로 사용하다가 패전 후 폭력단(야쿠자)에 의해 밀 제조되어 일반인에게까지 확산되면서 심각한 사회문제가 발생하였고 이에 위기의식을 느낀 정부에서 단속을 강화하자 1960년대 말부터 우리나라로 눈을 돌려 일제 때 일본의 히로뽕 제조공장에서 노무자로 일하면서 제조법을 배운 부산의 정보(사망) 및 제주의 김보(사망) 등을 물색, 우리나라에서 필로폰을 제조토록 하여 일본으로 밀수출하는 수법을 사용하였는데 이는 우리나라의 필로폰 제조 역사의 기원을 이루는 계기가 되었다.

4. 한국 마약(DRUG)의 역사

우리나라 마약의 전래는 조선시대 이전으로 거슬러 올라간다. 중국과의 국경지대인 평안도·함경도 양귀비에서 밀재배가 이뤄졌으나 그 정도는 미미했고, 조선말기·일제강점기시대에 이르러서 '아편'이라는 이름이 보편화 되었다.

조선 광해군 3년(1611년)에 아편의 약효 및 제조법이 소개된 기록이 있으나, 사회문제화 되었다는 기록은 없고 그 후 일제 강점기에 일본의 독화정책(군비조달·항일의식 저하 등 목적)에 따라 1919년 3·1운동 이후 한반도의 마약재배지를 크게 늘렸는데 예를 들면 1934년 일본 내 마약 재배 면적은 868ha였던 반면, 한반도의 면적은 2천 177ha에 달하는 등 해마다 2배 이상을 한반도에서 생산하였다. 초창기에는 경기, 강원, 함남·북 지역에서 재배되었으나 1939년 무렵에는 전국으로 확대됐으며, 생산된 마약의 80퍼센트는 주소비처인 대만으로 수송되었고, 이후에는 대만 수요량의 전량이 한반도에서 조달되었다. 특히 일본은 교묘한 방법으로 아편흡연 습관이 없던 조선인들을 중독자로 만들어 갔는데 1920~30년대 조선인구의 3.5퍼센트인 70만여 명이 마약 중독자(일본 아이찌대 구라하시 마사나오 교수 및 부산외대 사학과 박강 교수)였고, 특히 해방 후 중국 등지에서 유랑하던 마약중독자(일명 아편쟁이)들이 귀국하면서 해방직후부터 1950~60년대까지 아편·메사돈 등이 남용되었다.

우리나라에 가장 먼저 밀반입되어 사용되었던 마약류는 아편이었다. 중국의 아편전쟁(1840~1842) 다음 해에 중국을 다녀온 우리나라 사신들이 보고서인 "견문별단"에 이미 아편 흡입의 해독을 논하고 아편이 조선 전역에 만연될 것을 우려하는 내용이 우리나라 중독의 전래는 조선시대 이전으로 거슬러 올라간다. 중국과의 국경지대인 평안도·함경도 양귀비에서 밀재배가 이뤄졌으나 그 정도는 미미했고, 조선 말기·일제시대에 이르러서 '아편'이라는 이름이 보편화되었다.

한편 우리나라에서 아편 재배가 처음 시작되었던 때는 구한말로 추정된다. 원산만 개항 당시 최초로 입항한 것이 중국의 증기선이었고, 중국인 "양대" 이란 자가 아편을 흡연하면서 그 자랑스러움을 "당엽"이라 하였고 그 얼마 후 이를 재배하여 "앵속"을 양귀비라 명명하였다.

구한말 시대와 한일 합방 당시의 아편 중독자들의 수는 확실히 알 수는 없으나, 그 때도 아편 중독이 일부지방이나 일부계층에서 문제가 되어 있다고 보여진다. 아편을 단속하는 법령을 발표 하고, 아편 단속 업무를 비교적 중요한 위생행정 하나로 여기고 아편을 단속하였기 때문이다. 당시 아편에 의해 문제된 마약류로는 모르핀이나 헤로인을 들 수 있다. 모르핀은 1890년대 말 주로 호남(목포)지방에 처음으로 밀반입되었으며 그 후 의사나 선교사들에 의해 치료목적으로 사용하다가 일부 의사나 약사들의 무책임한 처방으로 1900년대 초부터 1920년대에 걸쳐 전국적으로 일시에 다수의 모르핀 중독자가 발생하게 되었다. 헤로인 역시 모르핀과 거의 같은 시기에 이북지방으로 밀반입되어 모르핀과 같은 경로로 전국적으로 퍼져나간 것으로 보인다.

1945~ 1950년 말

1945년 8월 해방과 함께 중국의 남만주와 화북 등지에서 귀환한 동포 중에는 아편 중독자가 많이 있었다. 그러나 당시에는 사회가 불안정하고 정부가 강력한 행정력을 행사하지 못하는 상황이었으므로 마약의 생산과 유통을 통제하는 정책을 제대로 시행하지 못하였다.

이러한 사회적 여건 하에서 마약중독자는 걷잡을 수 없이 증가해 갔으며, 해방 직후 전매청 창고에서 수십 톤의 생아편과 헤로인, 그리고 다량의 몰핀이 분실되어 비밀히 유통되는 사건이 일어났다.

또한 산간벽지에서 아편을 밀경작하여 생아편 증류수나 음료수에 용해시켜 정맥 주사하는 방법으로 사용하는 경향이 생기게 되었다. 주로 밀경작하는 지역은 함경도, 평안도, 강원도, 또는 전라도 등이고 일부 촌락은 주민의 반 이상이 생아편 중독이라는 말을 듣기도 하였다.

1946년에 마약의 급속한 확산을 방지하기 위하여 미군정청에서는 군정 법령 제119호 마약단속 규정을 제정하였고 이에 의거 하여 보건후생부(현 보건복지부 전신) 약무국이 마약단속 업무를 담당하여 단속을 시작하였다. 이것이 실질적으로 우리나라에서의 마약류 통제 정책의 시초라고 할 수 있다. 1974년 보건 후생부에서 조사한 마약류 환자의 집계에 따르면 확인된 중독자만도 서울시와 인천지방을 제외한 전국의 중독자수는 3,983명인데 서울과 인천에 거주했던 중독자 수를 계산한다면 당시 국내 마약 중독자의 총수는 1만 명을 상회한 것으로 추정된다.

이러한 상황을 더욱 어렵게 만든 것이 1950년에 발발한 사변이었다. 전쟁으로 생기는 군대의 부상자를 치료하는 과정에서 진통제가 마약으로 남용되고 그로 인한 중독자가 다수 발생하게 되었다. 남북 분단과 전쟁, 전쟁이후의 혼란 등 사회적 불안이 가중되면서 마약 중독자들도 계속 증가하여 보건사회부 통계에 의하면 1594년에는 5만 명까지 육박한 것으로 나타나 있다. 그러나 계속적으로 1950년대에도 미군정 법령 제119호 마약단속규정에 의거, 마약류 사범의 통제와 단속이 이루어졌지만, 마약류 남용문제를 해결하기 위한 체계적인 국가적 시책은 시행되지 않았다.

다만 이 기간 중 주목할 만한 두 가지의 조치가 있었다.
즉 1952년 당시 보건부(현재 보건복지부 전신) 산하에 마약과를 신설하여 마약 감시원 제도를 신설한 점과, 1950년에 비로소 마약법이 국회에서 제정되었다는 점이다.

이 시기에 남용된 약물을 살펴보면 아편 제제로는 아편, 몰핀, 헤로인 코데인 등이었고 드물게는 코카인도 사용되었다. 중국이나 38선 이북 등지에서 코카인, 생아편 등의 마약이 밀수입되어 유통되었다. 이는 남한의 지리적 여건이 38선과 접하고 있었고, 또 삼면이 바다이므로 마약을 밀수하기가 용이 하였기 때문이다. 더욱이 특수 고위당국자, 또는 이들의 부인, 이들을 배경으로 한 사람들이 일확천금의 이익을 울리는 아편장사에 한몫 끼는 경우가 많았다. 또 서울시내 곳곳에 '아편굴'이 형성되어 있어서 밀수되거나 밀 경작된 아편이 유통되고 있었다.

1960년대

1960년대 초에는 해방과 전쟁으로 인한 사회적 혼란이 어느 정도 진정되고 1957년의 마약법 제정과 더불어 정부의 강력한 단속과 법적 제재로 마약중독자의 수가 점차 감소하는 경향을 보였다. 그러나 1960년대 중반에 접어들어 우리나라 군대가 월남에 파병되면서 군인과 군속에 의하여 마약이 대량으로 밀반입되기 시작하였다. 더구나 1965년에는 우리사회에 새로운 중독자를 폭발적으로 증가시킨 메사돈 파동이 일어났다.

1965년 이전까지는 마약 환자를 약 1만 명 정도로 추산하고 있었다. 그러나 이 메사돈 파동으로 마약환자는 34,000명 정도로 격증하였다. 보건복지부 통계에 의하면 메사돈 파동이 일어난 이듬해인 1966년에는 마약 중독자가 36,000여명으로까지 증가 하였다. 그 이후 메사돈 사건이 수습되고 정부가 강력한 행정력으로 마약밀매 밀수를 통제함으로써 마약 중독자 수는 점차 감소하여 1968년에는 20,000여명으로, 1969년에는 8,000명 정도로 줄어들었다.

이 시대에 남용된 약물의 변화를 살펴보면 1960년대 초반부터 1966년 경 까지는 헤로인(포도당분말과 유당분말 혼합제조, "뽕짜"1960년 믹스-헤로인 수출, 태국, 미얀마,홍콩) 메사돈, 몰핀, 코데인 등 마약들이 흔히 사용됨과 동시에 바르비튜레이트를 위주로 한 비마약성 습관성 약물을 마약과 혼합 사용하는 경향이 많았다. 여기서 혼합사용이란 원래 마약구입이 어려워진 상태에서 적은 양으로 마약의 효과를 내기 위하여 비 마약성 습관성 약물을 마약과 같이 사용하는 경우를 말한다.

1970년대

1960년 중반부터 시작된 월남전은 1975년 종전 때까지 우리사회에 마약류 문제를 일으킨 외적 요인 중의 하나가 되었다. 파월 군인과 군속들에 의하여 월남산 생아편이나 코카인, 헤로인 등의 마약이 밀수입되어 들어왔다. 또한, 1960년대 말부터 미군이 주둔하고 있는 기지촌(동두천 일대 주민들 재배 미군 및 윤락여)을 중심으로 대마초(마리화)나 흡연자들이 생겨났으며 미 군사우편으로 우표형 LSD 등이 밀수입 되었다. 그런데 이 마리화나 흡연은 당시 사회에 불만이 많은 젊은 층에게 일종의 반항적 의미로 받아들여지면서 대학생들 사이에 널리 퍼지게 되었다.

마리화나 흡연자들은 남자들의 경우 20세 전후의 학생, 재수생, 건달, 그리고 악사들이 주류를 이루었고, 여자들의 경우는 미군상대의 접대부들이 많았다.

한편 1970년대부터는 외항선과 활어선을 통해 밀수를 해오던 밀수범들이 마약이나 향정신성 의약품을 다루게 되면서 마약류 문제는 더욱 심각하게 되었다. 이미 1950년대부터 일본에서 메스암페타민의 남용이 사회문제화 되자 일본 정부는 암페타민의 제조와 판매를 강력하게 단속하였다. 한국의 제조기술자에게 원료를 대주고 한국에서 제조하여 밀수선을 이용, 일본으로 밀수출하는 방식으로 메스암페타민(히로뽕)`을 판매하였다.

1970년까지 한국에는 메스암페타민 규제법이 없어서 밀조 밀매를 처벌 할 수가 없었다. 밀수를 할 경우 관세법으로 다스렸다. 1960 ` 1970년대에는 한국 사회에서 메스암페타민의 밀수는 마약류 통제정책의 차원에서가 아니라 도리어 밀수단속 차원에서 큰 사회문제가 되었다고 할 수 있다.

70년대 초 인천과 대만 항로를 왕래하는 C상선의 소속 선박이 정기적으로 원당을 운송하고 있었다. 소속 A선의 주방장은 주방 창고에 설탕과 조미료 함지박 사이에 염산에페드린을 계속 밀수입하였다. 당시 중국 및 대만에도 이러한 물질을 단속하는 법규가 없었고 1990년 중반에야 이러한 물질을 통제하는 법규가 제정된 것으로 알고 있다. 당시 우리나라 세관 직원들은 메스암페타민이나 염산에페드린에 대한 지식이 부족한 상태이어서 그러한 물질에 대해 별로 관심을 두지 않은 것도 사실이다.

이에 1970년에 이르러서는 한국에서도 습관성 의약품 관리법을 제정하여 메트암페타민(히로뽕) 사범을 단속하였는데 그 단속 대상은 주로 밀제조범 들이 히로뽕 제조과정에서 순도 측정하기 위해 자신들의 혈관에 투약하면서 중독자가 최초로 발생하게 되었다. 그리고 제조자들이 투약하면서 성교를 하면 그 쾌감이 엄청나다는 사실을 알게 되어 친한 친구들에게 권유하게 되고, 그에 따라 한국에서의 히로뽕이 투약자가 확산 원인이 되었다.

1977년에는 제2의 대마초라고 불리는 '신경안정제'가 남용되기 시작하였다. 대마초에 대한 규제가 강화되어 대마초를 구하기 어렵게 되자 일부 젊은이들이 구입하기 쉽고 법적 제재를 받지 않는 의약품을 사용하였다. 수면, 최면작용을 하는 항히스타민제나 진통진정제, 신경 안정제 등을 다량으로 복용하면 대마초와 흡연 상태와 비슷한 환각 효과를 느끼게 되므로 이를 대마초 대신 남용하는 경향이 생긴 것이다.

　이밖에도 미군기지촌 주변에서는 헤로인, LSD, 메스칼린등의 환각제가 남용되었다. 메스칼린이나 LSD는 SOFA 대상자들에 의하여 밀수입 되어서 전파되었다. 당시 메스암페타민(히로뽕)을 일본으로 밀수를 하는 예를 들어보겠다. 한일 정기선인 K해운 소속 1,000톤급 N선의 선장이 보석을 밀수입 한다는 제보를 받고 동 선박이 인천항에 입항하자 선박검색팀 4명이 승선하여 선박의 전체 구석구석을 수색하고 마지막으로 저자와 H씨와 함께 선장의 방을 수색하였으나 당시 선원들은 휴대품으로 청바지, 가죽점퍼, 화장품 등을 가져와 팔아서 생활에 보태고 할 때였다. 그러나 선장 방을 정밀 검색하였으나 그러한 휴대품과 은닉물품이 전혀 없고 오직 정밀한 카셋트라디오 1대만 있었다. 우리는 제보가 잘못된 것으로 생각되어, 나오려고 하는 찰라 H씨가 신변수색을 하자고 하여 마지막으로 확인할 수 있는 장소라고 생각하였다. 선장을 복대를 하고 있었고 복대에는 일화 500만엔이 들어 있었다. 선장에게 조사를 시작하였으나 묵비권을 행사하고 있어 조사의 진전이 없어 윗분에게 보고를 드려 당시 조총련이 활발하게 움직일 때여서 불순자금이 아닌가 하여 보안 당국에 이첩하게 되었으며 일주일 후에 동 선장의 신병을 인수 받아 조사한 결과 이 선장은 마약 밀수조직에 포섭되어 있었다. 항해를 마치고 부산 영도에 집에 와 있으면 집으로 전화가 와 광복동 다방에서 어떤 사람을 만나면 물건을 주면 받아와 일본에가 그곳에서 연락이 오면 전해주고 그들이 주는 것을 받아오면 동 선박이 인천항에 입항하면 연락이 온다. 그때 만나서 전해주었다. 이 선장의 임무는 끝나고 운반비 50만원을 수고비로 받았다는 것이다. 매번 만날 때마다 장소와 만나는 사람이 다를 뿐 아니라 선장은 연락할 방법은 없고 오직 기다릴 뿐이었다. 선장 주변을 감시하고 암암리 조종하였다고 할 수 있다. 이를 두고 점조직이라 할 수 있을 것이다.

1980년대

1980년대에 들어와서 가장 심각하게 대두된 남용약물은 역시 메스암페타민이다. 1970년대 이후로 한 일 양국의 메스암페타민 밀제조, 밀수입에 대한 단속이 강화되고 또 한편으로는 일본에로의 밀수출에 의하여 얻어지는 이익이 점차 줄어듦에 따라 밀조된 암페타민의 상당량이 국내에서 유통되기 시작 하게 되었다. 남용계층도 종래 폭력배, 유흥업소 종사자 중심에서 학생, 가정주부, 농어민에 이르기까지 사회 각층에 폭넓게 확산되었다.

그 원인에 대하여는 여러 가지 분석이 가능하겠으나 본인은 마약남용도 예외도 있었겠지만 국민 소득에 비례한다고 생각한다. 현재의 마약 남용이 크게 문제되는 국가는 이웃 일본, 북미, 유럽이나 소득이 높은 국가가 대부분이다. 즐거움을 추구하는 성향을 따져보면 우선 스포츠를 보자, 우리나라의 경우 보리 고개를 어렵게 지내던 50년대는 탁구 정도를 즐기고 70년대에 들어서 테니스를 즐기고 80년대 볼링 Golf 90대 이후 모든 스포츠는 건강과 행복의 대중화로 변화여 자기 스스로 취미에 즐기는 인구 층이 넓어졌다. 이러한 현상이 소득이 증가에 따라 향락성향이 높아진다고 간접적으로 생각할 수 있겠다. 같은 방법으로 음주 문화를 분석해보면 향락성향에 대한 같은 결론을 얻을 수 있다. 몇 년 전까지만 하더라도 소득이 높은 국가에서 주로 마약 남용이 크게 문제 되었지만 요즈음 중계지로 이용되는 국가 등에 마약을 쉽게 접할 수 있어 남용의 문제가 확산되고 있다. 이 시대 우리나라의 경우 경제 성장에 따른 소득 증가로 물질이 풍부해짐에 따라 향락 퇴폐적 경향이 증가하고 전통적인 가치관의 붕괴 및 성 개방 풍조를 들 수 있는 것이다. 또한 1986년도 1988년도의 산업근로자, 아시안게임과 올림픽 대회로 외국인들의 출입국이 빈번하여지면서 단속이 느슨해질 틈을 타 마약류의 밀수입이 증가하여 우리 사회에 마약 문제를 악화시키는 외적 요인이 되었다고 할 수 있다.

1980년대 초반부터 성행하기 시작한 메트암페타민(필로폰) 남용은 1988년까지 급격히 증가하는 추세를 보였으나 1989년부터 검찰이 대규모 공급조직을 적발하고 단속을 강화함에 EK라 점차 감소하는 경향을 보였다. 그러나 메스암페타민 남용이 줄어들면서 한편으로는 그 동안 사용이 뜸하던 대마와 아편사용이 다시 증가하는 추세를 보였다. 그 동안 단속이 비교적 느슨했던 대마와 아편이 메트암페타민의 공급 감소에 따른 대체 약물로 이용되기 시작한 것이다. 또한 1980년대 후반 들어 정부의 밀조·밀수출 단속이 강화되자 수출경로가 막혔고 따라서 국내 재고량이 급증하게 되었으며, 이때 유흥업소와 조직 폭력배 등을 중심으로 마약류가 확산되게 되었다. 더욱이 1990년대 초반에는 단속이 느슨하고 원료 구입이 용이한 중국 등지로 제조기술자들이 건너가서 밀 제조 후 국내로 반입하게 됨으로써 결국 중국이 우리나라 남용마약의 최대공급지로 등장하게 되었다. 또한 이 시대 약물남용의 새로운 현상은 "제3의 마약"이라고 불려지는 위험한 본드와 신나 등이 청소년들 사이에 가정의 불화, 부모들의 외부 일자리. 이혼 등 원인으로 남용되어 환각상태에서 범죄행위를 범 하거나 질식사하는 등 사회 문제화 되기 시작하였다.

1990년대에 들어 우리나라 마약류 남용은 새로운 국면을 맞이하였다. 우선 메트암페타민 밀조사범에 대한 강력한 단속으로 국내에서 밀조가 크게 줄어 이의 가격이 상승해 외국에서 밀수입되기 시작했고 그 동안 국내에서 별로 사용되지 않았던 코카인과 헤로인의 밀수입 사실이 드러났고, 1990년 초 노층량 사건과 박연차 사건 관련 피의자 등이 코카인과 LSD를 남용해 온 사실이 드러났다. 그 밖의 새로운 현상중의 하나는 중국과 국교 정상이 후 중국 교포들에 의한 생아편 밀수이다. 중국 교포들이 막대한 이윤을 노려 계속되어 왔으나 그러나 '91년을 정점으로 감소추세였고 '96년에는 거의 자취를 감추었으나 97년부터 중국교포들과 여행자 등이 살 빼는 약으로 알고 향정신의약품 페느라민, 암페프라몬 등을 밀반입하였고 1999년에는 교포 및 여행자들의 태국에서 살 빼는 약으로 알려진 향정의약품 펜터민, 디아제팜, 슈도에페드린 등 은으로 밀수입하여 유통시켰고 후반기에는 조직적으로 콘테이너를 이용한 대량 밀수입이 시도되기도 하였다.

동남아에서 주로 생산되어 유통되고 있는 야바(메트암페타민에 카페인 첨가)밀수입 되었다는 보고 있었고 동남 아프리카에서 생산되어 그 곳에 남용되는 환각성 식물인 Khat가 최초로 밀수입 되었다.

94년도에는 코카차와 Duragesic(아편성분이 함유된 파스형태)밀수입 되기도 하였고 1999년도에는 미군부대 유출된 것으로 추정되는 GHB(Gamma Hydroxy Butgrate, 물뽕)가 광주지역에서 발견되었고 코카인 제조 시 필요한 precursor chemlcal인 망간산 칼륨이 콜롬비아 밀수출된 사실이 확인 되었다. 계속해서 헤로인이 북미지역으로 코카인이 일본 등지로 밀수입되면서 우리나라를 경유지로 이용하고 있고 96년도에 이어 97년도에 메스암페타민 밀조사범이 2건이 적발되어 국내에서 계속해서 밀조가 시도되고 있고 이의 원료인 대량 염산에페드린 밀반입시도 가능성이 상존하고 있다.

이외에도 파키스탄, 이란, 나이지리아 등 다양한 국적의 국내 불법체류 외국인들이 국제 마약 조직과 연계하여 헤로인, 해쉬쉬, 생아편 등을 밀수입하는 등 외국인에 의한 마약류 범죄가 증가하고 있다.

88UN 협약에 규정한 통제 배달을 수행하여 크게 성공 하였다.

첫 번째 사례는 1989. 12.11 김포공항 화물터미널에서 도자기 셋트 전기스탠드 받침대에 은닉하여 미국으로 밀수출하려던 메스암페타민 20kg을 발견하고 그 중 600g을 같은 해 12.12 대한항공편으로 통제배달 하여 미국 LA공항 보세장치장 앞에서 동 화물을 수취하러 왔던 재미교포 김OO(54세 남) 등 3명을 검거하고 김의 수첩에 적힌 국내 주소를 확인하여 밀조장소인 경남 양산 외진 과수원에서 밀조책등을 검거하여 조직을 일망타진 하였다.

두 번째 사례는 콜롬비아산 코카인 5.5kg을 한국 체류 일본인 하라다를 경유, 일본 나고야로 밀반출하려던 콜롬비아 마약밀수조직원인 콜롬비아인 로드리게즈가 코카인 5.5kg을 은닉하고 '98. 11. 6. LA공항에서 서울행 대한 항공기에서 탑승하려다 미국 세관에 검거, 같은 달 12. 미국 세관직원들이 동인을 대동, 한국으로 입국하여 같은 날 국내에서 접선을 기다리던 위 하라다 검거, 같은 달 12. 일본 경시청에서 콜롬비아인 주범 헤르만을 나고야에서 검거 하였다.

- 공조사항 같은 달 7월. 미국 세관으로부터 주한 미국대사관을 통하여 통제배달수사를 요청하여 옴에 따라 한미 양국 간 수사공조체제 구축, 같은 달 12. 미국 세관직원들과 입국한 위 로드리게스를 활용, 국내에서 접선을 기다리던 위 하라다를 검거, 위하라다의 진술 내용을 경시청에 통보, 일본 나고야에서 암약중인 위 헤르만 검거하였다.

종전에는 조직폭력배가 마약류 밀수에 관여하지 않고 있어 법집행 단속기관에서 다소 안도하였으나 언젠가는 그들이 마약류 밀수에 관여하게 되면 외국과 마찬가지로 크게 문제가 될 것을 우려해 왔다. 그 우려는 사실로 나타나 99. 4월경 서울지역 폭력조직 "신상사파" 조직원이 일본야쿠자 폭력조직 "쓰미요시파" 공모, 북한산 메트암페타민(필로폰) 100kg을 일본으로 밀수출하였다가 일본세관에의 적발되었다. 이 밀수건 외에도 밀거래 제조 관여하고 있어 법집행기관 관심이 집중되고 있다.

2000년대
88년도에 마약류 사범수가 3,939명까지 급증하여 여러 가지 사회문제를 야기한 뒤 '89년도 이후 일시 감소세를 보이다가 95년도부터 연평균 18.5% 증가세로 전환하여 99년도에는 최초로 1만명 대를 돌파하였고, 2000년도에는 10,304명에 이르렀다.

메트암페타민이 계속해서 주로 중국에서 밀수입 되고 밀 반입량은 46.5kg은 전년대비 218.5% 증가하였고 대마초 밀 반입량은 44.4kg으로 남아프리카 공화국에서 20여kg씩 2차 걸쳐 밀반입하여 일본세관과의 사례분석에 의하면 마리화나는 일본이 최종목적이며 나이지리아 씬디게이트 관여하고 있는 것으로 추정된다.

2001년에도 계속해서 중국에서 메트암페타민이 밀반입되고 있으며 특히 2001.5. 수입화물속에 메트암페탐니의 30kg을 은닉 밀수입하려다 적발됨으로써 당국을 놀라게 하는 사건이 발생하였다.

또 하나의 특이사항은 마약밀수조직들이 운반자를 그간 내국인을 이용했으나 2001 들어 5월초까지 외국인 3명(방글라데쉬 1명, 태국인 2명)을 이용하여 외국인을 단순 운반자로 이용하는 새로운 추세가 나타나고 있다.

우리나라 법집행기관에서 위장거래 작전 또는 공작수사(Underconer Operation, Sting Operation)을 통해 마약밀수사범을 조사하는데 활용하고 있는 추세이다.
미국에서도 70~80년 피크시점에는 85%까지도 이 작전을 수행하였는데 수사관의 희생 등이 문제가 있어 90년대에 들어서는 60~70% 떨어지고 있다고 한다. 우리나라에서 최근 1~2년 사이에 중국에서 메스암페타민 밀수가 높은 수준으로 이 조사방법을 통해 이루어지고 있어 신중을 기하는 수사관들은 국내에 밀반입된 것은 적극적으로 이 작전을 수행하는 것이 바람직하나 외국에서 밀수입 되는 것 까지 그렇게 높은 율의 위장작전을 수행해야 하는지 고려해 볼 문제라고 마약수사관들의 의견이 제시되었던 것이다.

2000년대 증가사례로 88년도에 마약류 사범수가 3,939명까지 급증하여 여러 가지 사회문제를 야기한 뒤 '89년도 이후 일시 감소세를 보이다가 95년도부터 연평균 18.5% 증가세로 전환하여 99년도에는 최초로 1만명 대를 돌파하였고, 2000년도에는 10,304명에 이르렀다.

메스암페타민이 계속해서 주로 중국에서 밀수입 되고 밀반입량은 46.5kg은 전년대비 218.5% 증가하였고 대마초 밀반입량은 44.4kg으로 남아프리카 공화국에서 20여kg씩 2차 걸쳐 밀반입하여 일본세관과의 사례분석에 의하면 마리화나는 일본이 최종목적이며 나이지리아 씬디게이트 관여하고 있는 것으로 추정된다.

2008년도에는 전체적으로 감소현상이 나타나고 있으면서, 마약사범이 야간의 증가세로 농민들이 불법재배 증가원인으로 볼 수 있으며, 향정신성의약품사범과 대마사범 증가는 감소되었던 것을 알 수 있다. 그리고 외국인 어학연수생, 홍콩삼합회 운반책으로 2005년부터 지속적으로 한국경위 일본, 호주 등으로 밀 수출사례가 발견된 되었다. 또한 브라질에서 한국경위 일본으로 코카인 밀수하려다가 일본 운반책과 국제조직원 나이지리아인을 검거사례가 있다. 특히 필로폰 중국주축으로 필리핀, 말레이시아 등 동남아지역으로부터 지속적으로 밀반입되고 있으며 2008년 후반에서는 공급루트가 중국, 동남아지역 이외 터키, 남아프리카공화국 등 다변화되는 현상이 발견되고 있다.

2010-2013년 국내에는 양귀비, 대마 , 필로폰 등이 전반적인 마약류 사용실태는 감소되고 있으나 그러나 신종마약류가 지속적으로 증가한 해라고 단속기관에서는 발표하면서, 임시마약 및 원료사용자까지 다양하게 발생도 있다. 특히 신종마약류로 프로포폴, 케타민, 염산페치딘 등이 강남 일대 병원, 의원 등지에서 불법유통 투약 사용자들이 병원직원, 제약회사직원, 한의사, 연예인등이 적발되었던 것이다. 국제적인 마약류 제조. 공급책등이 국제우편거래 증가되고 있으며 마약조직들이 국내공항경유지 마약류 유통이 확산되었다. 사례로 홍콩, 말레이시아 거점을 둠 동남아시아 밀수조직들이 싱가포르, 대만 등에서 필로폰 국내 경위 말레이시아로 밀반

입 사례도 등장하게 된다. 그리고 태국, 야바, 미국, 캐나다 등 영어권 원어민 외국인 강사와 러시아선원, 주한미군, 외국인 근로자 등이 가담하면서 국내에는 태국인이 마약류 밀반입 최고 국가로 되었던 것이다.

2014년 이후 국내에서는 외국산 변이 신종마약류가 증가되면서 심각하게 염려하는 년도라고 한다. 미국, 케나다 등 유럽국가와 일본에서는 허브마약류가 국내 부산, 이태원 , 강남 일대에서 발견되고 있으며, JWH-018 MDMA, 야바,크라톰,케타민,벤질피페라진,알프라졸라등이 다양하게 국내에 밀반입 되고 있다 이러한 신종 마약류는 해외로부터 인터넷을 통해 국내 밀반입하고 있으며 가격이 저렴하면서도 환각효과가 높은 것으로 알려져 있어 젊은 층과 청소년, 중독자들이 사용에 용이하다.

2017~2021년 국내 양귀비 법률적 처벌 관계는 28속에 250가지의 종류 속에 파파베르 솜니페롬 엘, 파파베르 세티게롬 디시, 또는 파파베르브락테아톰 3가지만 법으로 처벌 되며, 국내에서는 양귀비 사범은 주로 시골 농촌, 산간지역에서 도시지역의 소규모 양귀비 재배가 성행 되었다. 특히 고령층 주민들이 관상용, 가정 상비약 및 가축의 질병치료 등에 사용할 목적으로 양귀비를 밀경작으로 단속 되고 있다. 양귀비 마약은 외국으로부터 밀 수입 적발 사실 없으나 , 양귀비의 원료물질인 알칼로이드 혼합하여 제조한 헤로인 마약은 네덜란드에서 2020년도 인천 공항을 통해 밀반입 적발된 사실 있다.

향정사범(법규정 291개) 필로폰은 2016년에는 11,300여명으로 계속 증가 추세로 보이다가 2023년에 27,611명으로 증가하였다. 특히 청소년들의 약물사용에 심각한 우려가 되면서 이러한 증가원인은 신종 약물로 야바, JWH-018 유사체, 엑스터시, LSD, GHB, 케타민, 사일로신, 알프라졸람, 졸피뎀, 디아제팝 , 대마초콜릿, 대마 젤리, 대마크림, 대마쿠키 대마오일, 펜타닐 등이 세계 71개국 나라에서 약물을 국내 밀반입하고 있으며 특히 태국, 중국, 베트남 러시아, 우즈베키스탄 등에서 외국인 산업체 불법체류자, 취업 관광 목적으로 입국한 외국인이 밀반입에 가담 하고 있는 실정이다. 또한 국내 유학생, 연예인, 미군, 부유층 자녀, 탈북자, 다문화가족 등 사회 전반에 걸쳐 외국산 약물을 밀반입 공급과 판매 하며, 또한 최근에 국내 약물사용자의 사회적 환경 변화에 편승 50대 이상의 중년층 의약물 사용자가 급 하강에서 MZ세대, 청소년 약물 사용자가 2016년 400명의 사용자가 2023년도에는 1,477명, 젊은 층에서는 5,000명에서 8,368명으로 상승되었다. 그 원인을 보면 코로나19, 청소년들의 인터넷 사용시간이 일 일 평균 10시간과 텔레그램, 다크웹, SNS, 등 비대면에 의한 인터넷상의 은어(아이스, 크리스탈, 물건, 총, 캔디, 사탕)를 사용 공급책과 직거래, 외국산 약물은 국제우편, 특송화물을 이용 국내에 밀반입에 가담하고, 국내서 사용과 판매, 가상 화폐를 통해 대금을 지급하는 형태 전환되어가고 있는 실정이다. 특히 10대 청소년과 여학생 등이 다이어트를 위한 사용과 신종 약물인 진통제 펜타닐 패치를 허위 처방전에 의해 약국에서 대량 구매 사용하며, 동물 마취제 케타민을 사용되고 있는 국내의 약물(마약)의 현황이다.

제3절 중독의 이해(中毒, Addiction, intoxication)

1. 중독의 정의

약물 또는 물질의 남용이 의학적 문제로 인식된 것은 19세기경부터이다.

의학계 내에서 술, 아편, 코카인의 중독에 대해 경고하기 시작하였으며, 중국에서는 아편을 금하기 시작하였고, 아편 통제에 대한 국제협약도 나타났다. 따라서 1909년 상해에서 국제 아편회의가 최초로 개최되었고, 1912년에는 Hague에서, 그리고 1925년에는 Geneva에서 개최되었다.

미국에서는 1914년 Harrison Act가 통과되어 아편과 코카인을 통제하기 시작하였다. 이후 술, 담배 등에 대한 통제를 위한 법이 제정되었고, 이들 물질에 대한 체계적이고 전반적인 통제는 1960년대 중반에 확립되기 시작하였다. 그 당시 중독은 환자 개인의 도덕적 결함 때문이라고 인식되었다. 중독이란 의학적 필요에 의해서가 아니고, 기분의 변화를 목적으로 술이나 기타 여러 가지 약물을 반복적으로 사용하여 끝내는 조절능력을 상실하게 되는 상태를 말한다. 이와 같이 약물에 중독이 된 약물 사용자는 약물사용을 중단할 경우에 나타나는 고통스러운 금단증상 때문에 계속해서 약물을 갈구하지 않을 수 없다는 것이 지금까지의 약물중독에 대한 개념이었다.

그러나 1970년대 이후 과학의 발달과 함께 금단증상이 심하지 않으면서도 아편 계열이나 신경안정제들보다 인간을 더욱 황폐화시키는 수많은 약물들이 개발되었고, 이와 같은 약물들도 한 번 사용하기 시작하면 신체적·정신적 황폐화에도 불구하고 중단할 수 없는 조절능력 상실의 상태에 이르게 된다.

이러한 중독 현상을 과거에는 약물사용자 본인의 의지력 결핍이나 도덕성의 문제로 다루어 왔다. 그러나 최근 과학과 의학의 발달로 약물이 뇌의 기능에 미치는 생화학적 및 해부학적 약리작용의 규명으로, 중독현상은 이들 남용약물들이 공통적으로 뇌에 작용하여 직접·간접적으로 정신력과 관련이 있는 집착, 강박, 재발들을 유발하는 일종의 질병이라는 인식이 확산되었다. 따라서 과거에는 내성이나 금단증상을 근거로 중독을 판단하여 왔으나, 최근에는 새로운 개념의 진단기준이 사용되고 있다. 이와 같은 새로운 개념에 입각한 중독진단의 기준에 관하여 제2부 제2장에서 상세히 논의하고자 한다.

약품을 의학적 목적에 따라 사용하는 양, 복용횟수, 강도와 방법이 적절하면 이는 사용(use)이라고 한다. 그리고 약물의 사용목적에는 맞으나 양, 복용횟수, 강도와 방법이 부적합한 경우 이는 약물의 오용(misuse)이라고 한다.

그러나 약물을 신체기능이나 건강에 위험한 방법으로 원래 목적과는 다르게 의도적으로 사용하면 이는 약물의 남용(abuse)이라고 말한다. 이와 같은 약물 남용의 결과 나타나는 중독 현상을 addiction이라고 한다.

먼저 중독에 대해 국어사전에서는 인체가 음식이나 약물의 독성에 의하여 기능장애를 일으키는 일, 그리고 술, 약물 따위를 계속적으로 지나치게 먹거나 하여 그것 없이는 견디기 못하는 병적인 상태가 되는 일이라고 정의 하며, 또한 중독이라는 용어에는 두 가지 의미가 있다. 남용을 목적으로 사용하지 않는 유해한 화학물질이 인체에 유입되어 그 독성으로 병을 유발하는 경우(예: 농약 중독, 수은 중독, 연탄가스 중독 등)의 중독은 poisoning 또는 intoxication을 말하는 것이며, 일단 사용하기 시작하여 해로운 결과가 있음에도 불구하고 스스로 조절하지 못하고 강박적으로 사용하는 상태를 addiction이라고 말한다. 이러한 개념에서 볼 때 약물 이외에도 음식, 사랑, 도박, 사람, 일 등에 대해서도 중독이 될 수 있다.

또한 약물중독이라는 용어문제가 현재 우리 사회에서 심각한 문제를 야기하기에 우리는 그 문제를 오래전부터 고민해 왔을 것이라 추측 할 수 있지만 사실 그렇지 못했던 것이 현실이다. 가장 대표적인 중독성 질환이고 여겨 기는 약물중독과 담배, 알코올 의존을 포함하여 대부분의 중독성 오랫동안 개인의 취향과 습관적 행동의 범주

에서 다루어야 할 사항으로 간주 되어 왔으며, 문제가 발생하여도 치료해야 할 대상
으로는 여기보다는 개인적인 의지의 부족 혹은 양심이나 도덕의 문제로 치부해 왔다.
알코올이나 담배를 대량으로 생산하게 되기 이전에는 중독문제가 개인적인 차원에서
접근하는 것이 가능할 정도로 그 심각성이 적었을 수도 있다. 그러나 현재 우리의 눈
앞에 놓여 있는 다양한 중독의 문제는 문제 그 자체만 가지고 보아도 그리 가볍지
않으며, 그 문제를 해결하는 데 있어서도 간단하지 않다. 중독의 문제를 야기할 수
있는 물질 혹은 행위에 있어서, 언제부터 그것들이 시작되었는지는 확실히 할 수 없
다. 다른 역사의 기록인 기독교의 성서는 물론, 그리스`로마' 신화에도 술 이야기가
빠지지 않는 것으로 보아, 아마도 술은 우리 인류의 탄생과 함께 시작되었다고 해도
무리가 없을 정도로 그 역사 오래되었을 것이라 짐작할 수 있다. 담배가 서양에 전래
된 것은 콜럼버스의 신대륙 탐험에 따른 결과라고 알려져 있으나 아메리카 인디언들
에게 담배는 다양한 효험이 있는 약초로서 상당히 오래전부터 사용되어 왔던 것으로
알려져 있다. 도박에 있어서 그 시초를 확인한다는 것은 더욱 불가능한 일이다. 신화
에 따르면, 제우스, 하디스 그리고 포세이돈은 주사위를 건져 우주를 천국, 지옥 그
리고 바다로 나누었다고 하니 인류가 시작되기 이전부터 도박이 있었다는 것이며, 우
리나라에서도 삼국시대에 주사위를 이용한 내개가 널리 행하여졌다고 전해진다.

중독이라는 문제가 인류의 역사와 그 시작을 함께한 것에서 알 수 있듯이, 인간에
게는 무엇인가에 중독된다고 하는 것이 그리 특이하거나 낯설 일이 아니라 오히려
인간의 특성 중 하나가 아닐까 싶을 정도로 우리와 밀착되어 있다. 인류의 문명에
발달해 갈수록 더 자극적이고 큰 만족감을 주는 중독의 원인이 우리 주위에 점점
더 흔해져 가고 있다. 식사를 하면서 반주를 하고, 차 마시면서 담배를 피우고, 스
포츠 경기를 보면서 내기를 하고, 인터넷으로 게임을 하고 ,하루 종일 휴대폰을 손
에 달고 다닌다. 많은 사람들이 중독의 사회적 폐해에 대해서 인지하고 있는 것으로
보인다. 그러나 마약, 술, 담배, 인터넷 게임 등 중독으로 인한 폐해가 상상 이상으
로 막대하며 기하급수적으로 확산 증가하고 있다는 사실에 대한 막연한 인식에 그치
고 있다. 그러나 우리사회는 이러한 중독의 문제를 체계적으로 해결하고자 하는 노
력이 아직 부족하다. 일부 병`의원이나 상담소에서의 접근으로 해결하기보다는 이제
는 사회 차원에서의 고민이 필요하고 국가 차원에서의 시스템 구축과 같은 대책이
필요한 시점이다. 또한 소수의 전문가 집단의 메아리 같은 외침에 그칠 것이 아니라

현장에 뛰어들어 초기에 대상자를 발굴하여, 위기상황에 신속 개입하고, 험난한 회복의 과정을 이겨 나갈 수 있도록 조력하고, 재발하지 않도록 지켜줄 수 있는 다양한 실무 전문가를 위한 실무와 이론 연구가 필요한 21세기 시대로 와 있다.

2. 중독의 유형

중독이라고 하면 광의적으로 유해물질에 의한 신체 증상으로서의 중독(intoxicaton 약물중독)과 알코올 마약과 같은 약물남용에 의한 정신적인 의존증으로서 중독(dependence 의존증)을 동시에 일컫는다.

1) 신체적 증상으로서 중독(intoxicaton)

신체증상으로서의 중도이란 새 물체의 기능에 해로운 영향을 주는 화학물질에 생체가 노출될 경우 발생되는 문제로 정의한다. 이것은 급성중독과 만성중독으로 나눌 수 있으며 급성중독(acute poisoning)은 신체외부나 내부의 유해 물질이 신체에서 일으키는 급성 반응으로 인한 상태를 일컬으며, 만성중독(chronic intoxication)은 유해 물질에 오랫동안 지속적으로 노출되어 발생하는 상태로 주로 직업적으로 많이 발생되며, 유기용제나 중금속이 대부분이다.

중독의 원인으로는 의약품, 농약, 공업용 약품, 가정용 약품 등 약물에 의한 중독이 흔하며, 특히 문제가 되는 약물은 알코올, 수면제, 진통제 항응고제 등이다. 그 밖에 복어 독, 버섯 독, 등 동물 및 식물, 산과 알칼리 등 부식성 물질, 일산화탄소, 이산화황 등의 가스 중독과 세균 중독이 있다. 급성중독인 경우 치료로는 위세척, 희석 액 투여, 흡착제 투여 등의 방법이 있으며 가정에서는 즉시 기도를 확보하고 부식제가 아닌 경우 토하게 하고 응급실을 찾아가야 한다.

2) 정신적 의존증으로서 중독(dependence)

일종의 습관성 중독(갈망, 탐닉)으로 심리적 의존이 있어 계속 물질을 찾는 행동을 하고 신체적 의존이 있어 투약을 중단하지 못하며, 신체적, 정신적 건강을 해치게 된 상태를 말한다. 여기서 심리적 의존이란 습관성과 유사한 개념으로 약물을 계속 사용함으로써 긴장과 감정적 불편을 해소하려는 갓을 말한다. 흡연을 예로 생각해보면 이해가 쉬울 것이다. 남용은 내성이 생겨 더욱 심각해지는데 남용물질로는 알코올, 니코틴(담배), 카페인(커피, 차 등 마약류 (필로폰, 엑스터시, 코카인, 케타민, 대마초, 아편류 등), 환각제, 흡입제(부탄가스 본드, 신나 등) 및 일부 의약품(항불안제, 수면제) 등이 있다. 특정 남용물질 외에도 특정 행동이나 조건에 중독된 상태까지 법위를 확정하면 인터넷 중독, 쇼핑, 중독 등도 포함 시킬 수 있다.

"안네 월슨 세프"는 중독을 물질중독과 과정중독이라는 두 가지 범주로 나누어 설명한다.

첫째, 물질중독이란 어떤 사람이 거의 항상 자신의 기분을 바꾸고 강한 신체적 의존에 이르는 물질에 중독될 때 나타나는 것으로 가장 흔한 알코올 중독을 비롯하여 마약류 니코틴, 카페인 음식 설탕중독이 여기에 속한다. 이에 대해 "제랄드 메이"는 "만일 어떤 물질이 어떠한 방법으로든 당신의 마음을 바꿀 수 있다면 그것에 중독될 가능성이 있다" 고 물질중독에 대해 설명 하였다.

둘째, 과정중독이란 "어떤 사람이 어떤 과정, 즉 행동이나 상호작용이 특정한 연속성에 고정될 때 일어나는 것으로 설명한다. 이러한 과정중독에는 돈을 축적하는 것, 도박, 섹스, 일, 종교, 염려 등의 여섯 가지의 예를 들고 있다. 또한 사람들의 행위에도 중독될 수 있는데 일과 일의 성취, 성취감, 책임감, 호감을 사는 것, 다른 사람을 돕는 것, 끝없는 성장신화 등이 있다.

3. 중독의 증상과 특성

중독을 이해하기 위하여 중독의 증상을 살펴보고 그에 따라 중독의 특성을 열거하였다. 약물의 여러 종류 중 중독의 특성으로는 향정신성의약품 약물,
마약의 약물 천연 약물인 코카인, 대마초의 복합적으로 발생되고 있다.

1) 중독적 사고(An-addictive accident)

중독 진행 과정에서 갈망이 커지면 뇌의 기능적 적응 작용에 의해 갈망을 충족

시켜 줄 수 있는 방향으로 사고방식이 변한다. 즉 술을 찾아 마셔서 충족되는 쪽으로 이유가 닿도록 생각하게 되고, 술을 마시는 것을 합리화시키는 자동사고가 지배적이다. 중독자의 "강박성"이 생기는 것도 사실은 이 때문이고 갈망이라는 생물학적 요구를 충족시키는 쪽으로만 생각하는 데 초점이 맞추어지는 것도 중독적 사고 때문에 생기는 것으로 보고 있다. 트워스키의 학자는 왜곡된 생가들을 중독성 사고라 하고, 중독과정에서 자동적으로 생기는 일종 "자기 기만식 사고의 왜곡"이라고 하였다. 그 전형적 패턴은 부정, 합리화, 투사, 갈등, 병적기대, 만능과 무능 등으로 보았다. 특히 트워스키가 강조한 것은 중독자들이 자신의 취약성과 수치감으로 은폐하기 위해 다른 곳에 자기의 문제를 전가시키고, 원인과 결과를 뒤집는 기전을 사용한다고 하였다. 우울증이 있다든지 가정불화가 있어 고민이나 고통을 잊기 위해 인터넷을 통해 접근한다.

2) 집착(Pre-occupation)

집착증이란 약물의 사용으로 인해 중요한 사회적·직업적 활동시간이 줄어들고, 취미생활도 포기하며, 약물을 구하여 사용하는 데 많은 시간을 할애하고 약물을 구하기 위해서라면 자신이 해야 할 일을 뒤로 미루고 책임을 다하지 않는 상태를 말한다. 약물사용 이외의 모든 즐거움이나, 중요한 대인관계도 포기하고, 약물사용 이후 약 기운에서 벗어나는데 오랜 시간이 걸린다. 약물이 그 자신의 인생에서 가장 중요한 부분을 차지하게 되고, 약물을 구하기 위해서는 배고픔, 섹스, 생존 모든 것을 희생한다.

약물중독이라는 문제가 현재 우리 사회에서 심각한 문제를 야기하기에 우리는 그 문제를 오래전부터 고민해 왔을 것이라 추측할 수 있지만 실상은 그렇지 못했던 것이 현실이다. 가장 대표적인 중독성 질환으로 여겨지는 마약중독과 담배, 알코올 의존을 포함하여 대부분의 중독성 오랫동안 개인의 취향과 습관적 행동의 범주에서 다루어야 할 사항으로 간주되어 왔으며, 문제가 발생하여도 치료해야 할 대상으로는 여기보다는 개인적인 의지의 부족 혹은 양심이나 도덕의 문제로 치부해 왔다. 알코올이나 담배를 대량으로 생산하게 되기 이전에는 중독문제가 개인적인 차원에서 접근하는 것이 가능할 정도로 그 심각성이 적었을 수도 있다. 그러나 현재 우리의 눈앞에 놓여 있는 다양한 중독의 문제는 문제 그 자체만 가지고 보아도 그리 가볍지 않으며, 그 문제를 해결하는 데 있어서도 간단하지 않다. 중독의 문제를 야기할 수 있는 물질 혹은 행위에 있어서, 언제부터 그것들이 시작되었는지는 확실히 할 수 없다. 다른 역사의 기록인 기독교의 성서는 물론, 그리스·로마 신화에도 술 이야기가 빠지지 않는 것으로 보아, 아마도 술은 우리 인류의 탄생과 함께 시작되었다고 해도 무리가 없을 정도로 그 역사 오래되었을 것이라 짐작할 수 있다. 담배가 서양에 전래된 것은 콜럼버스의 신대륙 탐험에 따른 결과라고 알려져 있으나 아메리카 인디언들에게 담배는 다양한 효험이 있는 약초로서 상당히 오래전부터 사용되어 왔던 것으로 알려져 있다. 도박에 있어서 그 시초를 확인한다는 것은 더욱 불가능한 일이다. 신화에 따르면, 제우스, 하디스 그리고 포세이돈은 주사위를 건져 우주를 천국, 지옥 그리고 바다로 나누었다고 하니 인류가 시작되기 이전부터 도박이 있었다는 것이며, 우리나라에서도 삼국시대에 주사위를 이용한 내기가 널리 행하여졌다고 전해진다.

중독이라는 문제가 인류의 역사와 그 시작을 함께한 것에서 알 수 있듯이, 인간에게는 무엇인가에 중독된다고 하는 것이 그리 특이하거나 낯설 일이 아니라 오히려 인간의 특성 중 하나가 아닐까 싶을 정도로 우리와 밀착되어 있다. 인류의 문명에 발달해 갈수록 더 자극적이고 큰 만족감을 주는 중독의 원인이 우리주위에 점점 더 흔해져 가고 있다. 식사를 하면서 반주를 하고, 차 마시면서 담배를 피우고, 스포츠 경기를 보면서 내기를 하고, 인터넷으로 게임을 하고 ,하루 종일 휴대폰을 손에 달고 다닌다. 많은 사람들이 중독의 사회적 폐해에 대해서 인지하고 있는 것으로 보인다. 그러나 마약, 술, 담배, 인터넷 게임 등 중독으로 인한 폐해가 상상 이상으로 막대하며 기하급수적으로 확산 증가하고 있다는 사실에 대한 막연한 인식에 그치고 있다. 그러나 우리사회는 이러한 중독의 문제를 체계적으로 해결하고자 하는 노력이 아직 부족하다. 일부 병·의원이나 상담소에서의 접근으로 해결하기보다는 이제는 사회 차원에서의 고민이 필요하고 국가 차원에서의 시스템 구축과 같은 대책이 필요한 시점이다. 또한 소수의 전문가 집단의 메아리 같은 외침에 그칠 것이 아니라 현장에 뛰어들어 도기에 대상자를 발굴하여, 위기상황에 신속 개입하고, 험난한 회복의 과정을 이겨 나갈 수 있도록 조력하고, 재발하지 않도록 지켜줄 수 있는 다양한 실무 전문가를 양성할 필요가 있다.

3) 강박(Compulsion)

강박적 사용이란 문제가 반복 발생하고, 좋지 않은 후유증이 계속 나타남에도 불구하고 자주 약물에 취해 있고, 약물을 지속적으로 사용하는 것을 의미한다. 강박성은 한 번에 다량의 약물을 사용하여 약에 완전히 취해서 정신을 못 차리게 된다든가 며칠씩 약물에 완전히 취해서 지내야만 강박적 사용이 되는 것은 아니다. 미국 정신의학계에서는 ① 애초에 의도했었던 것보다 더 많은 양이나 시간을 소모하는 것, ② 일터, 학교, 가정 등에서 자기의 할 일을 제대로 못 하고 약물에 취해 있든지 또는 금단증상을 보여주고 있는 것(예를 들어서, 약물사용의 후유증 때문에 다음날 직장에 못 나간다든가, 약에 취해 기분이 고조된 상태에서 학교나 직장으로 나가는 것, 약에 취한 상태에서 아이를 돌보는 것), 신체적으로 위험한 상태에서도 약물을 사용하는 것(예: 음주 운전), ③ 약물을 사용하면 자신의 사회적·심리적·신체적 문제들이 더욱 나빠지고 악화된다고 하는 것을 알면서도 계속해서 사용하는 것(예: 식구들이 반대함에도 불구하고 사용하기, 약물로 인해 우울증에 빠지는 것, 알코올로 인해 건강이 더욱 나빠지는 것)과 같은 현상이 나타날 때 강박적 사용이라고 정의하고 있다.

중독자들은 약물사용과 관련되었던 경험들을 지나치게 강박적으로 과도하게 느끼고 생각하며, 특히 오랜 기간의 단약 이후에도 약물에 대한 집착을 나타내는 경우가 있다. 이러한 기억의 회상이나 약물과 관련된 강박적 사고의 재현은 뇌의 변연계(limbic system)에 존재하는 해마(hippocampus)라고 하는 신경조직과 관련이 있다. 해마는 최근 경험의 저장 및 회상 기능을 관장한다.

좌측 해마는 언어적 기억을 저장하고, 우측 해마는 비언어적 기억을 저장한다. 해마 신경세포에서의 신경전도물질 분비가 부족하게 되면 새로운 정보나 기억들을 획득하고 저장할 수가 없다. 변연계는 이 부위의 신경세포의 분비를 증진시키면 직전에 등록된 경험, 특히 약물사용과 관련된 경험들이 너무 크게 등록이 되며 과도하거나 강박적인 회상이 오게 된다. 인간 뇌의 해마 부위나 측두엽 부위에 전극으로 자극을 주게 되면 잊었던 기억이나 기타 저장되었던 기억들이 떠오른다.

뇌신경 전엽이나 후엽의 신경이 지나치게 열을 받아 과도하게 예민해지면 어떤 사건에 대해 회상이 일어나게 된다. 코카인이나 필로폰은 만성적으로 사용하게 되면 도파민 작용부위가 점점 넓어진다. 해마 부위에서의 회상이 증가하게 되면 약물사용과 관련된 생각들이 반복적이고도 강박적으로 나타난다. 환경적 자극에 의해서도 회상이 일어날 수 있으며, 해마 부위 회로의 자체 반향으로 인해서도 약물사용 충동과 관련된 회상이 일어날 수 있다. 해마 부위의 과도하게 예민해진 신경후엽 도파민 신경세포에서 일어나는 회상은 외부 자극의 유무와 관계없이 재발을 일으키기도 한다.

4) 갈망(Craving)

심각한 갈망에 관한 코카인이나 암페타민 중독의 경우, 신경유착(synapsis)에 사용할 수 있는 도파민의 양이 모자라든가, 신경후엽 도파민 신경세포가 과도하게 예민할 때 갈망을 느끼게 된다. 보상체계 내의 도파민 신경세포가 덜 보상된 상태이기 때문에 보상 느낌을 충족시키기 위해 신호를 보내는 것이다.

알코올은 세포막의 유동성을 변화시켜 갈망을 일으킨다. 보상체계 부위에서 세포막의 유동성이 변화하면 신경 전후엽의 도파민 기능에 영향을 준다. 알코올의 급성 투여는 코카인에서와 유사하게 도파민 전달을 증진시킨다. 알코올을 만성적으로 사용하면 세포막을 경직시켜 코카인의 경우에서와 마찬가지고 도파민 활성이 지속적으로 감소된다.

5) 지각 착각(Delusion)

약물 사용자들은 잘못된 착각에 대하여서 정신건강을 통해서 '중독과정의 경험을 본인이 회복된 후에 되돌아보면서 겪은 내용이 정확하게 설명하기란 쉽지 않다'고 하면서 자신의 생각이 왜 스스로 기만하는 쪽으로 기울어졌는지 그 혼란스러웠던 세월 동안의 경험을 객관적인 안목으로 합리적으로 기술하기가 매우 어렵다고 하였다. 그 이유는 여러 가지 지각 기능이 중독되었을 당시에 정확하지 못하고 왜곡되었기 때문이라는 것이다. 그중의 한 예가 과민성인데, 중독기간에는 작은 자극에도 유별나게 또는 과장되게 크게 반응한다. 전형적인 것이 쉽게 분노하는 행동이다. 어떤 중독자들은 대인관계에서 남에게 거절당하는 데 예민해지는 경우가 있다. 술은 누가 원할 때 그것을 쉽사리 거절 못하는 경우, 물론 술에 대한 갈망이 있는 이유도 있지만 흑자는 술좌석에서 동료에게 거절되고 소외되는 데 대해 지나치게 신경을 쓰기 때문에 거절을 못한다. 또한 약물 중독자들은 현실에 대한 지각도 왜곡되어 있다. 그들은 뭔가 현실이 자기에게만 공평하지 않다는 생각을 가지고 있다는 것이다. 그래서 자기가 부딪힌 작은 장애물이 있으면 잉에 대해 과민반응을 하면서 불만을 크게 터트린다. 매사에 만족을 못하는 이유는 세상이 특별히 자기를 부당하게 대우한다는 피해의식이 있기 때문이다. 반면 중독과정에서는 현실을 보는 눈도 덜려져 세상만사에 난관적인 되기도 한다. 또 "나는 괜찮다"는 일종의 예외 의식이 현실의 부담을 덜어주는 역할을 한다. 그래서 약물중독자들은 자신의 책임에 대해서 점점 무감각해지고 동시에 자신의 앞날에 관심이 없고, 있어도 낙관적인 착각을 하게 된다.

6) 중독의 특성

한 인간의 생활은 육체적·정신적 및 사회 문화적인 적응이라는 뜻을 포함한다. 이 적응이 적절하게 됨으로써 그는 안녕질서를 유지하는데 세계보전기구(WHO)는 이런 육체적·정신적 및 사회적인 안녕 상태가 유지될 때를 건강한 상태라고 정의하였다. 정신질환을 포함한 모든 질병의 임상 증상은 이런 것들 각각의 적응이 원만하지 못한 상태가 겉으로 나타나는 것일 뿐만 아니라 이들 상호관계에서의 조화가 깨어짐으로써 나타날 수도 있다. 정신질환에서 보여주는 증상과는 달리 쉽게 계량화하거나 객관화할 수 없다는 특징과 자각적인 증상의 호소와 관찰자의 객관적인 관찰결과를 쉽게 구분할 수 없다는 특징도 아울러 가지고 있다.

일반적으로 질병의 증상은 그 개인이 어떤 부분(신체적·심리적)의 결손상태 때문에 생기는 기능장애의 결과로 나타나는 증상과 그 결손상태를 보상하기 위한 개체의 노력으로 인하여 생기는 증상으로 구분할 수 있다. 이런 관점으로 보면 정신질환에서는 증상이 어떤 곤란한 상황을 이기지 못하는 수도 있지만 한편으로는 그 곤란을 극복하려는 노력의 하나로 증상이 나타날 수도 있다는 뜻이 된다. 한편 정신질환의 증상은 어떤 생물학적인 장애로 인한 증상과 그 장애를 극복하려는 심리적인 과정이 증상으로 나타나기도 한다.

정신질환에서 나타날 수 있는 증상들 즉 사고장애, 정동장애, 의지의 장애, 지각의 장애 및 행동의 장애를 이해함에 있어서 이들 각각의 증상을 정확하게 파악하는 것은 물론 중요 하지만 그들 각각의 증상들을 통괄하고, 상호관계를 이해하고 각 증상들 하나하나가 환자의 전체적인 정신적 현상의 어떤 문제를 반영하는가를 이해하는 것이 필요하다. 정신질환의 증상은 지능의 장애, 지각의 장애, 사고의 장애, 기억의 장애,

정동의 장애, 의지의 장애, 의식의 장애 및 이들 각각의 장애나 복합적인 장애로 인하여 일어날 수 있는 개체의 행동의 장애로 크게 나눌 수 있다. 특히 마약 중독에 의한 정신질환 즉 환각 증세는 환시, 환청, 환촉, 환후, 환미 등 정신약물학적 특성이 있다.

환각(auditory hallucination)은 마약류 중독자에 나타나는 것으로 환각 중에서 가장 흔히 나타나는 것이 환청이다. 단순하게는 잘 구별되지 않은 소음들부터 뚜렷한 내용이 있는 특정한 사람의 말소리가 들리는 것까지 그 내용이 다양하다. 때로는 거의 들릴 듯 말 듯 하게 약한 경우에서부터 심하게는 너무 지나치게 큰 소리가 들리기 때문에 환자가 공황(panic)에 빠지기까지 할 정도로 그 강도 또한 여러 가지다. 같은 소리가 반복되어 계속되기도 하고 때로는 여러 가지가 혼합되어 들리기도 한다. 의식이 혼탁한 상태에 있을 때에 환청이 나타날 경우는 기질성 뇌증후군이 의심되는 경우가 많고 의식이 명료한 상태에서 환청이 들리는 경우는 정신분열증(schizophrenia)이나 정동장애(affective disorder)인 경우가 많다. 정신분열병에서는 환청의 내용이 그의 망상과 밀접한 관계를 가지고 나타나는 수가 많은데 자신에게 어떤 행동을 하라고 지시하거나, 자신을 어떻게 하기 위해서 모의를 하거나, 자신을 욕하는 내용의 환청은 피해 적 내용의 망상과 밀접하게 연관되어 있는 수가 많다. 우울증환자의 경우 자신의 죄책감·조물주 등이 자신과 얘기를 하고자 하는 환청이 들리므로 자신도 그렇게 위대한 인물이라는 과대망상과 관계가 있기도 하다. 정신분열병환자 중에는 이중사고(double thinking)라고 해서 자신이 생각하고 있는 내용이 외부로 투사되어 그것이 말이 되어 들리거나 모양이 되어 보이는 수가 있는데 이는 순수한 의미의 환각과는 구별해야 한다. 이에 따라 중독은 매우 다양한데 근본적인 동기나 시작하는 속도, 신체적, 정서적 손상의 정도, 사회의 수용정도나 그 밖의 많은 원인들에 의해서 그러한 다양한 형태가 있는 것이다. 그러나 중독을 한데 묶어주는 일반적인 공통점이 있다.

첫째, 중독은 우리를 위리의 진실한 감정으로부터 떼어놓아 일종의 도피처를 제공하는 기능을 하며 현실로부터 유리시킴으로 인간의 진정한 행복감을 느끼지 못하게 만든다.

둘째, 중독은 중독자를 완전히 지배(통제)하며 그 지배력은 모든 논리나 이성을 마비시킨다. 이 말은 중독자가 변화할 책임을 결여하고 있다는 뜻이 아니라 단지 그 집착이 너무 강하여 논리가 이성만으로는 극복되거나 격퇴될 수가 없다는 뜻이다. 이것이 중독을 치료하거나 극복하기가 극히 어려운 이유이다.

셋째, 중독은 언제나 쾌감을 경호하게 한다. 중독행동은 물질이나 활동에 직접 관련되는 모종의 쾌감(자극, 흥분, 진정, 해방감, 혹은 그 밖의 어떤 즐길만한 감정)을 반드시 제공한다.

넷째, 결국 중독은 파괴적이고 불건전하다. 중독물질이나 행동이 계속하여 쾌감을 준다고 해도 그것은 결국 몸과 마음과 영혼에 해를 끼치거나 파괴시킨다. 또한 인간관계를 손상시키며 존경과 사랑하는 사람을 파멸시키고 균형 있는 생활을 깨뜨린다.

다섯째, 중독행동은 다른 모든 인생의 문제보다 우선이다. 약물중독자들은 자신들의 중독을 삶의 중심에 놓으며, 그 밖의 다른 모든 것은 주변적인 일에 불과하다고 여긴다.

여섯째, 약물중독자는 자신의 중독을 부인한다. 약물중독자는 중독이 자신들에 대해 행사하는 지배력을 부인하고 언제든지 자신이 원할 때 끊을 수 있다.고 생각한다. 중독으로부터의 회복은 이러한 처음의 자신감이 깨어지고 나서야 비로소 시작될 수 있다.

일곱째, 어떤 의미에서 모든 중독은 물질중독이다. 물질중독 뿐만 아니라 과정중독까지도 모든 화학물질에 홀리는 신체의 영향에 의해 생기게 된다는 것이다. 예를 들어 약물중독은 쾌감을 주거나 파괴를 일으키는 화학물질이 몸 밖으로부터 들어온다. 그러나 과정중독에서는 화학물질이 몸 안에서 생긴다. 물론 둘 사이에는 분명한 차이점이 있다. 그럼에도 불구하고 과학자들 사이에는 어떤 활동이 중독이 되는 이유는 그 활동이 특정한 생화학 물질의 분비를 자극하여 중독자로 하여금 기분 좋은 신체 상태나 정서 상태를 느끼게 만들기 때문이라고 생각된다.

여덟째, 모든 중독은 화학적 의존뿐 아니라 심리적 의존을 포함한다. 모든 중독행동 밑에는 분명히 근본적인 심리적 욕구가 존재한다. "아치볼 하트"(Archibald D.Hart)는 중독과정에 기여하는 중요한 심리적 욕구 등에는 근심이나 불안으로부터 도피하고자 하는 욕구, 죄책감을 줄이려는 욕구, 자기 환경에서의 지배감이나 권력감의 욕구, 신체적, 심리적, 영적인 고통을 피하려는 욕구, 완전한 사람이 되고자 하는 욕구 등이 있다고 말한다. 그러므로 어떤 중독에 있어서나 심리적 의존은 신체의 의존만큼 중요하며, 어떤 경우에도 더 중요하다고 말할 수 있으며, 약물 상습중독으로 인한 특성은 다음과 같이 나타나는 현상들이다.

(1) 환청

필자가 검거현장에서 본 현상으로, 환각의 일종으로 그중 가장 흔히 나타나는 마약 상습 중독자의 증상이다. 환청은 뇌의 생화학적 물질의 변화 때문에 생기는 것으로 알려져 있고, 그 중 가장 대표적인 물질이 도파민이라는 신경전달 물질이다. 예를 들면 정상인도 필로폰을 맞으면 환청을 들을 수 있는데, 그 이유는 이 약물이 뇌 안에서 도파민을 증가시키기 때문이다. 환청의 종류는 벌레울음소리, 소음 같은 단순한 잡음에서부터 뚜렷한 내용이 있는 특정한 사람의 말소리가 들리는 것까지 다양하고, 사람 말소리인 경우에는 대부분 간섭하거나, 욕하거나, 명령하는 내용으로 환자에게 불쾌감을 준다. 그러나 환자를 즐겁게 하고 아첨하는 내용도 드물게 있다. 조현증(정신분열증)환자의 경우 특히 현저하게 나타난다. 환청 때문에 보일 수 있는 행동은 다음과 같다. 첫째, 주의가 산만하거나 어떤 생각에 몰두되어 말을 걸어도 즉시 대답하지 않는다. 허공을 보고 무엇이 보이는 것처럼 행동하며, 필자의 현장에서 중독자가 애인과 섹스와 애인의 환청 대화로 중독자 자신 음경을 절단하는 사례도 발생하였다.

(2) 환시

환시(visual hallucination)는 환청보다는 적지만 다른 환각보다는 많다. 단순한 작은 물체나 이상한 빛이 보이는 수도 있고 심할 때는 영화 화면같이 복잡한 경우도 있다. 정신분열병이나 정동장애에서 보다는(delirium tremens) 열성담망(febrile delirium cocaine) 중독 등과 같은 급성기질성뇌증후군 상태에서 많이 나타난다. 이 때는 대개 작은 짐승, 벌레, 무서운 형상의 괴물 등이 눈에 보여서 환자가 공포상태 (fear)에 빠지는 것을 흔히 경험한다. 왜소환각(lilliputian hallucination)이라고 해서 동물이나 사람이 실제보다 아주 작은 모습으로 축소되어 나타나는 경우도 있다. 뇌의 후두엽피질(occipital cortex)에 국소적인 병변이 있을 때는 비정형(unformed)의 환시가 주로 나타나고 측두엽(temporal lobe)이나 두정엽(parietal lobe)의 병변인 경우는 정형(formed)의 환시가 나타나는 것이 보통이다. 환시가 나타날 때에 환청만 나타날 때 보다 환자는 더욱 심한 혼란에 빠지는 것이 보통이다. 심인성인 환시의 경우는 환청과 마찬가지로 그의 사랑과 연애와 연관이 있는 수가 많다(이정균, 1994.p125).

(3) 환촉

환촉(tactile hallucination)은 뜨거운 것, 찬 것이 몸에 닿는다든지, 몸에 전기가 지나간다든지, 가스나 독성물질이 자기 몸에 닿는다든지, 보이지 않는 물체가 피부에 접촉하고 있다는 등의 환각을 말하는데 대개는 알코올 중독이나 진전섬망, cocain 중독증에서 흔히 본다. 정신분열병의 경우에는 교묘한 수단으로 자신이 강간했다는 등의 성적인 망상과 곁들여서 유방이나 항문주위, 또는 치부에 이상감각을 느끼는 수가 많다.

(4) 환미

환미(gustatory hallucination, hallucination of taste)는 매우 드문 환각의 하나다. 매우 이상한 맛을 느낀다든지 음식에서 독약 맛이 난다든지 하는 경우가 있는데 순수한 환각이라기보다는 착각인 수가 더욱 많다. 이러한 현상은 마약류 중독자 중 특히 필로폰(메트암페타민) 중독자들에게 흔히 나타난다.

(5) 환후

환후(olfactory hallucination)는 대개 기분 나쁜 냄새를 맡는 것으로 나타난다. 현장 마약 중독자 및 정신 분열병일 경우는 대개 자기 몸에서 이상한 냄새가 나서 남들이 자기를 피하는 망상을 곁들이는 수가 많다. 성과 관련되어서 자신의 몸에서 정액 냄새, 암내, 썩는 냄새 등이 난다고 자각하는 경우가 있다. 이상의 전형적인 환각 외에 몇 가지 특이한 환각경험들이 있다. 입면시환각(hypnagogic hallucination)은 잠이 들려고 하는 상태에서 일어나는 환각이고, 각성시환각(hypnopomipic hallucination)은 잠이 깨려고 할 때 일어나는 환각인데, 정상인에게도 흔히 볼 수 있는 현상이다. 이런 현상은 가벼운 신경병적 장애·인격장애·편집상태·우울증·정신분열증·주정중독·간질·약물중독·급성뇌증후군 등에서도 광범위하게 나타난다. 이런 환각은 대개 짧은 순간에 지나가는 수가 많다. 반사환각(reflex hallucination)이란 한 감각기관을 자극했을 때 그곳과 거리가 먼 다른 감각기관에서 지각반응을 일으키는 경우를 말하는데, 치아에 와 있는 열등기포신경(inferior alveolar nerve)를 자극했을 때 환청이 들리는 경우가 그 예다. 연동환각(kinesthetic hallucination)은 절단된 사지가 존재하는 것 같이 지각하는 환상수족(phantom limb), 또는 사지의 모양·크기가 다르게 느껴지는 환각, 몸이 움직이는 것 같이 느끼는 환각 등을 일컫는다. 신체자아 (body ego)의 장애와 연관되어 나타나는 수가 많고 중독실태 특히 환각제 (hallucinogen)에 의한 환각일 때 많이 나타난다.

4. 신경전달물질의 이해

고도의 정신기능, 감정, 운동 및 감각기능 등 서로 다른 기능을 하고 있는 많은 신경전달물질이 당하고 있는 본체가 화학물질인 신경전달물질(neurotransmitter)이다.

현미경으로 자세히 보면 관뇌에 존재한다. 한 개의 신경세포는 수 천 개의 신경세포와 교신을 주고받는데, 이러한 교신을 관찰해 보면 신경세포 사이에는 항상 일정한 간격(틈)이 존재하며, 이러한 간격을 뛰어넘어서 흥분이 전달되기 위해서는 어떤 매개물질의 존재가 필요하다. 즉, 흥분전달은 전달물질이라는 화학물질에 의해서 이루어지고 있다. 말초조직에 작용하고 있는 많은 호르몬도 뇌신경에 존재하며 이 호르몬도 뇌에서는 신경전달물질로서 작용하고 있다. 신경전달물질에 의해 정보 전달이 이루어지고 있는 신경세포와 신경의 접합 부위를 '시냅스(synapse)'라고 부르며, 이 시냅스는 일정 간격을 가지고 있다. 즉, 이 시냅스 간격을 뛰어넘어 정보를 전달해주는 메신저 물질이 '신경전달물질'인 것이다.

호르몬을 포함한 신경전달물질은 신경섬유 말단부의 조그마한 주머니인 소포체에 저장되어 있다가 신경정보가 전기적 신호로 신경 섬유막을 통해 말단부로 전파되어 오면 이 조그마한 주머니가 신경 세포막과 접합한 후 터져서 신경전달물질이 시냅스 간격에 유리된다. 유리된 전달물질은 2만분의 1mm정도 되는 짧은 간격에 흘러서 다음 신경세포막에 도달되며 세포막에 있는 특수한 구조와 결합함으로써 흥분이 전달된다. 이 특수한 구조는 정보를 받아들이는 물질이라는 의미에서 수용체 (recepter)라 부르고 단백질로 구성되어 있다. 즉, 신경전달물질은 일종의 열쇠이며 이를 받아들이는 수용체는 열쇠구멍에 해당되기 때문에 전달물질이라고 하는 열쇠가 수용체라고 하는 열쇠구멍에 맞게 결합함으로써 다음 신경세포막에 있는 문이 열려 정보가 전달 될 수 있는 것이다. 신경전달물질은 각자 특유의 수용체 분자하고만 결합하여 특정 정보 전달을 한다. 즉, 신경 정보를 가지고 있는 전달물질이라고 하는 화확 분자와 그 정보를 받아들이는 수용체라고 하는 특수 단백질 분자의 상호 결합으로 고도의 정신기능에서부터 행동, 감정에 이르기까지 모든 것이 결정되는 것이다. 유리 신경전달물질이 신경세포막에 있는 수용체 단백질과 결합하면 수용체 분자 옆에 있는 이온 통로(이온 채널)가 활성화되어 나트륨이온(Na+), 칼슘이온(Ca++)과 같은 양이온, 염소이온(Cl-)과 같은 음이온이 세포 내로 이동하게 된다. 평상시 세포 내에는 $-60 \sim -90$㎷의 음전하를 띠고 있으나, 양이온 이동의 증가로 양전하를 띠게 되면 신경세포는 흥분 반사를 하게 된다. 이때, 염소이온과 같은 음이온이 세포 내로 들어오게 되면 세포내의 음전하는 더욱 커지게 되어 신경세포의 흥분은 억제되는 것이다. 신경세포를 흥분시키는 전달물질로는 글루탐산 (glutamic acid)이, 억제시키는 전달물질로는 가바(GABA: γ-aminobutylic acid)가 대표적이다. 신경전달물질이 적절히 유리된다고 하더라도 이와 결합되는 수용체가 적절한 기능을 하지 못하면 신경 정보는 효율적으로 전달되지 못한다. 이런 의미에서 전달물질과 수용체는 뇌에서 활동하는 남녀 주역인 것이다. 어떤 이유로 전달물질의 유리가 적어지면 수용체 수는 증가되며 반대로 유리가 너무 많아지면 수용체 수는 줄어들어 우리 뇌의 기능이 일정하게 항상성을 유지하게 되는 것이다. 이러한 항상성이 깨어질 때 여러 가지 신경정신질환이 발생된다.

대표적인 예를 들면, 도파민 신경전달물질이 유리되어져 나오는 신경세포가 망가지면, 수용체는 정상이나 수용체와 결합하는 도파민 전달물질이 없기 때문에 도파민이 매개하는 운동기능이 상실됨으로써 '파킨슨씨병'이 생기고, 반대로 도파민 수용체가 과도한 활동을 하면 '정신분열증'이 생기는 것이다. 따라서 파킨슨씨병을 치료하는 방법은 도파민 신경전달물질의 합성을 증가시키는 약제를 사용하는 것이며, 정신분열증을 치료하는 방법은 도파민 수용체의 기능을 차단하는 약물을 사용하는 것이다.

신경전달물질에는 ① 아세틸콜린, ② GABA(Gamm-Aminobutric Acid: 감마아미노낙산), ③ Glutamate, ④ 카테콜아민, ⑤ Serotonin 등이 있다.

1) 도파민 의의

다른 동물에 비해서 특별히 인간의 뇌에서 많이 유리되고 활동을 왕성히 하여 고도의 정신기능과 창조성을 발휘하도록 하는 신경전달물질 중에서 가장 대표적인 것이 도파민이다.

도파민은 히드록시티라민이라고도 불리는 생리활성(生理活性) 아민·카테콜아민의 일종이다. 인간 몸 속에 있는 20종류의 아미노산 중의 하나인 티로신 아미노산은 세 가지 카테콜아민(도파민, 노르에피네프린, 에피네프린)을 만드는데, 이들은 인간 정신 및 감정의 조절물질이다. 다시 말하면, 도파민은 신경세포의 신경전달물질로서 중추신경계에서 각종 정보를 전달하는 고도의 정신기능과 창조성을 발휘하는 신경전달물질이다.

도파민은 해부학적으로 검은색을 띠고 있기 때문에 흑질이라고 불려지는 10번째 신경핵인 A10 신경세포에 가장 많이 집중되어 있다. 이 A10 신경세포들은 중뇌에 있으며 여기에서 수많은 신경가지들을 내어서 각종 정보를 전달한다. 도파민은 크게 네 가지 뇌 부위로 퍼지는데, ① 원시적인 욕마의 뇌이며 호르몬 조절 뇌인 시상하부로 간다. 따라서 이 도파민계가 이상이 생기면 호르몬 분비에 이상이 생긴다. ② 오랜 기원을 가진 본능의 뇌인 변연계로 간다. 이 계는 분노, 공포와 같은 감정과 기억, 학습과 관계되므로 이 부위의 이상으로 정서장애, 기억장애가 발생할 수 있다. ③ 운동 조절에 관여하는 선조체 부위로 퍼진다. 도파민이 미세한 운동 조절을 하기 때문에, 기능이 파괴되면 말과 운동이 원활하지 못한 파킨슨씨병이 생기게 된다. ④ 가장 중요한 인간의 정신과 지식을 총괄하는 대뇌피질부로 퍼져 올라간다. 대뇌피질 중에서도 뇌의 가장 앞쪽에 위치 하고 있는 전두부 연합령은 인간의 창조와 지식에 가장 중요한 부분이다. 이 도파민 신경계의 활동이 과다하게 되면 사고와 창조력은 조화롭게 절제되지 못하고 시간과 장소와 상황에 맞지 않는 병적인 사고, 언행, 환각이 나타나는 정신분열병이 생긴다.

2) 도파민 보상체계

약물을 강박적으로 사용하게 되는 신경생화학적 근거는 도파민 보상체계(Dopamine reward system)이다. 우리의 뇌 속에는 보상을 담당하는 해부학적 뇌 조직 Hypothalamus가 존재하며, 이것이 바로 pleasure centers이다. 중추신경 흥분제는 보상센터의 도파민 신경세포를 활성화시킨다. 사람의 변연계 내에 존재하는 septalarea에 전기적 자극을 주면 오르가즘과 유사한 강한 주관적인 쾌락을 유발시킨다. 이 자극은 너무나 강하고 좋은 보상과 유사한 느낌을 느끼기 때문에 그 자극을 계속 원하게 된다. 코카인이나 암페타민류의 약물들은 보상센터에 있는 도파민 분비 신경세포 끝 부위에 작용하여 보상작용을 극적으로 증진시킨다. 코카인이나 암페타민을 급성으로 투여하게 되면 뇌 세포에서의 도파민 분비가 고갈되게 되고 도파민 기능도 떨어지게 된다. 코카인이나 암페타민 등을 사용하다 보면 나타나는 우울증은 만성적인 도파민 결핍과 관련이 있다. 도파민 활동성이 감소하게 되면 신경세포에 의해 주관적인 갈망(craving)을 경험하게 되는 것이다.

3) 내성(Tolerance)

내성이란 알코올이나 약물을 반복 사용하에 따라 신체의존이 점점 강해지고 약물 효과가 점차적으로 감소하여 동일한 효과를 얻기 위해 약물의 사용량이 증가하는 것을 말한다. 즉, 고정된 용량으로는 효과가 떨어져 원하는 효과를 얻거나 취하기 위해 예전보다 최소 50% 이상의 약 용량이 필요해진다거나 더 많은 양을 요구하게 되는 증상이다. 주로 술, 모르핀, 수면제와 같은 중추신경 억제제에서 나타난다.

4) 교차내성(Cross-Tolerance)

청소년들이 사용하고 있는 약물들은 대부분 알코올을 희석 사용하는 약물 구조나 작용이 비슷한 두 가지, 약물 중에 한가지의 약물에 내성이 생긴 사람에게 전혀 투여한 일이 없는 다른 한 가지를 투여했을 때 내성과 의존이 나타나며, 이들 두 약물 간에는 서로 교차내성이 발생하게 된다.

5) 의존(Dependence)

의존에는 심리적 의존과 신체적 의존이 있다. 심리적 의존(psychological dependence)이란 약물을 얻기 위한 강한 갈망이나 강방적인 행동반응을 말한다. 심리적 의존은 자각적인 즐거움뿐 아니라 약물사용을 지속하게 하는 정서적인 욕망까지도 포함한다. 중독 상태에서는 약물사용자의 생활방식이 근본적으로 변화하여 약물 획득이 생활의 목표가 된다.

신체적 의존(physical dependence)이란 약물을 중단하였을 때 해당 약물에 특징적인 금단증상이 나타나는 상태를 말하며 종종 내성을 동반하기도 한다. 오랜 기간 많은 양의 약물을 자주 섭취하면 신경계 세포 내에 생화학적 변화를 초래하게 되며 따라서 이들 세포가 정상적으로 기능하기 위해서는 약물을 필요로 하게 된다. 이때 약물의 사용을 중단하거나 감량하게 되면 체내의 약물 농도가 떨어지고 금단증상이 일어나게 된다.

이러한 금단증상을 회피하거나 증상을 완화시키려고 해당 약물 또는 이와 유사한 약물을 사용하는 것이다.

6) 공동의존

공동의존이란 중독자의 가족 구성원들, 특히 배우자가 그 자녀들의 공통적인 행동 및 성향을 의미하는 것으로 이 용어에 대한 명확한 정의는 이를 사용하는 사람에 따라 각기 다른 관점에서 사용하고 있기 때문에 보다 많은 연구를 필요로 하는 복잡한 심리학적 개념이다. 중독자와 마찬가지로 공동의존자들은 그들이 순전히 의지력으로 그들의 삶을 조절할 수 있다고 믿는다. 공동의존자는 중독자의 감정과 행동도 노력하면 그들 자신의 감정이나 행동과 마찬가지로 조절할 수 있다고 믿는다. 공동의존이란 용어는 가족 구성원들로 하여금 그들 자신의 역기능적 행동에 초점을 맞추고, 가족들에게도 치료되어야 할 무엇인가가 있다는 것을 의미한다. 화학물질의존과 마찬가지로 공동의존은 질병으로 간주된다. "공동의존"이라는 용어는 아마도 알코올중독과 기타 약물의존들이 일반적인 "화학물질의존"으로 동일하게 취급되면서 '공동알코올중독'으로부터 유래된 것 같다.

공동의존의 핵심은 의지력이며, 공동의존자가 느끼는 지속적인 정체감의 혼란에 있다. 다른 사람에 대해 의존한다는 것은 자신의 삶의 한 부분 또는 더 많은 부분에 대해 그 사람에게 권력을 준다는 것을 의미한다(inter-dependence). 즉, 공동의존자의 자기가치는 상대방의 성공이나 실패에 좌우되고, 따라서 공동의존자의 자아는 혼란되고 심지어 자아상실의 상태까지 이르게 된다.

7) 부정(Denial)

알코올이나 약물에 중독된 사람들은 자신이 중독되었다는 사실을 인정하지 않으려한다. 자신이 결심만 하면 자신의 의지로 단주나 단약이 언제나 가능하다고 믿는다. 따라서 중독이 자신의 힘으로 중단될 수 없는 질병이라는 사실을 인정하는 것이 매우 어렵다. 본인이 중독되었다는 사실을 인정하는 순간 회복을 위한 치료가 비로소 시작될 수 있는 것이다. 중독자의 가족 구성원들도 가족 내에 중독의 문제가 있다는 사실에 대해 부인하고(Hoover, 1966:Kritsberg, 1985: 이태령, 1995에서 재인용), 이러한 부정은 가족 구성원의 행동이 역기능적이 될수록 점점 더 강력해 진다.

약물의존자가 약물을 사용해도 치명적으로 해롭지 않다는 신념은 부정체계의 일부로서 공동의존자 역시 자신들이 배우자의 행동을 변화시킬 수 있다는 잘못된 신념을 가지고 있다. 배우자가 적절한 행동을 하면 성공의 증거로 보고, 배우자가 부적절한 행동을 하면 자신의 노력이 불충분하기 때문에 실패한 것으로 본다. 따라서 배우자는 자신이 상대방에게 없어서는 안될 중요한 역할을 하고 있는 것으로 느낀다. 이처럼 약물의존자와 공동의존자는 서로를 정당화하고 상대방을 합리화한다. 부정을 깨뜨리지 않는 한 약물 사용자는 약물사용을 계속할 것이고 공동의존자는 책임감에서 벗어나지 못하는 악순환을 거듭할 것이다.

자신의 욕구를 인정하지 않고 다른 사람의 욕구에만 대처하려는 책임감은 공동의존의 전형적인 증상이다. 이러한 증상의 근본적인 원인은 홀로 남겨지거나 버림받을 것에 대한 공포에서 연유한다. 공동의존자가 자녀인 경우 건강한 사람과의 관계보다는 약물의존자의 성향이나 욕구를 가진 사람과의 관계에서 편안함을 느끼고 배우자로 선택하여 스스로 파멸을 초래하기도 한다.

공동의존자는 많은 부분에 있어서 약물중독자와 유사한 성향을 나타낸다. 약물중독이나 공동의존을 부인하고, 분노, 미움, 증오, 슬픔, 신랄함 등의 감정 표현을 억제한다. '내부로 향한 분노', '해결되지 않은 슬픔', '감정의 만성적인 억압', '실제 자아보다는 거짓된 자아에 대한 동일시' 등으로 항상 우울하고, 지나친 경계심을 가지고 있으며, 원하지 않는 감정들을 회피하기 위해서 강박적으로 행동한다. 공동의존자들은 알코올이나 약물을 사용하게 되는 경우가 많고, 많은 약물중독 가족 내에 신체적 위협과 성적 학대가 항상 존재한다.

8) 퇴약 증후(Withdrawal sign)

의존성 약물이 체내에서 소실되어 약효가 떨어지거나, 약물사용 투약을 중단 시에 나타나는 육체적·정신적 고통 등의 병적 증후를 퇴약 증후라 하며 그에 따라 의존성, 내성, 금단증상, 재발 현상이 발생된다.

(1) 금단증상(Abstinence syndrome)
과도하게 장기간 사용하던 약물의 중단으로(또는 감소로) 발생하는 물질 특유의 신체 의존성으로, 사회적·직업적 및 다른 중요한 기능 영역에서 임상적으로 심각한 신체적 고통이나 장해로 나타나는 현상을 말한다. 증상이 일반적인 의학적 상태로 인한 것이 아니고, 다른 정신장애와도 다르다.

(2) 재발현상(Flash back 또는 Rebound phenomena)
약물중독으로부터 완치되어 정상적인 생활을 하다가 몇 년이 지난 후에 환경의 변화나 사소한 자극에 의해 갑자기 환각, 피해망상 등의 정신이상 증상이 되살아나는 것이다. 신체적 금단증상이 없이 정신적 이상 및 의존성을 나타내는 것으로, 필로폰, 코카인 등의 남용 중단 시에 나타난다. 이러한 재발은 사람에 따라 각기 다르다.

5. 후기 급성 금단증상(Post Acute Withdrawal: PAW)

약물사용을 중단하고 나서 일정 기간이 지난 후 나타나는 금단증상의 하나로, 퇴원하기 전이나 후에 이런 증상을 미리 알려 주고, 이것은 하나의 자연스런 과정으로 인식시켜 주는 것이 좋다.

1) 후기 급성 금단증상들(PAW)

① 5분 이상 집중을 못하며, 사고가 경직되고 반복적 사고를 명확하게 할 수 없게 되는 등 여러 가지 사고장애를 일으킨다.
② 단기기억장애(메모할 노트를 항상 지참)로, 영구적으로 남을 가능성이 있다.

③ 사소한 일에 화를 내고, 지나치게 걱정하거나 흥분하는 등 감정적으로 과민하게 반응하며, 정서적으로 감정의 기복이 심하고 무관심하여 정신과의사들이 정동장애로 오진하는 수가 있다.

④ 잠들기 어렵거나 지나치게 많이 자고, 자는 동안에 비정상적이거나 혼란스러운 꿈을 꾸는 등 잠자는 패턴이 갑자기 변하면 재발의 중요한 단서가 된다.

⑤ 걸음걸이가 비틀거리고 균형을 못 잡으며 취한 것 같이 보이거나 손과 눈의 방향이 일치하지 않고, 반응이 느린 신체적 조절능력 장애가 나타난다.

⑥ 스트레스에 민감해지며 스트레스가 있는 상황과 없는 상황을 구분하지 못한다.

2) PAW의 양상들

PAW의 양상은 심한 정도, 나타나는 빈도, 지속되는 시간 등이 사람마다 다르게 나타난다.

(1) 재생 패턴(Regenerative pattern)
단주•단약 기간이 경과함에 따라 PAW 증상이 점점 나아지는 형태로서, 6개월 정도 지나면 없어지지만, 사람에 따라 평생 가는 수도 있다.

(2) 퇴행 패턴(Degenerative pattern)
단주•단약 기간이 경과함에 따라 증상이 점점 더 나빠지는 형태로 이 경우는 필히 재발하므로 새로운 대처방안이 필요하다.

(3) 안정 패턴(Stable pattern)
회복과정 중 오랜 기간 동안 같은 정도의 PAW증상이 일관성 있게 지속되는 형태를 말한다.

(4) 간헐 패턴(Intermittent pattern)
처음에는 재생 패턴을 경험하다가 다시 주기적으로 PAW 증상이 나타나곤 하며 그 정도도 꽤 심하게 나타나는 수가 있다.

3) PAW 증상의 관리

이러한 PAW증상을 결정짓는 요인은 스트레스와 뇌 손상의 정도이다. 따라서 이 증상은 스트레스를 조절하는 방법을 알면 통제가 가능하다. 그러므로 스트레스의 원인을 알고 의사결정(decision making)이나 문제해결 기술을 발전시켜 스트레스를 줄여야 한다. 적당한 운동, 다이어트, 규칙적인 습관, 긍정적인 태도 등이 PAW 증상을 조절하는 데 중요한 요소가 된다.

(1) 안정화(Stabilization)
• 자조집단에 가서 발표를 하거나 글을 읽는 등 말하는 연습(verbalization)을 한다.
• 노래방에 가거나 춤추기 등으로 감정 표출(ventilation)하는 연습을 한다.
• 현실 인식(reality testing)
• 자서전 쓰기(backtracking)를 하여 기억을 떠올리고, 사고를 순환시킨다.

(2) 교육과 재훈련
• 중독증상, 회복, PAW 등에 대해 학습함으로써 스트레스의 원인이 되고 PAW의 증상을 심화시키는 불안, 죄의식, 혼돈 등을 줄여 준다.
• 재훈련을 통하여 기억력, 집중력, 사고력을 증진시킨다.

- 자기보호 행위(Self-protective behavior)
단주·단약을 어렵게 하는 방향으로 몰고 가는 사람이나 상황을 거절하고 자신의 의지를 확고하게 한다.

- 영양 보충
• 회복자에게는 다이어트가 필요(갑작스런 체중 증가 때문)하다.
• 하루 세 끼 규칙적으로 하는 새로운 식사습관을 만들고 지속적으로 훈련한다.
• 하루 세 번의 영양 간식을 하되, 설탕과 카페인을 피한다(중추신경계를 자극하므로 약물중독자에게는 훨씬 민감).

- 체력단련(Exercise)
- 일주일에 3-4회 조깅, 걷기, 등산, 수영, 자전거, 스트레칭, 에어로빅 등의 체력단련 프로그램을 실시한다.

- 기분전환
- 충분한 휴식은 몸과 마음을 충분히 풀어 주어 스트레스를 없애 주고 행복감을 주기 위하여 웃기, 놀이, 음악 감상, 이야기하기, 독서, 마사지 등을 한다.

- 영적 프로그램(Spirituality)
- AA 프로그램에 참여하여 위대한 힘을 믿고(Belief in a Higher Power) 기도와 명상을 하며 영적 성장을 추구한다.

- 균형잡힌 삶(Balanced Living)
- 균형잡힌 삶을 위하여 적당한 건강관리, 영양, 휴식, 운동 등이 필요하고, 신체적 고통으로부터의 해방을 위하여 생물학적·정신분석적·사회적 조화를 이루고, 강력한 사회적 지지망을 구축한다.

6. 중독의 재발

1) 재발이란

재발이란 분명히 회복이 된 이후에 병의 증상이 다시 나타나는 것을 설명하는 의학적 용어이다. 감기가 재발하듯이 알코올중독이나 약물중독도 재발을 할 수 있다. 그러나 감기의 재발과는 달리 알코올중독이나 약물중독으로 재발 되면 회복하기 위해서는 분명한 단계를 밟아야 한다. 다시 말하면, "약물중독으로부터의 회복은 과정"이기 때문이다.

회복 중에 있는 사람들이 약물이나 알코올을 다시 사용하게 되는 것을 재발이라고 하며 재발이란 중독의 한 부분으로, 약물을 끊거나 조절해서 사용해 보려고 하는 지속적인 열망이 있지만 성공하지 못하고 있는 상태 또는 한두번 정도만 성공하고 있는 상태를 의미한다. 약물을 비정상적으로 사용하게 되면 후유증을 동반하는 데도 불구하고 약물의 사용을 줄이거나 중단하는 데 실패한다면 중독의 재발이라고 보아야 한다. 반면, slip이란 약물이나 알코올을 한 번 내지 두 번만 사용하고, 그 이상은 진행되지 않은 상태에서 도움을 받는 것이다.

재발은 주로 회복의 초기에 일어나고, 일찍 일어날수록 그 예후가 좋다고 한다. 치료과정에서 확실한 기초를 다져 완전히 회복되었던 후에 재발이 일어나는 사람은 재발이 되더라도, 결국은 성공적으로 회복하게 된다. 이러한 사람들에게 재발은 실패가 아니라 어떻게 성공할 것인가를 배우는 과정이라고 할 수 있다. 특히 청소년의 경우 재발을 하면 다시 재활서비스를 받게 되는 좋은 경험으로, 이 재발을 회복의 한 과정으로 인정해 주는 것이 좋다. 즉, 재발은 약물남용의 생활로 되돌아가는 것이 아니라, 그러한 생활로부터 빠져 나오는 것이 얼마나 어려운 것인가를 학습하는 계기가 되는 것이다.

음주에 대한 많은 연구에도 불구하고 재발에 대하여는 사실상 연구된 내용이 거의 없으며 그 용어에 대한 일치된 정의도 없는 실정이다. Blakiston's Gould 의학사전에서는 재발을 일반적으로 "명백한 회복 후에 질병의 증세와 증후가 돌아오는 것"이라고 정의하고 있다. 미국 음주의학협회는 수 년간 차도가 있은 후에도 재발이 가능하기 때문에 치표(care)라는 용어를 쓸 수 없다고 하고 있다. 위에서 말한 명백한 회복(apparent recovery)의 개념이 절주(abstinence)를 의미하기 때문에, 단 한 잔의 음주도 "질병의 상태로 돌아감"을 의미하게 된다.

그러나 AA 관련 문헌에서는 재발을 '실수' 혹은 '옛 음주의 유형으로 다시 빠지기'로 정의한다. 그렇다면 바로 이렇게 한 잔 정도 마셔 보는 것을 '재발'이라고 할 수 있는가의 문제가 논의될 수 있다.

※ AA의 초기 단계에 있는 알코올중독자에게는 엄밀하게 말하면 재발이라는 용어를 사용할 수 없다. 그들이 술을 끊었다고 하여 완전히 회복되었다고 말할 수 없다. 왜냐하면 AA 모임에 참석하는 많은 사람들이 잠시 단주를 하였다가 다시 음주상태로 되돌아가서 여전히 술을 마시면서 AA 모임에 참석하고 있고, 통제된 방식으로 음주를 계속하기 위한 바람으로 AA에 나오는 것이기 때문에 그들에게 재발이라는 용어를 사용하는 것은 적합하지 않다.

2) 재발의 개입

재발은 중독 행동에서 오래 전부터 풀리지 않는 난제였다. 가장 일반적인 의미로, 재발은 문제성 행동으로 돌아가는 것을 의미한다. 개인이 특정 기간 약물을 끊었다가 다시 사용하게 되는 비율이 높다는 것은 약물을 끊는 것만큼이나 '금약 상태를 유지'하는 것이 더 어려울 수 있음을 보여주는 증거이다. 이러한 관점에서, 워시턴(Washton, 1988)은 '예전부터 재발은 알코올, 헤로인 및 기타 약물을 비롯한 모든 형태의 약물중독 치료에서 커다란 장애물이었다.'라고 기술했다. 유사하게 라운사빌(Rounsaville, 1986)은 '재발과 그에 대한 예방은 약물 남용자를 대상으로 하는 치료자와 연구자들이 직면하게 되는 주요 임상 문제를 규정해 준다고 했다.

정확한 재발 발생률에 대한 수치는 아직 밝혀지지 않았으나, 재발이 결코 드문 현상은 아님을 뒷받침해주는 명백한 증거들이 존재한다. 다양한 연구자들은 약물 유형별 재발률을 정리했는데, 일반적으로 헤로인·담배 알코올중독으로 치료받은 개인들은 재발률이 높게 나타난다. 실제로도 이들의 약 3분의 2가 치료 종결 이후 3개월 내 재발했다는 보고도 있다.

이와 같은 자료가 재발 발생률을 나타내고 있긴 하나, 연구 목적상 재발을 약물의 사용량이나 사용 기간에 대한 고려 없이 단순히 약물 사용으로 되돌아온 것으로 정의한 데 불과하다. 즉, 알코올을 한잔 마시고 금주로 돌아간 사람과 장기간 과음했던 사람은 별반 차이가 없는 것이 된다. 사용 기간의 차이(예: 1일 사용 대 5일 연속 사용) 또한 재발률에 명백히 영향을 미칠 수 있는데, 이는 재발했던 알코올릭의 사례를 통해 확인 가능하다. 아므로드 외(Amrod, 1997)는 재발을 치료 이전의 음주 상태로 정의할 때 치료 후 12개월 동안 사후조사에서 재발률이 약 50%였음을 발견했다. 그러나 치료 이후 단 한 잔 마신 것도 재발로 간주할 경우 재발률은 90%나 되었다(Orford & Edward, 1977). 이 같은 양상이 나타나는 것은 사람마다 치료 이후 음주 결과가 매우 다양하기 때문이다. 즉, 재발이란 모든 사람에게 해당되는 현상은 아니다. 혹시 그렇다 하더라도 클라이언트의 다수가 곧바로 재발하게 되는 것은 아니며, 재발하게 된 모든 사람이 그 상태로 계속 남아 있는 것도 아니다(Annis & Ogbome, 1983; Moos et al., 1990; Polich, Armor, & Mraiker, 1981).

치료 이후 재발률이 높다는 점은 매우 낙담적이나 3~12개월간의 자료는 고무적이다. 구체적으로 설명하면, 초기 3개월 내 재발하지 않았던 클라이언트가 3~12개월 사이에서 재발하게 되는 비율은 초기 3개월 내 재발한 클라이언트 비율보다 현저히 낮다. 일단 초기에 일정 기간 금약을 유지하면 지속적인 금약 가능성이 훨씬 높아진다고 가정할 때, 이 같은 결과를 통해 치료 직후 재발 예방이 중요함을 시사해준다.

이 장에서는 재발의 양상과 예방, 그리고 재발이 발생할 때 대처 방식에 대해 중점적으로 다루기로 한다. 또한 '일시적 사용(lapse)'과 재발(relaps)의 구분을 비롯하여 몇 가지 중요한 개념에 대한 이슈를 논의한 뒤, 다음으로 좀 더 포괄적으로 변화 단계 모델의 관점에서 재발을 설명하고자 재발을 분리된 '사건'보다는 영향 받기 쉬운 하나의 '과정'으로 보는 임상적 관점의 이점에 대해 강조할 것이다. 그리고 예방을 둘러싸고 있는 이슈, 재발에 대한 치료 개입에 초점을 두도록 하겠다.

3) 재발의 정의 및 관련 모델

수년간 많은 관심을 받아왔음에도 불구하고, 재발은 여전히 보편적으로 수용되는 조작적 정의가 내려지지 못한 상태이다. 대신 재발의 개념적 정의에 대해서는 진보가 계속되어 어느 정도 합의점에 도달했다. 특히 '일시적 사용'과 '재발'을 구분하는 것이 가장 중요하다는 데에는 이견이 없다. 일시적 사용이란 사용을 억제하고자 하는 개인적 노력에 위배되는 단일 에피소드를 말한다. 예를 들어, 헤로인 중독 치료를 받은 직후 몇 개월 동안 헤로인을 복용했다면 일시적 사용으로 본다. 그러나 재발은 일시적 사용이 의미하는 한시적인 사건보다 추상적인 개념이며 심리적 구조상 문제로 간주된다. 재발은 어느 정도 문제가 개선된 기간을 거친 후에 특정 문제가 다시 발생하는 것을 말한다. 이때 중요한 것은 통제 부족에 대한 인식과 행동 변화의 노력에 대한 실패의 징후가 있다는 점이다(Brownell, Marlatt, Lichtenstein, & Wilson, 1986; Shiffman, 1989). 그러므로 일시적인 사용이 발생했다고 해서 반드시 재발하는 것은 아니다. 그러나 개념상으로 일시적 사용과 재발이 다르다는 점에서 합의하지만, 경험적 문헌에서는 종종 그렇지 않다는 점에 주목할 필요가 있다. 그러므로 연구를 기술 하거나 인용함에 있어 특별히 일시적 사용과 재발을 구분한 경우를 제외하고는 이 책에서는 '재발'이라는 용어를 사용하여 두 가지를 함께 다루도록 한다.

최근에는 임상적 실천에 대한 정보 및 향후 조사 분석에 대한 방향성을 제시하는 차원에서 재발을 모델을 발전시키려는 노력이 계속되어왔다. 이러한 관점에 따라 (그림4-1)에 보다 폭넓게 논의되고 있는 재발 모델의 개요를 실었다. 단, 특정 모델에서 중요하다고 판단되는 사항만 다루었으며 세부적인 내용은 생략하고 각 모델과 이론은 재발 메커니즘에 대해 설명하되 별도로 약물을 유형별로 구분하지 않는다. 또한 이 이론들은 재발의 직접적인 촉발 요인을 강조한다. '고위험 상황' 개념에 대해서는 '재발' 개념보다 더 확장하여 활용할 수 있으나, '고위험'이 어떤 것인지 명확한 개념 정의는 나타나지 않는다. 또한 이론은 크게 두 개 범주로 나 눌 수 있는데, 인지를 강조하는 심리적 관점(그림4-1)에 제시된 처음 세 가지 이 론)과 약물 사용에 대해 후천적으로 획득된 동기와 갈망 충동을 강조하는 생심리 적 관점(표의 마지막 4가지 이론)이다. 동일한 버주 재이론 간에는 중복되는 측면 이 많은데, 인지-행동 접근과 자기 효능감 및 결과 기대 접근을 제외한 이론들은 일시적 사용과 재발을 구분하지 않고 있다.

상이한 이론 간에도 재발과 관련하여 필수적으로 사정해야 할 사항에 대해서는 공통점이 있는데, 대표적인 예로서 재발의 선행 요인으로 간주되는 자극 조건을 들 수 있다. 자극 조건은 이론에 따라 내부적인 또는 외부적인 사건일 수 있는데, 주된 재발의 선행 요인으로는 기분(특히 부정적인 기분), 건강 상태, 충동과 갈망 을 들 수 있다. '고위험 상황'에는 재발의 선행 요인과 함께 약물 사용을 초래할 수 있는 기타 심리적·사회적·신체적 요인까지 포함된다. 개별 자극 조건들이 어떻 게 재발의 선행 요인이 되는지 가설을 설정하는 메커니즘은 이론에 따라 차이가 날 수 있으나, 그 측정이 갖는 함의는 유사하다는 사실을 기억하기 바란다.

심리 이론에서는 두 가지 형태의 기대 측정치가 필요하다. 첫째는 '결과 기대치' 로서, 특정 환경에서 개인이 갖는 약물효과에 대한 기대 수준을 말한다. 두 번째는 '자기 효능감'으로서, 개인이 특정 상황에서 잘해낼 수 있다는 주관적인 평가이다. 끝으로, 심리 이론에서는 약물 사용과 관련될 수 있는 위험 상황에서 개인의 대응 방식 유형을 사정하게 된다.

앞서 밝혔듯이, 고위험 상황은 말랫 모델의 주된 특징 중 하나이다. 커밍스 외 (Cummings, Goldon, and Marlatt, 1980)에 따르면 '고위험 상황'은 일종의 대처 반응 형태인 중독성 행동과도 밀접한 관련이 있으며, 개인에게는 중요한 선택 기점이 된다. 그런 관계로 고위험 상황은 종종 약물 사용으로 인한 재발의 촉발 요인으로 작용하기도 한다. 말랫과 고든(Marlatt and Gordon, 1980)은 이러한 개념을 검증하고자 재발과 관련된 상황을 분석했다. 말랫과 고든은 이를 도식화하여 재발 상황을 두 개의 넓은 범주로 나누었다. 첫 번째는 개인 내적-환경적 결정 요인으로서, 주로 개인 내적인 결정 요인과 환경적 사건에 대한 반응이 해당된다. 개인 내적-환경적 결정 요인에는 5개의 하위 유형으로서 '부정적인 정서 상태에 대처하기, 부정적인 신체생리학적 상태에 대처하기, 긍정적인 정서 상태 증진하기, 개인 통제력 검사하기, 유혹이나 충동에 대처하기'가 포함된다. 두 번째 범주는 대인관계상 결정 요인으로서, 이 범주의 하위 유형에는 '대인관계상 갈등이나 사회적 압력에 대처하기, 긍정적인 정서 상태 증진하기'를 들 수 있다.(주일경p564)

(그림4-1) 주요 재발 모델 및 이론

모델/이론	재발 메커니즘
인지행동 모델(Marlatt & Gordon, 1985)	약물을 사용하지 않고 상황에 대처하겠다는 자기 효능감과 약물 남용으로 기인된 '고위험 상황' 간의 상호작용이 재발 여부를 결정한다. 이때 그러한 상황에서 약물·알코올 사용에 대한 기대감 또한 큰 역할을 한다. 또한 '금약 위반 효과' 개념으로 표현되는 인지 정서 과정의 재발의 심각성 수준이나 기간에 영향을 미칠 수 있다.
개인-상황간 상호작용 모델(Litman, 1986)	재발은 다음 세 요인의 상호작용에 따라 결정된다. ①개인이 위험하다고 지각하는 상황(고위험 상황) ②대처 전략의 활용 가능성 ③대처 전략의 적정성 및 효과성에 대한 개인의 지각 수준
자기 효능감 및 성과 기대(Annis, 1986: Rollnick & Heather, 1982)	최초의 약물 사용은 갈망과 같은 부정적인 효과나 부정적인 신체 상태에 대한 잘못된 낙인에서 기인된다. 최초 사용 후에는 사용에 대한 통제력과 자기 효능감이 감소하게 되며, 이 과정이 더욱 심각한 재발을 유발한다.
대립 과정(Solomon, 1980)	과거 중립적이었던 내부·외부 자극은 조건화 과정을 거치면서 다양한 대립 상태로 바뀌게 된다. 이러한 상태가 반복될 경우, 약물 사용에 대한 동기가 증가하게 된다.
갈망과 통제력	갈망은 약물 금단증상과 관련된 내부·외부 자극으로 정의된다.

상실(Ludwig & Wikler, 1974)	갈망을 경감하려는 목적에서 약물이 사용된다. 사용을 조절하는 내부 시스템을 해석하는 데 있어서의 오류로 인하여 결과적으로 약물 사용에 대한 통제력이 상실된다.
충동 및 갈망(Tiffany, 1990, 1992; Wise, 1988)	약물 사용, 충동 및 갈망은 오랜 기간 견고화되어 '자동화된 인지 과정'에 의해 발생한다. 금약 중인 약물 남용자는 다양한 내부·외부 자극에 따라 약물 사용에 대한 충동을 경험한다. 약물을 사용하지 않겠다는 '행동 계획',즉 '비자동화된 인지 과정'이 제대로 기능하지 않을 때 재발이 발생한다.
후기 급성 금단증상(Gorski & Miller, 1979)	재발은 '과거에 억제시켰던 질환의 증상이 재활성화되도록 하는 행동 패턴 과정'(Gorski & Miller, 1979)으로 정의된다. 이 모델은 알코올 사용 장애의 맥락에서 개발되었으며, 주로 사용자에 대한 약물의 생리학적·신경학적 효과에 초점을 둔다. 약물 중단 과정의 초기에 금단증상을 경험하게 되는데, 이는 '후기 급성 금단증상(Post Acute Withdrawal Syndrome, PWA)'으로 정의된다(Gorski & Miller).PWA는 주로 고도의 인지 기능(추상적 사고, 기억)에 영향을 미치며 스트레스에 대한 과도한 정동이나 과잉반응으로 이어진다. 재발은 다음과 같은 일관된 패턴을 갖는데 우선 개인의 태도 변화로서 자신이 행복할 수 있는지 또는 금약할 수 있다는 자신감에 의문을 갖기 시작한다. 그리고 부적응적인 재처 방식을 사용함으로써 부정적인 정서가 유발된다. 이러한 과정의 최종 결과로 약물 사용이 일어난다.

* Donovan and Chaney(1985); Conora, Maisto, and Donovan(1996)에서 인용.
재발 과정에 관한 모델 중에서 가장 활발한 논의가 이루어지는 것은 말랫과 그의 동료들이 제시한 것이다(Marlatt & Gordon, 1985에서 요약함). 말랫은 금약의 시작으로 인하여 개인적 통제력, 자기 효능감, 자기 지각이 유발되며, 이는 금약 기간이 장기화될수록 강화된다고 가정하였다. 이 기간에는 다시 알코올이나 약물을 사용하게 될 위험성도 높다. '고위험' 상황은 말랫의 재발 모델의 핵심적인 개념이다. 개인이 그러한 상황에 직면하게 될 때 가장 이상적인 반응은 효과적인 대응 행동 방식을 취하는 것이다. 그러한 행동이 개인의 고유한 행동 범위 내에서 표출되어 성공하게 될 경우, 이 경험은 개인이 자기 효능감을 향상시키게 된다(Bandura, 1977). 또한 유사한 다음 상황에서의 재발 가능성도 낮아진다. 반면에 개인이 효과적으로 대처하지 못했을 경우에는 자기 효능감이 감소하게 되며, 그 상황을 대처하기 위한 메커니즘으로서 약물에 대한 유인력이 증가한다. 이것은 개인이 약물효과에 대하여 긍정적인 결과 기대치가 유지될 때 더욱 그러하다. 자기 효능감 감소와 결부되어 약물에 대한

초기의 약물 사용은 죄책감에 대한 자기 귀인(self-attribution) 효과나 낮은 자존감을 빈번히 동반하는 부조화(dissonance) 현상을 비롯하여 금약 위반효과(Abstinence Violation Effect; AVE)가 나타날 수 있는데, 이는 곧 완전한 재발로 연결될 수 있다.

여러 약물 남용자 집단의 고위험 상황의 내역이 제시되어 있다. 한 연구기관의 내용을 보면, 대다수 알코올릭들은 재발의 원인으로 개인 내적인 결정요인(61 %)을 들고 있다. 이 항목의 주된 내용은 좌절이나 분노 등 부정적인 정서와 관계된 상황이다. 그 외 재발이 발생하는 상황은 대인관계상 결정요인 (39%)으로서 특히 대인관계상 갈등 및 사회적 압력이 해당된다. 알코올릭과 비교하여 흡연자와 헤로인 중독자의 경우 재발이 발생하는 상황은 여러 면에서 차이가 있다.

흡연자와 헤로인 중독자들은 개인 내적인 결정 요인으로 인한 재발이 좀 더 낮은 편이다. 재발 촉발 요인 중에서 개인적 통제력 및 충동이나 유혹이 차지하는 비율은 상대적으로 크다. 또한 흡연자와 헤로인 중독자들은 알코올릭에 비하여 대인관계상 결정 요인의 비율이 높은 것으로 나타났다. 이러한 차이는 흡연자와 헤로인 중독자의 경우 재발 촉발 요인 중 사회적 압력이 차지하는 비율이 알코올릭의 2배나 된다는 점에서 비롯된다. 단 한 가지 눈길을 끄는 차이점이 흡연자와 헤로인 중독자 간의 자료에서 발견된다. 재발의 촉발 요인 가운데 부정적인 신체 상태가 차지하는 비율은 헤로인 중독자가 흡연자보다 높았는데(9%vs2%), 부정적인 정서 상태는 흡연자가 헤로인 중독자의 약 2배로 나타났다(37%vs19%).

재발의 촉발 요인에 대해 앞서 언급된 결과의 유형들은 다른 약물 사용 집단에서도 나타났다. 예를 들어, 왈래스(Wallace, 1989)는 크랙과 코카인 흡연자들을 대상으로 재발의 생리학적 결정 요인과 환경적 결정 요인을 사정했다. 가장 빈번한 촉발 요인으로서 고통스러운 정서 상태(재발의 40%), 입원치료 이후 사후 치료를 시작하는 데 실패 경험(37%), 조건화된 환경 자극에 직면한 경우(34%)였다. 비르케 외(Birke, Edelmann, and Davis, 1990)에 따르면, 불법 약물 사용자에게 가장 주된 재발의 촉발 요인은 사회적 압력이 아니라 부정적인 정동과 대인관계상 갈등이었다.

앞서 기술된 연구는 재발 가능성이 높은 유형을 파악하는 데 유용하다. 이때 주복해야 할 점은 재발은 특정한 한 가지 요인이 아닌 다양한 요인이 동시적으로 작용하여 영향을 미칠 수 있다는 것이다. 왈래스(Wallace, 1989)의 연구에서는 주된 재발의 촉발 요인으로서 고통스러운 정서가 나타났다. 그러나 그는 대다수의 재발(86%)이 사실상 다양한 요인에 의해 결정됨을 발견했다. 즉, 대부분의 경우에서 크랙이나 코카인 중독자, 흡연자의 경우만 봐도 2개 이상의 요인이 함께 작용하고 있었다. 이와 유사한 결과는 히더 외(Heather, Stallard, and Tebbutt, 1991), 지위크 외(쿄저마, Connors, Maisto, and Westerberg, 1996)의 연구에서도 나타난다. 여러 사례를 통해 볼 때, 재발 촉발 요인들이 어떻게 결합하여 작용하는지 여부는 전형적인 재발 사건의 유형에 따라 달라지는 것으로 나타났다.(주일경 p565)

(1) 변화 단계 모델 관점에서의 재발

앞에서 언급되었듯이 변화 단계의 기본 특징은 '순환성'이다. 일반적으로 재발이 일어나면, 개인은 변화 단계상 후반부 단계에서 이전의 단계로 되돌아가게 된다. 대부분의 사례에서 변화를 추구하는 개인이 사전숙고 단계까지 되돌아가지는 않지만, 그러한 전환(예를 들면, 재발하여 행동 단계에서 숙고 단계로 가는 경우)은 대개 후퇴로 간주된다. 또한 재발은 행동 단계에서도 자주 발생하지만, 주로 유지 단계에서 개념화되어 논의되곤 한다.

재발 변화 단계 모델에서 단계 개념은 아니지만 매우 중요한 임상적 이슈라 할 수 있다. 앞서 언급되었듯이 재발한 클라이언트들은 이전 단계로 후퇴하게 되는데, 실제로도 영구적인 행동 패턴이 확립되기 전에 단계의 전환이 이루어지는 것은 흔한 일이다(Prochaska & DiClemente, 1986). 이러한 맥락에서 재발은 전체적인 변화 과정 내의 예측 가능한 사건으로 간주된다. 재발로 인해 사전숙고 단계로 후퇴하기도 하지만, 대부분은 숙고 단계나 준비 단계로 후퇴한다는 점은 다행스러운 일이라 하겠다(Prochaska & DiClemente, 1984).

재발과 변화 단계 모델 의 관련성에 있어서 마지막으로 주의해야할 사항은 재발 현상을 유지 단계에서의 주요 과업은 재발을 피하는 것임을 명심해야 한다.

(2) 금약 유지와 재발 다루기

행동 단계를 거쳐 유지 단계로 이동해온 클라이언트의 과업은 그간의 성과를 통합하고 유지하는 것이다. 이는 재발을 다루어주는 것은 물론 재발을 미연에 예방하여 재발 발생 횟수를 최소화하는 것까지 포함된다. 따라서 본 단락에서는 치료적 이슈와 관련하여 두 가지 주제를 중점적으로 다루게 된다. 첫 번째는 치료적 성과를 유지하고 재발을 예방하는 것이며, 두 번째는 재발에 대한 개입이다.

4) 재발과 관련된 사회적 통념

재발이 일어나면 수치스럽고, 당황하기 때문에 숨기고, 여러 가지 통념들이 주변을 맴돈다. 이러한 통념들은 회복을 방해하는 요소가 될 수 있다.

(1) 재발은 불가피하다

회복중인 사람들은 때때로 재발이 나아지는 한 과정이라는 말을 듣는다. "아마도 이건 Slip일거야. 나는 이것을 극복할 수 있어"라고들 한다. 그러나 사실상 단주·단약기간이 훨씬 더 길어질 수 있다.

(2) 재발은 반드시 실패를 의미한다.

어떤 사람에게는 재발이 회복과정의 한 중요한 부분을 차지한다. 이들은 처음에는 충분한 고통을 받지 않았기 때문에 알코올이나 약물을 안전하게 사용할 수 없다는 사실을 인정할 수 없어 진심으로 단주·단약을 결심하지 못한다. 그러나 몇 차례 재발을 반복하고 나면 지속적으로 단주·단약해야겠다는 동기화가 되기도 한다.

(3) 재발은 방지할 수 없다

재발은 방지가 가능할 뿐만 아니라, 회복 중의 많은 사람들이 성공적으로 재발을 방지하고 있다. 재발을 피하는 것은 의지의 힘이라기보다는 재발의 원인을 알고, 위험한 순간을 최소화하고, 재발이 일어나려는 징후가 무엇인지, 그리고 slip이 일어나려고 하면 어떻게 해야 하는지를 알면 재발을 사전에 예방할 수 있다.

(4) 일정 기간의 단주·단약 후에 재발 한다

단주·단약을 한 이후 몇 달 또는 몇 년이 지난 후에 다시 바닥을 치는 경우의 재발을 말한다. 알코올·약물중독은 진행성 질병이므로 회복 중에도 서서히 악화가 진행된다. 재발한 사람들은 처음으로 술을 끊겠다고 맹세했을 때보다도 재발한 다음날 아침에 눈을 떴을 때 더 절망한다. 재발하면 바닥을 치는 것은 단 몇 시간 내지는 며칠밖에 걸리지 않는다.

5) 재발의 원인

약물을 사용하겠다는 초기의 결정은 자발적일 수 있다. 그러나 회복을 저해하는 태도나 행위를 사전에 알아두고, 재발을 유발하는 상황을 파악하며, 회복이 방해되는 시점을 경고하는 재발 경보(relapse alert)를 알아차리는 것은 대단히 중요하다. 재발을 일으킬 위험요소가 되는 여러 가지 행동과 태도를 살펴보면 다음과 같다.

(1) 자기기만(Denial)
자신의 병을 부인하고, 책임을 회피하고, 회복 프로그램의 기본을 무시하고, 현명하지 못한 행동을 합리화하고, 자신을 정직하게 평가하지 못한다. 때때로 사람들은 진실의 결과를 피하고, 자신을 방어하는 수단으로 거짓말을 한다. 그러나 거짓말은 다른 사람들의 존경심과 자기 자신에 대한 믿음까지도 잃어버리는 더 나쁜 결과를 초래한다.

(2) HALT
굶주림(hunger), 분노(anger), 외로움(loneliness), 피로감(tiredness)은 재발을 일으키므로 이들에 대한 방어를 대비해야 한다. 영양가 있는 식사, 감정적인 균형, 휴식, 오락, 사회화가 재발을 방지하는 데 필요하다.

(3) 부정적인 감정
분노, 배은망덕, 자기연민, 비관, 조급함, 좌절 등과 같은 태도들은 회복을 저해한다. 이런 감정을 알아차리고 신속하게 건설적으로 처리하지 않으면 재발의 나락으로 떨어지게 된다.

(4) 비현실적 기대

단주·단약의 가능성에 대해 너무 빨리, 너무 많은 기대를 하면 실망과 분노를 일으켜 술이나 약물을 찾게 만든다. 회복 중에는 매일 하루를 끝내는 시점에서 "오늘 하루도 술을 마시지 않았군."이라는 말로 마무리를 해야 한다.

(5) 옛 우정을 되살리기

재발에 선행하는 필수적인 상태는 고립(isolation)이다. 회복이 잘 되어 가는 것 같으면, 옛날에 같이 술 마시던 친구들을 멀리 하는 것이 바보 같이 느껴지고, 너무 조심하는 것이 아닌가 하는 마음이 생긴다. "그녀가 친근한 목소리로 전화를 했는데, 한 번 만나 보면 안될 이유라도 있나? 평생 온실 속의 화초처럼 살아야 하나?" 그러나 그 친구도 단주·단약 중이 아니라면 그런 친구를 다시 만나는 것은 언제나 재발의 위험을 초래한다.

(6) 과거로의 선회

회복과정에 있는 사람들이 음주욕구가 없어졌다고 하지만 많은 사람들은 술을 마시고 싶어 한다고 보고되고 있다. 그 충동이 너무 심해서 엄청나게 술을 마시는 꿈을 꾸기도 하고 이런 현실 같은 꿈 때문에 놀라서 잠이 깨기도 한다. 회복이 진행되면 "난 잘하고 있어. 옛날에 놀던 곳에 가서 옛 동무들을 만나더라도 아무 문제도 일어나지 않을 거야"라는 감정이 생겨난다.

그러나 이것은 대단히 위험한 발상이다. 만일 이런 위험이 있다고 생각되는 모임에 초대되면, AA를 찾아가야 한다.

(7) 추억의 회상

거의 술 마시던 낭만을 떠올리면 나쁜 기억들이 사라지고 멋진 날로 둔갑을 한다. 과거에 몰입하면 빠져나오기 힘들다. 누군가가 과거의 술 마시던 일이나, 약물을 하던 기억을 낭만적으로 표현하면 자신의 기억에 스스로 브레이크를 걸어야 한다. 자신이 먼저 낭만적인 말을 했다면 짧게 끊어라.

(8) 책임 전가

현재든 과거든 간에 자신의 문제에 대한 책임을 다른 사람이나 다른 어떤 것에 돌리려 한다면 자신의 인생에 대한 책임을 스스로 지려 하지 않는 것이다. 자신의 인생을 스스로 포기함으로써 또다시 무책임한 중독의 행동을 하게 되는 것이다. 그 다음 단계는 당연히 중독 그 자체이다.

6) 재발의 발생케 하는 요인들

회복중인 사람들에게 재발을 일으키는 상황은 그 자신이 스스로 만드는 것이 아니고 생활이 그렇게 몰고 간다. 어떤 상황은 재발까지 가지는 않아도 그 사람의 방어능력을 약화시키므로, 유일한 방어는 영원히 경계하는 것이다. 재발의 위험신호들을 살펴보면 다음과 같다.

(1) 나쁠 때
배우자, 자녀, 사랑하는 사람의 죽음, 실직, 자연재해(화재, 홍수 등으로 집이 유실), 감기나 암과 같은 질병 등이 slip을 유발한다. 이런 상황에서는 언제든지 후원자에게 연락을 할 수 있어야 한다.

(2) 좋을 때
일반적으로 사람들은 일이 나쁘게 되어 갈 때는 경계를 하지만, 갑자기 유산을 상속받았다거나, 결혼, 취직 또는 승진을 하는 등 일이 잘 되어 갈 때는 조심성을 잃어버리는 수가 많다. "난 잘하고 있어. 단주·단약이 그렇게 어려운 일도 아니군, 다른 사람들이 가지고 있는 문제가 나에게는 없어, 나는 스스로 통제를 할 수 있어." 점점 상담소에도 가지 않고 저녁에는 다른 재미있는 모임에 가느라고 AA에도 참석하지 않는 등 자기도 모르는 사이에 slip을 하게 되고 만다.

(3) 이정표(획기적인 사건)
단주·단약 30일, 6개월, 1년, 5년 등은 축하할 만한 일이다. 그러나 이것들도 역시 신호가 될 수 있다. 단주·단약을 축하하는 것은 확신과 자만("모든 것이 잘 되고 있어"), 불안과 의기소침("너무 잘 되고 있어. 과연 지속될 수 있을까? 또는 "아직도 충분하지 않아"), 또는 자기만족("단주·단약은 어렵지 않군. 이제 무얼 하지?")

을 불러일으킬 수 있다. 끊임없이 조심하고 반성하지 않으면 회복의 이정표가 위험상황으로 되돌릴 수 있다. 목표를 달성했다고 해서 지나치게 자만하거나 해이해서는 안 된다. 단주·단약 기간이 3개월, 6개월, 1년일 때 가장 위험하다.

(4) 연휴

휴가란 누구에게나 고무적인 일이다. 그러나 휴가 기간에는 통상지지 시스템으로부터 멀리 떨어져 있기 때문에 한 잔의 술로 재발할 좋은 기회가 된다. 그러므로 휴가지의 선정은 중요한 문제이다. 초기 회복자들은 회복자를 대상으로 하는 수용시설이나 모임을 선택하고, 후기에는 단주·단약을 강화할 수 있는 행락지나 휴가지를 선정한다. 가능하면 후원자 집단 친구들과 휴가를 보낸다.

(5) 새로운 변화

새로운 직장으로 옮기거나 전에 있던 직장을 떠나면서 생기는 관계들, 업무를 바꾸거나 이사를 하는 것 등은 재발의 원인을 초래한다. 심리학자들도 이런 문제들을 초특급 스트레스 요인으로 꼽는다. 이런 요인들은 모두 낯선 사람에 대한 모험과 이에 따르는 불안감은 걱정을 유발한다. 그러므로 가능하다면 회복이 어느 정도 정착될 때까지는 주요한 변화를 갖지 않는 것이 좋다.

(6) 지루함

초기의 회복과정이 지나가서 회복작업과 관계가 안정되면 중독자는 옳지 않은 흥분을 그리워하게 된다. 이러한 흥분이 가져다주는 쾌감을 갈망한다고 느끼면, 안전한 방법을 택한다.

(7) 질병이나 신체적 이상

두통, 치통, 상처, 수술, 기타 신체적 고통이 있으면 음주를 하거나 약물복용을 시작하게 된다. 이런 것들이 재발과도 관련이 있다. 걱정이나 우울증이 질병을 유발하기도 한다. 통증을 제거하기 위하여 처방된 약품이 원인이 되기도 한다.

회복 중에 있는 사람들 중에 어떤 사람들은 의사가 처방한 약물을 복용하는 것은 안전하다고 생각한다(때로는 수면제일지라도 의사가 승인하였다는 사실이 약물을 약물로 여기지 않게 하는 효과 때문에). 그러나 결코 그렇지 않다. 환자는 자신이 복용량을 조절할 수 있다고 믿지만, 그렇게 되지 않는다는 것을 알게 되었을 때는 이미 너무 늦어 결과는 재발이다. 약물을 의사가 처방하였고, 매우 주의 깊게 사용하였으며, 재발은 우연히 일어났다고 하는 사실은 사후에 아무런 도움도 되지 않는다.

만일 자주 머리가 아프고, 배가 아프고, 근육이 쑤시거나 다른 신체적 증상들이 나타나면, 이는 '의학적으로 처방된 재발'이 일어나려는 경고로 받아들여야 한다.

만일 심각한 병에 걸려 약물처방을 하거나 수술을 해야 한다면 또는 노동으로 인한 통증을 완화해야 할 필요가 있다면 반드시 의사에게 회복 중에 있다는 말을 해야 한다.

(8) 예기치 않은 노출

간호사가 마취약 상자의 열쇠를 가지고 있거나, 청소를 하다가 감추어 두었던 술병을 발견하거나, 집으로 가는 통근차 안에서 전에 약물을 같이 하던 친구를 만난다. 이런 우발적인 사건들에 대한 대비책이 없다면 한 발자국만 삐끗하면 재발이다.

(9) 기타 요인들

테이블 위에 쏟아진 설탕, TV 광고에서 본 시원한 맥주 한잔, 마약 주사를 놓으면서 듣던 음악, 술 마시던 시절에 부르던 노래, 마리화나를 피우면서 듣던 음악들, 음료수나 맥주에서 나는 퀴퀴한 냄새, 같이 코카인을 흡입하던 여자들이 쓰는 향수냄새, 비알코올성 맥주나 포도주, 럼주 향을 낸 아이스크림, 맥주와 함께 먹는 땅콩 맛, 설탕 알맹이나 가죽 옷 또는 매끈매끈한 거울 표면의 촉감, 이런 것들이 알코올이나 약물에 대한 갈망을 끌어 낼 수 있다.

7) 재발의 신호

재발은 우연히 일어나지 않는다. 회복의 초기 과정에는 경고 체계가 들어가 있다. 이러한 경고신호를 알고 대비한다면 slip이 일어나기 전에 피할 수 있다. 다음의 신호들이 나타나면 즉시 방지대책을 세워야 한다.

(1) 변명이 지능적으로 되어 갈 때

당신의 잘못된 행동들-왜 모임에 늦었는지, 일주일 내내 왜 귀가시간이 늦어졌는지, 업무보고가 왜 지연되었는지 등-에 대해 합리화하거나 장황하게 설명한다면 재발이 일어날 찰나에 있다.

(2) 길거리에서 공황 상태

길거리뿐만 아니라 아무 장소에서나 불안, 공황장애가 일어나고, 자살충동, 강박적 행동(도박, 난잡한 성행위 등), 먹는 습관 등의 생활습관이 통제 불가능해지면 즉각적인 주의가 필요하다.

(3) 무책임

책임을 회피하고, 해야 할 일을 하지 않는다든가 자신이 하는 일에 관심이 없다.

(4) 규칙 위반

사후관리를 위해 세워 놓은 규칙들을 지키지 않고, 약물남용 방지를 위한 처방을 망각한다. 옛날에 자주 가던 장소를 피하지 않고 소굴로 직행하며, 실수를 해도 즉각 고치려 하지 않고, 검사도 받지 않는다.

(5) 해이해짐

한 주일에 두 번씩 후원자를 만나다가 갑자기 2주 이상 그냥 지나간다.

(6) 그릇된 사고

술집에서의 행동을 그리워하고 정말 알코올이 자신의 문제의 원이이었을까를 반문한다. 소다수를 홀짝 홀짝 마시면서 사교적인 음주를 과학적으로 실험해 볼 것을 고려한다. 자신이 불쌍하게 여겨지고, 유혹이 마음속에 파고들면 후원자에게 전화를 하려고 하다가 갑자기 끊어버린다. 신중하기보다는 충동적으로 행동한다.

(7) 남겨둔 낙하산

옛날의 잘못된 생활을 기념하는 표시로 술 판매상이나 약물공급자의 전화번호를 남겨둔다. AA 모임의 친구와 같이 차를 타고 가면 필요한 경우에 술을 마시기 위하여 정지할 수 없다는 이유로 그와 같이 가지 않는다. 옛날 약물을 같이 하던 친구가 전화를 걸어 와 "무슨 일 있어?" 하면 "난 이제 술이나 약물을 끊었어. 난 AA에 나가"라고 분명하게 말하지 못하고, 우물쭈물 한다.

(8) 땅 짚고 헤엄치기

프로그램을 충실하게 따르는 데도 날이 갈수록, 달이 갈수록 더 나아지는 기미가 없고, 6개월 이상 1년까지의 사이에 진전이 없다면 치료가 끝났어도 다시 전문가의 도움을 받아야 한다. 사람에 따라 약물에 의해 사고력이 많이 손상되어 치료를 받았어도 충분하지 않은 경우가 있다. 이러한 사람들에게는 회복이 부진하여 재발이 되기 전에 치료를 보완할 필요가 있다.

(9) 자신을 학대하기

목욕하기, 양치질, 이발, 빨래, 병원가기 등을 잊어버리고 다음에는 단주·단약 하는 것을 잊어버리게 된다. 위생청결에 소홀하게 된다는 것은 재발을 의미한다.

(10) 다른 약물로 대체하기

알코올은 어쩔 수 없이 끊는다고 하여도 담배나 다른 것을 대신하면 어떤가? 코카인에 중독이 되었어도 알코올 문제가 없을 수 있다. 그러니 사교적으로 술을 좀 마시는 것이 무슨 문제가 되겠는가? 또는 진정제로 중독이 되었다면, 코로 코카인은 조금 들이마시는 것이 문제가 될까? 에 대한 대답은 자명하다.

(11) 부정

위에 설명한 행동들 중에 어느 하나에 해당하면 재발은 필연적이다. 이런 것을 받아들이지 않고 알코올·약물중독의 문제가 없고 단주·단약 중이라고 하는 것이 부정의 양식이다. 또, 때로는 건강, 재정, 관계, 직업상의 문제들을 부정할 수도 있다. 현실을 부정하는 것은 회복을 포기하고, 문제로부터 도망쳐서 과거로 돌아가는 것이다. 문제로부터 도망치는 것을 막는 유일한 방법은 정면으로 맞서서 철저히 싸워 복종시키는 것이다.

회복을 위해서 이러한 부정이 다루어져야 하며 알코올중독자라는 자신의 상태를 받아들여야 한다. 그러나 수년간 절주하였으며 분명히 스스로 단주라는 개인적 성장을 경험하였던 알코올 중독자에게 어떻게 부정이 지속적으로 작용하여 재발을 가져오게 되는가를 인식시키기는 어렵다. 부정이란 알지 못하는 사이에 오랜 기간 서서히 나타나 지속될 수 있으며 정교하고 은밀하게 이루어질 수 있는 것이다.

8) 재발 발생 신호 대처

재발의 신호가 울리면 굴복하지 말고 다음의 지시사항을 따라본다.

① 후원자(또는 상담자)에게 즉시 전화한다.

주머니나 지갑 속에 비상연락망 전화번호를 가지고 다니며, 한 사람이 부재중이면 또 다른 사람에게 전화를 건다.

② AA 모임에 간다.

자기가 참여하는 모임이 안 열리는 날이면 다른 지역의 모임이라도 찾아서 간다.

③ 모임에 참석하는 횟수를 늘린다.

제자리를 찾을 때까지 하루에 한 차례 이상의 모임을 며칠 또는 몇주 동안 계속한다.

④ 유혹을 떨친다.

지난날의 감정이 떠오르는 파티나 모임에서 빠져 나온다. "딱 한 잔만"이라고 하는 친구는 과감하게 멀리 한다.

⑤ 이완요법을 익힌다.

명상, 기도, 독서(Big Book 또는 다른 영적 서적들), 기운을 북돋우는 간단한 스낵이나 운동, 그 밖에 술 마시고 싶은 충동을 억제할 수 있는 여러 가지 수단을 찾아본다.

⑥ 주말 회복 프로그램이나 재 치료 프로그램에 등록한다.

우호적이고 이해하는 분위기에서 48시간 정도 나눔의 시간에 빠져 보는 것은 효과적이다.

⑦ 단주 전의 생활에 대한 느낌을 되새겨 본다.

회복과정 초기에 자신을 부끄럽게 했던 물건들(사진, 편지, 비디오테이프 등)을 다시 한 번 꺼내어 불쾌했던 지난날을 돌아본다. 당신이 약물이나 알코올로부터 빠져 나오려고 하는 이유가 무엇인지, 그 목표를 성취하기 위한 더 좋은 방법이 있는지를 반문해 본다. 그리고 알코올이나 약물을 장기간 복용했을 때 건강에 미치는 영향과 사랑하는 사람들을 생각해 본다. 성공적으로 회복한 사람들에게 강박적인 충동을 억제하는 가장 강력한 효과는 다시 고통과 파멸, 죽음 등의 지옥과 같은 상태로 되돌아가는 것을 되돌아보는 것이라고 하였다.

⑧ 항상 준비되어 있다.

위험한 "만일"의 사태에 대처하는 방법의 목록을 가지고 있는 것이 좋다. 장롱 속에 오래전에 감추어 두었던 술병을 찾아낸다면, 당신의 과거를 모르는 새로운 친구와 합석하게 된다면, 스키를 타다가 넘어져 다쳤을 때 응급실 의사가 마취제를 처방하려 한다면, 옛날 술이나 약물을 같이 하던 친구를 만나게 된다면 등등.

그럴 때 어떻게 해야 하는지를 대충 알아서는 안 된다. 무슨 말을 해야 할 것인지 까지 상세하게 알아두어야 한다. 상대방이 어떻게 반응할 것인지도 파악하여 대비해야 한다. AA 친구와 역할극을 해가면서 실제 상황을 익힌다. 난처한 상황을 사전에 연습해 두면 피하는 데 도움이 된다.

어떻게 대비해야 하는지를 알아두면 자신의 생각대로 해 나가는 것이 용이하다.

⑨ slip할 것 같은 기분이 들고, 그 도전에 실패할 것 같은 느낌이 오면 주말에 재 치료를 받거나 특별 프로그램 또는 외래치료시설을 찾아가 예방을 한다.

⑩ 회복을 강화한다.

자신의 회복 프로그램을 정직하게 평가하여 재발을 일으킬 수 있는 취약점을 검토한다. Big Book을 다시 공부하고 도움이 될 만한 주제를 선정하여 토의한다.

9) 실수(slip)를 했다.

slip이 실패를 의미하지는 않는다. 단지 당신의 회복 프로그램이 응급처치를 요하는 것이다. 실수는 돌이킬 수 없는 재발이 아니라고, 어떤 사람에게는 한 번 또는 그 이상, 심지어는 본격적인 재발이라고 하여도 이것이 회복 중에 의미 있는 한 과정에 해당하기도 한다. 다음은 slip이 회복을 손상시키지 않고, 학습으로 전환하여 회복을 강화시켜 주기 위해 지켜야 할 원칙이다.

① 실수를 했다는 것을 깨달아야 한다. 그러나 타협해서는 안 된다. 한 잔 마신 것이 두 잔을 마셔도 된다는 것은 아니라는 것을 명심한다.

② 한 번 실패했다고 해서 항복해서는 안 된다.

자, 한 번 실수했는데 또 한 번 더 한다고 다를 게 있나? 내년 이맘때 술을 끊는다는 것과 죽는다는 것은 차이가 많다.

③ 위험을 초래할 장소를 즉시 떠나라.

가족들이 술이나 약물을 변기에 쏟아 넣는 장면을 보게 된다면 즉시 AA 모임에 가거나, 후원자를 찾아가거나, 또 다른 AA 친구를 만나거나, 상담자나 의사를 만나는 등 안전을 기해야 한다.

④ slip을 한 것이 당신만은 아니므로, 부끄러워 할 필요가 없다. 상담자, 의사 치료 프로그램, 후원자들 중 누구든지 통화가 될 때까지 전화를 걸어 도움을 받아 다시 회복의 길로 되돌아간다.

⑤ 재발은 우연히 일어나지는 않는다.

• 위기가 지나가면 왜 slip이 일어났는지 원인을 검토해 본다. 앞에서 기술한 태도, 행동, 상황 등의 위험 신호들을 검토해 보고 무엇이 당신을 slip하게 만들었는지를 찾아낸다.

• 신체적 신호 -보이는 것, 냄새, 맛 등이 행동을 유발했는가?- 다음에 또 이런 증상이 오면 어떻게 할 것인가를 생각해 둔다.

⑥ 다시 새로운 출발선에서 시작하는 것처럼 회복 프로그램을 강화한다. AA 모임에도 더 자주 나가고, 12단계도 다시 학습하고, Big Book이나 다른 문헌들을 읽고 명상을 한다.

⑦ 외래 또는 입원하여 치료를 강화하는 것을 고려한다.

⑧ 스스로 성공할 수 있음을 다시 한 번 다짐한다.

10) 재발 시

회복을 하는 과정에 어느 시점에서 다시 술을 마시거나 약물을 사용하게 되면 재발했다고 한다. 적절한 조치를 취하지 않으면 살아남기 어렵다.

① 단기간 도움을 받는다.

생각만 할 것이 아니라 실천해야 한다. 전화를 걸 수 있는 장소에 가자마자 상담자, 후원자, 의사, 치료 프로그램, 아니면 다른 보다 신뢰할 만한 AA 회원에게 전화를 건다. 또다시 바닥을 치게 되면(단 며칠에 불과할지라도) 다시 회복을 시도하기가 어렵다. 통화가 되는 사람이 나올 때까지 계속해서 전화를 하고 사람이 없으면 메모라도 남겨두고, 즉시 달려올 만한 사람에게 통화를 시도한다. 아니면 택시를 타고 AA 모임으로 바로 간다. 택시기사에게 타자마자 자신이 중간에 마음이 변하더라도 지금 말한 목적지로 데려다 달라고 부탁을 해야 한다.

② 해독

처음 단주·단약을 했을 때 금단증상이 있었다면 조금만 다시 약물을 사용해도 금단증상이 나타날 것이다. 이번에는 처음보다 그 증상이 더 심할 것이므로 의학적으로 해독을 해야 한다.

③ 장기간의 도움을 받는다.

처음의 단주·단약에 대한 동기화가 사라졌다면 이번에는 전문가의 치료가 보다 효과적일 것이다. 마음을 열고 귀 기울여 들었음에도 생활화를 하지 못했다면, 이번에는 그 뜻을 깊이 이해해야 할 것이다.

④ 당신의 결점에 주목하라

재발은 우연히 일어나지 않는다. 새로이 단주·단약 하는 사람은 회복에 대해 많은 것을 알려고 하지만, 재발하는 사람들은 자신은 이미 회복에 대해 전문가이고 재발은 단지 "우연"이라고 생각한다. 겸손하지 않으면 회복의 기회를 놓쳐버린다. 다시 단주·단약을 잘 하기를 원한다면 가장 먼저 회복에 대해 충분히 알고 있지 못하다는 것을 인정하는 것이다. 다시 처음부터 프로그램을 시작하고, 회복의 껍질에 갈라진 틈으로 약물이나 알코올이 새어 들어오지 못하도록 영혼을 찾아야 한다. 전에 가던 AA 모임에 가거나, 다른 새 집단에 가는 것이 마음이 편할 것 같으면 다른 모임을 찾아간다.

⑤ 회복에 다시 초점을 맞춘다.

수 년 동안 단주·단약을 했다고 하더라도 재발함으로써 모든 것은 원점으로 돌아가기 때문에, 오로지 자신의 회복에만 집중해야 한다. 아마도 처음 단주·단약할 때보다는 시간이 많이 걸리지 않을 것이다. 그러나 처음 했을 때 보다 회복에 대해 더 깊이 인식해야 할 필요가 있다.

⑥ 모임에 강제로 참석한다.

12단계 모임에 가는 것을 되는 대로 해서는 안 된다. 모임에 가는 것이 생활의 일부가 되도록 규칙적으로 간다. 습관을 강화하기 위해 같은 모임에 같은 시간에 같은 장소로 매일 간다(시간이 지나면 일주일에 한두 번 가는 것으로 조정할 수 있다).

모임에 참석하는 것을 일상생활과 연계하고, 가는 시간을 매번 일정하게 한다. 즉, 직장에서 집에 돌아와 저녁 운동을 하러 가는 길에 들리는 것으로 한다. 친구를 만날 약속이나 다른 모임에 가는 약속을 AA 모임에 가는 시간과의 사이에 끼어 넣는 것은 좋지 않다. 그런 일이 생기게 되면 재발할 위험 신호이므로 즉시 행동을 취한다.

⑦ 악마의 가면을 벗겨라

현재 AA에 참석하는 것을 조심스럽게 검토해라 원자와 정기적으로 접촉하고 있는가? 모임에 참석하는 데 부주의하거나 무관심한 것은 아닌가? Big Book이나 다른 문헌을 읽고 있는가? 그리고 생활에 있어서 사람들과의 관계는 정상적인가? 직장의 업무에 흥미가 있는 가 스트레스는 없는가? 사는 것이 너무 재미가 없는 것이 아닌가? 친구는 많은가? 등을 검토한다.

⑧ 창피해 하지 않는다.

AA 모임의 친구들은 아무도 완벽한 사람은 없다는 것을 알고 있다. 다시 시작하게 되는 것이 마음 편하지 않을 수도 있고, AA에서 놀림을 당할지도 모른다. 그러나 대개는 많은 사랑과 지지를 받을 것이다.

⑨ 긍정적으로 생각하라.

누구나 동기화가 되고 필요한 일들을 열심히만 하면 성공적으로 단주·단약을 할 수 있다. 누구나란 바로 당신이 될 수도 있다.

11) 치료 성과의 유지 및 재발 예방

재발이 약물 남용 치료 후에 나타나는 가장 전형적인 결과이지만, 그 중에는 장기간 금약을 성취하여 유지하는 사람도 있다. 예를 들어, 개별 치료에서 알코올릭의 반응을 평가한 연구 자료에 따르면, 1년간 사후 조사 결과에서 외래치료 중인 클라이언트의 19%, 사후 케어 치료를 받은 클라이언트의 35%가 금주를 유지한 것으로 나타났다(Project MATCH Research, 1997a).

과연 영구적인 금약 유지가 가능할까? 이러한 질문을 다루는 임상적 연구에서 금약 기간과 관련하여 클라이언트가 직접 파악해낸 요인에 관심을 두었다. 최근 두 가지 연구는 이러한 요인들에 관하여 몇 가지 통찰력을 제공해왔다 첫 번째 예로서, 멕케이 외(Mckay, Maisto, and O'Farell, 1996)는BMT와 알코올중독 치료 후 30개월간 남성 알코올릭을 대상으로 정기적으로 정기적 면접을 실시했다. 개별 면접에서 클라이언트는 30일 동안 금주를 지속한 기간 및 그와 관련된 요인들에 대해 답했다. 그 결과, '적극적인 전략'으로 간주되는 요인들이 지속적으로 나타났다. 그중 빈번히 나타나는 전략은 금주의 이점 및 음주로 발생했던 문제를 떠올리는 것과 금주가 최우선 순위임을 상기하는 것이었다. 두 번째 연구에서도 유사한 방법으로 남성 및 여성 알코올릭을 대상으로 치료 후 금주와 관련된 요인에 대해 질문했다(Connors, Maisto, & Zywiak, 1998). 그 결과, 금주 기간 동안 가장 많이 사용한 금주 유지법은 음주로 발생한 문제 및 치료, 자조집단 참여 경험을 떠올리면서 위험인물이나 위험 장소 피하기(남성과 여성 모두 60% 이상 사용)였다. 그 외 남성과 여성 모두 자주 사용한 전략은 알코올 없는 환경에 머무르기, 치료 기법 사용하기, 알코올에 대한 생각 피하기, 금주의 장점 떠올리기, 금주가 최우선 순위임을 상기하기 등이다. 금주 유지에 도움이 되는 요인 중에서 '음주로 발생한 문제 떠올리기'는 성차(性差)가 있었는데, 남성은 금주 기간 중 80%가 사용했던 반면 여성은 61%가 이를 활용한 것으로 나타났다.

두 연구를 통해 종합해볼 때, 치료 후 금주의 지속을 목표로 하는 서비스 체계 내에서 다양한 전략이 활용되어야 함은 말할 것도 없다 하겠다. 중요한 것은 남성과 여성이 거의 유사한 범위에서 전략을 사용하고 있다는 점이다.

긍정적인 치료 종결 이후에 금주의 예후나 기능상 영역에 관한 연구를 살펴보면 금주의 지속과 관련된 추가적인 정보가 나타난다. 치료 후 인지 대처 기술, 긍정적 사고, 그리고 그 밖의 이용 가능한 뛰어난 대처 기법 등 금주와 관련된 요인이 다수 존재한다는 점은 그리 놀라운 일이 아니다(Litman et al., 1979). 특히 재발에 관심을 두고 치료 후 기능적 측면에 대한 최신 연구 가운데, 밀러 외(Miller, Westerberg, Harris and Tonigan, 1996)는 클라이언트의 대처 기술이 치료 성과에 대한 강력한 예후로 작용한다는 것을 발견했다. 구체적으로 설명하면, 클라이언트가 긍정적인 대처 기술을 사용한 경우 음주가 덜 연속적으로 발생했으나, 문제 도피적으로 대처한 경우 예측대로 재발했다. 이와 유사하게 콘노스 외

(Connors, Maisto, and Zywizk, 1996)는 일반적으로 대처 기술이나 대처 반응(이용 가능한 대처 행동 및 그를 통해 지각된 자기 효능감 포함)을 활용할 경우 치료 후 금주 기간이 길어지고, 음주 에피소드가 더 적으며, 갈망 경험이 적을 것이라는 점을 발견했다.

앞서 설명한 두 개의 임상 연구(금주 기간과 관련된 요인 조사 분석 및 치료 이후 예측 가능한 변수 파악)는 금주의 유지와 재발의 예방에 있어 적극적인 대처 행동을 강조한다. 그러므로 효과적인 치료란 사회적 관계 변화에 초점을 두고서 대처 기술을 활용하여 발전시키는 것이 포함되어야 한다(Miller et al., 1995).

앞서 언급된 연구는 클라이언트가 금주를 유지하기 위한 단계를 설정하도록 일정 부분 가이드라인을 제시해주기도 한다. 이제 막 금주를 시작한 클라이언트는 과거의 음주와 관련된 문제 회상하기, 자조집단에 참여하기, 위험인물이나 위험 장소 피하기 등 금주를 유지하기 위해 다른 사람들이 사용했던 기술과 전략을 알고 있어야 한다. 뿐만 아니라, 과거 자신의 금주 기간과 관련된 모든 요인을 유념해야 한다. 그렇게 해야 클라이언트의 특수한 욕구와 상황에 가장 부합되는 전략에 초점을 맞출 수 있기 때문이다. 그러므로 클라이언트는 전략을 수시로 검토할 수 있도록 카드를 만들어 목록화 해두는 것이 좋다.

재발 방지에 있어 중요한 사항은 클라이언트가 더 큰 위험에 빠지게 되는 상황을 사전에 파악해두는 것이다. 우리는 이미 그러한 상황의 예를 제시한 바 있다. 클라이언트는 임상 세팅에서 과거 약물 사용 패턴이나 가까운 시일 내의 예측된 상황에서 자신의 약물에 대한 취약성을 뒷받침해주는 시나리오를 확인해볼 수 있을 것이다. 사정할 때는 개방형 질문을 사용하도록 하고, 고위험 상황을 사정하도록 구체적으로 개발된 척도가 필요하다. 그 예로는 알코올의 경우 SCQ(Situational Confidence Questionnaire, Annis & Martin, 1985), 약물의 경우 DTCQ(Drug-TAking Confidence Questionnaire, Annis, 1982b)를 들 수 있다. 외래 알코올 남용자를 대상으로 AASE를 사용한 결과, 음주를 피할 수 있다는 자신감이 높을수록 치료 결과가 더 좋은 것으로 나타났다(Project MATCH Research Croup, 1997b). 이와 관련하여 알코올에 대한 유혹 수준과 술을 마시지 않겠다는 자신감 간의 상관관계를 통해 또 다른 결과를 예측해볼 수 있다. ASSE에서 알코올에 대한 유혹에도 불구하고 자신감을 갖는 클라이언트일수록 치료 이후 금주 유지 기간이 길었고, 평균 음주량도 적었던 것으로 나타났다. 그러므로 알코올에 대한 유혹 수준과 자신감 두 가지를 함께 사정하고 평가하는 것은 재발 예방 가능성을 최대화하는 데 중요하다 하겠다.

끝으로, 대처 기술을 개발하고 적용하는 데 초점을 두되 특히 고위험 상황과 연관된 기술에 대한 고려 역시 중요하다. 흥미롭게도 밀러 외(Miller et al, 1996)는 스트레스의 총량과 클라이언트에게 노출된 위험과는 별개로 클라이언트의 대처 기술이 재발 예방 여부를 결정한다고 주장했다. 그러므로 치료 제공자들은 보편적인 대처 기술을 사정하고 실천할 수 있도록 이를 통합할 필요가 있다.

앞서 제시된 개입 법들은 클라이언트가 금약과 관련된 행동이나 약물 남용 위험이 커질 우려가 있는 시나리오를 인식하고 깨닫는 것을 최대화하고자 하는 것이다. 이러한 노력은 대처 기술 및 기타 삶의 기능과 관련된 기술을 최대한 효과적으로 사용할 수 있게 함으로써 특히 금약을 유지함은 물론이며, 나아가 긍정적인 생활양식을 갖도록 뒷받침하게 된다.

(1) 재발 다루기와 종결

많은 클라이언트들은 일정한 방식으로 재활을 경험하게 된다. 물론 재활이 바람직한 사건은 아니지만, 장기적인 관점에서 금약을 성취하는 데 있어 임상에서는 이를 건설적으로 활용할 수 있다. 이러한 관점에서, 재활이 발생했을 때 또는 그러한 경우를 가정할 때 재발은 일종의 학습 경험으로 간주되어야 한다. 이에 대해 이 단락에서는 재발 다루기, 재발 종결시키기, 클라이언트를 변화 과정 내에 재관여 시키기에 중점을 두고 설명하도록 한다.

- 재발했을 때 클라이언트에게 일어날 수 있는 여러 가지 고위험 시나리오에 대해서는 이미 소개된 바 있다. 이상적으로는 위험 상황에 대한 클라이언트의 민감성 수준이나 인식 수준이 높으면서 그에 대처하는 전략이 다양할수록 재발을 사전에 예방할 수 있을 것이다. 그러나 이미 재발한 경우라면 즉시 약물 사용 범위를 최소화하여 재발 과정이 진전되는 것을 차단하는 것이 바람직하다.

재발 다루기 계획은 치료 과정의 일환으로서 실제로 재발이 발생하기 전부터 만들어져야 한다. 재발 발생 시 클라이언트가 수행하게 될 행동의 예는 약물을 사용하게 되는 환경에서 떠나기, 상담가나 후원자와 접촉하기, 자조집단에 재참여하기 등이 있다. 상담가는 재발 상황에서 클라이언트가 취해야 할 사항에 대한 목록을 만들게 한 뒤, 언제든지 참조할 수 있도록 지갑에 넣어서 가지고 다니도록 할 수 있다.

(2) 변화 과정 내 재관여시키기

클라이언트가 재발하여 다시 치료를 받으러 온다고 가정할 때, 상담가의 과업은 처음 치료를 시작할 때와 매우 유사하다. 첫 번째 단계는 약물 사용 및 그로 인한 당면한 위험에 대해 현재 클라이언트의 상태를 사정하는 것이다. 재발한 클라이언트를 안정화시키고 재발(여전히 진행 중에 있다면) 문제를 해결하는 것은 임상 개입에서 가장 긴박한 사안이다. 그러므로 치료자의 과업은 현재 클라이언트의 변화 단계를 사정하는 것이다. 유지 단계에 있었던 클라이언트가 숙고 단계, 즉 변화를 고려하지만 행동을 취하지 않는 상태로 되돌아갔다고 하자. 그렇다면 클라이언트를 숙고 단계에서 행동 단계로 이동시키는 개입이 요구된다.

클라이언트가 어느 단계로 되돌아갔든지 치료자는 동기 강화 상담 기법을 계속해서 사용해야 한다. 이에 더하여 클라이언트가 과거에 금약을 성취하고 유지하는 데 사용했던 기법이나 전략을 다시 사정해야 한다. 이러한 기법이나 전략을 재발을 둘러싸고 있는 상황에 비추어 검토해보는 것은 일종의 교훈적인 효과가 있다. 끝으로, 상대적으로 악화되었거나 최근 약물 사용으로 새로 등장한 문제 영역을 다루기 위한 추가적인 치료 개입 또한 필수적이다.

(3) 재발한 클라이언트의 사례

A는 48세 여성으로, 20여 년 동안 문제성 음주 기간을 거쳐 현재 21개월째 금약 중이다. A의 음주에 관한 전후 배경이나 과거 력은 앞서 유지 단계의 사례에서 기술된 바 있다. 그녀는 음주운전으로 두 차례 구속된 경험을 비롯하여 여러 부정적인 결과를 가져다준 장기화된 음주 문제에 대해 토로했다. 그녀는 치료 프로그램에도 여러 번 참여한 적이 있으나, 일부 제한된 성취만을 경험했을 뿐 큰 성과는 거두지 못했다.

A의 세 번째 외래치료 과정은 꽤 효과가 있었는데, 그녀 스스로 반드시 끊겠다고 결심한 상태였으며 상담가와도 긴밀한 유대관계를 유지한 덕분이었다. 치료 세션은 완벽한 금약 성취하기, 음주 대처 행동 훈련하기(스트레스 관리, 과음과 관련된 상황 피하기, 알코올에 대한 갈망이나 충동에 대처하기, 음주 거절 기술 습득하

기 등), 치료 과정에 남편을 참여시켜 남편의 지지와 격려 통합하기, 재발 예방하기 또는 혹시 마시게 되더라도 주량을 최소화하도록 하는 계획 짜기 등 다양한 전략에 초점을 두고 이루어졌다.

10개월간의 치료 기간에서는 초기에 실패를 경험하기도 했다. 그러나 그때마다 다시 일어나 '금주로부터의 교훈'이라는 소중한 경험을 했다는 점이 인상적이다. 그녀는 다양한 변화 전략을 통합해왔는데, 초기에는 전략을 실행에 옮기는 과정에서 시행착오를 경험하기도 했다. 현재 그녀의 관심은 소위 '순항 속도 조정(cruise cintrol)'인데, 이는 기술의 습득 및 적용과 관련된 경계에서 한 걸음 물러나 보다 자연스럽게 행동이 일어나도록 하는 것이다. 또한 자신의 생각과 느낌에 대해 집중하면서도 주변 환경에 깊은 관심을 갖는 것을 의미한다. 나아가 A는 음주가 예상되는 상황을 떠올린 다음, 그에 대처할 수 있도록 사전에 계획을 세워 검토했다. 그 당시 그녀는 딱히 갈망상태라고까지 정의할 수는 없지만 정기적으로 술과 연관된 생각이나 유혹을 경험하고 있었다. 끝으로 A는 항상 잠재적인 방해물에 대해 철저히 인식하기를 원했고, 앞으로도 금약을 가볍게 여기지 않겠다고 결심했다.

A는 치료자의 접촉 횟수는 점차 줄어 14개월간 지속적인 금약 생활 끝에 치료는 종결되었다. 7개월 후 그녀는 치료를 다시 받기 위해 상담가와 재계약을 맺으러 왔다. 지난 2개월간 다시 과음이 시작되어 재발했던 것이다.

상담가와의 두 번째 세션에서 그녀는 치료 종결 후 처음 몇 달간은 별 문제가 없었다고 밝혔다. 직장에서도 잘 적응했고, 남편과의 관계 또한 우호적이며 순탄했다. 그러나 여전히 무언가 부족하다고 느꼈던 부분은 친구관계였다. 그녀에게는 가까운 친구가 하나도 없었고, 직장 내는 물론 외부에도 아는 사람이 거의 없었다고 고백했다. 직장 동료들과는 대체로 원만한 관계였으나 특별한 관계로의 발전은 없었다고 느꼈다.

재발하여 다시 치료받기 4개월 전쯤, A는 헤드헌터로부터 다른 도시의 규모가 크고 안정된 회사에서 직책을 맡아볼 생각이 없느냐는 제의를 받았다. 그녀는 우쭐해져서는 면접을 보기로 결심했다. 이직의 장점은 전문가로서 성장할 수 있는 새로운 도전이자 기회였으며, 연봉도 훨씬 높았다. 다만 지금까지 대체로 만족스러우면서 상대적으로 안정적이었던 직장을 떠나야 한다는 단점이 있었다. 결국 그녀는 새로운 만남과 성장의 기회라는 두 가지 이유로 그 제안을 받아들이기로 결심했다. 특히 첫 번째 이유는 그녀 스스로 가까운 친구관계를 맺을 필요성을 느껴왔기 때문에

-현재 직장에서는 그렇지 못했지만- 깊이 생각한 끝에 내린 최상위 목표였다.

그러나 이직이란 생각보다 힘든 일이었다. A는 매번 상당량의 업무 수행의 압박, 과중한 업무, 업무 시간의 연장, 경쟁적인 업무 환경을 경험하게 되었다. 여러 가지가 복합된 압력은 더 많은 스트레스를 불러왔고, 남편과의 관계에 투자할 시간과 에너지마저 부족했다(어려운 시기 동안 남편이 그녀에게 지지적이었다고는 하지만). 이러한 위협적인 상황에서도 A는 자신의 업무 수행 능력이 만족스러운 수준이었다고 했다. 실제로도 그녀는 '최고'의 전문직으로 인정받는 회사를 택한 것을 현명한 결정이었다고 믿었다. 또한 이전 직장에 있을 때보다 직장 동료들과의 관계에서 사교적이었다. 불행히도 그녀가 당시에는 미처 깨닫지 못했지만, 이러한 대인관계상의 접촉은 알코올이 많이 소비되는 자리에서 일어나고 있었다. 예를 들어, 동료들과 점심이나 저녁식사 때 맥주나 와인을 곁들여 마시는 것은 흔한 일이었고, 퇴근 후에는 더욱 과한 술자리가 이어졌다.

점심 때 술을 마시지 않기란 비교적 쉬웠다. 그러나 그녀는 퇴근 후 동료들과의 술자리에서는 내외부적으로도 음주에 대한 압력을 크게 느끼곤 했다. 외부적 압력은 다른 사람들이 한 잔씩 권하거나 술잔 돌리기라도 할 때를 말한다. 그러나 이러한 분위기 속에서도 그녀는 유일하게 술을 마시지 않는 사람이었다. 반면에 내부적 압력은 더욱 복잡했다. 그녀는 절대로 술에 손대서도 안 되고, 마시는 상상을 해도 안 된다고 되뇌었다. 또 다른 한편으로는 '이제껏 잘해왔으니 제한된 환경에서 마시는 것쯤은 조절해낼 수 있지 않을까', '술을 마시면 오히려 동료들과 더 잘 지낼 수 있지 않을까' 등 어쩌면 그토록 원했던 친구관계를 발전시키는 기회가 될지 모른다고 생각하기도 했다. 실제로 다시 음주를 시작하게 된 것은 이러한 연유에서였다. 처음에는 -그녀 스스로도 놀랐지만- 스스로 '통제 불능'하다고 생각했던 친목 모임에서만 술을 마셨다. 처음 의도한 선을 넘어 마신 것 같았으나 다른 사람 눈에 '통제 불가능'한 정도는 아니었다.

그러던 어느 날 문득 집에서 특히 남편이 없을 때 혼자 그 이상의 술을 마시는 자신을 발견하게 되었고, 이것은 그녀에게 돌이킬 수 없는 결과를 가져오고 말았다. 결국 그녀는 제시간에 출근하지 못했고, 처음 몇 시간 동안은 멍한 상태였으며, 남편으로부터 거리감을 느끼게 되었다. 이러한 걱정거리들 특히 남편과의 관계에서 오는 불안은 치료자와 재계약을 맺어야겠다는 결정을 내리게 했다. 또한 직장 생활 중 음주가 동료와의 관계를 깊게 해주는 것은 아님을 깨닫게 되었다.

최근의 음주에 대한 사정을 통해 퇴근 후 주 3회, 특히 화 목 금요일에 직장 동료들과 술을 마셨던 사실이 드러났다. 요일마다 조금씩 차이는 있었지만, 보통은 2~3시간 동안 와인 3~5잔을 마셨다. 일찍 퇴근하는 날에는 직장 동료들과 저녁에 한 잔 정도 적은 양인 와인 서너 잔을 마셨다. 드물긴 해도 주말에도 가끔 술을 마셨는데, 남편이 없는 날이면 양이 훨씬 늘었다. 음주로 인해 그녀의 감각은 완전히 둔감해졌기 때문에 크게 불편함을 느끼지는 못했다.

새로 시작된 세션에서 A는 금약을 재확립하고 싶다는 바람을 표현했다. 세션 시작 며칠 전부터 이미 술을 끊은 상태였다. 스스로 음주의 장단점을 평가해본 결과, 음주를 통해 기대했던 장점은 실제 일어나지 않았다. 직장 동료와 친해진 것도, 원만한 친구관계가 만들어진 것도 아니었다. 음주의 최대 단점은 직장에서의 숙취 증세와 남편이 보여준 거리감이었다. 또한 그녀는 집에서까지 술을 마시게 되리라고는 예상치 못했으며, 음주량의 증가로 육체적으로 무력해짐을 느꼈다. A는 술을 끊을 준비가 되었으며, 실제로도 수일 전부터 실천 중임을 언급했다. 그녀는 음주에 있어 자신 앞에 놓인 도전은 더 이상 재발하지 않는 것이라고 생각하게 되었다.

A의 상담가는 음주 행동으로 되돌아온 시점에 중점을 두고, 마지막 세션 이후 일어난 사건을 검토하는 데 많은 세션을 할애했다. 또한 상담가는 동기 강화 상담의 맥락에서 여러 가지 전략을 활용했다. 사례 분석 결과 A는 며칠 전부터 금약을 지속하겠다고 결심한 상태이다. 상담가와 A는 과거 활용했던 전략에 중점을 두고 다시 금약을 성취하여 이를 1년 이상 지속하고자 했다. 음주로 기대했던 바람은 하나도 이루어지지 않았으며, 오히려 예상치 못한 부정적인 결과만 초래했다는 사실은 그녀가 금약을 결심하게 된 가장 주된 동기 중 하나였다.

세션에서는 1주일 동안 금약 지키기, 음주와 관련된 상황 피하기, 두 가지를 목표로 행동 지향적인 '지금 그리고 여기(here and now)' 전략에 중심을 두었다. 예전에 변함없이 직장 동료들과 점심을 계속하되, 당분간 저녁에 있는 친목 모임에는 나가지 않기로 했다. 동료들과의 관계를 유지하면서 보다 안전한 환경으로 제한하기로 한 것이다. 그녀는 또한 음주 습관에 빠져들곤 했던 저녁 시간을 구체적으로 활용하기로 했다. 예를 들어, 남편의 도움을 받을 수 있다면 부부가 함께 가정 내의 활동을 계획하는 것이다. 끝으로, 다음 회차 세션에서는 금약을 유지하고 재발 피하기, 원만한 대인관계 맺기에 대한 평가 계획을 짜기로 합의했다.

제4절 약물 중독자 범죄 종류와 특성

국내법 규정에는 약물의 단순투약자, 상습투약자(전과자) 등 관련자에 대하여 마약류관리에 관한 법률, 형법, 특정범죄가중처벌등에 관한 법률, 마약류불법거래방지에 관한 특례법 규정하고 있으나, 마약류 관련 법규로 마약류관리에 관한 법률에서, 마약류 투약 사용 등 사범들의 관련 범죄로 밀제조범죄, 재배, 밀수출입범죄, 공급판매, 소지, 알선, 보관, 운반, 투약 사용범죄로 분류·처벌하고 있으며 그 중 대표적인 4개의 범죄의 유형에 중독 정신범죄자들이 가담 행위가 이루어지고 있다.

1. 제조 생산

마약류 중독 사용자들은 과거 제조 사범에도 접근하였다. 그러나 최근에는 제조로 인한 검거의 위험성, 원료물질 구입 등 어려움 있어 대다수 동남아 베트남, 태국, 중국 등에서 밀반입 공급판매에 전염하고 있다.

제조자 사범은 70년 부산지역에서 제조책 상급자로(상선제조책) 기술 전수제조 방법과 화학 관련 전공자들에 의해 만들어 공급되었다. 중국, 대만 등지에서 원료를 구입 하여 약품을 희석하는 방법으로써 이루어지는데, 예컨대 화학제조 회사라고 등의 간판을 내걸고, 산간벽지 오지에서 제조하며 80년도까지만 해도 국내에서 제조 공급하다가, 원료물질 등 구입에 어려움으로 대만, 중국 시골 공가에서 위장 간판 아래 제조, 국내, 해외 등에 공급했었다. 90년도와 2000년도에 서울 지역에서 감기약 (러미나)에서 에페드린 원료물질 추출하여 필로폰을 호텔에서 제조 사실이 발견되고 있다. 그리고 단속 현장에서의 주의사항으로 미국의 사례, 마약제조 장소 단속 시 수사관들은 여러 장비를 소지하고 현장에 급소하는데 제조책들이 화학약물로 대항하는 사례가 있어 철저한 대비 단속하여야 하며 우리나라 내에서는 아직까지 발견 사례는 없다.

2. 밀 수출입

약물(마약류) 중독자들은 저렴한 마약류의 구입과 돈을 벌기 위해 마약류 밀반입 등에 가담하게 된다. 그에 따라 최근에는 약물 (마약류)의 불법 수출입은 주로 인터넷, 선박과 항만, 공항을 이용 화물, 소지, 은닉하여 이루어진다. 선박, 비행기의 입출항·이착륙을 감시, 공항세관·해양경찰 수사관에 의하여 단속된다. 그러나 매일 입출항·이착륙하는 불특정 다수의 각종 여객, 승무원을 상대로 마약류를 밀수 출입 여부를 이착륙하는 단계에서 적발한다는 자체에는 어려움이 있다. 이러한 사범을 즉각 적발하는 데는 외부로부터 특정 선박의 승무원 내지 여행객이 마약류를 밀수출입 한다는 정보가 확보되어 그자에 대하여 즉시 수사가 개시되는 경우를 제외하고는 승무원 내지 여객을 모두 밀 수출입 범인으로 의심하는 것은 그 자체가 적당하지 않고 또 이를 실천에 옮기는 것은 불가능하므로 해양경찰수사관이나 세관마약수사관원이 그 고유의 직무를 집행하는 과정에서 마약류를 소지한 자를 발견하기는 어렵다. 마약류 수출의 양상도 종전의 휴대형식 외에 생활용품의 용기 등 은밀한 곳에 마약을 숨겨나가는 방법을 택하였으나 최근에는 전과 없는 타인 상대로 접근 밀수출하는 사례가 있다. 여행하는 할머니 상대로 접근 운반책으로 이용하고, 미꾸라지를 수출하면서 그 용기의 중간 부분을 땜질하고 그사이에 마약류를 은닉한다든가 자개농을 수출하면서 밑바닥에 마약을 깔아 넣고 그 밑에 은닉한다든가 맥주병의 술을 쏟아내고 그 속에 마약류는 넣은 다음 교묘하게 뚜껑을 붙이는 방법 등으로 마약을 수출한다. 그러나 장애인 목발, 각종 용기, 술병을 파괴하지 않고서는 내용물을 확인할 수 없어 시간과 공간의 장애 요인으로 단속이 어렵다.

마약류 밀매자 주위에는 공범자가 존재하는 것이 통례인바 수술의 실행을 실제 담당한 자는 공범자 중에서 비교적 낮은 지위에 있어 주범을 검거하더라도 소비자는 마약을 외국에 수출할 의도가 전혀 없었다든가 가공인물이 시켜서 단지 심부름한 것에 불과 하다는 변명을 함으로써 법정형이 높은 수출 죄의 성립을 부인하면서 오직 방조범의 자격만을 강조하기도 한다. 대규모 밀매 사건에 있어서는 자금책, 구입책, 소매책, 중간책, 전화담당책 등 여러 형태로 공범 인들을 관여시키는 수법으로 구체적 사건처리에 있어 실무상 정범과 방조범 구별을 어렵게 하고 있다.

첫째, 중국산 필로폰(어름, 빙두), 북한산 필로폰 이외에도 남미 지역의 코카인, 중국 등 동남아 및 서남아 지역의 헤로인, 생아편, 대마초, 해쉬쉬 등 각종 마약류가 국내시장 개최 목적으로 밀반입되거나 미국, 중국, 필리핀, 태국 등 제3국으로 유통되는 과정에서 우리나라를 경유지로 이용하고 있어 마약류 공급선이 국제화, 광역화, 다변화되고 있다.

최근에는 필로폰에 카페인 등을 혼합하여 정제형태로 가공한 값싼 마약류인 태국산 야바, 디아제팜, 중국산 펜플루라민, 신종마약류를 대량으로 밀반입되어 국내 외국인, 외국인 산업체 근로자, 유학생, 연예인, 택시기사, 화물기사, 클럽이용자, 영어강사, 비만여성들에게 거래되고 있어 중독자가 발생되고 있다.

둘째, 국내 체류 외국인들의 증가와 함께 이들에 의한 다양한 범죄 등 불법 행위증가가 예상될 뿐만 아니라, 이들의 초기 마약류범죄 개입을 적극 대처하지 못할 경우 이웃 일본 등과 같이 1회 투약량 암거래 소매상들이 야쿠자 등 폭력조직과 연계한 이란인들이 판매행위에 나서게 될 우려도 농후하다. 따라서 수사기관은 이들 불법체류 외국인들의 마약류범죄 개입증가를 사전에 철저히 차단하기 위하여 유관기관 및 미국(DEA) 등과 공조하여 철저한 정보수집, 지속적인 동태 감시 및 위장거래수사 등을 통한 단속활동 강화 하여야 한다.

셋째, 폭력조직이 마약류 유통 범죄를 장악하고 있는 대부분의 외국 국가들의 경우에는 범죄조직 특히 총기 등으로 중무장까지 한 범죄조직에 의한 마약류불법 거래 행위는 부패 문제와 함께 마약범죄조직에 협력하지 않거나 장애가 되는 정치인, 공무원, 언론인들을 위협하고 사살하는 공권력 훼손 문제로 이어지는 경우 전쟁을 방불케 하는 "마약과의 전쟁"을 치러야 하는 집단이다.

우리나라의 경우 과거 80년도 부산지역 주변에서 개입하였으나 수사기관의 단속과 원료물질 구입 등으로 대만, 중국으로 이동 제조하여 국내 등 중남미 등에 밀수출하고, 북한이탈자 중국교포들이 많은 돈을 벌 수 있다고 공급책들로부터 꾀임에 가담하고 있다.

3. 소지 투약 사용

우리나라는 전체 마약류 사범 중 학력별로는 초등학교에서 대졸, 대학원에 이르기까지 다양하다. 마약류 중 향정신성의약품 사용횟수는 주1회 27.3%, 3월 1회 10.3%, 월1회 14.0%, 일1회 13.8% 순으로 투약하고 있다. 대부분 1개월 이내 단기간 사용한 자이다. 그리고 2년 이상 장기간 상습자도 있다.

투약 장소로는 주로 가정집, 공원, 숙박업소 등 비교적 은밀한 장소를 이용하고, 거래 장소는 적발 시 도주하기 편리한 노상에서 주로 투약하고 있다. 그리고 투약 자들의 지역별 분포도를 보면 서울, 부산, 대전 등 대도시 순으로 그 범죄 빈도가 높고 농어촌은 물론이거니와 파급 효과도 전국적이다.

첫째, 연령별 투약범죄 집단은 전체 마약류 투약사범 중 육체적, 정신적으로 체력이 왕성한 생산·근로계층인 20~40대가 79.9%를 차지하고 있고, 청·장년층이 여전히 중심계층임이 반영되고, 마약류 사범 중 50대, 60세 이상이 16.9%를 차지하고 있는 것은 이들 연령층에 의한 앵속 밀경작 사범의 비율이 높기 때문이다. 15세 미만자의 마약류 사범은 전무한 것은 마약류 가격이 비싸다는 등의 이유도 있지만 검찰, 유관기관의 청소년 상대 마약퇴치홍보 및 계몽활동의 영향도 많은 작용을 한 것으로 분석 된다.

둘째, 마약류사범 범죄원인별 점유율은 호기심(24.6%), 유혹(239.%), 중독(17.5%) 순이 대부분이다. 영리를 목적으로 범죄를 저지르는 사범은 향정사범의 경우 18.7%를 점유하여 비교적 높게 나타나고 있는 반면 마약 및 대마사범(각 5.1%, 2.4%)은 상대적으로 낮은 편이다. 마약사범은 다른 사범에 비해 치료목적이 42.4%의 높은 점유율을 나타내고 있는데 대해서는 의료시설 등이 빈약한 시골이나 벽지에서 가정상비약으로 양귀비 밀경작 사범들이 다수 입건된 것에 기인한다.

4. 범죄의 특성

1) 중독자의 범죄 발생

약물(마약류) 상습투약으로 인한 범죄는 각성제, 억제제, 환각제, 마약, 향정신성 의약품, 대마초를 불법으로 흡연 등 투약 사용행위를 하는 그 자체가 범죄이기도 하지만 투약 사용 후 환각으로 인한 자제력 상실에 의해 타인에게 피해와 각종 사회적으로 강력한 정신범죄 사범이 발생 되는 것을 말한다. 특히 각성제 범죄는 여러 가지 마약류 중 메트암페타민(필로폰) 투약에 의해 두 가지 범죄가 발생 한다. 한 가지는 각성제인 메트암페타민, 즉 필로폰이라는 약물의 힘을 이용한 각성 범죄행위이고 또한 마약을 투약하다 중독되어 환각 상태에서 일어나는 범죄행위이다. 각성제라고 불리어지는 필로폰은 고도의 정신집중을 요하는 범죄 집단에 이용된다. 소매치기, 강도, 성폭력, 살인 등 대담성이 필요로 하는 범죄자들이 필로폰을 복용하고 범죄의 행위를 한다. 또 하나의 범죄는 필로폰 및 각종 마약류를 몰래(몰래 뽕,풍당) 커피, 맥주, 음료수 등에 희석해 투약 후 상대방의 의식불능 상태를 이용 범행을 실행하는 행위이다. 대마초를 흡연하고 살인 등 30여 차례 범행을 하고 승용차에 탄 가족을 생 매장 했다. 이러한 범행은 일가족을 암매장 한 사건의 본질은 극도로 악랄하고 잔혹한 방법으로 어린이와 노인을 살해해 인간이기를 포기하는 만행의 일종이었다. 각성제 복용에 의해 파생되는 위법한 행위에 대해 포괄적으로 각성제 범죄라 한다. 각성제에 의한 피해자 중에는 임신 3개월 된 주부도 있다. 특히 성폭행 피해자는 여중고생이 있다는데 심각성을 더해준다. 이들에게 성폭행 당한 여중생은 충격을 받고 정신착란 증세를 일으켜 정신요양원에서 치료를 받기도 했다. 환각제의 마약류를 과량으로 사용하면 환각 현상을 일으킬 수 있다. 이러한 환각성의 정신적 문제는 소리를 볼 수 있고 색깔을 들을 수 있으며 색깔의 맛도 느낄 수 있다. 다시 말하면 환시, 환청, 환취, 환촉 현상으로 나타나면서 지속적으로 진행된다. 이러한 환각상태에서 발생되는 것이 환각성 범죄이다. 즉 환각 상태에서 살인, 방화, 강도, 인질, 폭력, 교통사고 등 난동 행위를 한다. 마약류 투약에 의한 금단증상에 의해 정신착란은 물론이거니와 환락과 전락의 교차 상태에서 더욱더 심각해진다. 나이트클럽 무용수는 필로폰을 투약하고 운전을 하였는데 갑자기 뒤따라오던 영업용 택시가 경찰차량으로 보였다. 그리고 자기를 잡으러 온다고 착각하고 도망치다 시내 중심가 도로 중앙선을 넘어 차를 운행하는 등 광란의 질주를 벌린 것이 환각 상태에 의한 정신범죄이다. 그리고 정신병원에 입원해 있던 필로폰 투약자는 갑자기 나타난 환시 현상에 의거 자신을 쳐다보고 있는 간호사 동물로 보이고 있으며, 동물이 자신에게 다가와 헤친다고 하여 철제의자로 간호사 머리를 때려 살해하기도 했다. 이러한 행위는 불특정인에게 예측하지 못한 행동으로 타인의 생명과 재산은 물론이거니와 사회의 안전을 해치는 것이다.

2) 중독자의 범죄 특성

(1) 점조직성

중독자들과 공급 유통구조는 범죄의 특성으로 마약류를 음성적인 점조직범의 특성을 가진다. 특히 단순 투약자와 다른 마약류를 공급하는 자들은 첩보조직에 비견될 정도로 노출되지 않는 점조직 체계를 갖추고 있는 것으로 밝혀지고 있다. 이들은 평면적·일방적 연락점선에 의해 마약류를 밀거래한다. 마약류 유통, 판매 거래하다가 검거되어도 공급 상선이 파악되지 않는다. 수사관들이 공작 수사를 차단하는 운반과 던지기수법 등을 통해 교부 및 대금결제방법도 차명계좌, 가상화폐, (비트코인) 이용하며, 검거되더라도 철저한 묵비권 행사와 카드불량자 또는 무전과자, 허무인 사람을 주범으로 내세우며 밀거래 범죄에 가담한 공범자를 은폐 시킨다.

(2) 지능화

초범보다는 상습투약자들은 인터넷, SNS, 텔레그램, 다크웹 등 마약류 거래가 지속적으로 증가하면서 수사기관에서는 모니터링 전담 수사관까지 배치하고 있으며, 유통과정에서도 인터넷사이트에서 관리되지 않은 사이트나, 외국 사이트, 포털사이트 게시판 등지에 올라온 글을 보고 판매자와 접촉하면서 텔레그램이나 다크웹 등 애플리케이션을 통해 연락 거래하고 있다. 또한 제조 또한 숙련된 제조기술을 가지고 있고, 마약류의 순도나 약효를 구분할 수 있으며, 다양한 공급선을 확보하고 있다 특히 마약류범죄 중 밀매범죄는 치밀하고 교묘한 범행 수법이 필요함에 따라 단속을 피할 수 있는 자구책을 강화하는 등 그 범죄 수법이 지능적이다. 예를 들어 마약을 밀거래하는 장소 시간선택에 있어서 접선시간 이전부터 관찰, 조망하여 제1, 제2접선 장소로 유인한다. 그리고 마약류를 운반할 때는 택배, 영업용 택시 등 고의가 없는 자를 활용하기도 한다.

(3) 장비의 첨단화

마약류 범죄는 제조와 공급에 있어서 과거에는 삐삐, 전화 등으로 국내에서 공급하였으나 90년 이후 부터는 정밀한 통신자료, 핸드폰, 대포폰 등으로 거래 위장하여 공급하며, 20년도에는 공항, 항만의 밀반입 수단으로 해외 국제우편, 특송화물, SNS,블로그 통해 밀반입하고 있어 휴대전화 통화와 SNS 기록 등 통신수사 장비가 필요하며, 공급책들은 단속을 피하기 위해 은어사용과 인편을 역으로 이용 사례 있다.

(4) 범죄의 광역 신속화

마약류 범죄 사범들은 중독자를 위한 전국 무대에서 신속하게 개인 위장차량, 버스, 기차 , 퀵서비스, 택배 공급, 전국 시차 간 생활권에서 공급되고 있다. 그리고 국제적으로 원료의 수입·제조·판매·투약 등이 국제적 연계 하에서 국경을 넘나들며 국내에서는 전국적인 조직망에 의해 유통되는 광역범의 특성을 가진다. 특히 인접 국가에서 제조 및 생산되면 어느 한나라의 차단만으로는 근절이 어렵고 이러한 피해는 개인과 가족에게만 국한하지 말고 정부와 시민, 수사기관 협력에 의하여 광역화 공급을 차단하여야 할 것이다.

(5) 중독자들의 연속성

마약류 범죄는 사용행위에 있어서는 정신적, 육체적 의존성 때문에 범행을 반복하고, 판매 행위에 있어서는 작은 금액으로 투약자 하여 막대한 불법 이득의 유혹 때문에 범행을 반복하게 되는 연속성의 특성을 가진다. 마약류 공급자들에 교묘한 범죄행위에 의거 형성된 수요계층 투약자들은 마약류의 강한 신체적·정신적 내성과 의존성에 의하여 사용의 성취감 때문에 지속적으로 마약류를 찾게 된다. 최근에는 10~20대 청소년들이 작은 금액으로 큰돈을 벌 수 있다는 착각에서 판매에 가담하고 특히 알바를 통해 고액을 준다는 공급책들의 허무에 적극적으로 가담사례가 증가하고 있다.

(6) 범죄의 복합성

마약류범죄는 폭력조직과 국제범죄조직과 연계되어 있는 복합성의 특징을 가진다. 주요마약류의 생산과 소비를 연계하기 위해서는 여러 단계를 거쳐야하기 때문에 개인적 차원에서 이루어지기는 힘들어 범죄조직에 의하여 유통되는 특성을 가지고 있다. 또한 외국사례에서는 마약류거래는 불법적으로 엄청난 규모로 행해지고 있으며 그 조직은 군대에 못지않은 화력으로 중무장하고 국가의 법집행을 위협하는 요소로까지 되고 있다. 이러한 범죄조직은 마약류거래로 획득한 엄청난 규모의 부를 기반으로 세계적인 범죄조직으로 발전하고 있다.(윤민하,1994.P.4) 마약류의 불법거래는 막대한 수익을 올릴 수 있는 반면, 그 유통단계가 복잡하여 단독으로 행하기는 힘이 들기 때문에 생산에서 소비자의 손에 이르는 거래의 각 단계마다 범죄조직이 깊이 개입하고 있다.

3) 중독자 혈액형에 의한 심리적 변화의 현상(상담자 활용)

(1) 혈액이란: 우리가 혈액형을 말할 때 흔히 A형, B형, O형, AB형이라고 하는데 이는 'ABO'식 혈액형으로 분류한 것이다. 혈액형에는 이 4가지 유형 외에도 수많은 분류법이 있는데 일반적으로 이 ABO식 혈액형을 많이 이용한다. ABO 혈액형은 크게 RH양성+과 RH음성-으로 나뉜다. RH양성+은 전체의 99.5%를 차지할 정도로 많은 반면 RH음성-은 0,5%로 매우 적지만 수혈 시에는 반드시 이 검사를 거쳐야 한다. 본서에서는 심리현상에 대한 RH양성과 RH음성에 대하여 제외하였다. 혈액형은 혈액으로만 검사한다고 생각하기 쉬운데, 세포, 체액, 털, 손발톱, 치아, 뼈 등의 재질 형태로도 판단 할 수 있다. 마약중독자 경우에도 모발, 소변, 혈액, 치아, 손발톱, 태만, 호기 등으로 예비 검사 가능과 혈액형도 검사는 혈액과 혈청을 혼합했을 때 응집하느냐 안 하나로 판단한다. 혈액형은 적혈구에 존재하는 항원으로 결정되며 기본적으로 A항원과 B항원의 유무를 조사한다. 적혈구에 A항원만 존재하면 A형, B항원만 존재하면 B형 둘 다 존재하면 AB형, 둘 다 없는 경우를 O형이라 한다.

(2) 혈액형의 역사

ABO식 혈액형은 1900년에서 1910년 사이에 오스트리아의 의사 '란트슈타이너(K.Landsteiner)박사가 발견했다. 혼합 시에 응고되는 혈액과 그렇지 않은 혈액이 있다는 사실을 발견한 것이 그 시초라고 할 수 있다. ABO식 혈액이라고 부르는데에서 알 수 있듯이 처음에는 혈액형을 3가지로 분류하였다. 그 후 미국과 독일 등의 몇 몇 과학자들이 4가지로 분류하여 오늘날 A, B, O, AB형이 되었다. 그 이전까지는 수혈이라고 하면 신의 사자라 불리던 양의 피를 뽑아 사람에게 주입하는 방법이 전부였다. 그러나 피가 응고되어 당연히 실패할 수밖에 없었다. 그러한 시행착오를 걸치면서 연구를 온 ABO식 혈액형은 역사가 100년 남짓에 불과하여 앞으로 그 연구가 더욱 활발히 이뤄질 것이다. 지금은 과학의 눈부신 발전으로DNA 감정이 더 성행하고 있는 것 또 한 사실이다. 인류 역사상 최초의 혈액형은 O형이다. 수렵을 주업으로 삼으며 생활한 최초의 인류에게는 O형만이 존재했다고 한다. 수렵생활을 한 민족 즉, 아메리카 원주민과 남이인디아, 호주원주민은 지금도 O형 뿐이거나 O형의 비율이 다른 혈액형보다 훨씬 높다는 사실이 그것을 증명해 준다.

그 후 농경생활이 시작될 무렵 질병 등의 바이러스에 따른 돌연변이로 A형이 탄생했으며, 유목민족이 등장하던 시기에 B형이, 그리고 마지막으로 AB형이 탄생했다고 전해진다. 그러므로 AB형이 가장 새로운 혈액형이라고 할 수 있다.

국내에서 최초로 약물 중독자가 약물에 심리적으로 접근하는 현상을 현장 경험과 일본 학자 "노미 마사히코" 인용 복합적으로 설명하려고 한다. 국내에서는 아직까지 약물 중독자의 혈액형 연구자는 없으며, 혈액형의 4가지 종류별 약물사용과 사범의 변화 현상을 소개하려고 한다.

(가) 각 혈액형 감정 기복 변화

- O형: 평소에는 정서 안정형이지만 뭔가에 몰리면 갑자기 심하게 감정이 흐트러져 휘청거린다. 이때 서서히 범죄 사실에 대하여 질문을 시작 시인하도록 유도 접근 질의하여야 하며, O형의 약물사용은 전체 혈액형 중에 낮은 것으로 나타났다.

- A형: 약물 사실에 대하여 마음 깊이 인식하다가 서서히 속 태우며 걱정을 하고 있다. 그러나 마음이 동요의 한계를 넘으면 오히려 대담, 침착해진다. 그러므로 약물사용에 대하여 자신 스스로 중단하면서 처음부터 마약 투약 사실 여부를 확인할 수 있도록 적극적으로 접근 시도하여야 하며, 자신 생각에 스스로 판단을 지향하는 형이다.

- B형: 기분파 변덕쟁이라는 말을 많이 들으며 정서의 파장이 크다. 이 파장의 진폭은 웬만한 상황에서는 영향을 받지 않고 일정하게 안정되어 있으므로, 약물 사실 확인보다 피의자 기분 등을 세우고 서서히 다른 약물 사실을 설명하면서 수사하고자 하는 범죄 사실을 서서히 유도 질문하여 피의자 스스로 시인하도록 접근 시도한다.

- AB형: 외면적으로 냉정을 가장하고 있을 수 있지만, 중독자 내면은 불안과 동요로 가득한 이면성을 갖고 있으며 지능적으로 약물사용 사실을 부인할 수 있으므로

진정한 마음으로 인간관계 등을 설명하면서 접근 범죄 사실 시인하도록 유도 질문하여야 한다. 현장 경험에 의하면, 성폭력, 약물사용 등 내적인 범죄에 많이 가담한다.

(나) 혈액형별 특성

- O형: 친해진 사람에게는 믿음을 갖고 친절하게 대화하면서 친하게 지내는 형으로 친한 사람으로부터 무슨 부탁을 받으면 더 많은 친절로 "자기가 스스로 적극적으로 모든 사실을 술술 풀려나오는"형이다 그리고 사고방식은 아기자기한 맛이 없고 직선적이기 때문에 상대의 기분을 세심하게 파악하려고 접근 할 경우에는 약물사용의 시인을 실패할 수 있다고 생각된다.

- A형: 모든 일에 빈틈없고 매우 세심하며 다른 사람에 대해 배려하는 심리적 마음을 가지고 있다고 말할 수 있다. 그리고 자기표현을 억제하는 타입으로 상대방의 상황을 살펴보고 상대의 마음을 이리저리 추측해 본 다음 눈에 띄지 않게 넌지시 대화, 상담을 시작한다. 때문에 이처럼 겉으로 드러나지 않은 세심한 친절을 받는 사람에게는 더욱더 자기의 진실을 답변함으로 약물사용 사실을 시인할 수 있다.

- B형: 자기 목적에 관련된 사람들의 약물 사용자에게는 그리 신경을 쓰지 않으며 자기중심적인 행동에만 신경을 더욱더 쓰는 형이지만 그렇다고 자기 자신만 고집한다고 볼 수 없다. 그리고 상대방의 입장이나 사정, 기분 등을 실제로 자기가 상대의 처지가 된 것처럼 이해하고 동정도 하며 감정도 상대와 똑같이 움직이기 때문에 상대에게 동조 할 수 있고 동정도 표시할 수 있다. 또한 자기와 아무관계 없고 연고 없는 사람에게는 진심으로 동정의 눈물을 잘 흘린다. 약물사용 사실에 대하여 솔직하고 거침없이 진술하나 눈물을 흘리면서 고백하듯 하다가 때로는 부정적으로 반대로 말을 바꾸기도 한다. 내성적 성격으로 마약사범들의 대다수가 소유한 혈액형으로 볼 수 있다.

- AB형: 외형적으로 부드러움 겉으로 드러나는 인상과 행동 면에서의 헌신적인 노력형으로 자기의 비밀을 스스로 조절하는데 매우 뛰어 나는 성격 소유자 자기주

장이 강하고 고집이 세다고 말하고 있으며 자기 개성과 진술의 공격성은 또한 발견할 수 없다. 그리고 부탁 받으면 거절하지 않고 아주 잘 들어 주며 잘 움직여 줌으로 약물 사용행위에 가담형이다.

또한 마음속에 날카로운 비판성을 갖고 있는 만큼 사람에 대해 좋고 싫음을 가리는 엄격형으로 일반인들이 말하는 차갑다고 말하고 이중성격형으로 생각하고 있다. 그러므로 약물사범에 대하여 심도 있게 접근 철저한 증거수집, 대질, 합법수사 등이 필요하고 증거가 확인 뒤에는 사용 사실을 스스로 진술하는 형이며 구속 후에도 법정에서 사건관계 시비시비 반격하는 형이다

(다) 네 가지 혈액형의 취약점

서설

인간의 부드러움은 남을 위해 배려하는 마음이며 그것은 오로지 자기만 생각하고 중요하게 여기며 자기만 불쌍하고 비참하게 생각하거나 자신의 불운과 불우함에 대해 안달하는 사람에게는 부드러움이 생겨 날 리 없다. 그러므로 각 혈액형의 취약점을 중독자 심리적 의존, 내성 등을 발견할 수 있는 형상을 현장에서 발견되었다.

- O형: 성장 과정에서 어떻게 자랐는가 하는 것이 성격에 크게 영향을 미친다. 어렸을 때 남보다 불우한 생활을 했는지. 애정이 부족했다. 던지 하면 사회와 타인에 대해서 적의와 증오심을 품게 되고 그 영향은 성인이 된 후에도 계속 남는다. 이런 O형은 늘 주눅이 들어 있고 옹고집을 부리며 사회를 불신의 눈으로 바라보는 비밀주의자가 되기도 한다. 그렇게 되면 O형의 본질인 친절도 남에게 보일 수가 없다.

- A형: 자기 억제라는 껍질은 사회의 세파에 시달리는 사이 몸에 붙게 된 일종의 방호벽이자 적응을 위한 장갑차이기도 하지만 사회의 파도가 너무 강하게 밀어닥쳐서 그 역제의 껍질이 지나치게 두꺼워지면 결국 자기방어의 모습만 두드러지게 눈에 띈다. 또한 동료, 또래나 남을 끊임없이 의심의 눈초리로 바라보게 되면 다른 사람에 대해 배려하는 마음도 역시 생겨날 여지가 없다. 또한 겉보기엔 온화해 보여도 자기가 공격당하면 어쩌나 하는 생각에 신경이 곤두서 있어 겁을 먹고

흠칫거리는 사람도 적지 않다

- B형: 자기중심적 성격으로 남의 기분을 맞춘다든가 현실적인 사교성이 별로 없는 것을 스스로도 의식하고 있다. 그렇기 때문에 친구들로부터 따돌림을 받거나 사회에서 소외당하는 것에 민감하다. 그리고 자기가 쓸모없게 된 상황에 처하면 끊임없이 한탄하고 푸념하고 저주하기도 한다. 그렇게 되면 B형 소유자가 자신이 본래의 천성적인 감정이 차갑게 식어버려 남을 위해 눈물을 흘린다는 것을 생각할 수 없다. 이에 따라 약물사용으로 전환되는 현상이다.

- AB형: 남에 대한 거리감이 극복되지 않아 어렸을 때의 낯가림이나 타인 공포 증이 성인이 될 때까지 그대로 남아 있거나 혹은 성인이 되어 사라졌던 그 증상이 중년 이후에 또다시 발생하여 사회에 참여하고 싶은 마음을 잃게 되는 경우가 있 다 하지만 그렇게 될 AB형이라도 남에게 주는 부드러운 인상은 여전히 변하지 않 지만 마음속에는 무엇인가를 깊이 생각하고 있다.

제5장

약물중독 원인과
치료모델

제5장 약물중독 원인과 치료모델

제1절 중독의 원인

약물(마약류)을 사용하는 이유는 마약을 사용하는 개인만큼이나 다양하다. 그러나 인간행동에 영향을 미치는 중요한 요인으로서 서로 밀접하게 관련된 심리학적, 사회학적, 생물 심리학적, 연구에 의하면, 인지적 요인, 태도적 요인, 사회적 요인, 성격적 요인, 약물학적 요인, 발달학적 요인들 간의 복잡한 상호 작용에 의해 일어나는 것으로 알려지고 있다. 그러나 중독의 원인을 어떤 하나의 원인으로 보기보다는 중독이 생물학적, 심리적, 사회적, 영적 요인 등이 결합하여 나타나는 심리-사회-생물 모델로 보아야 한다. 특히 이런 요인들이 정신분열 증상을 일으키는 마약류를 상습적으로 사용할 경우 환각과 망상이 나타나는 물질 유발성 정신장애가 생길 수 있다. 또한 사회과학적 정책 차원에서는 제대로 파악되지 않아 그 원인을 규명하고 치료를 위한 완전한 요인 정립이 없다. 그러나 필자의 범죄 현장에서 현상과 연구자들의 의견은 연구 목적 달성을 위해 대체 적으로 일반화된 요인들인 심리적 요인, 사회적 요인, 생물학적 요인으로 크게 3가지 요인으로 구분 대변할 수 있으나, 무엇보다도 개인적 의지와 다양한 모델 방법을 통합해서(예: 병원, 치유와 치료센터 프로그램) 정신적 건강치료를 하는 것이 효과적일 것을 필자는 생각된다.

1. 심리적 원인

약물 중독자가 약물을 사용 할 때 쾌감이 상승되고 고통이 사라지는 것을 경험하기 때문에 중독자가 된다고 이해한다. 따라서 심리학적 요인에 대해 설명하는 이론들은 정신분석적 측면에서 정신역동적인 면을 강조하고 성격 면에서 약물 남용자의 성격이 비사용자들과 다르다는 것을 강조하는 것이다.

(1) 실존적·정신분석이론

인간은 본능적으로 쾌락을 찾고 고통을 피하고자 하는데 이것은 유아기와 아동기의 해결되지 않는 갈등의 결과로, 약물의 사용은 이러한 갈등을 밖으로 표출하는 미성숙한 반응이라는 것이다. 실존주의자들은 극복할 수 없는 압력을 받는 사람들에게 삶의 해결되지 않는 갈등은 지속적인 영향을 준다고 본다. 약물의존에 대한 Adler의 정신과적 관점은 개인의 열등감 콤플렉스에 초점을 둔다. 열등감은 신경증적인 증후군으로 약물 사용자는 개인의 자존심을 보호하고, 다른 자원에 의해 약화된 자아 보상을 위하여 약물을 사용하며 약물이 장애물을 극복할 능력을 촉진시킨다는 것을 믿는다.

적응적 행동을 하기 위해서는 자아의 세 요소, 즉 이드(id,)에고 (ego) 슈퍼에고(super-ego)가 조화롭게 기능해야 하며, 이들 요소의 기능은 심리성적 발달단계(구강기, 항문기, 남근기, 생식기) 동안 변하게 되는데, 약물남용은 이러한 발달단계의 장애로 자아의 3요소가 파괴적 상호작용을 함으로써 초기 발달단계에서 고착된 것으로 설명한다. 지나치게 엄격한 초자아를 갖고 있거나, 자기징벌적인 사람들은 스트레스를 감소시키기 위해 약물을 사용하며, 구강기(oral stage)에 고착되어 있는 사람은 입으로 술을 마심으로써 좌절감을 해소하려 한다. 이와 관련하여 정신분석 이론은 약물중독에 대해 두 가지로 설명하는데 한 가지는 개인이 약물에 취하게 되면 효과가 매우 유쾌하다는 것을 알게 되고, 이렇게 강한 쾌감을 경험한 사람은 그 결과가 파괴적이라도 계속 남용을 하게 된다는 것이다. 이러한 강한 쾌감은 약물에 대한 직접적인 감각의 만족보다는 불안과 갈등으로부터 벗어나려는 데 효과가 있는 것이다. 또 다른 설명은 중독의 고통스러운 결과를 피할 수 없다는 것이다. 약물을 남용하게 되면 그 부정적인 효과로 능력 상실 등의 부작용을 가져오고 이런 부작용의 결과로 중독이 되는 것이다.

정신분석 이론에 의한 설명은 행동의 동기인 쾌락의 추구를 강조하여 약물을 자발적으로 남용하게 되는 자기 파괴적 행동으로 적용된다. 그러나 이것은 비합리적인 동기와 내적 갈등만을 경종하고 인간의 성장에 영향을 주는 환경적 요인은 무시한 것이 한계점이라고 할 수 있다.

(2) 인성 이론

일반적으로 약물 남용자의 인성 특성은 수줍음이 많고, 소외되어 있으며, 참을성이 없고, 쉽게 자극에 흥분하며, 지나치게 예민하고, 좌절, 불안, 의기소침하며, 욕망의 즉각적인 만족을 추구하고 성적으로 억압되어(sexually repressed) 있는 특징을 갖는다. 타인과 어렵게 관계를 맺으며 낮은 자존감을 가지고 있고, 충동·모험, 건강에 대해 무관심하며, 강한 권력욕구(need for power)를 갖고 있으나, 이를 성공적으로 성취하지는 못하고, 권위에 저항한다. 약물은 이런 사람들에게 편안한 느낌과 권력감, 성취감 등을 주기 때문에 약물을 사용한다. 따라서 약물의 사용은 내면의 고통에 대한 자기치료의 의미라고 할 수도 있다. 약물 남용의 심리학적 이론들 중에 심리적 병리, 결함, 부적절성의 개념에 의존하는 이론도 있다. 즉, 특정 개인의 정서적·심리적 삶에는 그들을 약물에 매료시키는 뭔가 잘못된 것이 있다는 것이다. 그들은 약물을 '현실로부터의 도피'로 삶의 문제를 회피하고 약물을 통한 만족감에 도취하고 현실에 대한 무관심 속으로 은둔하는 수단으로 사용한다. 이러한 것을 지지하는 인성 이론가들에 의하면, 도취는 책임감, 독립성 및 장기적 목표를 성취하기 위해 쾌락주의적 충족만을 추구하는 덜 성숙한 개인의 적응기제라는 것이다.

약물을 사용함으로써 삶의 문제를 얼마 동안 피할 수 있게 해주지만 문제는 해결되지 않고 가려질 뿐이며 약물사용 그 자체가 보다 많은 다른 심각한 문제들을 생성해 낼 수 있다. 물론 부적절한 성격문제를 가지고 있지 않는 정상적인 사람들은 약물을 사용하지 않지만 약물남용자가 모두가 성격이 부적절한 것은 아니다. 일부는 단순히 동료사회의 압력이나 호기심 또는 구입의 용이성 때문에 한 번 사용해 보는 수도 있을 것이다. 그러나 성격이 부적절할수록 약물사용에 고도로 관련될 가능성이 보다 커지고 남용에 이를 가능성이 커지는 것 또한 사실인 것이다.

2. 사회적 원인

약물중독의 원인을 사회적 관점에서 살펴보는 것은 중요하다. 일반적인 사회적 원인은 담배, 알코올, 약물을 시작하도록 조장하는데 가장 강력한 영향을 미친다. 그에 따라서 사회학적 관점의 이론은 보다 크고 구조적인 원인에 초점을 맞춘다. 여기에서의 논의되는 중요한 원인은 개인의 특성이 아니라 개인의 놓여 있는 상황, 사회관계 또는 사회구조이다. 사회적 행동을 배우고 수용을 얻는 한 방법으로 개인은 집단에 참가하고 동료들의 행동에 대처한다. 따라서 동료집단의 압력은 개인의 자기개념과 방향 및 행동에 명백한 영향을 미친다. 사람들에게 있어서 약물의 사용은 집단에서 소외되지 않기 위한 필요조건이 되며 어떤 관점을 가지고 세계에 반응하는가에 대한 개념을 세우고 유지시키는 데 도움을 주기도 한다. 즉, 집단의 영향력이 심리·행동적 물질의 사용을 촉진한다는 것이다. 알코올은 뇌의 신경체계를 압박에서 벗어나게 하는 능력을 통하여 대인관계와 그룹 역동성을 용이하게 하므로 동료 또는 또래들이 모이는 장소에서 집단적으로 사용함으로써 많은 것을 서로 공유할 수 있는 개방된 분위기를 창조하고 동지애적 감정이나 모험심을 증가시키고 좋은 느낌에 대한 갈망이나 욕구를 충족시켜 준다. 따라서 약물은 오락적·사회적 측면에서의 촉진제 역할을 하는 것이다. 또한 감정 추구 행동은 모든 인간이 가지는 일반적인 특징 중의 하나로, 향정신성 약물을 사용함으로써 특별한 감정표현의 수단으로 활용하는 것이다. 종교적인 의미에서 영적 경험을 촉진시키거나 종교적 의식을 고양시킬 수 있는 인지 변화를 위하여 향정신성 물질을 사용한다는 주장도 있다. 심리·행동적 관점에서 약물은 기분의 강도를 증가시키고 새로운 정신세계를 보는 시각을 발전시키는 데 사용되기도 하고, 1950년대 마리화나가 반문화의 표현으로 사용된 것과 같이 자신의 의사를 표현하는 수단으로 약물을 사용하기도 한다. 도시빈민지역에 집합하여 살고 있는 빈곤계층은 의기소침하고 좌절감을 느끼며, 이런 좌절이 약물을 사용하게하기도 한다.

(1) 사회학습 이론

사회학습 이론에서는 행동이 보상과 처벌 또는 상황에 의해 형성된다고 주장한다. 보상과 처벌, 그리고 특정 행동에 대한 규범적 규정이 중요 개념이다.

특정 행위에 대한 과거와 현재의 보상 및 처벌이 우리가 계속 추구하는 행위를 결정한다는 것이다.

사회학습 이론에 의하면 약물남용은 약물을 사용하는 것이 보상을 받는 집단에 노출되는 것과 관련이 있다고 설명된다. 이 집단들은 특정 약물을 사용하도록 규정하고, 모방하게 하며 약물사용을 강화해 주는 사회적 환경을 제공한다. 이와 같은 약물사용 및 남용은 동료집단과의 결속력이 얼마나 강력한가, 법적 제재나 부모의 영향력이 얼마나 큰 가 등에 의해 좌우된다. 따라서 사회학습 이론에 의하면 약물사용을 지속하느냐 또는 중단하느냐 하는 문제는 약물사용 행동이 대안적인 행동에 비해 어느 정도 강화되었느냐와 어느 행동이 보다 바람직한 것이라고 규정되느냐에 달려 있다는 것이다. 그러므로 이 이론에서 약물 남용은 사회화와 직접적으로 관련된다. 즉, 약물 남용자는 집단 상호작용 속에서 약물을 사용하는 것에 대해 격려와 보상을 받고, 상황에 따라서는 그 보상이 약물 남용과 관련된 처벌이나 범죄적 대가를 능가한다는 것이다. 대부분의 사회적 집단은 인습 지향적이고, 순응하는 행동을 사회적으로 강화하지만 어떤 집단, 즉 일탈적 집단은 약물 남용을 강화하여 약물남용을 묵인하고 격려하며 약물 남용의 동기를 부여해 주고 약물남용을 합리화하는, 즉 약물남용을 모방하도록 하는 상황을 제공한다는 것이다.

(2) 사회통제 이론

사회통제 이론은 본래부터 인간은 일탈 가능성을 가지고 있으며 사회통제 및 사회적 유대와의 결속력이 약할 때 일탈적 행동을 하게 된다고 보고 있다. 즉, 통제이론에 의하면 모든 인간은 좌절된 소망과 충족되지 못한 욕구를 갖고 있기 때문에 대부분 압력을 받고 있는 상태라고 가정한다는 것이다. 그러므로 통제 이론의 주요 변수는 행동을 규제하여 약물 남용에 대한 자연적 충동을 억제하는 사회 통제력이다. 이런 통제는 행동의 결과에 대한 처벌과 보상으로 가능하다. 이러한 처벌과 보상은 자신에 의해 내면적으로 일어날 수도 있고, 타인에 의해 사회적(외부적)으로 일어날 수도 있다.

사회통제 이론은 다음에 논의될 하위문화 이론과 많이 유사하지만 중요한 차이점이 있다. 하위문화 이론은 약물사용의 문제를 "왜 약물을 사용하는가?", 즉 어떤 집단과정이 약물의 사용을 촉진시키는가의 관점에서 접근하는 반면 사회통제 이론은 "왜 사람들은 약물을 사용하지 않는가?"를 묻는 것이 보다 효과적이라고 주장한다. 다시 말하면, 관습적 개념으로부터의 이탈을 문제로 삼기보다는 약물을 오락적으로 사용하는 일탈적 행동의 유혹을 당연시한다. 통제 이론가들의 주장에 의하면 설명되어야 할 것은 왜 대부분의 사람들은 일탈을 하지 않는가? 왜 사람들은 쾌감을 느끼기 위해 약물을 사용하지 않는가? 라는 것이다. 약물을 사용한다는 것은 대부분의 일탈행동과 마찬가지로 동조를 초래하는 사회통제의 부재이다.

우리 대부분이 일탈이나 범죄행위를 하지 않는 것은 주류사회의 관습적 제도와의 강한 연결 때문이다. 이 연결이 약하거나 깨진다면 사람들은 사회의 규칙으로부터 풀려나고 약물사용은 물로 여러 가지의 일탈행위를 하게 될 것이다.

통제 이론은 관습적 사회에 강한 연결을 가지고 있는 개인들이 약물의 오락적 사용뿐만 아니라 어떠한 사소한 일탈행위도 절대로 하지 않는다고 주장하지는 않는다. 오히려 일탈과 통제는 둘 다 정도의 문제라고 주장한다. 즉, 우리가 관습적 사회에 대한 애착이 클수록 그 사회의 가치와 규범을 위반하는 행동을 하지 않는다는 것이다.

(3) 하위문화 이론

하위문화 이론은 약물사용에 우호적인 특정 사회집단과 관련이 있으면 약물사용을 배우게 되고, 약물사용에 부정적인 집단과 관련이 깊으면 약물사용을 하지 않는다는 것이다. 약물사용은 특정 사회집단에서는 환영받지만, 다른 사회집단에서는 금지되고 처벌을 받기도 한다.

하위문화 이론을 약물사용에 최초로 적용한 것은 Howard S. Becker로서 마리화나 사용자가 되는 과정에 초점을 두었다. 그의 관심은 무엇이 인간으로 하여금 쾌락을 위하여 계속 마리화나를 사용하게 하는가? 에 있었다. Becker의 모델에 의하면 다음의 3가지가 요인이다.

첫째, 쾌락을 즐기기 위해서는 마리화나를 피우는 올바른 기술을 배운다.

둘째, 자기의 몸과 마음에서 일어나고 있는 미묘하고 모호한 효과가 마리화나 때문이라는 것을 인지한다.

셋째, 그 효과를 즐기는 것을 배운다.

마리화나에 의한 감각은 그 자체로는 쾌락적인 것은 아니다. 자기의 몸에 무엇이 일어나고 있는지 스스로 느끼지 못하면 마리화나 흡입 시 느낌은 불쾌하고, 불안정하고, 방향감각이 없고, 불편하고, 혼란스럽고, 심지어 무섭기까지 하다. Becker에 의하면, "다른 사용자들과 함께 흡입을 하면서 다른 사람의 느낌을 말로 전달해 받음으로써 비로소 거부감이 사라지게 된다."는 것이다.

처음 약물을 사용하는 자는 하위문화권의 고참 사용자로부터 사회의 관습에 대처하는 방법을 배우게 된다. "알코올이 마리화나보다 더 해롭다.", "마리화나는 다른 것에 비해 특별히 해롭지 않다.", "마리화나의 효과는 주로 이로운 것이다" 등을 하위문화로부터 배운다. 즉, 마리화나의 사용이 위험한 것이 아니라는 관점으로 대치하게 된다. 이 하위문화 이론은 개인의 약물사용은 하위문화화의 관련이 직접적인 요인이라는 것이다. 사람들이 약물사용을 시작하는 것은 혼자서가 아니라, 약물을 제공해 주고 약물의 사용방법을 설명해 주고 역할 모델을 해주는 사회집단과 접촉을 통해서 뿐이라는 것이다.

(4) 음주문화 이론

청소년들의 음주 실태를 조사하는 과정에서 나타난 우리나라의 음주문화는 조사 대상 청소년의 64.7%가 중학교 3학년 이전에 음주를 시작하였으며, 그 중 46.4% 가 제사와 같은 가족행사에서 최초로 음주를 경험하였다(김용석, 2000)고 하는 것 으로 보아 우리나라 청소년의 조기 음주는 우리나라의 가족 행사 문화와 관련이 있음을 말해 준다. 성인들의 경우도 직장 회식에서 술이 빠지지 않으며, 대학생들 의 신입생 환영회에서 심지어는 여학생들조차 술을 마시지 않으면 안 되는 분위기 가 확산되어 오늘날 여성 음주자의 수도 증가일로에 있다. 또한 농촌에서 농민들 이 농번기에는 노동의 고달픔을 위로하기 위하여 마시고, 농한기에는 한가함을 달 래기 위하여 농촌에서의 음주가 일상 생활화되어 있는 것은 우리나라 농촌문화의 오랜 전통이다. 이와 같이 술을 권하는 문화, 술에 대한 사회적·도덕적 관념, 술의 가격, 술에 대한 종교적 가치 등에 의해 약물중독의 유병률에 차이를 나타낸다.

3. 생물학적 원인

최근의 언론 보도에서 약물의 중독과 니코틴 중독자들이 대뇌의 특정 부분이 손 괴된 후 약물과 흡연의 연구가 상실되었다고 한다. 이는 중독이 대뇌의 특정한 기 능과 관련됨을 입증하는 것이다. 중독의 일차적으로 생물학적 입장에서 이해해야 한다. 약물의 중독은 유전적 원인이 있다는 견해로 얼마 전까지 약물의존은 단순 히 약물 사용자의 의지가 약하기 때문이라는 오해를 받아왔다. 그러나 1956년 미 국의 약물의존이 당뇨나 암처럼 하나의 질병이라고 밝혀짐으로써, 약물의존은 병이 라는 개념이 확산되기 시작했다. 따라서 약물의존은 어떤 신체적 증후군을 통해서 알아낼 수 있게 되었다. 약물을 부적절하고 과도하게 지속적으로 사용한 사람은 강박 증상을 나타내고, 알코올에 중독된 사람은 간경화, 뇌혈관 경색증, 정신병들 과 같은 질병에 걸리고, 술을 마시면 더 악화된다.

생화학적 견지에서 모든 심리·행동적 물질에 신체가 반복적으로 노출되면 신체는 약물 성분에 대하여 점진적으로 적용하게 되며, 인간의 신체는 너무나 적응적이기 때문에 어느 한계를 지나면 약물 분자는 신체적 기능을 위해서 없어서는 안 되는 물질이 되는 것이다. 이 이론은 신경전달물질의 생화학적 작용기제가 규명됨에 따라 점차 확고한 이론으로 자리 잡아 가고 있다. 심리·사회적 이론과 비교해서 약물의존 상태에 대한 생화학적 설명은 상대적으로 새로운 이론으로, 오늘날 약물의존에 대한 심리학적·사회학적 원인보다 큰 비중을 차지하고 있다.

(1) 유전 이론

과거의 이론으로 미래에는 애착 이론을 연구하도록 하면서, 유전적 요인(genetic factor)이 개인의 포괄적인 성질이 약물남용에 영향을 준다는 것이다. 즉, 유전자의 합성이 약물남용에 적합한 생물학적 메커니즘과 관련된다고 한다. 예컨대, 약물을 사용하는 양에 따라 몸속에 작용하는 약물들의 성능을 조절하여 특정 수준의 취한 상태에 이를 수 있게 되며 이것은 개인에 따라 다를 수 있고 지속적 사용에 영향을 줄 수 있다고 설명된다. 이러한 유전적 구조가 환경 및 성격 요인과 결합하여 특정 개인이나 집단에 유의미하게 높은 약물중독을 일으킬 수 있다고 한다. 유전적 요인은 약물중독과 관련되는 여러 요인 중 하나다. 따라서 유전적 요인이 다른 요소들과 결합하여 그 과정을 촉진할 수 있을 것이다.

부모가 약물중독자이면 자녀는 약물중독이 아닌 부모의 자녀에 비해 중독자가 될 확률이 높고, 친부모(biologic parents)가 약물중독자인 입양아는 그렇지 않은 아이에 비하여 약물에 중독될 확률이 4배라고 한다. 한편 입양 부모가 약물 중독자일지라도 입양 자녀가 약물중독이 될 위험률(risk rate)은 증가하지는 않는다고 한다. 또 일란성 쌍생아는 이란성 쌍생아에 비해 2배의 일치율(concordance rate)을 보인다고 한다. 이와 같은 중독에 대한 유전적 평가를 부문별로 고찰해 보면 다음과 같다.

① 가계(家系)연구

유전적 조건 속에서 인간 행위를 설명하려는 노력은 고대로 거슬러 올라간다. 이 생각은 아이들이 그들의 부모와 외모, 습관, 성향 등에서 닮는 경향이 있다는 상식적인 관점에 따른 것이다. 유전적 특징에 대한 과학적 이론은 대략 1850년에 시작했고 이후 50년에서 75년 넘게 더욱 광범위하게 발전해 왔다. 이를 통해 심리학자 "고딩"은 환경, 빈곤, 민족, 교육, 출생순서, 붕괴가정 등 관계없으며, 유전에 가깝다고 주장하나 대부분 범죄학자들은 더 이상 가계연구를 통해 유전의 역할을 증명하려고 시도하지 않는다. 본 필자도 지금까지 실무와 이론을 통해 알코올중독은 유전적 원인이라고 하지 않는다.

쥬크(Jelinek's)는 "알코올중독은 가족병이다."라고 하였다. 그 이후 알코올중독 가계에 대해 많은 연구가 있어 왔는데 거의 대부분의 연구에서는 일반인보다 알코올중독자의 집안이나 친척들에게서 알코올중독이 훨씬 많이 발견된다고 보고되어 있다. 1979년 Cotton 등은 알코올중독이 가족 내에서 많이 발견된다는 논문들 140여 개를 취합하여 발표한 적이 있다(그림 5-1). 그의 문헌에 의하면 알코올 중독자의 경우 아버지의 27%, 어머니의 5%가 알코올중독이었다. 또한 남자 형제들의 12~50%, 여자 형제들의 2~13%가 알코올중독이었다.

* 가계연구에 대한 비판

가계에 내려오는 어느 하나의 특징이 몇 세대에 걸쳐서 나타나는 사실을 내보이는데 지니지 않으며, 그 특징이 유전적인 것이라고 증명할 만한 내용 없는 것이다. 또한 "덕데일"이 조사하였던 쥬크 가계는 그 후 40년을 지나 에스터브룩에 의해 조사하였던 시점까지 그 집안의 중독자가 현저하게 줄었음을 알게 되었다. 이것도 유전과 환경 양면에서 설명해야만 하는 일이다. 따라서 유전과 환경의 관계를 통하여 중독자를 해명하는데 중독자 가족에 관한 연구는 적당하지 않다는 결론이다. 나아가 범죄와 유전과의 관계를 부정하는 설명으로써 이와 같은 연구가 이루어진 당시에는 생물학적과 정신의학적의 지식이 없었던 때라는 점을 감안하여야 하며, 더구나 그 사례가 너무 적어 모든 요인을 알기에 부족하다. 는 점이다. 그리고 적어도 범죄자와 중독자에 관하여서는 그들이 자라온 환경여건이 매우 좋지 않다는 점을 고려해야 한다. 유전소질의 범죄발생의 절대적 요인으로 작용할 수 없다는 것을 증명하는 연구내용들인 것이다.

(그림5-1) 알코올중독자와 알코올중독이 아닌 대조군 부모의 알코올중독 유병률

대상	알코올중독자의 자녀들 (229명)		정상 아동들 (163명)	
	아들	딸	아들	딸
금주동맹 가입	35	6	20	1
범죄기록	42	6	25	6

1960년 Rhydelius와 Nylander 등은 알코올중독자의 자녀들에 대한 연구에서 4-12세 사이의 알코올중독자들의 자녀(Children of Aocoholics: COA) 229명과 정상아동 163명(대조군)을 대상으로 하여 20년 이후의 상황을 추적하였다(1981년, 스칸디나비아). 이 아이들의 경우에는 보통의 아이들보다도 더 많은 사회적 지지를 받았음에도 불구하고 중독자 자녀들의 35%가 알코올남용과 관련된 금주단체에 가입하고 있었다(정상아의 경우에는 20%). 반면 여자아이의 경우에는 6%와 1%이었다. 범죄를 저지른 것은 42%(COA)와 25%(대조군)이었으며, 여자아이들의 범죄기록은 각각 6%이었다. 특히 중독증이 심한 부모의 자녀일수록 난폭한 행동을 많이 보여주었다(그림5-2)

(그림5-2) 알코올중독자들의 자녀에 대한 20년 추적조사

구분	아버지가 중독일 확률	어머니가 중독일 확률
알코올중독 대조군	27.0	4.9
정신과적 질환	9.9	1.8
일반 의학적인 질환	5.2	1.2

알코올중독의 유전과 관련된 이론 중에서 한 가지 흥미로운 사실은 알코올중독자의 첫 세대인 부모나 형제가 중독의 위험성을 가질 확률이 20%인데 반하여, 위험률이 더 낮아야 할 두 번째 세대인 손자 및 손년 대에서의 위험률도 비슷하다는 사실이다. 이에 대한 이론적 배경은 알코올 중독자의 자녀들은 알코올 문제를 가

지고 있는 사람들을 배우자로 선호한다는 관점이다. 여러 연구에 의하면, 알코올 중독자 배우자의 33%가 알코올중독이며, 알코올 중독자와 결혼하는 여성 자신의 25%가 알코올 중독자라는 것이다.

② 쌍둥이 연구

최초 쌍둥아 연구 개척한 학자는 영국의 갈턴이며 대표적인 연구자는 랑게와 크리스틴 안센이다. 쌍생아 중독 연구하기 전 범인성에 대한 설명이 필요하다. 즉 쌍둥이는 유전적 요소를 많은 부분 공유함으로 쌍둥이의 범죄 일치율이 높으면 높을수록 범죄의 유전적 성격 높아질 것이라는 생각에 기초하여 연구를 진행한 것이다. 그 결과 대부분의 연구인들은 쌍둥이의 행위일치율이 생각보다 상당히 높으며, 특히 쌍둥이 중에서도 일란성 쌍둥이의 범죄일치율이 이란성 쌍둥이의 범죄일치율보다 현저히 높은 것으로 나타났다. 따라서 일란성 쌍둥이의 범죄일치율이 이란성 쌍둥이의 범죄일치율 보다 높을 경우 범죄와 약물 등의 소질의 관련성을 일정하게 되는 것이다. 이에 따라 만약 인간의 약물사용이 후손에게 유전되어 진다면 동일한 유전형질을 가지고 태어나는 일란성 쌍둥이에 대한연구를 통해 정말로 약물의 사용에 성향이 유전된다면 쌍둥이들이 반사회성이나 중독의 범죄성, 비행성 등 공통적으로 발견되어야 하는 것은 당연하다. 그럼 쌍둥이들의 유전적 원인가 사회교육적인 것인지에 관해 정확하게 규명 할 수 있는 방법은 없는 상황이었다. 외국의 사례를 보면, 일반적으로 일란성 쌍둥이의 유전자는 일치율이 100%이고, 이란성 쌍둥이의 유전자 일치율은 50%라고 한다. 1960년 스웨덴의 Kaji 등은 174쌍의 남자 쌍둥이들의 비정상적 음주습관들을 조사한 결과, 술을 전혀 마시지 않는 사람들과 만성 중독인 사람들까지 5등급으로 분류하였을 때, 일란성 쌍둥이들은 53.5%가 비슷한 음주양상을 나타내었고, 71.4%가 만성 알코올중독자이었다. 이란성 쌍둥이의 경우는 각각 28.3%와 32.3%이었다. 이러한 현상을 보면 일란성 쌍둥이의 약물 유전 확률이 높으면 이란성 쌍둥이는 낮게 나타났다고 할 수 있으며 이론 학계에서도 일란성 쌍둥이들이 약물에 유전 할 수 있다는 사실이다. 그 이유는 일란성 쌍둥이와 이란성 쌍둥이는 유전적으로 아주 다르다. 일란성 쌍둥이는 이미 정자와 난자가 결합하여 수정된 수정란이 분리하여 두 개의 다른 개체로 성장한 것이기 때문에 동일한 유전적 형질을 가고 태어나기 때문이다. 그러나 쌍둥이 연구를 통해 중독될 것인가를 예측한 변이들의 단지 20% 만이 설명이 가능했다. 그에 따라 21세기에는 신경과학에서의 연구할 애착이론으로 보안해주는 중독 관련과 역동을 이해하는데 보다 완전하고 만족스러운 페러다임을 제공한다.

③ 양자의 연구

1927년부터 1941년까지 "허칭스와 메드닉" 연구자들은 덴마크 코펜하겐에서 출생자 143명을 상대로 양자범죄와 비범자 조사 시 유전적 영향 등 있지만 환경적 영향도 상당히 크다는 점이 인증되었다. 결론적으로 양자부모 와 비양자부모 관계없이 약물사용에도 환경적 원인과 가깝다고 생각할 수 있다. 즉 양자 부모가 약물 중독자라고 하여도 환경적 문화적 교육 등이 성실할 경우에는 유전적 원인이 될 수 없는 의견이다. 그러나 미국의 알코올 양자 관계를 살펴보기로 한다.

1945년 미국의 Roe와 Burks 등은 아버지가 알코올중독인 36명의 양자들을 조사하였는데 이 중 10명(28%)이 알코올중독이 되었다. 반면, 아버지가 알코올중독이 아닌 25명의 양자 중에서는 단지 2명(8%)만이 알코올중독이 되었다. 1978년 미국 아이오와 주의 Cadoret와 Gath 등의 연구에서는 부모가 알코올중독이었던 6명의 성인 양자 중 2명(33.3%)이 알코올중독이었고, 부모가 정상인이었던 78명의 성인 양자 중 1명(1.2%)만이 알코올중독이었다. 또, 1973년 스칸디나비아의 Goodwin 등은 알코올중독인 부모의 자녀들 중에서 양자로 보낸 아이들과 양자로 보내지 않은 아이들이 후일에 어떻게 변하는지 조사하였다. 양자로 보낸 아이들 55명 중에 18%가 알코올중독이 되었고, 양자로 보내지 않은 아이들 30명 중 17%가 알코올중독이 되었다. 즉, 부모가 알코올중독인 경우에는 그 아이가 부모 밑에서 자라거나 그렇지 않거나 간에 비슷한 비율로 알코올중독이 되는 반면, 아버지가 알코올중독인 경우에는 딸을 양녀로 보내거나(49명) 그렇지 않거나(47명) 간에 알코올중독이 될 확률이 2-3%로 별 차이가 없었다. 이러한 연구결과를 보면 알코올중독의 유전 성향은 남성에서 강력하며 환경적 인자는 별로 중요하지 않다고 해석할 수 있겠다(그림5-3)

(그림5-3) Goodwin 등의 양자 연구 비교

진단	부모가 알코올이 아닌 양자 (78명)	부모가 알코올중독으로 병원에 입원했던 경우		부모가 알코올 중독이 아닌 양자 (47명)	부모가 알코올중독으로 병원에 입원했던 경우	
		양자 (55명)	동거 (30명)		양녀 (49명)	동거 (81명)
알코올 중독	5	18	17	4	2	3
우 울 증	20	15	20	15	14	27

이상의 연구에서 알 수 있듯이 알코올중독과 유전인자와는 상당한 상관관계를 가지고 있다. 최근에 이루어지고 있는 약물중독에 대한 연구결과도 알코올중독에서 발견되었던 내용과 거의 일치한다. 알코올중독과 약물중독 사이에는 물질의 차이만 있을 뿐 기타 여러 가지 양상들은 비슷하게 나타난다.

현재까지 알려진 바로는 중독자인 아버지로부터 아들에게 유전이 가장 잘 되고, 아버지가 어렸을 때부터 법적인 문제와 연루되어 알코올중독에 이르렀고, 재발을 많이 하고 회복이 잘 되지 않을수록 유전이 잘 된다고 한다. 또한 알코올중독은 여자보다 남자에게 많고, 그 비율은 5:1로 남자가 더 많다. 여성은 남성에 비해 kg당 알코올 섭취량이 같을 때 체내에 잔존하는 알코올의 농도가 더 많은데 그 이유는 체내에 수분 비율이 적고 체지방이 많아 알코올 농도가 높고, 알코올 분해속도가 더 느리기 때문이다. 그러나 어머니가 알코올중독이면 딸도 알코올중독이 될 가능성이 많으며, 중독자의 딸들은 환경요인에 의하여 우울증이 많이 생긴다고 한다. 유전적 요인으로 인종간의 차이를 들기도 하는데, 유태인과 중국인의 중독 성향이 적고, 아일랜드인에게 많으며, 동양인에 비해 서양인이 약물중독 유병률이 높고, 중국인에 비해 한국인의 유병률이 높다.

● 양자연구의 한계

양자연구에도 일정한 한계가 있다는 사실이 양자연구가 활성화됨에 따라 명백히 드러났다. 첫째, 양자입양에 있어서 알선기관이 친부모와 유사한 환경의 양부모가

정을 선발하려고 할 때 유전적인 요소만을 색출하는 것은 곤란하다. 둘째, 양부모가 약물사용자인 것을 양자에게 알리는 것은 일종의 낙인이 되므로 "예언의 자기성취"가 이루어질 우려가 있다. 셋째, 양자연구는 샘플이 한정되어 있기 때문에 정확한 결론을 도출하는 것이 곤란하다. 즉 대규모 연구의 필요성과 곤란성이라는 해도 범죄와 약물의 관련해서 무엇이 유전하는지는 계속적 연구를 통해 명백히 밝힐 수는 없다는 것이다.

(2) 생화학적 이론

생화학적 이론은 모든 약물에 대한 중독 상황을 생화학적 견지에서 설명하는 것이다.

의사인 Vincent Doke Marie과 Nyswander은 메타볼리즘(신진대사)의 불균형이라는 이론을 개발하고, 이 이론에 의해 약물중독은 당뇨병자와 매우 비슷한 대사기제로 고통을 받는다고 하였다. 개인들이 일단 약물을 취하기 시작하면 그들의 생리현상은 당뇨병자가 인슐린을 갈망하는 것과 같이 약물을 '갈망'한다는 것이다. 약물을 반복 투약하면 신체적으로 이들을 원하는 메타볼리즘(신진대사)의 주기가 생긴다. 즉, 약물이 기존의 결핍을 정상화시켜 주는 안정제로서 작용한다. 중독자의 몸은 계속 약물을 갈망하기 때문에 약물남용자는 약물사용을 결코 중단할 수 없다.

(3) 아동기 병력(Childhood history)

주의력결핍 과다행동증(attention deficit hyperactivity disorder: ADHD)이나 행동장애(conduct disorder)의 아동기 병력이 있으면, 물질중독이 될 위험성이 높다.

반사회적 인격장애(antisocial personality disorder)나 경계성 인격장애(borderline personality disorder) 역시 물질중독의 유발인자(predisposing factor)이다.

4. 영적인 원인

약물중독자 뇌는 이미 손괴된 상태이다. 아무리 의학적으로 발달하였다고 하여도 손괴된 뇌는 영원히 재생할 수 없는 의미에서 영적 원인에 대하여 간단히 설명하려고 한다.

중독자는 영적 면에서 중독은 인간성이 가지고 있는 나약함과 관련 있다. 인간이 하느님이나 영적 대상을 바라보지 않고 타락하였을 때 약물에 접근하면서 중독자가 될 수 있다는 것이다. 신학적으로 볼 때 중독의 본질은 인간이 유혹을 이겨내지 못한 것에서 시작된다고 할 수 있다. 유혹을 받은 다음 중독자는 자기 자신을 합리화하면서 스스로 속이게 되고, 나아가 자기 의지대로 중독 행위를 제어 할 수 없는 단계를 거쳐 마침내 약물에 의해 지배당하게 되는 것이다. 중독은 처음에 인간이 죄악의 마음을 가지고 스스로 선택한 것이다. 그렇지만 이러한 선택이 반복되어 약물이 그 사람을 속박하게 되면, 인간은 더 이상 선택할 수 있는 자유인이 아니라 약물의 중독에 속박된 노예, 즉 꾸짖기보다는 연민의 감정을 가지고 도움을 주어야 한다. 영적 입장에서는 약물 중독자가 중독이 되면 더 이상 혼자 힘으로는 어쩔 수 없는 존재가 되어 버리기 때문에 영적인 도움이 절실하다고 생각되며, 그에 따라 현장에서 실무를 통해 마약류 중독자 18범 중독자를 영적 치료목적으로 모 기도원에 약 6개월 동안 입실 큰 효과를 본 사례가 있었다. 그럼으로 여러 원인에 의해 한번 중독된 뇌는 현대의학에서 치료가 불가능 하다고 볼 수 있다. 최근 병원 치료받은 중독자 상담에서는 치료에 효과가 없다고 말하였다.

5. 기타 원인들

(1) 잘못된 인지 및 태도의 원인

약물을 투약사용 하는 MZ세대 (청소년)들은 담배나 알코올, 약물의 부정적 결과에 대한 인식이 부족하며 약물 투약사용에 대해 긍정적 태도를 가지고 있다. 약물에 대한 많은 지식을 가지며 약물사용에 대해 부정적인 생각을 갖는 사람은 약물남용에 잘 빠지지 않는다.

약물투약 사용자는 약물사용이 "정상"이 라고 생각하며 대부분의 사람들은 담배를 피우고 술을 마시며 약물을 투약 사용하고 있다고 믿고 있다. 청소년 MZ세대를 둘러싸고 있는 친구에 대해 허용적 태도를 지니게 되면 나중에 본 이도 약물남용에 빠질 가능성이 높아진다.

(2) 특정적 성격 원인

약물 남용자는 관련된 특정적인 성격이 있다. 자존심이 떨어져 있든지, 자기 확신감이 떨어져 있다든지, 자기 만족감이 떨어져 있다든지, 사회적 확신감이 떨어져 있다든지, 좀 더 공격적이라던지, 개인적인 조절 능력이 떨어지고 가기 효율성이 떨어지는 등의 특징이 있다. 그들은 불안하고 충동적이며 성인 되는데 있어 인내심을 발휘하고 있지 못하며, 좀 더 사회적으로 받아들여지기를 원한다.

또 어떤 사람들은 특별한 정신 증상이 있어 이 증상을 완화시키기 위한 목적으로 약물을 투약 사용하기도 한다. 이를 자가 투여 가설이라고도 한다. 예를 들면 내적으로 불안감을 경험하는 사람들이 이 증상을 경감시키기 위하여 알코올이나 다른 항우울제를 복용함으로써 덜 불안하게 느끼는 경우가 될 수 있겠다. 이와 같이 약물 남용자에 있어 특정적인 성격 특성이라고 알려진 것들이 자주 거론되고는 있으나 아직까지 전형적인 약물남용자의 성격적 특성이라고 정해진 것은 없어서 이 점에 주의해야 한다.

(3) 약물학적 몇 행동원인

자주 사용 남용되고 있는 약물의 약리학적 특성은 다양하다. 대부분 약물들이 의존성과 재강화를 야기한다. 의존성은 한번 사용하기 시작하면 자꾸 사용하고 싶은 충동을 느끼며 이런 충동이 반복 사용할 때마다, 점차 강화되는 현상을 야기한다. 내성이라는 것은 동일한 효과를 얻기 위하여 사용할 때마다 양과 횟수가 늘어나는 것을 야기한다. 일단 의존적으로 약물을 사용하게 되는 상태가 되어 이 약물을 사용하지 않게 되면 우울감과 신체적인 금단증상이 야기 된다.

이와 같이 약물마다 거의 대부분의 의존성, 재강화, 내성 몇 금단증상들이 나타나기 때문에 지속적으로 약물을 사용하지 않고는 지낼 수 없는 상황이 된다.

코카인과 니코틴을 투약하여 동물에서 재강화 실험을 실시하였는데 약물을 투약하지 않았을 때에 비해 약물을 투약하였을 때에, 자극 빈도를 훨씬 줄여도 동일한 률의 반응 효과를 가져옴을 알 수 있었다. 그다음으로 가치체계로 약물남용 생기는 것이 아니고 병적인 상태나 생활 양상과 관련하여 일어난다. 약물사용은 다양하게 건강을 해치는 상황이나 문제행동과 관련되어 있다. 첫째로 한 가지 약물을 사용하는 사람은 다른 약물도 동시에 사용하는 경우가 많음을 알 수 있다. 특히 MZ세대 (청소년)들은 최근 들어 신종마약류를 이 약물 저 약물을 동시에 사용사례가 종종 발생되고 있다.

둘째, 담배를 피우고 술을 마시며 약물을 사용하는 청소년은 학교 성적이 좋지 않고 건전한 스포츠나 동아리 모임에 참여하기보다 공격적이며, 거짓말하고, 훔치며 사기 치는 것과 같은 반사회적인 행동 양상을 보인다.

셋째, 그들은 자주 미성숙한 성경활동과 무단결석, 비행, 가정불화 등과 관련이 되어있다. 다양한 형태의 문제행동이 증후군의 한 부분으로 나타나거나 매우 관련성이 깊은 행동들의 집합으로 나타남으로써 그들이 동일한 원인을 가지고 있는 것으로 생각된다. 이는 예방에서 중요한 의미를 갖는데, 다양한 문제행동들이 연관되어 있다면 단일한 예방적 개입만으로도 문제가 해결될 수 있다.

제2절 약물 중독자 치료모델

지금까지의 연구를 통하여 중독에 이르는 수많은 과정이 발견되었고, 이 과정들 하나하나에 다양한 종류 유형들이 나타났으며 많은 다른 개념들과 마찬가지로 중독치료의 의미는 다양하게 정의되고 있는데, 특히 중독자 치료모델은 필자가 여러 전문가들의 치료모델을 종합하여 통상의 모델을 제시한다. 약물 남용 및 중독에 대한 대책을 마련하는 데에는 약물 남용에 대한 관점을 분명히 하여 할 필요가 있다. 약물 남용자를 반사회적인 범법자로 볼 것인가, 사회구조의 희생자로 볼 것인가, 아니면 정신질환자로 볼 것인가의 문제이다. 그에 따라 앞에서 언급한 것처럼 중독모델은 매우 다양하지만 각 단계의 분류가 명확하지 않다. 그래서 실험적으로 개인과 집단에 초점을 맞추어 분류를 하려고 한다.

약물중독이나 알코올중독은 그 원인에 대한 이론이 다양하여 동시에 다양적으로 접근이 필요한 정신건강 문제이다. 알코올중독이라는 용어를 최초로 사용한 사람은 1849년 스웨덴 의사인 Magnus Huss이었고, Jelinek는 음주 형태를 사회문화적 영향에 따라 분류했다. 이후 미국의학협회(AMA)는 알코올중독을 질병 개념에 입각하여 정의하고 진단 분류하였고, 세계보건기구(WHO)는 알코올 의존개념에 의해 정신의학적으로 진단 분류하였으며, 행동이론가나 사회과학자들은 행동 이론적 방법으로 접근하였다. 1956년 이후 통용되어 온 미국의학협회의 정의에 의하면 알코올중독은 "만성적이고 과도한 알코올 사용에 관련된 장애이며 신체적·사회적·심리적인 기능장애를 수반하는 질병"이다. 반면에 세계보건기구에서는 "알코올 사용이 그 사회에서 수용하는 범주를 초과하거나 부적절할 때 음주라 하고, 과도한 알코올 사용으로 인하여 개인의 건강과 사회적인 활동에 손상을 입힐 때를 알코올중독"이라고 정의함으로써 문화적·사회적 요인들의 중요성을 강조하고 있다. 알코올뿐만 아니라 약물중독에 대해서도 중독의 진단기준은 각각의 개념 정의 및 분류학상의 차이, 사용자 등에 따라 조금씩 차이가 있다. 또한 알코올중독은 사회문화적 배경에 따라 인식이나 수용도 등에 차이가 있고 문제 음주로 보는 정도가 다르므로 문화적 배경에 대한 고려 없이 하나의 진단기준을 일률적으로 적용하는 것은 문제가 있다.

이와 같이 알코올 및 약물의 중독원인에 대한 분류를 크게는 도덕·의지모델, 의료 모델, 사회학습 모델로 나눈다. 그 외에는 성격 모델, 법 모델, 교육 모델, 사회문화 모델, 공중보건 모델이 있다.

1. 도덕·의지 모델(Moral-volitional model)

마약중독에 대한 가장 오래된 모델로서 약물중독자를 도덕적으로 나약하기 때문에 약물을 사용한다고 보고 죄인으로 취급하는 것이다. 약물사용자의 신체적·심리적 혹은 사회적 요인들의 영향은 전혀 고려하지 않고, 개인의 의지가 부족하거나 적절한 충동조절 능력이 없어 과도하게 약물을 사용한다고 보는 견해이다. 알코올 문제의 원인으로서도 과도하게 술을 마시는 것은 개인의 선택이라는 관점이 있다 (Keller, 1979). 약물사용을 질병으로 보지 않고, 약물문제의 원인을 성격적으로 나약한 의지에 초점을 두며 약물중독에 대한 과거 책임을 인정하고 회복과정에서도 도덕을 중요시하는 것은 최근까지도 지배적인 사고였던 기독교적 도덕성에 기반 한 것이다. 이에 따르면 중독자는 '유혹'에 저항할 '도덕적인 힘'이 약한 사람이며 '죄악의 영혼에 굴복한 사람'으로 보고, 개인이 선택한 음주로 인한 문제에 대해서는 도덕적인 판단이 부과되어야 한다. 이러한 관점에서 중독자에 대한 처벌이나 지위, 자유의 상실 등과 같은 사회적인 제재는 적절하다고 보는 것이다. 도덕 모델에서 재발은 약물사용을 중단하려는 약속의 파기이며 도덕신념의 결여와 약물에 대한 유혹의 저항력 결핍으로 인한 통제력 상실로 본다. 따라서 중독자는 의지가 부족하기 때문에 약물을 사용할 수 있는 문화로부터 격리되어야만 한다고 본다.

2) 의료 모델(질병 모델)

1930년대와 1940년대에 등장한 이 모델은 제 2차 세계대전 이래로 급속하게 확산되었다. 이 모델의 효시는 19세기 초 미국의 의사였던 Benjamin Rush이지만 현대적인 관점으로 보면 1940년대 Jelinek에 의해 소개되었다.

그 이후 질병 모델은NCA(The National Council on Alcoholism)나 세계보건기구(WHO) 등에 의해서 채택되었다. 약물중독을 질병 혹은 신체적인 문제에 기인하는 증상으로 다루고 의사의 주도하에 약물남용자의 질병과 질환에 개입하여 진단, 치료 및 투약을 함으로써 증상을 제거한다는 것이다. 유전학, 내분비학, 뇌기능, 생화학 등이 의료모델이 기반이 되고 있다. 이는 약물중독을 "점진적으로 진행되고 만성적으로 재발하는 질병"으로 인식시키는 데 기여하였다. 즉, 알코올중독자들은 '알코올중독'이라는 질병에 걸렸기 때문에 술을 마시지 않을 수 없다는 논리이다. 의료모델에서 주장하고 있는 약물중독에 대해 "약물중독은 특징적이어서 외형상으로 확인될 수 있다. 약물중독자들과 약물중독자가 아닌 사람들은 기본적으로 다르다. 즉, 약물중독자는 만들어지는 것이 아니라 약물중독자로 태어난다. 약물중독자들은 약물에 대한 피할 수 없는 신체적 혹은 심리적인 강한 충동을 느낀다. 약물중독자들은 일단 약물을 섭취하면 약물사용을 멈출 수가 없다. 약물중독은 단계별로 진행되는 점진적인 질병이다(Patison & Sobell, 1977)라고 주장하였다.

의료모델에서 알코올중독에 대한 견해는 '알코올중독은 정상상태와는 질적으로 구분되는 하나의 단일 질병체'이기 때문에 이분법적인 논리로 알코올 중독이냐 아니냐로 나누어진다고 한다. 알코올중독의 원인은 유전성과 생리학에 근거를 둔 생물학적인 것으로, 행동적·가족적·성격적인 혼돈은 알코올이 몸에 영향을 미치는 신체적인 비정상성의 증상일 뿐이라고 한다. 또, 첫 음주 후에 음주조절 능력을 상실하는 것으로 알코올중독이 진행 중인 증상이며, 이것은 비정상적인 신체적 상태에 의한 화학물질(ethanol)에 대한 반응으로, 이 상태는 변하지 않으며 결코 치유될 수 없고 단지 완화 될 뿐이라고 한다.

의료모델에 의거한 치료법에는 영양요법, 메사돈 치료법, 영국 모델법 등이 있다. 영양요법이란 다른 치료법을 사용하기 전에 필수적으로 선행되어야 할 요법으로, 약물남용자의 영양학적 불균형을 치료하기 위해 결핍된 신진대사 등 영양학적 욕구를 충족시켜 주는 것이다.

메사돈 유지치료 방법은 1964년 록페러 대학의 Dole와 Nyswander 등에 의해 약물중독의 치료방법으로 개발된 것으로, 헤로인과 같은 마약 대신에 기분이 좋아지지 않을 정도의 합성 마약인 메사돈을 적당량 주어서 다른 마약의 사용을 차단시키는 치료이다. 메사돈 유지 치료는 헤로인이나 모르핀 사용이 많은 나라에서만 사용이 가능한 방법이다. 환자들이 모르핀이나 헤로인 등으로 인해 고통을 받고 사회적 문제를 일으키기보다는 일단 메사돈을 주어 환자로 하여금 범죄를 저지르는 것을 방지하자는 의도에서 만들어진 치료기법으로 중독에 대한 궁극적 치료와는 거리가 먼 일종의 사회보호방법 중의 하나이다. 우리나라에서도 과거 잠시 메사돈으로 치료하는 제도가 있었는데 대량의 메사돈이 정부의 통제에서 벗어나 여러 계층에서 남용하는 현상이 발견되어 일반 마약과 같이 법으로 사용을 엄격히 통제하기에 이르렀다. 영국에서는 약물중독자는 치료받아야 할 환자로서 정부의 유관사무소에 등록하여 의사의 치료서비스를 받는다. 즉, 의사로부터 마약을 처방받아 복용하는 것으로, 의사는 처방하는 마약의 양을 점차 줄여간다. 치료과정에 의사 이외에 심리치료사, 간호사, 사회사업가가 개입하는 영국식 모델이다.

이 모델은 중독자들에게 질병 발생에 대한 책임감을 묻지 않기 때문에 처벌 대신에 인간적인 치료를 정당화하게 되었다. 또한 의료전문가들은 궁극적으로 알코올중독은 의학적인 치료가 필요한 하나의 질병이라는 개념을 받아들이게 되었고, 그 후 알코올 자체의 문제보다도 특정한 개인 내면의 비정상성(신체적)에 역점을 둠으로써 알코올 제조업체에 의해서도 적극적인 지지를 받게 되었다. 반면 알코올중독자들은 합리적인 결정을 내릴 능력이 없다고 보기 때문에 이들을 치료받도록 사회적 개입이 필요하다고 본다. 알코올중독질병을 가진 개인은 반드시 식별되어야 하고, 자신들의 상태에 대해 알아야 하며, 진단을 수용해야 하고, 평생 동안 술을 단주해야 한다는 입장을 취한다.

따라서 예방을 위해서는 이런 특이한 조건을 가진 개인을 초기에 식별해야한다는 것이다. 치료의 내용은 해독, 질병에 대한 교육, 모든 정신활동적인 약물의 금지, 그리고 영양학적 결핍 같은 관련 신체적 문제를 변화시킬 수 있는 의학적 절차들로 구성되어 있다. 사후(follow-up) 지지체계 확립을 위해서는 심리치료보다 AA에의 의뢰가 더 유용한 것으로 보았다. 반면에 알코올중독자가 아닌 사람들은 정상적으로 술을 조절할 수 있는 것으로 보았기 때문에 치료의 필요가 없다고 본다. 많은 전문가들이나 심지어는 일반 대중들 사이에서도 질병 관점으로 알코올중독을 보려는 움직임을 가지고 있다. 이 모델의 가장 중요한 역설은 첫째, 알코올중독을 중독의 근본인 내적·신체적 요인들 때문에 음주행동을 조절하기가 불가능하다고 가정하는 것이고, 둘째, 알코올중독 문제해결의 유일한 길은 술을 평생 마시지 않는 것, 즉 완전한 단주유지라고 하는 데 있다.

이와 같은 의료모델은 중독자에게 도덕적 낙인을 찍지 않고, 중독자 스스로 질병이라는 점을 인식하고 책임감을 덜어 주는 장점을 가지고 있다. 반면, 단점으로는 약물중독을 생리적인 중독 또는 질병으로 보기 때문에 알코올중독자를 질병을 가진 환자로 규정하여 질병에 대한 책임감이 없다고 보고 대신 전문가인 의사의 주관에 맡긴다는 것이다. 전문가들의 개입은 개입이 잘 되었는가 아닌가의 기준을 신체적인 상태만 두어 재발 아니면 단주라는 이분법적인 관점을 강요하는 경향이 있다. 따라서 의료 모델 관점을 지지하는 전문가들은 질병을 가지고 있는 알코올중독자들이 스스로 자신의 의지에 의해 단주해야 한다고 주장한다. 즉, 의료 모델은 개인의 의지를 강조하고 있어 음주를 사악한 행동으로 보는 도덕적인 관점보다 크게 나을 것이 없다.

3) 사회학습 모델(Social learning model)

도덕 및 의료 모델의 대안으로 중독을 행동의 문제로 보며 과도하게 학습된 비적응적 학습 패턴으로 규정하는 사회학습 모델이 등장했다. 사회학습 모델에서는 약물 그 자체의 약리학적 또는 신체적·생리적 영향보다 인지적·환경적 요소가 약물 사용에 더 큰 영향을 끼친다고 보는 것이다. 또래와 주변 사람들의 영향에 대한연구 결과 또래 집단의 압력과 음주행동의 학습중요성이 강조되었다. 이 모델에서 볼 때 중독적인 행동은 문제 음주, 담배피우기, 약물남용, 식사장애, 충동적인 노름 등과 같은 "나쁜 습관"을 나타내는 것이다. 개인의 특정한 습관이 과거 학습경험에 의해 결정되고 형성되었지만 습관을 변화시키는 과정은 개인의 책임과 활동적 참여가 중요하다고 강조한다. 즉, 지속적인 음주로 인한 질병 상태나 부정적인 신체 결과들을 무시하는 것은 아니지만, 알코올중독 그 자체가 질병이거나 또는 신체적인 갈망상태나 장애라는 것을 반드시 의미하는 것은 아니라는 것이다. 자신의 심리적인 상태를 변화시키거나 문제 상황을 처리하기 위한 도구로 음주를 사용하였다는 견해를 가지고 있다. 또한 알코올이 긍정적이고 바람직한 효과를 가져올 것이라는 기대가 더 심한 음주를 유발하는 것으로 나타났다(Brown, Goldman, &Chritiansen, 1985). 즉, 대안적이고 효과적인 기술이 결여되어 그 개인으로 하여금 대처전략으로 계속 술에 의존하게 되는 것이 심리적인 의존과정이라고 한다. 개인이 새로운 대처기술과 인지적 전략을 습득하면 과거의 문제습관은 자신이 통제·관리가 가능하다는 것이다. 문제행동에 대한 자기통제를 강조하며, 완전한 약물사용 중단을 개입목표로 보는 의료 모델과는 달리 환자의 상태에 따라 약물사용 중단이나 통제된 약물사용을 개입목표로 설정한다. 변화된 행동의 유지는 이전의 비적응적 습관이 새로운 습관으로 학습·교체되는 것을 치료 후 목표로 본다.

최근에는 재발(relapse)을 일으키거나 촉진시키는 요인은 알코올 자체의 신체적이고 약리학적인 효과보다 인지적이고 환경적인 요소들이 알코올 사용효과를 결정하는 데 더 많은 영향을 준다는 것이 보고되고 있다(Marlatt & Rohseniw, 1980). 따라서 이 모델의 개입 형태는 환경에 대한 그 개인의 관계를 변화시키는 데에 초점을 둔다. 한 번의 약물사용을 실수나 과실로 보기 때문에 실수와 과실은 새로운 행동을 습득해 가는 과정으로 여겨지며 자기 성장의 기회가 된다. 그러므로 반복된 실수는 재발로 이어지지 않고 점차 이전 습관을 버리고 새로운 행동을 학습할 수 있게 된다. 부정적인 모델링과 더 나아가 문제 음주에 대한 강화를 피하기 위해 친구집단을 변화시킨다거나, 문제처리 기술훈련과 인지적 재구조화에 역점을 둔다. 약물남용자의 사회적 기능의 증진을 목적으로 하는 이 치료모델에서는 재활과 대결이 주요한 치료과정이다. 이 치료방법에서는 알코올이나 약물 없는 생활이 지속될 수 있는 환경이 필요하다. 이를 위해서는 지역사회로부터 충분한 재정이 확보되어야 하며 회복을 위한 시설에 투자될 수 있는 재원이 마련되어야 한다. 지역사회 내에 자조집단을 형성하여 약물 남용자들의 동료집단을 활성화해 주면 비슷한 경험을 한 동료들 간에 서로 지지해 주고 도움을 주는 영향을 미친다. 이 방법은 비 거주 회복 센터나 거주센터 내에서 회복중인 사람들 사이에 나눔, 지지, 도움을 활성화하는데 사용될 수 있다. 이렇게 하기 위하여 지역사회의 자원을 어떻게 사용할 것인지는 매우 중요한 문제이다. 지역사회의 자원이 사회적 서비스와 보건에 대한 문제를 가진 이들에게 제공되기 위해서 적당한 자원을 찾아내고 이를 연결시키고 정보를 공유하는 수단이 필요하다. 그러기 위해서는 지역사회의 알코올 및 약물 프로그램이 알코올과 약물문제를 가진 개인들의 욕구에 부응하는 보건과 사회서비스를 받을 수 있도록 지역사회 자원을 다루는 유관기관의 실무자를 훈련해야 한다. 예방적인 개입은 알코올사용에 대한 긍정적인 기대를 불러일으키는 요인들, 문제음주의 역할 모델들, 문제처리를 위해 알코올이나 다른 약물의 사용을 조장하는 사회적 환경의 상태와 관련이 있다. 여기에서는 사람들의 중독행동이 어떻게 형성되었느냐보다는 중독의 역기능적인 순환의 지배로부터 벗어나는 방법을 배울 수 있다는 점이다. 이 모델을 지지하는 사람들은 알코올중독자들이 변화매개체로 "위대한 힘(hgher power)"이나 신체적인 질병 치료에만 의존하는 대신에 중독적인 행동을 변화시킬 수 있는 자기관리 방법을 배워야 한다고 주장한다. 예를 들어, 재발 방지 프로그램, 자기주장 훈련, 분노 조절 훈련, 스트레스 조절 훈련 등 많은 기술 프로그램들이 개발되어 사용되고 있다. 아직까지 관련 연구를 통해 효과성을 입증하는 연구들의 숫자는 적지만 1980년대 이래 많은 각광을 받고 있는 모델이다.

지역사회에서의 알코올과 약물에 대한 인식을 증진시키기 위해서는 지역사회 알코올 프로그램을 운영하고, 알코올과 약물문제를 유발하는 영향을 감소시킬 수 있는 공공정보, 지역사회에서의 교육, 지역사회에서의 통원치료, 공공정책과 자원의 개발 등을 들 수 있다. 또한 지역사회 프로그램 내의 모든 서비스 실무자는 시설, 동료집단 관계, 지역사회 자원과의 관련, 지역사회 상호작용, 자원봉사자의 모집, 그리고 일상적인 다른 상황들을 관리해야 한다.

따라서, 되도록 많은 자원봉사자를 참여시켜 활용하기 위하여 지역사회 프로그램에서 자원봉사자의 모집, 훈련, 그리고 관리하는 서비스 실무자의 노력이 필요하다.

4) 성격 모델(Personality models)

정신분석학자들이나 심리학자들은 알코올중독은 성격장애나 정상적 발달이 혼란되어 나타나는 하나의 증상이라고 본다. 정신분석 이론에 근거하여 구강고착, 자기도취, 수동성, 그리고 의존성 등 심리적인 갈등으로 알코올중독자를 미성숙하고,

발달의 초기 단계에 고착된 사람으로 본다. 알코올 중독자 중에는 성장과정 중에 조기 부모 상실(이혼, 별거, 사망 등)이 많았으며, 부친과 형제와의 갈등도 원인으로 작용한다고 한다(Blum, 1966). 또 다른 견해로는 잠재적인 동성애적 기질이나 낮은 자존심 또는 자신이 무력하다고 느끼는 사람들이 힘과 조절능력의 추구 등을 위하여 음주를 한다고 보는 견해도 있다. 그래서 음주문제의 발달에 선행하거나 지속되거나 또는 악화시키는 바람직하지 않고 미성숙한 성향이 알코올중독자에게 공통적으로 나타난다는 견해가 대두되었고, 따라서 알코올중독으로부터의 회복은 성격의 재구조화를 필요로 한다고 본다. 수많은 연구를 통해 그런 성격특성들에 대한 명확한 파악이 어렵다는 것이 밝혀졌지만(Miller, 1976: Vaillant, 1983 등) 아직까지도 알코올중독자는 공통된 비정상적 성격을 가진다는 이론이 받아들여지고 있다. 그러한 이론의 근거로 ① 알코올중독자는 특징적으로 부인(denial)이라는 자아방어기제를 과도하게 사용한다는 개념, ② 모든 중독적인 행동, 특히 알코올중독은 역기능적인 가족에서 자란 결과라는 믿음, ③ 중독자와 사는 사람뿐만 아니라 중독자와 함께 있는 사람들을 특징짓는 '공동의존(co-dependence)' 같은 성격 혼돈 상태가 있다는 점을 들 수 있다. 이 모델에 따르면, 심리치료는 기본적인 저변의 갈등들을 풀고, 중독자를 좀 더 성숙한 기능 단계로 끌어 올리는데 매우 효과적이며, 예방적인 개입은 정상적인 심리 발달에 초점을 맞추어야 한다는 것이다.

5) AA (Alcoholics Anonymous)-12단계 모델

AA는 근본적으로 영적인(spiritual) 프로그램이며, 따라서 이것은 치료가 아니라 삶과 존재의 방법이라고 할 수 있으며, 12단계 모델의 근간을 이루고 있다. 그 목적이 알코올중독자로 하여금 단주를 하고 유지하도록 돕는 것이지만, 알코올에 대해서는 AA 12단계 중 첫 단계에서만 언급되어 있을 뿐이고, 그 밖에 위대한 힘(higher power)과의 관계, 그에 대한 지식, 자기탐색, 고백, 변화하는 것에 대한 개방성, 교정, 기도, 신의 의지를 찾고 메시지를 다른 사람들에게 전달하는 것 등은 영적인 과정과 관련되어 있다. 이 모델이 사회적·인지적·행동적 구성요소들을 중요시하지만, 알코올중독자의 음주는 영적인 삶과 성장에 대한 잘못된 인간 욕구의 반영으로, 단주만이 알코올중독자의 삶의 방식을 변화시킬 수 있는 유일한 대안이며,

이것은 전체성(wholeness)과 평온함(serenity)에 대한 계속적인 탐색이라고 한다. AA의 12단계 실천은 정직, 겸손, 인내 등의 성장으로 특징지어지는 영적인 성장을 가져오고, 이 영적인 경험이 알코올중독자의 회복의 수단이 된다는 것이다. 이 모델의 시각은 질병 모델과 연계하여, 의학적인 치료 뒤에 평생 동안 12단계 프로그램과 자조집단을 활용한 영적인 성장에 초점을 두는 형식으로 나타나고 있다.

6) 교육 모델(Educational models)

이 모델의 접근방법은 알코올·약물 및 관련 문제에 대한 강의나 영화 등을 활용하여 중독의 문제에 대한 인식을 높이고, 예방이나 치료를 위한 도구로 교육을 활용하는 것이다. 알코올이나 약물의 문제가 정확한 정보의 부족, 지식 결핍에서 비롯된 것이라고 가정하고, 따라서 정확하고 최신 지식을 얻게 되면 순간적인 유혹으로 약물을 사용하게 되는 예가 줄어들 것이라고 생각한다. 일부 교육적인 접근방법에서는 알코올남용을 피하거나 변화시키기 위한 동기를 증진시키기 위해 '정서적인' 요소를 가미하기도 한다. 이 모델에서 적절한 개입매체는 교육자이다.

7) 사회문화 모델(Sociocultural models)

이 모델에서는 사회에서 알코올의 소비가 증가할수록 더 많은 알코올 문제가 발생할 것이라는 논리로, 알코올의 이용성에 대한 사회적 통제를 수단으로 제안한다. 미국의 경우 불법적인 마약남용을 처리하는 데 이런 모델에 기반 한 접근방법이 매우 지배적이지만 최근 들어 이에 대한 회의가 제기되고 있어, 치료와 재활에 대한 관심이 고조되어 가고 있는 실정이다. 이러한 접근은 개인의 행동에 미치는 사회 환경의 책임을 중요시하며, 사회생활에서의 스트레스, 술에 대한 태도, 사회 속에서 알코올의 상징적·기능적 중요성을 문제점으로 생각한다. 따라서 이 모델에서 제시되는 대안은 알코올에 대한 접근성, 구입의 편의성, 법적 제재 등이 알코올의 소비를 줄일 수 있다는 관점에서 주세의 인상, 술을 파는 장소, 연령, 숫자, 술 판매 광고 등을 강력하게 통제하는 것이다. 또 유흥업소 종사자 등 술을 파는 곳에서 일하는 사람들을 교육시켜서 술에 만취하거나 음주운전을 예방하는 방법들을 가르쳐 주고 규제한다.

8) 공중보건 모델(Public health models)

이 모델에서는 중독을 질병이라고 이해하고 개입하는데 있어서 그 원인을 세 가지 유형으로 분류한다. 첫 번째 요인은 대리매개체(agent)로서 약물 그 자체, 두 번째는 주체(host)요인으로서 가족력과 같은 개인의 문제, 세 번째 중요한 요인은 환경 (environment)이다. 알코올이나 약물이라는 매개체 자체가 특정한 파괴적 잠재력을 가지고 있고, 가족력과 같은 개인적인 차이점들이 건강과 같은 개인적 조건에 민감한 영향을 미치며, 알코올중독에 있어서 무엇보다도 환경요인이 미치는 영향이 크다.

공중보건 입장에서는 질병이나 질환의 존재 여부는 대리매개체, 주체, 환경 사이의 상호작용 결과라는 것이다. 앞에서 서술한 모든 모델들이 이러한 세 가지 요인 중 다른 두 가지를 배제한 한 가지 요인만 강조한 반면에 이 모델은 모든 세 가지 요인의 중요성을 고려한 점이 특징이다. 여기서는 알코올을 절제하는 수준을 넘어서 사용하는 그 어떤 사람도 위험에 빠뜨릴 수 있는 위험한 약물로 이러한 알코올 문제의 민감성은 유전적 요인, 내성(tolerance), 뇌의 민감성, 그리고 몸의 기능 등의 요인에 의해 중요한 차이를 가진다고 본다. 또한, 알코올 생산의 증가와 접근 가능성 같은 영향요인들이 알코올 사용과 관련 문제 발생률을 결정하는 데 중요한 환경요인들이라는 점을 주장한다. 이 모델의 장점은 서로 양립 불가능한 것으로 보여지는 경쟁적인 다른 모델들을 통합할 기본 근거 틀을 제공해 준다는 데 있다. 이 모델은 각 모델에서 주장하는 요인들을 받아들여서 복합적이고 상호작용적인 모델로 통합시켜 단 하나의 방법론에 집착하지 않고, 대안적인 다양한 개입방법론을 제시하였다(Moor & Stein, 1981).

이상에서 알 수 있듯이 각 모델마다 중독에 대해 각기 다른 입장들을 취하고 자신들의 독특성, 효과성을 내세우고 있으며 한 가지 방법론만을 주장하고 있는 경향이 있다. 실제로 이러한 모델들의 실천적인 함의는 다르고 각 모델마다 장·단점을 가지고 있다. 중요한 것은 실천현장에서 한 모델만으로 모든 현상을 다 설명할 수 없다는 것이다.

AA 모델은 신체적·사회적·심리적 요인들에 의한 원인론을 포용하고 있기 때문에, 알코올중독이 어떤 특정한 요인에 의한 것이라고 말하지 않는다. 바로 이런 입장 때문에 AA 모델을 영적-생리적-심리적-사회적인 것으로 부르기도 하며, 이것이 질병 모델과 다른 점이다. 그러나 대표적인 질병 모델 학자인 Milam과 Ketcham(1983)은 생리적인 원인 요인을 제외한 어떤 원인도 부인하고 AA 모델을 비판하였다. 그러나 AA는 반대로 "어떤 특정한 의학적인 견해를 취하지" 않고 "알코올중독자들의 중요한 문제는 몸보다는 그의 마음에 중심하고 있다"고 주장하면서(AA, 1976), 알코올중독을 질환(illness)으로 기술하고 있다. 술을 조절해서 마시는 음주 조절에 대해서는 지난 수년간 많은 논쟁들이 제기되어 왔었는데, 질병 모델에서는 이를 인정하지 않으나, 성격 모델, 사회학습 모델, 도덕 모델 등에서는 이에 대해 허용적이다. Milam과 Ketcham(1983)의 질병 모델에 대한 입장에 입각하여 알코올중독을 분명히 치료가 필요한 알코올중독과 치료가 필요하지 않은 비알코올중독자로 양분한다. 반면 이른 모델들에서는 "심한 알코올중독자(serious alcoholic)", 진정한 알코올중독자(real alcoholic)" 등 여러 다양한 유형으로 표현하고 있어, 다양한 형태의 알코올중독 존재 가능성을 나타내 주는 것이라고도 볼 수 있다.

치료에 대한 입장도 모델들에 따라 조금씩 다르다. 즉, 성격 모델에 따르면 알코올중독자들은 일반적으로 보편적인 방어기제들을 갖는다고 한다. 방어기제라는 정신분석학적 용어는 "방어기제를 무너뜨리는" 개념으로 이 역시 정신치료로부터 나온 것이다. 이런 것들이 Synanon과 같이 직면을 중시하는 치료공동체의 특성으로 나타났다. 그러나 최근에는 직면이라는 방법론이 알코올중독자들의 치료동기를 높이는 데 별로 효과적이지 않다는 강력한 반박들이 나오고 있다. Milam과 Ketcham(1983)은 알코올중독자들은 병들었고 합리적으로 생각할 수 없으며, 자신들 스스로 알코올을 포기할 능력이 없다는 것과 대부분의 회복된 알코올중독자들은 그들 자신의 의지에 반하여 치료를 받도록 강요되었다는 것을 주장하면서 치료의 강제성을 주장하였다. 따라서 접근방법론에 있어서도 성격 모델이 정면 대결이나 방어기제의 와해를 주장하는데 반해서 AA에서는 자발적인 자신의 선택으로 AA를 찾는 것을 주장한다. 따라서 접근방법론에 있어서도 성격 모델이 정면 대결이나 방어기제의 와해를 주장하는데 반해서 AA에서는 지지적이고 경청해 주는 인내의 태도를 중요시한다.

사회학습 모델에서는 개인의 중독적인 행동은 학습된 것이기 때문에 새로운 행동과 문제처리 방식을 배움으로써 책임을 지는 것이 중요하다는 것을 강조하고 있다. Milam과 Ketcham(1983)은 AA가 희생자에게 질병의 책임을 전가하고 있으며 이 것은 알코올중독의 심리적인 측면을 잘못 받아들인 것이라고 주장하고, 치료를 통해서 알코올중독자들로 하여금 자신들의 성격 때문에 질병을 일으킨 것이 아니고 자신들이 책임질 아무것도 없다는 것을 인식시키고 안심하게 해주어야 한다고 주장했다.

이와 같은 여러 가지 모델들의 단편성과 한계성을 극복하기 위해 절충적인 방법론이 필요하게 되었다. Miller와 Hester(1980, 1986)의 각종 프로그램 평가 연구 결과를 보면 모든 개인에게 가장 적합한 유일한 치료방법은 없다는 것이다. 그리고 같은 유형의 사람이 여러 형태의 알코올중독 치료방법론에 반응하는 것이 아니고, 사람마다 각각의 치료접근방식에 대해 각기 다른 반응을 보인다는 것이다. 따라서 어떤 유형의 사람에게 어떤 프로그램이 적합한가에 초점을 두고 평가하고, 각 개인을 최적의 치료에 연결하여 치료 효과성과 효능을 높이는 것이 중요하다.

제6장

약물 중독자 대상별 이해

제6장 약물 중독자 대상별 이해

약물중독의 대상이란 국내 약물 투약사용자는 청소년, 여성, 노인 3개 대상자로 구분된다. 대상 사용자들은 각각의 특성으로 개념과 사용의 원인 및 실태를 간단히 살펴보면서 국내의 마약류 확산에 대한 미래 방향을 제시할 수 있다.

제1절 청소년 약물

1. 청소년 개념과 특성

MZ 세대의 생물·심리학에서 청소년을 의미하는 언어의 adolescent라는 말은 원래 라틴어의 adolescent라는 말에서 유래한 것으로 "성장한다"라는 의미를 지니고 있다. wrikson(1968)은 청소년기의 정의를 내성적인 생활이 시작되어 정신적인 주체성을 가져가는 자아정체감(identity)의 형성기라고 정의하였다(소귀례1991). 심리학적 측면에서 roth는 사춘기와 청소년기를 12~20세로 보았으며 ausubel은 청소년기를 행동의 미성숙으로 인하여 사회기관들 즉, 학교, 가정으로부터 행동의 규제를 받는 시기라 하였다(meaton). 역사적으로 청소년이란 용어가 등장하기 시작한 것은 그리 오래지 않다. 농경 사회에서는 어른 아니면 아이였고 청소년이라는 개념은 존재하지도 않았다. 그러나 사언혁명과 의무교육의 등장은 인간의 발달단계에서 청소년기를 고유한 발달시기로 인식하게 하는데 결정적인 영향을 미쳤다. 산업화는 교육받은 노동력을 필요로 하였으며 특히 학교교육의 의무화는 청소년들이 교육기간동안 노동시장에 유입되지 않고 경제활동에서 제외되는 특권을 주었는데 이러한 요인들이 본격적으로 청소년기를 인식하게 하는 계기가 되었다.

청소년의 개념은 사회, 문화적 배경에 따라 청소년기를 짧을 수도, 길수도 있고 심지어 존재하지 않을 수도 있다. 청소년기가 뚜렷하게 존재하지 않는 문화나 사회에서는 아동이 그 사회의 고유한 통과의례를 거치면 성인으로 받아들여졌다. 예를 들어, 몇몇 원시 문화에서의 사냥의식이나 할례의식, 과거 우리나라의 성인식 등이 여기에 해당된다. 반면에 현대 사회에서는 고등교육으로 인한 재학 기간의 연장, 직업훈련 기간의 연장 등으로 인하여 청소년기가 점점 길어지고 있는 것이 보편적인 현상이다. 또한 사춘기의 특별히 변화는 2차 성격의 출연 즉, 신체적인 기능이 활발해져서 생식의 기능이 활발하게 나타나는 시기의 변화를 말한다. 생식 기능 변화의 완성 즉, 생식을 위해 필요한 모든 신체적인 변화가 완성된 시기를 말한다. 그러나 이러한 변화는 인간의 발달의 완성된 시기를 말한다.

청소년의 개념을 보다 명확하게 정의 내리기 위해서는 청소년기를 어떻게 구분하는가가 중요한데 이러한 기준으로는 신체적 특성에 의한 구분, 연령에 따른 구분 등이 있다. 먼저 청소년기에 나타나는 신체적 특성(월경, 사정 시작)등으로 청소년기를 구분하는 경우이다. 이러한 방법은 청소년기를 구분하는 가장 일반적인 방법이지만 개인에게 나타나는 신체적인 징후들이나 사춘기의 특성이 나타나는 시기들이 사람에 따라 각각 상이하기 때문에 보편적인 기준을 제시하는 데 한계가 있다. 더욱이 청소년기가 언제 끝나는지는 더욱 분명치 않은데 이는 사춘기 때 나타나는 신체적 특성으로 청소년의 시작은 쉽게 알 수 있다고 하더라도 청소년기가 끝나는 시점은 신체적인 징후로 판단되기보다는 그 사회에서의 역할 기대를 충족시키고 책임질 수 있는 시점으로 간주되기 때문이다.

청소년기를 구분하는 또 다른 방법은 연령에 의한 구분이다. 1985년 UN에서 공식으로 규정한 청소년(young people)의 개념은 '15세부터 24세' 사이의 집단이며 UN기구 중 국제식량기구(FAO)에서는 '10세부터 24세'까지 사이의 결혼 여부를 불문한 남녀 인구부문을 청소년으로 규정하고 있다. 또 UN사무국이 UN 회원국 및 비정부 단체들을 상대로 조사한 설문 결과는 하한 연령을 7세부터 잡는 나라(1개국)도 있고, 상한 연령도 30세(10개국), 35세(4개국)까지 각양각색으로 나타난 것으로 되어있다.

뿐만 아니라 우리나라의 경우 법의 성격에 따라 청소년의 연령이 다소 상이하게 규정되고 있다. 청소년기본법에 명시되어 있는 청소년은 '9세 이상 24세 미만의 자'이며, 민법에서는 '만 20세'를 성년이라고 규정하고 있다.

따라서 청소년이란 개념은 통일되게 정의되지 않고 다양하게 사용되고 있다. 청소년의 연령을 후 설하는 청소년의 신체, 생리, 심리, 정서적인 특징이 강하게 나타남으로써 아동과는 확연한 발달 특성상의 차이를 보이는 시기인 19세 이하와 20~29까지 청소년 및 성인인접 상대로 그리고 그러한 특징이 사회적 역할로 인하여 상당 부분이 완화되는 연령까지로 한정하고자 한다. 따라서 필자는 우리나라 중·고등, 대학생의 연령층에 해당되는 집단을 청소년으로 규정하고자 한다.

2. 청소년의 특징

청소년기는 아동에서 성인으로 발달해 가는 과정 중의 한 시기로 아동기와 성인기의 특성, 양 특성을 모두 가지고 있는 시기이므로 이러한 과도기적 성격 때문에 이중적 성격 즉, 주변인 (marginal man)으로 정신적, 신체적으로 불안정과 불균형이 심하게 일어나는 "폭등과 노도의 시기"라고 한다. 과도기란 반드시 혼란과 진통이 있고 불안이 있기 마련이다. 그러므로 청소년기는 발달과 정상으로 그들의 내적 세계(성격이나 정신세계)나 그것이 외현되는 생활에서의 행동징후로도 혼란과 불안정이 나타난다. 특히 이 시기는 성적 관심도 뚜렷해지고 심리적으로 성인과 같은 인정을 받으려는 욕구가 강렬해지고 부모로부터 경제적, 정신적으로 독립하려는 시기이기도 하다.

청소년의 특징은 신장, 체중, 체격의 발달과 2차 성장의 출현 등 급격한 신체적 발육 촉진의 현상이 나타난다.

첫째, 신장과 체중이 증가하며 또 근육과 내장의 여러 기관이 현저히 발달한다. 청소년의 불만과 불안정감이, 권위에 대한 반항, 진리 에 대한 의혹 등의 청소년기적 특유 현상은 흔히 청소년들에게 도피적 사색을 가지게 한다.

둘째, 정서 생활의 변화에서 찾을 수 있다.

정서적 생활의 특색은 정서적 흥분성이 현저하며 정서적 흥분이 현저한 원인은 관념적, 공상적, 세계의 급격한 발달에 따른 정서의 불안전성 성숙에 의한 정서의 불안정성 이상과 현실과의 상극에서 오는 열등감에 의한 정서의 불안정성을 들 수 있다.

셋째, 일반적 특징은 자아 정체감(self-identity)형성과정에서 찾을 수 있다.

이 시기 에는 자아의식이 발현되면서 과거의 나를 인식하고 독립된 새로운 나로 태어나기위한 준비와 탐색이 시도되는 정신적 이유기이자 지불유예기라 할 수 있다.

청소년들은 부모로부터 독립과 자유를 원하는 내적인 강한 충동과 이런 충동 해소를 어렵게 하는 외적인 사회의 중압에 직면하여 기존의 가치관에 반항아면서 새로운 세계관, 인생관을 정립해야 하는 이중 위 시련을 겪게 된다.

넷째, 청소년기의 특징은 사회화 과정에서 찾을 수 있다.

청소년기의 생활이 가정에서 사회로 점차 이전되면서 뚜렷한 가치관의 정립과 사회화의 기능이 학교 교육으로 집약되나 우리의 현실은 학교가 이러한 기능을 충분히 발휘하지 못하고 있으며, 청소년들의 주변에 온갖 해악적 유해 환경요소가 확산되어 유혹함으로써, 극심한 혼란과 사회악에 오염될 상황과 시기에 처해있다. 또한 급격한 사회변화는 가치관의 혼란과 함께 청소년의 사회와 과정을 어렵게 함으로써, 청소년을 위태롭게 하기도 한다.

마지막으로 청소기는 아이와 어른으로 동시에 취급받는 이중구속의 특징을 지닌다.

현대 사회는 청소년들에게 적극적인 성을 추구하고 공격적이고 책임 있는 행동을 하라고 해놓고, 다른 한편으로는 연장자를 존경하고 얌전히 하라고 이야기 한다. 어린 시절에는 해야 할 일들이 비교적 명확하게 설정 되어져 있고, 지속되는 경험에 의해 신체적 성장 및 정서적 성장을 이룩한다. 청소년기는 완전히 독립적으로 처리한 기회가 주어지는 것이 아니라 아이와 어른의 중간에서 상호 중복되는 역할을 떠맡고 있는 것이다. 청소년기는 현저한 신체 생리의 생물학적 급성장과 인지발달 및 정서의 급격한 변화와 함께 사회화가 이루어지는 시기이며, 또한 아동기로부터 벗어나 완전한 독립 인격체계로서 새로운 가치와 태도 및 성격형성의 재체제제화가 활발히 강화 학습되어 가는 제2의 탄생 기이자 대 격변의 시기이다. 이러한 발달상황이 그들을 둘러싸고 있는 주변 환경과 서로 상호작용하는 과정에서, 부조화와 불균형이 다른 어떤 시기에서 보다 쉽게 나타나는 위기와 문제의 시기로서 이것을 회피하기 위하여 약물에 의존하는 경향이 나타난다.

특징으로 청소년기의 과업, 약물의존에 있어서 성인과 청소년과의 차이, 청소년 약물중독의 단계, 약물남용 청소년에게 나타나는 성격적 특성, 청소년을 상담하는 상담자의 역할과 유의사항 등을 살펴보고자 한다.

1) 청소년기의 과업

청소년들의 약물남용에 대해 논의하기에 앞서 청소년기에서 성인기 사이로 넘어가는 과도기에 있는 청소년들에 대한 이해가 있어야 한다. 일반적으로 청소년기는 불확실성과 혼란의 시기로, 아직 자신에 대한 정체성을 확립하지 못하고 있다. 그래서 청소년기는 '정체성의 시기'라고 불리기도 한다. 아동발달 전문가들은 청소년들이 자신의 정체성을 확립하기 위해 달성해야 하는 청소년기의 4가지 과업을 제시하는데 이는 4가지의 기본 욕구로 구성되어 있다. 이러한 광범위한 자아존중감에 대한 욕구를 이해하는 것은 청소년기에 대한 이해를 높일 수 있다.

(1) 직업의 결정

자신의 직업을 결정한다는 것은 청소년에게 삶을 선택하고 이를 위해 필요한 것들을 배우는 것을 의미한다. 예를 들면, 자신의 진로를 위한 대학 진학여부, 전공선택, 군대문제 등의 과업은 미래에 어떠한 사람이 되고 싶다는 욕구에 기반하고 직접 경험을 통해 성취감을 경험하면서 달성된다. 또한 이들의 최종 목표는 독립하는 것으로, 자신이 지향하고자 하는 상을 정립하고, 그 목표를 이루기 위한 직업이나 생활 태도를 충분히 가져야 함을 의미한다.

(2) 가치의 설정

청소년들의 가치는 삶의 방향을 제시해 준다. 청소년들은 성장하면서 주변의 중요한 인물로부터 가치를 배우고, 의문을 가지고 도전하면서 스스로의 가치를 정립해 나간다. 이러한 과업은 자아존중감 욕구에 기반하고, 성실성을 발전시키는 것을 최종 목표로 한다. 이는 가치를 선별하고, 무엇을 버리고, 무엇을 취할지를 선택하며, 무엇을 믿고, 무엇을 믿지 않을지에 대해 알아야 한다는 것을 의미한다.

(3) 성에 대한 탐색

자신의 성별 소속에 대해 탐구함으로써 공동체의식을 획득하게 된다. 이는 소유하고자 하는 욕구에 기반 하여 청소년들이 사랑을 하고 친구들을 받아들일 수 있는 능력을 발전시키고, 친밀감을 경험하는 것을 최종목표로 한다.

(4) 권위 확립의 욕구

외면적으로 부모나 다른 주위 어른들로부터 보호, 지지받던 모습에서 내면적으로 스스로 자신을 돌보는 모습으로 전환함으로써 유일성, 독특성을 확보한다. 이는 자신을 찾아내고자 하는 자아존중감과 욕구에 기반하며 개별성을 확립하는 것을 최종 목표로 하고, 스스로를 특별하게 여기고, 내적인 지지체계를 확립해야 함을 의미한다.

청소년기의 성장의 고통은 위와 같은 4가지의 자존감의 욕구를 충족시키기 어렵게 한다. 정체감의 획득은 청소년의 감정이 복잡하고 무엇인가를 할 수 있다고 느끼는 동시에 아무것도 할 수 없다고 느낄 때 더욱 달성하기 어렵다. 또한 감정적인 고통을 겪고 있을 때는 명확하게 사고하거나 이성적으로 행동하기 어렵다. 특히 청소년기의 일반적인 특징이라 할 수 있는 현실성이 결여된 상황에서는 더욱 어렵다. 그러나 대부분의 청소년들은 결국 고통을 극복해 내고 과업들을 달성하며 자존감의 욕구를 충족시키고 현실감을 되찾는다. 그럼으로써 성인기에 도달해서는 '나는 누구인가'라는 질문에 대해서 대답할 준비가 갖추어지는 것이다. 그러나 약물에 의존되어 있는 청소년들은 정서적인 발달이 멈추어져서 부정적인 감정들을 극복해 낼 능력이 없다. 청소년기에 달성되어야 할 모든 과업들은 아직도 그들 앞에 놓여 있으나, 그들은 여전히 현실과 거리가 멀다.

3. 청소년 약물의존과 성인 의존과 비교

1) 복합적 약물사용 비교

성인의 경우는 한두 가지의 약물에 의존하는데 비해서, 청소년은 가능한 모든 약물을 사용하려는 경향이 있다. 알코올은 성인과 청소년 모두 널리 남용되고 있으며, 사실상 다른 약물로 들어가는 입구라고 할 수 있다. 10대에 있어서는 마리화나가 두 번째이고 다른 많은 나라들에서는 코카인이 세 번째 순위를 차지하고 있다.

청소년은 동물용 진정제인 PCP, 코카인 또는 알코올 성분을 가미한 헤로인 등을 혼합한 약물 등 약물의 종류에 대해 까다롭지 않다.

약물의존의 특성은 청소년과 성인이 동일하다. 그리고 어떤 종류의 약물에 의존되는가에 차이가 없으며 중독의 과정 또한 동일하다. 그러나 청소년들은 성인에 비해 다양한 유형의 약물들을 사용하는 경향이 높기 때문에 중독의 영향은 보다 복합적이고 치명적이다.

2) 내적인 이유

일반적으로 성인들은 직장상사, 자녀, 배우자, 직업 등의 외적인 이유로 술을 마신다. 반면에 청소년들은 즐기기 위해서 좀 더 강한 기분을 느끼기 위해서 혹은 데이트에서 좀 더 자신감을 갖기 위한 것과 같은 보다 내적인 이유로 약물을 사용한다.

3) 약물사용의 수준

청소년을 다루는 경우 약물남용과 중독의 초기 단계를 구분하는 것은 어려운 일이다. 예를 들면, 성인의 경우 아침에 알코올이나 약물을 사용하는 것은 만성적 후기 약물의존의 한 가지 증상이다. 경련, 역겨움, 육체적·정신적으로 불쾌한 기분과 같은 금단증상을 없애기 위해 또는 정상적인 기분을 느끼고 집이나 직장에서 정서적으로 기능하기 위해서 약물을 사용한다. 반면에 약물을 사용하는 대부분의 청소년들은 아침에 약물을 사용하고 약물이나 술에 취해서 학교에 가는 일이 많다. 또 성인의 경우 만약 가족, 친구, 직장동료들에게 알코올이나 약물들을 감춘다면 그것은 분명한 약물의존의 증상이다. 그러나 약물을 사용하는 거의 모든 청소년들은 보통 법적인 이유나 부모와의 말다툼을 피하기 위해서 또는 관계당국에 체포되지 않기 위해서 한두 번 이상 약물을 숨긴다. 이 또한 성인과 청소년 약물의존의 증상이 다른 점이다.

청소년들은 성인과 달리 직장을 잃거나 결혼이 파경에 이르거나, 만성적인 신체적 증상을 보이는 경우도 극히 드물기 때문에 약물사용 수준을 판단하기가 어렵다. 청소년에게 나타나는 증상은 교육과 관련된 문제(낮은 집중력, 우울증, 과잉행동, 낮은 사회기술)나 알코올중독자 가정에서 성장하는 것에 기인한 행동이라 할 수 있다.

4) 중독과정의 속도

30세 된 성인 남성이 알코올을 사용하기 시작해서부터 만성적인 알코올중독에 도달하기까지는 8-10년 정도 걸린다(여성의 경우는 시간이 덜 소요됨).

그런데 같은 양의 알코올을 남용하는 15세 이하 청소년의 경우는 15개월 이하의 시간이 걸린다. 코카인이나 암페타민의 속도는 더 빠르다.

5) 약물의존에 대한 감정적 정체

약물을 사용하게 되면 감정을 조절하지 못하게 된다. 성인들은 약물을 사용해도 무엇이 옳은 일인지에 대한 인식이 있지만 청소년들은 그러한 기억조차 없다. 또한 사회기술을 익히지 못했기 때문에 약물을 남용했을 경우에 재활이 아니라 새로이 사회화시키는 것이 필요하게 된다.

6) 망상체계

약물에 의존된 청소년은 부정, 합리화, 투사, 최소화, 기억 왜곡 등으로 인하여 현실성이 결여된다. 청소년의 경우 알코올중독이라는 사실을 받아들이기 어렵다. 청소년의 망상체계를 강화시키는 또 다른 요인은 알코올중독은 만취된 상태라고 인식되기 때문에 자신들은 알코올중독일 리가 없다고 생각하는 것이다.

상상력이 풍부하고 창조적인 경향이 있는 청소년들은 코카인, 마리화나 등이 창의성을 촉진한다고 믿고 도취된 상태가 되면 멋진 음악가, 예술가, 작가 등이 될 것이라고 생각한다. 이런 이유로 청소년들은 시험, 운동경기, 공연 등의 행사 전에 약물을 사용한다.

7) 조장자

가장 중요한 사실은 청소년들은 '부모'라는 조장자(enabler)가 있다는 것이다. 보통의 약물의존 성인들은 10명에서 12명 정도의 조장자를 갖는다(가족, 친구, 친척, 가정의, 상사). 반면에 청소년들은 50-60명 정도의 조장자(가까운 가족, 조부모, 부모, 삼촌, 의료진, 친구, 친구의 부모 등)를 갖는다. 이들이 청소년의 약물사용을 보다 용이하게 한다.

4. 청소년 약물중독의 과정

약물의존은 감정의 질병(feeling disease)이라고 부른다. Dr. Vemon Johnson는 감정적 수준에서 약물의존을 설명하였으며, 4단계의 진전이라는 용어를 사용하였다. 성인을 대상으로 한 이 4단계의 과정을 청소년에게 적용하면 다음과 같다.

1) 감정전의 경험 단계

청소년이 알코올이나 다른 약물을 처음 혹은 가끔 사용하는 경우의 감정 상태를 이해하기 위해서 고통에서 행복감까지의 감정 상태를(그림6-1) 그림으로 나타낸 것이다(김성이, p108).

(그림 6-1) 감정전이 경험 단계: 기분의 변화를 학습

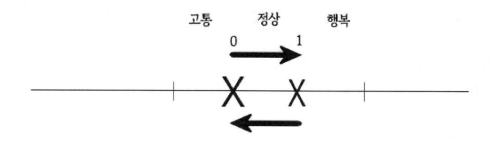

한 청소년이 어느 날 에틸 알코올이 포함된 한 잔의 음료를 마셨다. 그는 이미 기분이 좋았지만, 술은 그를 더 기분 좋게 만들어 주었다. 그의 기분은 위의 그림에서 보는 바와 같이 0에서 1로, 즉 좋은 방향으로 움직였다. 그는 "굉장한데! 야, 내가 왜 진작에 이걸 몰랐을까?"라고 생각했다. 그러나 그 술의 효과가 사라졌을 때 그의 감정은 원래 감정의 위치로 돌아왔다. 그는 지금 막 약물의존의 감정전이 경험 단계에 들어선 것이었다.

한 잔의 술은 사람을 기분 좋은 방향으로 움직이게 하며 어떤 정서적 손실도 없는 즐거운 경험이다(다시 0으로 돌아옴). 그는 새로운 시도를 한다. 만일 한 잔의 술이 그를 기분 좋게 만든다면 두 잔(또는 세 잔)은 더 좋을 것이 아닌가! 그는 경험을 통해 아래의 사실을 배우게 된다.

• 알코올은 항상 그를 기분 좋게 하고, 아찔하게까지도 느끼게 해준다.
• 그는 술의 양에 따라 그의 감정의 변화 정도를 결정할 수 있다.
• 언제나 자기 뜻대로 할 수 있다.

기분의 변화의 정도가 술의 양에 따라 조절될 수 있음을 알게 된다(다시 0으로 돌

아옴). 그는 점차 두세 잔의 술은 그의 걱정을 날려 버린다는 사실을 알게 되었다. 그리고 네 잔의 술은 멋진 기분이 들게 했다. 그는 이제 단순히 기분의 변화를 즐기는 것이 아니라 기분의 변화를 추구한다. 그러나 항상 출발한 곳의 기분으로 다시 돌아온다. 아직까지는 술을 마시는 것 때문에 생기는 정서적 손실은 없다. 이런 기분 상태에서의 청소년의 약물사용 동기, 사용한 약물, 결과는 다음과 같다. 이 청소년의 약물사용 동기는 가족 제사, 성찬식, 의료적 이유 등이고, 부모의 감시 없이 친구들과 자유롭게 사용할 수 있다. 사용한 약물은 알코올, 대마초, 천식, 건초열, 알코올 또는 항히스타민제가 포함된 감기약, 현기증을 유발하는 다른 약물, 흡입제 등이다. 약물사용의 결과는 사회적으로 거의 문제없고 약물과 관련된 첫 흥분을 맛보고 유독성 흡입제 이외에는 거의 문제가 없었으나 약간의 첫 부작용이 있었다.

2) 감정전이 추구 단계

청소년이 알코올, 약물을 주말에만 정기적으로 사용하지만 결코 2단계를 넘어서지 않는다. 적절한 장소에서 적절한 시간에 적절한 양을 마신다. 술을 마시면 기분이 좋아지고 안 마실 때는 때로 숙취가 있긴 하지만 다시 정상으로 돌아온다.

때때로 과다한 사용(0부터 4까지 변화)을 하나 정서적 손실은 없다(다시 0으로 돌아옴). 이 단계에 해당하는 약물사용 청소년의 경우 술을 마시는 행동과 약물의 과다한 사용이 정서적 손실을 가져오기 시작한다. 정서적 손실의 정도와 의존의 정도에는 직접적 관계가 있다. 의존이 심해질수록 정서적 손실도 더 심각해진다.

어느 날 그는 술을 많이 마시고 그 결과로 이상한 행동을 한다. 술의 영향이 없어졌을 때 그의 기분은 (그림 6-2)에서 정상 이하로 떨어졌다.

(그림 6-2) 감정전이 추구 단계: 기분의 변화를 추구

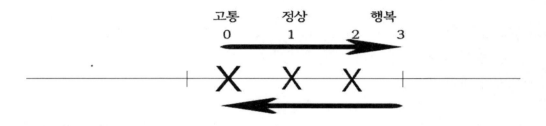

다음날 그는 기분이 좋지 않았고 불편하고 당황했다. 청소년은 약물사용 유형을 발전시키고, 부모의 허락 없이 사용할 궁리를 하고, 사용을 억제하기 위해 주말만 마셔야겠다는 등의 스스로 규칙을 만들기 시작한다. 사용한 약물은 알코올, 마리화나, 흥분제, 진정제, 환각제, 코카인 등이며, 약물의 사용 결과 사회적으로는 법적으로 체포의 위험이 증가하고, 학교에서 특별활동을 금지 당하고, 무단결석, 지각, 과제물 미제출로 교사를 피하게 되고, 집에서는 밤에 몰래 나가고, 변명을 하고, 거짓말을 하며, 집안일에 대한 책임감이 없어진다.

약물을 사용하는 친구들 집단의 압력을 강하게 느끼고, 다른 약물 사용자들과도 관계를 형성하기 시작한다. 신체적으로 부작용이 있고, 잠자기 힘들어지며, 정신적으로 약물사용 계획에 많은 시간을 사용하고, 자신의 행동과 약물사용에 죄책감을 느끼기 시작한다. 감정적으로는 심각하고 설명할 수 없는 기분의 변화가 있고, 가족의 가치와 약물사용 가치 사이에서 갈등하며, 영적으로 기독교나 불교에 대한 필요성에 대해 의문을 가지게 된다(김성이, p110).

3) 파괴적인 감정전이 돌입단계

알코올이나 다른 약물에 몰두하게 되고 일주일에 2-3회 그리고 주말에도 사용하며 내성이 증가한다. 정서적 손실(0 이하로 떨어짐)이 나타났다.

그는 즉시 다음과 같이 말한다. "알았다! 나는 술 마시기 전에 아무것도 먹지 않았어. 빈속에 술을 마신 거야!"라고 처음으로 합리화를 사용하였다.

합리화는 멍든 자아에 대한 이성적이고, 자연스러운 반응이다. 그것은 상처받은 자존심을 보상하기 위한 방법으로, 모든 사람들은 자신의 행동이 어떤 불편함을 야기했을 때 합리화를 사용한다. 이것이 합리화의 기능이다. 특별히 자랑스럽지 않은 어떤 행동을 했을 때 기분을 나아지게 한다.

모든 합리화는 무의식적이어서 약물남용자는 자신을 합리화시키고 있음을 인식하지 못한다. 즉, 합리화는 삶을 쉽게 만든다.

술 마신 것과 그에 따른 행동에 대한 후회(정서적 손실)를 경험한다(0에서 4로 이동했다가 -1로 떨어짐). 약물 남용자에게 합리화는 그의 삶의 전부가 된다. 모든 이상한 행동이 합리화되고 현실로부터 더욱 멀어지고 망상에 더 깊이 빠져든다. 술을 과다하게 마시고 이상한 행동을 하는 사건이 생긴다. 그는 후회의 아픔을 경험한다. 그는 더 이상 "어제 무슨 일이 있었지?"라고 반문하지 않고, "어제 했던 일은 정말 한심해"라고 생각하게 된다. 정서적 고통은 더 심해진다. 다음번의 술 모임 후에 그는 심하게 자책한다. 그의 자존심은 항상 낮은 단계에 머무르게 된다.

점차 자존심은 더 낮아지고 자아의 정서적 손실이 커진다(1에서 4로 이동한 후 다시 -1, -2, -3, -4로 떨어짐). 마침내 정서적 손실은 만성적 상태가 된다. 그는 자신이 술을 마시고 있을 때도 끔찍함을 느낀다. 처음에는 일반적인 불안으로 경험되나 그가 술을 계속 마시고 이상한 행동을 계속함에 따라 심각한 자기 증오의 감정으로 진전된다. 계속 약물을 추구하며 낮은 자아상이 만성화 된다(정상적으로 돌아오지 못하고 -1 이하에 머무른다.

성격이 변화되고 전에는 볼 수 없었던 감정의 폭발, 폭력, 적대감, 침울함 등과 같은 감정의 변화가 명백해진다. 약물남용자는 부적절한 식사습관 때문에 몸무게가 불거나 줄어들 것이다. 그의 건강 상태는 평균 이하가 된다. 이 단계의 마지막에서 자기증오의 감정이 자기 파괴적인 감정으로 변화한다.

"나는 진짜 한심한 놈이야"가 "나는 진짜 썩어 빠졌어. 차라리 모든 것을 끝내는 게 나을 거야"로 변화한다.(김성이p112)

(그림 6-3) 파괴적인 감정 전 돌입단계: 해로운 의존

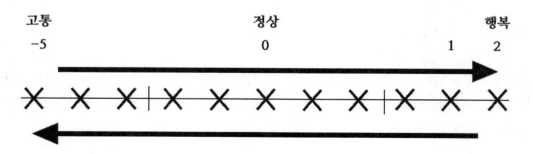

결과적으로 자기 파괴적이고 마침내는 자살하고픈 정서적 상태인 격렬한 만성적 단계에 도달한다. 만일 이 질병이 계속된다면 그는 만성적 알코올 우울증 상태에

의해 자살하게 될지도 모른다. 이 단계의 청소년들의 약물사용 동기는 방과 후 흥분, 황홀감을 얻기 위해 음악을 듣는 동안 마리화나를 흡입하고, 약물에 관련된 부속품을 구입하고, 약물을 사용할 수 있는 기회나 행사를 계획하고 참여하며, 부모를 속이고, 친구와 밤을 새고 집에 돌아와서 자신의 방으로 그냥 들어간다. 가족과의 식사를 피하고 부모님이 안 계실 때 집에서 파티를 하며, 가족여행에 동행하지 않고 가족행사에 나타나지 않는다. 스스로 정한 규칙이 변경되고 보다 많은 예외조항이 허락되며 가족에게 중단하겠다고 약속하는 것이 반복된다. 사용한 약물은 알코올, 마리화나, 흥분제, 진정제, 필로폰, 환각제, 코카인 등이며, 합성약물을 사용하기 시작한다. 약물의 사용결과, 사회적으로는 법적으로 소매치기, 폭행, 약물거래, 약물부속품 수집, 가출, 처음으로 중독 상태에서 운전을 해서 체포의 위험이 증가하고, 학교에서 잦은 유급과 무단결석, 수업시간에 졸기, 태도의 변화가 눈에 띌 정도이고 정학을 당하기도 하고, 약물을 학교에 가져오고 학위를 날조하고, 결석에 대해 변명을 늘어놓는다. 집에서는 부모님의 돈을 훔치고(금전 문제), 문을 잠그고 자기 방에 있는 시간이 늘어나고 외박을 하고, 언어적·신체적 학대, 가정불화, 싸움이 잦아진다. 변화에 대한 약속을 반복한다. 친구는 모두 약물을 하는 친구뿐이다. 신체적으로 상처, 호흡문제, 체중의 감소 또는 증가, 과복용, 개인적 위생문제(씻지 않음)가 생긴다. 감정적으로는 우울해하고, 자살에 대해 생각을 하며, 친구들과 다르게 느끼고 그들과 관계를 끊어버리고, 분노, 외로움, 정신적 고통, 열등감, 무가치함 등을 느낀다. 영적으로는 가족가치와 약물가치와의 갈등이 심해지고 부끄러움과 죄의식이 심화되며, 교회나 절에 안 나간다.

4) 파괴적인 감정 의존단계

청소년들은 매일 충동적으로 약물을 사용한다. 약물에 대한 내성이 계속적으로 증가된다.

처음에는 해롭지 않은 상태에서 출발했던 합리화의 과정은 병리학적인 정서관리상의 혼란상태가 된다. 그의 자신에 대한 부정적 감정은 안전하고, 높고, 단단하고, 합리적인 방어의 벽에 의해 무의식적 수준에서 가두어진다. 이 벽 때문에 그는 그 자신에 대한 부정적 감정을 극복할 수 없다. 그는 그런 감정이 존재하는지조차 모른다. 그러나 그러한 감정들은 불안, 죄책감, 수치와 후회의 형태 안에 계속적으로 존재한다. 그가 그 안의 이러한 감정들을 가지고 있는 한 그는 술을 마시지 않을 때에 괜찮은 기분을 느낄 수 없고, 심지어는 술을 마실 때에도 좋은 감정을 경험할 수 없다. 이 단계에서 그는 더 이상 예전의 '높은' 행복에 도달할 수 없다. 그는 정상적인 기분을 느끼기 위해 술을 마신다. 그리고 이제 그는 질병의 4단계에 들어섰다.

만성적 우울의 수준에서 출발한다. 더 이상 '좋은' 기분을 느끼기 위해 술을 마실 수 없고 정상적으로 느끼기 위해 마신다. 이 질병이 계속되는 한 부적절한 감정들은 계속 증대된다. 자아상은 파괴되고 황폐해지며 합리화만으로 문제를 덮어둘 수 없는 단계이다. 이 지점에서 무의식적인 또 다른 방어체제인 투약 현상이 나타난다. 투사는 자기증오의 감정의 짐을 다른 것들에게 전가해 보려는 과정이다. 합리화와 마찬가지로 효과적이기 위해서는 투사의 과정은 무의식적이어야 한다. (김성이, p112)

(그림 6-4) 파괴적인 감정의존: 해로운 의존과 합리화와 투사

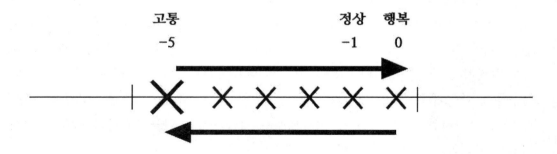

이 단계에서의 청소년들의 약물사용 동기는 약물사용의 통제, 선택에 있어서 더 이상 고민하지 않고, 사용량과 그 결과에 대해 예측하기 어렵다. 보다 정기적으로 자주 사용하고, 중독 상태로 하루 또는 이틀 이상 동안 황홀, 흥분감에 젖어 있으며, 과대 망상적이고 공격적인 행동을 보인다. 학교에서 반항적이고, 가족이나 친구에게 신체적인 폭력을 행사한다. 약물을 얻는 데 좀 더 많은 시간을 투자하고, 약물, 약물부속품을 숨기는 데 부주의해진다. 기억, 판단에 손상이 있으며, 빈도나 사용량에 있어서 혼자 사용하는 횟수가 증가한다.

스스로 정한 규칙을 포기하고, 사용이 강박적, 충동적으로 되고 약물이 생활의

중심이 된다. 통제 또는 과다한 사용을 줄이기 위한 반복적인 노력을 한다. 사용한 약물은 알코올, 마취제, 크랙 등을 정기적으로 흡입하고 주사를 사용하기도 한다. 약물의 사용 결과 사회적으로는 법적 범죄를 저지르고, 감옥에 있는 시간이 증가하며, 좀 더 자주 더 많은 양의 약물을 거래하고 신체에 자해행위를 한다. 학교에서 약물을 판매하고, 수업시간에 사용하는 것이 일상적이 된다. 정학 또는 퇴학당하고 폭행을 일삼으며 직장에서도 해고된다. 가적간의 다툼이 신체적으로 폭력화되고, 외박기간이 길어지고 부모는 약물남용자를 거칠게 다루고 위협하게 된다. 친구들이 걱정을 하고 피하거나 폭력으로 반응한다. 신체적으로 심한 상처, 만성기침, 심각한 체중 감소, 금단증상 등 건강이 빠르게 악화되고, 정신적이고 자기혐오를 타인에게 투사하고 기억에 손상이 와서 기억이 중단되며, 정기적으로 일시적인 기억상실이 일어난다. 감정적으로 깊은 후회와 절망을 느끼며 자살을 계획·시도하고, 영적으로 완전한 정신적 파괴에 도달하여 가치와 행동 사이의 갈등이 잠재 의식화되고 사용행위의 억제가 더 이상 도움 되지 않으며, 황홀한 상태에서도 더 이상 평화롭지 않고 절망감, 두려움, 자기혐오에 휩싸인다.

5) 청소년 약물남용과 성격의 특성

약물남용 청소년들은 성격적인 면에서 쉽게 흥분하고 기분변화가 심해 충동적 행동을 많이 발생하며 정서도 우울반응이 높다. 그에 따라 성격 특성이 상황에 대해 감정적·행동적인 반응체계를 만들고 유지시키는 일련의 사전·사후 인식의 습관적 적응이라고 할 수 있다. 간단히 설명하자면, "생각하는 것을 보면 행동을 알며, 행동하는 것을 보면 습관을 알며, 습관을 보면 성격을 알며, 성격을 보고 운명을 아는 것"이라고 할 수 있다(Swindoll, 1987). 약물남용 청소년들은 자기 파괴적 성격 특성을 가지고 있다. 이 특성은 직접적이고 간접적인 다양한 원인들에 의해서 영향을 받으며 점차적으로 형성되게 된다.(김성이, P115)

(그림 6-5) 약물남용청소년 성격특성의인지적구조 E. 약물중독

환경	사전신념	감정	사후신념	약물사용의
AI 주변 환경 (예.가족,또래,교사)	B1소속감결여 지루해함 할 일 없음	C1지루함 무력함 공허함	D1자극추구	행동적결과 윤리법규 위반, 범죄
A2 또래문화	B2 긍정적 부정적 결과에 관심	C2 두려움 불안 당황감	D2 자기수용 또래 수용	부모 속임 약물 비행 인지적
A3 대중매체	B3 괴로웠던 사건회상	C3 분노	D3 책임회피 우울 좌절	정서적 행동미숙 과업수행
A4 약물의 접근 이용성	B4 발각에 대한 두려움, 처벌 두려움 도덕성 거부	C3 죄의식	D4 감정적 도피 불안 도피 걱정 공포	장애, 사고 심리적 방어기제 부정 합리화 투사

약물의 사용과 남용의 원인이 되고, 자기 파괴적 성격 형성의 원인이 되는 여러 가지 요소를 나타낸 것이다(Nay &Ross, 1993).

환경(A)에 대한 일련의 사전신념(B)들이 감정(C)에 의해서 일련의 사후신념(D)들을 형성하게 한다. 이 사후신념에 의해 청소년들에게 약물의 이용, 남용, 의존과 같은 행동이 나타나게 된다.

사전신념에 영향을 미치는 위기 환경적 용인으로는 주변 환경, 특히 가족(A1), 또래문화(A2), 대중매체(A3), 그리고 약물의 접근 용이성(A4)이 포함된다. 이러한 환경적 영향에서 나타나는 사전신념(B1, B2, B3)과 이로 인한 감정은 약물이용, 남용, 그리고 습관적인 약물이요에 영향을 주는 마음의 상태를 나타낸다.

시간이 지나면서 자극 추구(D1), 자기수용과 또래집단 수용(D2), CORDLA 회피(D3), 감정적 도피(D4) 등으로 변환된 사후신념은 약물복용의 행동결과(E)를 초래한다. 결국 청소년들은 자극을 구하고, 자기수용과 또래집단 수용을 얻고 책임감을 피하는 "좋은 방법", "유일한 방법"이 약물남용이라는 잘못된 강박적 사고 유형을 발달시키게 된다. 약물남용이 계속되면 청소년은 스스로의 삶을 더 이상 조절하지 못하며

무력감과 잘못된 망상에 시달리게 된다. 이미 학습된 윤리와 법규의 위반(E1), 인지·정서적 행동의 미숙(E2), 그리고 심리적 방어기제(E3) 들과 같은 결과로 귀착된다.

습관적인 성격 특성이 발달하면서 형성된 일련의 사전신념(B4)은 약물남용 행동이 발견되어 처벌받을 것을 두려워하게 된다. 이러한 추가적인 내적 변화는 약물남용 청소년의 불안수준을 증가시킨다. 이 부가적 과정(A-B-C-D-E)이 계속해서 되풀이함에 따라 성격 특성과 인지구조는 궁극적으로 약물남용 청소년의 운명을 좌우하게 된다.

약물남용 청소년에게서 나타나는 성격 특성의 인지적 구조는 다음의 5단계 과정의 상호작용으로 나타난다.

(1) 심리적·신체적 중독

첫 번째와 가장 바깥층은 소위, 심리적·신체적 중독이라고 한다. 이 인지적 구조의 바깥층은 약물사용이 삶을 영위하는 '유일한 방법'이라는 잘못된 믿음을 심어준다. 이 망상은 신체적 갈망에 의해 강화된다.

(2) 약물사용에 따른 감정 및 행동의 부정

인지적 구조의 두 번째 층인 감정과 행동의 거부는 5개의 사전신념으로 구성된다. 이런 신념들은 지속적인 약물사용에 대한 결과를 외면하게 한다. 여기에는 ①부정, ②합리화, ③투사, ④원망, ⑤맹신적 사고가 포함된다.

부정이란 약물사용의 결과를 공개적으로 인정할 수 없다고 하는 철저한 비수용적 태도이다. 부정은 약물사용을 정당화하는 "나는 진정으로 나쁜 행위를 하지 않았다. 나 말고 다른 사람들도 계속해서 쾌락을 추구하지 않는가."와 같은 합리화 과정에 의해 강화된다. 부정과 합리화는 투사를 수반한다. 즉, 모든 사람들은 현재의 상황과 어려움에 대해 비난한다. 원망적 그리고 맹신적 사고는 문제를 더욱 복잡하게 한다. 약물남용 청소년들은 다른 사람의 도움 없이도 스스로 마음만 먹으면 언제라도 약물사용을 멈출 수 있다고 확신한다. 또한 아무리 지속적으로 약물사용을 하여도 어떤 신체적·심리적·영적 손상도 일으키지 않을 것이라고 믿고 있다. 청소년들은 "나는 언제든지 중단할 수 있고 정상적인 행동을 할 수 있다. 나의 삶에서 내가 원하는 것을 나는 할 수 있다"라는 잘못된 믿음으로 낙관적인 감정적 반응을 한다.

(3) 약물의 거부

인지구조의 세 번째 층인 거부는 약물을 남용하는 청소년들의 당위성에 대한 요구와 약물치료 수용을 막는 일련의 사후 신념으로 되어있다. 이러한 사후신념은 무관심, 자만, 독선, 반항, 거절과 호전성으로 구성되어 있다. 무관심은 "남의 태도에 관심이 없다"라는 형태를 취한다. 자만은 "나 스스로 약물을 끊을 수 있다"라는 것을 강조한다. 독선은 "나는 이미 약물을 끊을 수 있는 방법을 알고 있다"라고 아는 체한다. 반항하는 태도는 "아무도 내가 약물을 사용하는 것을 막을 수 없다"라는 태도를 말한다. 거절의 태도는 "나는 그것을 할 수 없어. 그것은 나에게 가치가 없다"라고 하는 태도이다. 호전적인 태도는 약물남용 청소년을 중지하도록 도와주는 행위에 대해 번번이 대항하는 것을 말한다. "약물남용은 나의 삶이다. 누구도 나에게 이래라 저래라 하지 못한다." 이러한 거부의 사후 신념은 약물남용 청소년들에게 필요한 도움을 방해한다. 이 사후 신념은 또한 부정적인 사전신념을 강화시킨다.

(4) 자기 파괴적 태도

약물남용 청소년의 인지구조의 중심부에는 약물사용 이전에 발전시켜 왔을지 모르는 자기 파괴적인 과거의 인식이 깊게 뿌리 박혀 있다. 인성의 네 번째 내부 층인 자기 파괴적 행위는 다섯 가지 형태로 나타난다.

첫 번째 자기 파괴적 행위는 자신에 대한 비난이다. 어떤 일이 잘못될 때마다 또는 실수를 할 때마다 "모두 나 때문이다." 두 번째 자기 파괴적 행동은 다른 사람을 비난하는 것이다. "만일 그것이 내 잘못이 아니라면 아마 다른 모든 사람의 잘못임에 틀림없어"라고 말한다. 세 번째 자기 파괴적 행동은 "이 일은 나에게 일어나지 않을 거야"라는 실제 사실과는 다른 생각을 하는 것이다. 네 번째 자기 파괴적 행동은 두렵고, 무서우며, 극복할 수 없는 상태이다. "내가 이 실수를 하는 것이 단지 두려울 뿐이야" 이상의 네 가지 행동들은 대개 동시에 일어나나 결국에는 다섯 번째 자기 파괴적 행위에 이르게 된다. "나는 더 이상 견딜 수 없어" 이 시점에서 약물남용 청소년은 항상 "빌어먹을"이라고 말하면서 약물을 사용한다. 변화하는 환경에 대항하는 방법으로 이런 사고를 함으로써 청소년들은 상처입고 다시 타락하게 된다.

(5) 고통의 가마솥(Caldron of emotional pain)

약물남용 청소년의 성격 특성의 가장 깊숙한 중심부에는 감정적 고통의 큰 부분이 자리 잡고 있다. 약물남용 청소년들의 마음 한가운데는 분노, 외로움, 자기연민, 아픔, 절망, 두려움, 고립감, 죄의식, 걱정, 그리고 수치스러움이 차지하고 있다. 철저한 계획 없이 이들의 문제를 풀려고 접근한다면 약물남용 청소년들을 죽음에 이르게 할 수 있다. 이러한 감정적 고통들 때문에 약물에 의존해 있는 청소년들은 쉽게 상처받고 감정을 폭발하기도 한다. 감정적 고통의 가마솥은 이들에게 나타난 성격 특성과 인지적 구조의 4단계로 구성되어 있다. 즉, 성격 특성의 외부층에 해당하는 심리적 층, 부인하고 거절하는 층, 그리고 자기 파괴적 행위들은 감정적 고통으로 채워져 있다. 중독을 벗어나려는 노력 자체가 또 아른 고통을 초래한다. 그래서 고통은 또다시 중독을 필요로 하게 되고 결과적으로 약물남용자는 더 깊은 중독의 수렁에 빠짐으로써 악순환을 이루게 된다. 그러다가 시간이 지나면서 약물남용을 합리화하는 신념체계로 발전하고, 결국 망상적인 체계가 형성되어 남용적인 인성은 통제 수준을 넘게 된다(Nakken, 1988). 망상적인 체계는 시간이 흐르면서 벽과 같이 단단하고 복잡한 성질을 띠게 된다고 Nakken은 말하였다.

6) 청소년 약물상담 시 유의사항

(가) 상담자의 역할

① 청소년들과 신뢰관계를 발달시킨다.

② 청소년 약물남용자가 자신들이 사용하는 약물과 그 약물이 자신과 가족, 연인, 친구들, 그리고 동료들에 미치는 영향이 어떤 것인지를 이해하도록 알코올과 마약에 대한 정보를 제시한다.

③ 약물사용과 그 자신의 삶에 대한 부정적인 결과 사이의 연관관계를 인식하고 회복과 재활을 향한 자신들의 노력에 대해서 긍정적으로 느끼도록 이끌어 준다.

④ 약물남용 문제 처리를 위한 치료 프로그램들 사이의 차이점들을 인식하고 약물남용자로 하여금 치료의 다른 측면들과도 관련하도록 치료의 여러 측면들을 설명한다.

(나) 상담자가 지켜야 할 기본적 사항

① 감정이입

감정이입이란 다른 사람의 느낌과 생각, 태도들을 경험하는 것이다. 상담자는 클라이언트가 약물로 인해 경험하는 무기력함, 절망감 등에 대한 설명을 듣고 감정이입적인 반응을 한다. 이러한 감정은 상담자가 클라이언트에게 관심을 잘 기울일 때 일어나며 적절한 감정이입은 클라이언트로 하여금 자신들이 이해받고 있다는 느낌을 갖게 한다. 그 반응은 지시적이어서는 안 되며, 클라이언트의 행동변화에 대한 양가감정을 수용해야 한다. 약물에 초점이 맞추어진 생활양식에서 회복과정으로 생활을 전환한다는 것은 이들에게 두렵고 힘든 과정이기 때문이다.

② 진실성

상담자의 외적 행동과 내적 행동은 일치해야 한다. 진실한 행동은 관계의 신뢰도에 영향을 줌으로써 상담자와 클라이언트 사이의 동맹을 증진시키고 치료에 효과적이다. 관계의 부정적인 면에 익숙해진 약물 남용자들에게 정직한 관계는 특히 중요하다.

③ 즉시성

클라이언트와 상담자 사이에 "지금 이 순간(here and now)"에서의 느낌은 클라이언트의 현실성에 초점을 두고 상담의 과정을 중요시 할 필요가 있다. 약물 남용자들은 과거의 억눌린 기억들이나 고통스러웠던 사건들에 초점을 두어 이야기를 진행하고, 그런 고통 들을 약물사용의 이유로 제시하는 경우가 많다. 그러나 지금 가장 시급하고 중요한 문제는 무엇인가에 초점을 두는 것이 단계별 문제해결을 위해 매우 중요하다.

④ 따뜻함

따뜻함은 비언어적인 방법(미소, 고개를 끄덕이는 것과 같은)으로 표현된다. 이러한 반응들은 상담자를 인간적으로 보게 하고 클라이언트의 인간성을 강화시킨다. 약물남용자의 과거 행동이 상담원의 가치에서 볼 때 받아들여지기 힘들더라도 이들은 따뜻하게 존중받기를 원한다.

⑤ 존중

클라이언트에게 치료적인 의사결정 과정에 참여하고, 그들 스스로 대안을 선택할 수 있도록 함으로써 클라이언트의 의견을 존중해 주고 어려운 환경이지만 생존할 수 있다고 격려해 준다. 클라이언트가 자신의 인생을 스스로 변화시킬 수 있는 힘을 가진 사람으로 인정해 주는 것이다. 과거에 약물남용자들은 상담자들이 그들에 대해 내린 정의를 받아들이고 다른 사람들에 의해 고안된 치료계획을 수용하도록 압력을 받았었다. 클라이언트들이 책임 있는 행동을 하게 하는 방법은 이들을 책임 있고 능력 있는 사람으로 인정해 줌으로써 자신의 잠재력을 신뢰하게 할 수 있게 하여야 한다.

⑥ 자기노출

클라이언트를 위하여 자신의 개인적인 경험, 감정들, 그리고 태도들을 나누는 강력한 도구이나, 잘못 사용되면 치료에 역효과를 줄 수 있다. 자기노출은 상담자 자신의 발전을 위해서 사용되어서는 결코 안 된다. 자기노출은 클라이언트가 이를 견디어 낼 수 있을 때 그리고 이를 이용할 수 있을 때만 사용되어야 한다. 적절한 자기노출은 클라이언트로 하여금 혼자라는 느낌을 덜 느끼게 하고 덜 병적이라고 느끼고 자존심을 증진시켜 주는 것이다. 부수적으로 클라이언트와 상담자의 관계를 동등하게 하고 결과적으로 치료적 동맹을 강화시키고 치료 결과들을 향상시킬 수 있다.

⑦ 직면

직면은 클라이언트들이 앞으로 나가도록 가속을 붙이는 중요한 도구지만 견고한 원조관계 상황에서 클라이언트가 이를 받아들일 준비가 되어 있을 때에만 효과적일 수 있다. Small(1978)에 따르면 치료적인 직면은 클라이언트가 말하는 것과 이들이 경험하는 것이 다를 때, 지금 말하는 것과 초기에 말했던 것이 다를 때 또는 그들이 말하는 것과 실제 행동 사이에 차이점이 있을 때 사용한다. 직면의 종류는 다음과 같다.

- 경험적 직면: 클라이언트가 말하는 것을 상담자가 다른 방향으로 느낄 때 사용한다.
- 장점 직면: 클라이언트가 약점이나 무기력함을 주장할 때, 상담자가 클라이언트의 말과 능력을 증명함으로써 이들에게 권한을 부여할 때 사용한다.
- 약점 직면: 클라이언트가 고통스러운 감정들을 받아들이는 것을 거부할 때나

반박할 수 없는 주장들을 내세울 때 적절하게 사용하여 방어적인 자세를 버리도록 격려함으로써 이들로 하여금 진정한 느낌을 경험하게 할 수 있다.

• 행동 직면: 클라이언트가 무력한 행동을 할 때 상담자는 적극적으로 이들을 격려하여 성공적인 치료에 필요한 과업들을 완수하도록 격려한다.

• 사실적 직면: 상담자가 사실상 클라이언트의 근거 없는 믿음이나 잘못된 점들을 풀 때 사용된다. 일반적으로 임상 실천에서 자주 사용되며, 약물을 남용하는 클라이언트에게 그들이 사용하는 약물, 그리고 그들이 직면한 문제와 관련된 사실들을 알게 하는 데 좋다

⑧ 침묵

침묵을 효과적으로 이용할 필요가 있다. 적절한 시간에서의 침묵은 치료 시 나타나는 불안을 감소시킬 수 있다.

(다) 유의사항

모든 약물남용자가 반드시 병원에 가야만 한다거나 또는 모든 종류의 약물 남용자들을 여기에서 제시되고 있는 방법만 가지고 다 치료할 수 있다는 것은 매우 위험하고 비합리적인 생각이다. 즉, 약물남용 청소년들의 각 단계에 적합한 개입방법이 무엇인가를 신중하게 결정해야 한다. 단, 다음과 같은 경우는 입원치료의 가능성이 높은 경우이다.

① 외래치료방법으로 약물남용을 중단시킬 수 없는 경우
② 정신과적(우울이나 행동장애 등) 또는 의학적 문제 정도(장기손상, 영양불량 등)가 치료를 필요로 하는 경우, 이중 진단(dualdiagnosis)을 가진 경우
③ 생명을 위협할 정도의 금단증상을 나타내는 경우
④ 약물남용을 중단할 수 있도록 도와주기보다는 약물을 계속 사용하도록 조장하는 역기능적인 환경에 있거나 이런 상황이 반복되는 경우
⑤ 약물사용을 중단하고자 하는 동기를 불러일으키는 것이 불가능하거나 자신의 약물사용 사실을 계속해서 부인하는 경우
⑥ 이미 여러 번의 외래치료의 실패 경력이 있을 경우

⑦ 너무 폭력적이어서 주변 사람들에게 상해를 입힐 우려가 있는 경우

⑧ 자살을 시도한 경우 등

(그림 6-6) 국내 청소년 연령기준(청소년 법 규정 연령기준)

청소년 연령기준 (작성일: 2014.1.5.)

기준연령	해당법률	법조항	관련내용
13세미만	성폭력처벌법	7조	13세미만 미성년자에 대한 강간, 강제추행 등의 죄
	형법	305조	(미성년자에 대한 간음, 추행)13세미만의 사람에 대하여 간음,추행
14세미만	형법	9조	형사미성년자
	보호소년등 처우법	8조	소년원 또는 소년분류심사원 수용시 분리수용 (10세이상 14세미만 분리수용)
15세미만	근로기준법	64조	15세미만(중학교 재학생 18세미만포함) : 근로자 사용금지(취업인허증 소지시 예외)
	근로기준법시행령	35조	(취직인허증의 발급) : 13세이상-15세 미만자 받을수있다 (단, 예술공연 참가자 13세 미만가능)
16세미만	보호소년등 처우법	8조	소년원 또는 소년분류심사원 수용시 분리수용 (16세미만과 16세이상 분리수용)
	형법	274조	(아동혹사)피보호·감독 16세미만자 생명·신체에 위험한 업무사용
	선원법	91조	선원사용금지
18세미만	소년법	59조	사형·무기형으로 처할경우, 15년 유기징역형으로 완화
		62조	환형처분금지(유치선고 금지)
	아동복지법	3조	'아동'의 정의
	게임산업진흥법	2조	'청소년'의 정의(고등학교 재학생 포함) 2006.4.28제정
	음악산업진흥법	2조	'청소년'의 정의(고등학교 재학생 포함) 2006.4.28제정
	근로기준법	65조	-임신중, 산후1년 미경과 여성, 18세미만자: 도덕상 또는 보건상 유해·위험한 사업 사용금지 -임산부가 아닌 18세 이상 여성: 도덕상 또는 보건상 유해·위험한 사업중, 임신·출산 기능에 유해한 사업에 사용금지
		66조	(연소자증명서) : 사용자는 18세 미만자에 대하여 가족관계증명서, 친권자(또는 후견인) 동의서를 사업장에 두어야함
		70조	-18세 이상 여성 : 7시간/1일, 40시간/1주일 초과근로금지(단, 그 노동자 동의로 가능) -임산부, 15세이상 18세미만자: 7시간/1일, 40시간/1주일 초과근로금지, 야간작업(22:00~06:00)·휴일근로 금지(고용노동부장관 인가시 예외)
		72조	여성과 18세 미만자 : 갱내근로금지(필요한 일시적 근로는 제외)
	직업안정법	21조의3	청소년유해업소 및 다류배달판매다방 직업소개금지
	경범죄처벌법	6조	통고처분금지
	선원법	91조	위험한 선내작업 및 위생상 유해한 작업 금지
		92조	야업(10:00~06:00)로볼 최소 9시간 이상 작업금지 : 가벼운 일에 본인 동의·해양수산부장관 승인시 예외
	공연법	2조	'연소자'의 정의(고등학교 재학생 포함)
	영화및비디오물의 진흥에관한법	2조18호 29조5항	제한상영가 상영등급영화 청소년(고등학교 재학생 포함) 입장금지
	민법	807조	(혼인적령)만18세가 되면 혼인할수있다, 단 미성년자는 부모의 동의를 받아야한다
		826조의2	(성년의제)미성년자가 혼인을 한때 성년으로 본다
	실종아동법	2조1호	'아동등': 가. 실종당시 18세 미만 아동, 나. 지적, 자폐, 정신장애인, 다. 치매환자 2013.6.4.개정
		2조2호	실종아동등: 약취, 유인, 유기, 사고, 가출, 길을 잃는 등의 사유로 보호자로부터 이탈된 아동
19세미만 (연 19세) ※1월1일기준 -2014년 현재 96.1.1.이후 출생자	청소년보호법	2조	'청소년'의 정의
	아동·청소년성보호법	2조	'아동·청소년'의 정의
	식품위생법	44조	(영업자등의준수사항)청소년 출입·고용·주류제공 금지
	사행행위등규제 및 처벌특례법	12조	-사행행위업소(회전판돌리기영업소)에 청소년 입장 금지 -사행행위업(인터넷등 정보통신망을 이용하는 영업)에 청소년 참가 금지
	마약류관리에관한법률	58조·59조	마약·향정신성의약품·대마 미성년자 수수·교부 등 금지
19세미만	소년법	2조	'소년'의 정의
	민법	4조	'미성년자'의 정의, 미성년자의 행위능력 제한
만22세	보호소년등의 처우법	43조	(퇴원)소년원장은 보호소년이 22세가 되면 퇴원시켜야한다
만23세	소년법	63조	교도소내 분리수용중 소년이 23세 도달시 일반교도소 수용가능
24세 이하	청소년기본법	3조	'청소년'의 정의(9세이상 24세이하)

제2절 여성과 약물

여성의 약물중독은 생물학적 인자, 심리적 인자, 사회 환경적 인자의 각각이 남성과는 다른 형태로 관여하고 있다. 여성성을 포함한 " 심한 중독 의존"으로 비친다. 알코올이나 약물사용에 대한 허용규범이 남자와 여자에게 다르다. 비록 음주 규칙에 있어서의 차이가 때때로 여성을 보호하기도 하지만 여성을 파괴시킬 수도 있다. 고대 로마의 법은 여성이 술 마시는 것을 금지하고 법을 어겼을 때는 굶기거나 돌로 때려서 죽이게 했다. 그 시대에 알코올을 여성에게 금지했던 것은 성적인 난잡함을 방지하기 위해서라고 했다. 이와 같은 이중적 잣대와 음주하는 여성이 음란하다는 관념은 오늘날에도 존재한다. 그리고 이것이 약물에 의존하는 여성에 대해 낙인을 찍는 이유가 되기도 한다. 이러한 낙인은 여성들을 치료하는 데 장벽이 되고 약물의존 여성을 어둠 속에 갇혀있도록 하는 것이다. 또 약물문제는 모체로서의 특수한 역할을 해야 하는 여성의 정상적인 임신과 출산을 방해하고 미숙아나 병리적 분만 같은 태아 손상의 위험과 관련이 있다. 또한 약물의존은 육아를 담당하는 엄마-영아의 관계 형성에 장애를 일으킨다. 이는 많은 현대 여성들이 미혼모가 될 수도 있고, 약물에 의존되어 있는 여성의 영아보호 문제가 해결되지 않으면 세대 간 약물의존이라는 병이 대물림되는 결과를 초래할 수도 있다는 것이다.

이 장에서는 먼저 여성의 음주 패턴에 관해 조사한 내용을 살펴보고, 이어서 여성의 약물의존 현황 및 패턴, 질병의 과정과 증상, 치료에 있어서 여성의 특별한 욕구, 회복 이후의 새로운 인생에 대해 설명한다.

1. 여성 약물사용의 실태

우리나라의 경우, 전체 마약류 사범에서 여성이 차지하는 비율이 1988년 이전에는 감소 추세였으나 1988년 이후 점차 증가하여 1991년에는 마약사범의 경우 남성 대 여성 비율이 1:1이고 향정신성의약품 사범의 경우 6:1, 대마사범의 경우 16:1의 비율을 나타냈다. 또한 유흥업, 윤락녀 등의 여성 외에도 주부의 약물사용이 증가되어 마약류사범의 경우, 1986년 8명에서 1991년 23명으로 증가하는 모습을 보여주었다.

또한 10대 청소년들 사이에서도 부탄가스 및 본드와 같은 유해화학물질 등의 약물들이 많이 사용되는 것으로 나타나고 있다. 미국의 경우, 여성은 주로 처방 약물을 사용하고, 남성은 담배, 마리화나, 코카인 외 금지약물을 사용하였으나, 최근에는 청소년의 약물사용 패턴에서 성의 차이가 사라지고 있으며(12-17세) 소녀들이 시가, 코카인, 크랙, 환각제 및 비의료적인 이유에서의 처방된 약물(가령 stimulants, sedatives, tranquilizers)을 남성들보다 더 많이 사용한다고 한다), 1985년의 조사 결과에 의하면, 18-34세의 가임여성 중 30%가 지난 1년간 적어도 한 번, 18%가 지난 한 달 동안 적어도 한 번은 약물을 사용하였다고 한다. 또한 전체 성인의 음주량을 볼 때는 성인 남성이 성인 여성에 비해 더 많은 음주를 하지만, 젊은 남성과 여성의 경우에는 동일한 양의 술을 마시며, 어떤 조사에 의하면, 12-17세 여성이 같은 나이의 남성들에 비해 술을 더 많이 마시는 것으로 나타나기도 하였다.

여성은 남성에 비해 약물과 알코올을 복합 사용하는 경우가 많으며, 또한 나이 든 여성이 건강이 나빠짐에 따라 약을 더 많이 처방받고 처방을 하는 의사들과의 부적절한 의사소통 등 여러 가지 이유에서 젊은 여성보다 알코올과 약물, 약물과 약물의 복합사용으로 인한 위험을 더 많이 겪는다고 한다.

2. 여성 약물사용의 패턴

여성은 주로 처방된 약물을 남용한다. 19세기와 20세기 초 약물사용이 법으로 금지되기 전까지 여성은 마약, '토닉와인', 아편류의 의약품 등을 사용, 1914년 Harrison Narcotics Act 이전까지 대중적인 토닉이나 마리화나, 코카인 등을 사용하기도 하였다. 이와 같은 불법적인 약물을 구하기 힘들어지자 그들은 barbiturate, meprobamate 등을, 그리고 현재에는 ampheta -manes, benzodiazepines 등에 의존한다.

1) 신체적 원인

가) 유전적인 패턴들
최근의 알코올 문제에 관한 연구들은 유전적인 요인과 환경적인 영향 중에서 유전적 요인에 많은 비중을 두고 있다. 덴마크의 한 연구에서는 남자에게는 유전적 요인의 영향력이 보이는데 여성에게서는 그렇지 않다고 보고하고 있다. 그러나 스웨덴의 한 연구에서 1,755명의 성인 입양아를 대상으로 조사한 결과 남녀 모두에게서 알코올의 유전적인 패턴들이 발견되었다. 생물학적인 부모의 알코올과 관련된 문제를 비교한 결과 여성과 관련된 유전성은 아래와 같은 두 가지 유형으로 구분되었다. 그중 한 타입은 일반적인 유형으로 남녀 모두에게서 성인기에 발병하며, 남용의 정도가 덜 심각하다. 생부나 생모 또는 둘 다 알코올남용인 경우 알코올 문제의 위험률이 증가하며, 인생 후기의 알코올남용은 유전적 요인뿐만 아니라 환경적인 요인도 중요한 역할을 한다. 또 다른 타입은 남성에게만 나타나는 덜 일반적인 유형으로, 생부와 아들 둘 다에게서 범죄행위와 관련된 심각한 알코올남용이 초기에 나타나고, 유전적인 영향이 강하다. 이런 아버지의 딸에게는 알코올 문제 발생률이 증가하지 않았으나 여러 가지의 신체적 질병 발생률이 높았다.

지금까지 알려진 바에 의하면 알코올중독에 있어서는 약간의 유전적인 경향이 있다고 할 수 있지만 이 병이 유전적인 것으로 간주 되어 치유될 수 없는 것으로 생각되어서는 안 된다. 최근에 환경의 영향을 보여주는 연구결과들이 많이 있어 유전적인 요인과 환경적인 요인 모두가 중요하다는 사실을 증명해 주고 있다.

나) 여성 특유의 신체적 효과

여성의 알코올 문제에 관한 최근의 연구들에서 음주량이 동일할 때 남성에 비해 여성의 혈중 알코올 수준이 높다는 결과가 나오고 있다. 여성의 신체에 비해 남성의 신체가 수분을 더 많이 함유하고 있기 때문이다. 알코올이 체내에 들어가면 몸의 전체의 수분 안에 용해되기 때문에 수분이 적은 여성의 알코올 농도가 덜 희석된다. 또한 여성은 생리주기와 관련되어 생리 전 주기의 영향이 가장 크다. 이것은 똑같은 양으로 남자보다 여자가 더 큰 영향을 받는 다는 것을 말해 준다. 평소에 술을 마시지 않는 여성들도 생리기간 동안 긴장이나 우울감을 달래기 위해 술을 마시며 대개 혼자 마신다고 한다. 이러한 음주 패턴은 알코올의존의 특성이기 때문에 생리주기는 여성의 병리적인 음주 패턴의 발달에 영향을 줄 수 있다. 알코올중독 여성들 중에는 생리 중에 폭음을 하게 되며, 생리통에 대한 민간요법 처방으로 술을 마시기 시작했다는 사람도 있다.

다) 질병

여성의 음주는 성적 흥미의 결여 내지는 불감증을 유발하며 불임을 초래하기도 한다. 음주가 여성의 성적 기능에 미치는 영향에 대한 연구에서 알코올의 혈중농도가 증가하면 점차적으로 오르가즘의 강도와 속도를 방해하는데 이런 부정적인 효과에도 불구하고 알코올중독의 여성들은 그들이 술을 마실 때 섹스에 대한 욕망과 즐기고자 하는 기대가 더 크다고 말한다. 이것은 임상에 있어서 중요한 사실로, 다른 약물의 사용으로 의존성을 나타내는 여성들에게도 마찬가지의 효과가 적용된다고 할 수 있다. 또한 체내에서 알코올을 대사하는 효소의 활동은 남자보다 여성이 덜 효율적이어서, 단기간의 소량 음주로도 지방간, 간경변, 과긴장, 빈혈, 영양결핍, 위출혈까지 유발될 수 있으며 간경변과 같은 질병은 남자보다 훨씬 짧은 기간에 나타난다.

라) 약물과 임신

• 알코올: 임신 기간 중의 음주는 유산, 저체중(Fetal Alcohol Effect:FAE)등의 태아알코올증후군(Fetal Alcohol Syndrome:FAS)과 다른 알코올 관련 선천성 장애를 유발할 수 있다. 다운증후군, 이분척추 등이 정신박약과 함께 나타나는 선천성 장애이다. 알코올의존인 여성이 임신을 하게 되면 임신기간 전후에 단주를 위한 치료를 해야 하며 출산 후 재발의 우려가 있으므로 부모로서의 기능을 위한 대책이 필요하다. FAE는 소량의 알코올음료를 마시거나 사회적으로 용인된 정도의 음주 경우에도 관찰된다.

미국과 스웨덴의 한 연구에서 임신 초기에 심한 음주를 하였지만 임신 2기(6개월) 말까지 알코올의 사용을 중단한 여성들이 건강한 아이의 출산 가능성을 보여주었다고 보고되었다. 이는 임신 초기에 심각한 음주를 하였더라도 적절한 시기에 단주를 행하면 정상적인 분만이 가능하다는 사실이 음주 여성들에게 인지되어야 함을 말해 준다.

한 연구에 의하면 임신 중 음주가 FAS나 FAE의 원인이 될 확률은 40%라고 되어 있다. 그러나 식사, 다른 약물사용, 건강, 임신 횟수, 알코올중독의 기간과 심한 정도 등 다양한 관련요인이 있으며 1987년 N.Bingol의 연구에 의하면 같은 알코올중독자라 할지라도 사회계층에 따라 FSA, FAE의 발생률에 차이가 있다. 중상류층 여성은 4.6%, 하류층 여성의 경우71%이며, 중상류층 여성의 자녀가 정상적으로 출생하기는 하였지만 체중은 더 적었고 21%는 주의집중 장애를 보였다.

• 아편류(heroin, methadone): 아편류의 사용에 의존된 여성이 임신한 경우 조

산, 적은 두위, 저체중, 신생아 금단현상 및 유아돌연사(SIDS, 메사돈 중독 영아의 경우 4%가 유아돌연사)의 위험성이 증가한다. 마약에 노출된 유아의 68-94%가 초조함, 과다행동, 과장된 반사작용, 높은 음의 찢어 질 듯 한 울음, 근육의 긴장, 진전, 재채기, 설사, 발한, 호흡불안, 숙면을 취하지 못함 등의 증상을 보이며, 이 증상은 생후 72시간 내에 나타나서 2-3주간 지속되며, 때로는 몇 달간 지속되는 수도 있다.

• 흥분제(코카인, 암페타민): 유산, 조산의 위험 증가 및 신생아에서의 저체중, 적은 두위, 유아돌연사(전체 유아 중 SIDS는 0.03%인데 반해 코카인 중독 영아의 경우 15%)를 유발시킨다. 행동과 운동기능에 있어서도 초조, 우울증, 불규칙한 수면 패턴, 근육의 긴장, 진전 등의 문제가 타나난다. 연구에 의하면, 코카인 중독 영아가 자라면서 읽기에서의 문제, 수학능력의 부족, 빈약한 조직 기술 등의 문제를 보이고, 창조적 놀이, 다른 아이들과의 상호작용 능력에 있어 제한점을 보인다고 한다.

• 흡연: 유산, 조산의 원인 및 저체중, 발달지체, 유아돌연사의 위험성을 증가시킨다.

마) 약물사용과 육아

알코올, 니코틴, 코카인, 헤로인을 사용하는 어머니의 경우, 모유를 통해 아기에게 약물이 전해지고, 간접흡연의 영향으로 폐렴과 같은 호흡감염, 폐기능 약화, 천식 등의 위험성이 커진다.

바) 강간 및 원치 않는 성관계

음주, 약물사용 여성은 성적으로 강간 되거나 희생당하기 쉽다. 실제로 Wilsnack의 연구에 의하면, 60%의 여성이 술을 마시고 있는 사람에게 성적인 공격을 받은 경험이 있다고 하며, 음주하는 여성을 성적으로 문란하다고 보는 사회적 낙인으로 인해 남성의 공격성에 노출되기 쉽고 성적 희생을 증진시키고 있다. 이는 원하지 않는 임신을 할 위험성을 가중시킨다. 또한 가정 폭력(family violence) 조사에 의하면, 알코올 및 약물이 가정 내 폭력(폭행)고 크게 연결된다.

사) 에이즈를 포함한 성적 감염 질병

미국의 경우, 여성보다 남성에서 에이즈 감염이 급속히 번지고 있으며, 남성 에이즈 환자의 70% 이상이 약물사용과 관련되어 있다. 이들은 약물을 정맥에 주사하는 과정에서 오염된 주사바늘을 통하거나 함께 약물을 하던 남성과의 성적 접촉을 통해 감염된다. 이들은 단순히 에이즈뿐만이 아니라 여러 바이러스에 감염될 수 있으며 임신 중인 경우에는 태아에게, 모유수유인 경우에는 신생아에게도 에이즈 및 바이러스가 감염될 수 있다.

2) 심리적 요인

불안, 우울, 낮은 자존감, 대처능력 부족 등이 여성의 알코올의존과 과련된 심리적 요인이라고 한다. 어린 시절 성적 학대를 받은 여성은 과거 학대에 대한 대처방법으로 약물에 의존을 하기도 하여 추후 약물문제에 대한 주요한 요인이 된다고 한다. 약물의존 여성은 약물사용을 비도덕적으로 보는 사회적 낙인 때문에 스스로도 죄의식과 수치심을 갖는 경우가 많아 문제를 숨기게 한다.

3) 사회적 원인

사회문화적 관습과 가치들은 다양한 약물을 수용하고 약물을 쓰는 것에 대한 태도에 영향을 미친다. 의사들은 정신작용 약물들을 남성에게보다 여성에게 더 쉽게 처방하는 경향을 보여주고 있으며 반면 불법적인 약물의 사용은 남성에게 더 허용적이다. 헤로인이나 코카인 같은 불법약물을 사용하고 있는 여성들은 남편이나 남자친구들에 의하여 사용을 시작하게 된다. 사회적 가치와 관습은 알코올이나 다른 약물의 문제들을 발생시키고, 예방하는 데 아주 중요한 역할을 한다. 최근에는 여성을 대상으로 하는 광고가 급증하고 이는 음료산업에서 '성장하는 시장'으로서 자리하고 있다. 여성의 음주와 흡연을 조장하는 광고 등이 증가하고 있는 것이다. 청소년의 약물사용 패턴도 남자와 여성의 차이가 점차로 좁혀지고 있어 여자 청소년들의 음주문제도 심각하다. 똑같은 양의 술을 마셔도 체중이 적은 여자의 혈중농도가 더 높아지기 때문에 '여자도 남자와 똑같이 마실 것'을 기대하는 사회적 규범의 변화는 특별히 여성에게 불리하며 예방 프로그램은 이러한 차이점을 강조해야 한다.

또 다른 중요한 사회적 요인은 알코올과 약물을 사용하는 여성에 대한 낙인이다. 비록 이러한 낙인이 약물남용을 저지하는 효과가 어느 정도 있다는 주장도 있다. 비록 오늘날 알코올중독이 질병으로 수용되고 있지만 이것은 표면적일 뿐이고 남성에게조차도 알코올중독자는 비도덕적이고 정신적으로 나약하거나 자신에 집착하는 사람들이라는 비판을 받고 있는 것이 현실이다. 따라서 여성들에게는 남성보다 더 높은 도덕적 기준을 적용하여 약물의존 여성에 대한 낙인은 더욱 강화한다. 더욱이 약물을 사용하는 여성은 사적으로도 문란할 것이라는 인식은 특히 여성에게 치명적이다. 최근 W.George와 그의 동료들이 젊은 성인의 데이트 장면 비디오를 보여주고 그 반응을 연구한 조사에 의하면, 남학생·여학생 모두는 만약 여성이 일반 음료가 아닌 알코올음료를 주문한다면 더욱 쉽게 성적 대상이라고 생각하고, 술값을 남자가 지불하는 경우에는 더욱 그렇다는 결론이 나왔다. 이와 같은 사회적 낙인은 여성들에게 도움을 주고 치료받게 하는 데 장애가 된다. 여성들은 죄의식과 수치심 때문에 자신의 문제를 숨기고 있으며 혼자 부엌이나 침실에서 약물을 마시는 경우가 많아 심각하게 아프기 전까지는 식구나 친구들이 알아채지 못하기도 한다. 게다가 불면, 신경쇠약, 건강 등의 문제로 병원에 가지만 의사는 중독을 치료하기보다 진정제를 처방하는 경우가 흔하다.

4) 중독의 과정과 증상

대부분의 여성은 남성보다 늦게 음주를 시작해서 비슷한 연령에 치료를 받는다. 이는 여성의 병의 진행과정이 급속도로 단축되어 있음을 의미한다. 알코올중독 여성은 치료를 받으러 갈 때 이혼했거나 알코올중독자인 다른 남성과 혼인 혹은 동거상태이다. 따라서 여성의 알코올중독 발병은 스트레스가 되는 사건과 관계가 많고, 치료 동기는 건강과 가족문제이다. 남성은 직장과 법적 문제 또는 음주운전으로 인한 구속이 지배적이지만 여성은 이미 자살의도와 정신과 치료를 받은 병력이 있다. 알코올중독 여성은 산부인과 문제가 많고 간경변이 시작되면 남자보다 더 급속도로 발전한다.

알코올중독 여성은 남성에 비해 불안, 우울과 같은 심리적인 증상과 낮은 자존감 문제가 더 많고, 여성은 약물의존과 더불어 안정제, 진정제, 암페타민과 같은 약물의존도 함께 하고 있다. 따라서 심리적인 증상, 낮은 자존감, 병의 단축된 진행 등은 마약의존 여성에게도 보고된다.

3. 약물중독 여성의 치료적 요건

치료과정은 병의 진행을 억제하고 전인적인 회복을 위한 과정으로 고안되어야 한다. 치료를 받는 여성은 여성의 모험심, 독립심, 지적 호기심이 무시되는 사회적 현실에 대한 분노를 인지하고 자신의 억압된 감정을 교정해야 한다. 자신의 감정을 수용함으로써 치료 후에 해야 할 일과 삶에 잘 대처할 수 있다. 자신의 음주를 주변의 탓으로 돌리지 말고 자기 자신과 인간으로서의 가치를 더 잘 알아야 한다. 최근에는 여성의 치료적 욕구가 증가하고 있어 남성 위주로 고안된 많은 프로그램들이 변화하고 있다. 치료받는 여성들은 여성의 특수한 요구에 우호적인 남성들의 지지와 여성의 역할 모델에 대한 지지가 필요하다. 남성·여성 상담자들은 전형적인 성역할에 대한 자신의 태도와 가치를 자각하고 이것이 치료과정에 어떻게 영향을 미칠 수 있는지를 알아야 한다. 약물의존은 남성이나 여성에게 질병인 것은 마찬가지이지만 상담자는 남성과 여성의 많은 차이점을 인식해야 한다. 약물의존 여성들에 대한 상담자의 태도도 남녀 차별의 상습적 개념을 버려야 한다. 아직도 많은 치료자들이 여성에게 복종적인 역할을 격려하는 이중적 메시지를 주는 경우가 많다. 상담자들은 여성들이 수동적이고 복종적이며 남성의 세계에서 무능력자라는 관점을 버리고, 남성 클라이언트의 반응을 다루룻 있어야 하며 이는 약물 사용자를 치료함에 있어서 남성들이 여성의 자존감을 떨어뜨리거나 또는 여성이 성적 특권을 악용하도록 조장할 수도 있음을 방지하는 것이다. 여성 알코올중독자나 약물의존자들은 치료에 있어서 남성보다 많은 지지적 서비스가 필요하다. 무엇보다도 자녀가 있는 경우 자녀와 떨어져야 하고 자녀가 거주할 곳이 있는 것인지 등을 함께 알려 줄 필요가 있다.

가장 쉽게 이용할 수 있는 도움의 수단은 AA나 NA와 같은 데서 하는 12단계 프로그램 등이다. 이런 자조집단은 화학적 의존의 여성들에게 그들의 고통과 회복에 있어 도움을 주고자 하는 다른 약물의존자들의 지지와 통찰력 등이 제공된다. 그것은 비슷한 문제를 겪고 있는 사람들이 그녀가 필요로 하는 무엇을 지지해 주거나 혹은 강력한 치료나 외래 혹은 입원의 필요성을 결정할 수 있도록 돕고 있다. Al-Anon과 Nar-Anon은 약물적 의존자들의 영향을 받은 사람들이나 중독의 가족질환을 공유하는 공동의존자들을 위한 지지 집단으로 구성원들은 자신들의 정서적 문제들로부터 회복하려고 노력한다.

약물의존에서 벗어난 여성 중에는 음식이나 사람에 의존하는 경우도 있다. 전통적인 사회에서 여성들은 독립성보다 의존의 욕구와 행동이 사회화되었으므로 의존의 문제를 다룰 수 있는 도움이 필요하다. 약물로부터의 치료 후에는 생활에서의 스트레스가 그들을 기다리고 있다. 따라서 이런 끊임없는 스트레스에 대처하는 훈련이 필요하다. 이를 위하여 퇴원하기 전에 문제해결 전략을 교육하여야 한다. 즉, 역할 연기와 상상훈련을 통하여 매일의 스트레스 상황을 스스로 규정하고, 12단계 모임에 참석하며 치료 후에도 매주 사후 모임에 참여하도록 한다. 지역사회지지 서비스와의 접촉은 여성의 성공적인 회복을 강화한다. 남편의 신체적 학대를 받는 여성들은 남편을 어떻게 다룰 것인가에 대한 정보를 필요로 하며 우울이나 불안에 대처하기 위해서는 어떤 지역정신건강 자원을 이용할 수 있는지에 대해 정보를 제공받아야 한다. 가족치료에의 참여는 의미 있는 일이지만 가족치료만으로는 약물의존의 문제를 해결하기에는 충분하지 않다. Al-Anon과 Nar-Anon에 참여할 것을 강력하게 권유한다.

여성들은 자신에 대한 낮은 자존감을 가지고 있으므로 자신에 대해 좋은 감정을 느끼도록 하는 것이 중요하다. 즉, 자신의 신체에 대해 건강하고 긍정적인 태도를 갖게 하기 위하여 신체 조절, 영양에 대한 학습, 건강 유지 정보 습득 프로그램 등이 필요하다. 회복과정의 여성은 스스로 자립하기 위하여 이력서 작성, 일하는 기술, 면접훈련, 정서적인 지지와 피드백 등의 직업훈련을 필요로 한다. 그 밖에 거주문제, 재정적인 문제, 자녀양육 문제에 대한 조언이 필요하며 어떠한 도움도 여성의 자존감과 약물의존으로부터 회복하려는 노력을 지지하는 방식으로 주어져야 한다. 새로운 삶으로의 변화에는 진실한 여성성에 초점을 맞추고 주변의 사회적·문화적 기대를 잘 다룰 수 있도록 훈련되어야 한다.

1) 여성상담

약물 의존과 중독으로 고통을 받는 여성들이 인종, 사회경제적, 수준, 남성 배우자의 나이 등과 같은 조건을 가졌다고 해도 이 특별한 환자들은 남성들에 비해 좀 더 다른 배려, 대처, 치료적 접근이 필요하다. 상담자는 중독 여성들에게 원인을 제공하는 독특한 원인들과 치료에 있어 자아탐색, 자활을 방해하는 장애 요소들을 인지해야 한다. 이것은 상담자가 치료과정을 여성 환자들에게 맞추어 궁극적으로 좀 더 치료가 유용해지도록 만들 것이다.

그리고 치료요소에 향정신성 약물의존의 발병이 비슷한 사용량에도 불구하고 남성들보다 여성들에게 급속히 발현함을 보여준다. 이 같은 사실로 보아 치료 시설은 심한 약물 의존성 여성 환자들로 넘칠 것이다. 그러나 슬프게도 여성들은 남성들보다 치료의 가능성이 적다. 여성의 치료 문제에서 우려되는 가장 공통적 이유는 두려움 압도적 된 그들의 감정이다. 이 두려움은 여성이 치료 과정에 있는 동안 충분한 육아를 하지 못하는 것, 향정신성 약물 의존성이라는 불명예 사랑하는 사람의 태도, 중요한 누군가로부터의 보복 행위 등에 기인한다. 대부분의 여성들로 하여금 향정신성 약물중독 의존을 시작하게 하고 유지하게 만든 것은 그 들의 남성 파트너이다. 그들의 배우자가 이일을 견디지 못할 때 이는 여성이 절제하는 것을 더 어렵게 한다. 앞에서 언급한 불안은 상담자에게 비논리적으로 보일지 모르나 환자에게는 타당한 이유이다. 그러므로 상담자는 이 두려움에 민감해야 하며, 환자들이 치료를 유지하도록 적용시켜야 한다. 그에 따라 여성 약물 중독자들에게 특별한 서비스를 제공해야 한다. 즉 전통적인 향정신성 약물 치료는 치료 동안 여성이 필요로 하는 서비스를 제공하고 있지 않기 때문에 항상 여성에게 접합하지는 않다. 여성을 위해 특별히 고안된 연구는 여성 마약류 향정 약물 중독의존 환자가 다음과 같은 포괄적인 서비스를 제공받을 때 가장 효과적인을 보여준다.

그 내용으로는 의식주, 부모교육, 의료, 가족계획, 정신보건 의료서비스, 가족치료, 교통, 부부상담, 고용촉진, 육아, 법률지원 ,사회적 조치 등이다. 또한 여성의 가족 과 친구들로부터 지지를 받는다면 치료 진행에서 더 큰 성과를 거둘 것이다. 이것은 재발 후에 가장 중요한 것이다. 상담자는 가능한 한 환자의 지지 체계를 포함하여 상담해야 한다. 더욱이 여성은 종종 남성과 여성으로 구성된 치료 집단보다는 동정 지지 그룹 참여에서 더 편안함을 느낀다.

약물의 중독 의존의 문제가 있는 여성은 상담자는 환자의 의존성에 기여하는 요소들에 대해 토론이 끊이지 않도록 준비되어 있어야 한다. 종종 이 문제들은 환자에게 이번의 고통스러운 경험들과 직면하도록 강요하기 때문에 환자가 매우 감정적이 될 수 있다. 예컨대 향정마약류 약물에 중독 의존하는 여성들의 70%는 평생 동안 신체적`성적 학대를 당했다는 연구 보고도 있다. 또한 약물의 의존 여성들은 알코올 중독이나 알코올 의존 부모 밑에서 자랐다고 보고된다. 이것이 여성들의 의존을 야기하지 않았다고 해도 최소한 기여 요소는 된다. 여성 삶에서 정신적 충격을 받는 상황은 낮은 자아 존중감과 부력감, 마약류 향정 약물 사용의 시작을 야기한다. 주제에 민감하고 환자에게 편안함 속도로 신중하게 진행해가는 것이 상담자에게 더 효과적이다. 상담자는 취약한 환자로부터 상호 이해를 끌어내려는 대치 상황을 만들어내지 말아야 한다. 이는 치료적인 것이기 보다 오히려 손상을 입히는 짓이다.

제3절 노인과 약물

지금까지 알코올 및 약물남용과 의존의 문제는 주로 청소년이나 장년기의 문제라고 여겨져 왔다. 누구도 허리 굽고 나이 든 할머니를 술꾼으로 생각하고 싶어하지 않지만 노인의 10-20% 정도가 약물문제로 고통을 겪고 있다.

그러나 노인은 정신질환에 대한 치료 프로그램이 상당히 많다. 노인은 자신의 약물의존이 자신과 사회, 그리고 가족에게 계속해서 해가 된다는 것을 인식하지 못한다. 그러나 최근 들어 노인문제에 대한 관심이 증가함에 따라 노인의 약물사용과 관련된 연구들도 증가해 성인 알코올중독의 약 1-%가 60세 이상 노인이고, 알코올중독이나 약물사용 장애가 노인계층에서 치매와 우울증 다음으로 중요한 문제가 되고 있다. 우리나라의 경우, 약물의 구입이 수월하고 한약 등을 비롯한 민간약제의 사용이 많으며 이러한 약제 등이 질병뿐만 아니라 건강을 호전시키는 것으로 인식되고 있는데다가 약물, 특히 노인들을 대상으로 한 약물 선전이 제약이 없고, 의사들의 이에 대한 관심 부족 등으로 우리나라 노인의 약물복용이나 물질사용 장애를 증가시키고 있다. 앞으로 노인인구의 급증과 현재 많은 물질사용 장애청소년과 성인이 곧 노인인구로 편입될 것이라는 점을 고려한다면 노인에 있어 물질사용에 대한 정확한 인식이 중요하다고 볼 수 있다.

최근의 통계조사에 따르면 현재 노인층의 66%가 약물을 복용하고 있으며 그 중 50%가 하루에 3종 이상의 약물을 복용하는 것으로 나타났다. 또한 노인층 인구가 전체 처방약의 30%를 소비하고 있으며 2030년에는 40%까지 증가할 것으로 예상하고 있다. 그리고 병원 입원실의 38%를 노인환자들이 차지하고 이는 실정이다. 이와 같은 문제에 관하여 먼저 노인에게 있어 알코올, 약물의 의미를 개괄적으로 알아본 후, 다시 알코올과 약물남용으로 각각 구분하여 살펴보겠다.

1. 노인의 문제

가족 구성원이나 전문가는 약물로 인해 일어나는 젊은이에게서 쉽게 인식하는 문제들을 노인에게서 간과하거나 인식하지 못한다. 알코올이나 다른 약물문제는 가족과 친구문제, 법적, 고용으로부터 오는 문제 등으로 나타난다. 그러나 노인에게서 이런 문제들이 젊은 사람들과는 다르게 나타나며 문제들을 알아채지 못할 때도 있다.

노인의 가족은 따로 살거나 혼자 살고 있어서 원 가족과 매일 접촉을 하고 있지 않은 경우가 많다. 따라서 약물과 관련된 문제를 알아챌 사람이 없기 때문에 인식되지 않는 것이다. 2/3 정도의 노인이 최소한 매주 가족과 통화를 하지만 전화로 문제가 쉽게 드러나기는 어렵다. 배우자의 상실은 고통과 외로움을 가져오며 노인들은 약물과 처방약을 마음대로 사용한다. 친구, 가족, 일, 역할, 수입, 주거 등의 대규모의 상실은 결국 약물을 통해 위안을 찾도록 몰고 간다. 은퇴는 많은 노인에게 알코올과 약물남용의 주요 요인이 된다. 연구에 의하면 71%가 후기 알코올중독이 은퇴 후에 시작된다. 친구와 사회적 지위의 상실은 직업에서 오는 수입 못지않게 큰 스트레스가 된다. 이와 같이 노인들의 약물남용 문제는 심리적이고 경제적인 요인들에 기인한다.

가족관계가 노인에게 긴장의 요인이 되기도 한다. 노인은 과부이거나 미혼이며, 가족 구성원의 방문 빈도가 낮아 외로움은 약물사용을 유발한다. 은퇴 후에 재취업을 하여도 친구로부터 멀어진다거나 사회적지지 없이 새로운 환경으로 이사하고 새로운 도시와 버스노선에 익숙해지는 것은 소외감을 유발한다.

노인은 혼자 사는 경우가 많고 집을 떠나는 경우가 거의 없으며 그래서 친구, 이웃, 가족 구성원에게 알코올과 약물남용 문제가 알려지지 않거나 보고되지 않는다. 또 때로는 가족들이 약물남용의 문제를 도덕적 문제로 간주하여 감춘다. 가족은 약물문제가 지속되면 당황해 하고 노인이 병원에 입원했을 때에도 치료자에게 알코올 소비나 다른 약물사용을 이야기하지 않을 수도 있다. 알코올 문제는 환자가 약물과 관련되어 있는 급성 병으로 입원이 허가 된 후 금단증상이 활성화되었을 때에만 표면화된다.

노인 중 신체적으로 결함이 있는 사람의 경우 적은 양의 알코올은 이미 존재하고 있는 의료문제를 악화시키며 생명을 위협하기도 한다. 노인의 건강상태가 떨어지는 이유는 만성질병 때문이라고 이야기하지만 병의 악화요인은 약물오용에서 기인되는 것이다. 건강이 불안한 노인은 적은 양의 알코올이나 부적절한 처방으로 사용하게 된 약물로도 균형을 잃을 수 있다.

평상시 깨끗하고 단정하던 노인이 어느 날 갑자기 더러운 옷으로 나타나거나 집을 관리하지 않게 되면 노인은 약물 손상을 겪고 있는 것이다. 역으로 노인이 자신의 문제를 감추려고 하기 때문에 지나치게 세심하며 이 또한 약물오용의 신호로 볼 수 있다. 장애의 징조는 노인이 앉는 깔개나 의자, 옷에 담배자국이 있거나 기절하거나 담배를 떨어뜨리거나 넘어진다거나 하는 사건들이다. 팔, 다리, 엉덩이 골절은 만취에 기인한 경우가 많다. 응급실 방문이 늘어난 것도 약물문제의 또 다른 표시이다.

2. 노인의 알코올남용 및 의존

1) 유병률

우리나라의 경우 노인에서 알코올남용이나 의존의 유병률은 조사환경이나 진단기준에 따라 다양하게 나타난다. 지역사회 조사에서 노인의 알코올남용이나 의존의 유병률은 -8%로 보고하지만, 일반적으로 알코올 문제는 젊은 사람의 문제로 생각하는 경향이 있다. 또 다른 조사보고에서 우리나라의 노인 중 65세 이후에 알코올중독 문제를 경험하는 노인은 25-40%로 추정된다고 한다. 그 중에는 여성이 더 많으며 이는 이 나이집단에서 여성 대 남성이 2:1 정도이기 때문이다. 1980년에서 1982년의 미국의 정신질환 유병률 조사에서 알코올중독은 65세 이상 노인의 남자에서 치매와 불안증에 이어 세 번째 흔한 정신질환으로 보고되고 있다. 또한 음주가 노인 자살의 30%에서 중요한 역할을 한다는 보고도 있다.

65세 이상의 인구 중 음주와 관련되어 입원한 경우는 미국에서 남성의 경우 10,000명 당 54.7명, 여성의 경우 10,000명당 14.8명이었으며 다른 자료에서도 노인에서 남성의 음주 관련 문제가 여성보다 4배 정도 높은 것으로 나타나고 있다.

2) 증세와 동반 질환

노인계층의 음주와 관련된 임상증세는 우울증, 인지자애, 영양장애, 낙상, 요실금 등 노인에게 흔한 만성질환과 관련된 증세들과 비슷하거나 겹칠 수 있으며, 그 증세들을 악화시킬 수 있다. 다른 질병에 대한 진단이 있는 경우 음주에 대한 문제는 환자의 현 상태가 간과될 수 있다. 의사의 노인에 관한 선입관 때문에 음주에 관한 부인(denial)을 그대로 받아들이는 경우도 있다. 의사가 노인에서 알코올의 약물남용이나 약물대사와 만성질환에서 사용되는 약물 또는 정신과 약물 등의 다른 약물과 알코올과의 상호작용에 대해 잘 모를 수 있기 때문이다. 노인이 음주문제를 가지고 있는지 여부에 대한 의사의 판단이 환자가 마시는 음주량을 기준으로 결정하는 경우 일반적으로 음주량을 젊은 사람의 기준으로 고려하기 때문이다. 그러나 노인성 알코올중독자는 나이에 따라 음주량이 감소하는 경향을 보인다. 노인에서 알코올의 체내분포 용ㅈ거의 감소로 혈중알코올 농도는 같은 음주량에도 증가하게 된다. 노년기에 알코올중독과 관련한 증세와 증후는 의사가 이에 대한 관심을 가지고 질환을 의심할 때 발견될 수 있다.

노인이 수술이나 입원 후 설명되지 않는 섬망이 발생하거나 늦게 나타난 간질 발작, 재발성 감염이나 항생제에 대한 반응이 느린 경우 의사는 음주 관련 문제에 대해서 고려해야 한다.

노인에서 알코올의존에는 두 가지 형태로 구분된다. 즉, 60세 이전부터 시작된 조기 발병된 경우와 60세 이후에 알코올의존이 생기는 경우로 나누어진다. 알코올의존이 조기 발병되는 경우가 50-70%로 알코올중독 가족력을 가지며, 잘 적응하지 못하고, 음주 관련 법적 문제를 가지는 경우가 많다. 늦게 알코올의존이 된 경우 치료 반응이 더 좋다고 여겨지며, 음주가 자신의 생활사건의 한 시점과 관련되기 때문에 이런 환자들은 알코올남용이 스트레스나 노화로 인한 상실에 기인하는 이차적 반응으로 생각된다. 그러나 조기 퇴직, 다른 건강문제, 생활 스트레스가 음주문제의 이차적 발생원이 될 수 도 있다.

알코올남용 환자에서 다른 정신적 문제를 동반할 가능성이 있다. 가장 흔한 것은 불안증, 우울증, 기질성 정신장애, 다른 약물남용 등을 들 수 있다.

이 경우 알코올은 신체적 고통이나 정신적 고통을 줄이기 위하여 환자 스스로가 처방한 약물처럼 사용된다. 진통제나 진정제 사용자, 흡연가에게서 알코올의존의 관련성이 높다.

수면장애가 알코올남용의 신호일 수도 있다. 나이가 들어가며 잠이 드는 데 걸리는 시간이 길어져서 수면을 유도하기 위하여 술을 마시는 경우가 있다. 처음에는 술이 잠드는 데 걸리는 시간을 줄이기도 하지만, 나중에는 수면의 감소로 수면장애가 일어나게 되고 결국에는 불안하고 흥분을 잘 하게 된다.

알코올은 중추신경계에 영향을 미치는데 특히 비타민 B와 같은 영양소의 감소로 인하여 주로 발생한다. 비타민 B의 감소로 인한 이차적으로 발생하는 문제로서 Korsakoff 증후군이 있다. 지속적 알코올의존은 소뇌, 근육, 신경, 간 등에 영향을 미치며 대뇌피질 위축을 초래한다. 게다가 5-10%의 치매가 알코올남용에 의해 이차적으로 발생한다. 그러나 알코올과 관련된 치매로 진단하기 위해서는 적어도 4주간의 절주 후에 평가해야 한다. 왜냐하면 그 전에는 알코올중독이 기질성 정신장애와 비슷하기 때문이다.

3) 알코올과 노화

알코올의 대사가 나이가 들어감에 따라 큰 변화는 없지만, 노화와 관련한 다른 변화가 혈중 알코올의 농도를 높인다. 간의 마이크로솜 활성도의 증가, 체내 수분의 감소(알코올은 체내 수분을 통해 빠르게 분포된다), 체지방 증가, 체중의 감소 등과 관련된 변화이다. 알코올에 대하여 중추신경계는 나이가 들어감에 따라 더 예민하게 반응하여 혼동이나 보행 장애, 낙상, 기억력 상실의 위험성을 증가시킨다.

노인의 알코올 및 약물의 물질대사 능력은 노화가 진행됨에 따라 변해가며 젊었을 때는 나타나지 않았던 많은 문제들이 발생한다. 신체의 노화에 따라 체지방은 증가하고 근육 층과 신체 중의 수분 량은 감소한다. 체지방의 증가는 같은 양을 투약할 때 처리할 수 있는 양을 감소시킨다. 반면에 전반적으로 약물을 희석시킬 수 있는 신체 내의 수분 감소는 노인의 몸에 약물의 영향력을 높인다. 알코올은 물로 희석되기 때문에 혈액 속의 알코올 양은 같은 양의 알코올을 섭취했을 때 젊은 사람보다 노인에게서 더 높다. 또한 간에서 혈액 흐름이 감소하며 간의 물질대사 비율은 낮아진다. 따라서 간을 통해 신체로부터 제거되는 약물이 젊은 사람보다 같은 양의 약물로도 더 높은 혈중농도를 가지기 때문에 보다 천천히 감소한다. 결과적으로 약물에 대한 뇌와 신체기관의 민감성은 높아지며 부작용은 더 커지고 따라서 더 큰 문제가 되는 것이다. 이러한 노화와 관련된 변화 때문에 노인에서 알코올의존을 방지하기 위해서 혈중 알코올 농도를 낮출 필요가 있다. 예를 들어, 같은 양의 알코올 섭취 후 60세 이상의 노인은 젊은 사람보다 20% 이상 혈중 알코올 농도가 증가하며, 90세 이상에선 50% 이상 농도가 증가한다.

4) 알코올과 약물 상호작용

노인의 음주와 관련한 주요 문제는 알코올과 약물 상호작용의 가능성과 위험성이다. 흔하게 처방되는 100가지 약물 중 50% 정도가 알코올과 상호작용을 한다. 노화에 따라 간에서 산화되는 약물의 대사가 감소해 benzodia -zepine과 같은 약물의 반감기가 증가하며, 알코올의 섭취는 이러한 효과를 증대시킨다. 알코올에 의해 간의 마이크로좀 효소가 유발되어 phenytoin, warfarin, tolbutamide와 같은 약물의 대사를 증대시켜 효과를 감소시킨다. 알코올은 진정제, 수면제, 항우울제, 향정신성약물의 우울 효과를 변화시키고 각성이나 운동 감각을 저해시킨다. 음주를 자주 하는 경우 비스테로이드성 항염 약물로 인한 소화기관의 출혈의 위험성을 증가시킨다. metronidazole을 알코올과 같이 복용하면 오심, 구토, 두통, 호흡장애, 흉통, 혼동 등의 반응을 보인다.

5) 예방과 치료

가장 효과적인 알코올남용의 치료는 예방이다. 더 많은 의사들이 예방에 힘을 쏟는다면 노인에게서 알코올중독의 수는 감소할 것이다. 의사의 음주에 대한 교육과 권고, 음주일기 작성, 음주로 인한 신체손상의 지표가 되는 혈액검사 등을 받은 환자는 음주문제가 아주 심각하게 진행되지 않았다면, 자신의 음주를 줄인다. 만성화된 알코올남용이나 의존 환자는 더욱 적극적인 치료가 요구된다. 심각한 동반질환을 가진 노인 환자의 경우 혈중 알코올 농도가 100㎎/㎗ 이상인 경우나 진전, 빈맥, 발한, 혈압의 증가, 불안, 혼동, 간질발작 등 급성 금단증상이 있는 경우, 여러 가지 약물의존 환자의 경우 입원치료가 필요하다. 입원 시 알코올 해독 치료, 정신상담 치료, 행동교정 프로그램, 포괄적 알코올중독 프로그램이 포함되어야 하며 장기적 사후관찰이나 재활 프로그램도 필요하다.

일단 치료가 시작되면 환자의 의학적 상태와 우울증, 불안증과 같은 동반 정신적 문제를 살펴보아야 한다. 노인성 알코올의존 환자는 영양장애가 있고, 심각한 이차적 질환을 가지는 경우가 많다. 이차적 우울증은 노인성 알코올중독 환자에게서 흔하지만 환자가 알코올에서 해독되고 수 주 간 술을 마시지 않으면 보통 증세는 사라진다.

심한 금단증상은 젊은 사람보다 노인에게서 흔하게 발생한다. 알코올중독 노인 환자에게서 진전 섬망이 4% 정도에게서 나타나고 이는 사망의 위험성이 젊은 환자보다 높다. 술을 끊기 위해서는 젊은 사람보다 오랜 기간이 필요하다.

가) 약물치료

노인의 알코올의존의 약물치료는 최근에 해독치료만이 권해진다. 알코올남용 환자는 티아민을 가능한 빨리 투여해야 하며 매일 종합 비타민제를 투여해야 한다. 환자의 영양상태가 나쁜 경우 엽산(folic acid) 이 들어 있는 종합 비타민제를 투여하기에 앞서 신경손상을 줄 수 있으므로 비타민 B12 결핍이 있는지 확인해야 한다. 일반적 원칙은 benzodiazepine을 투여하며 감량은 하루에 총 용량의 10%씩 줄인다. 젊은 환자에게는 diazepam 같은 장시간 효과가 있는 약이 권해지며 노인에게도 이런 약물이 유용하다.

disulfiram을 장기간 사용하는 것은 알코올성 노인 환자에게 좋지 않은데 이는 간독성과 부정맥의 위험성이 나이가 증가함에 따라 늘어나기 때문이다. 노인에게 금주의 보조제로서 naltrexone의 사용은 아직 확립된 치료가 아니다.

나) 재활치료

단주동맹(AA)은 모든 연령의 알코올의존 환자의 장기적 치료에 있어 기본이다. AA는 12단계의 치료 프로그램에 기초하며 알코올중독을 해결하는 데 정신적 성숙을 강조한다. 또한 사회적 자원, 그룹지지, 사회적 상호작용을 통해 알코올중독자가 회복되도록 도와준다. 노인 환자에게서 재발의 위험성은 조사한 연구에서 사회적 고립이 재발의 주요 예견인자였다. 가족문제를 다루는 데 도움을 주기 위해 알코올중독 노인의 가족에게 단주동맹 프로그램에 참여하도록 권할 수 있다.

6) 노인의 약물남용

노인 환자들은 여러 가지 약물을 복용하고 있다. 65세 이상의 노인은 평균적으로 4가지의 약물을 복용하며, 만성질환을 가진 경우 10-15가지의 약물을 복용하는 경우도 있다. 25% 이상의 정신계 약물의 소비가 60세 이상에서 이루어진다. 성어별로 보면 노인 중 남성에 비해 여성이 더 많은 종류의 약물처방을 받고 여러 가지 정신계 약물투여를 받고 있다.

노인에게 가장 광범위하게 남용되는 약물은 benzodiazepine, 경구용 마약, barbiturates이다. 그러나 합법적이건 불법적이건 다른 약물들도 남용되는 것으로 보고되며 여기에는 흥분제, 코카인, 마리화나, 환각제, 정맥용 마약류, 지사제, 기타 진정수면제 등이 포함된다.

알코올남용처럼 약물남용도 노인에서 여러 가지 이유로 잘 발견되지 않고 잘 치료되지 않는다. 첫째, 개념상의 문제로 노인에서는 처방된 약물을 잘못 사용하는 것이 흔하다는 점에서 '오용'이란 개념이 '남용'이란 개념보다 더 적절하다. 둘째, 잘못 사용하는 약물의 용량이 많지 않을 수도 있다. 그러므로 약물력 자체로 진단을 한다는 것이 어렵다. 즉, 알코올 등 약물 상호작용과 환자의 약물 예민도의 차이가 약물 부작용의 이유가 될 수 있다. 셋째, 동반된 질환의 영향이나 약물 효과에 대한 약물 상호작용 때문에 약물의 과다사용의 정의를 내리기 어렵다.

노인 환자에서 약물남용은 불안증, 우울증, 만성통증, 성격장애 혹은 흔한 노인성 질환을 제대로 치료하지 않아서 발생할 수도 있다. 노인은 잠이 오지 않고 쉽게 깨기 때문에 수면문제로 걱정을 한다. 수면에 대한 설명을 하지 않고 수면제를 처방함으로써 수면제 오용의 위험을 초래한다. 또한 관절염이나 근골격계의 통증을 acetaminophen이나 운동에 의하지 않고 마약성 진통제로 치료할 때 마약의존이 발생한다.

가) 노인의 약물남용 및 의존의 원인

노인들은 관절염, 골다공증, 만성 통증, 신경병증, 통풍 및 암 등과 같은 신체적 질환으로 인한 약물복용의 기회가 많다. 노인병의 경우 대부분 단독으로 발생하는 경우가 드물며 평균 4가지 이상의 질병이 함께 오기 때문에 다양한 종류의 약물에 대한 접근 가능성이 그만큼 커진다고 볼 수 있다. 미국의 경우 65세 이상의 노인이 전체 약물 처방의 22%를 받고 있다. 또한 이 노인의 대부분의 2/3가 매일 5-12종류의 약을 복용하며 1년에 13개 이상의 처방을 받으며 정규적으로 약을 복용한다.

종합병원의 외과병동에서 환자는 적어도 한 가지 이상의 향정신성 약물을 처방받으며, 입원하는 노인의 20-25%가 약물사용이나 오용과 직접적으로 관련이 되어 있다고 한다. 몇몇 기관에서는 노인의 92% 이상이 향정신성 약물을 처방받으며 이 환자들의 반 이상의 약물이 없으면 일상생활을 수행할 수 없다. nursing home 거주자는 평균적으로 매일 4-6개의 약물 처방을 받는다. 미국인은 무려 220억 달러에 이르는 비용을 약물처방과 관련된 항목에 소비하고 있으며 이는 모든 건강관리 비용의 7%에 달한다.

노인들에게는 의사가 약을 쉽게 처방해 주기 때문에 약물을 쉽게 얻을 수 있다는 점이 노인의 약물의존의 한 원이니 된다. 이렇게 약물의존이 된 노인들은 자신이 의존적이라는 것에 대해 좌절감과 분노를 느끼게 되고 사회적으로 고립되기 때문에 쉽게 우울증과 불안을 일으키고 이로 인해 약물남용이 더 많이 일어나게 된다. 연령 증가에 따른 시력, 청력, 및 기억력 감퇴로 인해 의사전달에 문제가 생기게 되어 우울과 고립, 외로움 등을 가져와 약물의존이 높아질 수 있다. 양로원이나 요양원 등에서 많은 약물이 부적절하게 잘못 처방되고 있지만, 노인들은 수동적이기 때문에 의사의 처방에 아무런 의문을 갖지 않고 그냥 복용하는 경향이 있다. 이와 같은 원인으로 같은 약을 다른 의사가 동시에 처방을 하더라도 그것에 대해 의문을 갖지 않고 자신도 모르게 약물을 남용하거나 의존하게 되는 경우가 있다.

처방하는 의사가 노인환자들에게 약물사용에 대한 설명이 불충분하거나 노인환자들의 인지기능 저하로 약물사용법을 정확하게 잘 모르고 복용하는 경우에도 약물남용이 잘 일어날 수 있다. 노인환자들은 다른 주치의나 다른 이의 담당의사가 용하다고 그 처방약을 같이 먹는 경우가 많고, 또한 이로 인한 문제점이나 이러한 사실을 담당의사에게 숨기기도 한다.

노인들은 신체적 질환은 많은데 비해 수입이 한정되어 있어 자신의 정식 주치의가 없기 때문에 매약(over-the-counter)에 많이 노출되어 있다. 이와는 반대로 의사가 처방을 너무 아끼는 경우도 문제가 된다. 즉, 행동 조절이 되지 않는 환자에게 적절한 약물 투여를 해주지 않으므로 보호자나 가족이 힘이 들어 다른 곳에서 약물을 구해 복용케 하여 문제가 될 수 있다.

나) 증세와 징후

노인은 약물중독 자체에 대해 스스로 불편감을 거의 호소하지 않는다. 대신에 불안감, 신경과민, 기억력 장애, 혼동, 낙상, 체중 감소 등의 여러 증세를 호소한다. 따라서 의사나 약국에서 같은 처방의 다른 상품명 약을 같이 복용함으로써 복합된 약물의 의존이 노인환자에게서 흔하다. 정신적 문제로 입원하는 경우 정확한 약물력을 알기 위해서 가족이나 주위 사람에게서 정보를 얻어야 하고, 소변이나 혈중 약물농도를 검사할 필요가 있다.

약물남용과 관련되어 사용되는 방어기제는 부인(denial), 합리화, 자기혐오, 비난이다. 약물남용자의 방어기제로서 비난은 '의사가 그것을 처방했다'라는 주장이다. 합리화는 의학적 문제에 대해 약이 필요하다는 것을 강조한다. 환자의 가족에서도 부인, 합리화의 방어기제가 흔하게 관찰된다. 많은 환자들은 불안과 우울 증세를 나타내나 해독이 완전히 이루어지고 적어도 한 달 간 약물의 영향을 받지 않을 때까지는 진단을 미루어 두어야 한다. 약물의존성 환자들은 자신의 불안, 우울, 공황 장애의 증세로 인해 약이 필요하다고 믿는다.

그러나 이러한 증세가 내성, 해독, 금단증상으로 해석될 수도 있다. 약물의존이 지속될 때 약물에 대한 감수성이 떨어지며 그로 인해 원하는 효과를 얻기 위해서 요구되는 약물의 용량이 증가된다. 같은 용량을 사용한다면 처음 약물을 사용해야 했던 불안증세가 다시 심하게 된다. 약물간의 상호 내성도 흔하다. 왜냐하면 약은 약물들이 뇌나 다른 장기의 같은 수용체에 작용하기 때문이다. 이런 경우를 교차 내성(cross-tolerance)이라고 한다.

약물을 감소하거나 끊을 때 약물의존 환자들은 금단증상이 있게 된다. 대부분의 환자들은 불안, 우울, 수면장애, 공황장애 등을 겪게 된다. 이 경우 이러한 증세를 약물을 더 사용해야 하는 정신장애의 증거로 잘못 해석해서는 안 되고 금단증상으로 이해해야 한다.

다) 치료

약물의존 그 자체가 일차적 질환이며, 증세는 해독이 이루어진 경우 저절로 소멸되는 이차적 반응으로 생각해야 한다. 노인환자에서 약물남용의 치료는 해독과 재활이라는 두 가지 측면이 있다. 수용체 탈감각화와 상호 내성 때문에 금단증상은 불안, 우울, 수면장애로 나타난다. 고혈압, 고열, 간질발작과 같은 위험한 금단증상은 benzodiazepine이나 barbiturate에서 흔하게 보인다. 그러므로 해독은 천천히 주의 깊게 관찰해야 하며 노인환자에서 해독 시 발생 가능한 금단증상의 위험 때문에 치료하는 것이 좋다. 또한 노인환자의 치료에서 의사는 해독치료가 외래에서 시도될 때 약물을 몰래 사용하는 것에 대해 경계해야 한다. 환자가 입원 재활치료가 끝난 후에도 회복은 계속 되어야 하므로 지속적인 관리가 필요하다. 노인이 치료 프로그램에 참여하면 약물과 알코올의 영향을 씻어내는 데 젊은 사람보다 더 많이 걸린다. 따라서 약물문제의 징조가 있으면 가족, 의사, 사회기관의 직원들은 개입하고 치료를 권해야 하고, 일단 치료에 임하면 스스로 약물문제를 인식하고 자각하여야 한다.

치료 후에 재발을 방지하기 위해서 사회적 지지체계를 개발해야 하며 가능한 가족 구성원이 포함되는 것이 좋다. 퇴원계획은 주거를 고려해야 한다. 고립된 노인환자는 개인적인 보호나 감독이 약물오용을 방지하는 환경이 필요하다. 일반적으로 약국에서 판매되는 약물도 퇴원 후 약물계획에 포함되어야 한다. 환자가 복용하는 모든 약물을 주의해야 한다.

① 수면제-진정제 투여의 중단

일반적으로 노인에서 수면제나 진정제의 해독은 2-3개월 정도로 오래 걸린다. 수면제나 진정제를 급작스럽게 끊으면 모든 수면제나 진정제에서 비슷한 금단증세를 보이나 걸리는 시간은 사용되는 약마다 다르다. 급성증세는 불안, 진전, 악몽, 불면, 식욕 감퇴, 오심, 구토, 섬망, 혈압 변화, 간질발작 등의 증세이다. 노인에게 이런 약들을 갑작스럽게 끊는 것은 생명에 위험을 초래할 수도 있다. chlordiazepoxide, diazepam, clonazepam 등과 같이 효과가 오래 가는 benzodiazepine을 해독치료에 이용할 수도 있다. 또 다른 형태로는 benzodiazepine의 치료 용량에서 감량 시 생기는 증세이다. 이것을 저용량 benzodiazepine 금단증후군이라 일컫는다. 노인 환자에서 이로 인한 문제가 발생하는 수가 많은 이유는 노인이 alprazolam이나 lorazepam과 같이 지속시간이 짧으면서 강력한 benzodiazepine을 불안 관련 증세에 사용한다는 점이다. 이런 경우 의사로서는 어려운 문제이다. 환자들은 보통 사용한 최대 용량의 10-20% 정도까지는 서서히 감량하는 것에 대해서 잘 견딘다. 이용량이 보통 증세가 생기는 용량이다.

해독과정에서 생기는 증세들에 대해서는 세 가지 가능성을 고려할 필요성이 있다. 숨어 있던 불안증의 증세가 다시 나타나는 경우, 환자들이 해독 동안에 금단증상을 경험할 것이라는 기대로 예민해진 증세를 가지는 경우, benzodiazepine에 장기간 노출되어 수용체의 신경 적응의 변화로 인한 진짜 저용량 benzodiazepine 금단증후군으로 나타난 증세가 있다. 다시 나타난 증세와 저용량 benzodiazepine 금단증후군을 감별하는 것은 중요하다. 왜냐하면 금단증후군은 시간이 지나면서 증세가 심해졌다 좋아졌다를 반복하기 때문이다.

노인에서 alprazolam과 같이 강력한 benzodiazepine을 끊을 때는 clonazepam을 권한다 이는 강력하면서 지속시간이 긴 benzodiazepine의 노출에 의해변형 된 수용체에 결합하는 약물역동적 특성으로 인해 강력한 benzodiazepine의 감량 시 해독과정에서 사용하는 데 적합한 약물이다. phenobarbital도 이 경우 사용이 가능하며 어떤 약물을 사용하더라도 완전히 약물을 끊는 데는 수개월이 걸린다.

② 마약성 약물의 투여 중단

마약성 약물의 금단증세는 하루 0.1-0.3mg의 clonidine으로 반복 치료한다. 저혈압과 진정이 부작용인데 진통제에 중독된 노인 환자를 돕기 위하여 메사돈 해독치료가 사용되기도 한다. 약물의존성 노인 환자에서 재활치료의 원칙은 알코올중독의 재활치료와 비슷하다. 단주동맹과 비슷한 프로그램과 가족 치료, 약물처방 시 약물감시체계, 사회적 고립을 줄이고, 기능을 향상시키는 프로그램, 약물남용을 일으키는 문제를 잠재한 정신질환의 정확한 진단과 치료가 필요하다. 일단 해독이 된 후에는, 환자가 불안, 불면, 통증을 호소하여 의존성 약물에 대한 처방 요구를 의사가 받더라도 원칙적으로 거부해야 한다. 만약 환자가 수술 후 통증이나 심한 외상으로 마약성 약물로만 반응할 정도의 심한 통증이 있는 경우는 입원하여 감시체계에서만 사용해야 한다.

3. 노인상담

간단히 노인 약물에 대한 상담을 소개한다. 노인들의 약물은 불법적으로 사용하는 약물과 질병 치료를 위해 사용하는 약물들이 있다. 그 중에도 마약류인 향정신성 약물에 대하여 중독 집단은 중장년층이다. 노인들의 약물 중독을 감지하지 못하는 문제는 특별히 위험한데, 노화가 진행될수록 인간의 몸은 향정신성 약물에 대한 저항력이 더 떨어지기 때문이다. 나이가 들수록 여러 종류의 약물을 많이 사용하고 따라서 다른 집단보다 처방약에 대한 접근이 용이하다고 가장 할 때 가족이나 친구들은 정체성과 합법성 약물 남용과 알코올 중독 가능성에 대한 특별한 치료가 요구된다. 게다가 중독과 관계된 전통적인 건강상의 위험은 연장자에게 더 크고 복잡한 상태를 야기하고 더욱 빨리 중독을 악화시키다. 이는 노화가 오랜 시간 동안 강한 영향을 주는 다음과 같은 변화를 일으키기 때문이다.

- 뇌세포 감소 *약물의 신진대사 과정 둔화
- 몸 전체의 지방 증가 * 여러의 세포와 세포 내의 유동성 감소
- 내성 단계 증가
- 이에 알림 결여의 문제가 있기 때문이다. 향정신성 약물의 중독자가 더 많음에도 불구하고 좀처럼 외부에 알려지지 않으며, 치료되지도 않는다. 이것은 다음과 같은 여러 가지 이유가 있다.
- 가족이 빈번하게 낙심함으로써 노인환자의 인신력 결여나 건망증 같은 명백한 중독의 징후를 판단하는 것이 어렵다. 왜냐하면 이들은 전형적인 노화 또는 치매의 증상이기 때문이다.
- 노인들의 삶의 형태는 대개 개인적이라서 특별히 그들이 독신으로 살고 가까이 관찰되지 않는다면 가족으로부터 자신의 중독을 숨길 수 있다.
- 한교 또는 지장에서의 기능장애, 더 어려워지는 진단같이 중독 판정에 대한 현재 기준의 대부분은 나이 많은 환자에게 적합하지 않다.
- 노인의 처방약 중독은 그들의 정신의 활성화가 코카인, 필로폰, 중독이나 알코올 중독만큼 분명하지 않기 때문에 인식되기 매우 어렵다.
- 향정 마약류 약물 중독문제가 발견되었을 때. 친지들은 연장자를 위한 치료법을 찾으려고 너무 당황하거나 재정적 걱정으로 적절하게 행동하지 못한다.
- 몇몇 가족들은 노인환자가 인생을 충분히 살았다는 생각에서 향정 마약류 약물의 사용을 용인한다.

이에 따라 치료에 고려할 사항에 대하여 간단히 설명한다.

만약 나이 많은 환자가 치료를 받으려고 한다면, 상담자는 향정 마약류 약물중독에 빠지게 만드는 특별한 환경에 대해 철저히 알고 있어야 한다. 상담자의 가장 큰 임무는 환자가 왜 약물을 남용하는지 밝히고 물질적으로나 심리적으로 그리고 중독으로부터 초래된 사실적 결과를 규명하는 것이다. 이것은 환자들이 치료과정 동안 적절한 의학적 관심을 받도록 할 것이다. 대부분의 원인은 퇴직으로 인한 감정적 역행, 사랑하는 사람의 죽음, 극심한 외로움, 자신감 저하, 재정적 염려, 질병과 노화에 따른 육체적 고통에 대한 정신적 반응이다.

나이 많은 환자들은 체계적으로 그들의 지원 시스템을 잃어버렸기 때문에 더 이상 일 할 수 없고, 그들의 배우자가 죽거나 무능력해졌을 수 있다. 노화는 사회활동에 대한 그들의 참여를 제한하고, 사랑하는 사람들이 자두 방문하지 않는다. 종종 향정신성 마약류 약물중독은 노화로 인한 감각 둔화 때문에 발생하기도 한다. 상담자는 나이 많은 환자의 필요에 초점을 맞춘 치료 지원 집단을 만듦으로써 이러한 고통의 일부분을 경감시켜줄 수 있다.

다음같이 일곱 가지 요소에 대해 노인 중독환자를 위한 치료선택과 계획을 설명하려고 한다.

- 특정 연령층에 한정된 집단 치료는 보조적이고 비대립적이다. 노인환자는 자신의 상태가 향정 마약류 약물중독 문제로 발전되었다는 사실에 종종 당황하게 되며, 비난이나 수치 또는 나이 많은 환자가 직면하는 현실은 생산적이지 않다.
- 환자의 외로움, 낙심, 상실감, 등을 주목하고 노화의 다양한 조정과 스트레스에 집중한다.
- 다른 집단 치료에 참가하거나 다른 곳을 통해 환자를 위한 새로운 지원 체제를 만든다.
- 고령임을 고려하여 적당한 속도로 치료를 진행한다.
- 노인질병을 고려하여 적당한 속도로 치료를 진행한다.
- 필요하다면 적절한 의학적 지원을 한다.
- 약물사용 중지에 따른 복잡한 의학적 문제들을 예방하기 위해 환자를 위한 음식 섭취의 보충과 해독과정을 관찰해야 한다.

일단 노인환자가 치료 기간 동안 다른 환자들과 상호작용할 수 있다면 그들의 지원 체제, 자존감, 삶에서의 대처능력이 향상될 것이다. 다른 집단보다 회복은 노인환자에게 더욱 새로운 가족과 커뮤니티를 제공한다. 때때로 이것이 치료에 필요한 모든 것이 되기도 한다.

제4절 음식중독과 마약중독과의 상관관계 연구

1. 약물중독(마약)과 음식중독에 관한 상관관계의 이해

본서에서는 국내 비만에 관한 청소년들의 의견들이 많은 관심으로 음식중독과 마약중독 관계를 비교 설명하려고 한다.

우선 국내 청소년, MZ세대들의 과다 음료수와 인스턴트 음식 섭취로 인한 비만이 그 어느 때보다 증가 되고 있는 실정이다. 그 원인으로는 여러 가지 원인 중, 환경적, 사회적, 생화학적 등의 복합적으로 이루어지면서 인터넷, SNS, 핸드폰 등으로 음식문화 주문, 과다사용으로 섭취에 대한 갈망으로 찾아 먹게 된다는 것이다. 즉 맛있는 마약 같은 효과를 뇌에 일으키는 것으로 탐닉하는 사람의 뇌는 마약중독자의 뇌와 비슷해지면서 배고프지 않아도 맛있는 음식을 뇌에서 지속적으로 지시를 내리고 있다는 것이다. 최근 미국의 신시내티 대학의 "데릭" 교수팀은 맛있는 음식을 찾을 때의 뇌 상태를 관찰하기 위해 실험용 쥐에게 초콜릿을 정기적으로 먹이다가 쥐가 초콜릿을 먹을 것이라고 예상하는 상태에서 초콜릿을 주지 않고 쥐 뇌의 변화를 관찰했다. 그 결과 초콜릿을 애타게 기다리는 쥐의 뇌에선 오렉신이라는 불리는 "뉴런"들이 활성화됐으며, 이런 상태는 마약중독자(약물)가 니코틴이나 코카인을 찾을 때와 비슷한 상관관계가 나타났다.

오렉신 뉴런은 원래 각성상태와 흥분과 관련되는 것으로 알려져 있었지만 이번 실험을 통해 맛난 음식을 지나치게 섭취하는 보상 효과와도 관계가 있는 것으로 밝혀졌다. 그럼으로 마약중독의 현상과 일치하면서, 맛있는 음식을 계속 찾아 먹으면 결과적으로 음식중독이 된다는 것이다. 그에 따라 "마약처럼 음식을 찾아 먹는 중독 현상에서 벗어나려면 맛난 음식을 멀리 하는 생활 습관 변화가 필요하다."

오렉신 뉴런에 영향을 미치는 약물을 개발해 비만 치료제로 활용할 수 있도록 해야 한다. (미국오레곤주 개최, Society for the Stuy of Ingetive Behavior)

또 하나의 연구기관인 캐나다 토론토의 요크대학교 중독 및 정신건강센터가 미국정신의학회 권고한 7가지 증상을 토대로 미국남성, 여성집단의 음식 의존성 평가에서 마약이나 알코올처럼 중독이 있는 것이다. 대상 집단의 응답에 따라 음식중독군과 비중독군으로 나눈 후 일반적인 중독에서 보이지는 세 가지 특성을 비교한 결과, 음식중독군은 폭식 장애와 우울증 유발률이 더 높았고 주의력결핍, 과잉행동장애 증상이 더 많이 발생했다. 이밖에도 충동적인 성격 특성이 더 많이 나타난데 이어 맛있는 음식에 만족감과 함께 음식중독이 임상 증상을 통해 확인될 수 있다며, 일반 약물중독과 정신행동학적 프로파일이 동일하게 발견되었다.

1) 음식 중독이란

우리는 누구나 건강하게 살고 싶어 한다. 건강하다는 것의 의미는 어떤 것일까?

맛있게 먹고 건강하게 살기위해 섭취한 음식에 중독이라는 단어를 연결해도 되는 걸까? 그렇다고 매일 세끼식사를 하는 것을 매일이라는 반복성 때문에 중독이라고 하지 않는다. 이는 삶을 유지하기 위한 활동들이기 때문이다.

세계보건기구(WHO)의 헌장에는 "건강이란 질병이 없거나 허약하지 않은 것만 말하는 것이 아니라 신체적. 정신적. 사회적으로 완전히 안녕(安寧)한 상태에 놓여 있는 것"이라고 정의하고 있다. 건강이 사회생활에 의존하는 경향이 커지고 사회가 각 개인의 건강에 기대하는 것도 많아졌기 때문에 사회적인 건강이란 면에서 이런 정의가 생겨난 것이라 보인다.

대한민국 헌법에는 "모든 국민이 마땅히 누려야 할 기본적인 권리"라고 규정하고 있다. 우리는 질병 없이 신체적, 정신적, 사회적으로 안녕하며 누려야 할 권리를 누리고 살고 있을까? 라는 질문에는 자유로울 수가 없다. 경제가 성장할수록 중독의 범위 또한 점점 넓어지고 있다. 정신적 중독에서 마약중독, 알코올중독, 니코틴중독은 물론이고 소비중심 사회가 가속화되면서 홈쇼핑중독, pc게임중독, 스마트폰중독 등도 이미 낯설지 않은지 오래이며 음식중독에 대한 연구도 계속되고 있다.

2) 음식중독의의

음식중독[飲食中毒]의의　(한국전통지식포탈)에서는 '독을 함유한 음식, 독버섯, 독이 있는 어류 및 기타 독물로 오염된 음식물을 잘못 먹음으로써 발생하는 중독 증상.' [제병원후론(諸病源候論)] 〈제음식중독후(諸飲食中毒候)〉에서 "음식으로 인하여 갑자기 괴롭고 답답하다가 잠시 후에 더욱 심하여지거나, 마침내 죽기도 하는 것을 음식중독이라고 한다.(凡人往往因飲食忽然困悶, 少時致甚, 乃至死者, 名曰飲食中毒.)"라고 하였다.

세계보건기구(WHO)에서는 일반적으로 커다란 의미에서 중독이라고 부를 수 있는 진단기준을 마련해놓았지만 명확한 음식중독의 정의를 내리지 않았으며(박용우, 2015) 음식중독 도구판단 여부에 대해서 설명하고 있다.

이 중독의 진단기준을 음식에 대입시켜 1년 동안 7개 항목 중 적어도 3개 이상이 해당되는 일이 있었다면 '중독'이라고 봐야 하는데 세계보건기구가 정한 7개 항목을 음식에 대입해 자가진단을 할 수 있지만 아직 학계에서 검증한 기준은 아님을 조심스럽게 말하고 있다.

1. 금단현상이 나타난다. 집중이 안 되고 음식 생각이 외에 다른 일을 할 수 없다.
2. 금단증상을 완화할 목적으로 음식을 먹는다. 이 방법이 효과가 있다는 것을 알고 있다.
3. 초기에는 적은 양으로 효과가 있었는데 시간이 지날수록 똑같은 효과를 얻기 위해서는 더 많은 양을 섭취해야 한다.
4. 음식 섭취에 대한 강력한 욕망이 지속되고 충동을 억제하기 힘들다.
5. 음식 섭취의 시작, 중단, 섭취량 조절 등 식사 행동을 조절하는 능력에 문제가 있다.
6. 음식 때문에 중요한 행동에 제약을 받는다.
7. 음식 때문에 분명한 손해를 입었는데도 음식에 대한 탐닉을 계속한다.

음식중독에 대한 연구가의 의견 의학박사(지 더글러스 길벗)에 의하면 지속적으로 과식을 탐닉함으로써 기분을 좋게 만들려는 탐욕적인 행동을 말한다. 음식 중독자는 부작용에 개의치 않고 음식을 강박적으로 섭취하는 사람이다. 음식중독 중에는 늘 강박증이 따른다. 아무리 판단력과 이성이 있고 통찰력과 책임감이 강해도 어떤 물질에 중독된 사람은 그 물질을 계속해서 강박적으로 이용하게 된다는 이론에서 보듯이 음식중독은 다른 중독들과 닮아있다.

중독이라고 정의를 내리려면 금단증상 관한 조건이 충족되어야 한다. 금단 증상은 중독을 일으키는 요인이 나타나는 증상으로 대부분 불쾌하거나 불편한 느낌이 든다. 예를 들어 탄수화물 섭취를 의도적으로 끊으면 두통, 어지럼증, 메스꺼림 등 음식에 대한 갈망, 짜증, 불면, 우울감 등이 나타난다. 금단증상은 다시 음식을 찾게 만드는 자극이 되어 중독치료를 어렵게 만든다.

3) 음식중독과 폭식증

음식 섭취로 인한 실제 중독성이 있는지에 대한 과학적 증명은 연구 중이다. 그렇지만 1913년 개정 5판 DSM-5를 보면 폭식증을 처음으로 질병 군에 포함시켰다. 이를 두고 아직 전문가들 사이에서는 의견이 분분하다. 폭식이 정신과 질환의 식이장애를 포함 되었다는 것은 의미하는 바가 크다. 이미 폭식증이 음식중독의 형태라고 주장한 학자도 있지만 대다수 전문가들은 음식중독과 폭식증은 다른 문제라고 주장한다. 폭식증을 질병으로 진단하려면 지속성 여부를 확인해야 하는데 폭식을 하고 난 뒤 일부러 구토하거나 굶거나 이뇨제나 설사약을 먹거나 3시간 이상 과도한 운동을 해서 억지로 체중을 줄이려는 증상이 동반되는지에 따라 진단한다.

음식중독이 힘든 것은 마약 같은 약물은 법으로 금지되어 있어 쉽게 구할 수 없지만 음식은 우리 주변에 널려 있어 피할 수 없다는 사실(박용우, 2015)이며 폭식증은 의지력 결핍은 있지만 금단증상은 없다. 폭식증과 음식 중독은 서로 비슷한 점이 많다. 음식중독이 심해지면 폭식증으로 발전할 가능성이 높다. 폭식증 환자는 주로 당. 면 등 탄수화물 음식을 먹으며 폭식증 역시 만성 스트레스와 우울증 등

정신과적 문제와 맞물려 있지만 모든 폭식증 환자가 음식중독이 있다고 볼 수는 없다. 폭식과 구토를 반복하는 식욕항진증을 면밀히 검토 해보면 음식중독과 동일한 증상이라 볼 수 있는데 식욕항진증이 그저 폭식을 하고 인위적으로 속을 비우는 증상이라고 생각하는 사람이 많다.

4) 음식중독의 특성

중독은 강한 애착을 발달시킨 행동이 개인 또는 사회에 적지 않은 비용을 지불하고 있다. 음식중독의 핵심은 자기 조절의 실패라고 주장한다.(김교헌.2006a.b.재인용) 스스로의 힘으로 회복할 수 없는 상태를 말하면 전문적인 도움을 통해서만 치료된다.
대부분 사람들은 환경과 사회적 분위기가 달라지면 자발적으로 중독에서 벗어난다. 중독의 발달에는 뇌 구조와 기능에서의 변화가 초래되고 이를 변화 시키는 약물이 치료에 도움을 준다. 이는 중독 현상에만 국한 되는 것이 아니다.

음식중독으로 비만인 사람들은 자기 몸이 부끄러워 섹스를 피할 뿐 아니라 배우자와 연인에게 펑퍼짐한 육체를 드러내기 꺼린다. 거울보기가 두렵고 옷을 입어볼 때는 어쩔 수 없이 거울을 봐야 하는데 그럴 때면 억눌렸던 분노와 좌절한다. 현실을 보여주는 것은 거울만이 아니다. 음식 중독자들은 자기 모습을 가려줄 옷을 찾고 색깔에 따라 살이 가려 질 수도 있을 것이라고 생각하면서 검은 옷이나 군청색 옷을 입는다. 음식 중독자들은 체중과 신체사이즈 몸매에 너무 집착한 나머지 우리 인간이 몸과 영혼의 합산물이라는 사실을 점점 잊어 간다.

(1) 심리적 요인

DSM-5에서는 폭식은 일반적인 음식 섭취량 보다 더 많은 양을 먹는 행위를 여러 차례 걸쳐 반복한다는 것인데 심리학적인 요인이 크게 작용한다. 외모에 대한 사회적인 압력, 타인의 눈에 민감하게 반응하는데서 비롯되는 것으로 알려져 있다. 또한 폭식증 환자의 성격이 성취 지향적이며 화를 잘 내고 충동적인 성격이 많고 자신과 가까운 사람들에 대해 양가적 감정(애정과 증오)을 느낀다. 이런 심리적 요인이 폭식증을 유발한다.

- 음식을 남몰래 먹는다. 의도적으로 구토를 하고 약물을 사용한다. 체중증가 하는 것을 예방하려고 스스로 구토를 유도하거나 완화제, 이뇨제, 엄격한 다이어트나 금식이나 맹렬한 운동 등 어느 한 가지 수단을 정기적으로 이용하게 된다. 신경성 식욕 항진증 저기 있는 사람은 예외 없이 자기 체중을 염려하고 다이어트나 구토 혹은 이뇨제를 통해 체중을 통제하려고 반복적으로 노력한다. 중독 단계 말기에 해당되는 음식 중독자들은 매일 폭식을 하는 것이 보통이다. 음식 중독자 마음속에는 음식에 대한 집착 과체중 증가에 대한 걱정이 서로 교차하며 일어난다.

(2) 음식중독의 문제와 원인

정제 탄수화물은 다른 물질에 비해 무척 이른 유아기부터 접할 수 있기 때문에 음식중독은 그 어떤 다른 중독증보다 더 이른 시기에 시작된다. 보통 아이들은 나이 한두 살 때부터 다른 중독적인 물질을 접하지는 못 하지만 초콜릿, 쿠키, 푸딩, 빵을 비롯한 고도로 정제된 식품들은 아주 어린 아이들이라도 쉽게 접할 수 있다. 바쁜 현대인들에게는 먹는 시간과 조리 시간을 절약해 준다는 음식들이 정크푸트들이 맛있게 포장 되 우리의 입으로 들어온다.

흰 빵, 흰쌀과 같은 정제된 탄수화물을 많이 섭취하는 것은 혈중 포도당 수치를 급격하게 변화시킬 수 있다. 이러한 음식은 통곡물에서 추출된 섬유질이 없기 때문에 빠르게 소화관에 흡수되고 포도당이 크고 빠르게 움직일 수 있게 한다. 결국 인슐린을 부적절한 과다분비를 유발하게 되고 질병을 초래한다. 알코올 중독, 약물 중독, 음식중독, 모두 똑같이 먹는 행위로 보상을 자극하지만 음식 중독은 성격이 매우 다르다. 음식 섭취는 생존에 필요한 행동이기 때문이다. 술과 마약은 끊어도 살 수 있지만 음식은 끊을 수 없기 때문인데 그래서 더욱 음식중독은 무엇보다 무서운 질병이 될 수 있다.

(가) 렙틴 저항성이란

렙틴(영어: leptin)의 사전적 정의는 식욕과 배고픔, 물질대사, 행동을 포함한 에너지 섭취, 소비 조절에 중요한 역할을 하는 16 kda(자신의수치) 단백질 호르몬이다. 지방에서 나오는 가장 중요한 호르몬들 가운데 하나이다. 렙틴수용체는 주로 포만중추와 섭식 중추에 있는데, 포만 중추의 경우, 활성을 촉진시키고, 섭식 중추의 경우, 활성을 억제시킨다. Ob(Lep) 유전자는 인간의 경우 7번 염색체에 위치해 있다(위키백과).

중독에 빠진 사람이 가장 즐겨 찾는 음식은 설탕이나 밀가루 음식 같은 정제 탄수화물 가공식품이 많이 들어있는 트랜스지방 동물성 지방 포화지방이 들어있는 음식이다. 코르티솔 역시 렙틴 저항성을 일으킨다. 만성 스트레스에서 벗어나지 못하면 탄수화물 조절은 의지만으로 해결할 수 없다. 비만은 렙틴 저항성과 인슐린 저항성을 악화 시키면서 결국 우리의 건강을 해친다.

대부분의 비만환자는 렙틴 분비량이 넘치는데 그 신호가 대뇌에 제대로 전달되지 않아 뇌에서 렙틴이 부족하다는 착각이 일어난다. 음식을 먹을 때 생각한 것보다 훨씬 많이 먹거나 배가 부른데도 계속 먹는다거나, 과식을 해서 피로감을 느낄 정도가 잦으면 음식중독을 의심해 볼 수 있다.

(3) 사회적 요인

현대사회에서 폭식증 환자가 늘어나는 가장 큰 이유는 날씬함을 미인의 기준으로 여기는 사회 문화적 요인 때문이다. 우리 주변에는 연예인 등 사회적으로 성공한 여성은 날씬하고 매력적으로 보여야 한다는 인식이 강박에 가까울 정도로 팽배해 있다. 이런 외모를 부러워하며 단식과 절식, 다이어트 같은 무리한 방법으로 체중감량을 했다가 요요현상을 겪으면서 폭식증이 생긴다. 우리가 사탕처럼 달달한 음식과 밀가루 음식을 찾게 됨은 중독 현상으로 이어진다. 신체적으로나 심리적으로 허전함이 채워지지 않고 지속될 때 그 허전함을 보상받기 위해 먹는 것에 의존하게 된다.

(4) 생물학적 요인

부모로부터 물려받은 유전적 요인과 부모님의 이혼 등으로 인한 가족 해체 경험이나 성적 학대, 성폭력 등의 충격이 폭식증으로 이어질 가능성도 높다. 하지만 이는 무리한 다이어트로 폭식증이 생긴 사람보다는 비율이 적다. 이렇게 생긴 폭식증을 방치하면 어떻게 될까. 정신적 측면에서 폭식증 환자는 자존감이 낮고 충동을 조절하기 힘들기 때문에 알코올중독이나 약물중독에 빠지기 쉽다. 폭식증은 우울증을 동반하는데 이미 우울증이 있는 사람이라면 폭식증 때문에 우울증이 더 심해진다. 신체적 측면에서 체중이 계속 늘어나 비만이 되고 이 때문에 대사증후군 당뇨병 심장병 등의 위험이 높아진다.

가) 심리적 이론

중독의 발달과 유지 및 변화를 설명하는 모형과 접근에서 Ajzen의 계획된 행동 (planned behavior) 모형과 도식에 합리적 행위 이론에서 개인의 의지를 넘어서는 타율성이나 불확실성이 행동에 미치는 영향을 감만 하지 못한다는 비판을 개선하기 위해 개념을 추가(박상규, 2017)했다. 중독 행동을 적용할 때 두 가지 추가해야 할 요인이 있다고 보는데 습관과 기회를 추가한다. 습관은 과거에 그 행동을 반복적으로 여러 차례 수행하여 자동적이고 의뢰적이 되어버린 행동을 말한다. 태도와 행동은 우리에게 중요하게 고려해야 할 요인으로 습관에 지적하고 있다. 습관은 또 생리적 의존성을 발달로 인해서 반복되는 행동 열량을 심리적 변인으로 대체하여 설명할 수 있는 방법이 될 수 있다. 다음은 기회인데 기회는 특정한 행동을 수행하는데 필수적으로 요구되는 물리적 시간과 공간 및 행동 대상이 많은 경우다. 대상을 얻기 위해서는 경제적 자원이 중요하다. 음주 흡연 과식 또는 폭식 등에서 그 행동을 할 수 있는 시간과 공간 및 그 대상이 없다면 행동은 원초적으로 불가능 하다고 설명하고 있다.

습관은 편리함을 준다. 늘 벌어지는 일상 사건들에서 빠르게 반응할 수 있고 같은 상황이 아닌 이상 일부러 정신을 집중할 필요가 없다. 하지만 편리함에는 대가가 따른다. 익숙한 상황에 대한 통제력을 잃을 수 있다는 건 한마디로 아무 생각 없이 몸을 움직이기 때문에 잘못된 행동을 바로잡기 힘들다. 음식을 찾는 습관이 굳어지면 음식중독에 빠지는 것은 시간문제다. 점점 더 자주 먹고 많이 먹고 오로지 즐거움 때문에 이런 행동이 반복되고 습관이 되면 음식중독에 빠진다.

(5) 정신적요인

1950년대 많은 학자들은 비만을 정신분석학적으로 접근했다. 비만 주요 원인으로 강압적인 어머니를 지목했다. 아이에 대한 애정이 지나치게 강한 어머니는 애정을 대체물로 음식을 이용했다. 어머니는 아이에게 강압적으로 많은 음식을 먹게 함으로써 아이들이 위안과 음식을 연관 지도로 가르쳤고 아이들은 위로받고 싶을 때마다 스스로 음식을 찾아 먹게 되었다는 주장이다. 아이들은 불안하고 우울할 때마다 음식을 먹으며 스스로 위로하고 스트레스를 풀었다. 이러한 아이들은 뚱뚱해질 수밖에 없었다. 이것이 당시 학자들이 말하는 비만 원인이었다.

가) 보상시스템

우리 뇌는 보상중추가 있는데 이를 자극하면 즐거움과 쾌감, 행복감등의 감정이 생긴다. 코스 요리로 배부르게 식사를 마친 뒤에도 디저트로 나오는 케이크 나 아이스크림 유혹을 뿌리치기는 쉽지 않다. 분명히 배불리 먹었는데 더 먹고 싶은 충동이 강하게 일어난다. 생존 욕구가 아니라 예전에 케이크나 아이스크림을 맛있게 먹었던 기억도 먹고 기분 좋았던 느낌들이 뇌가 기억해 일어나는 보상 욕구 현상이라고 한다. 보상이란 어떤 행동을 했을 때 즐거움을 느끼고 그 즐거움으로 다시 그 행동이 강화되는 과정이라고 정리할 수 있다. 음식물, 눈물, 섹스 등이 본능과 직결된 일차적 보상이라면 좋은 음악, 아름다운 얼굴, 좋은 촉감 등은 이차적 보상이다. 보상에 대한 기대가 우리 행동에 동기를 부여하는 것이다. 보상중추는 쾌감중추라고 하는데 자극을 받으면 도파민이라는 신경전달물질이 분비되면서 기분이 좋아진다. 자극을 받아 즐거웠던 순간을 놓치지 않고 반복하려는 것이다.

가장 강력한 충동을 주는 건 당분 탄수화물이다. 특히 포도당 과당 액상과당 같은 단당류와 설탕 맥아당 단순 당은 지방보다 훨씬 강하게 식욕을 자극한다. 단순 당은 바로 체내에 흡수되어 급속도로 높여 주기 때문이다. 보상중추를 더욱 강하게 자극하는 음식도 있다. 패스트푸드처럼 고당분과 지방이 합쳐진 경우다. 음식 당분과 지방이 많이 들어갈수록 식사량이 더 늘어난다. 역시 보상중추에 대한 자극 강도가 높아지기 때문이다.

5) 음식중독 질병 유형

보험금 건강보험공단이 최근 5년 2007년부터 2011년 동안 폭식증 진료환자의 자료를 분석한 결과 폭식증 환자는 5년 동안 6.8% 나 늘어났다. 폭식증 환자 중 여성이 전체의 95%를 차지했고 20대 여성이 전체의 40%로 가장 많았다고 나와 있다. 음식중독을 질병으로 분류하는 것에 대해 반대하는 학자들은 폭식증과 음식 중독이 비만과 다른 질병에 영향을 미치는 정도에 대해 좀더 연구가 필요하다고 주장한다.

(1) 야식증후군

밤 문화가 발전하면서 야식을 즐기는 사람이 점점 늘고 있다. 야식이 위험한 이유는 탄수화물 섭취량을 빠른 속도로 늘린다는 점에 있다. 과다한 탄수화물 섭취는 음식중독으로 폭식증으로 이어질 가능성이 높다. 밤에 음식을 먹는다고 해서 무조건 야식증후군이라고 하지 않는다. 야간 근무 때문에 밤에 음식을 먹는 사람은 체중이 늘어날 수 있는 위험요인에 해당되지만 야식증 환자라고 하지 않는다. 그들은 음식 먹고 나서도 계속 활동하기 때문이다.

미국 펜실베니아 대학교 앨버트 스커드 박사는 오랫동안 비만에 대해 연구했다. 정신과전문의 인 그는 '불안 증상이 심할수록 비만 일 확률이 높다'는 가정 아래 연구를 진행했지만 정상체중인 사람들과 통계적으로 의미 있는 차이를 찾아 낼 수 없었다. 가설을 증명할 연구결과도 나오지 않았다. 스탠퍼드 박사는 연구를 위해 비만 환자들을 면담하는 과정에서 몇 가지 공통점을 보이는 환자 군을 찾아냈는데 이들은 주로 밤늦은 시간에 음식을 먹었고 일단 먹기 시작하면 통제할 수 없었다고 말한다. 스탠퍼드 박사는 이런 증상을 보이는 질병을 야식 증후군이라 한다.

(2) 음식중독의 발생원인 및 실태와 신경전달물질

음식중독 유발 기전과 관련 물질은 매우 복합적이다. 음식중독에 관여하는 신경전달물질 호르몬들이 서로 연결되어 복잡하게 작용하고 정신적, 감정적 욕구도 깊이 개입되어 있다. 게다가 음식중독은 아직 학문적으로 적립되지 않아 원인 규명과 치료 과정에 대한 연구가 체계적으로 필요한 분야여서 음식중독을 유형별로 분류하는 것은 조심스러운 일이기도 하다.

도파민은 스릴을 느끼거나 무언가 도전해 보고자 하는 의욕이 생길 때 분비되는 물질이다. 스키를 타고 신나게 산을 내려올 때, 외국에 처음 도착했을 때 도파민 수치는 올라간다. 인위적으로 도파민 분비를 가장 강력하게 자극하는 것은 코카인 헤로인 같은 마약이다. 그 밖의 육류 같은 기름진 음식을 먹을 때 카페인 음료를 마실 때 운동 식후에도 도파민 수치가 일시적으로 올라간다. 도파민이 적절하게 유지되면 인생은 즐겁고 재미있다. 그런데 만성적인 스트레스로 도파민 수치가 떨어지면 만사가 귀찮고 인생이 무미건조하게 느껴진다.

도파민은 자극에 의해 강력한 보상을 제공한다. 정도 차이는 있지만 마약이든 음식이든 짧은 시간 동안 수치가 올라가면서 보상을 주고 시간이 지나면 다시 결핍 상태에 빠진다. 일시적으로 효과가 있지만 결국 고당질 고지방 음식을 찾게 만든다.

탄수화물에서 트랜스지방까지 우리 몸의 중요한 영양소인 탄수화물 단백질과 더불어 3대 영양소 중 하나인 지방섭취를 줄여야 비만을 막을 수 있다. 하지만 비만이 복합적 요인으로 생기는 질병임이 밝혀지면서 지방 보다 덜 주목받았던 탄수화물이 비만의 중요한 요인으로 떠올랐다. 지방에 대한 연구가 진행되면서 좋은 지방과 나쁜 지방을 구분할 수 있게 되었다. 좋은 지방은 세포막을 건강하게 만들고 대사를 원활하게 하는 지방으로 견과류나 해산물에 많이 들어있는 불포화지방이 여기에 해당된다. 불포화 지방은 식물성 지방이다. 나쁜 지방은 세포막의 기능을 떨어뜨리고 대사를 늦추고 동맥경화를 일으키는 지방으로 포화지방이 여기에 해당된다. 동물성 지방이다. 나쁜 지방보다 더 나쁜 피하지방이 있다. 바로 트랜스지방이다. 트랜스지방은 액체 상태의 식물성기름을 마가린 쇼트닝과 마요네즈 같은 소스 등이다. 반고체 상태로 가공할 때 산패를 막을 목적으로 수소를 첨가 해 인위적으로 굳히는 과정에서 만들어지는 지방을 일컫는다. 따라서 자연에서는 존재하지 않는 성분이다. 음식중독을 일으키는 주범인 트랜스지방은 상온에서는 고체상태 이다가 입 안에 들어오면 체온에 의해 사르르 녹으면서 감칠맛을 더해 준다. 트랜스지방은 식물성 기름을 튀길 때도 생긴다. 마가린 과자 도넛 빵 등을 만들 때 많이 쓰는 경화유 즉 트랜스지방은 값이 저렴할 뿐만 아니라 패스트푸드를 딱딱하고 보기 좋게 간편하고 먹기 좋게 더욱 맛있게 하는 효과가 있다.

세계 보건기구는 트랜스지방의 1일 허용 한도를 하루 섭취 에너지의 1% 이내로 정했다. 하지만 우리는 인식하지 못하는 사이에 훨씬 많은 양의 트랜스지방을 먹고 있다. 특히 성장기 아이들은 그보다 훨씬 적은 양이라도 위험할 수 있다.

트랜스지방을 덜 먹으려면 트랜스지방 대부분 가공식품의 들어 있다. 트랜스지방을 덜 먹으려면 일단 가공식품 섭취를 줄이는 것이 가장 좋다. 간식으로는 견과류나 씨앗을 먹고 감자 칩 대신 찐 감자 고구마 같은 자연식품을 먹는다. 우리 일상에서 트랜스지방을 포함해 음식 중독을 일으키는 설탕 밀가루 음식 등 음식을 제거하기는 쉽지 않다. 무의식적으로 손과 입이 반응의 움직이기 때문이다. 트랜스지방을 줄여 나가려면 일차적으로 인식 전환이 중요하다. 음식중독을 일으키는 음식을 유해성에 대해 기억하며 그런 음식을 볼 때마다 의식적으로 외면해야 한다. 몸에 좋은 건강한 음식을 찾아 먹으려고 노력해야 한다.

정제 탄수화물이란 밀가루에는 글루텐이라는 단백질이 있는데 글루텐이 분해되면서 나오는 펩타이드가 오피오이드 수용체를 자극하는 것으로 알려졌다. 밀가루 음식은 혈당을 빠르게 높여 인슐린과 렙틴저항성을 일으킬 수 있기 때문에 음식중독으로 이어질 위험이 있다.

음식 중독자들은 집착과 강박 증상을 보인다. 강박증세란 음식을 있단 한 입 먹고 나면 자제할 능력이 없어지는 것을 말한다. 음식 중독자는 중간에 잠깐 먹는 것을 멈출 수 있을지 몰라도 결국은 어떤 방법도 소용없이 다시 폭식을 하고 만다. 먹는 것은 통제할 능력이 없다는 것은 중독의 확실한 친구다 통제력 상실 이것이 바로 중독이다. 중독자가 일단 통제력을 잃으면 본격적인 중독 단계로 들어선 것이고 그러면 다시 폭식을 통제할 수 있는 상태로 돌아오지 못한다. 이 단계를 넘어선 중독자가 얼마나 많이 먹는지 아마 다른 사람들은 감히 예측 할 수도 없을 것이다. 통제력을 이런 음식 중독자는 마치 누군가 자기 목에 칼을 들이대고 억지로 음식을 먹게 만드는 것 같은 기분을 느낀다. 그 위기감은 절대로 해도 되지 않는다. 자기 기분을 좋게 하려고 먹었는데 결국은 자기 기분을 나쁘게 하는 음식들을 먹는다는 것이다. 이것이 바로 음식 중독의 역설이다. 딱 1년만 더 먹으면 욕망이 가라앉을 것 같지만 그 욕망은 그대로 가라앉지 않는다. 먹는 것을 통제하려고 아무리 노력해도 결국 찾아오는 것은 실패 밖에 없다.

중독자는 체중의 문제라고 생각 하면서 체중을 뺄 수 만 있다면 무슨 일이든 가리지 않는다. 녹초가 될 때까지 운동을 하고 새로 나온 다이어트는 한 번씩 다 해보고 굶어 죽기 직전까지 단식을 한다. 그러면서 이번에는 고통에서 벗어나는 마술 같은 방법을 발견했다고 믿는다. 그리고 이런 노력들도 소용없이 중독자가 발등에 걸리면 다시금 폭식을 시작하고 다시금 먹는 방식을 통제하지 못하게 된다. 통제력을 되찾으려고 아무리 노력해도 실패뿐이다. 음식이 생각의 주인이 된다.

음식 중독은 비만에 대한 공포로 괴로워한다. 음식 중독자의 마음속을 어지럽히는 것은 음식에 대한 생각 많이 아니다. 음식에 대한 강박 증세는 폭식을 만들고 결국 비만을 처리하는데 이 걱정은 중독자 마음을 어지럽힌다. 증상이 심해질수록 중독자는 비만에 대한 공포에서 벗어날 수 없다. 욕망은 날씬하고 매력적인 사람이 되라고 명령하지만 중독은 그 욕망과는 정 반대 방향으로 행동하게 된다. 많은 중독자들은 극도로 엄격한 다이어트를 시도한다.

6) 음식중독자 범죄

음식 중독자들은 도둑질(절도)을 한다. 음식을 사려고 돈을 훔치거나 아니면 음식을 훔쳐서라도 반드시 욕망을 충족해야 한다. 음식 중독자들은 다른 마약에 중독된 사람들과 다르지 않다. 모든 중독증은 중독자들에게 그중 독성물질을 손에 넣고 섭취하려고 명령한다. 어째서인지 몰라도 음식을 상에서 몰래 꺼내는 것은 지갑에서 돈을 몰래 꺼내는 것보다 용납할 수 있었다. 음식 중독자들은 음식을 찾을 때 거 이제 정신을 잃을 수도 있다.

음식 중독자들은 강박적으로 점점 절도를 하기도 하는데 이들은 음식을 훔치거나 음식을 사먹을 돈을 훔친다고 한다. 다른 사람들은 옷을 훔쳐서 현금으로 환불받는 다음 그것으로 자기의 중독증을 달래줄 음식을 산다. 그저 음식을 얻을 수 있다는 생각해서 잡화점의 식당에서 일하는 음식 중독자들 또 많다. 어떤 여성은 돈을 아끼면 그만큼 음식을 많이 살 수 있다고 생각해서 조금만 생필품들을 훔친 적이 있다고 말하기도 했다(음식 중독 K 셰퍼드 재인용)

최근 많은 식품 영양 학자들이나 의학의 연구를 통해 아무리 탄수화물이 많은 음식이라도 그것이 정제되거나 가공되지 않은 안전식품 이라면 아무런 문제를 일으키지 않는다는 사실이 발견되었다. **탄수화물이 문제가 아니라 정제된 탄수화물 중독원인인 것이다.**

밀가루 식품의 공범이다. 쿠키 케이크 파스타 크래커 폭식 해 본 적이 있는 사람이라면 전분질 음식이 중독과정에서 어떤 역할을 하는지를 정확히 알고 싶을 것이다. 많은 사람들이 설탕을 정제 하라는 말은 얼마든지 따르려고 절제 하라는 말을 얼마든지 따르려고 하지만 밀가루 식품을 절제하는 말에는 저항한다.

비만으로 각종 합병증이 시작된다. 음식 중독자는 질병 때문에 심각한 결과를 겪는다. 음식 중독자의 거의 대부분은 비만으로 고생한다. 바람직한 체중보다 20% 이상 초과하면 의학적으로 위험한 것으로 인정된다. 모든 중독에는 보존과 망상이 작용하기 때문에 음식 중독자들은 자기 신체 사이즈가 체중을 현실적으로 판단하지 못하는 경우가 많다.

정서적으로 황폐해진다. 즉, 음식중독에 관련된 문제들을 살펴볼 때 우리는 이 문제들이 각각 따로따로 일어나는 것이 아니라는 점을 염두에 줄 필요가 있다. 정서적으로도 막대한 부담이 된다. 음식 중독자의 삶은 통제를 잃고 뒤죽박죽에 대해서 부정적인 상황들을 겹겹이 맞닥뜨린다. 먹는 것과 다이어트 체중의 집착한 적 있는 환자에게 뚜렷이 나타나는 우울증 식욕 항진증이다. 강렬한 죄의식과 수치심 우울 그리고 불안감을 흔히 볼 수 있다.

강박형 음식중독에 해당하는 사람은 하루 종일 먹는 생각만 한다. 특히 밤에 더 심한데 음식이나 음식을 먹는 행동에서 벗어나려고 해도 좀처럼 다른 생각에 몰입하지 못하기 때문이다. 이들이 음식에 대한 강박에 사로잡히는 증상은 세로토닌 문제로 봐야 한다. 세로토닌은 차분한 긍정적 사고와 관련된 신경전달물질이다. 불안을 느끼고 염세적인 부정적 사고를 하는 사람들은 모두 세로토닌 수치가 떨어져 있다. 세로토닌 수치가 낮은 수준으로 유지되면 수면장애와 편두통이 생기고 우울증이 이어질 수 있다.

특히 저녁 식사 이후에 하루 섭취량 50% 이상을 먹는 야식 증후군 환자 중에 강박형 과잉섭취가 많다. 야식에 대한 강한 유혹을 뿌리치는 데는 걷기가 도움 된다. 물 한잔 마시고 일단 밖으로 나가서 산책해 본다. 식욕이 사라지면 다행이지만 그래도 배고픔이 해결 되지 않는다면 참지 말고 따뜻한 우유한잔 견과류를 조금 먹는다.

충동형은 자신의 행동을 통제하지 못하는 것이 특징이다. 한 가지 일에 오래 집중하지 못하고 쉽게 지루해 하거나 싫증난다. 어릴 때부터 주의 집중력 결핍 장애가 있었던 사람에게 잘 나타난다. 유해 물질에 오래 노출되거나 뇌손상 과거력이 있거나 만성피로증후군 환자 중에도 충동형 음식 중독이 나타나는 경우가 많다고 알려졌다. 충동형 특징은 전전두엽 자기조절능력이 떨어져 있고 도파민 분비에 문제가 생겨 나타나는 행동이다. 도파민은 활력 즐거움 쾌락 등과 관련된 신경전달물질로 롤러코스터를 타거나 도박을 하거나 로맨틱한 다이어트를 할 때 수치가 올라간다. 매사에 관심이 없고 무기력하고 따분함가 실증을 잘 느낀다면 도파민 수치가 떨어져 있을 가능성이 높다. 먼저 충동을 유발하는 요인을 찾아 단서에서 멀어지려고 노력한다. 식사는 미리 계획을 세운다. 세끼 식사와 한두 번은 간식으로 무엇을 몇 시에 먹을 때까지 미리 정해 놓으면 좋다. 계획에 없는 간식은 먹지 말아야 한다. 끼니를 거르지 않는 것도 중요하다. 끼니를 거르는 것이야말로 다음번 끼니에 충동적으로 과식을 일으키는 경향이 크다. 식사 일기를 쓴다. 식사할 때 즐거운 마음으로 먹겠다는 자기 다짐을 해본다. 운동을 열심히 해서 내려가는 혈액량을 늘려 대뇌피질 기능성을 활성화 시키는 것이 도움이 된다. 특히 반복적으로 시행하는 고강도 인터벌 운동이 좋다.

7) 사회적 요인

현대인은 대부분 일상적으로 오염된 식품이나 이상 용품을 소비하고 나쁜 환경에 노출된 채 살아간다. 따라서 독성 금속 과학 물질을 수시로 몸에 축적하는 것이다. 걸어 다니는 시한폭탄이나 마찬가지다. 운동량이 부족하면 시간이 지나면서 중금속이 축적된다. 땀은 소변보다 중금속을 훨씬 더 많이 배출한다. 다시 말해 운동이나 적외선 사우나를 활용하면 땀을 통해 독소를 효과적으로 몸 밖으로 내보낼 수 있다. 많은 사례에서 소변보다 땀에서 배출되는 독소 농도가 높았다. 실제로 좌식 생활이 자리 잡으면서 격렬한 운동을 하는 사람들이 많이 줄었다. 곧 사람들이 땀 흘리지 않는 것인데 비만인 사람은 몸에 독성 금속이 빠르게 축적되는 이유도 여기에 있다. 운동을 거의 하지 않아 중금속을 땀으로 배출하지 않으면 몸에 위험한 수준까지 중금속이 축적되기란 시간문제다.

이런 상황에서 많은 사람은 실제로 위생용품 건강기능식품으로 안전성을 국가가 나서서 관리해주고 건강관리 비용을 지원해주기 바란다. 그러나 현실은 정반대다. 날마다 자기 입으로 들어가는 식재료가 어떤 상태인지 진심으로 걱정하는 사람은 사실 많지 않다. 시간과 돈 그리고 노력을 들여 실제로 오염문제를 진단하고 사람들이 자기가 어떤 것을 먹는지 그 실체를 알수록 중요한 문제를 끈질기게 노력해야 한다.

(1) 글루탐산나트륨MSG

글루탐산나트륨 일명 MSG는 아마도 현대인의 식생활에서 가장 광범위하게 사용되는 동시에 건강에도 여러 문제를 일으키는 식품첨가물이다. 이 성분은 값싸고 쉽게 구할 수 있는데다가 음식의 깊은 맛을 더해준다. 감자 칩, 스프, 각종 소스와 샐러드, 드레싱 패스트푸드 포장식품 냉동식품 데워 먹는 음식 양념장에 재운 고기 심지어 아기 이유식 분유에도 MSG가 들어간다. 이 성분은 자연적 향미가 부족한 통조림이나 냉동식품 인스턴트식품의 특히 많이 사용된다. 느끼한 기름을 사용을 줄이거나 아예 없앤 저지방 혹은 무지방 식품도 그 허전한 맛을 채우기 위해 풍부한 맛을 제공하는 MSG를 넣는다. 맛이 맹맹한 값싼 식품이라도 MSG를 넣으면 더 맛있게 느껴지는 것이다. 이런 이유로 MSG는 많은 인기를 얻었다. 그래서 일찍이 20세기 중반부터 이 화학물질은 널리 사용 되었다.

MSG는 아시아를 넘어 미국을 비롯한 서구 세계까지 사로잡았다. 글루탐산염은 자연적으로 여러 식품에서 발견되지만 식이섬유나 기름처럼 상승작용을 일으키는 영양소들과 함께 존재하기 때문에 고유의 힘은 많이 사라진다. 치즈와 우유 달걀 토마토 버섯 같은 단백질이 풍부한 실제로는 자연적으로 글루탐산염이 고농도로 들어 있다. MSG 유독성은 뇌를 손상시키거나 신경생성질환을 이렇게뿐 아니라 내분비계 장애나 과민성대장증후군 체중 증가 행동장애 암으로 이어질 수 있다. 뿐만 아니라 가벼운 부작용을 일으키는데 잘 알려진 두통 졸음 메스꺼움 두근거림 흉통 목과 가슴이 타는 듯한 통증 마비 색감이 그 증상이다. 외식을 하거나 라면을 먹은 다음 목이 간질간질하고 잔기침이 나오는 증상을 경험 하곤 한다.

다른 연구에 따르면 MSG는 식욕을 조절하는 시상하부의 손상을 입혀 비만을 유도했다. 고농도의 MSG를 섭취한 사람들이 병적 비만을 보였는데 비만 문제를 겪는 사람은 패턴이 매우 비슷했다. 연구자들은 어렸을 때부터 MSG가 들어간 식품을 섭취하는 환경이 그동안 잘 드러나지 않았지만 전 세계에 만연한 비만의 중요한 역할을 했을 것이라고 추정했다.

- 음식중독 재발의 가능성을 차단하라
우리가 음식을 중독적인 선을 넘기 전에 자신의 식습관을 점검해보는 것이 좋다.

점점 음식물의 섭취량을 늘리거나 식사를 거르고 사이에 군것질을 많이 하지는 않는지, 정재 탄수화물 식품을 먹고 또 그것을 만회하려고 자연식 음식도 폭식하는 것은 아닌지 검점이 필요하다.

음식 중독은 본질적으로 파괴적이다. 따라서 재발을 겪는 사람도 종종 나타난다. 재발 하는 사람들은 회복과정에서 혼란 기억력 감퇴, 계속되는 불안, 수면장애와 스트레스에 대한 과민반응에 흔들린다. 재발은 종종 무심결에 일어나는 것이 보통이다. 완전 회복의 열쇠는 그런 일이 일어나는 것을 가능한 한 초기단계 제거 하는 것이다. 대다수 음식 중독자들이 재발하는 이유는 그 과정을 멈출 방법을 모르고 있으며 재발되고 있는 과정을 눈치 채지 못하고 있기 때문이다.

《과식의 심리학》의 저자 키마카길은 사용하기 편리한 신용카드는 물건을 구매하기 위해 현금이 필요치 않은 새로운 시대를 열었고 욕망을 즉시 충족시키려는 경향의 소비자들에게 널리 퍼졌으며 이런 편리함은 오랫동안 적극적 만족의 사회를 열었다. 이런 무분별한 충동적 소비를 부추기는 점에서 과식과 아주 유사하다. 팀 캐서 와 리처드 라이언은 초기 인본주의적 실존주의 이론을 토대로 물질주의를 연구한 선구자들은 '사치와 구매에 집중할 때 웰빙이 흔들리고 우울과 불안이 증가하며 채울 길 없는 각양각색의 욕망이 탄생 한다는 것'을 입증했다(김건우). 바우만은 이런 사회에서 '빈곤층은 흠집 난 소비자로 존재하며 사회에서 소외된다.'고 지적한다. 비만과 당뇨를 비롯한 관련 질병이 빈곤층에 더 영향을 미치는 것처럼 소비주의 문화가 자동차나 전자제품 정크 푸드처럼 매혹적이고 감당하기 힘든 자멸적 해결책을 제공하면서까지 과식과 소비를 부추긴다는 것이다.

스완슨 식품회사 나중에 등장한 패스트푸드 같은 새로운 식습관은 이동성과 효율성 더 많은 개인주의를 중시하는 변화된 지각만을 그대로 드러낸다. 이런 음식은 문화와 경제의 변화를 반영한다. 그러나 이런 음식이 개발되면서 사람들은 음식 공급원으로부터 멀어졌고 음식 준비는 비인격화 되었으며 궁극적으로 소비와 과체중 비만이 증가했다 〈과식을 심리학〉

가당 음료는 비만과 당뇨를 유발한다. 최근 연구에 따르면 설탕의 욕망과 소비의 끝없는 쳇바퀴를 더욱 강화하는 중독성이 있다. 그러니까 담배와 코카인처럼 정크 푸드 역시 우리를 그럴듯하게 보이도록 만들어 기분을 좋게 하고 사회적 소속감을 제공해 주는 역할을 하는 것이다.

초기 오성식품 개발과 마케팅을 약탈적 대출을 다른 형태로 생각해도 좋다. 초기오성식품 식품산업은 엄청 많은 양을 상품을 팔아 이득을 보지만 소비자는 과체중과 당뇨 비만을 얻으면서 손해를 본다. 식품산업이 터무니없는 이윤을 거둬들이는 동안 납세자와 정부는 대중 건강을 관리하기 위해 비용을 감당한다. 그러나 여러 사람을 재정 파탄과 영양파탄으로 입금 문화와 규제의 제도적 실패가 무엇보다 책임이 크다는 것을 인정해야 한다. 비만인 사람은 정상체중인 사람보다 파산을 선언할 가능성이 20% 나 더 높다. 의료산업이나 법률은 지나친 과식과 과소비에 희생되는 사람들을 위한 메커니즘을 창조했다. 바로 비만시술 비만대사수술 고도비만과 관련 합병증을 치료하기 위해 위의 크기를 작게 만드는 등의 각종 수술법을 말한다. 경제 이데올로기로서 소비주의와 도둑 원칙으로서 소비주의 실패로 생긴 문제를 개인 수준에서 해결하라는 것에 불과하다.

맛 다양성 편리함 식품산업은 심리학자들을 끌어들여 효과적인 브랜딩 전략으로 더 먹도록 유혹하는 상황적 환경적 자극을 연구한다. 정할 수 없을 만큼 맛있는 간편 식품을 제조하는 법 다양한 상품으로 선택 기회를 늘리는 법, 영양 과학에 대한 대중의 혼란을 부추기는 법, 계속성 그리고 나이에 따라 다른 욕망에 호소하는 법 등이다. 철학적 보상이나 즐거움을 위해 초기 오성이라는 새로운 영역에 걸맞게 식품산업에서 제조된 달고, 지방량 함유가 많고 종종 무척 짠 음식을 만들어낸다. 우리는 당과 지방 소금 함량이 높은 음식을 더 많이 먹을 수밖에 없다. 식품 과학자들은 과자와 아이스크림 치킨 너겟 에너지 음료를 저항하기 힘든 맛과 촉감을 찾는 일에 몰두하고 있다. 맛이 너무 좋아서 배가 부르든지 말든지 신경 쓰지 않게 되었다. 사람들은 선택할 음식이 적을수록 덜 먹는데 감각이 똑같은 자극에 계속 노출되면 둔해지기 때문이다. 반대로 선택할 음식이 많을 때 우리는 더 많이 먹는데 시각적으로 만 다양하고 실제 맛은 비슷할 때도 마찬가지다. 상품 종류와 색깔 그리고 맛이 놀랄 만큼 다양해지면 두말할 필요도 없다.

모든 중독은 공통적인 증상을 보여준다. 우리가 중독이라는 병을 인식할 수 있는 것은 이런 지표들을 통해서다. 집착 강박 부정 내성 금단증상과 욕망을 꼽을 수 있다. 음식 중독자들은 이 모든 증상들과 더불어 왜곡된 신체 이미지를 갖는다.

금단증상 때문에 멈추기 힘들다

중독증에 대한 연구에서 먹을수록 내성이 강해진다는 말은 물질 중독을 참아내는 육체적인 능력을 뜻한다. 음식중독 중독자들의 경우 음식 섭취가 늘수록 폭식에 대한 내성이 높아진다.

멈추고 싶지만 멈출 수가 없다. 음식 중독자는 어떤 이유로든 폭식을 끊으면 반드시 금단증상을 가졌기 때문에 우리는 역으로 이것이 중독임을 알 수 있다. 금단증상으로는 어지러움 오한 메스꺼움 구토 음식에 대한 욕망 극심한 두통 무기력함 집중력 저하 등을 들 수 있다. 이런 증상들은 독감 증상과도 비슷하다. 금단증상을 겪는 강도는 사람마다 다르다. 니코틴중독과 마찬가지로 음식중독 또한 금단증상 때문에 그것을 달래주는 중독적인 음식들로 다시 돌아가고 싶은 유혹에 노출되어 있다. 금단증상에 고통을 피하면 결국 그 질병에서 영양 벗어나지 못한다. 폭식은 중독자를 병에서 벗어날 수 없게 만든다. 금단증상은 반드시 이겨내야 한다.

다이어트란 무엇인가 다이어트는 식단이라는 뜻이다. 식단은 보통 매일 먹는 것과 동일한 양의 동일한 양과 종류 음식으로 구성되지 않는다. 이 맥락에서 다이어트라는 용어는 다이어트를 위한 식단을 말한다. 다이어트는 질병 자체를 치료하지는 않는다. 다이어트는 과체중이라는 표면적인 증세만을 치료한다. 뿌리를 내버려두고 잡초 줄기만 베어버린다는 것이다. 다이어트는 정제탄수화물 중독증에 대한 영구적인 해결책을 제시하지 않는다. 맨 처음 중독이 치료되면 증세는 알아서 사라지게 되어있다.

인류학자 시드니 만지는 미국의 음식을 다른 그래서 미국인들은 되게 달라진 시간개념 때문에 전통요리를 먹지 않게 되었고 앞으로도 먹지 않을 것 같다고 했다. 너무 바빠서 시간이 아예 없거나 시간에 쫓긴다는 생각 때문에 시간을 절약 해주는 상품이나 식품을 소비하는데 이는 총 소비를 증가시킨다. 간편 식품 대부분은 시간이 부족하다는 생각이 미리 자리 잡은 덕에 성공했다. 〈21세기에 우리는 집에서 어떻게 사는가〉를 쓴 연구자들은 가족이 함께 밥을 먹는 시간이 극히 적은데도 미국 가정은 시간을 아끼려는 욕망을 강력히 반영한다는 사실을 발견했다. 가족들은 음식을 쌓아두고 있었다. 종종 보조 냉장고를 사야 했다. 시간이 없다는 가족의 불안은 더 많은 물건을 사 들리고 더 많이 쌓아 두는 형태로 표현되지만 그런 행동은 그들이 의도한 것처럼 시간을 아껴 주지 않았다. 소비주의가 일으킨 문제를 해결하기 위해 소비를 증가시키는 방법에 의지했다.

음식을 잠재적인 중독성 물질로 연구하는 학자들이 들고 있다. 신경학자 캔터베리지는 우리는 무언가를 무척 원하거나 갈망하지만 막상 욕망하는 물질을 얻고 난 뒤에는 기대했던 것만큼 그것을 좋아하지 않는다는 사실을 알게 된다. 마약 중독에서 종종 그러하듯 욕망 대상은 우리가 기대했던 보상을 제공해 주지 않는다. 음식과 중독 대중문화에서 흔히 사용되는 표현을 보면 음식에는 분명 중독성이 있을지도 모른다는 생각을 하는데 예를 들어 과식자 모임에 알코올 의존증 치료모델의 12단계 프로그램 사용한다. (키마카길, 2016. 재인용)

음식 중독자는 다른 물질을 남용하는 사람들과 비슷한 인성 특징을 지니고 기분을 조절하기 위해 음식을 이용한다는 것을 보여주는 증거들이 있다. 특히 충동성이 중독적 음식섭취와 관련 있으며 다급한 감정을 느낄 때 성급하게 행동한다고 답한 사람일수록 중독적인 식사습관을 더 많이 보였다. 또 다른 연구에 따르면 스스로 음식중독자라고 밝힌 사람은 많은 사람이 나쁜 기분에서 벗어나기 위해 음식을 이용했는데 특히 지방 함량이 높은 음식들을 기분 조절하는데 이용했다. 게다가 이처럼 기분을 조절하는 효과가 떨어질 때 탄수화물을 더 먹고 싶어 하는 증상도 약물중독 자들이 기분을 달래기 위해 약물을 더 갈망하고 사용하는 증상과 유사하다.

8) 음식중독과 마약중독의 비교

"폭력의 해부"를 쓴 에이드리언 레인은 영국 브리스톨 지역은 11,875 명이라는 많은 수 임산부를 대상으로 한 연구에서 산모가 임신 기간 중 생선을 많이 먹을수록 아이가 실제가 되었을 때 친사회적 행동을 보일 확률이 유의미하게 높다는 것이. 다시 말하면 임신 기간에 생선을 충분히 먹지 않는 산모가 더 반사회적 행동을 한다는 것이다. 미국 시카고 미니애폴리스 버밍엄 출신 3,581명을 연구한 결과 생선을 거의 먹지 않은 사람이 적어도 일주일에 한 번 이상 생선을 먹은 사람 보다 높은 적개심을 보이는 것으로 나타났다. 또 혈중 지방산 밀도가 낮은 남자 아이가 문제행동과 짜증을 더 많이 보이는 것으로 나타났다. 이러한 성향은 공격적인 코카인 중독자 아들에게서도 동일했다.

생선회는 생선 기름이 풍부하게 들어 있다. 생선 기름에는 불포화지방산인 오메가- 3 성분이 많이 포함되어 있다. 오메가 3에는 DHA 와 EPA라는 2가지 중요한 요소가 있다. DHA는 6% 대뇌피질을 차지하고 합류해서 뇌혈류에서 뇌로 들어가는 물질들을 규제하는 혈뇌장벽에 영향을 준다. 또한 간세포가 소통을 용이하게 함으로서 시냅스 기능을 향상 시킨다. DHA는 신경전달물질인 세로토닌과 도파민을 규제 하는데 범죄자들은 이 신경전달물질이 비정상적으로 나타난다. DNA는 유전자 발현을 조율하는 역할도 한다. 폭력성을 예방하는 유전자가 활성화 되는 것을 돕는다. 범죄자들의 뇌의 구조와 기능에 결함이 있는 경우가 많다는 것을 살펴보았다. 이런 점들을 고려하면 생선 섭취량과 폭력을 연관성을 찾는 것이 어쩌면 놀라운 일이 아닐 것이다.

각 나라의 비만율을 살펴보면 미국의 비만율은 30.6% 로 12.9% 독일 10% 네덜란드 3.2% 한국가 일본 23% 연구가 더 큰 차이가 난다. 미국에는 부족한 것이 없는 게 확실한데 미국의 그 모든 폭력은 대체 왜 그럴까에 대한 연구에서 첫째로 살인자를 마주치거나 그들을 사진을 보면 대개의 경우 그들은 영양실조로 보이지 않는다는 것이다. 그러나 연쇄살인범 헨리 리 루커스와 돈다 페이지는 워싱턴 DC 근교에서 살았는데 굶주리고 영양실조로 뼈만 남은 작은 남자아이였다고 한다. 그러나 그가 성인이 되어 페이튼 터틸을 강간하고 죽였을 때는 몸무게가 136kg 넘었다고 한다. 육중한 그의 모습 이 면엔 어린 시절에 그가 영양실조를 겪었다는 사실이 감춰져 있었다는 사실이다. 이처럼 범죄자 이면에는 음식대한 그리고 영향 결핍에 대한 사례를 볼 수 있다.

그 밖에 영양소와 미량영양소이 두 가지 영양소에서 찾을 수 있다. 미국의 어린이들은 탄수화물 지방 단백질과 같은 다량영양소는 많이 섭취한다. 비타민 철분 아연 등 미네랄을 포함하는 미량영양소 섭취는 신체와 뇌기능을 성장시키고 유지하는데 필수적이다. WHO는 전 세계 어린이 절반 이상이 미량영양소인 철분과 아이언의 결핍을 겪고 있다고 보고한다.

사람을 외형적인 모습과 실제로 얼마나 음식을 잘 섭취하고 있는지는 겉으로 봐서는 판단하기 어렵지고 신체사이즈 와 영향을 관계에서 덩치가 크다고 영양 상태가 다 좋은 것은 아니다.

공격성과 행동장애를 보이는 아이들은 철분이 결핍되어 있음을 밝혀냈다. 한 연구에서는 비행청소년 중 3분의 1이 철분결핍을 겪고 있다고 보고했다.

미량원소는 폭력에 관여하는 특정 뇌구조와도 관련이 있다.

철분은 아연과 마찬가지로 신경전달물질 생산과 기능에 영향을 미치는 것으로 나타난다. 철분 과연 결핍을 처리하는 것은 무엇인가 철분과 철분이나 아이언은 결핍은 생선 공유 최소 같은 음식을 충분히 섭취 하지 못해 발생할 수 있다 미량 영양소는 최악이네 발달에 중요한 영화를 하는데 사회경제적 지위가 낮은 임산부들 중 30% 정도가 철분결핍을 겪는다. 22개의 아미노산 중 8개는 우리 몸이 스스로 생산할 수 없기 때문에 필수적이다. 필수아미노산 중 트립토판은 섭취를 줄이는 동물은 공격적으로 변하는 반면 높은 트립토판 함유 음식을 섭취한 동물은 공격적 행동이 줄었다. 남성과 여성 모두 트립토판을 줄인 실험에서 더 높은 공격성이 나타났다. 트립토판이 증가하면 공격적 행동이 줄어든다는 것이다. 낮은 트립토판은 행동을 억제하는 뇌의 기능을 정상적으로 작동하지 못하게 하기 때문에 공격성을 높일 확률이 크다. 범죄자들의 전두엽피질 밑 부분이 기능적으로나 구조적으로 제 기능을 하지 못한다는 것을 보았다.

만약 여러분이 열 살 때부터 단것을 매일 먹는다면 34살이 되었을 때 그렇지 않은 사람보다 폭력적으로 델리 어미 세배 더 높다는 것이다. 카디프 대학교에서 진행한 것으로 1970년에 태어난 17,415명은 영국 아이들이 대상이었다. 연구자들은 아이들이 10살이 되었을 때 얼마나 자주 단 것을 먹었는지 물어 보았다. 스테파니는 단것을 매일 먹은 아이들이 34살이 되었을 때 폭력적으로 될 확률이 3배 더 높다는 결과를 보여 주었다. 많은 변수들이 통제 되었음에도 결과는 여전히 유의미한 것으로 나타났다. 단 음식과 폭력성이 실제로 인간관계가 있다면 어떻게 이런 일이 발생한 것일까. 열 살 때 사탕을 많이 먹은 아이들은 건강하지 않은 음식 섭취 습관을 가지고 있기 싶다. 과다한 설탕 섭취량과 빠른 흡수를 나은 고에너지 정제된 고탄수화물 위주의 식사습관이 대표적이다. 초코 혈당과 화를 잘 내는 현상은 결론적으로 놀이터에서 다른 아이를 때리는 성향을 그 결과로 초래할 수 있다. 성인 일 경우에는 술집에서 폭력으로 이루어질 수도 있는 것이다. 여러분은 아이를 사탕으로 멀리 있게 하라.

최근까지도 음식에 중독성이 있다는 결정적 증거가 없었기 때문에 미국정신의학회는 음식 중독을 물질적으로 인정하지 않았다. 요즘 들어 많은 음식 연구자가 음식 중독을 물질장애로 인정하라고 요구하고 있다. 체질량지수와 불법 약물사용에 서로 반비례한다는 사실을 발견한 연구도 있다. 이런 사실을 보면 아마 음식 자체가 약물처럼 기능하기 때문에 과식습관이 있는 사람은 다른 약물을 덜 사용하는 듯하다. 중독 전이라 불리는 증상으로 알코올이나 마약을 끊는 뒤 약물 대신 음식으로 중독이 전이 되어 잠복기에 접어든 중독자들이 체중증가 하기도 한다.

9) 음식중독의 치료 및 상담

음식중독을 질병으로 분류하는 것에 대해 반대하는 학자들은 폭식증과 음식중독이 비만과 다른 질병에 영향을 미치는 정도에 대해 좀 더 연구가 필요하다고 주장한다. 음식중독을 질병으로 진단하기 시작하면 이와 관련된 환자가 늘어나는 것을 우려하기 때문이다. 예를 들어 단맛을 즐겨 찾는 사람이 자가진단으로 스스로를 음식중독이라고 단정 지어 버리면 아주 곤란한 문제가 생긴다. 질병을 앓고 있는 환자라면 의사에게서 적절한 치료를 받아야 한다.

현재 음식중독을 질병 군에 넣을지 말지 여부를 떠나 우리 사회의 음식중독 현상은 분명 존재한다. 만성 스트레스에 시달린 현대인은 유례없이 고당질 고지방 가공식품이 넘쳐나는 환경에 살고 있으며 시도 때도 없이 습관적으로 이런 음식을 먹고 있기 때문이다.

음식중독은 우울증과 달리 공식적인 질병이 아니다. 아직 중독이라고 진단을 내릴 수 있는 명확한 근거가 확립되지 않았기 때문이다. 음식중독 치료법은 만성 스트레스와 수면장애 극복 그리고 탄수화물을 조금 음식만 조금만 조절하면 된다. 하루 종일 정상수준 보다 높게 유지되는 스트레스 호르몬 수치를 내리면 된다. 하지만 말이 쉽지 막상 실천하려면 어려운 것이 스트레스 관리다. 의지만으로 불가능한 탄수화물 음식 조절해 성공하려면 우선 이러한 음식이 당기지 않는 몸을 만들어야 한다. 가장 먼저 해결되어야 할 것은 물론 스트레스 조절이다.

(1) 스트레스를 줄여라

만성스트레스는 만병의 근원이라고 하는데 음식중독에서도 마찬가지다. 스트레스 없는 현대인의 삶은 상상하기 어렵고 단 음식을 멀리 하는 식습관 또한 실천하기 어렵다. 어쨌든 최대한 스트레스를 줄이려는 노력이 필요하다. 로버트 새폴스키 박사의 《왜 얼룩말은 위궤양이 걸리지 않는가》를 보면 얼룩말은 사자가 언제든지 뒤에서 자기를 덮칠 수 있다는 사실을 알지만 찾아가 눈앞에 보이기 전까지는 그 생각을 하지 않는다고 한다. 한가롭게 풀을 뜯어 먹을 수 있는 건 아직 일어나지도 않은 일에 미리 불안해하거나 긴장하지 않는다는 것이다. 스트레스에서 벗어나려면 우리도 이런 능력을 가지고 있어야 한다. 효율적으로 업무를 수행하기 위해 적당한 긴장감을 필요하지만 긴장감이 지나쳐 당장 일어나지도 않을 일도 쓸데없는 걱정이 빠져 있어도 해결되는 것은 없다는 것이다.

(2) 건강한 습관

스트레스로 신진대사와 세포기능이 이미 손상되었다면 정상화를 위해 일부러라도 몸에 좋은 음식을 챙겨 먹어야 한다. 만성 스트레스를 줄이고 이완의 도움을 주는 플러스 음식으로는 비타민과 항산화 영양소가 풍부한 채소와 과일의 대표적이다. 유익한 지방이 풍부한 견과류와 마인 생산 해산물도 스트레스로 인한 염증을 줄여준다. 물론 다이어트를 하고 있다면 과일은 하루 한두 개 이내로 줄여야 한다. 반면에 정제 가공식품 식품첨가물이나 화학 색소 등이 들어있는 가짜 음식은 스트레스를 악화시키고 코르티솔 수치를 높인다. 설탕이나 흰 밀가루 음식은 일시적으로 스트레스 호르몬을 낮추고 세로토닌 분비를 늘리지만 중독으로 이어지면 더 강한 자극을 요구한다.

(3) 숙면이 필요하다.

저녁에 과식하거나 식사 시간이 늦은 경우 저녁 식사 이후에 먹는 음식은 숙면을 방해한다. 특히 알코올은 쉽게 잠들 수 있어도 깊은 잠을 방해한다. 또 중간에 깨면 다시 잠들기 어렵기 때문에 피해야 한다. 카페인 들어있는 음료는 오전에만 마시고 오후 2시 이후에는 마시지 않는다. 운동은 저녁 식사 이전에 하는 것이 좋고 저녁을 먹은 후에는 과격한 운동을 피한다. 저녁 식사 후에 출출하면 느껴지면

미지근한 우유를 한잔 마시고 잠자기 전 칼슘과 마그네슘 보충제를 복용하면 진정 작용이 있어 숙면을 취하는데 도움이 된다. 장기적인 수면장애로 수면 부족 상태가 되면 신체적으로 스트레스가 이어진다. 이것이 쌓이면 불안정한 신체 상태로 인해 정신적 스트레스로 제대로 처리하지 못한다. 그리고 다시 역으로 온갖 걱정과 근심이 잠 못 이루는 밤이 된다. 잠이 오지 않는 시간 보상을 위해 야식으로 문제를 해결하려고 한다. 악순환의 고리를 끊는 방법은 오직 숙면이다.

수면 중 성장호르몬 분비량도 늘어난다. 운동은 적어도 잠자기 4시간 전에 하는 것이 좋다. 뇌에 혈량을 늘리는 규칙적 운동 운동은 혈액 순환 개선에 도움이 되고 뇌로 가는 혈액량을 늘린다. 어떤 종류 운동이든 규칙적으로 하는 것이 중요하다.

(4) 자신을 사랑해야 한다.

거울에 비친 내 모습을 있는 그대로 받아들이고 존중하자 음식 중독이 되기까지 스스로를 통제하지 못하고 과식과 폭식을 일삼았던 자신을 용서하고 감정적 과식을 하게 된 동기 상황 외로움 자존감 결여 등을 솔직하게 인정한다. 나를 부정하고 미워할수록 음식 중독 늪에서 벗어나는 길을 멀어지기만 한다. 음식 중독을 억제하려면 음식을 먹는 것을 즉각 완전히 영원히 그만둬야 한다. 금단증상의 불편함을 기꺼이 견디고 고통을 참아내는 사람들은 회복이라는 보상을 얻을 수 있다. 음식중독이 병이라는 인식에서 출발해야 된다. 음식중독이 우리의 의지력 부족 때문에 생기는 것도 아니고 정신적 문제 때문에 생기는 것도 아니라는 사실을 알아야 한다.

(5) 질병이라는 인식을 가져라.

마약중독자가 약물을 끊고 나면 식습관을 바꾸듯이 알코올 중독자도 알코올을 끊고 나면 식습관을 바꿔야 한다. 음식 중독자도 마찬가지다. 우리가 욕망하는 그런 물질들을 끊으려면 도움이 필요하고 설탕과 밀가루에 대한 중독을 어느 때보다 조심해야 한다. 대체로 영양가 없고 무척 살찌게 하는 세계 산업 식품을 과식하는 소비가 늘어날수록 과식과 비만도 증가한다.

건강이라는 것은 더 다면적인 구체적이고 이것은 식단이나 폭력을 저장하는 유해환경에 외에 다른 것들과도 연관이 깊다. 음식중독 공론화와 체계적인 연구가 너무도 절실하다. 음식 중독의 심각성을 하루가 다르게 피부로 느끼기 때문이다. 음식중독으로 고통 받는 수많은 사람들에게 하루라도 빨리 희망적인 처방을 전하고 싶다(박용우).

건강에는 육체적 건강뿐만 아니라 정신적 건강도 포함된다. 생물학적 장애가 정신이상을 유발할 수 있지만 반대로 정신이상도 사람을 피폐하게 할 수 있다. 정신이상은 유전자와 마음을 어지럽게 만드는 비정상적인 신경전달물질로부터 유발된다. 정신이상은 우리 마음이 굉장히 흐트러져 엄청나게 폭력적으로 변할 가능성이 있는 상태를 말한다.

제5절 중독에 따른 집단동료 원숭이의 연구

고립된 고독한 원숭이들이 건강한 애착 관계를 지닌 동료"치료자 원숭이들"과 함께 있을 때 다시 정상적 행동을 보여주기 시작하는 모습을 여러 연구를 통해 알 수 있다. 행동이 변하면서 그들은 집단 내 다른 원숭이들과의 관계에 적응하기 시작했다. 그러나 그들이 "치료자 원숭이들을 빼앗기게 되면 정상적 회복과 정은 유지되지 않았다. 그들은 감정 신호나 단서에 대한 학습 및 반응 능력을 유지하지 못함으로써 급속히 나빠지거나 적절하게 가능하지 못했다.

동료 원숭이들이나 "치료자 원숭이들"과의 애착은 빈약한 부모 애착 경험을 상쇄할 수 있다. 부모 없이 혹은 알코올중독자 부모에게서 자란 아동들도 이와 유사할 것이다. 가정의 형제들이 부모의 결점을 보상 할 수도 있다. 재미있는 현상은 : 치료자 원숭이들"이 장기간 병든 원숭이들과 함께 시간을 보낸 뒤 집단으로 돌아올 때 우울이나 불안 징후를 많이 보인다는 점이다. 어떤 원숭이는 치료자"소진"에서 흔히 보이는 증후군에 해당할 정도다.

고립되거나 병든 원숭이들은 신경·화학적 손상에 따른 다양한 현상을 보이기도 한다. 다음의 것들이 흔히 발견된다.

● 노르에피네프린 수준 격감된다. 수준이 너무 낮아버리면 절망반응이 더욱 심해진다.

● 감각기 입력에 더 쉽게 압도되는 경향에서 오는 도파민 시스템의 조절장애가 발생한다.

● 새로토닌 수준이 부정적인 영향을 받는다. 낮은 수준은 우울을 야기하고 높은

수준은 집단 내 높은 지배 서열을 야기한다.

● 체내 선천적 아편제 시스템이 부정적인 영향을 받는다.

1. 애착관계의 동물치료와 비교연구

포유동물에서 애착 실패의 결과는 중독연구를 통해 폭넓게 사실들을 알아냈다. 원숭이 연구는 중독자나 알코올 중독자에서 발견되는 중독 행동과 고립 원숭이 사이에서 발견된 많은 행동적 유사점 때문에 특히 유용했다. 집단 내에서 다른 원숭이들로부터 고립된 채 자라고 안정 애착을 빼앗긴 원숭이들은 집단에서 살아남거나 적응하는 일이 매우 어려웠다. 그들은 감정과 신호를 적절히 알아차리거나 표현할 수 없기 때문에 자주 고립되고 다른 원숭이들과의 잘 지내지 못했다. 고립된 원숭이들은 더 빈번하게 싸움에 끼어들고 종종 자해를 했으며, 공격적이었고 부적절한 성적 행동을 했다. 또 그들은 행동의 역기능적 패턴을 고치는 데 어려움이 있었으며 음식과 물을 폭식하였다.

크래머의 "고립증후군"은 중독과 특별한 연관성, 즉 고립된 원숭이들과 알코올중독자 및 중독자 간의 유사성을 확실히 보여 주었다. 이들에 대한 진단과 치료의 방향은 큰 의미가 있다. 중독자나 알코올 중독자처럼 고립된 원숭이들도 다음과 같은 행동을 보인다.

● 음식과 물 폭식

● "보통 원숭이"보다 알코올을 더 많이 선호하고 마시는 경향

● 불안정하고 공격적인 관계문제를 키우는 행동

● 바람직하지 못한 성격관계

● 돌보는 행동을 제공하기 어려움

● 고립되는 경향(고독한 동물)

제7장

약물중독의
예방과 치료

제7장 약물중독의 예방과 치료

제1절 중독 예방

1. 약물 예방의 개념

약물 예방이란 약물 오남용의 발생과 확산을 효율적으로 차단하면서 안전 시키는 제반 활동을 말한다. 약물 오남용 예방은 기본적으로 광의의 개념과 협의의 개념으로 나뉘어질 수 있는데 광의적 약물 오남용 예방프로그램은 교육, 훈련, 치료, 연구를 모두 포함한 개념으로 정의되고 협의의 예방은 약물남용 교육프로그램이나 약물에 대한 정보제공 프로그램으로 정의 한다. 그러므로 전통적인 약물 남용을 예방하려면 1차, 2차 그리고 3차 예방의 세 수준으로 각각 서로 다른 집단을 대상으로 서로 다른 목표를 갖고 있다. 그에 따라 예방 활동의 프로그램은 미국의 국립음주연구소 (National Institute on Alcohol Abuse and Alcoholism)의 조직하는 개념 틀을 살펴보면서 이 프로그램은 세계보건기구(WHO)가 구분하고 있는 약물남용 예방 전략의 유형으로 약물남용 예방활동 개발을 위한 모델을 제시하고 있다.

1) 1차 (primary prevention)투약 사용예방

1차 예방이란 약물의 사용하기 전 예방이다. 아직 약물에 대한 경험이 전혀 없거나 최소한도로만 있는 잡단을 대상으로 약물남용이 시작되는 것부터 예방하자는 것, 다시 말하면 싹을 잘라버리는 것을 목표로 한다. 영유아 초등학생 또는 중학생이 주로 그 대상으로서, 예방 프로그램은 교과과목의 하나이거나 특정 교육 프로그램의 하나로 시행된다. 예를 들어 초등학생에게, 알코올 또는 담배를 친구가 권할 때 거절하는 방식을 가르칠 수 있다. 이와 다른 방법으로는 약물 남용의 발생 차단감소와 새로운 약물 사용자가 발생되지 않도록 예방하는 접근으로서, 선행 위험요소의 차단감소 몇 보호 요소의 증가를 목표로 설정된다. 그럼으로 약물 남용에 따른 문제를 발생시킬 수 있는 요소들을 사전에 규명하고 약물사용을 피 할 수 있도록 약물과 개인과 사회 환경에 변화를 시도한다. 이 시도에는 약물 남용의 문제점을 이해하고 약물사용 행위를 억제하고 거부할 수 있게 해주는 약물교육 프로그램, 남용되는 약물의 구입을 법적으로 강력하게 억제하는 법적 제제의 강화, 대중 언론매체를 이용한 유해성 홍보, 그 밖의 약물남용 유발원인의 제거 등이 포함된다. 약물 남용의 예방 전략으로는 투약사용 시작 전의 예이 가장 이상적으로 생각된다. 1차 예방은 영유아 유치원부터 시작되어야 하며 특정한 약물 남용을 시작하지 않은 사람에게는 일생을 통해 지속 되어야 한다.

대부분의 프로그램은 DURF=전략 강화에 초점을 맞추어, 필요한 경우는 즉각적인 단기 원조인 위기개입이 이루어진다. 위기개입이 적시에 이루어지지 않으면 스트레스는 점점 심화 되며 문제행동으로 나타나는데, 위기에 처한 대상자의 상실감을 인식하고 정서적 상처를 다루어 주어야 한다.

2) 2차(secondary prevention)예방

2차 예방은 이미 약간의 경험이 있는 집단이 대상이다. 그 목표는 약물남용의 정도를 제한(가능하다면 감소)시키고, 남용습관이 다른 물질들에게까지 확산 방지하며, 알코올 같은 합법적 약물을 책임감 있게 사용하기 위한 방어 전략을 가르치는 것이다. 일반적으로 2차 예방 노력이 기울여지는 집단은 1차 예방의 경우보다 더 나이가 든 사람들이다. 예컨대, 알코올이나 기타 약물 사용자로 확인된 청소년(MZ세대)들이 약물사용행동에 대한 사회적 대안들을 알려 주는 프로그램에 참여할 수 있다. 젊은 층 대학생들은 술을 적당히 마시도록 자제하는 기술이나 음주운전의 위험성, 만성 알코올 남용의 증상 등을 집중적으로 배울 수 있다. 즉 약물 약물 남용 대상자 즉 MZ세대, 젊은층, 초기사용자 상대로 조기 개입은 문제를 조기에 규명하고, 해로운 영향을 감소시키며, 그 이상의 발전을 막을 수 있는 적절한 교정적 반응을 하는 것이다. 이미 약물을 투약 사용하고 있거나 아직은 심각한 부정적 영향들이 나타나지 않고 있는 대상자들을 위한 조기 개입차단 활동이다. 이때 약물 남용의 원인이 되는 약물의 차단이 중요하며, 투약하고자 하는 심리적 감정을 감소시키고 대처능력과 생활을 조절할 수 있는 능력을 얻도록 도와야 한다. 자아개념의 개발 가족관계 개선, 개인 상담, 가족상담, 집단상담 등의 상담과 치료를 통해 약물 투약사용으로 인해 피해를 줄이는데 목적을 둔다.

3) 3차(tertiary prevention) 예방

3차 예방은 약물남용문제로 치료 등을 받으러 온 사람이 그런 행동의 재발 없이 약물을 끊은 상태로 유지하도록 만드는 것이 목표이다 치료가 효과적이라는 궁극적인 증거는 약물남용의. 재발과 치료가 성공적으로 방지되는 것이다. 그에 따라 치료와 재활, 재발 예방에 대하여 약물 남용이 강박적 사용의 문제 유형에 이미 개입 되어 있는 대상자들의 문제 파급을 감소시키며, 악화를 예방하고 재발을 예방하는 것이다. 3차의 예방은 전형적인 적극적인 의료적, 심리 사회적 치료를 포함할 수 있다. 또한 입원치료와 재발 예방 재활 프로그램을 포함하여 약물치료, 가족치료, 사회전문가 기술 훈련, 자조집단, 치료공동체 등의 개입이 이루어진다. 이러한 각 예방 모델이 효율적으로 이루기 위해서는 단일 모델 프로그램보다는 다양한 복합형 접근법을 이용한 즉 포괄적 예방프로그램을 이용하는 것이 필요하다.

4) 중독자 위기 예방상담

위기 예방 상담을 위해 상담자의 경력 전반에 걸쳐 위기에 처한 중독환자와의 상호작용이 요구된다. 위기는 일반적으로 환자가 삶에서 좌절과 심각한 분열에 직면한 와해 상태로 간주 된다. 상담자에 의해 적절히 통제되지 않는다면 위기는 정기적으로 부정적 결과를 낳을 수 있다. 정의에 따라 위기는 일시적이며 불안과 비기능적 행동을 초래한다. 위기는 혼란에 대한 두려움, 충격 걱정 같은 환자의 감정과 관련된다. 그것은 또한 대처 기술의 실패 같은 감정의 강도, 극단적인 불안정 몇 비 기능적 실존과 관련된다. 위기가 실제적인 것인지 가상적인 것인지에 관계없이 이 감정들은 관련되어 있으며, 상담자는 적절한 배려와 관심을 가지고 각각의 위기를 가진 환자를 대해야 한다.

(1) 위기의 스트레스의 원인
환자가 위기를 경험할 때 그것은 대개 세 가지의 광범위한 카테고리(외부원인, 내부원인, 변화원인)중 하나로부터 일어난다. 그럼 원인에 대하여 열거한다.

첫 번째 외부원인으로 사별, 실직, 자연재해, 수술, 징역, 테러행위 외상, 다른 심각한 상실

두 번째 내부원인으로 절망, 낙담, 우울, 자살충동, 외상 후 스트레스, 불쾌한 향정신성 약물 사용에 의한 반응

세 번째로는 전근, 새 가족, 이직, 퇴직, 질병, 가족갈등, 이론, 가족의 부재

(2) 위기관리 지침

상담자는 환자가 위기에 있다는 것을 알게 되면 환자의 안전을 보장하기 위해 다음 단계를 충실히 따라야 한다.

1. 환자와 통화를 한 사람의 이름을 확보한다. 전화번호, 환자의 위치, 환자의 어떤 감정이 문제인지를 확인한다.
2. 환자를 돕기 위한 가족과 친구의 접근 방법을 평가한다.
3. 다른 사람들이 처한 위험을 평가한다.
4. 실현 가능하다면 상담자는 안전한 곳에서 환자와 대면 면담을 가진다.
5. 직접 찾아오든 전화로든 상담자는 안전한 곳에서 환자와 대면 면담을 가진다.
6. 명백하고 성취 가능한 단기 계획을 세우도록 환자를 돕는다.
7. 위기 중 도움이 되는 과거의 대응 전략을 회복하고 확인하도록 환자를 돕는다.
8. 이 시기에 장기 계획 문제를 해결하려고 시도하지 않는다. 현재에 집중한다.
9. 호흡 항진을 피하기 위해 환자가 깊고 천천히 호흡하도록 격려한다.
10. 환자가 상담자와 동반 자살을 시도할 수 있으므로 자살 충동 환자와 창문 사이에 있지 말아야 한다.
11. 상담자는 특별히 숙련되어 있거나 승인을 받지 않았다면 환자를 억제 하지 말아야 한다.
12. 상담자는 환자를 옮기도록 승인을 받지 않았다면 환자 옮겨서는 안 된다.
13. 상담자는 위기를 혼자 처리해서는 안 된다. 상담자는 다른 사람들과 팀을 이루어 일하며 조언을 구하는 것이 바람직하다.
14. 환자와 상호작용을 할 때 상담자는 책임감 있고 차분하며 침착한 태도를 유지해야 한다. 상담자는 정직해야 하며 환자에게 솔직해야하고 모든 것이 잘될 거라는 식어 확언을 하면 안 된다. 상담자는 이것이 진실인지 알 수 없다.

15. 최소한의 직면 기법을 유지해야 하고, 어느 한쪽 편을 들거나 비난을 해서는 안 된다. 상담자는 항상 환자의 행복에 신경을 쓴다는 느낌을 환자에게 주어야 한다.

16. 향정신성 약물의존 문제를 가진 환자는 위기에 있을 때 약물사용이 더 많이 진다는 것을 명심해야 한다. 약물남용은 환자의 충동 조절능력, 인지능력 판단력을 감소시키며, 재발된 정신질환을 악화시킬 수 있다.

17. 상담자는 법의 시행, 의료적 원조 같은 적절한 위탁 정보에 대해 정통해야 한다. 만약 상담자가 입원이 필요하다고 판단했을 때에는 즉시 실행될 수 있어야 한다.

18. 가장 주요한 사항으로서 상담자는 위기 대처에 불편한 느낌을 가진다면 즉시 다른 사람이 환자를 돌보게 해야 한다. 이것이 삶과 죽음의 교차점이 될 수 있다.

5) 중독자 자살 예방상담

마약 몇 향정정신성약물, 마리화 의존 중독자는 평소 죄책감, 좌절, 낙인, 우울, 고독감 같은 강정들을 경험할 가능성이 크다. 몇몇 환자들에게는 이 감정들이 자살 생각을 증대시킬 것이다. 비논리적일지 모르나 이러한 사고가 발생하는 것은 정성이며, 누군가의 인생에서 극도의 불안에 처했을 때 예상 할 수 있는 반응이다. 사실 자살률은 비 의존자보다 중독의존자에게서 대략 20배 이상 높다. 능숙한 중독 상담자, 또는 가족, 가까운 친구 등은 자살의 위험성을 확인하고 그것이 일어나기 전에 사전예방을 판단하여 의지를 회복시키는 능력을 가져야 한다.

가) 자살 관념의 단계
각각의 단계에서의 강도와 이해를 돕는 자살 사고의 전형적인 3단계이다.
행동의 특성과 예방 상담자의 사정 기술을 포함하여 다음과 같다.

(1) 증가된 자살 생각
- 환자(중독자)는 조짐을 언급하고 명백히 한다.
- 환자는 배우자나 직업 같은 최근의 중요한 상실과 향정신성 약물의존 문제, 우울을 경험한다,
- 환자는 절망, 무력감, 무가치감, 스트레스나 고통, 부족한 충동 조절의 감정을 가진다.

- 상담자는 자살에 대한 환자의 가족력, 다발성 손상의 이력, 이전의 자살 생각이나 시도에 대해 조사해야 한다.
- 상담자는 환자의 자살 생각에 대한 토론내용과 상호작용에 적절히 기록해야 한다.

(2) 자살에 대한 계획

-환자는 언제 어기서 자살을 시도할 것인지, 그리고 도구 사용법을 계획한다.

-마약 환자가 수단, 도구 계획 완수를 위한 자원 그리고 어떻게 자살할 것인지 계획을 가지고 있다면 상담자는 그 계획의 세부적인 내용을 확인해야 한다. 상담자는 계획표의 내용과 어디서 시행하는지 등과 같은 세부 사항을 최대한 많이 알아내어야 한다. 그리고 심각한 결심과 고려 사항을 최대한 많이 알아내어야 한다. 그리고 심각한 결심과 고려 사항들에 대한 계획을 입수해야 한다.

-상담자는 환자가 자해하기 전에 반드시 상담자와 접촉해야 한다는 서면 계약을 합의해두어야 한다. 이 계약은 시간 전력을 두고 환자가 환자와 사랑하는 사람의 접촉한다는 합의를 포함한다.

상담자는 환자의 사랑하는 사람의 접촉에 대한 지지 시스템의 강화를 기획해야 한다. 그러나 환자와의 비밀을 깨뜨리지 않도록 주의해야 한다.

(3) 행동은 계획의 성취에 쓰인다.

-환자는 설연, 사랑하는 사람과의 자결, 소지품의 양도같이 자살 사고에 필요한 조치를 취하기 시작한다.

-상담자는 정신과에 즉시 환자를 이송하고 정신보건 전문가와 공조한다.

(4) 치료에 고려 사항

환자의 단계와 관계없이 상담자는 심각하게 자살 위협을 받아들여야 한다. 그리고 실제로 환자에게 clacke하게 보이고 신뢰감을 이끌어 낼 수 있어야 한다. 환자의 생각에 대해 논의할 때에는 항상 전적으로 환자가 말할 기회를 제공해야 한다. 환자를 방해하지 말고 격려하면서 "상황이 그렇게 나쁘지는 않아"와 같은 말로 환자의 감정을 경시하면 안 된다. 일단 자살 위협이 확실해 보이면 상담자는 당분간 정신요법을 포기하고 즉석의 상황에 대처한다. 환자에 대한 편견 없이 정직하게 위해 상담자는 적절한 권위자에게 자살 위협을 보고해야 하는 의무를 환자에게 분명히 설명한다.

자살 관념을 경시하거나 비전문가 또는 덜 준비된 상담자가 이 일을 처리해서는 안 된다. 상담자는 유사시에 필요할 수 있는 이요 가능한 지원을 가져야하며 상황에 대해 감독자와 의견이나 관리에 벅차다고 느끼면 환자를 즉시 적절한 정신보건 전문가에게 보내야 할 것이다.

제2절 약물중독의 치료

1. 약물중독의 치료 이해

국내에는 수많은 중독성 약물이 있고 특정 약물에 따라 치료법이 다른 수 있다. 또한 중독자 환자의 특성에 따라 치료가 다양하다. 개개인의 약물 중독과 연관된 문제는 아주 다양할 수 있다. 약물중독자는 삶의 쾌락에서 나온다. 많은 사람이 치료를 더욱 어렵게 하는 중독성 장애를 일으킨 정신건강 문제, 직업문제, 건강문제나 사회문제로 고통스러워한다. 관련 문제가 거의 없다 해도, 중독 자체의 심각성은 사람에 따라 다양하다. 약물중독치료에 대한 과학적 접근법이 다양하게 존재한다. 약물중독 치료는 이들을 함께 사용하는 것을 포함할 수 있다. 행위치료는 사람에서 약물 갈망을 처리할 수 있는 전략을 제공하고 약물을 회피하고 재발을 방지하는 길을 가르쳐 주며 재발되었다면 재발을 다룰 수 있도록 도와준다. 한 사람의 약물 관련 행위가 자신의 AIDS나 그 밖의 감염성 질환에 걸린 높은 위험에 처하게 하였을 때, 행위치료는 질병 전염의 위험을 감소시키는 데 도움이 될 수 있다.

사례관리와 그 밖의 의료적, 사회적 서비스에 의뢰하는 것이 많은 치료에 핵심 구성요소이다. 가장 좋은 프로그램은 연령, 인종, 문화, 성적 지향, 성별, 임신 부모의 양육, 거주 시설과 직업 그리고 육체적 학대와 성적 학대와 같은 이슈로 형성된 개별 환자의 요구에 충족시킬 치료와 그 밖의 서비스를 제고한다. 메사톤 LAAM, 날트렉슨과 같은 치료제는 아편 중독자에게 유용하다. 니코틴 조제약(페치, 껌 코스프레이)과 부프로피온은 니코틴 중독자에게 유용하다.

가장 좋은 치료프로그램은 개개 환자의 욕구를 충족시킬 수 있는 치료와 그 밖의 서비스를 제공한다. 항우울제, 안정제, 또는 신경안정제와 같은 치료제는 환자가 우울증과 같은 정신장애, 불안장애, 극성장애나 정신이상이 함께 나타날 때 성공적으로 치료하는 핵심이 될 수 있다.

치료는 다양한 환경, 다양한 형태, 다양한 기간에서 발생할 수 있다. 약물중독이 우발적으로 재발하는 특성이 있는 전형적인 만성 장애이기 때문에 단기간 한번의 치료는 충분하지 않다. 많은 경우, 치료는 다양한 개입과 중단의 시도를 포함한 장기간의 과정이다.

2. 약물의 치료

약물치료는 중독자와 의사 또는 가족이 어떻게 문제해결을 위해 노력해가는 데를 이해하는데 도움이 될 것으로 생각하기 때문이다. 필자는 모든 약물의 중독의 치료방법을 공통으로 적용되는 치료법을 소개하려고 한다.

1) 치료의 목표

약물중독의 치료목표는 중독 의존하고 있는 약물을 영구히 중지 하는데 있다. 그렇게 함으로써 건강의 회복이 달성되기 때문이다. 그러기 위해서는 의존성 약물 이란 어떤 것인지에 대해 이해하고. 또한 중독 의존증이 질병임을 이해하여 약물 에 대한 중독 의존하게 되는 요인이 있다면 그 에 대한 대처방법을 찾아내어 건강 한 생활 행동을 또 다시 회복해 가려는 노력이 필요하다. 약물 투약과 관련하여 일어나는 중독 현상에는 정신적, 신체적 및 사회적 장애가 있다..의학적 치료라는 입자에서 보면 대량의 약물을 투약한 후 급성중독 증상, 장기장애, 토약 증후 정신 의존 및 만성적인 투약 사용으로 인해 생긴 잔유 정신병 상태가 있다. 이 들 중에 서 정신적 내성, 의존에 대한 치료가 가장 중요하고 끈기가 필요한 것이다. 왜냐하 면 약물 투약과 관련하고 있는 이 병태들은 정신효과를 체험하고자 해서 일어나는 행동에 유래하고 있기 때문이다.

치료의 첫 번째는 본인의 동의를 얻는 것에부터 시작되는데, 그러기 위해서는 본인이 받아들일 수 있는 것에서부터 제시해 가는 것이 좋다. 예를 들면 심신의 검사, 약물 투약에 동반하여 일어나는 문제의 해결책 등을 제세에 보려고 한다. 그리고 그것들을 실시하기 위해 통원, 자조그룹, 정신보건복지부기관 등을 이용할 수 있다는 점을 설명하려고 한다. 또한 치료경과를 쫓다 보면 다음과 같은 흐름이 되겠다. 우선 의존성 내성의 약물 중지 후의 완전중단 후를 포함한 정신 신체 증상에 대한 대응이다. 이들과 병행, 또는 조금 늦추어 생활지도와 정신요법이 시작된다. 물론 그 목표는 약물투약 사용의 연속적 중지와 건강한 생활의 유지다. 재발 예방에는 생활기반의 확립과 본인의 걱정하는 사람의 존재가 가장 주요한 조건이 죄며, 이점을 유의하면서 치료는 진행한다.

2) 초기 대응에 유의 할 점

(1) 한 환자의 사례

환자를 대하는 사람의 태도는 진지하고 또한 성실하지 않으면 안 된다. 굳이 이 점에 대해 언급하는 이유는 모든 의사의 자신들의 치료 경험을 따른다.

그럼 한 의사의 의견을 설명 한다. A이라는 의사는 의사로서의 길을 걷기 시작한 것은 1980년이다. 당시는 아직 정신안정제를 약국에서 살 수 있었던 시기다. 지도의사 밑에서 좋은 임상의가 되기 위해 수련에 힘을 기울이고 있던 그 무렵, 20대 청소년의 여성이 입원을 하여 내가 담당하게 되었다. 중독 의존했던 약은 "아트락신" 향정으로 정신안정제였다. 입원 당시에는 완전히 만취한 상태와 같은 상태였다. 그 후 1주일은 퇴약 증후의 추이를 관찰했는데, 퇴약기가 지나자 차츰 혈색도 좋아지고 건강을 회복해 갔다. 약 기운이 빠지자 환자 본인의 평소 모습이 보였다. 면담을 했더니 고개를 숙이고 해서는 안 되는 것이었다며 부끄러워하면서 후해를 하고 있었다. 타인에 대해 긴장하기 쉬운 성격, 톡하면 자책을 하게 되어 그에 대한 괴로움을 털어내기 위해 아트락산을 투약 사용하게 되었다고 하였다. 그리고 양을 줄이고자 했을 때는 이미 그럴 수 없는 상태가 되고 말았다고 자신의 상태를 인정하였다. 약 기운이 사라지면 보통의 사람일 것이라고 생각은 했지만, 눈물을 흘리면서 말을 는 모습에서 보통의의 사람 이상의 무게를 느끼게 했다. "이제 약물을 그만두고, 건강한 생활로 돌아가자", "약물에는 절대로 손대자 말자",

"취미를 갖고 기분전환을 한다.", "규칙적 생활을 한다.", "약물에 대한 생각하는 시간을 없앤다.", "되도록 스케줄을 꽉 채워 둔다." 등 마음의 준비를 했다.

그리고 그 밖에 더 할 수 있는 일은 없을까 하고 생각하다가, 당시 일본교수로 부터 행동요법에 대하여 배워 그것을 이용해 보려고 했다.

약물을 사용하는 것 ,효과를 느끼는 것, 이 모두가 쾌적한 느낌과 연결되었다. 그래서 이와 같은 일련의 일들을 불쾌한 사상과 연결시키기로 했다. 이미지 하에 서의 혐오 요법이라는 기법을 적용하고자했던 것이다. 환자 본인에게도 충분히 설명을 하여, 자신의 의지로 컨트롤하지 못할 수도 있으므로 해 보고 싶다는 동의를 얻어 혐오 요법을 개시했다. 혐오 자극으로서 미약 전류를 사용하기로 했다. 혐오 자극으로서의 의미를 갖기 위해서는 되도록 강해야 효과적이다. 하지만 견디어야 하는 한도가 있다. 여러 자극 도에서 시험하여 하나의 강도를 정했다.

1개월이 지나 퇴원을 하는 날이 왔다. 재발하는 경우가 많으므로, 약물을 사용 하지 않아도 가끔씩 외래로 경과를 보고할 것을 약속 받고, 어머니의 부축을 받으 면서 환자는 퇴원을 했다. 환자의 뼈저리게 후회하는 모습에서 "이 환자는 반드시 좋아질 것이다." 확신이 일었다. 하지만 결과는 참패였다. 퇴원 후 딱 한번 외래진 료 받으러 왔지만 그 후 1개월 후에 맨 처음과 같은 모습으로 병원을 다시 찾아 왔다. 온갖 지혜를 짜내면서 회복시키기 위해 노력했는데 이 꼴이러니, 실망과 낙 담으로 나도 모르게 무표정하고 냉정한 자세로 진료를 하게 되었다. 약물 기운이 빠졌을 때의 태도나 말에는 거짓이 없다는 것을 이해하게 된 것은 몇 치례의 치료 경험을 쌓은 뒤였다. 그 때는 환자 본인이 가장 괴로울 것이라는 점을 알아차리지 못하고 거짓말쟁이를 상대한다는 태도로 환자를 접하고 말았던 것이다. 맨 처음에 는 본인만을 문제로 하여 대응했었는데 두 번째 부터는 가족의 문제도 불거져 나 왔다. 환자의 여동생도 같은 정신 안정제 약물 중독의존증이었고, 아버지는 알코올 중독자, 오빠는 각성제(흥분제) 중독 의존자였던 것이다. 그 후 언니와 동생이 아 주 친밀한 관계에 있다는 점을 알았지만, 그 때문인지 동시에 상태가 나빠지는 일 은 있었다. 한 쪽이 심한 상태가 되면 다른 쪽이 이를 돕는 형태로 병원을 찾아와 "언니를 또는 동생을 도와주세요." 라며 애원하는 것이었다.

나) 의사 상대로 치료에 대한 방향 정하기

이런 식으로 몇 번의 재발을 반복하는 사이에 환자 자신이 패배감을 가지게 되 어 갔다. 실패 오 인정하고 재도전이라는 의지를 솔직하게 표현해 주면 좋지만, 그

가운데는 창피함이나 자존심 때문에 남의 탓을 하거나 상황 탓을 하거나 자신의 약한 부분을 들어내려고 하지 않기도 한다. 이것은 누구에게든 다소 가지고 있는 심리적 방어 메커니즘이다. 한편 치료자 측의 의욕도 식기 쉽다. 하지만 그러다가도 서로가 한참 애기를 하고 나면 "이렇게 해서는 안 된다."며 다가갈 수가 있게 된다. 그리고 재발로 인한 진료라도 초진 시와 마찬가지로 상세하게 데이터를 수집할 수 있게 된다. 이제 이때는 상황을 그 때마다 분석하고, 치료에 대한 방향을 정한다. 그러기 위해서 파악해 두어야 하는 것은 약물사용의 계기, 언제부터 어디서 사용하기 시작했는지, 혼자인지 집단인지, 사용량이나 횟수, 약물사용에서의 상태, 그만두려는 자세가 어느 정도 있는지, 중독에 의존 정도, 인격적으로 눈에 띄는 점 가족이나 또래 친구들의 관계이다. 이 경우 본인뿐만 아니라 주의 사람들로부터 이야기를 듣도록 한다. 그리고 이러한 자료에서 중독의존 형성과정 현재의 약물의존 정도가 분석되고, 섭취 행위를 촉진하고 있는 요인의 조정이 꾀해지며, 본인 자신의 의지가 아닌 수동적인 진료이어도 본인의 의견을 경시하는 일 없이 좋은 치료 관계를 쌓아 갈 수 있게 된다. 입원치료의 경우에는 기간을 나누어 이하의 내용으로 계획적으로 진행하는 것이 좋다. 그런데 약물 기운이 빠지면 환자도 그저 보통의 사람으로 보이므로 보통의 사람에게 무엇을 해야 좋은지 주저하게 되는 경우도 있다. 또한 보통의 사람인 당사자도 "나는 아무렇지도 않다. 이제 좋아졌다."고 생각하기도 한다. 하지만 여기서 눈에 보이지 않는 정신의존의 치료에 힘을 쓰지 않으면 안 된다. 그렇게 함으로써 비로소 퇴원의 방향이 보이기 시작과는 것이다. 입원치료의 흐름은 의학적 평과는 지금까지의 병력과 현재의 상태를 고려하여 일반 임상 검사, 심리검사, 신체적 검사를 토대로 이루어진다. 급성중독, 퇴약 증후, 환각과 망상 현상, 경련 우울증, 자살 기타의 가능성에는 특히 주의가 기울여진다.

외래로 치료하는 경우에는 교육적 프로그램, 개인 정신요법, 집단 정신요법, 데이 케어를 이용해도 좋다.

3. 치료 중 중독 의존자의 태도

병원에서 약물 중독자의 태도에는 다음과 같은 것이 많이 보인다. 즉 약물사용 그와 관련된 문제를 별 문제 없이 정도로 표현하거나, 만일 제대로 표현했다고 해도 그것을 타인 탓으로 돌리거나, 그렇게 하지 않을 수 없는 상황이었다고 설명하기도 한다.

본래 진료라는 것은 "이런 문제가 있어서요."하는 환자 자신의 호소에서 시작되는 것이다. 정신요법도 환자가 어떤 문제에 대해 원조를 구한다고 스스로 말하는 데서 시작되는 것인데, 약물 중독자의 경우에는 우선 이 첫 번째에서 곤란에 직면하는 경우가 많다. 예를 들면 첫 입원치료의 경험을 어떻게 생각하는지를 물어보면 긍정적으로 받아들이는 사람의 수는 적다. 이런 사실은 의료자가 무엇을 해야 하는지를 생각하게 만든다. 우선 치료에 대한 동기부여의 필요성이다. 동기부여에는 공격적, 처벌적인 의미에서의 일정 기간 입원만으로는 질병이라는 인식이나 치료에 대한 욕구가 생기기는 어렵다. 그리고 질병이라는 인식이 부족한 경우에는 정신병원의 폐쇄 병동에서 치료가 시작되기도 한다. 이 병동에서 치료 상의 문제는 폐쇄라는 환경을 외부에서의 입력으로 받아들이기 쉽다는 점이다. 급성기의 증상이나 신체적인 증상에 대한 치료가 끝난 후에는 의존에 대한 정신요법이 기다리고 있다. 하지만 의존에 대한 이해나 대책은 표면적으로 끝나기 쉽다. 그래서 처음에는 외부적 입력에 의한 진료이었지만 스스로 병을 받아들이고 건강한 적응과 자기실현을 향해 걸어가고자 하는 의욕이 커질 수 있도록 하는 작용이 중요해진다. 그리고 재발에 대해서는 그 하나하나를 건강을 회복하기 위한 중요한 스텝으로서 위치 매김 할 필요가 있다.

4. 약물 중독자의 정신요법

1) 정신요법 적용하기

약물 중독자의 치료가 적절하게 이루어지기 위해서는 우선 올바른 진단이 내려져야 한다. 그리고 이 진단에 따라 필요한 치료가 진행되게 되는데, 급성중독의 기간, 약물이 몸에서 빠져나가는 기간, 약이 완전히 빠진 후의 기간에 따라 나타나는 증상이 다르므로 각각의 기간에 적합한 치료법이 선택된다. 또 한 증상의 이행이 단기간 내에 일어나므로 가급적이면 진료 시까지의 약물 투약이나 과거 중단 약물 증후에 대해 알고 있으면 좋은 대응을 하기 쉽다.

약물 중독자의 치료는 급성 중독기에서 완전 중단 후 발현의 시기까지는 신체적 치료가 중요하며, 그 후는 정신의존에 대한 치료에 역점이 놓인다. 또한 약물중독 성립에는 약리학적인지, 환자의 심리적 몇 신체적 인자 외에, 사회 환경적 인자가 관여하고 있는데, 치료는 환자 본인의 각각의 특성을 파악하면서 진행한다.

2) 시작되는 정신요법

개인 정신요법에서는 치료자와 환자가 일대일로 마주하게 된다. 환자는 치료자에게 받아들여져 가는 가운데 자신을 표현하면서 정서를 안정시키거나 받아들여져 가는 가운데 자신을 표현하면서 정서를 안정시키거나 자기 자신에 대해 알고 가고, 건강한 목표를 향해 실천으로 진행해 간다. 그리고 치료자는 이러한 흐름에 관여하는 인간이다.

조금 자세히 살펴보자. 개인 정신요법은 어느 치료를 행할 때에도 필요한 기본적인 것이다. 개인 정신요법을 시작하기 위해 우선 환자의 진료가 어떻게 이루어졌는가를 본다. 이것은 치료를 받아 약물을 그만두고 하는 환자의 의욕을 파악하는 기준이 된다. 구체적으로는 과거에 약물문제로 인식하여 약물을 그만두려고 했던 적이 있는지, 이번 진료가 자발적인 것인지 아니면 주위 사람들로부터 권유를 받아서 하는 수동적인 것인지 등 확인하는 것이다. 자발적인 것이라면 치료로 들어가는데 어려움이 없다. 이 경우 본인은 약물 문제에서 벗어나는 것이 얼마나 어려운 일인지를 일단은 자각하고 있으므로 치료 장면에서 적절하게 자신을 표현할 수 있다. 하지만 유감스럽게도 대부분의 경우 특히 과거에 치료를 받았던 적이 없는 사람은 외부적인 압력에 의해 수동적으로 진료를 받고 있다. 이러한 경우 자신이 일으킨 약물 문제에 대해 부정적 견해를 서술하고, 투약력에 대해서도 과소평가 되도록 사실을 왜곡하기 쉽다. 그리고 약물을 그만두려고 생각하면 언제득지 그만 둘 수 있다는 정도의 자각 밖에 없다. 이러한 초기의 환자가 치료를 받는 것에 동의를 보이는 것은 대부분은 약물 사용에 의해 일어나고 있는 경우에도 정신의존에 대한 치료가 필요하다는 지각이 부족하고 자신이 중독 의존성을 인정하는 것에 저항을 보인다.

진료 방법이 여러 가지라고 해도, 모든 중독 의존증에 필요한 것은 강박적이라고도 할 수 있는 약물 욕구에 대한 치료이다. 그리고 그러기 위한 첫 번째 단계는 확실한 치료 의욕을 형성하는 것이다. 즉 치료에 대한 동기부여이다. 스스로 좋아해서 지나치게 된 약을 그만두기 위한 치료이므로, 이 동기부여는 강제적이 되지 않도록 하고 자발적인 것이 되도록 방향을 돌릴 필요가 있다. 정신요법을 시작함에 있어서 우선 치료자는 환자가 어째서 약을 사용하게 되었고, 문제가 일어나게 되었는지를 판별한다. 그리고 좋지 않다는 것을 알면서도 약물을 사용하고 마는 것에 대해서는 중독의 의존증에 기초하는 것이라는 이해와 공감을 나타낸다. 지시적인 정신요법을 행하는 경우에는 환자는 치료자로부터 지지를 받고 있다는 기본적인 관계가 없으면 효과를 얻기는 어렵다. 한편 강제적인 치료 조건 하에서는 표면적인 치료로 끝나기 쉽고, 환자는 반대로 내심 반발하는 경우도 있다. 개인 정신요법에는 이론과 차이에서 여러 가지가 있다. 한 삶의 치료자가 그것들 모두를 행하는 경우는 없고, 어느 한 가지 입장에서 진행하는 경우가 많다. 분류법도 여러 가지가 있지만. 예를 들면 심층 심리까지 들어가지 않고 수용, 보증, 설득, 환경조정 레벨에서 대응하는 지지요법, 내면의 감정이나 갈등을 표현시키는 것에 중점을 두는 표현요법, 증상의 배후에 있는 진정한 원인을 의식화시켜 더 강한 해결로 향하도록 하는 통찰요법, 현실적인 적응 행동 형성을 중시하는 훈련(재교육)요법 등이다. 그중에서도 정신분석요법은 통찰을 중시하는 정신요법이라고 할 수 있다.

3) 집단 정신요법

약물 중독의존증자는 가정 내나 일반사회에 있어서 고립화되어 있는 경우가 많다. 그런 의미에서는 그룹에서의 치료는 매우 도움이 된다. 집단정신요법이 널리 적용되는 것도 그러한 이유에서이다. 집단 정신요법의 구성으로는 일반적임으로 10-20명 정도의 중독의존증자를 중심으로 치료자 측은 의사, 간호사, 임상심리사, 사회복지사. 조무사 등이 관여한다. 빈도로서 주 1회 정도가 바람직하다. 우선 치료자 측 또는 환자 측에 테마가 제시되고, 이에 따라 자유로운 토론을 진행하는 것이다. 환자들은 각기 서로 다른 치료력을 갖고 있다. 치료 초기인 환자는 보다 긴 치료력을 가진 환자에 비해 문제점에 대한 인식이 부족하므로, 이런 기회에 여러 가지 점에 주의 기울여진다. 예를 들면 집단에서의 탈락자나 방관자적 태도를 보이는 자가 나오지 않도록 한다. 또한 치료자가 지나치게 지시적 또는 간섭적이

되는 것도 본 요법의 특징과 장점을 읽게 하는 일로 이어진다. 치료자 측은 필요에 따라 문제점을 이끌어 내거나 지적하거나 설명을 덧붙이거나 한다.

　중독 의존증자의 경우, 약물 문제를 중심으로 한 한 연대감이 있어 서로를 이해할 수 있으므로 이점을 이용하여 치료에 대한 의욕을 높일 수 있도록 치료자는 방향을 정한다. 이러한 집단정신요법 외래, 입원 모두 가능하며, 또한 양자를 섞어 행해도 좋다. 다만 집단으로서 균일성이 지나치게 희미해지면 상호작용이 희박해지기 쉬우므로 주의가 필요하다.

4) 가족 치료요법

　중독의존증자가 회복되어 가기 위해서는 가족의 협력이 매우 중요하다. 약물의 중독의존의 진행과 함께 환자는 가정 내외에서 환자의 사회적 기능이 뚜렷하게는 손상되지 않은 상태이므로, 가족들도 약물사용에 관해 말로만 주의하는 정도로 그친다. 이 단계에서 치료를 하기 위해 진료를 받는 일은 극히 적다. 하지만 약물 문제의 빈도가 증가하고, 중독 정도가 증가해 감에 따라 환자는 차츰 가정 내에서 다른 가족원으로부터 멀어지고 고립되어 간다. 또한 약물사용이 원인인 가정 내외에서의 폭력, 위법한 문제, 경제적 파탄 등은 가족의 환자에 대한 불신감, 반발을 강화하는 원인이 된다. 가정에서는 환자를 제외한 새로운 가정 내 역할 분담이 형성되어 가게 되는데 이러한 변화가 진행되면 될수록 치료는 한층 더욱 어려워지게 된다. 그래서 환자의 사회생활에서 기반이 되는 가정의 재구축이 필요해지는 것이다. 치료자 측은 가정에 생긴 변화의 과정, 현상을 상태를 잘 파악하여, 그 안에서 환자의 약물사용을 조장하고 있는 면은 없는지, 또는 약물을 그만두는 데 도움이 되는 것은 없는지를 살핀다.

　초진 시에는 환자가 스스로의 의지에 의해 의료기관을 방문하는 경우는 적고, 대부분의 경우 가족이 데리고 온다. 이 때각 가족 구성원의 역할이 환자를 포함한 형태에서 유지되고 있는 경우에는, 중독 의존증에서 회복을 하는 데에 유익한 지식을 가족 구성원에게 제공함으로써 가족의 따뜻한 협력 아래서 치유를 위한 가족들 나름의 노력이 이루어져 온 경우가 많다. 그리고 그 노력이 성공하지 못해 치유에 대해서도 실망과 낙담을 갖고 있다. 그러므로 약물중독의존증 치료를 위해 환자 자신이 노력하고 있는 것으로 보이는 어떤 자그마한 일이라도 말하면서 치유 과정이 단계적으로 일어난다는 것을 지적하여 가족들의 계속적인 치료에의 참가를 유지 할 수 있도록 해야 한다. 환자와 가족 이 함께 하는 치료 장면에서는 치료자는 우선 각자의 애기를 평등하게 듣고 올바르게 평가하는 태도를 보인다. 환자와 가족 사이에는 보통 의견의 차이가 많고, 치료자가 한쪽에 가담하는 인상을 주면 다른 쪽의 반발을 초래하여 그 후의 치료가 어려워진다. 환자에 대해서는 약물사용의 동기, 그 후의 경과를 중심으로 이야기를 끌어낸다. 그리고 이러한 정보를 토대로 가족에 대해서는 환자의 심리에 대한 이해를 구함과 동시에 환자가 약물을 사용하지 않고 회복해 가기위해 가족의 협력이; 필요하다는 것을 설명한다. 하지만 재발하는 경우가 많기 때문에 가족들은 치유에 관해서 회의적이고 비관적이 되기 쉽다. 그러므로 병이 낫는 것에 대해 성급해지지 않도록 하고, 지금의 환자의 건강한 측면에 눈을 돌려 그것을 돕고 오래 기속시킬 수 있도록 해야 한다는 것을 이해시켜야 한다.

5) 혐의요법

학습이론을 토대로 한 행동요법 중에서는 중독 의존증에 대한 치료로서 혐오요법이 적용된다. 혐오 요법 에서는 약물을 구입하는 행동, 사용행동, 투약욕구나 약물의 효과와 관련시키면서 혐오스러운 자극을 제시한다. 즉 약을 손에 넣거나 사용하거나 사용한 후의 자각효과(다행감)를 혐오스러운 것으로 만드는 것이다. 그 결과 약물에서 멀어지게 된다. 혐오자극으로는 전기쇼크, 심리적 혐오자극, 구토를 일으키는 약물이 이용되는 데 이 치료에 의한 혐오 조건을 충분히 만들어내기 위해서는 혐오 자극이 충분한 강도가 아니면 안 된다. 따라서 이 요법을 받는 환자는 이러한 조건들을 이해하며, 치료 의욕이 강하고 치료를 계속할 의지를 지닌 자로 한정 한다.

6) 외래에서의 정신요업

약물중독 의존증이라고 해도 가능하다면 외래치료가 바람직하다. 왜냐하면 입원의 장기화나 입퇴원의 빈번한 반복은 환자 주변에 있는 사람들에게 강한 실망감과 불신감을 안겨주기 때문이다. 또한 입원이 길어지면 환자 자신도 점차 고립화되어 간다. 이런 점에서 생각하면 외래치료가 지닌 의의는 크다. 즉 외래치료는 실제의 생활 환경 하에서 이루어진다는 점에서 주위 사람들과의 연대를 지속할 수 있다는 이점이 있다. 입원치료가 종료한 후에 외래치료로 인계되는 경우는 입원 중에 그 후의 치료방침을 결정해 둔다. 한편 처음부터는 외래치료를 행하는 경우에는 면담 이나 심리검사, 정신의학적 몇 신체적 검사를 행하고, 장애의 정도를 파악하여 치료 법을 선택한다. 외래치료로 효과를 얻을 수 있을지 어떨지, 외래치료를 유지할 수 있을지 어떨지는 환자 자신의 치료의욕 몇 치료자와 환자의 양호한 관계에 크게 의 존하고 있다. 환자의 사정을 고려하여 통원 빈도, 치료 조건을 제시할 필요가 있다. 또한 적용하는 치료법을 환자나 가족에게 이해하기 쉽도록 설명한다. 이밖에 외래 레벨에서는 앞서 서술한 정신요법 외 자조그룹에의 참가가 많은 도움이 된다.

7) 약물요법의 병용

우울 상태는 약물 중지 후의 완전 중단기 이후에 자주 출현한다. 이 상태에서의 약물 기분은 매우 힘든 것으로 억울 기분의 개선을 목적으로 한 약물의 재사용도 많다. 심한 우울 상태는 자살로의 위험성도 있고, 중지의존증의 정신요법 과정에서 도 늘 주의를 기울여 대처할 필요가 있는 상태의 하나이다. 그밖에 중독 의존증자 중에는 신경증적 경향이 강한 사람, 정서적으로 불안정한 사람이 있는데, 특히 여 성 중독 의존증자의 경우에는 성주기와 관련으로 정신적으로 불안정해지기 쉬운 경우도 있다. 이러한 상태에 대해서는 필요에 따라 항우울제나 항불안제가 투여된 다. 다만, 이들 약물의 투여량과 투여 기간은 최소한으로 그칠 수 있다.

8) 입원상태에서의 정신요법

외래치료가 곤란하거나 불가능한 경우에는 입원 치료가 이루어진다. 입원치료의 순서는 먼저 입원 전에 환자에게 입원치료가 필요하다는 점을 충분히 설명한다. 입원 시에는 검사, 진단이 이루어지고, 입원 후에는 병상 변화의 예측, 치료방침의 결정, 치료의 실시와 같은, 흐름으로 이루어진다. 중독 의존자의 경우는 특히 치료력이 없는 사람일수록 자신이 중독 의존자이라는 사실을 모르거나 중독 의존증이라는 것을 인정하려고 하지 않는 경향이 강하지만, 가족과 의사가 강제적으로 입원시키려고 하는 인상을 환자에게 주는 것은 치료를 행하는 데 있어서 큰 장애가되나. 그래서 입원 전에 입원 치료가 왜 필요한지를 주로 의학적 측면에서 설명하고, 환자 자신이 입원치료가 필요하다는 것을 인식하도록 하는 것이다. 이 때 가족에게도 입원치료 만으로 환자가 의존에서 완전히 벗어나게 되는 것은 아미며, 입원치료는 그저 치료의 첫 단계임을 설명한다. 가족에 따라서는 환자를 입원시킨 채 소원해지게 되는 경우도 있으므로, 입원 중에도 환자의 자유를 위해서는 가족의 지지와 협조가 필요하다는 점을 설명한다.

입원 후에는 상태를 보면서 조기에 정신의존에 대한 치료를 시작한다. 입원 치료는 장기에 이르지 않는 것이 바람직하며, 입원 치료에서의 목적이 달성되면 외래로 자주적으로 통원하도록 한다. 또한 중독 의존증의 치료환경은 패쇄적인 분위기를 피하고 가급적이면 개방적으로 하는데, 이것은 환자 자신의 위로 치료를 받고 있다는 자주성을 길들기 위해서이다. 그리고 가능하면 전문 병동에 입원하는 것이 바람직하다. 환자의 집단이 균일하면 자치회 활동도 가능해지고, 집단요법적 효과를 기대할 수도 있다. 게다가 입원이라는 환경 하더라도 가급적이며 단주회와 같은 외부와의 접촉을 갖도록 권유한다. 이것은 입원 상황으로 인해 사회로부터 고립되는 것을 막고 퇴원 후의 적응을 보다 원활하게 하는 효과가 있다.

9) 병원 퇴원 전의 계획

병원 퇴원 전에는 외박을 시도한다. 외박은 입원 중 에 만들어 놓은 마음의 준비가 사회에 되돌아가도 통용되는지 어떤지를 보는 절호의 기회이다. 처음에는 몇일에서 시작하여 성공하면 1주일로 연장해 간다. 실패가 있으면 그 원인을 찾아야하며, 성공했다면 퇴원 후의 일은 한숨 돌리고 결정한다는 식으로 나중으로 미루는 것은 위험하다. 가능한 한 "00의 일을 직업안정센터에서 찾아보겠습니다.", "친구의 00에게 부탁해 보겠습니다." 등의 대답이 나올 수 있도록 했으면 하는 바람이다. 또한 본인, 가족, 관계자를 모아서 함께 방침을 정하고, 일등의 역할, 원조자, 정기적 통원, 지역 미팅에의 출석 등을 정해둘 필요가 있다.

10) 중독의존 회복

중독의 의존증에서 회복한다는 것은 신체적 정신적, 사회적 문제가 사라져 간다는 것이다. 약물의 중독 의존은 질병이라는 사실을 인식하고, 오늘 하루의 약물 중지를 거듭하여 영속적인 적으로 만들어 간다. 재발은 최초의 2년 이내에 가장 일어나기 쉬우므로, 이 기간 중에는 특히 애프터케어를 잘하여 다음 치료계획에 따라 그대로 진행해 나간다면 반드시 좋아진다. 또한 실제로 좋아진 중독 의존자를 많이 볼 수 있다.

주의해서 보면 재발에는 징후가 있다. Gorski와 Miller에 의한 재발과정의 특정한 요점을 설명하려고 한다.

(생각의 부인에서): 자신의 생각이나 감정을 올바르게 인식하지 못하거나 타인을 솔직하게 대하지 못하게 된다. 정서적인 불안전이 보이게 되고 중독의 의존증이라는 사실을 부정하게 된다.

(회피적, 방어적 행동): 자신을 직시하도록 하는 상황이나 사대를 피하게 된다. 심리상태에 관한 질문에는 방어적이 된다. 약물을 끊는 것에 대해 과하다고 할 정도로 자신감을 보이고, 회복프로그램에서 멀어지려고 한다. 자신의 일보다 남의 일을 문제로 삼게 된다. 또한 충동적이 되고 유연성이 모자라게 된다. 대화는 과잉해지거나 극도로 적어지거나 한다. 점차 고립되어 간다.

(위기에 대한 형성): 자기의 감정을 부정하고, 고립이 심해 회복프로그램을 무시하게 되면 문제가 일어나기 시작한다. 시야가 좁아지고 사물의 일면 밖에 보지 못하게 되며 모든 것이 순조롭다고 착각한다. 가벼운 억울 기본이 나타나게 되는데 바쁘게 무언가를 함으로써 잊으려고 한다. 현실적인 면이 적어지고 관념이 우선되어 회복프로그램에서 점차 탈락하기 시작한다. 생활상의 지장이 일어나기 시작한다.

(부동화): 역할을 수행하지 않으려고 단순히 살기 위한 행동만 하게 된다. 툭하면 공상에 빠지고, 현실적 행동이 부족하며 사실에 응하지 못하는 감정이나 공상을 중심으로 한 비현실적인 사고를 하게 된다.

(곤혹==과잉반응): 명료하게 사고를 하지 못한다. 자신이나 주변의 상황을 올바르게 인식하지 못하고, 조그만 일에도 과잉 반응한다. 곤혹은 점차 강해져서 영속

적으로 되어 가고, 생활상의 지정이 일어나게 된다. 상황을 바르게 인식하지 못하는 자기 자신에 대해 화를 내고, 친구, 또래나 가족에게 돌리기도 한다. 이유 없이 쉽게 화를 내며 초조감이 심해지거나 해서 정서도 불안해 진다.

(약물): 일상생활의 수행도 곤란해질 만큼 억울화가 일어난다. 자살이나 약물사용의 재개를 생각하게 된다. 중도의 억울 상태가 지속되어 수면, 식육 생활리듬이 불안정해진다.

(행동의 제어 상실): 일상생활 행동을 컨트롤하지 못하고, 게다가 그것을 부인한다. 생활은 점차 파탄한다. 회복프로그램의 중요성을 인식하지 않게 되어서 툭하면 결석한다. 일어나고 있는 문제를 부인하는 것은 희망이나 자신감을 차츰 잃어 가고 있다는 것을 숨기기 위한 경우가 많다. 타인의 도움을 거부하고, 오히려 그 사람을 비판하가나 모욕하거나 피한다. 알코올이나 약물을 섭취하지 못하므로 만족감을 얻을 수 없게 되었다고 느낀다. 또 다시 약물을 사용하게 된다면 얼마나 좋을까 하는 생각을 한다. 모든 일이 귀찮기만 하고, 사고력, 집중력, 특히 추상적 사고력이 저해한다. 더 이상이 상태에서 벗어날 수 없다고 느낀다.

(억제 상실의 인식) : 중독의 의존증이 아니라 하는 부인의 메커니즘이 무너지고 현실문제의 중대함, 이 문제의 처리가 얼마나 어려워졌나 그리고 그것을 처리할 힘이 없다는 것 등을 인식한다. 이 시기는 이미 고립이 심한 상태로 원조자도 잃었다. 자기 자신을 가엾이 여기면서 가족이나 안전의 원조자의 주의를 끌려고 한다.

5. 미국의 약물중독 치료

외국사례로 "중독자"에 대한 모범 국가인 미국 치료 정책을 소개한다. 미국은 역사적으로 마약과 중독자는 국내보다 20년부터 약물중독자가 지속적으로 확산되어 지방 `주` 연방정부의 자금지원, 민간부문의 치료` 의료 지원은 전문화된 인력과 치료시설을 갖추고 재활 복귀 정책을 실시하고 있다. 현재 미국은 약물 사용자가 확산 되어가는 문제를 해결하기 위한 보다 합리적이고 근본적인 대안을 마련해야 한다는 분위기가 형성되고 있다. 이런 정책의 일환으로 정부는 치료보호제도를 활성화하기 위해 마약류 관리에 관한 법률을 개정안을 국회에 상정하고 마약류 의존자의 치료 재활 활성화하기 위한 정책을 실현시키고자 노력하고 있다. 그러나 우리 사회는 아직도 한번 의존자면 영원한 의존자로 낙인 되어 우리로부터 격리되어야 할 그 무엇으로 인식하는 경향이 크다.

사실 마약중독의존자면 벗어나는 길은 매우 어렵고 수많고 고통을 수반한다. 그러나보다 많은 사람들이 의존자에게 관심을 갖고 지지하는 사회 환경을 계속 만들어 둔다면 마약류 의존자는 치료가 재활 될 수 있고 사회의 건강한 구성원으로써 제 역할을 충실히 이행할 수 있다. 지금도 많은 경험자들이 마약류에서 벗어나 새 삶을 살기 위해 노력하고 있다.

미국 약물연구소(NIDA)가 약물중독 재활치료와 관련 다양한 정보를 담고 있는 내용으로 미국의 약물중독치료, 과학적인 약물중독치료 접근법, 효과적인 중독치료, 그리고 중독치료와 관련한 주요 질문을 번역하여 설명하려고 한다.

약물중독은 중독자가 가족, 직장과 지역사회에서 시행하는 모든 면을 포함할 수 있는 복합 장애이다. 중독자의 복합성과 확산되는 결과로, 약물중독 치료는 전형적으로 많은 요소를 포괄해야 한다. 일부 요소들은 직접 개개인의 약물사용에 초점을 맞추고 있다. 직업훈련과 같은 요소들은 중독자가 가족과 지역사회에서 생산적인 구성원으로 회복시키는 것에 초점을 두고 있다. 약물 남용과 중독치료는 다양한 행위적 약물학적 접근법을 사용하녀 매우 다양한 환경에서 제공된다. 미국에서는 1만 1천개 이상의 전문화된 약물치료시설이 약물사용 장애가 있는 사람에게 재활, 상담, 행위치료, 약물치료, 사례관리, 그 밖의 다양한 서비스를 제고 한다.

약물 남용과 중독치료는 주요 공중보건 문제이기 때문에 대부분의 약물남용 치료는 지방정부, 주 정부와 연방정부가 자금을 제공하고 있다. 민간부문과 고용주가 지원하는 보건계획 또한 중독자 치료와 의료적 지원을 제공할 수 있다. 약물남용과 중독은 자격 있는 약물남용 상담가, 의사, 심리학자, 간호사와 사회복지사와 같은 다양한 제공자에 의하여 전문화된 치료시설과 정신보건 임상실에서 치료된다. 치료는 외래, 입원과 거주환경에서 제공된다. 비록 특정 치료접근법이 종종 특정 치료환경과 관련되어 있지만 다양한 치료개입이나 치료서비스는 어떤 주어진 환경에 포함될 수 있다.

1) 일반적인 치료프로그램

약물중독 치료에 대한 조사연구에서 치료프로그램을 전형적으로 몇 개의 유형이나 모델로 구분한다. 치료접근법과 개별 프로그램을 계속 발전하며 오늘날 존재하는 많은 프로그램은 전통적인 약물중독 치료 구분에는 적합하지 않았다. 특정연구에 근거한 치료요소의 예는 치료접근법 부분에서 설명하고 있다.

(1) 작용약물 유지치료(Agonist Maintenance Treatment)

흔히 메사돈 치료프로그램이라고 불리는 외래세팅에서 실시된다. 이 프로그램은 장기간 작용하는 합성 아편제 치료제, 보통 메사돈을 사용한다. 아편 금단증상을 예방하고 불법 아편 사용의 효과를 차단하며, 아편 갈망을 감소시키는데 충분한 일회 용량의 지속 가능한 기간 동안 입안으로 투약된다. 메사돈이나 LAAM의 적절하고 일관된 용량에 인정된 환자는 정상적으로 가능할 수 있다.

이 환자들은 직업을 얻어수 있고 범죄와 폭력을 회피할 수 있으며, 약물사용 주사 몇 약물과 관련한 아주 위험한 성행위를 중단하거나 줄임으로써 HIV에 노출되는 것을 감소시킨다.

아편 작용제에 안정을 찾은 환자는 회복과 재활에 핵심인 상담과 그 밖의 행위적 개입에 더욱 적극적으로 침 여할 수 있다. 최상의 가장 효과적인 아편 작용제 유지 프로그램은 개인 상담이나 집단 상담과 그밖에 필요한 의료서비스, 심리서비스와 사회복지서비스를 제공하거나 의뢰하는 것을 포함한다.

(2) 마약 길항제 치료(Narcotic Antagonist Treat-ment)

외래 세팅에서 실시되는데 비록 해독 후 치료제의 처음 사용은 거주환경에서 시작된다. 날트렉손은 지속기간 동안 메일 또는 일주일에 세 번 입안에 투약하는 거의 부작용이 없는 장기간 작용하는 합성 아편계 길항제이다. 날트렉손이 아편 금단증상으로 떨어지는 것을 방지하기 위해 사용할 수 있기 전에 개개인은 의료적으로 해독되어야 하며, 며칠 동안 아편 없는 상태가 되어야 한다. 이런 방식을 사용할 때 행복감을 포함한 아편의 모든 효과는 완벽하게 차단된다. 이 치료 이론은 아편사용의 쓸데없음을 인식하는 것 뿐 아니라 바라는 아편 효과의 계속 반복되는 부족은 점차 시간이 경과함으로써 아편 중 중독 습관을 깨게 될 것이다. 날트렉손 자체는 남용의 주관적인 효과나 잠재력은 없으며 중독되지 않는다. 환자 불복중은 공통 문제이다. 따라서 호의적인 치료결과는 긍정적인 치료관계. 효과적인 상담이나 치료 그리고 진료 승낙의 세심한 감시가 있어야 한다.

경험이 풍부한 인상 의사는 적합하지 않은 전문가 가석방된 사람, 보호관찰대상자와 노동 석방상태의 사범을 포함한 외부환경 때문에 완전한 중단을 바라는 아주 동기화되고 최근에 해독된 환자에게 날트렉손이 가장 유용한 것을 발견했다. 날트렉손으로 안정을 찾은 환자는 정상적으로 가능할 수 있다. 그들은 직장을 얻을 수 있고 범죄와 폭력을 회피할 수 있으며 약물사용 주사 몇 약물과 관련한 아주 위험한 성행위를 중단 함으로써 HIV에 노출되는 것을 감소시킬 수 있다.

(3) 외래 마약퇴치 치료(Outpati Drug-Free Treatment)

외래 마약퇴치 치료는 제공되는 서비스의 유형과 강도가 다양하다. 이런 치료는 거주 치료나 입원 치료보다 저렴하며 직장이 있거나 광범위한 사회적 지지자를 갖고 있는 사람에게 더욱 접하다. 치료의 강도가 낮은 프로그램은 약물교육과 훈계일 수 있다. 강도가 높은 낮은 치료가 같은 외래모델 개개 환자의 특성과 욕구에 따라 다르지만 서비스와 효과성에서 거주 프로그램과 비교될 수 있다. 많은 외래프로그램은 약물 장애 이외에 의료적 보건문제가 있는 환자를 치료하기 위해 만들어졌다.

(4) 장기 거주치료 (Long-Tenm Residential Treat-ment)

장기 거주 치료는 일반적으로 병원이 아닌 환경에서 하루 24시간 돌봐준다. (caer), 가장 잘 아려진 거주 치료모델은 치료공동체이지만 거주치료는 인지행위치료와 같은 다른 모델을 사용할 수 있다.

치료공동체는 6개월에서 12월의 계획된 기간 동안 머물 수 있는 거주 프로그램이다. 치료공동체는 '개개인의 재사회화'에 초점을 맞추며 다른 거주자, 스텝 그리고 능동적인 치료요소로서의 사회적 맥락을 포함하는 프로그램의 전체, 공동체로 사용한다. 중독은 개개인의 사회적 심리적 결손의 맥락에서 검토되며 치료는 개인적 책임과 채무 그리고 사회적으로 생산적인 삶을 개발하는데 초점을 둔다. 많은 치료"공동체"는 아주 포괄적이며 직업훈련과 그 밖의 서비스를 포함할 수 있다. 다른 형태의 약물치료센터의 환자와 비교해, 전형적인 치료공동체 거주자들은 더욱 동시에 발생하는 정신 보건문제와 보다 범죄에 관여하는 것과 같은 보다 심각한 문제를 갖고 치료공동체는 청소년, 여성, 심각한 정신장애자, 그리고 형사법 제도 내에 있는 사람을 포함한 특정한 욕구를 갖고 있는 개개인을 치료하기 위해 변형될 수 있음이 연구에서도 제시되고 있다.

(5) 단기 거주프로그램(Short-Term Residential Programs)

단기 거주프로그램은 개정된 12개 단기 접근법에 근거한 강력하지만 비교적 짧은 거주 치료를 제공한다. 이 프로그램은 본래 약물 문제를 치료하기 위해 만들어졌지만 1980년대 중반 코카인이 크게 유행확산 하던 기간에 불법 약물남용과 중독을 치료하기 위해 시작되었다.

본래 거주치료 모델은 3-6 주의 병원에 근거한 입원 치료와 이후에는 확대된 외래치료 그리고 NA와 같은 자조집단 참여로 구성되었다. 국내에서 이 모델로 치료기관이 점점 증가 되고 있다. 그러나 중독의존자들은 큰 기대가 되기는 어렵다고 할 수 있다.

(6) 의료적 해독(Medlication Detoxification)

의료적 해독은 중독된 개개인이 전형적으로 의사의 진료하여 입원이나 외래 세팅에서 중독 약물로부터 체계적으로 벗어나는 한 과정이다. 필자도 국내 병원치료제도를 본서에서 소개 하였다. 언어의 차원에서 해독으로 이해하며, 해독은 한때 분명한 치료모델로 불러졌지만 치료의 전 단계로 고려하는 것이 보다 적절하다. 왜냐하면 약물 투약사용 중단의 급성 심리적 효과를 치료하기 위해 만들어졌기 때문이다. 치료제는 아편, 니코틴, 벤조디아제핀, 술, 바이튜레이트와 그 밖의 진정제로부터 해독하는데 활용된다. 해독은 중독과 관련된 심리적, 사회적 행위적 문제를 제기하기 위해 만들어진 것이 아니므로 회복에 필요한 지속 가능한 행위변화를 만들어 내지 못한다. 해독은 평가와 해독 다음에 이루어지는 약물 중독치료에 의뢰되는 공식적인 과정에 결합될 때 가장 유용하다.

2) 약물중독자 형사법 제도의 치료

형사처벌과 약물치료를 결합하는 것이 약물사용과 관련한 범죄를 감소시키는데 효과가 있을 수 있음을 연구에서 보여주고 있다. 법적 강제를 받고 있는 사람은 장기 치료프로그램에 남아 있는 경향이 있으며 법적 강제 없는 사람보다 더 잘 한다. 가끔 약물 남용자는 다른 보건 몇 사회제도보다 먼저 형사법제도를 접하게 되며, 형사법제도에 의해 치료에 참여하도록 하는 개입은 약물사용의 경력을 중단시키고 이 경력을 짧게 하는데 도움이 될 수 있다. 약물 남용자나 중독자 관여된 형사법제도에서의 치료는 감금에 앞서, 감금 중에 감금 후에 또는 감금 대신하여 제공될 수 있다.

(1) 교도소 근거한 치료프로그램

약물중독과 장애사범은 구금 중에서 약물교육교실, 자조프로그램, 치료공체나 거주환경 치료모델에 근거한 치료 등 수많은 치료 선택에 접할 수 있다. TC모델이 널리 학습되고, 약물사용과 범죄행위의 상습성을 감소시키는데 아주 효과적일 수 있다. 치료받는 사람은 일반 죄수와 분리된다. 치료프로그램 입소자가 치료 후 일반 교도소로 되돌아가면 치료 이득이 상실될 수 있다. 약물사범이 지역사회에 되돌아간 후 계속해서 치료를 받는다면 약물사용과 범죄 상습의 재발은 상당히 낮아질 것이라고 한다.

(2) 사범에 대한 지역사회에 근거한 치료

약물 장애가 있는 사범을 감금하는 대신 수많은 사법적인 대안, 곧 제한된 전환 프로그램 치료 조건부 기소유예제도, 그리고 처벌 조건부 보호관찰이 시도되고 있다. 약물법원도 유망한 접근법이다. 약물법원은 약물관련 사범에게 약물 중독자 치료를 강제하고 조정하며 치료과정을 능동적으로 감사하며 그 밖의 서비스를 조정한다, 약물법원의 계획 ,이행과 증대를 위한 연방의 지원은 법무부 약물법원 프로그램 청에서 제공된다. 한 가지 잘된 연구의 예로, 치료책임과 안전사회 (TASC) 프로그램은 지역사회 환경에서 약물중독 사범의 다양한 욕구를 제거함으로써 구금에 대한 대안을 제공한다. TASC프로그램은 전형적으로 상담, 의료 진료, 양육지도, 가족상담, 학교교육과 직업훈련, 법적 서비스와 고용 서비스를 포함한다. TASC의 핵심 특징은 *사법제도와 약물치료의 조정 *약물관련 사범의 초기 확인, 평가와 의뢰 *약물검사를 통한 사범의 감시,* 치료프로그램에 남아 있도록 하기 위한 유인책으로 법적 처벌 사용을 포함 한다.

3) 과학적 약물중독치료 접근

재발방지(Relapse Prevention) 곧 인지 행위치료는 음주문제 치료를 위해 개발되어 후에 코카인 중독에 적용되었다. 인지 행위 전략은 학습 과정이 순응성이 없는 행위 양상의 발전에 핵심적인 역할을 한다는 이론에 근거한다. 개개인은 문제 행위를 확인하고 교정하는 것을 배운다. 재발 방지는 재발을 경험한 사람에 도움을 줄 뿐 아니라 중단을 촉진하는 몇 몇 인지행위 전략을 포함한다, 코카인 중독 치료에 대한 재발방지 접근법은 자아통제를 높이기 위한 전략들로 구성된다. 특정 기술에는 계속 사용의 긍정적인 결과와 부정적인 결과를 탐구하기, 아주 위험한 사용상황을 확인한 초기에 약물 갈망을 인식하는 것을 스스로 감시하기, 아주 위험한 상황과 약물사용 바람을 다스리고 회피하는 전략을 개발하기가 포함된다. 이 치료의 중심 요소는 환자가 마주칠 수 있는 문제를 예상하여 그들이 효과적인 해결전략을 개발하는데 도움을 주는 것이다. 개개인이 재발방지 이론을 통해 배운 기술은 치료가 종료된 이후에도 남는다고 연구는 지적한다. 한 연구에서 이 인지-행위 접근법을 배운 대부분의 사람은 치료 후 1년 동안 치료에서 그들이 거두었던 이득을 지속시켰다.

(1) Matrix Model (매트릭스 모델)

Matrix Model 은 각성제 남용자가 치료에 참여하도록 하면서 사용 중단을 하도록 도와주는 틀을 제공한다. 환자는 중독과 재발에 대한 핵심 이슈를 배우고, 훈련된 전문치료사로 부터 지시와 지지를 받으며, 자조 프로그램에 친근하게 되고 소변검사로 약물사용을 감시받는다. 이 프로그램은 중독으로 영향 받은 가족 구성원을 위한 교육을 포함한다. 전문치료사는 환자에게 긍정적이고 용기를 주는 관계를 양성하고 이 관계를 사용하여 긍정의 행위변화를 강화하는 교사와 코치로 동시에 가능하다. 전문치료사와 환자간의 상호작용은 실제적이며. 직접적이지만 대립되지 않는다. 전문치료사는 환자의 자긍심, 존엄, 자신의 가치를 촉진하는 방식으로 치료세션을 진행하도록 훈련받았다. 환자와 전문치료 사간의 긍정적인 관계는 핵심요소이다.

치료 자료는 다른 검토된 치료 접근법에 크게 의존한다. 그러므로 이 접근법은 재발방지, 가족과 집단치료, 약물교육, 그리고 자조프로그램 참여 분야에 속하는 요소들을 포함한다. 다른 요소로는 가족교육집단, 초기 회복기술집단, 재발방지집단, 연합세션, 소변검사, 12단계 프로그램, 재발분석 그리고 사회지지집단을 포함한다.

메트릭스 모델로 치료받은 참가자들은 통계적으로 약물사용이 크게 감소하였고, 심리적 척도에서 개선되었으며, HIV 감염과 연관된 위험한 성행위가 감소되는 것을 보여주었다. 필로폰 사용자와 코카인 사용자를 위한 비교할 수 있는 치료 결과를 제시하는 증거와 어떤 중독자의 날트렉손 치료를 높여주는 효능을 보여준 증거와 함께 이보고 들은 이 경험적 지지를 모델 사용자에게 제공한다.

(2) 지지적-표현 심리치료 (Supportive-Expressive Psychotherapy)

지지적 표현 심리치료는 한정된 시간 내에 헤로인 중독자와 코카인 중독자를 위해 채택된 심리치료이다. 치료는 두 개의 주요 요소를 갖고 있다.

- 그 글의 개인적 경험을 토론하는데 환자가 편안함을 느끼도록 도와주는 지지적기술
- 대인관계 이슈를 통해 환자가 확인하고 작업하는 데 도움을 주는 표현적 기술 문제 느낌과 행위와 관련된 약물의 역할과 어떻게 약물에 의지하지 않고 문제를 풀 수 있는지 가는데 특별한 관심을 갖는다.

개개인의 지지적-표현적 심리치료의 효능을 메세돈 유지치료를 받고 있는 정신의학적 문제를 갖고 있는 환자로 검사되었다. 약물 상담을 받은 환자와 비교하여 두 집단은 아편 사용과 관련하여 비슷하게 되었지만 지지적-표현 심리치료 집단은 보다 낮은 코카인 사용을 보였고 메사돈을 덜 요구하였다.

또한 지지적-표현적 심리치료를 받는 환자는 그들이 이미 만든 많은 이득을 유지했다. 초기 연구에서 지지적-표현적 심리치료는 약물상담이 더해졌을 때 메사돈 치료를 받고 있는 중간 정도의 심각한 정신의 학적 문제가 있는 아편 중독자의 결과를 개선 시켰다.

(3) 개별화 약물상담

개별화 중독자 약물상담은 직접 중독자의 불법 약물 사용을 감소시키거나 중단시키는데 초점을 맞추고 있다. 이것은 또한 환자의 회복 프로그램의 내용과 구조뿐 아니라 관련 된 불완전한 기능 부분 (직업상태, 불법 활동, 가족/사회적 관계

등)을 제기한다. 단기간의 행위 목표를 강조함으로써 개별화된 약물 상담은 환자가 약물을 사용하지 않는 전략과 도구를 개발하여 중단을 유지하도록 도움을 준다. 중독 상담가는 12단계 참여를 독려하고 필요한 보충적인 의료서비스, 심리치료서 비스, 직업과 그 밖의 서비스를 위해 의뢰한다. 개개인은 1주일 당한 두 번 세션 에 참가하도록 독려 받는다.

단지 메사돈을 받은 아편 중독자와 상담과 결부되어 메사돈을 받은 어떤 아편 중독자를 비교한 연구에서 메사돈 만을 받은 개개인은 아편사용 감소에서 개선되 었다. 현장의 치료적/심리치료 서비스, 고용과 가정 서비스 더해짐으로써 결과를 더욱 개별화된 약물 상담이 집단 약물 상담과 함께 이루어지면 코카인 사용 감소 에 아주 효과적이었다. 그러므로 이 접근법은 왜래 치료에서 헤로인 중독자와 중 독자에게 아주 큰 효과 볼 수 있다고 했다.

(4) 동기강화 치료

동기강화치료는 클라이언트가 치료에 참여하고 약물사용 중단에 대한 모순을 해 결하는데 도움을 줌으로써 행위의 변화를 촉발하는 클라이언트 중심 상담접근법이 다. 이 접근법은 클라이언트가 한 걸음씩 회복과정을 밟는 지침이기보다는 클라이 언트의 신속하고 내재적인 동시화 된 병화를 불러일으키는 전략을 사용한다.

이 치료는 처음의 평과 종합 테스트 세션과 이를 이어한 치료전문가에 의한2-4 개의 개별화된 치료 세션으로 구성된다.

* 치료 세션은 개인의 물질사용과 관련한 토론을 촉발시키고 스스로 동기화된 성명서를 도출해 내기 위해 처음의 평과 종합테스트 로부터 나온 피드백을 제공하 는 것을 초점을 맞춘다. 동기화된 인터뷰 원칙은 동기화를 강화시키고 변화를 위 한 계획을 세우는데 사용된다. 위험이 높은 상황을 다스리는 전략이 클라이언트에 게 제시되고 토론한다.

이 후의 세션에서 치료전문가는 변화를 감시하고 사용된 중단 전략에 재검토하 며 변화 또는 일관된 중단을 하도록 계속해서 용기를 준다. 클라이언트는 때때로 한 중요한 제삼자(가족 등)를 세션에 오도록 용기를 받기도 한다. 이 접근법은 알 코올중독자와 대마초 의존자에게 성공적으로 사용하여 효과를 보았다.

(5) MZ(청소년)을 위한 행위치료

MZ세대들을 위한 행위치료는 원칙 않는 행위가 바람직한 행위의 명확한 제시와 바람직한 행위를 얻기 위한 점차 증가하는 단계에 대한 일관된 보상으로 변화시킬 수 있다는 원칙을 통합한다. 치료 활동에는 부과된 목표를 충족시켰을 때는 칭찬과 특권을 주면서 특정하게, 과정을 기록하고 검토하기 등이 포함된다. 소변 샘플은 약물사용을 감시하기 위해 정기적으로 수집된다. 치료는 환자에게 3가지 통제의 유형을 얻도록 하는 것을 목표로 한다.

- 격려통제는 환자가 약물사용과 관련된 상황을 회피하는데 도움을 주며 약물사용과는 양립할 수 없는 활동에 더 많은 시간을 사용하도록 도와준다.
- 압박통제는 환자에게 약물을 사용토록 하게 하는 생각, 느낌과 계획을 인식하고 변화시키도록 도와준다.
- 사회적 통제는 환자가 약물을 회피하도록 도와주는데 중요한 가족과 그 밖의 사람을 포함한다. 부모나 중요한 사람은 가능하고 치료 할당 과제로 지원 할 수 있을 때 그리고 바람직한 행위를 강화할 때 치료 세션에 참석한다. 조사연구에 따르면 이 치료는 청소년이 약물 없는 상태가 되도록 하고 치료가 끝난 후에 약물 없는 상태를 유지할 수 있는 능력을 증대시키는데 도움이 된다. 청소년은 또한 직장/학교출석, 가족관계, 우울증과 같은 몇몇 분야에서 우울, 제도화, 알코올을 사용과 같은 몇몇 부분에서 개선을 보여준다. 이런 호의적인 결과는 가족 구성원의 치료 참여와 소변검사로 증명된 약물중단에 대한 보상이 크게 이바지 한다.

(6) 다차원적 가족치료

다차원적 가족치료는 MZ세대들을 위한 외래 가족에 근거한 약물남용 치료이다. MDFT는 영향력이라는 면에서 (곧 개인, 가족, 또래, 지역사회) 청소년 약물사용을 검토하고 원치 않은 행위를 감소시키고 바람직한 행위를 증가시키는 것이 다양한 환경에서 다양한 방식에서 발생한다고 제안 한다.

치료는 임상, 가정 또는 가정법원, 학교 또는 다른 지역사회에서 가족 구성과 함께 개최되는 개별 세션과 가족 세션을 포함한다. 개별 세션 동안, 전문치료사와 청소년은 의사결정, 현상과 문제해결 기술을 개발하는 것과 같은 주요한 개발 임무를 한다. 10대들은 삶의 스트레스 요인과 직업기술을 더 잘 다룰 수 있도록 그들의 생각과 느낌을 소통하는 기술을 요구한다. 유사한 세션이 가족 구성원에게도 개최된다. 부모는 영향력과 통제를 구별하고 자녀에게 긍정적이고 발전적으로 적절한 영향 행사하는 것을 배움으로써 그들의 양육 스타일을 검토한다.

(7) 다단계 의한 치료

다단계에 의한 치료는 약물을 남용하는 어린이와 10대 MZ 세대의 심각한 반사회적 행위와 연관된 요소를 제기한다. 이 요소는 청소년의 특징, 예를 들면, 약물사용에 우호적인 태도, 가족의 특징 기강이 무너짐, 가족 간 갈등 등 부모의 약물남용, 또래의 특징, 약물사용에 대한 긍정적 태도 그리고 이웃의 특징, 범죄와 문화를 포함한다. 본래 환경(가정, 학교, 이웃환경)에서 강력한 자료에 참여함으로써 대부분의 청소년의 약물사용을 크게 감소시키다. 구금된 청소년 수와 가정을 벗어난 곳에 배치된 청소년 수의 감소는 이런 강력한 서비스를 제공하고 임상의 낮은 담당 건수를 유지하는 비용을 상쇄한다.

(8) 지역사회 강화 접근법 플러스 바우처

이 치료방법은 코카인 중독치료를 위한 강력한 24주 외래치료이다. 치료목표는 두 가지다.

- 사용중단을 지속하는데 도움이 될 수 있는 새로운 삶의 기술을 환자가 배울 수 있도록 충분히 오랜 동안 코카인 중단을 이룩한다.
- 음주가 코카인 사용과 연관되어 있는 환자에게 알코올 소비를 감소시킨다. 환자는 일주일에 한두 개의 개별상담 세션에 참여하며 이 세션에서는 가족관계 개선, 약물사용을 최소화하는 다양한 기술 배움과 직업 상담을 받는다.

그리고 새로운 오락 활동과 사회망 개발에 초점을 둔다. 술은 남용하는 사람도 임상적으로 감시된 치료를 받는다. 환자는 1주에 두세 번의 소변을 제출하고 코카인 음성증명서를 받는 바우처의 가치는 일관된 깨끗한 샘플을 증가 시킨다. 환자는 코카인 없는 생활 스타일과 일관한 소매상품과 이 바우처를 교환할 수 있다.

이 접근법은 환자의 치료 약속을 촉진하고 환자가 상당한 기간 동안의 코카인 중단을 이룩하는데 체계적으로 지원한다. 아편중독 성인의 외래 해독과 코카인을 정맥 주사로 남용할 위험이 높은 도시 내 메사돈 유지치료 환자에 성공적으로 사용되었다.

(9) 메사돈 유지치료에서 바우처에 근거한 강화치료

이 방법은 환자가 마약 없는 소변 샘플을 제공할 때마다 환자에게 바우처를 제공함으로써 불법약물로부터 중단을 이룩하고 유지하는데 도움을 준다. 바우처는 화폐 가치가 있으며, 치료목표와 일치하는 상품과 서비스로 교환될 수 있다. 처음 바우처 가치는 낮아지지만 이 가치는 개개인이 제공하는 일관된 마약 없는 소변 샘플의 수에 따라 증가한다. 코카인 양성 소변 샘플이나 헤로인 양성소변 샘플은 바우처의 가치를 처음의 낮은 가격으로 돌려놓는다. 이 인센티브를 자극하는 우발적인 사고가 약물중단을 지속하는 기간을 강화하기 위해 특별히 만들어진다. 약물 없는 소변 샘플을 바우처를 받는 환자는 소변분석 결과와 관계없는 바우처를 받은 환자보다 더 오랫동안 중단한다고 한 연구에서 보고되었다. 다른 연구에서 바우처 프로그램이 시작되었을 때 헤로인 소변 양성 반응이 크게 감소했고 프로그램이 중단되었을 때 크게 증가했다.

(10) 중단 우연성과 바우처를 활용하는 낮치료

중단 우연성과 바우처를 활용하는 낮치료는 집 없는 크랙 중독자를 치료하기 위해 개발되었다. 처음 두 달 동안 참가자는 메일 프로그램에서 5.5시간을 보내며, 이 프로그램은 점심과 쉼터로부터 프로그램까지 왕복 교통편을 제공한다. 개입에는 개별 사정과 목표 설정, 개별상담과 집단상담, 다양한 심리교육집단(예로, 지역사회 자원에 근거한 설교집단, 주택제공, 코카인과 HIV/AIDS 예방, 개개인의 재활목표를 검토하고 서로 서로에 지지와 용기를 북돋다)을 포함한다.

개인상담은 1주에 한번하며, 집단치료 세션은 1주에 3번 개최된다. 두 달간의 낮치료와 적어도 두 주간의 사용 중단 후에 참가자들은 저렴하고 마약 없는 주택을 빌리는데 사용될 수 있는 보수를 받는 넉 달간의 작업 활동 단계로 진급하게 된다. 바우처 시스템은 또한 마약 없는 관련 사회활동과 오락 활동을 보답한다. 이 혁신적인 낮 치료는 2주간의 개별상담과 12단계집단, 의료검사와 치료, 그리고 주택과 직업서비스를 위한 지역사회 자원에 의뢰되는 것으로 구성되어 있는 치료와 비교된다. 작업과 주택이 뒤따르는 현식적인 낮치료는 코카인 사용 그리고 낮에 집 없는 사람에게 더욱 긍정적인 효과를 갖는다.

4) 효율적인 약물중독 치료원칙

① 중독자 치료는 단 하나의 치료방법은 첫 시작으로 중독자 자신이 강력한 의지와 동기가 절대적으로 필요하다. 그에 따라 모든 중독자 개개인에게 적합한 단 하나의 치료법은 없음으로 환자 각자의 특정 문제와 요구에 어울리는 치료환경 개입과 서비스 가족, 직장과 사회에서 그 환자가 다시금 생산적인 기능을 성공적으로 수행하는데 핵심이다.

② 치료는 쉽게 활용 가능해야 될 필요로 한다. 약물 중독자는 개개인은 치료에 확신할 수 없을 수 있기 때문에 그들이 치료받을 준비가 되어있을 때(치료)기회를 갖는 것이 중요하다. 즉 치료를 받을 수 없거나 치료에 쉽게 접근할 수 없다면 잠재적인 치료신청자를 잃게 될 수 있다.

③ 효과적인 치료는 단지 환자의 약물사용을 치료하는 것이 아니라 다양한 욕구를 보살펴야 한다. 치료가 효과적이기 위해서는 개개인의 약물사용 몇 이와 관련된 의학적, 심리적, 사회적 직업적, 법적 문제도 제기하여야 한다.

④ 개개인의 치료와 서비스 계획은 계속적으로 사정되어 이 계획이 그 개인의 변화 욕구를 충족시키다. 고 확신 할 수 있도록 필요하게 조정되어야 한다. 환자는 치료와 회복과저에서 서비스와 치료의 다양한 처방을 욕할 수 있다. 환자는 상담이나 심리치료 외에 언제라도 의약품, 그 밖의 의료서비스, 가족치료, 약육 교육, 직업재활과 사회적 법적 서비스를 요구할 수 있다. 치료접근이 개개인의 연령, 성별, 인종과 문화에 적합하도록 하는 것도 중요하다.

⑤ 적절한 기간 동안 치료받는 것이 치료효과의 핵심이다. 개개인의 적절한 치료기간은 그 사람의 약물남용 문제와 욕구에 달려 있다. 대부분의 환자들에게 약 3

개월의 치료로도 중요한 진전을 이룩할 수 있다고 한다. 이 상태에 도달한 다음, 더 회복되기 위해 부수적인 치료가 필요하다. 가끔 완전히 치료받지 않은 채로 지료에서 떠나가 때문에 프로그램은 환자의 마음을 끌어 계속 치료받도록 하는 전략을 포함해야 한다.

⑥ 상담개별상담과 또는 집단상단과 그 밖의 행위치료는 효과적인 중독치료의 핵심요소이다. 치료에서 환자는 동기의 이슈를 제기하고, 약물사용을 거절하는 기술을 습득하며, 약물사용 활동을 건설적이고 보상받는 약물을 사용하지 않는 활동으로 대체하며, 문제해결 능력을 개선한다. 행위치료는 또한 대인관계와 가족 몇 지역사회에서 잘 지낼 수 있는 능력을 촉진시킨다.

⑦ 치료제는 특히 상담 몇 밖의 행위 치료와 결합됐을 때 많은 환자에게 주요한 치료요소가 된다. 메사돈은 헤로인이나 아편에 중도된 사람에게 생활을 안정시키고 불법약물 사용을 감소시키도록 하는데 매우 효과적이다. Naltrexone은 일부 아편 중독자와 술 의존이 함께 있는 일부 환자에게 효과적인 치료제이다. 담배중독자에게 니코틴 대체재(패치나 껌)나 구강의약품이 효과적인 치료요소가 될 수 있다. 정신장애 환자에게 행위치료와 치료제가 아주 중요할 수 있다.

⑧ 정신장애가 있으면서 중독되었거나 남용하는 사람들은 두 장애를 통합된 방식으로 치료받아야 한다. 한 사람에게 중독 장애와 정신장애가 발생할 수 있기 때문에 이와 같은 증상을 나타내는 환자들은 사정되어 두 장애를 치료 받아야 한다.

⑨ 의학적 해독은 중독치료의 첫 단계일 뿐이며 그 자체로는 장기적인 약물사용을 거의 변화시키지 못한다. 의학적 해독은 약물 사용 중단과 관련된 육체적인 급성 금단증상을 안전하게 처리하는 것이다. 해독만으로는 중독자가 장기적으로 약물을 사용하지 않도록 하는데 충분하지 않지만, 이것은 일부 사람에게는 효과적인 약물 중독 치료의 강력한 암시다.

⑩ 치료가 효과적이기 위해 자발적이어야 할 필요는 없다. 강력한 동기는 치료를

진전시킬 수 있다. 가족, 직장 또는 형사제도에서의 유인이나 처벌은 치료에 들어와 나가지 않으려는 비율과 약물치료 개입의 성공을 크게 증가시킬 수 있다.

⑪ 치료기간 동안 약물 사용은 계속해서 감시되어야 한다.

약물 사용이 치료과정에서 발생할 수 있다. 치료동안 환자의 약물사용에 대한 객관적인 감시, 곧 소변검사나 그 밖의 검사와 같은 것은 환자가 약물사용에 대한 출동을 억제하도록 할 수 있다. 이런 삼시는 또 한 객관적인의 치료계획이 정당화될 수 있도록 초기의 약물사용 증거를 제공할 수 있다. 불법 약물사용에 대한 양성 반응이 나타난 환자에 대한 피드백은 감시의 중요한 요소이다.

⑫ 치료프로그램은 HIV/AIDS, B형 감염, C형 간염, 결핵과 점염 질병에 대한 진단을 제공하고 환자에게 도움을 주는 상담은 환자들에게 다른 사람들에게 감염의 위험을 줄 수 있는 행위를 개정하거나 바꾸는데 도움을 준다. 상담은 환자에게 아주 위험한 행위를 회피하도록 도와 중 줄 수 있다. 상담은 또한 이미 감염된 사람이 그들의 질병을 다룰 수 있도록 도와 줄 수 있다.

⑬ 약물 중독으로부터 회복은 장기간의 과정이며 자주 다양한 치료 요법을 요구한다. 다른 만성 질별과 같이 약물사용 재발은 성공적인 치료기간 동안이나 그 이후에 발생할 수 있다. 중독자는 장기간의 중단과 완전히 회복된 기능을 얻을 수 있는 장기간의 치료와 다양한 치료요법을 요구할 수 있다. 치료 기간과 치료 이후에 자조 프로그램에의 참여는 물질사용 중단을 유지하는데 도움이 된다.

6. 명상 치료

1) 역사

명상은 인류와 역사적 근원을 같이 한다고 할 정도로 다양한 종교에서 독특한 방법으로 발달하여 왔다. 유교에서는 고려때부터 많은 선지자들과 랍비들이 자신들 의 의식체계를 깊게 하여 이해와 소통하기 위해 "카발라"라고 하는 수도법을 수행하였고, 초기 기독교에서는 사막이나 동굴에서 수도를 하였던 전통이 후대 수도원으로 이어지게 되어, 현재까지도 가톨릭과 동방정교에서는 묵상기도와 관상법이 전수되어 오고 있다. 이슬람교에서도 일반적인 종교행위보다 더 깊은 차원에서 알라를 직접 체험하기 위한 수행이 수피즘으로 계승되고 있다. 도교에서도 복식호흡과 단전호흡을 강조하며 이는 단학으로 전해오고 있다. 종교라기보다 사회 윤리 사상에 가까운 유교의 수도법은 사욕에 가려져 놓치기 쉬운 자신의 본성을 밝히는 것으로 하고 있다. 특히 현대 정신의학이나 심리학 연구에 접근되고 있는 불교명상 전통은 약 2500년 전 붓다의 수행에서 비롯되었으며, 다양한 방법과 형태로 전승되어 서양에 소개되었다. 최근 다양한 형태의 치료에 활발히 활용되고 있는 마음챙김은 불교에서 기원한 수행법이다. 불교에서는 인간의 괴로움이 무지에서 온다고 본다. 어리석음으로 인해 자기 자신과 세상을 바르게 알지 못함으로써 고통을 받는다. 것이다. 불교는 바른 앎을 통해 괴로움에서 벗어날 수 있다고 보고 자기 자산을 있는 그대로 바르게 알 수 있는 방법으로 "마음챙김"을 가르쳐왔다. 초기 불교의 가르침에 근거한 "위빠사나"를 비롯하여 중국에서 꽃핀 선,아미타불의 원력에 기대어 극락왕생을 추구하는 염불, 간경, 주문, 기도, 절 불공 등도 모두 불교 내에서 발전되어 온 다양한 수행법이자 마음을 다스리는 방법이라 할 수 있다.

한편 서양에서는 동양철학과 명상에 대한 서양의 관심이 증대되면서 스탠포드 대학의 종교학 교수 " 페드릭 스페겔버"가 1951년 아시아 연구를 위한 캘리포니아 센터를 개설하였다. 선 학생이었던 앨런와트가 교수로 참여하면서 동서양 문화의 접점이 이루어지게 되었다. 당시 미국으로 건너온 일본인 선사인 스즈키가 세미나 를 개최하여 토마스 머튼, 정신분석가 카렌호나이, 그리고 당대의 문화적 리더들에 게 영향을 주었고 이후 미국 청중들에게까지 대중화되게 되었다.

1960년대는 베트남 전쟁의 영향으로 환각제, 정신확장제에 대한 폭발적인 관심이 이었고, 미국의 반문화의 발달과 맞물려 모든 형태의 명상에 대한 관심이 폭발하였다. 이애 따라 명상과 신체, 심리적 웰빙과의 관련성에 대한 관심도 증가하였으며 당시 대중적 인기를 누렸던 비틀즈가 인도의 명상가 마하리시 마히시 요기와 관련을 맺으면서 소위 초월 명상에 대한 관심이 대중에게 크게 확산되었다.

정신과적으로 활용되고 있는 마음챙김 명상은 1979년 존 카밧진에 의해 메사추세츠 대학 메디컬 센터에서 시작되었다. 그는 스트레스 감소 클리닉에서 기존의 불교

명상에서 조용히 생채를 배제한 마음챙김에 기반 한 스트레스 완화라는 프로그램을 통해 마음챙김 훈련을 제공하면서 만성 통증이나 스트레스 상황에 놓인 환자들에게 큰 효용성 나타내었다. 많은 연구에서 MBSR 프로그램이 정신신체 증상을 호전시키고, 행동, 지각 몇 태도에 긍정적인 변화를 불러일으킨다는 사실을 발표하였다.

세갈 등은 마음챙김 명상에 기존의 인지행동치료의 특성을 가미하여 마음 챙김에 기반하는 인지 치료를 개발하였으며 임상적으로 다중 삽화가 있는 우울증 환자에게 재발을 예방하는 효과가 있다는 것을 확인하였다.

MBCT는 현재 우울증의 재발 방지뿐만 아니라 양극성 상애, 주의력 결핍 몇 과잉행동, 폐경증상, 물질중독 불안장애, 통증조절, 수면장애, 외상 후 스트레스 장애 환자들에게 그 적용 범위를 확대시켜 나가며, 그 임상적 효용에 대한 연구도 오늘날 활발히 이루어지고 있다.

2) 명상의 필요성과 목적

약물 중독자 명상을 통해 시작되는 인간관계는 다른 사람과 더불어 영위는 존재이다. 인간은 태어날 때부터 사회 속에서 태어나고 인간과 더불어 생존하고 살아가는 존재이다. 인간은 동물들과는 다르게 작게는 가족, 친구를 비롯하여 다른 사람들과의 관계를 형성하면서 생명을 유지하며 생활방법을 배우고 집단을 이루며 그곳에서 사회를 형성한다. 모든 사회는 변화의 방향이나 속도에는 차이는 있으나 끊임없이 변화되어 왔다. 특히 과거에는 그 변화 속도가 완만했지만 역사적으로 볼 때 산업혁명을 계기로 그 변화는 가속화되었다. 사회는 산업혁명 이후 경제적 성장과 더불어 생산이 기계화를 바탕으로 능률의 원리에 의해 합리적화, 표준화, 집중화시키는 고도의 산업사회로 되어가며 대량 생산, 대량소비체제를 확립시킴으로써 대중화가 되었고 이윤추구를 목적으로 자본이 지배하는 경제체제 사회로 전환 되고 있다. 그러므로 인간을 위해 사회를 위해 만들어 놓은 것들이 결국 인간의 존엄성을 파괴시키고 인간 개인을 무력한 존재로 간주하게 만들어 버렸다. 특히 현대사회에서 새롭게 대두되는 인간소외 문제는 그 심각성이 인간성 상실과 깊이 관련되어 있기 때문이고 또한 소외는 사회적인 문제이면서 동시에 개인의 심리적인 문제로서 주고받는 상대적인 관계이기도 하다. 인간은 무의식적으로라도 소외로 인한 불안, 우울, 갈등, 고독 등과 같은 심리를 극복하고 싶어 하는데 중독, 각종 폭력, 범죄행위와 같은 잘못된 방향으로 해결하면서 사회적 문제를 야기하는 것이다. 또한 불쾌한 심리를 감소시키고자 하는 행위는 본능적으로 자기 방어적 방법이나 절충의 길을 택하게 되는데, 프로이드는 "자기방어로서 현실을 부정, 왜곡하며 인성발달을 저지하는 방법으로 사용함으로써 불안을 감소시키려 한다."라고 하였다. 하지만 그 사회가 가지고 있는 사회체제의 거부나 도피로 우리 인간이 당면한 문제가 해결되는 것은 아닐 것이다. 자기 자신의 주체성을 찾으려는 노력과 함께 인간관계는 회복을 위해서 노력해야 할 것이다. 주체적인 자신의 정체성을 찾고 성장시키기 위해서는 지금 현재의 자신의 감정과 욕구를 알아차리는 것이 중요하며 미해결된 채 머물러 있는 감정을 해소시키는 과정이 필요하다.

명상을 이해하는 것은 삶을 영위하는 동안 당신이 자신에게 가장 좋은 치료 방법일 것이다. 그럼으로 명상을 통해 당신은 참된 본성을 발견할 수 있고 그에 따라 명상이라는 것을 이해할 수 있다.

즉 명상이란 말을 들으면 누구나 생활의 일상적인 일과에서 벗어나는 것을 연상케 한다. 그러므로 명상은 사회에서 격리된 곳에서 토굴이나 암자에 있는 석상처럼 특별한 자세를 취하하는 것이며, 또는 어떤 불가사의 하고 신비스러운 생각이나 몽환 상태에 잠기거나 빠져 있는 상태로 일반적인은 오해하고 있다. 그러나 진정한 의미에서의 명상은 계속 활동하고 있는 우리의 의식을 차분히 가라앉히는 것이다. 마음을 진정시킴으로써 정신을 맑게 할 수 있다. 여러 연구 보고에 의하면 명상은 정신건강을 촉진하는 긍정적 감정을 갖게 하고 자긍심과 사회성을 현저히 높여준다는 것이다. 또한 명상은 심신을 건강한 상태 즉 걱정, 긴장, 신경 과민성, 불안, 근육긴장, 혈압 몇 스트레스 호르몬의 저하가 나타날 만큼 깊은 휴면 상태에 들어간다. 명상을 통해 약물중독, 탐욕, 증오, 악의, 근심, 불안 같은 어지러운 마음을 깨끗이 하고 '마음의 집중', '직관`총명`의지', '분석력`확신', '기쁨`부동'과 같은 것을 닦아서 마침내 사물의 본성을 있는 그 대로 보고 궁극적인 진리인 가장 높은 지혜를 얻는 데 있다. 이러한 현상들을 약물중독자는 명상을 통해 의존성을 뇌에서 떠나는 명상으로 진행하도록 중독자 자신이 적극적으로 수행 하야야 한다.

3) 명상의 유형

명상의 유형은 다양하다. 그러나 대부분의 명상 유형들은 주의집중 훈련으로부터 시작된다. 명상의 유형들이 다양할지라도 일반적으로 명상 기법에는 크게 보아 두 가지 유형이 있다. 그 둘은 심리기법이나 작용 양태, 의식의 성질에서 서로 다른 데, 집중명상과 마음챙김 명상이라고 한다. 이 두 가지 유형에서 약물중독자들은 어느 한 가지를 선택하여 중독자 자신을 위해 치료가 되어야 한다. 이 두 가지에 대해 각각 장점에 대하여 설명하려고 한다. 먼저 마음챙김 명상은 통찰이라고 말할 수가 있다 즉 마음챙김 명상은 일어나는 일을 일어나는 그대로 명료하게 지각하는 것을 말한다. 반면에 집중 혹은 평정으로 사용되는 집중명상은 마음이 오직 한 대상(물건)에만 집중하여 떠돌지 않고 정지 상태에 놓이는 것을 말한다. 이렇게 되면 깊은 고요가 온몸과 마음에 퍼지게 되는데 이 평정의 상태를 이해하려면 체험하는 수밖에는 달리 도리가 없다.

대다수의 명상법들은 집중적 요소를 강조한다. 명상가는 기도나 특정 종류의 찬송, 촛불, 상징물 따위의 어떤 물상에 마음을 집중함으로써 여타의 생각과 인식을 의식에서 완전히 배제된다. 이렇게 하고 나면 명상을 마칠 때까지 쭉 지속되는 황홀경을 맛볼 수 있다. 그 상태는 멋지고 즐겁고 의미 있고 매혹적이지만, 문제는 그런 상태가 일시적이라는 점이다. 반면에 마음챙김 명상은 그와는 다른 요소인 통찰과 관련된다. 마음 챙김 명상가는 실재의 생생한 빛을 가로막는 미망의 벽을 자신의 자각으로 허무는 데 있어 집중을 도구로 이용한다. 그것은 실재 자체가 자신의 내면에서 어떤 식으로 작용하는가를 서서히 자각해 가는 과정이다. 이 두 명상을 자세히 설명함으로 중독자는 어느 명상으로 치료가 가능한지 중독자 스스로 체험을 통해 알 수 있다.

(1) 집중명상

집중명상의 가장 기본 요소인 호흡에 대하여 설명하려고 한다. 호흡에 수를 세는 건 마음을 집중시키기 위해서일 뿐이다. 그러므로 일단 호흡에 다시 초점이 맞춰지면 숫자 세기를 중단한다. 숫자 세기는 집중하기 위한 수단에 불가하다. 숨을 세어가는 방법으로는 들숨 한 번에 열까지 세고 날숨 한 번에 열까지 센다. 이 방법 또한 마음을 집중시키는 데 필요한 만큼 몇 번이고 되풀이해도 상관없다. 호흡을 세는 또 다른 방법으로는 날숨을 묶어서 하는 방법이다. 이 방법에서는 들이쉰

숨이 폐에서 다 빠지고 났을 때 속으로 하나 하고 센다. 이 경우에는 들숨과 날숨을 하나로 세어야 한다. 이 방법도 숨쉬기가 평온하고 고요해질 때까지 되풀이하면 된다. 숫자를 계속 세고 있어야 하는 곳은 아니다. 마음이 들숨과 날숨이 지나다니는 코끝에 고정되고 숨이 워낙 미세해져서 들숨과 날숨을 별개로 감지할 수 없을 정도가 되면 숫자 세기를 그만두는 게 좋다. 숫자 세기는 한 대상에만 집중하도록 훈련시키기 위한 방법일 뿐이다. 숨이 코끝에서 들락날락할 때 그냥 들숨과 날숨의 느낌을 알아채기만 하면 된다. 이러한 수련을 계속하다보면 숨이 희미해지고 미세해져서 숨 쉬는 느낌에만 올지 집중한다. 즉 순간순간들에 마음을 집중하는 것이다. 또한 마음을 집중 할 수 있는 건 오직 지금 순간뿐임을 알아채는 것이다. 마음과 지금 순간과의 이런 합치를 순간 집중이라 한다. 순간들이 차례치례 쉴 새 없이 지나가는 데에 따라 마음도 어느 한순간에 묶이지 않고 그 순간들과 함께 바뀌고, 나타나고, 사라지면서 보조를 맞추어 변한다.

(2) 챙김명상

신체의 동작과 행동에 대한 마음 챙김을 이용하는 방법으로 걸어가면서 '걷고 있다'고 꿰뚫어 알고, 서 있으면서 '서 있다'고 꿰뚫어 알며, 앉아 있으면서 '앉아 있다'고 꿰뚫어 알고 누워 있으면서 '누워 있다'고 꿰뚫어 안다. 나아갈 때도 물러날 때도 분명히 알면서 행한다. 앞을 볼 때 분명히 알면서 행동한다. 구부린 때도 펼 때도 분명히 알면서 행동한다. 의복을 지닐 때도 분명히 알면서 행한다. 먹을 때도 마실 때도 씹을 때도 맛볼 때도 분명히 알면서 행동한다. 대소변을 볼 때도 분명히 알면서 행동한다. 걸으면서, 서면서, 앉으면서, 잠들면서, 잠을 깨면서, 말하면서, 침묵하면서도 분명히 알면서 행동한다. 여기서는 몸의 행동을 분명히, 알아야 한다는 것을 이야기하려고 한다.

다음으로는 느낌에 대한 마음챙김, 즉 즐거운 느낌을 느끼면서 '즐거운 느낌을 느낀다.'고 꿰뚫어 안다. 괴로운 느낌을 느끼면서 '괴로운 느낌을 느낀다.'고 괴롭지도 즐겁지도 않은 느낌을 느끼면서 '괴롭지도 즐겁지도 않은 느낌을 느끼자'고 꿰뚫어 안다. 이와 같이 안으로 느낌에서 느낌을 관찰하며 머문다. 혹은 밖으로 느낌에서 느낌을 관찰하며 머문다. 혹은 안팎으로 느낌에서 느낌을 관찰하며 머문다.

그 다음은 마음에 대한 마음챙김으로 즉 마음 심리상태를 말한다. 마음의 상태는 다음과 같이 대비되는 마음의 쌍들로 분류된다. 첫 번째, 어리석음이 있는 마음, 어리석음이 없는 마음, 두 번째, 탐욕이 있는 마음, 탐욕이 없는 마음, 세 번째는 성냄이 있는 마음, 성냄이 없는 마음, 네 번째, 무기력한 마음, 산란한 마음, 다섯 번째, 넓은 마음, 넓지 않은 마음, 여섯 번째, 우월의 마음 ,열등의 마음, 일곱 번째, 고요한 마음, 고요하지 않는 마음이다. 이와 같이 안으로 마음에서 마음을 관찰하며 머문다. 혹은 밖으로 마음에서 마음을 관찰하며 머문다. 혹은 안팎으로 마음에서 마을 관찰하며 머문다.

마지막으로 마음챙김에서 법의 정신적 대상으로 법에서는 현상과 현상이 일어나고 사라지는 이치가 포함된다고 모아야 할 것이다. 범의 마음챙김 명상에서는 마음과 물질적(마약 등) 대상의 접촉을 알아차리는 수행이 중요하다. 접촉의 순간을 알아차리면 관념화 과정을 거치지 않은 현상의 실상을 꿰뚫어 볼 것이며, 그렇지 않으면 개념을 형성하게 될 것이다.

그럼 마음의 챙김명상을 수행사실을 설명한다.

마음 챙김명상은 '느낌'과 마음'에 속한 세부항목들은 상호 유기적인 관련성을 지닌다고 하고 할 수 있다. 반면에 '봄'과 '법'에 속한 항목들은 그 들 각각에 대해 '법에 대한 관찰'의 과정이 별도로 표시된다. 바로 이것은 그들 각각의 내용이 자체적으로 완결적임을 나타낸다고 할 수 있다. 다시 말해서 '호흡에 대한 알아차림'만으로도 진리에 대한 지각이 가능하고 '동작에 대한 알아차림'만으로도' 법을 깨닫는 것이 가능하다는 의미로 이해된다. 마음 챙김 명상의 핵심은 '따라가며 보는 것'에 있으며, 바로 그러한 관찰이 가능하기 위해서는 '세간적인 탐욕과 근심'에서 벗어나서 그것들이 대해 어느 정도의 거리를 유지할 필요가 있다. '따라가며 보는 것'은 경험을 있는 그대로 관찰하는 것이 강도 된다. 자신의 선입견을 개입해서는 안 된다. 멈에서는 봄을, 느낌에서는 느낌을 마음에서는 마음을 법에서는 법을 있는 그대로 관찰한다. 즉 대상에 대해 거슬리지 않고 그것을 수동적인 입장에서 따라가며 본다는 의미이다. 바로 이것은 일체의 현상적 존재가 지니 특성인 '일어남과' '사라짐'의 원리를 통찰하기 위함이다.

다시 말하면 현재 자신의 몸과 마음에서 자연스럽게 생겨나는 현상을 있는 그대로 단순한 주의집중을 통해서 분명하게 깨어 있는 마음으로 관찰하는 것이다. 자신의 몸과 마음의 현상을 좋거나 나쁘다는 판단을 하지 않으면서 경험되는 그대로를 알아차리고 있는 것이라고 말할 수 있다. 이렇게 반응하지 않고 단지 알아차리는 능력을 배양하는 것은 어떤 상황 속에서 성숙한 결정을 하는데 필요한 시간 즉 순간적으로 자신의 상태를 알아차리는 여지를 가지도록 하여 생각으로부터 행동의 진행을 여유 있게 하도록 하는 장점이 있다. 이러한 지속적인 노력을 통해 약물중독자, 단순 투약들은 명상에 의한 치료도 가능할 수 있다고 필자는 말하고 있다. 이에 더 나가 이러한 마음 동 불안 등의 부정적인 요소들이 제거되어 정화 순화되기 시작하고 발생하는 현상을 객관적으로 바라봄으로써 사태를 있는 그대로 생각하고 파악하면서 이해하는 지혜가 생산될 것이다.

4) 명상의 효과

현대사회는 중독의 환경적 변화로 지속적으로 증가되고 있다. 중독의 종류도 다양하게 변화되면서 약물중독, 알코올, 담배, 인터넷 등 많은 중독자가 발생되어 치료에도 여러가지 모델들이 연구자를 통해 발표되고 있다. 그 중 하나가 바로 명상의 치료로 생각된다. 명상의 치료는 앞으로 더욱 연구자가 활발하게 연구가 되며, 유럽 등 미국에서는 심리치료사의 40% 이상이 명상치료 프로그램에 활용하고 있다. 이런 세계적인 현상은 사회적 환경과 문화적 환경 등 원인으로 중독자가 발생되고 그들의 질병인 스트레스, 정신장애, 심리장애의 치료가 가능한 명상치료 선택되고 있다. 그에 따라 뇌의 변화와 자아존중감에 대하여 간단히 설명하려고 한다.

(1) 뇌와 명상

현대인들은 환경적 원인으로 인하여 낮에 활동을 할 때 주로 자율신경 중 교감신경이 활성화되고 뇌 기능의 노파가 베타파 상태가 되어 뇌의 반응이 과하게 활성화되어 있다. 베타파 상태는 감성이 메마르고 황폐해져서 매사에 예민하고 충동적으로 변화되는 최근 청소년들 나타나는 현상들이다. 일상생활에서 부교감신경이 활성화되어 알파파상태가 되는 것은 하루 중 밤이나 수면을 취할 때뿐이다. 수면을 취할 때는 가장 편안한 휴식시간으로 낮에 활발하게 활동을 하던 좌뇌가 휴식을 취하게 되면서 낮에 잠들어 있던 우뇌가 활성화되어 우뇌에서 알파파가 많이 나오게 된다. 수면 상태에서 알파파가 나오게 되면 알파파는 몸의 긴장을 이완시켜주며 새로운 에너지를 재충전하게 된다. 문제는 오늘날 우리 일상생활의 환경이 지나치게 경쟁적이고 치열하다 보니 심한 압박감을 느끼며 항상 교감신경이 항진되어있는 상태로 베타파 상태가 되어 정서적으로 안정이 되어 있지 못해 작은 일에도 충동적으로 행동하고 심리적 안정을 누리지 못하는 데 있다. 이러한 생활 여건 속에서 명상으로 자율신경 중에서 교감신경의 항진을 억제하고 부교감신경을 항진시켜 좌뇌의 활성을 억제하고 우뇌를 활성화하여 뇌파를 알파파 상태를 만들어 감수성을 풍부하게 해부며 잠재력을 자극하여 집중력과 기억력을 높여주고 학습능력을 향상시켜주며 매사에 긍정적으로 생각하는 사고를 갖게 되고 항상 여유로운 마음과 건강한 몸을 가지게 됨으로써 심리적 편안함을 누리게 해준다.

대부분 명상에서는 알파파의 출현이 많으며 이는 이완된 각성(환각)상태를 의미한다. 또한 명상이 진행되거나 길어질수록 알파파는 세타파로 바뀌고, 좌반구에서 우반구로 뇌파가 진행되어 좌우 반구의 기능이 균형된 조화를 이루게 되며 궁극적인 무심상태가 되면 뇌파의 활동마저도 일시적으로 중지된다는 점이 특이하다. 결과적으로 뇌파의 측정을 통하여 명상상태의 진행 정도를 측정할 수 있고, 심신이완의 치료적 효과를 예견하는 객관적 지표로서도 이용할 수 있다.

그럼 일반인 대상으로 명상을 연구한 독일 신경학자의 사례를 설명한다. 헬젤학자는 명상의 경험이 없는 일반인 상대로 8주간에 걸쳐 마음챙김 명상을 실시한 집단과 명상을 하지 않은 통제집단의 뇌를 MRA를 통해 분석하였다. 명상집단은 비명상집단의 피험자에 비해 학습, 기억, 그리고 감정조절을 담당하는 뇌중추인 해마와 연민의 마음을 지속하는 전방 대상회피질 그리고 인지기능을 담당하는 측두-두정 경계부위 뇌피질 등에서 신경세포체가 밀집되어 양적으로 팽창된다는 사실을 발견하였다. 이것은 짧은 기간의 명상으로도 하급. 기억, 정서조절, 자애심, 인지기능과 같은 고차원적인 정신능력을 담당하는 뇌 부위의 기능과 구조가 바뀌어져 우리의 마음을 긍정적인 쪽으로 바꾸어 놓는다는 결정적 증거를 보여주는 것이다, 이러한 증거들은 명상 수련을 통해 중독된 신체와 마음의 괴로움이 자연스럽게 치유될 수 있음을 알 수 있다.

5) 자아존중감

약물 등 중독자 자신에 대해 갖는 태도 속에 나타나는 자기에 대한 가치의 판단으로 자기 자신을 수용하는 것을 의미하며, 개인이 자기 자신을 능력 있고 중요하며 성공적이고 가치 있다고 믿은 정도를 말한다. 초기 약물, 알코올, 담배 사용자들은 자기 상황에 대하여 적응에 큰 영향을 미치는데, 우울의 인지적 소질과 스트레스 모델에 의하면 자아존중감은 인지적 요소로서 약물에 의한 스트레스와 우울 수준을 중재할 수 있다.

명상과정은 자신에 대해 가지고 있는 이미지인 자기상을 통해서 경험을 왜곡하기 전에 자기상을 점검해보고 지금 여기의 실재에 집중하도록 설계되어 있다. 그러므로 명상은 개인으로 하여금 왜곡된 자기상을 지속하려는 노력을 포기하고 그것의 실체를 객관적으로 볼 수 있도록 돕는다. 결국 왜곡되지 않은 자신의 실체를 받아들임으로써 자아존중감이 증진될 수 있으리라 기대할 수 있다.

자아존중감은 자신에 관한 스스로의 인식이라고 할 수 있는데 자기에 관한 왜곡된 인식이 낮은 자아존중감을 야기 시키며 결과적으로 불행감을 포함한 여러 부적응을 낳게 되는데 약물 사용들의 심리적로 자주 나타나는 현상이다.

인간은 실존적 상황에서 야기될 수 있는 무의식적, 신경증적 동기 때문에 주체성을 상실하게 되고 주체성을 상실한 인간은 참된 자기와 망상에 사로잡힌 자기는 분열되어서 자신의 참마음과는 관계없이 있는 그대로의 현상을 상실하게 되어 망상 상태에 빠지게 된다고 한다. 이런 망상 상태에서 인간은 인지적 왜곡 현상을 경험하게 되고 현상학적 이해를 할 수 없게 된다. 다시 말하면 그는 존재로서의 참모습, 참된 실재의 모습을 볼 수 없게 되는 부적응상태에 빠지게 되는 것이다. 부적응상태에 빠진 자가 본질을 직관할 수 있는 의식이 활성화되도록 조력을 받는다면 주체성을 회복하게 되며, 자아강도가 높아져서 망상에서 벗어나게 될 수 있다. 명상은 마음의 심리작용이므로 마음을 통제하고 생각을 제어하게 되면 망상에서 벗어날 수 있으므로 명상을 수행함으로써 마음의 작용을 의식하고 자신의 참모습과 사물의 본질을 직관할 수 있는 지혜를 얻을 수 있다. 자신의 진실한 모습을 가리는 망상은 곧 왜곡된 자아상을 의미한다고 할 수 있다. 이러한 자아상은 일상의 체험 속에서 공포와 분노, 긴장감과 같은 에너지를 발생시키며, 일단 자아상이 형성되면 자아집착을 통해서 지금까지 인습적이고 자기중심적으로 경험을 여과시키기 전에 지금 여기의 실재에 집중하도록 설계되어 있다. 즉 자아상을 지속하려는 노력을 포기하고 그것의 실체를 객관적으로 볼 수 있도록 도울 수 있는 것이다. 즉 명상을 수행하면 부정적인 인지나 정서를 객관적으로 관찰할 수 있게 되어 부정적인 감정들이 약화된다. 또한 과거에 그런 감정들을 일으킨 기억들이 명상을 통해 야기된 편안한 마음상태와 다시 재조건화가 됨으로써 부정적인 감정의 영향력이 줄어든다. 부정적 감정과 관련된 과거의 기억들은 사람으로 하여금 왜곡된 자아상을 형성하고 유지도록 한다. 그리고 왜곡된 자아상을 통해 현실의 경험을 받아들이고 해석하게 되는 것이다. 명상은 왜곡되기 전의 지금 실재의 경험에 초점을 맞추어 객관적인 실체를 볼 수 있도록 돕는다. 그러므로 더 이상 왜곡된 자아상을 통해 경험을 해석하지 않게 되며. 나아가 왜곡된 자아상을 유지하려는 노력을 포기하게 되는 것이다. 즉 있는 그대로의 자기를 보게 되면, 긍정적이고 새로운 자아존중감을 획득하게 된다.

지금까지 명상에 대하여 이론과 학자들의 실험을 통해 입증할 수 있었다. 최근 지구환경변화와 현대인의 생활양식 변화 사회문화적 변화 등에 따라 뇌의 안정과 편안한 정신적 치료모델을 복합적으로 수행한다면 확산되는 각종 중독자에게 치료할 수 있다고 본다. 그러나 좋은 명상수행이라도 자기 스스로 행할 때 좋은 결과를 가져올 수가 있다.

6) 애착관계의 동물치료와 비교연구

포유동물에서 애착 실패의 결과는 중독연구를 통해 폭넓게 사실들을 알아냈다. 원숭이 연구는 중독자나 알코올중독자에서 발견되는 중독 행동과 고립 원숭이 사이에서 발견된 많은 행동적 유사점 때문에 특히 유용했다. 집단 내에서 다른 원숭이들로부터 고립된 채 자라고 안정 애착을 빼앗긴 원숭이들은 집단에서 살아남거나 적응하는 일이 매우 어려웠다. 그들은 감정과 신호를 적절히 알아차리거나 표현할 수 없기 때문에 자주 고립되고 다른 원숭이들과의 잘 지내지 못했다. 고립된 원숭이들은 더 빈번하게 싸움에 끼어들고 종종 자해를 했으며, 공격적이었고 부적절한 성적 행동을 했다. 또 그들은 행동의 역기능적 패턴을 고치는 데 어려움이 있었으며 음식과 물을 폭식하였다.

크래머의"고립증후군"은 중독과 특별한 연관성, 즉 고립된 원숭이들과 알코올중독자 및 중독자 간의 유사성을 확실히 보여주었다. 이들에 대한 진단과 치료의 방향은 큰 의미가 있다. 중독자나 알코올중독자처럼 고립된 원숭이들도 다음과 같은 행동을 보인다.

● 음식과 물 폭식
● ”보통 원숭이“보다 알코올을 더 많이 선호하고 마시는 경향
● 불안정하고 공격적인 관계문제를 키우는 행동
● 바람직하지 못한 성덕관계
● 돌보는 행동을 제공하기 어려움
● 고립되는 경향(고독한 동물)

(1) 중독에 따른 집단동료원숭이들과의 연구

고립된 고독한 원숭이들이 건강한 애착 관계를 지닌 동료“치료자 원숭이들”과 함께 있을 때 다시 정상적 행동을 보여주기 시작하는 모습을 여러 연구들에서 볼 수 있었다. 행동이 변하면서 그들은 집단 내 다른 원숭이들과의 관계에 적응하기 시작했다. 그러나 그들이“ 치료자 원숭이들 ”을 빼앗기게 되면 정상적 히복과 정은 유지되지 않았다. 그들은 감정 신호나 단서에 대한 학습 및 반응 능력을 유지하지 못함으로써 급속히 나빠지거나 적절하게 가능하지 못했다.

동료 원숭이들이나 “치료자 원숭이들”과의 애착은 빈약한 부모 애착 경험을 상쇄할 수 있다. 부모 없이 혹은 알코올중독자 부모에게서 자란 아동들도 이와 유사할 것이다. 가정의 형제들이 부모의 결점을 보상할 수도 있다. 재미있는 현상은 : 치료자 원숭이들“이 장기간 병든 원숭이들과 함께 시간을 보낸 뒤 집단으로 돌아올 때 우울이나 불안 징후를 많이 보인다는 점이다. 어떤 원숭이는 치료자”소진“에서 흔히 보이는 증후군에 해당할 정도다.

고립되거나 병든 원숭이들은 신경 화학적 손상에 따른 다양한 현상을 보이기도 한다.

다음의 것들이 흔히 발견된다.

● 노르에피네프린 수준이 격감 된다. 수준이 너무 낮아지면 절망반응이 더욱 심해진다.

- 감각기 입력에 더 쉽게 압도되는 경향에서 오는 도파민 시스템의 조절장애가 발생한다.
- 세로토닌 수준이 부정적인 영향을 받는다. 낮은 수준은 우울을 야기하고 높은 수준은 집단 내 높은 지배 서열을 야기한다.
- 체내 신천적 아편제 시스템이 부정적인 영향을 받는다.

7. 개별 치료

1) 중독자의 개별 치료의 이해

지금까지 여러 가지 논의한 변화 단계 모델의 개념과 특징은 사전숙고, 숙고, 준비, 행동, 유지와 이에 따른 변화 단계를 통해 나아갈 때, 개인들은 저마다 다른 형태의 문제를 해결하고 각 단계에서 요구되는 과업을 수행해야 한다 (DiClemente, Carboanri, & Velasquez, 1992).

사전숙고 단계자에게 요구되는 과업과 행동 단계자에게 요구되는 과업은 분명히 다르다. 한 개인이 어느 시점에서 숙고 단계로 이동하여 행동 계획을 세우겠다고 결정하게 될지 여부는 각기 다른 고유한 환경이나 개인적인 노력 이하에 달려 있다. 또한 각각의 행동 계획도 약물 남용자 개인이 처한 환경과 개인이 가진 기술에 따라 다를 수 있다. 금단의 형태가 사람마다 달라지는 이유도 그 행로에서 저마다 다양한 문제를 만나게 되기 때문이다. 이론상 개별 치료는 변화 과정에서 앞으로 이동하는 데 있어 개별 클라이언트를 탐색하고 원조하기 위해 고안되었다. 이때 개별 치료자의 역할은 조력과 자원을 제공하고, 클라이언트의 욕구를 뒷받침함으로써 회복을 목표로 효과적이면서 효율적인 방식으로 다양한 변화 단계를 이동해나가도록 하는 것이다.

치료에서 클라이언트와 처음 접하게 된 치료자의 첫 번째 과업은 개인이 변화 과정 중 어디에 위치해 있는가를 사정하는 것이다. 우리는 이미 사정에 관한 논의를 통해 치료 시작 시점에서 적용 가능한 변화 단계 및 그와 관련된 클라이언트의 변화 변수에 대한 다양한 평가 방법들을 소개한 바 있다. 치료자가 개인이 위치한 단계에 대한 뛰어난 통찰력을 갖게 될 때 비로소 개별화 개입이 진행된다. 변화의 단계는 '특성(trait)'이 아닌 '상태(state)' 정의되므로 개인이 변화 과정 가운데 어디에 위치해 있는지 지속적으로 확인하는 것이 효과적이다.

약물 사용자는 하루 또는 주 단위로, 심지어는 세션 중에도 여러 단계를 오갈 수 있다. 단계에서의 '상태'는 클라이언트의 역동성을 보여주는 특징이다. 일부는 장기간 동일한 단계에서 머무를 수도 있으나(Carbonari, DiClemente, & Sewell, 1999), 단계 내의 신속한 이동이나 급격한 변화 가능성 또한 여러 논문을 통해 기술된 바 있다(Wholey, 1984). 특성이 아닌 상태로서의 단계의 개념은 클라이언트를 '사전 숙고자가 된'것이 아닌 '사전숙고 단계에 있는'것으로 여기는 것이 긍정적임을 내포하고 있다. 이미 기술된 바와 같이 각 단계는 성취되어야 할 일련의 과업들을 나타낸다. 특정 단계 내 과업은 활용 가능한 접근법 및 전략, 변화를 촉진하는 데 가장 중요하다고 할 수 있는 대인관계에서의 태도 방식 등에 관하여 향후 방향성을 제시해준다(DiClemente & Prochaska, 1998; Prochaska & Norcross, 1994: DiClemente et al, 1992). 여기에서는 주요 과업 및 각 주요 과업 및 각 변화 단계에서 사용, 수용 가능한 개입 기업뿐만 아니라 치료 과정에서 단계의 상태를 평가하는 방법을 설명한다, 또한 이슈와 전략에 대해 생생하게 설명하고자 사례를 덧 사례를 덧붙였다.

약물 남용 행동의 변화는 개인의 기능과 환경 상 다양한 영역에서의 변화가 요구된다고 할 수 있다(DiClemente, 1999a). 그러므로 각개별 단계에서 클라이언트의 기능 및 환경 내에서 발생될 수 있는 사항들에 관해 논의하고, 이러한 변화 또는 이동을 성취하기 위한 몇 가지 전략 기법을 강조하여 설명하도록 하겠다. 그리고 한 단계에서 다음 단계로의 전환을 이끄는 데 중요한 것으로 나타난 일부 과정에 관하여 중점적으로 다루고, 이러한 과정을 유도하기 위한 몇 가지 전략들을 제시하도록 하겠다. 이처럼 변화 과정에 영향을 미치는 새로운 독창적인 방식을 탐색하는 것은 개별 치료에 있어 가장 창의적이고 역동적인 특성 가운데 하나라고 할 수 있다.

2) 임상 변화 단계 사정
   (임상 세팅에서의 변화 단계 사정)

앞에서 언급했듯이, 개인이 약물 사용의 변화 과정 내 어디에 위치하였는지 사정하기 위해 다양한 전략이 개발되어왔다(DiClemente & Hughes, 1990; Beiding, Iguchi, Lamb, Lakin, & Terry, 1995; Camey & ·Kivlahan, 1995; Isenhart, 1994). 이러한 사정 기법의 대다수가 치료 과정 전체를 통하여 현재 사용 중인 것에 대해 기꺼이 적용 가능하다. 이것이 중요하게 강조되는 이유는 한 주에 걸쳐 심지어 하루만에도 한 단계에서 다음 단계로 이동할 수 있으며, 반대로 이전 단계로 후퇴도 가능하기 때문이다. 결과적으로 지속적인 임상적 사정이 불가피하다. 초기 면접에서 시행된 척도를 통해 특정 단계로 파악되었더라도, 치료자는 클라이언트의 상태가 과거와 현재 변화의 단계와 일치하는지 여부를 확인해야 한다. 초기 면접에서 단일 척도를 통해 파악된 단계의 상태를 바탕으로 치료 기간을 예상하는 것은 불가능할 수 있다. 대신 음주 또는 약물 사용 상태라고 하듯이 이 또한 특정 단계의 상태(status)로 바라보는 시각이 중요하다. 예를 들어, 약물 사용 여부를 확인하고자 할 경우 치료자는 클라이언트가 사정이나 치료를 위해 방문할 때마다 소변 샘플을 수집하게 한다.

이러한 시도는 약물 사용 상태가 각 방문 시점마다 바뀔 수 있음을 의미한다. 이와 유사하게 변화의 단계상 클라이언트는 한 지점에서 다음 지점으로 이동할 수 있다. 따라서 치료자들은 적당한 범위 내에서 자주 그리고 꼼꼼하게 클라이언트의 변화 단계를 사정할 필요가 있다. 각 세션을 시작할 때마다 변화 상태에 대해 신중하게 사정하고 논의하는 것은 특정 클라이언트의 단계를 관찰하는 데 있어 가장 손쉽고 효과적인 방법이다.

치료자가 면접을 통해 단계의 상태를 사정하는 데 있어 클라이언트의 태도와 행동에 대해 정확히 이해하기란 어려운 일이다. 때로는 특정 시점에서 특정 클라이언트에 대해 판단하는 것이 옳지 못할 수 있다. 또한 클라이언트와 치료자는 같은 현상을 다르게 바라볼 수 있다. 치료적 동맹(therapeutic alliance)에 관한 최근 한 연구에 따르면, 치료자와 클라이언트는 치료 관계의 중요성에 관한 질문 반응에서 다소 낮은 수준의 일치성을 보이는 것으로 나타났다(Conors, Carroll, DiClemente, Longabugh, & Donovan, 1997; Connors et al, 2001). 치료 세팅이 클라이언트가 '옳은'답만을 해야 하거나 치료자가 듣고 싶은 말만 해야 하는 환경이라면, 치료자와 클라이언트가 정확한 자기 평가를 공유하게 될 가능성이 낮아진다. 치료자가 편향된 방식으로 가정을 내리고 부정적인 인상이나 성의 없이 대충 듣기 식일 때, 그 임상적 판단은 부정확할 수밖에 없다. 그러므로 치료자는 변화 단계를 정확히 사정하기 위해 클라이언트가 자신을 개방할 수 있도록 유도하고, 그의 문제를 존중하는 자세를 가지고 클라이언트의 생각과 행동을 경청해야만 한다. 참고로 2명의 개별 클라이언트와의 2회차 세션 내용을 살펴보도록 하겠다.

A는 치료 세션에 5분 늦게 도착했고 교통 혼잡 때문이라며 불평했다. 그는 곧바로 아내의 자녀 양육 방식이 지나치게 엄격하다며 이야기를 꺼냈다. 그는 아내와 여러 번 충돌이 있었다면서 자신의 염려를 드러내는 일부 사건들에 관해 세세히 열거했다. 그중 하나는 바로 그날 아침에 일어난 일이어서 더 생생하게 기억하고 있었다. 그러나 이야기의 초점이 그의 음주 문제로 되돌아가자 "그 문제에 대해서 나는 잘하고 있다"고 말했다. 평상시와 달리 그는 금요일 저녁에 있었던 직장 동료의 술자리 초대를 거절했다. 그는 자신이 자랑스러웠고, 이것이 자신의 음주 통제력을 증명해준다고 믿었다. 그러나 그 주말 내내 집에서 술을 마시고 말았다. 그는 만약 술을 안 마시면 직업상 관련된 부분까지 바꿔야 하므로 결과적으로 현실적인 딜레마를 낳게 될 것이라고 했다. 또한 그는 엄격한 아내로 인한 분노를 다스리기 위한 대안이 필요함을 인정했다. 그에게 있어 음주는 가정불화로 인한 좌절로부터 도피하는 수단이기도 했던 것이다.

B는 아내와 함께 세션에 딱 맞게 도착했다. B는 아내가 자신의 치료를 염려하여 자신의 문제에 대해 자세히 알고 싶어 한다면서 세션에 함께 참여할 수 있는지 물었다. 그는 주말에 폭음을 했고, 이러다 '알코올릭'이 되는 건 아닌지 아내와 상의하기도 했다. 그녀는 이러한 사실이 드러났다는 점과 더불어 평소 '알코올릭'에 대해 가져왔던 생각으로 매우 혼란스러워졌다. B는 현재 자신이 심각한 음주 문제를 갖고 있다고 믿었고 이제는 무언가 해야 할 때라고 생각했다. 그는 알코올이 될 것인지 술을 끊어야 할지 아내와 논의하면서 문제해결 방법을 고민해왔다. 아내는 남편이 알코올릭 판정을 받고 술을 끊어야 할 경우 부부의 사회생활에 해가 되지는 않을까 매우 걱정했다.

B와 A의 음주를 살펴보면, 우선 변화와 관련하여 두 사람은 각기 다른 위치에 있음이 뚜렷하게 나타난다. A의 경우 어느 정도 통찰력이나 숙고 단계의 행동이 나타나긴 하나 사전숙고 단계로 이동하려는 기미는 보이지 않는다. 아내의 성격이

나 자녀 양육 기술 등 다른 문제에 대해 강조하는 것은 음주 문제와 연관성이 있을 수 있으나 보충적인 단서에 지나지 않는다. 오히려 자신 고유의 행동에 대해서는 초점을 맞추려 하지 않는다는 징후이다. 만일 A가 음주에 중점을 두고 자녀 문제를 해결하려고 했다면 상황은 매우 달라졌을 것이다. 그러나 A는 자녀 양육 문제와 음주 사이에 어떤 연관성이 있는지 논의도 하지 않을뿐더러 자신의 음주 행동까지 변화할 준비는 되지 않았다고 말하고 있다. 이처럼 문제 또는 변화에 에너지를 쏟지 않으려는 자세는 사전숙고 단계의 징후이다. 술을 끊는 것이 다른 심각한 결과를 초래할 것이라는 A의 생각은 숙고하는 자세의 시작점이긴 하나, 이것은 변화하기 위한 이유라기보다는 변화하지 않으려는 데 기인한다.

반면에 B는 숙고 단계에서 준비 단계로 접어들고 있다. 특정 단계의 주요 과업은 전체 변화 과정에서 계속적인 주의가 필요할 수 있다(DiClemete & Prochaska, 1998; Prochaska & DiClemete, 1998). 예를 들면, 숙고 단계의 주된 과업이었던 장단점에 대한 평가는 준비 단계에서도 계속된다. B가 변화하는 쪽으로 기울자 아내는 걱정거리가 늘었다. 이는 B의 계획을 무산시켜 변화 단계상 숙고 단계로 되돌아가게 할 수도 있다. 자신의 음주 문제가 심각한 상태이며 이제 무언가 해야 한다는 B의 생각은 준비 단계의 신호이다. 아직 계획이 수립되지 않았으므로 행동 단계로 이동하려면 부가적인 작업이 남아 있다. 이미 준비 단계의 과업은 시작된 상태로서, 그의 과업은 다음 단계로 계속 진행하는 것과 자신의 노력에 방해가 될 수도 있는 아내의 걱정을 덜어내는 것이다. 첫 세션에서 아내의 참여는 치료적 노력에 있어 부가적으로 중요한 사항임이 뚜렷이 나타난다 하겠다.

이처럼 사정을 통한 단계의 상태가 명확해짐에 따라 개입 전략과 주체 또한 뚜렷해진다. 이때 임상적으로 단계 상태를 사정할 때 주의사항이 있다. 다음에서 설명하는 사항은 모든 우수한 면접법이 갖는 특징임은 물론, 동기 강화 면접에서는 필수적인 부분이라 하겠다(Miller & Rollmick, 1991).

3) 경청

치료자가 너무 많은 질문, 특히 폐쇄형('예, 아니오'로만 대답 가능한 질문) 또는 지시형 질문(당신의 계획이 효과가 있었죠, 그렇죠?)으로 시작할 경우 정확한 단계 사정은 어려워진다. 암시하는 것은 아니다. 외부에서 강요된 상태(예: 자신에게 문제없음을 증명하기 위해서나 일부 외적 요구를 충족시키려는 의도에서 기인된 알코올·약물 사용 중단)가 아닌 범위 내에서 금주를 지속하는 것은 긍정적인 신호이며 행동 및 유지 단계 상태에 대한 징후가 된다. "술을 드셨습니까? 술을 끊고 싶으신가요? 끊을 수 있나요?"와 같은 질문들은 치료자가 단계를 사정하는 데 도움이 되지 않는다. 클라이언트의 사고 과정이나 염려에 대해 경청하는 자세는 변화 과정 가운데 클라이언트의 상태를 관찰하고 사정하기 위한 가장 효과적인 방법이다(Rollnick et al., 1999).

4) 탐색형, 개방형
(탐색형·개방형 질문을 사용하라)

부가적인 정보를 탐색할 때 아내나 동료, 보호관찰 담당자의 견해가 아닌 클라이언트의 관점을 획득하는 것이 유용할 수 있다. 단계 사정은 반드시 클라이언트의 행동·태도·관점을 토대로 이루어져야 한다(DiClemente & Prochaska, 1998). 자신을 괴롭힌 이들의 숫자 또는 반대로 이를 경험한 결과들의 숫자만으로는 변화에 대한 압력은 클라이언트의 의지를 측정하지 못한다. 사실 변화에 대한 압력은 클라이언트로부터 완전히 다른 두 반응을 야기할 수 있다. 때로는 클라이언트에 대한 압력이 문제에 대한 진지한 고려나 변화 가능성을 가져오기도 한다. 반면에 압력이나 직면은 거짓된 순응이나 변화에 대해 완고한 저항을 불러올 수도 있다(Miller, Benefield, & Tonigan, 1993). 치료자는 개방형 질문을 사용하고, 어떠한 반응에도 열려 있는 태도로 대할 때 이에 적절하게 대응할 수 있게 된다.

5) 자신의 지각수준
(자신의 지각 수준을 확인하라)
동기 강화 면접의 전략 중에서 '요약(summarizing)' 기법은 변화 상태를 정확히 사정하는 데 아주 유용하다(Miller & Rollnick, 1991). 요약기법이란 클라이언트의 입장을 치료자인 당신이 제대로 이해했는지 주기적으로 확인하고, 그가 의미한 사항이 이러이러한 것인지 질문하며, 장신이 들은 바를 반복하고, 그로부터 전해 들었던 말들을 당신의 언어로 정리하여 전달하는 것이다. 이러한 전략을 통하여 클라이언트가 실제 음주나 약물에 대해 인식하고 있는 장단점이 치료자 본인이 이해하고 있는 것과 동일한지 확신할 수 있게 해준다. 다시 말하면, 변화 과정 가운데 클라이언트가 어디에 위치해 있는지 치료자가 결정하는 것은 클라이언트로부터 정확한 정보가 있을 때만이 가능하다.

6) 정기적 상태검토
(정기적으로 단계 상태를 검토하라)

B의 예에서 나타났듯이 클라이언트가 단계를 이동 중일 때, 치료자는 세션에서 클라이언트가 구체적인 변화 과정에 임하도록 하여 변화를 유발하게 된다. 세션을 시작할 때만 아니라 세션 끝 부분에서 단계 상태를 검토하는 것 역시 중요한 전략이다. 일반적으로 클라이언트는 세션과 세션 사이에 스스로 다음 단계로 이동하는 경향이 있다. 한 세션을 마친 후 이들은 세부적인 활동에 보다 몰입하며 성찰 해 보는 시간을 갖게 되기 때문이다. 또는 한 세션 내에서도 클라이언트가 사전숙고 단계에서 숙고 단계로 진행하거나 숙고 단계에서 준비 단계로 되돌아가는 것을 목격하게 될 수 있다. 그러나 이는 전형적인 현상은 아니다. 변화는 그렇게 쉽게 일어나지 않을 뿐더러 대개 클라이언트의 사적인 공간 내에서 발생하기 때문이다. 어느 경우든지 간에 클라이언트가 한 단계에서 다른 단계로 전환 중일 때 그가 결단을 내릴 수 있도록 단계 상태를 파악하는 것이 중요하다. 또한 단계는 진보할 수도 있지만, 후퇴할 수도 있음을 명심해야 한다. 그러므로 어느 방향이든지 이동에 대한 민감성이 뒷받침되어야 한다. 단계 상태를 파악하고 시간 흐름에 따른 상태 변화를 분석하는 것은 개별 클라이언트에 대한 개입에서 적절한 변화 단계를 연계하는 데 핵심이다. 즉, 클라이언트의 단계 상태에 대한 면밀한 탐색이 이루어져야 개입 계획이 발전할 수 있다. 물론 개입 계획은 변화 단계상 이동 여하에 따라 수정 가능하다.

7) 각 변화 단계에서 클라이언트 접촉

(1) 사전숙고 단계

  사전숙고 단계의 클라이언트를 대상으로 하는 개별 치료에서 치료자는 클라이언트가 치료를 갖게 된 원인과 이 단계에서 벗어나도록 하는 방법을 탐색하게 된다. 비숙련 된 관찰자들은 변화를 원하는 사람들만 치료를 찾는다는 생각에 사전숙고자는 치료와 무관하다고 여기기도 한다. 그러나 임상 자료나 클라이언트와 직접 접촉을 갖는 치료자들 역시 다수의 클라이언트들이 변화에 대한 준비 없이 치료를 찾는다는 점을 지적한다(Simpson, & Joe, 1993; Simpson, Joe, Rowan-Szal, & Greener, 1995; Ryanm Plant, & O' Malley, 1995). 클라이언트들이 약물 사용 행동에 변함없이 치료 세팅을 방문하게 되는 원인에는 여러 가지가 있다. 가장 주된 이유로 사법기관의 치료 의뢰를 들 수 있다. 판사나 보호관찰 담당자, 변호사들은 법적 처벌을 감면하거나 사법기관에 나쁜 인상을 주지 않으려면 치료기관에 가야 한다고 말한다. 치료 명령을 받은 클라이언트들은 자신의 행동을 변화시키겠다는 의지도 없이 치료 과정에 명목상 '협력'한다. 이들의 사적인 목표는 사법기관을 만족시켜 문제를 없애려는 데 있다. 이 밖에도 시나리오 상 차이만 있을 뿐 근본적인 원인은 유사한 경우가 있다. 부모는 클라이언트의 음주 행동에 진저리가 난 상태이며, 배우자와 이혼 위기에 있다고 가정해보자. 고용주는 클라이언트 때문에 직장 내 발생한 문제를 해결하고자 무언가 조치를 취하려 한다. 이러한 상황에서 클라이언트는 주변 인물들을 만족시키려는 의도에서 치료를 찾는다. 또 어떤 사전숙고자는 자신에게 문제가 없다는 확신을 얻고 싶어 치료를 찾기도 한다. 끝으로, 자신이 아닌 타인을 변화시키려는 목적으로 치료를 찾는 경우도 있다. 물론 이 같은 판단을 내리기에는 수많은 변수가 존재한다. 그러나 초기 면접과 사례를 면밀히 분석해보면 클라이언트 다수가 외부에서 강요된 프로그램에 표면상으로는 협조적이지만, 약물 사용 행동 변화와 관련해서는 사전숙고 단계에 있음을 종종 발견하게 된다(Isenhart, 1994; Donovan, 1999). 또한 많은 클라이언트들이 치료에 대한 주요 동기가 외부로부터의 요구를 충족시켜주기 위한 것이었다고 순순히 인정한다. 결국 치료에 대한 동기와 변화에 대한 동기는 동일한 것이 아니다(DiClemente, 1999b).

  사전숙고자에 대한 전통적인 치료 접근법에는 의심, 충고, 적정범위 내에서의 직면 기법 등이 있다. 충고는 종종 낙인의 형태("당신은 약물중독자입니다" 또는 "당신은 알코올중독자입니다")로서 클라이언트 자신이 심각한 문제를 가지고 있음을 인식시키려는 시도(Johnson, 1986)를 취해왔다. 충고는 정보가 부족한 사전숙고자에게는 유용할지 모르지만, 사전숙고자 전체에게 적절한 방식은 아니다. 약물 사용자들은 현상 유지에만 급급하여 사전숙고 단계를 벗어나지 못할 때가 많다. 이들은 위험을 최소화하여 합리화시키며, 스스로 중독 문제에 대해 체념해버린다(DiClemente, 1991; Daniels, 1998). 그러므로 이들이 자신에게 문제가 있다는 말을 듣게 될 때 저항과 분노를 보이는 것은 당연하다. 즉, 직면과 충고는 저항을 불러일으킬 수 있다. 그러나 직면으로 클라이언트가 저항 행동을 보일 때 치료자가 책임지고 접근해야 할 부분이기도 하다(Miller, Benefield, & Tonigan, 1993).

최근 변화 단계 모델에서는 변화 과정의 일부분으로서 동기 부족을 들며, 사전숙고자의 욕구에 중점을 두는 동기 강화 접근법을 활용하고 있다(Miller, 1985; Miller & rollnick, 1991). 동기란 변화 과정 전체적으로도 중요 사안이지만(Miller, 1999), 변화 과정 내에서 사전숙고자와 숙고자가 앞으로 나아가도록 하는 데 특히 필수적인 요소이다. 동기 강화 접근의 전반적인 내용으로는 존중하는 태도, 주의 깊고 적극적인 경청, 반영과 요약 및 목표와 행동 간의 모순점 강조하기 등이 해당된다.(Miller, 1985; Miller, Zweben, et al., 1992; Rollnick, et al., 1999). 이 접근법은 수많은 프로그램의 초기 면접에서는 최소한의 준비가 되었다고 판명된 클라이언트 주로 사전숙고자 및 초기 숙고자를 대상으로 변화에 대한 준비성 평가 및 간략한 동기 강화 면접이 실시된다. 이후 클라이언트들은 개입 후반부에서 재 평가받게 된다. 이때 클라이언트가 충분히 준비된 상태라면 보다 집중적인 인지행동 개입이 이루어진다. 기타 다른 프로그램에서는 집중 치료보다는 사전 개입이나 간략한 동기 강화 면접을 실시함으로써 클라이언트의 동기를 평가하기도 한다. 최근 시행된 임상실험에서는 동기 강화 접근법, 인지행동 개입, 자조 모임 형태를 결합하고, 보조적으로 약물치료를 병행한 치료법에 대한 평가가 진행 중에 있다. 임상 실천 과정에서 치료자들은 단순 복잡 여부를 떠나서 반드시 사전숙고자의 동기에 관한 욕구에 중점을 두어야 한다. 변화를 결심하지 않는 클라이언트에게 집중적이며 행동 중심적인 임상 개입을 시도하는 것은 치료자에게 비생산적일 수 있다.

문제 자체와 더불어 변화해야 할 필요성을 느끼지 못하는 클라이언트에게 변화를 고찰하게 하는 것은 쉽지 않다. 자신에게 약물·음주 문제가 있다는 사실을 믿고 싶지 않은 클라이언트에게는 모든 것이 불확실할 뿐이다. 그러므로 이때 치료자의 과업은 현 문제가 클라이언트 자신이 인식하는 수준을 훨씬 넘어서 있음을 깨닫도록 독려하는 것이다("어쩌면 이 모든 결과는 코카인 사용과 관련 있을지도 몰라"). 즉, 불확실함으로 가득한 사고 체계에 접근함으로써 그러한 의심이 변화에 대한 진지한 고찰이 될 수 있도록 전환시키는 것이다. 피드백 제공하기, 클라이언트의 염려를 반영하기, 가치 분석하기, 역할 모델 상상하기나 정서 및 의식 각성시키기 등의 경험은 클라이언트의 의식을 개선하는 데 효과적이라 할 수 있다. 사전숙고자를 발견과 깨달음의 길로 안내하기 위해서는 매우 예민하고 공감적이면서도 굳은 인내심이 요구된다. 그러한 점에서 저항을 불러일으키지 않고서 의식을 높여주는 기법이 특히 효과적인데(DiClemente, 1991), 동기 강화 면접 접근법에서는 다음의 기법들이 특히 강조된다. 장단점 양쪽 측면(clouble-sided) 반영하기, 객관적인 피드백 제공하기, 저항 다루기(Miller & Rollnick, 1991; Bien, Miller, & Boroughs, 1993) 등이 그것이다.

각 단계에서 치료자는 클라이언트가 다음 단계로 이동해나가도록 변화 과정을 유도해야 한다. 사전숙고자에게 가장 적합한 전략으로는 의식 증진 과정, 자기 재평가, 환경에 대한 재평가, 안정 상태 도달하기 등을 들 수 있다. (그림7-1)에서는 클라이언트가 이러한 변화 과정에 임하도록 하는 데 활용 가능한 전략 및 과업들을 제시하고 있다.

(그림 7-1) 사전숙고 단계의 전략 및 과업

전략	과업
가치 명확화	문제에 대한 인식 수준 개선
규범적안 피드백	자신의 행동이 타인에게 미치는 결과 및 영향을 이해시킴
AA 모임 방문하기	현재 삶과 목표 간의 대조
부부 치료	
동기 강화 면접	

이와는 대조적으로 사전숙고 단계에 있는 클라이언트에게 금기시되는 치료 전략이 있다. 체계적으로 계획된 교수 경험도 없는 치료자가 사전숙고자에게 의미 있는 행동 과제를 부여할 경우, 클라이언트의 단계에서 활용되는 기법과 적절히 매치되지 못할 수 있다. 또한 알코올에 대한 갈망을 없애주거나 신체에 부작용을 일으키는 약재를 사용하는 것 역시 부적절한 방법이다. 어느 정도 적당한 동기가 갖춰져 있지 않다면, 음주 단서나 결과에 대한 치료목표라든지 치료에 대한 순응적인 태도는 점차 사라지게 된다. 일부 금주를 원치 않는 알코올은 디술피램(Antabuse)[1]을 복용하면서도 술 마시는 방법을 체득한다. 어떤 헤로인 중독자는 코카인, 마리화나, 기타 약물 등을 사용하면서 메사돈 치료를 병행하기도 한다. 사전숙고 단계에 있는 클라이언트에게 처방을 내리는 것은 문제가 될 수 있으며, 잠재적인 위험까지 갖고 있다.

클라이언트의 적극성과 의지가 요구되는 행동 중심(action-oriented)전략 역시 일반적으로 사전숙고 단계에서는 적절치 못하다. 단, 사법기관이나 직장으로부터 상당한 압력과 조치가 있을 경우는 예외이다. 사전숙고자들은 상당한 압력과 조치가 있을 경우는 예외이다. 사전숙고자들은 어떻게 닥칠지 모를 결과에 대한 위협 때문에 법에서 요구하는 사항을 만족시키려 한다. 그러나 이들은 실제로는 변화 과정에 참여하지 않으며, 단지 그 모양새만 흉내 낼 뿐이다. 그러나 이렇게라도 해야 치료를 받지 않는 사전숙고자가 치료 예약을 맺음으로써 치료자는 클라이언트에게 다가설 수 있게 된다. 치료자들은 클라이언트에게 원한다면 떠날 수 있다고 말함으로써 이러한 수단을 현명하게 사용해야 한다. 의무와 강제를 통해서라도 개인이 변화 과정에 참여하도록 함으로써 〈표 3-1〉에서 제시된 바와 같은 동기 강화 전략을 활용해볼 기회를 제공할 수 있게 된다.

(2) 숙고 단계

일단 개인이 변화를 신중히 고려하게 되면, 치료자는 클라이언트와 함께 행동 및 변화의 장단점을 명료화하는 데 치료의 초점을 두게 된다. 그러나 이것이 말처럼 간단한 작업은 아니다. 일부 치료자들은 단순히 종이에 선을 그어 상단에 '장점'과 '단점'을 쓴 다음 해당 칼럼에 들어갈 내용에 대해 클라이언트에게 질문하기도 한다. 그러나 이는 결코 쉬운 일이 아니다. 대부분의 장단점이 제대로 정의 내려지지 않거나 곧바로 답이 나오지도 않는다. 일부 클라이언트들은 종종 주어진 질문에 대해 약물 사용의 부정적인 측면들을 쭉 열거하기도 하는데, 이렇게 하는 것이 치료자가 자신에게 원하는 바라고 믿기 때문이다. 숙고 단계에 있는 클라이언트로 하여금 약물 복용이나 음주의 장점이 정확하고 무엇이고, 약물 사용이 자신에게 어떤 영향을 미치는지 기술하도록 하는 것은 어려운 일이다. 그 이유로서 우선 밝히기 어려운 사적인 내용일 수 있다. 또한 장단점을 기술하려면, 우선 어떻게 자신이 알코올이나 약물에 의존된 삶을 살게 되었는가 부터 시인해야 한다. 그러므로 치료자는 주의 깊은 경청과 탐색, 그리고 개방형 질문을 통해 클라이언트가 이러한 주제에 다가설 수 있게 해야 한다.

숙고 단계에서는 의식 증진, 자기 재평가, 환경 재평가 과정을 지속하는 것이 효과적이다. 그러나 숙고 단계에서의 과업은 단순히 클라이언트가 문제의 결과적 측면만 인식하는 데 그치지 않고, 클라이언트가 전체 의사결정 기반을 평가할 수 있게 하는 데 있다. 이때 중요한 것은 변화를 촉진하는 요인이 그렇지 않은 요인을 능가하는지 여부이다. (그림7-2)에서는 이와 관련된 도식이 제시되었다.

(그림 7-2) 결정상 균형 워크시트

변화와 단점	변화에 장점
문제 행동이 갖는 긍정적인 측면	문제 행동이 갖는 단점
변화의 부정적인 측면	변화의 긍적인 측면

자기 보고 척도를 활용하려면 이러한 요인 및 관련 주요 사항에 접근 할 수 있다. 변화를 뒷받침하는 근거들이 변화를 저항하는 근거를 능가하는가? 이 질문에 대한 답변은 단순논법으로 해결될 문제가 아니다. 각 질문은 평가에서 차지하는 비중이 높으며 그 영향력 또한 크다. 변화하려는 이유는 여러 가지인데 변화하지 않으려는 이유는 단 하나일 때 또는 그 반대일 경우, 이러한 비중 차는 의사 결정에 지대한 영향을 미치게 된다. 사람마다 복용하는 약물이 다르고, 치료 중이든지 치료를 받지 않든지 간에 다들 비슷한 이유로 고민하는 것으로 나타났다는 것은 흥미로운 일이다(Klingermann, 1991; sobell, Tonneato, & Leo, 1993; Tucker, Vuchinich, & Pukish, 1995).

K는 알코올 과다 복용자로서 예전부터 자신의 음주 행동에 대해 걱정하고 있었다. 그는 술 때문에 아내에게 잔소리 듣는 것만 빼면 별 문제 없다는 사실에 위안을 삼곤 했다. 가족과 함께 고속도로를 달리던 어느 날, 그의 3살 난 아들이 한 알코올 회사의 광고 게시판을 가리키며 "저거 아빠가 마시는 거잖아"라고 말했다. 이 경험은 K의 머릿속에 충격을 가져다주었고, 술과 담배를 끊어야겠다는 결심을 하게 된 결정적인 사건이었다. 하여튼 그 덕분에 좀 더 빨리 술을 거의 끊을 수 있었다. 즉, 아들이 자신의 음주 패턴을 모방할지 모른다는 염려가 음주에 대한 긍정적인 이유를 능가했던 것이다.

그러나 막상 치료 세션에서 이러한 경험을 이끌어 내기란 어려운 일이다. 대신 K의 경험과 유사한 방식으로 재평가하고 정서적 자극을 촉진시키는 기법을 활용할 수 있다. 예를 들어, 약물 복용 때문에 특히 과거에 고통스럽거나 힘들었던 사건을 상상하게 하는 것이다. 가족력이 있는 클라이언트는 술 때문에 부모나 가족에게 상처가 되었던 사건을 재경험해볼 수 있다. 이는 클라이언트가 대충 지나쳐왔던 중요한 경험들을 인식하고 정서적인 안정을 찾도록 하기 위함이다. 유사한 방법으로 약물 없어도 생활하고 상호작용했던 경험을 떠올린 후, 약물 남용 행동을 변화시키는 데 있어 장단점을 논의해볼 수 있다. 게슈탈트 치료에서 개발된 사이코 드라마 기법 또한 결정상 유용하게 사용될 수 있다. 예를 들어, 방 안에서 의자를 옮겨 다니며 부모 · 배우자 · 상사의역할을 맡아 모든 역할의 대화를 시연해봄으로써 의미 있는 자기 재평가를 해보는 것이다. 궁극적인 목적은 재평가 과정 및 변화에 대한 굳은 결단을 내리기 위함이다.

숙고 단계에 있는 클라이언트에게는 의사 결정을 촉진 시켜주는 기법이나 전략이 유용하다. 가치 명료화(value clarification) 기법은 클라이언트의 미래 희망이나 꿈을 탐색하고 현재 삶의 방식에서 나타난 가치를 고찰하며 과거 성장 과정에서 학습했던 가족의 중요성을 되새겨보는 것으로서, 이를 통해 의사결정 단계의 설정이 가능해진다. 약물 남용자가 되는 것이 인생 목표였던 클라이언트는 없다. 여전히 대부분은 자신이 인생에서 무엇을 원하는지 알고 있다. 그들의 소망과 현재 실현도지 못한 가치를 사정해봄으로써 '나는 누구인가'와 대비하여 '내가 바라고 원하는 것은 무엇인가'에 대해 진지하게 평가할 수 있게 된다. 밀러와 롤릭(Miller and Rollninek)이 고안된 여러 동기 강화 면접 전략은 숙고 단계에서 경험했던 양가감정을 다루어줌으로써 변화 결정을 가속화시켜준다. 그중 부연하기, 장단점 약속 측면 반영하기, 저항 완화시키기 등의 전략은 클라이언트를 숙고 단계로 유도하려는 치료자에게 매우 유용하다. 이처럼 설득에 관한 심리사회적 현상은 수많은 서적에서도 다루어지고 있다(Clalcdini, 1988).

이러한 서적들에서는 소비자가 고려함으로써 궁극적으로는 상품을 구매하거나 혹은 서비스를 선택하는 것이 그 목적인 마케팅 분야나 기타 전문 세팅에서 사용되는 전략을 약술한다. 이러한 전략은 약물 남용 치료에서 숙고 단계에 있는 클라이언트에게 특히 유용하다. 숙고 단계자를 대상으로 하는 치료자는 여러 방법을 동원하여 어느 정도는 세일즈맨이 되어야 한다. 치료자는 변화에 대한 관심과 주의를 이끌어내야 하며, 궁극적으로는 클라이언트가 선택한 사항들을 변화시키도록 해야 한다.

(3) 준비 단계

결정을 내리는 것과 그에 맞는 적절한 행동을 취하는 것은 동일한 문제가 아니다. 비록 행동에 대한 책임성은 클라이언트에게 있지만, 치료자는 클라이언트가 행동을 위한 준비를 할 때 보조적인 역할을 해야 한다. 일부 치료자는 클라이언트가 일단 결정을 내리면 자동적으로 행동 단계로 나아간다는 잘못된 믿음을 갖기도 한다. 사전숙고 및 숙고 단계에 있었던 클라이언트가 "내 코카인 문제에 대해 무언가 해야만 해요" 또는 "술을 끊을 겁니다"라고 한다면 치료자에게 실로 반가운 소리가 아닐 수 없다. 그러나 종종 이러한 발언 후 치료 초반부에서 중도 탈락하는 많은 클라이언트들은 이러한 결정의 모호한 본질을 잘 설명해주는 금약 집단이다(Wickizer et al., 1994; Smith, Subith, & Kalodner, 1995; Simpson & Joe, 1993). 준비 단계자를 위한 치료의 초점은 계획을 수립하고 의지를 굳건히 하는 것이다. 이것은 클라이언트가 적절한 행동을 취하기 시작하고 단계를 계획대로 밟아나가도록 하겠다는 충분한 계획과 의지의 힘이다.

준비 단계의 치료 계획은 행동 단계의 치료 계획과는 다른데, 이를 구분 짓는 것이 중요하다. 치료 프로그램은 세팅, 구성 요소, 시간 구조, 권고를 포함한다. 치료 진행 중이라는 것은 클라이언트가 치료계획(예; 주 2회 외래환자 집단 프로그램, 주 1회 자조집단 모임, 주 1회 치료자 면담, 월 1회 가족 모임)을 따른다는 것을 말한다. 계획은 특정 치료가 적절할 것으로 판단되는 모든 클라이언트가 그

대상이 되며, 사전에 결정되는 과정이다. 행동 계획은 클라이언트가 알코올 · 약물 사용 행동에서 변화가 필요한 부분을 구체화시킨다. 준비 단계에서 치료자는 클라이언트가 이러한 행동 계획을 구성하도록 도와주어야 한다(DiClemente, 1991). 어느 금연에 대한 연구에서는 행동을 개시하는 날짜 정하기 등 행동 계획이 구체적으로 짜일 때 행동 단계로 나아갈 가능성이 높아진다는 근거를 제시했다. 다시 말해 계획이 구체적일 때 행동이 촉진된다고 할 수 있다.

행동 계획은 클라이언트가 행동을 그만두거나 수정하기 위해 무엇을 할 것인가 하는 구체적인 것, 1주일의 여느 날들과 예상될 수 있는 다른 기회들을 어떻게 다룰 것인지를 포함하여야 한다. 또한 우발적인 사건이 발생할 경우 누가 도움을 줄 수 있고, 무엇이 어떻게 잘못될 수 있는지도 명시되어야 한다. 〈표 3-3〉은 프로젝트 MATCH를 위해 개발된 동기 강화 치료에서 사용되는 변화 계획 워크시트이다.

치료 계획이 얼마나 구체적으로 짜이는지 여부는 클라이언트의 욕구에 따라 달라지며, 클라이언트에 대한 지지의 많고 적음의 정도는 치료 세팅과 강도의 관점에서 제공될 필요가 있다. 낮 치료 프로그램에서 덜 세부적인 계획은 매주 정기적인 외래치료에서의 동일한 계획보다는 덜 걱정스럽다. 그러나 통상적으로 계획 수립은 약물 남용자의 강점들은 아니다. 대신 즉가적인 만족과 낮은 좌절 내성(LFET, low frustration tolerance; Ellis, McInerney, & DiGiuseppe, 1988)이 많은 약물 남용자들의 특징이다. 치료자는 클라이언트가 계획 자체에 대한 저항을 극복 도우며, 계획 수립이란 약물·알코올 남용의 삶과 단약(sobriety)의 값을 분리시켜 성공적인 변화를 촉진한다는 점을 인지하여야 한다.

계획 수립에는 행동으로 옮겨야 할 전략 및 전략 실행 시 요구되는 기술 두 가지 모두 포함하여야 한다. 준비 단계에서 치료자의 가장 중요한 과업 중 하나는 계획 실행 시 요구되는 기술에 대한 평가와 모든 기술적 결함을 재숙고하고자 하는 것이다. 분노가 곧 약물 사용으로 이어지는 클라이언트일 경우 분노 조절 훈련을 계획에 넣지 않는다면 처음부터 잘못된 것이다. 변화를 위한 기술은 여러 기법을 활용하여 탐색 가능한데, 가장 널리 알려진 절차는 약물 남용자의 삶의 다양한 영역에 대한 기능 분석법을 들 수 있다(Carroll, 1999, Sobell & Sobell, 1981).

기능 분석법은 약물 사용 행동을 지속하는 요인을 파악하고자 모든 주요한 삶의 기능상의 영역들을 다루게 된다. 이때 목표는 개인의 행동에 영향을 미치는 문제성 강화물은 무엇인지, 긍정적 강화물이 결핍된 상태를 탐색하는 것이다. 지역사회 강화 접근법(The Community Reinforcement Approach)은 약물사용과 양립할 수 없는 더욱 적응적인 것으로서 문제성 있는 강화 체계를 긍정적 강화물로 대체하는 것이며, 이것은 지역사회 행사, 직장인 모임 그리고 다른 선택들을 포함하는 데(DeLeon, Melnick, Kressel, & Jainchill, 1994; Mallams, Godley, Hall, & Meyers, 1982), 약물사용의 기능 분석을 통해 제공된 징후에 대한 반응으로 출현한 하나의 접근법이다. ASI(The Addicion Severity Index)는 보다 광범위한 관점에서 약물사용 욕구를 파악하고자 개발되었다. 이것은 약물 사용 및 그와 관련된 의료적·직업적·법적·가족관계·사회적·심리적 영역(MeLellan et al., 1994)을 비롯하여 기능상 다양한 욕구를 조명하도록 사정된 서비스가 많을수록 더 나은 결과가 있음을 보여주는 데이터(MeLellan et al., 1994)가 있어 주목할 만하다. 즉, 클라이언트의 다양한 욕구에 중점을 두어 광범위하게 짜인 계획 수립은 결과를 상당히 개선시킨다 하겠다.

변화를 저해하는 문제를 탐색하는 데 있어 폭넓은 계획 수립이 불가능할 경우, 가장 효과적인 방법은 클라이언트가 약물과 알코올 사용을 바꾸려고 했던 과거 노력들에 대해 심도 있게 조사해보는 것이다. 다시 말해, 이전에 했던 변화 시도는 중요한 지침이 될 수 있다. 시도하기 전에 특정 계획이 있었는가? 성공하여 얼마나 지속되었는가? 약물사용으로 되돌아오게 된 상황적 배경은 무엇인가? 이들 질문은 재발을 보고할 때 사용되는 질문과 형태상 동일하다. 치료자는 이에 대한 답변을 통해 클라이언트가 극복하기 어려웠거나 불가능하다고 느꼈던 상황에 대한 정보와 문제에 대한 관점을 획득하게 된다. 이러한 난제들을 다루는 기술과 전략은 현재 변화 계획 내에서 조명되어야 할 것이다.

C는 28세의 코카인중독자로서, 코카인을 흡입부터 흡연 형태로 등으로 다양하게 복용하고 사용 경험만 해도 10년이 되었다. 코카인은 그녀의 결혼 생활을 파괴시켰고, 6살 아들의 엄마로서 양육 능력에도 현저한 손상을 주어 아들은 현재 친정 어머니의 손에서 양육되고 있다. C는 고교 졸업 후 여러 소매상상점에서 점원으로 일한 경력이 있다. 대학에 가고 싶었으나 경제적인 여건이 허락지 않았으며, 자신이 학위를 받아 무엇을 해야 할지 확신 서지 않았다. 그녀는 고교 시절 처음 약물을 시작했고, 졸업 후에는 더욱 심화되어 약물 거래상인 한 남자와 관계를 맺게

되었다. 한동안은 쉽게 약물을 손에 넣을 수 있었으나 그와 헤어진 다음부터는 약물을 충당하는 수단으로 매춘을 시작했다. 그러다가 그녀를 약물 남용으로부터 구해주려는 한 남자를 만나 결혼을 하게 되었는데, 이때가 가장 행복한 시절이었다. 둘 사이에서 아들이 태어난 직후 그녀는 다시 코카인을 사용하기 시작했으며, 이것이 결혼 생활에 심각한 문제를 가져왔다. 이혼과 함께 그녀는 다시 약물을 사용하던 삶으로 돌아왔다. 현재 그녀는 심각한 헤로인 문제가 있는 남자와 동거 중이다. ASI상에서 그녀는 가족·직업·알코올·약물·심리적 기능상 상당한 문제가 나타났다. 그녀는 경미한 수준으로 우울증을 보였는데, 약물 사용 이전부터 존재했을 가능성이 있었다. 그녀가 코카인을 끊으려고 했을 때는 겨우 1주일 또는 2주일 정도 버틸 수 있었다. 아들 · 어머니 · 전남편 또는 동거하는 남자와의 상호작용은 부정적으로 기능하여 그녀를 더욱 우울하게 만들었고, 코카인과 크랙은 도피 수단이 되었다. 그녀에게는 매춘을 하던 시절 알게 된 2명을 제외하고는 동성 친구가 없었다. 그녀는 성병에 걸렸으며, 에이즈에 감염될까봐 매우 염려했다. 그녀는 더 이상 이런 삶이 아무런 이득이 없음을 깨달았고, 이제 코카인을 끊고 자신의 삶을 변화시키고자 치료센터를 찾게 된 것이다.

전체적으로 볼 때 C를 위한 행동-개별 영역에 들어가서는 보다 세부적인 탐색이 필요할지라도 다면적이며 포괄적이어야 함이 분명하다. 우울증 · 인간관계 · 직업 · 양육 · 가족관계 등을 다루는 전략과 기술은 과거 그녀가 금약하는 데 고작 1, 2주에 그쳤던 기간을 늘리도록 하는 실천 가능한 행동 계획이 적합하다. 행동 계획에는 그녀가 어디에서 생활하는지, 현재 인간관계는 어떠한지, 누가 그녀의 금약 생활을 도와줄 것인지를 비롯하여 좌절감으로부터 대처하는 방안, 기타 다른 약물 사용과 관련된 단서나 문제에 대한 대처법이 포함될 것이다. 부가적으로 경제적 보조 수단, 직업, 그녀 자신과 어머니, 그리고 아들과의 접촉들 또한 행동 계획과 치료계획에서 중점을 두어야 할 중요한 문제 영역들이다.

대부분 치료자들이 클라이언트의 의지를 강화시켜주는 수련을 받지 않았지만, 준비 단계에서 의지 강화는 또 다른 중요한 과업이다. 물론 동기와 의지는 치료자가 아닌 클라이언트의 책임이다. 그러나 치료자가 보조자의 입장에서 클라이언트의 의지를 지지하고 고양시켜 줄 수는 있다. 이것은 클라이언트로 하여금 선택권을 갖게 하는 것으로서 선택은 의지를 증가시켜준다(Prochaska & DiClemente,

1984). 자신의 행동이나 치료 계획 내에서 가능한 대안적인 요소들 가운데 클라이언트가 직접 선택할 수 있도록 하는 것은 의지를 강화시킨다. 과거에 성공적이었던 노력과 경험을 떠올리거나 변화할 수 있다고 격려함으로써 자기 효능감과 선택권을 증가시킬 수 있다. 세계적인 스포츠 전문가나 스케이트 선수들이 경기 전 성공을 상상하는 것과 같이 성공을 상상하는 것 또한 의지를 굳히는 방법 중 하나이다. 클라이언트의 능력을 깎아내리거나 과거 실패에 초점을 두는 것은 그 반대의 결과를 낳을 수 있다.

긍정적인 자기 대화(self-talk)를 격려하기 또한 그것이 기술과 문제에 대한 현실적인 관점에 기반 한 경우라면 유익할 수 있다. 클라이언트가 문제를 극복하는 방법을 구두로 실천할 수 있도록 변화에 대한 잠재적인 장애물을 설정하는 것 또한 철저히 준비된 대응 전략을 창출하는 데 유익하다. 행동에 방해되는 양가감정의 잔재를 제거하도록 돕는 것 또한 의지를 굳건히 해주는 방법이다. 의지는 행동 계획을 실천할 때 필요하므로, 특히 불안·상실감·지남력 상실(disorientation)·심리적 반응이 가장 강하게 나타나는 행동의 초기 단계에서 구체화 되는 것이 좋다.

(4) 행동 단계

일단 행동 계획이 설계되고, 계획대로 따르겠다는 의지가 나타나면 이제 행동 단계로 진입하게 된다. 많은 클라이언트들이 계획이 적절하게 자리 잡거나 혹은 시작에서 정형화되기 전에 행동 단계로 가기 때문에 행동 단계에 진입하는 절차는 용이하지 않다. 우리가 기술하고자 하는 것은 변화 단계를 통한 이상적인 이동 경로이다. 그러나 각 단계의 과업은 행동이 유발된 원인과 상관없이 그 중요성은 여전히 크다. 어떠한 방법이건 효과적인 행동과 장기적인 변화를 뒤에서는 과업의 성공적인 수행이 관건이다.

행동 단계의 초반부일 때 클라이언트의 의지가 필수적인데, 중독의 고리를 끊고 신체적·심리적으로 약물을 제거해야 하는 초기 단계에서는 큰 고통이 따르며 뚜렷한 소득도 없기 때문이다. 클라이언트가 행동 간계에서 요구되는 노력을 지속하려면, 미래의 안정에 대한 희망과 중독성을 없애고자 하는 강한 열망이 있어야 한다. 클라이언트의 행동 계획은 실천하는 대로 정기적으로 검토하여 필요시마다 수정되어야 한다. 일단 계획이 수행되면 계획 수립 단계에서 예측하지 못한 문제와 직면하기도 하는데, 이는 흔한 일이다. 행동을 변화시키는 과정이란 집을 짓는 것과 다름없다. 타인으로부터의 지지를 기대하는데, 누구 하나 도와줄 사람이 없거나 과거 약물 사용과 관련된 사람들로부터 예상보다 심한 압력이 올 수 있으며, 약물을 사용하는 배우자까지 위협받을 수 있다. 결국 이들은 위험을 내재하고 있으므로 부가적인 문제까지 해결할 수 있도록 계획을 수정하여 대안적인 전략이 요구된다. 즉, 검토와 수정은 초기 행동 단계에서 중요한 과업이라 할 수 있다.

일부 관점에 따르면, 클라이언트가 사전에 협의된 계획에 임하고 있을 때 치료자는 행동 단계에서 덜 관여하기도 한다. 코치가 선수들을 훈련시키긴 하지만 일단 경기가 시작되면 관여할 수 없듯이, 치료자 또한 그와 같은 방식으로 격려와 지지를 제공하며 안내와 전략을 제시할 뿐이다(DiClemente, 1991). 그럼에도 불구하고 경기를 완수하는 것은 선수 자신에게 달려 있다. 더욱 인지적이고 경험적인 과정으로부터 역조건화, 자극 통제, 강화 관리와 같은 클라이언트에 의해 성취되어야 할 중추적인 과업인 행동상의 과정으로 급격한 이동이 이루어진다(Perz, DiClemente, & Carbonari, 1996). 치료 후반부에서는 금단과 갈망에 대처하도록 해야 한다. 치료자는 클라이언트가 이러한 과정들을 통합하는 전략을 구축하도록 해야 한다. 대안적인 강화물 탐색, 약물 사용 단서에 대한 반응 탐색, 이완 훈련, 거절하기 훈련, 단호하면서도 긍정적인 의사소통 훈련, 클라이언트가 감당할 수 없는 단서 피하기 등은 행동 단계의 준비 사항이라고 할 수 있다.

치료자에게 요구되는 또 하나의 과업은 행동 계획의 구성요소를 조직화하여 클라이언트의 욕구를 충족하는 다양한 치료와 개입 형태를 조직화시키는 것이다. 특정 자조집단에서는 중독자가 1년간 금약 생활을 할 때까지는 다른 어떤 치료나 활동에 참여하지 않기도 한다. 그러나 이는 모두에게 적용 가능한 것은 아니며, 다수 클라이언트에게 바람직하지 못한 방법일 수 있다(DiClemente, Carbonary, & Velasquez, 1992). 클라이언트가 행동 단계로 이동해감에 따라 부부치료나 가족치료, 부가적인 교육이나 개입이 적절히 결합되어야 한다(Roth & Fonagy, 1996). 목표는 클라이언트가 충분한 기간을 두고 행동상의 변화를 지속하여 어느 정도 안정성을 얻은 다음에 유지 단계로 옮겨가는 것이다. 이때 약물 사용의 중단이 최소 3~6개월 정도는 지속된 다음 유지 단계로 진입하는 것이 바람직하다.

일부 클라이언트들에 약물치료는 행동 단계상의 중요한 부분이다. NIAAA(National

Institute on Alcohol Abuse and Alcoholism)와 NIDA(National Institute Drug Abuse)에서는 알코올 약물 사용을 중단하기 위한 약물치료 개발을 목적으로 하는 프로그램에 대해 적극 지원 후원을 아끼지 않는다(Egertson, FOx, & Leshnet, 1997, Barber & O'Brien, 1999). 이들 약물치료에는 약물을 대체하는 안전한 약제 사용에 중점을 두는 메사돈 치료와 니코틴 대체가 있으며, 날트렉손이나 아칸프로셋 (acamprosate)같이 약효를 감소시키거나 갈망을 경감시키는 것과, 약물 메커니즘을 방해하거나 약물의 유인효과를 가소시키는 디술피람이 해당한다. 이들 약물치료는 약물에 대한 습관적인 패턴을 깨뜨리는 데 유용하며, 개인이 대안적인 행동 패턴을 재정립하는 시간을 갖게 한다. 그러나 이들 약물치료는 거의 대부분 행동치료나 심리치료 프로그램과 병행하여 시행되었음을 유념해야 한다. 약물 처방과 더불어 행동치료를 함께 실시할 경우 상호보완적으로 의미 있는 효과를 낳게 된다. 그러나 대부분의 약제는 장기간 복용되도록 만들어진 것이 아님을 명심해야 한다. 약물 처방의 중단이 곧 재발로 이어지지 않게 하려면, 궁극적으로는 행동 및 유지 단계에서 성공적으로 완수될 필요가 있는 중요한 과업이 수행될 필요가 있다.

(5) 유지 단계

클라이언트가 유지 단계로 진입할 때, 개별 치료의 초점이 단순히 약물과 관련된 문제를 넘어 보다 광범위한 문제 스펙트럼으로 옮겨가지 않는 한 치료에 남는 이는 거의 없다(단, 예외적으로 '치료공동체'는 수개월 또는 수년간 장기 치료가 요구된다). 또한 유지 단계에서는 치료자-클라이언트 간의 접촉 횟수가 감소한다. 일단 클라이언트가 성공적으로 자신의 약물 남용 행동을 수정해왔다면, 행동 단계라는 긴 산행 이후 평탄한 길로 이어진 안정기에 도달하게 된다. 그러나 중독으로부터의 회복이란 일반적으로 만성 또는 장기 상태였던 것으로부터 지속적인 안정화를 나타내기 때문에 유지 단계에서의 접촉 부족은 불행한 것이다. 안정화되기까지는 다소 시간이 소요되며, 많은 노력과 주의가 요구되기 때문이다. 대부분의 경우에서 이러한 사후 접촉의 부족은 치료자와 클라이언트가 유지 단계에 필요한 과업에 대해 구체적으로 정의내리지 못한 데 기인한다. 유지 단계에서는 치료가 얼마나 도움이 될 수 있을지 기대감이 불확실하거나 제한되기도 한다.

유지 단계에서의 과업은 시간이 지나도 변화를 유지하고, 그러한 변화를 개인의 삶의 방식과 통합시킴으로써 새로운 행동, 즉 약물 사용 중지가 개인이 선호하는 습관적인 행동이 되도록 하는 것이다. 변화를 유지하려면 변화나 향한 길을 가겠다는 결정을 위협하는 모든 방해물과 자신 있게 맞서는 자세가 필요하다. 장기기간의 금약이후 재발로 이어지는 경우는 두 가지로 예측해볼 수 있다(Marlatt & Gordon, 1985; Brownell et al, 1986) 첫째는 클라이언트가 자신의 약물 통제력에 대해 다소 자만해질 때이다. 둘째는 사용을 그만두겠다는 의지가 감소하는 것으로, 종종 변화 후 금단의 삶의 경험에 대해 환멸을 느끼는 데서 가속된다. 전자에 속하는 집단은 대부분 큰 문제없이 다시 끊을 수 있다고 확신하는 경향이 있다. 그에 반해 후자에 속하는 집단은 부분적으로나 아니면 정형화된 방법으로 다시 약물을 사용하는 집단이다. 두 경우 모두 한 번 이상 다시 알코올·약물에 손대게 되어 완전히 끊는 데 실패한다. 약물 사용으로의 퇴행은 금약 생활을 계속하기 어렵게 하며, 지속된 변화를 향한 과거의 진보까지 약화시키도록 위협한다. 이 단계에서 개별 치료자의 과업은 변화를 저해하는 잠재적인 과정이나 사건을 다룰 수 있도록 언제 어떻게 클라이언트와 협력할지 장시간에 걸쳐 결정하는 것이다.

개별 치료가 유연성 있고 폭넓게 초점이 맞춰져 있다면 유지 단계에서 클라이언트의 욕구에 잘 반응할 수 있게 된다. 유지 단계는 중독의 진행에 기여해왔거나 수년간 남용 결과로 초래된 다양한 문제들을 풀어나가기 위한 가장 생산적인 시간이다. 부부 간 갈등, 자신감을 약화시키는 장기화된 신념, 두려움, 걱정, 학대받은 경험 또는 가족 문제 등을 해결하는 것은 약물 남용자의 장기 치료에서의 중요한 목표라 할 수 있다. 관리 의료(managed care)가 장기적인 돌봄을 지원하는 것은 근시안적인데, 이러한 문제들의 해결책은 건강하고 생산적인 시민으로 성장하게 할 뿐만 아니라 보다 안정된 변화를 가져올 수 있다(Finney, Moos, & Timko, 1999; McLellan et al, 1994; Moos, Finney, & Cronkite, 1990; Vaillant, 1995). 개별 치료는 특히 유지 단계에서 이상적으로 활용될 수 있는데, 세션 간 간격이 짧지 않으면서 단순 금약을 넘어선 한 가지 이상의 목표를 포함하여 설계되기 때문이다. 최소한의 원조만으로 관련된 문제를 원활히 해결해낸 경우라면 치과 검진과 비슷한 몇 가지 정기 검진으로 충분하다. 치료자는 2개월마다 한차례씩 사후 반문을 통해 클라이언트가 잘 생활해내고 있는지, 더 많은 지원이나 자원에 대한 접근성과 관련된 욕구가 있는지 확인할 수 있다. 이때 개별 세션의 기능은 기존의 것과는 달라진다. 진단 방문은

(checkup visit)은 금약으로의 결정과 그 행로에 대한 지속적인 강화, 잔존해 있는 이슈 해결의 문제, 금약에 위협이 되는 대상에 대한 조사 등으로 구성될 수 있다.

그 밖에 정신과적 치료 및 부가적인 치료나 서비스는 클라이언트가 약물 및 알코올 행동이 고착된 데에서 변화를 이루어내도록 원조하는 데 유용하다. 단, 개별 치료자는 자신이 클라이언트의 모든 욕구나 문제를 해결하도록 도울 수 있다는 신념은 피해야 한다. 클라이언트가 이력서 쓰기나 구직 면접 시 도움을 받을 수 있는 광범위한 지원 목록은 의료적·심리적 문제를 위한 약제(medication)를 결정하는데 중요하며, 가족 치료를 받을 수 있는지 또는 복지수당 등 경제적 지원이 있는지 등이 중요하다. 또한 자원 제공과 함께 적극적인 의뢰 역시 유지 단계에서 중요한 치료 기술이라 할 수 있다. 그러므로 치료자의 역할은 클라이언트가 특정 기관에서 어떤 서비스를 받을 수 있는지, 그러한 자원에 도달할 수 있는 방법은 무엇인지 정확히 파악하는 것이라 할 수 있다. 클라이언트의 욕구와 의지를 실현하도록 돕는 것 또한 유지 단계에서 클라이언트 치료의 중요한 구성요소로 작용한다. 끝으로 의뢰가 어떻게 소멸하는지, 의료적 처치에 대한 재평가가 필요한지 여부는 유지 단계에서 클라이언트와 개별 치료자의 또 다른 중요한 과업이라 하겠다.

자조집단에 의뢰하는 것은 개인이 스스로 유지 단계를 성공적으로 통과할 수 있도록 도와주는 중요한지지 체계로 안내하는 것이다(Longabaugh, Wirtz, Beattie, Noel, & Stout, 1995; Velasquez, Carbonari, & DiClemente, 1999). 이들 집단들(예; AA, Rational Recovery,Women for Sobenity)은 개인이 금약 생활에 위협이 되는 문제나 방해물과 직면하게 될 때, 언제 어디서든 도움을 받을 수 있는 폭넓은 접근성 지원을 제공한다. 한 가지 흥미로운 사실은 과학 기술의 발전으로 이들 집단에서도 새로운 변화가 일고 있다는 점이다. 인터넷을 통한 자조 집단이나 상호원조집단에 대한 접근성이 높아져 이들이 대중화되는데 기여했으며, 기존의 모임 형태보다 더 편리한 방법으로 활용 가능한 지원 체계를 제공하게 되었다(Nowinski, 1999).

그러나 일부 클라이언트의 경우 자조와 상호원조만으로는 충분치 않은 수 있는데, 특히 정신 병리나 심각한 기술적 결함을 안고 있는 이들이 그러하다. 이들에게는 새로운 삶의 방식을 정립하고 관련 문제를 해결하도록 집중적인 개별·집단 치료가 필요하다. 이때 개별 치료는 정신 병리적 고통과 증상에 초점을 두고 강화시키는 대안적인 활동과 행동의 발견 및 촉진, 적절한 기술을 개발하고 재 정의하기 그리고 금약과 건강상 해가 되는 문제 해결 상황에서 클라이언트를 원조하기 위한 주요 수단이 된다.

(6) 재발과 순환 과정

약물 남용으로 회복하는 것은 클라이언트는 물론이고 치료자까지 낙담시킨다. 어느 정도 금약 기간을 거쳤다 하더라도 단 한 가지 약물 복용도 치료 과정에서 긴장을 유발할 수 있다. 치료자와 클라이언트가 변화 단계상 진보 하려면, 음주·약물 사용 행동에 있어 변화가 계속되어야 하며 이를 성공적으로 성취하려는 노력이 선행되어야 한다. 미끄러짐이나 재발로 이루어진 약물 사용은 변화의 안정성과 클라이언트의 결단에 대하여 많은 의문을 제기하게 한다. 의심·죄책감·복수심·회의감은 변화를 유지해 오다가 금약을 지키지 못했을 때 느끼는 정상적인 반응이다. 그렇지 않다면 이 같은 정서는 동기를 저하시켜 다시 약물 사용으로 되돌아가는 데 기여할 수 있다(Brownell et al., 1986). 재발하거나 약물 남용 행동으로 퇴행해버릴 경우 방금 언급된 정서의 강도는 더욱 커진다. 즉, 변화에 위협이 되는 상황에 대처하도록 치료자-클라이언트 간에 협력이 요구되는 시점에서 이러한 잠재적인 과정은 치료적 유대관계를 약화시켜 거리감을 크게 할 수 있다는 것이다. 치료자는 재발이 예상되거나 재발을 촉진하는 단서를 피해야 하는 동시에, 이러한 난국을 극복하도록 협력을 쌓는 단계를 설정해야 한다. 이것은 섬세하면서도 어려운 과업이라 할 수 있다. 재발과 관련된 문제는 향후 매우 상세하게 다루게 될 텐데, 여기에서는 변화 단계 관점을 바탕으로 관련 임상적 반응 및 재발과 연관된 임상적 이슈 몇 가지만 강조하기로 한다.

클라이언트가 실수나 재발을 의논하러 치료 세팅을 방문할 때, 치료자가 편안한 분위기를 제공할 수 있다면 개별 치료 과정은 명확해진다. 이러한 관점에서 주요 과업은 현재 작용 중인인지 및 행동적 유인물에 초점을 두고, 약물 사용 행동을 분리·억제하기, 변화를 지속시켜주는 의지와 결정력을 회복시키기, 좌절과 우울 극복하기 등을 비롯하여 변화 과정에서 재기하도록 지지하는 것이다(Carroll, 1996). 다시 실수하고 있거나 이전의 문제 행동 패턴으로 되돌아가려는 클라이언트의 경우 행동 단계로 되돌아오도록 원조하고, 행동 계획을 재수정하며, 실수에 초점을 두고 지지 및 격려하기 등 신속한 행동이 중요 과업이다. 반면에 명확히 재발했거나 허탈한 상태에 빠진 경우 치료자의 목표는 그가 순환 과정을 겪고 있음을 확신시켜주는 것이기도 하다(Prochaska et al.,1992).

자성예언(self-fulfilling prophecy) 없이 재발 과정을 정상화하는 것은 의미 있는 도전이다. 가장 효과적인 방법은 재발을 회복으로 가는 기로에서 하나의 중요한 단계이자 변화 과정의 일부로 해석하는 것이다. 자동차 경주 운전자들은 매 경기 자동차를 고치고, 속도를 높이고, 경주에서 승리 가능성을 높이는 전략을 개발시키는 방법을 배운다. 뛰어난 농구 선수들은 게임에서 레벨 향상을 위해 연습에 매진한다. 마이클 조던이 플레이오프 준비에서 항상 최상이었는지 되새겨 본다면, 시작부터 완벽하게 승리해야 한다고 믿는 클라이언트에게 좋은 교훈이 될 것이다.

재발이 일어났을 때 치료자는 그 자체에 머무르기보다 순환 과정에 초점을 두는 편이 나을 것이다. 즉, 과거의 변화의 노력으로부터 배우고 개인이 변화 과정상 어디에 위치해 있는지 재평가하는 것이 생산적이다. 어떤 이는 너무 좌절하고 희망을 잃어버려 사전숙고 단계로 되돌아가 버리거나 또 다른 변화 시도를 거부하기도 한다. 또한 어떤 사람들은 숙고 단계의 양가감정 상태로 되돌아가기도 하며, 또 다른 시도 가능성을 고려하긴 하지만 금방 이루어지기는 힘들 수 있다. 그럼에도 말에서 떨어진 기수처럼 가능한 빨리 되돌아가길 원하는 이들도 있는데, 이들은 또 다른 변화를 위해 준비 단계로 되돌아가 즉시 다음 노력을 계획할 것이다. 그러나 경험적으로 볼 때, 재발로부터의 이동은 과거의 습관적인 패턴이나 사전숙고 단계로 되돌아가는 경우 또는 행동 단계에서 또 다른 신속한 시도로 돌아가는 것 둘 중 하나였으며, 후자는 전자보다는 빈번하지 않았다. 현저한 실패를 겪게 된 행동을 변화시키려는 상당한 노력을 들인 이후에도 이를 재구성하고 또 다른 시도를 위한 준비를 하는 데에 시간이 소요되는 것으로 나타난다. 이것이 중독성 행동 변화가 개인뿐만 아니라 거시적인 관점에서도 둘 다 오랜 시간이 걸리는 이유이기도 하다.

개인이 재발 이후 어디에 정착해 있는지 사정하는 것은 치료의 목표와 전략을 재조직화하기 위한 첫 단계이다. 치료자는 치료 계획과 클라이언트의 행동 계획 두 가지를 모두 감안하여 무엇이 잘못되었는지 평가해야 한다. 기존에 세웠던 계획에서 효과적이지 못했던 요소는 무엇인가? 부가적인 치료와 자원 제공이 필요한가? 계획상 차질을 주었던 예상치 못한 인물·장소·사물은 무엇인가? 의지 저하, 기술상 결함, 행동 계획상 차질을 불러온 기타 다른 문제가 있었는가? 이때 문제 해결은 여러 변화 단계에서의 과업 가운데 충분히 조명되거나 성취되지 못한 사항은 없는지 전체적인 변화 과정을 고려하여 결정해야 한다. 에를 들어, 약물 남용에 몰두하게 된 행동 또는 긍정적인 근거 어느 한쪽에 치우쳐 의사 결정상 균형이 조정되지 않았을 경우에는 클라이언트의 의사 결정 과정은 거쳐야 할 숙제로 남게 된다. 끝으로, 앞서 제시된 질문에 대한 답변은 적절한 단계와 전략에 대한 치료의 초점을 재조정하게 할 것이다.

(7) 변화과정 개별치료
(변화 과정의 관점에서 개별 치료 위치하기)

변화 과정은 항상 치료자에 의해 시행되었던 공식적인 개입보다 더 광범위하다. 사실 다양한 개입과 치료는 종종 1명의 약물 사용자를 위한 변화 과정에 성공적인 결과를 가져오기도 한다. 프로젝트MATCH에서 외래환자의 약 50%, 사후 케어를 받은 클라이언트의 50% 이상이 약물 남용으로 입원치료를 받은 것으로 나타났다(Project MATCH Research Group, 1997a). 프로젝트 MATCH 치료자들은 개별 외래치료나 사후 케어 치료에서 클라이언트를 12주간 관찰해왔으며, 사전 치료는 그들의 업무에 몇 가지 공헌을 했다. 이것은 반드시 기억해두어야 할 사항이다. 가장 좋은 시나리오로 치료자의 개입은 클라이언트가 변화 과정을 이동하는 데 기여하거나 이미 변화하고 있는 클라이언트에게 받침목이 된다(Tucker, Vuchinich, & Pukish, 1995). 그러나 특정 치료나 치료자가 약물 남용 행동 변화에 대해 전적인 책임을 갖는 것은 아니다. 대부분의 치료자들은 특정 클라이언트의 전체적인 변화 과정을 조망하기 위해 존재하지는 않는다. 때로는 치료자가 운이 좋아서 클라이언트의 최종 긍정적 결과를 보기에 충분한 시간을 클라이언트와 함께할 수도 있다. 개별 치료자들에게 있어 소수의 클라이언트는 의미 있고 지속적인 변화를 만들어내기도 하며, 치료 과정에 남거나 변화된 값에 대해 치료자에게 감사를 전하러 치료 세팅을 방문하기도 한다. 그러나 치료에서 중도 탈락하거나 큰 변화 없이 치료를 떠나버리는 이들이 더욱 많으며, 그들에 대한 사후 결과는 알려진 바가 거의 없다. 우리가 약물 남용 클라이언트의 장기적인 결과를 평가하기 위한 연구에서 관찰한 바로는 치료 프로그램에 참가하는 많은 사람들이 어느 정도 효과를 보고 있는 것은 분명하다(Moos et al., 1990; Finneys, Moos, & Timko,

1999; Vaillant, 1995; Project MATCH Research Gruop, 1998a). 그러나 한 연구에 따르면, 중도 탈락자 또한 변화할 수 있으며 알코올 및 약물 문제를 극복할 수 있음이 발견되었다(DiClemente & Scott, 1997). 즉, 클라이언트의 변화란 반드시 개별 치료 맥락 안에서만 나타나는 것은 아니다.

대부분의 치료자는 클라이언트가 변화의 길을 가도록 원조하지만 변화 과정의 최종 성과까지 함께 가지는 못한다. 이는 특히 개별 치료에서 그러한데, 클라이언트들은 개인에 초점을 두는 데 드는 비용과 시간의 문제로 치료가 언제 끝날지 불안해한다. 일부 클라이언트는 충분한 치료를 받았다고 생각될 때 바로 치료를 중단해버리기도 한다. 가장 이상적인 방법은 클라이언트가 한 명의 치료자를 선택한 뒤 치료 과정이 얼마나 걸릴지 상관없이 성공적인 변화에 이를 때까지 상호 협력하는 것이다. 그리고 치료자는 클라이언트가 약물 남용 문제의 지속된 변화 상태에 도달할 때까지 클라이언트가 변화 단계를 통과해가도록 원조하며, 이러한 단계를 통해 재발에 대해 돕고 변화 단계를 통하여 재순환하며, 마침내 클라이언트가 약물 남용 문제에 대해 지속적인 변화에 도달할 때까지 유지 단계를 지지하게 된다. 그러나 이처럼 치료가 적용되지 않는 몇 가지 예외가 있다. 매우 자주 치료는 일회적이며, 일련의 다양한 프로그램과 각기 다른 치료자들에 의해 전달된다. 한 사람의 치료자나 한 가지 프로그램이 전체 변화 과정에 대한 비전을 가지고 있을 때만이 변화 과정에서 특별한 클라이언트를 위해 일한다는 역할을 분명히 인식할수 있다. 클라이언트는 각각의 개별적인 치료 경험을 통해 변화 과정상 전진하기도 하고 퇴보할 수도 있다. 단 1회의 세션 또는 그 이상의 세션을 통해 클라이언트를 만날 기회를 갖는 치료자들은 변화 과정에 클라이언트를 참여시키도록 노력하여야만 한다. 클라이언트를 존중하며 사려 깊고 유능한 치료자에게 있어 개별치료는 변화 과정을 통한 중요한 여행의 길을 가는 데 촉매제로 기능할 수 있다.

8. 집단 치료

현장에서는 약물 남용자를 대상으로 주요 심리` 정신치료 전략을 비롯한 다양한 범위의 치료 개입이 시행되어왔다(Miller, 1992; Miller et al, 1995).

이러한 접근법들은 일반적인 치료 철학(질병 모델 또는 행동주의 모델), 치료세팅 유형(외래, 입원치료), 구체적인 치료 개입 형태(개별 치료·가족 치료·부부 치료·집단 치료)와 같이 각 영역마다 차이가 있다(Institute of Medicine, 1990; Miller, 1992; Miller and Hester, 1986). 다양한 치료 개입 중에서도 집단 치료는 중독자의 재활 영역에서 가장 폭넓게 사용되는 치료 형태 또는 치료 전달 체계인 것으로 나타났다(Golden, Khantzian, & McAuliffe, 1994; Levy, 1997; Miller & Hester, 1980; Stinchfield, Owen, & Winters, 1994).

1) 집단 치료와 개별 치료의 이해

일반적으로 개별 치료는 약물 남용자를 대상으로 보다 구체적인 접근이 가능하며, 적용하는 데 여러 가지 이점이 있는데(Rounsaville & Carroll, 1997), 이는 앞에서 설명된 바 있다. 다른 치료 접근법과 비교할 때 개별 치료에는 다음과 같은 장점이 있다.

①사생활 보호 및 비밀보장이 가능하여 개인이 민감한 문제를 솔직하게 털어놓고 의논할 수 있다.
②개인의 보폭에 맞게 개별화된 서비스를 제공하므로 치료 과정에서 나타나는 클라이언트의 문제에 유연하게 대처할 수 있다.
③집단 치료보다 개인의 문제를 다루는 데 더 많은 시간을 투자할 수 있다.
④개별 치료는 구조상 특정 유형의 문제(예; 인간관계 문제)나 특수한 개인(예; 인격 장애가 있는 사람)을 다루는 데 용이하다(Rounsaville & Carroll, 1997).

그러나 개별 치료가 갖는 장점에도 불구하고, 문헌에 따르면 집단 치료가 약물 남용자의 치료 형태 중 가장 보편적인 것으로 나타난다(Stinchfield Owen, & Winters, 1994).
현장에서 집단 치료의 활용도는 개별 치료를 초과하여 거의 정신의학 치료와 비슷한 수준이며, 미국 내 대부분의 약물 남용 외래치료 프로그램에서 사용되고 있다. 즉, 약물 남용 치료에서 집단 치료는 통합적이며 개별화된 접근법으로서 빠져서는 안 될 중요한 요소로 여겨지고 있다(·며르무, 1994).

집단 치료가 이렇게 광범위하게 사용되는 이유는 매우 많다고 할 수 있는데, 특히 사례 관리 기간에서 중요한 경제적 측면과 개별 치료에 비한 비용 절감효과 때문이다. 라운사빌과 캐롤(Rounsaville & Carroll, 1997)에 따르면, 집단은 보통 2명의 치료자와 최소 6명의 클라이언트로 구성되어 개별 치료와 비교할 때 시간당 참여 가능한 클라이언트 숫자가 3배나 된다는 점을 지적했다. 밀러와 헤스터(Miller and Hester, 1980) 역시 집단 치료가 갖는 주요 이점은 비용의 효과성의 측면에 있다고 밝혔다.

그러나 집단 치료 접근법이 약물 남용 치료 프로그램에서 많이 사용되는 것은 단순히 비용효과 때문만은 아니다. 이 점에 관해서는 우선 치료 형태로서의 집단 치료와 치료 전달 체계로서의 집단 치료 관점을 살펴보면, 수많은 지단 치료 접근법들이 약물 남용자를 대상으로 사용되었으며, 집단 역동 과정이 다양한 치료적 효과가 있음이 확인된 바 있다(Brown & Yalom, 1977; Flores, 1988; Rogers & McMillin, 1989; Vinogradov & Yalom, 1989). 다음으로 치료 전달 체계로서의 집단 치료 관점을 살펴보면, 집단 세팅에서 대인관계 접근 및 상호작용 접근에서부터 고도로 구조화된 사회 기술 훈련이 가능하다는 점을 들 수 있다.

2) 집단 치료의 치료적 요인

치료 전달 체계로서의 집단 치료는 치료 형태로서의 집단 치료와 연관된 수 많은 '치료적 요인'의 효과를 활용한다(Flores, 1988; Yalom, 1995). 집단 치료는 다음 사항을 비롯하여 다양하게 행동 변화 과정에 기여하는 것으로 나타난다.

● 약물과 관련된 문제나 기술 부족은 대부분 대인 관계상 문제와 관련이 있는데, 집단 활동은 새로운 사회 기술을 획득하고 정교화 하는 과정에서 '안전한' 실천이 가능한 실제적인 세팅을 제공한다(Chaney, 1989; Flores, 1988; Monti, Abrams, Kadden, & Cooney, 1989).

● 집단 세팅에서는 사회 기술 훈련의 주요 요인들, 특히 모델링 · 시연 · 피드백 기능이 더욱 활발하게 기능한다.

● 약물 남용 문제 극복이 가능하다는 희망 고취, 정보의 전달, 타인과 유사한 문

제를 공유하고 있다는 깨달음, 문제가 있는 타인에 대한 원조 또는 이타심, 사회화 기술의 발전, 적절한 행동의 모델링, 대인관계 학습 및 신뢰감 증진 등을 비롯한 다양한 인지·정동·행동 상의 변화가 나타났다(Brown & Yalom, 1977; Flores, 1988; Yalom, 1995).

● 집단 치료에서는 상호 피드백을 토하여 타인과 자신의 '부정 체계(denial system)'를 파악하고, 모델링을 통하여 직접적 또는 간접적으로 관찰함으로써 부정에 직면할 수 있게 된다(Golden et al, 1994; Stinchfield et al., 1994;Washton, 1992).

● 치료자가 직접 hepf로 나서는 것보다 클라이언트가 모델이 될 경우, 기술 수준에서는 관찰자보다 조금 나은 정도지만 행동상 크게 영향을 줄 수 있다. 동료의 시연과 피드백은 개별 치료보다 현실적이며 행동 변화를 일반화(법칙화)하는 데 효과적이다.

● 집단은 클라이언트를 둘러싸고 있는 사회 체계를 변화시키고, 의미 있는 지지 체계를 발전시켜 회복 과정을 촉진시킨다.

● 집단은 회복에 대한 의지를 굳건히 하도록 개인을 지지하고 안내한다. 회복하겠다는 의지는 행동 변화 과정과 알코올 및 약물에서 벗어난 삶의 방식을 획득하고 유지하는 과정에서 가장 기초적인 요소이다.

이처럼 클라이언트의 관점에서 살펴보면 다양한 치료적 요인이 있다는 사실은 자료를 통해 확인이 가능하다(Lovejoy et al, 1995). 한 예로, 계속된 코카인 문제로 메사돈 치료에 참여하여 재발 예방 집단을 종결한 클라이언트를 대상으로 집단 활동을 완수하는 데 효과적인 요인이 무엇이었는지 질문했다. 그 결과, 70% 이상의 클라이언트가 집단 치료 세션이 특히 의미 있었다고 응답했다. 이들은 집단 과정에서 자신들이 '혼자'가 아니며, 문제에 대처하는 데 있어 집단 내 다른 구성원들 역시 유사한 경험을 가지고 있음을 깨달았다. 또한 그들은 안전하고 지지적인 환경 속에서 자신의 문제에 대해 수치심이나 고독함 없이 마음을 열고 이야기할 수 있었고, 서로 간에 형성된 친밀함과 우정은 특히 소중한 경험이 되었다. 유사하게 로벳(Lovett and Lovett, 1991)은 입원치료 프로그램 내의 알코올릭 집단 치료에서 개인의 행동에 대해 책임감을 실어주면서 집단의 응집력을 키워주는 것이 가장 중요한 요인임을 발견했다.

(1) 행동 변화를 위한 단계 모델을 집단 치료에 적용하기

라운사빌과 캐롤(Rounsaville and Carroll, 1997)은 대부분의 정신치료 프로그램에서 집단 치료가 활용되고 있음에 주목했다. 유사하게 집단 치료는 변화 단계 모델에서도 적용 가능하다. 이미 논의하였듯이 변화 단계 모델은 변화 준비성에 초점을 두는 개별화된 치료 개입으로서, 준비성 단계를 수반하는 변화 과정 및 개인의 의사 결정 과정을 목표로 하는 다양한 개입 기법에 초점을 둔다. 이때 의문시되는 점은 변화 단계 모델이 고도로 개별화된 초점에 맞추어져 있다고 가정할 때, 그에 따른 치료적 개입이 집단 치료로 성공적으로 적용 가능한지 여부이다. 실제로 최근 연구 자료는 이러한 적용이 가능함을 보여주고 있다.

애니스 외(Annis, Schober, and Kelly, 1996)가 개발한 개입 모델을 살펴보면, 구조화된 재발 예방 모델의 구성 요소들(예; 고위험 음주 상황의 사정, 동기 강화 면접, 개별 치료 계획, 재발 예방 기술 획득 및 유지를 위한 상담 등)은 개별 클라이언트가 위치해 있는 변화를 위한 준비성 단계에 목표를 둔다. 그레이엄 외(Graham, Annis, Brett, and Vevesoen, 1996)는 개별 치료와 함께 집중적으로 개발된 개입 전략 들이 집단 치료 세팅에서 어느 정도까지 일반화 가능한지, 얼마나 성공적으로 수행될 수 있는지 조사했다. 그리고 구조화된 재발 예방 프로그램을 집단 치료나 개별 치료의 일환으로 따로 시행한 경우와 두 가지를 동시에 개별 세션으로 포함시켜 시행한 경우를 비교했다. 두 조건 모두 참석률과 클라이언트 만족도가 유사하게 나타났고, 12개월 사후 조사의 알코올 관련 척도에서도 별다른 차이가 발견되지 않았다. 사후 조사에서 나타난 단 한 가지 차이점은 친구로부터의 사회적지지 영역이었는데, 이들은 집단 치료를 선호했다. 결국 그레이엄 외(Graham et al, 1996)의 연구 결과를 개별 치료에서 집단 치료로의 성공적인 전환이 가능함을 보여준다 하겠다.

카우프만(Kaufman, 1994)은 개별 치료와 집단 치료 접근법 둘 다 각기 다른 이점이 있으므로 약물 남용자를 치료하는 데 있어 두 가지를 통합할 필요가 있다고 주장했다. 이 제안은 호프만 외(샐르무 et al, 1994)의 논문에서도 뒷받침되기도 했다. 이들은 코카인 남용자 치료 세션 회수를 늘리고 보다 집중적인 집단 활동을 제공하거나 개별 서비스와 집단 치료를 통합할 경우, 코카인 남용 치료자의 유지 현상이나 치료 노출 문제가 개선될 수 있음을 발견했다. 이러한 배경 하에서 개별 치료와 연계된 방식이나 독립된 형태로 제공되는 집단 치료에 변화 단계 모델과 동기 강화 기법을 통합하고자 하는 시도가 증가하고 있다는 사실은 놀라운 일이 아니다(Amrod, 1997; Barrie, 1991; Rugel, 1991; Yu & Watkins, 1996).

집단 접근법에 대해 설명하기 전에, 이를 발전시키는 에 고려해야할 실제적이고 전반적인 개념에 대해 먼저 알아보도록 하겠다.

(2) 개방형 집단과 패쇄형 집단

개별 치료 원리를 집단 치료 형태로 당황하려면, 우선 집단의 특성과 관련된 여러 요인에 대한 설명이 필요하다. 첫째는 집단이 '개방형' 또는 '폐쇄형' 인지 여부이다. 전자는 새로운 구성원이 현재 진행 중인 집단에 추가될 수 있는 반면, 후자의 경우는 일단 집단이 구성되면 새로운 구성원의 영입 없이 지속하는 형태이다. 집단 치료에 변화 단계 모델의 적용을 다루고 있는 문헌들을 고찰해보면 이러한 각 접근법들에 대한 예시가 나타나 있다(Barrie, 1991; Yu & Watkins, 1996).

이처럼 두 가지를 구분하는 것은, 치료를 시작하려면 충분한 클라이언트 인원이 필요하다는 점과 집단에 참여하고자 대기 중인 클라이언트와 함께 무엇을 할 것인가 등과 같은 필연적인 문제로 귀결된다. 폐쇄형 집단은 시간의 흐름에 따라 동일한 구성원들과 지속적인 관계를 맺음으로써 대인관계에서 신뢰감 증진 및 응집력 강화 등 집단과 관련된 치료적 이점이 더 많다. 반대로 개방형 집단에서는 클라이언트들이 새로운 구성원을 집단으로 동화시키고자하기 때문에 본질적인 문제에서 벗어나기 쉽다. 즉, 실제 요지에서 이탈하기 쉬워진다. 또한 집단의 구분은 집단의 적정 규모를 결정하는 데 영향을 미치기도 하는데, 폐쇄형 집단은 구성원들이 중도 탈락하더라도 집단에 남아 있어야 하는 '최소한의 적정 인원'이 필요하다. 반면에 개방형 집단은 새로운 멤버로 인해 집단 과정이 지나치게 불안정해지지 않고 자연스럽게 동화될 수 있도록 어느 정도 집단으로의 진입을 제한해야 할 필요가 있다.

(3) 동일 집단과 이질 집단 구성

두 번째로 다소 관련된 이슈는 약물 선택, 변화를 위한 준비성 단계 등 수없이 다양한 특징을 갖는 클라이언트를 한 집단으로 구성함에 있어 동질적 또는 이질적인지 여부이다.

밀러(N, S, Miller, 1995)는 집단을 이질적으로 구성해야 한다고 주장 했는데,

중독자를 위한 집단 치료는 치료나 회복의 단계가 다르며, 남용되는 약물의 종류, 치료에 대한 수용 정도나 저항, 동기 수준이 다양한 클라이언트로 구성하는 것이 바람직하다고 제안했다. 이 방식을 통해 치료 초반부에 이제 막 알코올이나 약물을 끊고자 하는 초보 클라이언트들은 보다 장기간 금약을 유지해온 클라이언트들과 함께 집단 치료에 참여하여 금약에 대처하는 방식을 배울 수 있게 된다.

배니셀리(Vannicelli, 1992) 역시 금약이나 회복의 단계상 이질적인 집단 구성 방식을 옹호한다. 금약의 단계가 다양한 개인으로 집단을 구성하는 것은 이제 막 회복하기 시작한 구성원에게 긍정적인 믿음과 희망을 가져다줄 수 있다. 구성원들은 재발을 미연에 예방할 수 있고, 과거에 재발했다 하더라도 회복 가능하며 집단 치료를 지속할 수 있다는 사실을 깨닫게 된다.

이와 비슷하게 워시턴(Washton, 1992)은 이질적인 집단 구성이 집단의 경험을 풍부하게 하며, 다양한 새로운 구성원들을 집단 내에 통합할 수 있다고 명시했다. 신규 멤버는 기존 멤버가 최소한 한 명만 되어도 집단을 금방 파악할 수 있게 되어 집단에 통합될 가능성이 높아진다.

배니셀리와 밀러는 치료에서 신규 멤버와 기존 멤버 간의 상호작용이 양쪽 모두에게 치료적 효과가 있음을 제안하면서 집단 멤버십에서 '개방형' 모델을 적용하는 데 적극 찬성했다. 이처럼 다양하게 구성된 집단 멤버십 모델에서 클라이언트는 초기 회복의 단계에 집단에 참여하여 치료적 효과를 경험하게 될 경우 지속적으로 참석하게 된다. 멤버십에는 시간제한이 없으며(Vannicelli, 1992), 치료 초기 단계에 있는 신규 클라이언트들은 회복 과정상 더욱 앞선 기존의 멤버들로부터 많은 것을 배우게 된다. 즉, 자신은 결코 혼자가 아니며 중독이란 점에서도 특이한 존재가 아님을 깨닫게 된다. 오히려 치료가 효과적임을 인식하게 되고, 다른 이가 과거에 어떻게 금단증상을 극복했는지 터놓고 이야기하는 것을 듣고 자조집단인 12단계 프로그램이 금약의 삶과 어떻게 통합될 수 있는지도 배우게 된다(N s Miller, 1995).

반면에 연구자 가운데는 이러한 관점과 반대로 집단 구성원을 동질적으로 구성해야 한다는 주장이 있다(Barrie, 1991; Levy, 1997). 수많은 공통된 특성을 공유하는 것뿐만 아니라, 공통의 목적과 유사한 목표를 갖는 것은 집단 응집력을 형성하고 유지하는 데 있어 중요하다. 워시턴은 '최대 허용 가능한 이질성'의 원리를 제시하면서 집단 구성은 너무 이질적이거나 지나치게 동질적이어도 안 된다고 서술하고 있다.

이러한 원리와 같게 스팅그필드(Stinchfield et al, 1994)는 집단 치료자는 개인의 욕구뿐만 아니라 전체 집단의 욕구도 함께 고려해야 한다는 기본 원리에 따라 집단 내에 개인을 수용할지 여부를 결정해야 한다고 주장했다.

(4) 회복 단계와 집단의 초점

배리(Barrie, 1991)의 연구에서도 나타났듯이, 동질성과 이질성에 대한 이슈는 치료 집단의 진행 단계, 클라이언트가 현재 위치해 있는 단계, 그리고 각 단계에서 의주요 과업과 관련 있는 것으로 나타난다(Martion, Giannandrea, Rogers, & Johnson, 1996; Vinogradov & Yalom, 1989). 카우프만과 레옥스(·며르무 뭉 Reous, 1988)는 회복의 단계를 다음 세 단계로 설명한다.

①금약 도달 단계
②회복 시작 단계
③회복 진행 단계

처음 두 단계에 해당하는 집단의 목표 및 초점을 회복 진행 중인 집단의 그것과는 차이가 있다. 회복 시작 단계에서 집단의 초점은 대개 '부정 직면하기'로서 개인의 약물 사용에 대한 인식을 증진하고, 자신이 갖는 문제에 변화가 필요함을 인정하며, 금약을 성취하고, 자신이 갖는 문제에 변화가 필요함을 인정하며, 금약을 성취하면서 유지하게 하는 것이다. 반면에 회복 진행 중인 집단은 인간관계 향상을 위한 대인관계 학습과 일단 성취된 금약의 유지에 초점을 둔다(Vinogradov & Yalom, 1989). 변화 단계 모델의 관점에서 이 세 가지 단계는 각각 사전숙고 및 숙고 단계(금약 도달 단계), 행동 단계(회복 시작 단계), 유지 및 재발 단계(회복 진행 단계)를 반영하는 것으로 나타난다.

배리는 참여자의 목표와 욕구가 다양하게 얽혀 있을 경우, 즉 회복의 과정상 전혀 다른 단계에 있는 개인으로 집단이 구성될 때 집단 과정에서 문제가 발생할 수 있음을 지적했다. 자신의 음주나 약물 사용에 문제가 전혀 없다고 여기는 개인은 음주 행동을 변화시키려는 집단 과정 내에서 위협가을 느끼거나 와해된 행동을 할 우려가 있다.

반대로 나머지 집단 구성원들은 아직 변화할 의지가 없고 부정하거나 노력하지 않은 것으로 비춰지는 멤버에게 위협감이나 분노를 느낄 수 있다. 그러므로 구성원들이 저마다 다른 단계에 있다고 가정할 때, 집단 개입은 모든 구성원들을 함께 다루기보다는 하나의 특정 단계에 초점을 두어야 할 필요가 있다.

집단을 구성할 때는 개인마다 성취해야 할 목표가 다르므로, 초기 회복기에 있는 클라이언트와 장기간 금약을 유지해온 클라이언트를 분리하는 방식이 선호되어 왔다(Barrie, 1991; Levy, 1997; Straussner, 1997; Vannicelli, 1992).

초기 단계에 있는 클라이언트 집단은 사전숙고 및 숙고 단계와 유사하게 모든 멤버들이 약물의존 문제라는 공통된 특징을 공유한다(Levy 1997). 이 집단 구성원들은 알코올·약물을 완전히 끊겠다는 준비가 미흡하거나 치료를 받으려는 의지가 부족하다 하더라도, 최소한 중독의 진행 과정이나 회복이 이루어지는 과정에 대해 배우고자 하는 노력이 필요하다 하겠다.

초기 단계의 집단은 대부분 교훈적이면서 심리교육적인 내용으로 구성되는데, 강연이나 비디오 상영, 참여자 간의 토론이 더해지기도 한다. 집단 내 정보의 교환은 개인의 문제의식 수준을 증진시키고, 행동의 변화나 치료에 대한 의지를 강화시켜주며, 치료 과정에서 가족 구성원으로부터 협력과 지지를 이끌어내는 기회를 제공한다. 이처럼 집단 내 정보 교환은 광범위한 치료 프로그램 가운데 첫 번째 단계로 간주된다.

앞에서도 설명했듯이 후반부에 있는 클라이언트 집단은 인간관계 향상 및 금약의 지속, 재발을 예방 목적으로 주로 대인 관계적 학습에 초점을 둔다(Vinogradov & Yalom, 1989). 이들에게는 주로 전통적인 상호작용·대인관계 치료 집단 프로그램이 실시되는데(Flores, 1988; Vannicelli, 1982; Vinogradov & Yalom, 1989), 이때 집단의 초점은 사적인 관계나 대인관계에서 발생한 문제나 이슈를 해결하기 위한 목적으로 문제를 파악하고 해결 방안을 탐색하는 데 있다(Thoreson & Budd, 1987). 또한 특정 행동이나 기분 상태 및 자신의 행동에 대한 통찰력을 증진하고 사회적 지지망을 확대하는 것 역시 주요 초점 대상이 될 수 있다(Galanter, et al., 1991).

3) 동기부여 증진집단
(동기 부여를 증진하는 집단 분위기 확립)

집단의 형태와 관계없이 행동 변화상 동기를 부여해주는 집단 분위기나 집단 문화를 확립하는 것이 중요하다고 할 수 있다. 광의적 의미에서 집단 문화란 집단 형태와 집단 치료자의 전문적·개인적 스타일 간의 상호작용을 나타낸다.

(1) 치료자 스타일

카트라이트(Cartwright, 1987)sms 집단 치료의 중요한 특징으로서 집단 내 치료자와 리더가 차지하는 역할 범위를 지적했다. 일부 집단은 전적으로 리더의 주도 하에 모든 의사소통 흐름이 이루어지며, 리더가 집단 활동이나 집단의 가치를 정의 내리기도 한다. 그러나 많은 연구자들은 이러한 스타일은 특히 약물 남용 문제를 다루는 집단에 있어서는 적절치 못함을 주장했다. 오히려 약물 남용 집단의 결정권자는 리더가 아니라 집단 멤버들이며, 리더는 약물 남용에 관한 지식이 풍부하거나 대인관계 증진의 촉매제 역할을 할 때가 이상적이라고 설명한다(Cartwight, 1987; Galanter et al., 1991). 리더가 권위적이고 집단을 통제하기보다는 구성원들 간에 적극적인 참여와 상호작용이 이루어질 때 클라이언트들은 가장 큰 혜택을 누리게 된다(Yu & Watkins, 1996). 개방적이며 민주적인 리더는 참여자들이 약물 남용 문제에 대한 자기 탐색을 유도하고 집단 응집력을 이끌어낼 가능성이 높다.

약물 남용자 치료는 다소 직면적인 방식으로 이루어지기도 하는데, 직면 기법은 방어기제 중에서 특히 부정을 깨뜨리고 장기간 금약 중심의 치료 계획을 수용시키는 데 필수적인 것으로 여겨져왔다(Kofoed, 1997). 유와 왓킨스(Yu and Watkins, 1996)는 그러한 공격적이고 직면적인 치료 스타일은 약물 남용자의 협력 관계를 형성하는 데 부정적임을 지적했다

이러한 관점에서 만타노와 얄롬(Mantano and Yalom)은 부정을 해결하려는 시도에서 집단 내 지나친 직면 기법의 사용은 반(反)치료적이며, 클라이언트가 치료를 떠나버리거나 비순응적인 태도를 갖게 할 수 있다고 주장했다. 오히려 상담가는 개입의 방안으로 지지적이고 공감적인 접근 방식을 택해야 한다고 강조했다(Mantano, & Yalom, 1991; Ober, Rawson, & Miotto, 1997; Yu &

Watkins, 1996). 이러한 제안 밀러 외(Milier at al, 1993)의 개별 치료┬ 연구 결과와 이치한대 연구 결과와 일치한다. 동기 강화 면접을 토대로 하는 클라이언트 중심 접근법과는 대조적으로 약물 남용을 치료에 대한 전통적인 접근법은 그 특징상 직접적으로 공격적인 치료 스타일로 인해 클라이언트로부터 많은 저항을 불러왔으며 이는 곧 부정적인 결과를 가져왔다. 치료자가 직면 적일수록 클라이언트의 음주는 더욱 늘어났던 것이다.

(2) 집단 분위기

개인이 집단에서 얼마나 그리고 어떤 심리적 지지를 받고 있는지 여부는 치료 과정에 영향을 미치는 또는 다른 중요한 요인이다(Cartwight, 1987). 이러한 맥락에서 지지란 약물 남용 문제나 변화 준비성 단계에 대한 관점에 의거하여 '현재 서 있는 위치'에서 구성원을 격려하고 수용하려는 집단의 의지를 말한다. 집단이나 리더의 관점을 수용한다는 점에서 이 접근법은 클라이언트의 의지 부족을 단순히 부정으로 해석하는 전통적인 직면 모델과는 크게 다르다고 할 수 있다.

동기 강화 면접의 주요 특징, 즉 반영·지지·공감, 그리고 온화한 태도 등(Miller & Rollnick, 1991)은 집단 분위기에도 크게 영향을 미치는 것으로 나타났다. 치료자의 스타일에 대한 관점은 흡연자를 대상으로 하는 집단 치료 접근법에서도 유사한 패턴이 발견되었으며(ㄴ머다 Belcher, & Stapleton, 1985), 알코올릭 집단 치료에서도 마찬가지였다(Ends & Page, 1957). "집단 중심" 치료에 참여한 클라이언트 치료자의 진실성은 솔직함·수용·공감·자기 노출·비심판적 태도·정직·제안에 대한 개방적인 태도 등의 특징으로 규정되는데, 효과적인 집단에 대한 개방적인 태도 등의 특징으로 규정되는데, 효과적인 집단의 주요 실천 원리 가운데 하나로 나타났다(Milgram & Rubin, 1992). 집단의 목표가 약물 사용 행동을 변화시키는데 그치거나, 넓게는 대인관계 및 개인 내적인 이슈를 다루는지 여부 또는 남용된 약물 종류와 무관하게 이러한 치료자의 스타일은 치료에서 효과적으로 기능할 수 있다.

이에 대한 한 예로서, 반 빌센과 반 엠스트(van Bilsen and van Emst, 1986)는 메사돈 치료 클리닉에서 활용되는 '동기 강화 환경 치료'에 대해 설명했다. 인본주의 철학을 바탕으로 하는 동기 강화 환경 치료에서 클라이언트는 스스로 책임성을 갖는 일반 성인으로 동등하게 대우받도록 열려 있고 허용적인 분위기를 제공하며, 치료진은 동기 강화 면접 기법을 통해 클라이언트의 동기를 증진시켜 궁극적으로 약물 사용 행동을 변화하도록 한다.

4) 단계의 기초적 집단접근

최근 변화 단계 모델과 동기 강화 면접 접근법에 기반을 둔 집단 치료 접근에 대한 관심이 증가하고 있다(Amrod, 1997; Barrie, 1991; Falkowski, 1996; Yu & Watkins, 1996). 이 접근법들은 이제까지 설명되었던 여러 치료적 이슈나 당면 과제를 다른 방식으로 다루어왔다. 유와 왓킨스(Yu & Watkins, 1996)는 음주 운전 혐의로 치료 명령을 받은 클라이언트들을 대상으로 하는 집단 접근법을 개발했다. 이 접근법에서 클라이언트들은 함께 변화 단계를 지속해나가는 폐쇄형 집단으로 구성된다.

이와는 반대로 배리(Barrie, 1991)는 클라이언트가 문제를 인정하지 않거나 동기가 부족한 사전숙고 단계자일 경우, 별도 분리하여 집단을 구성할 것을 주장했다. 사전숙고자가 자신의 알코올·약물 사용에는 문제가 전혀 없으므로 변화가 필요 없다는 식의 논쟁을 벌여, 나머지 숙고 단계나 행동 단계의 클라이언트에게 부정적인 영향을 줄 수 있다는 점을 우려했기 때문이다. 또한 배리는 변화 단계에 기초한 5회 세션 집단에 대한 개요를 제시하기도 했다. 최초 2회차 세션까지 주요 내용은 변화에 대한 의지 증가로서 특히 숙고자에게 적합하다. 나머지 세션에서는 일반적인 문제 해결 기술 및 재발 예방법을 다루며, 행동 단계나 유지 단계의 클라이언트에게 효과적이다.

그러나 이러한 차이점에도 불구하고, 위 연구자들은 개별 준비성 단계에서의 치료적 과업이나 치료 집단 목표에 관해서는 공통된 시각을 공유한다. 이들 접근법에서는 구성원들의 변화 단계에 따라 집단 개입을 연계하고자 한다. 배리는 주로 과음자에 대한 연구를 통해 집단의 목표를 다음과 같이 열거했다.

①음주 관련 문제를 파악하도록 돕는다.
②음주 행동 변화에 대한 의지를 지속 및 증진시킨다.
③음주 문제 해결 방안을 교육한다.
④행동을 모니터링한다.

⑤문제성 음주로 되돌아가는 것을 방지한다.
⑥재발에 대처하도록 원조한다.

다음에 이어질 설명은 유와 왓킨스(Yu and Watkins, 1996), 배리의 연구를 통합한 내용으로서, 변화 단계별로 집단에게 적절한 접근법 및 일반적인 이슈에 관한 사항이다.

(1) 사전숙고 단계

대부분의 사전숙고자들은 법적 · 의료적 · 사회적 문제나 직장 등 외부 압력에 의해 치료기관과 제약을 맺게 된다. 이들은 전형적으로 약물이나 알코올 문제를 인정하지 않으므로 대부분 행동 변화의 필요성을 느끼지 못한다. 또한 음주나 약물 사용으로 인한 장점은 인지 하지만 부정적인 결과에 대해서는 고려해본 적이 없다. 이러한 전제하에 사전숙고자를 대상으로 하는 집단의 첫 번째 목표는 약물 관련 문제에 대한 인식을 증가시키고, 숙고 단계로 유도하여 변화의 필요성을 깨닫게 하는 것이다. 집단이 사전숙고자로만 구성되거나 폐쇄형 집단의 초기 단계에 있을 경우, 집단은 정신 교육적 측면에서 알코올·약물에 대한 정보를 제공하는 역할을 하게 된다. 참여자들은 알코올 및 약물로 인한 부정적인 결과라든지 사용 패턴을 변화하는 데 따른 잠재적인 이점 등의 정보를 획득한다. 배리가 지적했듯이 집단 세팅은 클라이언트가 주변 환경을 재평가하고, 다양한 삶의 영역에서 겪게 되는 어려움 중에서 약물 남용이 얼마나 차지하는지 생각해 볼 기회를 제공한다. 이때 집단의 목표는 부정적인 결과나 문제를 약물 · 알코올 사용과 연결지어봄으로써 개인의 변화에 대한 동기를 증가시키는 것이다.

유와 왓킨스, 배리는 집단 세팅의 장점으로서 참여자의 문제를 축소시키는 데 특히 유용하다는 것에 동의한다. 일반적으로 사람들은 자기 자신의 문제를 인식하는 것은 어려워하지만, 타인에 대해서는 삶에서 발생하고 있는 부정적인 문제의 원인이 알코올 · 약물 사용 때문임을 쉽게 지적할 수 있다. 이처럼 집단 구성원들은 피드백을 통하여 서로의 문제를 돌아보고 그로 인한 결과를 탐색할 수 있게 된다. 또한 집단 구성원들은 치료진보다는 같은 집단 멤버들-가까운 사람들-에게 보다 수용적인 태도를 보이기 쉽다.

유와 왓킨스는 사전숙고자 집단을 다루는 치료자는 자신이 구성원의 분노의 대상이 될 수 있을 것을 예상해야 한다고 명시했다. 치료자가 클라이언트의 분노를 어떻게 다루는가는 매우 중요한 문제이며, 동기 강화 면접에서는 '저항 다루어주기'를 제안한다. 치료자는 객관적이며 공감하는 자세, 비심판적인 자세를 견지하고, 적절한 사회 기술을 보여주는 모델이 되어야 하며, 집단 응집력을 촉진하고, 클라이언트의 자기 평가에 있어 변화를 유도하며, 참여자들이 자신을 개방할 수 있도록 원조해야 한다.

(2) 숙고 단계

숙고 단계의 집단 구성원들은 알코올·약물 사용의 장점보다 단점이 많으며, 이제 변화가 필요함을 인지하기 시작했다. 그러나 이들에게는 양가감정이 남아 있어 아직은 변화에 대한 의지가 강하지 않다. 그러므로 숙고자를 대상으로 하는 치료의 목표는 변화 의지를 증진시키는 것이다. 이 단계의 클라이언트들은 알코올·약물 관련 정보에 수용적이며 문제 인식이 증대된 상태이므로, 약물의 긍정적·부정적인 결과에 대해 과거와는 다른 반응을 보이며 자신의 알코올 및 약물 사용에 대한 관점을 바꿀 수 있다. 또한 집단은 개인의 문제 영역에 초점을 두는 것 외에도 이용 가능한 치료 자원과 자조집단에 대한 정보를 제공함으로써 집단 구성원들이 이를 택하여 혜택을 누릴 수 있도록 해야 한다.

특정 시점에서 숙고자 집단은 심리 교육적 접근 방식에서 전통적인 과정 중심의 집단 치료와 관련된 토론 방식으로 급속히 이동하게 된다. 이때 치료자는 구성원들이 약물 사용 패턴과 현재 삶의 문제가 갖는 최종적인 의미가 무엇인지 논의를 유도해야 한다. 이러한 논의는 개인의 급변하는 태도와 신념을 지지하고 타인에게 피드백을 제공하는 방식으로 이루어지며, 개인의 사적인 경험을 집단 구성원들이 함께 공유할 수 있게 된다. 유와 왓킨스(Yu and Watkins, 1996)는 치료자가 토론을 통해 구성원들의 참여를 최대화시키는 것이 중요하다고 명시했다. 논의를 형성하는 동안 치료자는 상대적으로 덜 자극적인 역할을 맡게 되는 반면, 잘못인 역할을 맡게 되는 잘못된 정보를 수정하고 집단 구성원의 참여와 자기 노출을 강화시키도록 한다. 즉, 치료자 대비 참여자의 참여율이 높을수록 과정에서 구성원들의 노력이 증대된다고 주장한다.

(3) 준비 단계

준비단계자들은 숙고 단계에서 부딪혔던 의사 결정의 문제를 해결해왔다. 숙고 단계에서 준비 단계로의 이동은 지속된 약물 사용에 대한 클라이언트의 태도 및 지각 변화에 따른 결과이다. 클라이언트는 알코올·약물 사용의 장점보다 단점이 많음을 확실히 알고 있으며, 그로 인한 부정적인 결과까지 인지한 상태이다. 이러한 태도의 변화는 의지를 굳혀 행동상 변화를 가능케 하는데, 이 단계의 클라이언트 역시 변화 계획에 대해 강한 의지를 가지며 가까운 시일 내에 실행에 옮기고자 한다. 또한 이미 경험상 그리고 행동상 변화 과정을 시작한 클라이언트도 다수 존재할 수 있다.

앞에서 논의했듯이 준비 단계자들은 사전숙고 및 숙고 단계에 있는 개인들과 비교할 때, 이미 자신의 문제 자체에 대해 그리고 문제가 자신과 타인에게 어떻게 영향을 주는지 정보를 탐색하는 과정에서 변화에 대한 자신감이 확립된 상태이다. 약물을 끊겠다는 결단력은 더욱 강해졌으며, 약물 남용을 예방하는 능력을 탐색하고 고위험 상황을 피함으로써 자신의 값과 주변 환경을 재배치하고자 할 것이다. 또한 변화에 대한 결정에 보상적 효과를 가져다주는 개인적·사회적 연계망을 개선시킬 가능성이 높다. 결국 준비 단계자들은 숙고 및 행동 단계와 관련된 영역에서 점수치가 높게 나타난다.

준비 단계는 숙고 단계와 행동 단계 사이에서 교량 역할을 함으로써 집단의 수많은 기능을 결정할 수 있게 한다. 준비 단계자로 구성된 집단의 주요 목표는 행동 계획을 실천하는 데 필요한 지지를 제공하고, 변화 목표를 향해 꾸준히 매진하는 것이다. 초기 준비 단계에서는 양가감정이 어느 정도 감소되었을지라도 시행착오를 경험하면서 완전히 견고화되기 전까지는 역전 가능성에 취약하다. 그러므로 집단은 의지를 더욱 증진시키고 행동 변화를 유지하는 데 뒷받침이 될 기술을 필요로 한다. 개인이 중도 탈락하지 않고 변화 과정을 계속하려면 자신이 노력한 부분에 대해 보상효과를 주는 조건을 형성해야 하며, 집단 또한 개인을 지지해주어야 한다. 이처럼 초기 단계들이 강화되면 될수록 자기 효능감이나 자신감이 증가하여, 개인 고유 의지에 해가 되는 잠재적인 문제들을 처리할 수 있게 된다.

행동 변화를 위한 강화를 제공하는 것 외에도 집단은 이전 단계로 후퇴하는 개인에 대해서도 관심을 가진다. 집단은 변화 과정에서 조기에 피할 필요가 있는 고

위험 상황을 파악하도록 도울 수도 있다. 또한 알코올·약물 복용에 의존하기보다 스트레스와 강한 부정적인 정서에 대처하는 기타의 방법을 제시하고, 조건 형성 계약을 수립하여 약물 관련 행동이 시도될 경우 치료에 도움이 되는 행동으로 대체하는 특수한 강화를 제공해야 한다.

(4) 행동 단계

행동 단계의 클라이언트 집단의 첫 번째 목표는 변화 의지를 강화시키고, 약물 사용을 변화하는 데 필요한 기술을 계발, 실행하여 점검하는 것이다. 배리(Barrie, 1991)는 집단 구성원들이 문제의 요인을 차악하고, 가능한 해결 방안을 브레인스토밍하여 최적이 대안을 선택 및 실천한 뒤 성과에 대해 평가하며, 성과를 향상시키는 데 필요한 일반적인 문제 해결 기술을 익혀야 한다고 주장했다. 이러한 문제 해결 접근법들은 일반적으로 인지행동치료의 일환으로서 모든 문제 영역에서 적용이 가능하다. 브레인스토밍 과정에서 집단 구성원들은 자신의 경험에 기초하여 문제 해결 방법을 제시하게 된다. 그러나 단지 대안을 논의하는 데 그치지 않고, 다른 참여자들과 역할극을 통해 서로 피드백을 교환하게 되며, 치료자는 지도 감독의 역할을 한다. 개인이 습득한 기술을 집단 세션 외부에서 실천하고자 할 때도 집단은 지지의 자원으로 기능할 수 있다. 일부 세션의 시작에서는 변화 행동에 있어 성공적이었던 시도와 그렇지 못했던 시도 두 가지를 함께 검토하는 시간이 별도로 마련되기도 한다. 그리하여 행동 변화에서 성공적인 결과를 획득한 구성원들은 그렇지 않은 타인에게 모델이 되어줄 수 있다.

행동 단계자 집단에서 치료자의 과업은 구성원의 변화 의지 강화시키기, 집단 활동을 통해 구성원의 문제에 대한 가능한 해결책을 발견하도록 원조하기, 선택권 전략을 수행할 때 구성원의 노력을 강화 시켜주기 등이 포함된다. 이에 더하여 치료자는 변화 전략을 수행하는 데 어려움을 겪는 클라이언트를 위해 그 앞에 놓인 장애물에 대해 집단 차원에서의 탐색이 가능하도록 안내해주어야 한다. 성공에 이르지 못한 클라이언트와의 상호작용에서는 비판이나 직면보다 지지와 공감, 그리고 적극적인 자세로 개인의 자기 효능감을 강화시키며, 향후 성공할 수 있을 것이라는 낙관적인 믿음을 심어주어야 한다.

(5) 유지 단계

유지 단계의 집단 구성원들은 변화의 성과 자체가 영속적이고 굳건하며, 상대적으로 습관화될 때까지 노력을 지속한다. 구성원들이 과거 알코올이나 약물 사용 패턴으로 되돌아가게 하는 유혹을 뿌리 치고 재발이 발생할 수 있는 상황에 대비하며, 이에 대처하는 대응 전략들을 마련하는 데 있어 성공적인 결과를 거둔 기간 역시 유지 단계에 해당한다. 그러므로 집단 구성원들은 여전히 문제해결 전략을 실행 중이며, 잠재적인 재발 상황에 대해 경계를 늦춰서는 안 된다. 이때 집단의 기능은 개인의 약물 사용 및 생활양식에 있어 변화에 대한 의지를 지속하도록 하고, 최근 이루어낸 치료적 성과를 유지하며, 재발과 관련된 '유인물'을 계속해 인식하면서 그간의 노력을 계속해서 지지해주는 것이다(Donovan, 1998).

유지 단계에서 집단의 초점은 알코올·약물 사용에 대한 변화로부터 보다 넓은 관점인 생활 양식상의 변화로 옮겨가는 것이다. 그러하므로 유지 단계에서 클라이언트 집단은 시간적 제약을 덜 받게 될 가능성이 높다.

(6) 재발

유지 단계의 주요 초점은 재발을 방지하는 기술을 숙련시키는 것이다. 그러나 다수의 클라이언트가 유지 단계에서 재발을 방지하는 기술을 숙련시키는 것이다. 그러나 다수의 클라이언트가 유지 단계에서 재발을 경험하여 알코올·약물사용으로 되돌아가기도 한다. 여기서 한 가지 목표는 성공적이었던 대처전략을 계속적으로 활용하도록 지지하고 강화시켜 재발을 예방하는 것이다. 유지 단계에서 지속적인 케어는 재발 발생 자체를 막기보다는 재발과 관련된 저해 요인을 최소화하는 데 더욱 효과적이다(Donovan, 1998).

유지 및 재발 단계에서 지속적인 케어가 중요한 이유는 재발이 회복하는 과정에서 보편적인 변화 과정의 한 요소일 수 있다는 점이기 때문이다. 예를 들어, 최종적으로는 성공을 거둔 사람들도 과거에 일시적인 좌절을 경험했거나 심지어는 유지 단계에 도달하기 전에도 수차례 변화 단계를 반복했을 수 있다. 그럼에도 불구하고 개인의 사기가 저하되어 사전숙고 단계로 되돌아가지 않고, 대신 과거에 유용하다고 판명되었던 숙고 및 행동 단계에서의 변화 전략들을 계속 사용할 경우 낙관적이라 하겠다.

이 단계에서 치료 집단은 여러 가지 중요한 역할을 하게 된다. 첫째, 집단은 취약성이 증가되어 특정 재발 위험성으로 힘들어하는 클라이언트를 대상으로 지지를 제공할 수 있다. 또한 집단은 구성원이 재발을 경험한 경우 지지의 재원으로 기능하게 된다. 재발을 경험한 다수가 자신에 대한 분노·당황함·우울·좌절감을 느끼며 스스로 실패자로 여기는 경향이 있다. 집단은 이들과 계속해서 과정을 진행하면서 원조를 아끼지 않을 것이다.

재발한 구성원이 집단에 긍정적인 애착을 가질수록 재발 이후 집단으로 되돌아올 가능성이 높다. 집단이 재발한 멤버에게 안정감과 원조를 제공했는지 여부 또한 중요한 요인이 될 것이다. 집단 성원들이 재발한 구성원을 지나치게 멸시하거나 직면시키려 들 경우, 결과적으로는 '별 도움이 안 되는 것'으로 인식하여 적대적이며 비지지적이란 느낌은 물론 죄책감까지 가중될 것이다. 그러한 환경에서는 재발하더라도 다시 집단으로 돌아가고 싶어 하지 않을 가능성이 높다. 그러므로 집단은 재발한 구성원을 다룰 때에 객관적이고 비판적이지 않은 태도와 지지적이면서 반영적인 자세, 공감적인 분위기를 형성해주어야 한다. 치료자는 특히 이 점을 유념하여 집단을 위한 모델이 되어주면서 이러한 분위기를 형성할 수 있도록 논의하는 환경을 마련해야 한다. 또한 이전에 재발한 적이 있는 구성원이 집단으로 돌아와 치료를 재개하고, 변화 의지를 재확인하며, 재발의 상황을 분석하여 유인물로 작용할 수 있는 요인들을 종결시켜야 한다. 그리고 사전에 문제에 대처하는 계획을 짜둠으로써 장래에 유사한 문제들을 해결하도록 하며, 변화 단계를 재개하여 다시 유지 단계를 성취하는 전반적인 과정을 통해 재발한 모든 이에게 희망과 낙관적인 시각을 제공해야 할 것이다.

5) 집단결단력 증진기법
집단 세팅에서 활용 가능한 결단력 증진 기법

앞서 진행된 논의에서는 변화 단계 모델을 토대로 하여 집단 치료의 목적과 목표에 대한 일반적인 개요를 제공했다. 배리(Barrie, 1991)는 집단에서 최우선시되는 목표 중 하나는 클라이언트의 변화 의지를 증대시키고, 견고화 과정을 거쳐 의지 강화를 유지하며, 문재 발생 시 대처하기 위한 새로운 기술을 학습 및 실천하여 재발 가능성을 줄이는 것이라고 한다. 이 목표에는 집단 구성원들이 자신의 약물 사용을 검토해봄으로써 약물 사용이 그들 자신과 타인에게 미치는 영향에 대한 인식 증진하기와 약물 사용에 있어 '지속'과 '변화' 가운데 비용-효과 간 상대적인 균형 조절하기가 포함된다. 이 과정에서는 '결단력 증진' 기법(Allsop & Saunders, 1991)이 유용하게 쓰일 수 있다.

결단력 증진 기법이란 개별 치료 접근에서 더욱 일반적으로 사용되었던 기법을 집단 치료에 맞게 적용한 것이다(Allsop & Saunders, 1991: Bosengren, Friese, Brennen, Donovan, & Sloan, 1996). 결단력 기법을 집단 세션에 실시할 경우, 집단을 소규모 인원으로 분할하여 일반적인 담화나 토론을 진행하거나 다음 세션의 토론 주제와 관련하여 세션 사이에 특정 목표를 완수하라는 과제를 부여하게 된다.

(1) 알코올 및 약물 사용의 장단점 분석하기
'알코올 및 야굴 사용의 장단점 분석법'(Allsop & Saunders, 1991: Saunders et al. 1991)은 스스로 알코올·약물 사용의 긍정적·부정적인 측면 또는 사용과 관련된 결과를 평가해보는 것이다. 손더스 외(Saunders et al, 1991)는 클라이언트의 관심을 쉽게 끌 수 있으면서 공감을 주는 접근법으로서 약물 사용의 이점에 대한 탐색부터 시작할 것을 제의했다. 클라이언트는 그의 알코올·약물 사용의 긍정적인 측면을 나열해봄으로써 부정적인 측면과 대조 분석할 수 있게 된다. 손더스 등은 또한 긍정적인 측면에 대한 검토를 통해 약물 사용이 개인의 통제를 넘어선 충동적인 행동이 아니라 명백히 이성적인 측면이 있음을 깨닫게 된다고 기술했다. 그 다음으로 개인은 부정적인 측면에 대해 열거하게 된다. 손더스 등은 '바람직하지 않은 점'이나 '마이너스 요인'에 대해 질문할 때는 더욱 '온화한 태도'로 직면적인 접근법은 피하는 것이 저항을 덜 불러일으킨다고 설명했다.

(2) 의사 결정 균형 기법
의사 결정 균형 기법은 재니스와 만(Janis and Mann, 1977)이 개발했는데, 이들은 '의사 결정'이란 모든 행동에 있어 긍정적인 측면으로 지각된 '장점'과 부정적인 측면으로 지각된 '단점' 양자의 경중을 따져보는 합리적인 과정으로 보았다.

이 기법을 통해 클라이언트는 약물 사용의 장점과 단점을 열거하여 얻은 정보를 활용할 수 있게 된다. 이는 또한 개인이 행동 변화나 치료의 장단점을 고찰하는 데도 유용하다. 개인이 지각하고 있는 장단점의 상대적인 수치나 강점은 개인의 현재 처한 '위치'를 파악하는 것과 비교될 수 있다. 장단점 간의 균형점은 개인이 위치한 단계에 따라 다양해진다(Prochaska, 1994; Prochaska et al., 1994). 즉, 사전숙고 단계에서는 약물 사용을 지속할수록 장점이 많고 행동 변화로 인한 부정적인 측면이 크게 부각되는 반면, 행동 및 유지 단계에서는 행동을 변화시킬수록 장점이 많고 약물 사용이 계속되는 데 따른 단점이 많은 것으로 나타난다.

(3) 뒤돌아보기 또는 앞을 내다보기

동기 강화 면접 접근법의 중요한 요소는 당사자가 경험하는 양가감정 수준을 높여줌으로써 개인의 사용 패턴을 변화시키는 것이다. 이를 위해서는 클라이언트로 하여금 현재 행동과 개인적인 목표와 확고한 가치관들 간의 차이점을 살펴보게 하는데, '뒤돌아보기, 앞을 내다보기' 기법은 그러한 차이점을 분석하는 데 사용 가능하다. 클라이언트는 약물 사용 문제가 나타난 이후 어떤 변화가 있었는지 비교해보게 된다. 클라이언트는 다음 4가지 질문에 응답하게 된다.

①모든 일이 순조롭게 풀렸던 때를 기억하십니까? 지금까지 무엇이 바뀌었습니까?
②알코올이나 약물을 과다 복용하기 이전의 자신의 모습은 어떠했습니까?
③10년 전과 오늘을 비교할 때 자신의 모습에 차이점은 무엇입니까?
④알코올·약물 사용은 자신이 변화하는 데 있어 어떤 장애가 되었습니까?

추가적으로 '앞을 내다보기' 기법에서는 변화된 미래를 생각해보고, 알코올·약물 사용을 그만두거나 절제한 뒤에는 어떻게 될지 상상하는 시간을 갖게 된다. 클라이언트는 다음 5개의 세부 질문에 대답하게 된다.

①당신의 미래 희망은 무엇입니까?
②당신은 어떻게 바뀌고 싶습니까?
③현재 삶에서 좌절감을 느낀다면, 어떻게 달라지길 원하십니까?

④현재 당신에게 주어진 선택 사항들은 무엇입니까?

⑤변화한다고 가정할 때 당신이 상상할 수 있는 가장 최선의 결과는 무엇입니까?

(4) 목표 탐색

유사한 기법인 '목표 탐색'은 삶에서 개인이 가장 중요하다고 느꼈던 것들을 생각해보는 것으로서, 하고 싶었던 일이나 가장 가치 있다고 여기는 것들은 무엇인지, 삶에서 했던 방향은 어디인지, 소중한 사람과의 관계 형태 같은 사항이 포함된다. 클라이언트는 다음 4개의 세부 질문이나 질의에 답하게 된다.

①당신에게 가장 중요한 가치관이나 목표(가장 가깝고 친숙한 것들)는 무엇입니까?

②가치관과 목표를 가장 중요한 것부터 덜 중요한 것 순으로 나열해보십시오

③당신에게 중요한 가치관과 목표와 반대되거나 장애가 되는 것은 무엇입니까?

④당신의 실제 행동과 타인에게 말할 때 또는 자신에게 말하는 것이 어떻게 다릅니까?(말과 행동에 차이가 있습니까?)

(5) 기적 질문

'기적 질문'은 약물 남용자를 위한 단기 개입으로 해결 중심 치료를 개발한 버그와 밀러(Berg and Miller, 1992)의 연구 논문에서 변용된 기법으로서, 개인의 현재 적응 기제와 미래 목표에 대한 관심에 초점을 두도록 하는 방법이다. 클라이언트에게는 다음과 같은 문구가 제시된다(Berg and Miller, p. 13).

당신이 오늘 밤 잠자는 사이에 기적이 일어났다고 합시다. 기적이 일어나서 오늘 이 자리에 오게 된 문제가 해결되었다고 합시다. 그러나 그 기적은 당신이 잠자는 사이에 일어났기 때문에 다음날 깨어났을 때까지 당신은 기적이 일어났다는 사실을 알지 못합니다. 당신이 아침에 눈을 떴을 때, 어떠한 변화가 당신으로 하여금 이 기적이 일어났음을 알게 해주겠습니까?

개인의 미래 상황을 보다 자세히 탐색할 수 있도록 다음과 같은 질문이 추가될 수 있다.

① 문제가 더 이상 존재하지 않을 때의 미래를 상상해보십시오. 그 상황은 당신에게 어떠한 것 같습니까?

② 당신의 삶은 어떻게 달라지겠습니까?

③ 누가 이 변화를 가장 먼저 목격하겠습니까?

④ 3번의 그 사람은 당신에게 어떤 말을 할까요?

⑤ 당신은 어떻게 반응하시겠습니까?

개인은 미래상에 따라 형성된 모든 내부의 정서적 반응까지 포함하여 지각된 변화를 되도록 생생하고 자세하게 묘사하도록 요구받게 된다. 버그와 밀러(Berg and Miller, 1992)에 따르면 이 질문에 대한 반응은 '기적 사진'을 이끌게 되는데, 이는 매우 상세하고 또한 잠재적으로 성취 가능한 목표라 할 수 있다. 이 기법은 목표를 설정하는 데에도 유용할 뿐만 아니라 개인에게 희망과 낙관적인 믿음을 심어주며, 자기 효능감 증대에도 효과적이다.

9. 외국 동남아 3국의 치료체계

홍콩, 말레이시아, 대만 모두 그들의 약물 문제는 헤로인을 위주로 하여 심각한 상황이어서 국가적으로도 강력한 정책과 함께 광범위한 치료 및 재활센터를 운영하고 있었으며 국제적인 공조체계를 형성하기 위하여 노력하고 있었다. 헤로인이 주요 무제 약물로 우리나라 치료 약물이 있어서 치료가 조금 용이한 면이 있었다. 그러나 치료에 대한 국가 방침은 조금 차이가 나서 홍콩과 말레이시아는 해독 시에 메사돈을 투약하는데 비해 말레이시아에서는 메사돈을 투약하지 않고 대신 냉 목욕만을 시켰다. 또한 해독 후에 홍콩과 대만은 환자의 선택에 의해 치료 방침을 가지고 있었는데 비해 말레이시아는 이슬람교의 영향을 받아 엄격한 치료 방침을 가지고 있었는데 그들은 무려 2~4년간을 가두어 놓고 집중적인 치료와 재활 프로그램을 운영하여 일부 비판도 있으며, 치료 결과도 생각보다 높지 않은 점도 있었다. 주로 국가(GO: Governmental Organization)가 90% 이상 정책, 관리, 치료 면에서 대처하고 있었고 약 10%가량 민간 시설 기관이 관여하고 있었다. 모든 환자에 대하여 컴퓨터 시스템을 통하여 데이터베이스를 구축하여 적극적으로 대처하고 있다.

(그림 7-3) 아시아 3국의 약물치료 프로그램(입원 및 재활치료 프로그램)

	강제적	자발적 외래 메사돈	자발적
말레이시아	one-stop 센터(2년) aftercare 센터(2년) 해독(2-4주) : cold-turkey 4단계 치료		TO
홍콩	유죄(경미) 판결 교정국 2-12달(5-6달) 3단계 남자 성인 여성 성인 여성청소년	보건국 해독, 유지 과정 22개소 (6478/일	SARDA 3주 해독 12-16주 남성, 여성
타이랜드		보건소 aftercare 1년	TC 해독 7-30일 aftercare

HIV Programme

GO   NGO

제3절 회복을 위한 자조 활동

1. 의존 과정의 체험과 자조 활동

약물의존에서 회복하는 데는 긴 시간을 요하는데 오랜 시간의 노력 끝에 심각한 의존증에서 벗어난 사람들도 많다. 하루의 일을 끝내고 자조그룹의 모임에 참가하는 회복자나 회복 도상에 있는 사람들도 있다. 의존증에 걸려 의존성 약물사용으로 인해 몸은 망가뜨리고, 퇴약 증후린 환각이나 망상 체험에 시달리며. 약물 섭취를 중단하려고 하지 못해 가정, 직장 등에서 고립되는 경험을 했던 사람들이다. 하지만 현재 그들은 만나 보면 마치 그 일이 거짓말처럼 아주 건강한 생활을 보내고 있는 것이다. 건강을 회복하기까지의 경과는 고생스럽고 편하지 않지만, 달성하지 못하는 것은 아니라는 사실을 그 사람들은 몸소 보여주고 있다.

약물 의존증의 자도활동에 대해 말할 때, 과거에는 거구에서 벌어지는 활동에 대한 소개가 중심을 이루었다. 하지만 지금은 일본에서도 이러한 활동이 뿌리내리게 되었다.

자조활동에서의 공통적인 기반은 의존성 약물에 의한 뇌 내 보수계의 활성화 등의 생물학적 변화를 포함한 의존에의 과정을 자신의 생활상의 여러 가지 문제와 관련하여 체험했다는 점에 있을 것이다. 체험했던 사람끼리는 공감이나 연대감이 생기기 쉽고, 약물을 그만두는 것의 어려움에 대해서도 연대를 통해 구체적인 정보를 교환할 수 있는 것이다.

2. 중독의존 치료와 자조활동

정신요법이나 약물 약물요법은 자조활동과 연대함으로써 보다 나은 성과를 거둘 수 있다. 이 점은 알코올 의존증자의 예후 조사의 결과에서도 지지되고 있다. 그 밖의 치료와의 관계에서는 약물요법이나 신체적 치료를 종료 후의 사회적 재활기에 재발 예방을 목적으로 한 자조그룹에의 참가가 권유되고 있다.

3. 자조 활동에서의 치유 요인

자조그룹에는 각각의 프로그램이 있는데 미팅이나 정례회도 그런 프로그램의 하나이다. 하지만 그 집단의 어떠한 면이 효과적이냐 하는 것에 대한 상세한 보고는 적다. 그것은 자조단체라는 점이나 익명을 원한다는 점 완성된 룰을 가지고 있다. 는 점에 따른 것일 것이다. 여기서는 알코올, 약물 의존증자의 미팅이나 정례회에서의 심리 메커니즘에 대한 보고를 몇 가지 살펴보기로 하겠다.

그룹의 심리적 상호작용은 치료에 어떻게 작용하고 있을까. 그룹이 지니고 있는 효과에 착안하여 집단요법의 실제를 살펴보기로 하자 Bloch 과 Reibstein은 집단요법에서 보이는 치료적 인자로서 다음의 10가지 인자(카타르시스, 자기개시, 대인행동에 의한 학습, 보편화, 수용, 타인에 대한 배려, 가이던스, 자기이해, 대리학습, 희망의 습득)를 들고 있다.

앞서 서술한 집단요법의 경우에는 보통 명확한 치료자가 존재하고, 그룹의 흐름에 따라 조작을 가하는 경우도 있다. 한편, 이 자조활동의 미팅에서 집단요법만큼의 조작성은 없다. 참가자들은 의존증에서 벗어나고 싶다는 공통의 목적을 가지고 일정의 룰을 가지는데, 집단요법과 단리, 각 참가자 자신이 이 룰을 지키는 것에 대해 적극적인 자세를 가지고 있다. 따라서 집단요법과 비교하면 자조그룹의 경우는 치료인자 중 가이던스의 효과는 생기기 어렵지만, 카타르시스, 자기개시 대인행동에 의한 학습, 보편화, 수용 등은 효과를 보이기 쉽다.

자조그룹은 환자의 예후를 봄에 있어서도 귀중한 정보를 제공해 준다. 예를 들면 MaCOWN은 자주그룹에서 다제 남용자의 회복(단약)과 행동성의 관계에 대해 추적하는 연구를 행하고 있는지 새로운 멤버의 충동성을 조사하여, 1년 후에 단약하고 있는지 어떤지에 대한 평가를 행한 결과, 그 사람의 충동성이 낮을수록 단약에 성공하고, 충동성이 높을수록 재발이 많다는 사실을 알았다고 한다.

4. 자조 활동의 현상

1) 알코올 중독의존자의 자조 활동

가) 단주회 (일본)

의존증의 자조활동을 역사적으로 보면 우선 단주 활동이 떠오른다. 그 역사는 오래되었으며 단주 관련 활동으로서 1873년에 외국 선원 금주회가 요코하마에 만들어졌다. 그리고 일찍이 1875년에는 일본인을 위한 금주회가 오쿠노 쇼오모오 등에 의해 요코하마에서 발족했다. 1886년에는 금주 운동단체에서 도쿄 부인교풍회가 발족했다. 그 후 전국각지에 금주회가 확산되어 1898년에는 이들 연합체로서 일본 금주동맹이 발족했다. 태평양전쟁 동안은 활동이 붕괴 상태가 되었지만 전 후 카타야마 테츠를 이사장으로 하여 활동을 재개했다. 1950년 일본 금주 동맹의 야마무로부호가 가을에 서술하는 미국의 AA를 참고로 하여 주해 (술에 의한 해)상담을 하러 온 사람을 대산으로 단주우회를 발족시켰다. 이것이 오늘날의 단주호의 시작이다.

1957년 단주 우회가 일본 금주 동맹과 관계를 끊는 경우가 있어, 이것을 계기로 일본 금주동맹과 관계를 유지하던 도쿄 단주 신생회와 단주우회로 분열했다. 한편 1958년에 코오치의 게시 타카마로는 (게시병원원장)는 일본 금주동맹의 고시오 칸지를 불러 주해(술에 의한 해) 강영회를 열렸는데, 강연회기 끝날 무렵 알코올 의존증자로서 회장에 있었던 마츠무라 하루시게로부터 단주회 설립에 제의되어, 2주일 후에 게시병원에 코오치현 단주신생회가 발족했다. 당시는 마츠무라와 하라 토시오 두 사람 뿐으로, 둘이서 각각 회장과 부회장을 맡고 있었는데, 이 두 사람은 후술하는 AA를 발족시킨 두 사람을 방불케 한다. 그 후 코오치현 단주신생회는 기관지"신문단주"를 발행하기도 하며 급속한 발전을 이루었다. 그리고 1963년에는 도쿄 단주신생회를 고치현 단주신생회가 합병하여 현재의 전일본 단주연맹이라는 전국조직이 탄생하게 되었다. 기관지지로서"전단연"이 있다.

그 밖에 회원 수는 전단연 보다 적지만 일본금주동맹, 단주우회도 있고 모든 알코올 의존증자, 가족, 관계자가 참석할 수 있다.

단주회가 발전했던 용인에 대해서, 아리카와 이하의 3가지 점을 들고 있다.

첫째 단주회의 모습이 기본적으로 좋은 의미에서 AA의 내용에 충실하면서 일본의 풍토에 적합한 형태로 수정되어 흡수되어 왔다는 점

둘째 고오치현 단주 신생회의 회장이며 초대 전단연 회장이었던 마치무라 하루시게의 알코올 의존증자로서의 정력적인 실천 활동이 있었다는 점

셋째 마츠무라 자신이 노력했던 의사와의 협력의 전통이 지켜져 왔다는 점이다. 단주회의 구체적인 활동으로는 다음과 같은 것이 있다. 우선 정례회가 각 지부에서 한 달에 몇 차례 이루어졌으며, 본인뿐 아니라 배우자나 가족의 출석이 장려되어 왔다. 가운데서 각자의 체험 발표를 중심으로 단주에 대한 맹세, 마음의 맹세, 가족의 맹세가 이루지기도 하고 단주 계속자의 표창이 이루어지기도 했다. 그곳에서는 타인의 체험담과 체험의 당사자를 만남으로써 자기와의 공동성에 마음을 열어 공감할 수 있을 뿐 아니라 다른 단주 계속자의 영향으로 희망과 단주 의욕이 높아진다.

그밖에 주해상담 기관지의 발행 부회 회의 활동, 관련 단체/기관의 협력, 봉사활동 등이 있다.

나) AA(Alcoholics Anonymous 익명 금주회)

일본의 알코올/약물 의존증의 자주 활동은 미국의 AA 모델의 역사와 이념을 배워 왔다.

그 역사적인 AA를 발족한 내용으로는 1935년 5월 미국 오하이오주 아크론에서 두 사람의 알코올 의존중자 빌(주식 중매인)과 밥(외과의사) 만나 서로가 단주를 위해 격려했다. 그리고 서로가 서로에게 발전시키고자 착수를 시작했다. 그리고 같은 6월10일에 AA가 창설되었던 것이다. 익명으로 했던 것은 알코올 의존증에 대한 사회적 편견을 배려했기 때문이다. AA의 특징은 자기의 음주 문제를 인정하고 반성하며, 폐를 끼친 사람들에게 보답하자는 결심에서 강요가 아닌 겸허한 마음으로 같은 고민을 갖고 있는 사람들에게 메시지를 전달해 가는 것이 있다. 또한 각 그룹은 자치적이며, 단주를 하고자 하는 사람은 누구든 참가할 수 있고, 직업적이 되기보다 철저히 봉사하고, 각 멤버는 대등하며, 익명을 지키는 것 등을 중요한 항목으로 들 수 있다.

일본에서는 1974년에 발족하여 약 200그룹이 활동을 하고 있다. 미팅이 교회나 병원 등에서 열리고 통상 알코올 의존증자 본인만의 클로즈드 형식을 취한다.

다) 알라논(AI-Anon)

이것은 알코올 의존증자의 가족과 친구의 모임이다. 일본에서는 1980년에 발족하여, 비공개 미팅이 열리고 있다.

라) 아라틴(Alaten)

이것은 친척 중에 알코올 의존증자를 둔 10대의 모임이다. 일본에서는 1980년에 발족하여 비공개 미팅이 열리고 있다.

마) ACOA(Adult Chidren of Alcoholics)

어린 시절 부모 또는 가까운 사람으로부터 알코올 의존증의 영향을 받았던 10세를 넘은 사람들의 모임이다. 일본에서는 1985년에 발족하여, 비공개 미팅이 열리고 있다.

5. 약물 의존증자의 자조활동

1) NA(Narcotic Anonymous)

익명의 약물의존증자의 모임으로 일본에서는 1980년에 발족했다. 통상 비공개 미팅이 개최되는데, 관계자도 참가할 수 있는 오픈의 경우도 있다. 이 모임은 미국에서 AA를 모체로 하여 탄생했던 경우가 있다는 점에서 회복을 위한 프로그램은 AA와 마찬가지이지만 약물 의존자용으로 수정되었다.

2) 나라논(Nar-Anon)

약물 의존증자의 가족과 친구의 모임으로, 일본에서는 1989년에 발족했다. 오픈으로 미팅이 개최된다.

3) 다르크(DARC) 약물중독재활센터

일본에는 총 94개의 다르크 시설이 운영되고 있다. 1985년 마약에 중독됐다 회복한 당사자인 "곤도 쓰네오"가 도쿄에 설치 이후 일본 전역에 했다. 2012년 일본 다르크와 협약을 맺은 서울 다르크 서울 문을 연 다음 경기, 인천, 김해 등에 잇따라 설립되었다. 주거 시설과 프로그램 활동이 한 공간에서 이뤄지던 한국의 경기 다르크 와 달리 일본의 다르크는 입소자들이 주거동간이 10km 떨어진 고교 시내 곳곳에 E로 마련됐다. 이런 중독자 회복을 자주공동체라고 하며, 프로그램에서 의존증의 회복 정도에 있어서 자조활동의 의의는 재활기에 가장 중요해지는 것이 아닐까, 이 때문에 서구에서는 약물 의존자의 재활이 폭넓게 이루어지고 있다. 그런데, 일본에서는 이런 면에서 늦다.

AA가 소개된 약 20년 후인 1975년에 알코올 의존 체험자인 선교사 잔 미니가 단신으로 알코올 의존증자의 홈을 사이타마현 오오미야에 개설했다가 1978년에는 이것을 폐쇄하여 도쿄도 아라카와구에 디 케어 미노와 맥을 개설했다. 이 무렵 알코올 의존증자의 회복을 위해 원조 활동을 하고 있었다. 그리고 로이 신부와 약물 의존증의 체험을 가지고 있었던 곤도 츠네오가 삿포로 맥을 개설하여 그 후 맥의 활동은 확산되어갔다.

그리고 맥의 활동 가운데서 약물 의존증자를 위한 원조 홈의 필요성을 통감했던 콘도는 1985년에 다르크 (Drug Rehabilitation Center 약물중독재활센터)를 개설했다.

다르크는 현재 도쿄도 아라카와구에 있는 도쿄 다르크 외에 전국 각지에 있는데, 여기서는 시너, 각성제, 브론, 수면제 등의 의존에서 벗어나려고 하는 사람들이 공동생활을 하고 있다. 입원 기간은 원칙적으로 3개월, 1일 3회의 미팅에 출석하는 것이 유일한 의무이다. 또한 이 시설을 나온 후의 참가하는 연대 자도그룹으로서는 진술한 NA가 있다. 다르크에서의 프로그램은 AA와NA의 프로그램을 기본으로 하여 작성되었다.

6. 자조 활동과 의료

의존증이 질병인 이상 자조활동과 의료와의 연대는 빼놓을 수 없다. 예를 들면 알코올 의존증 전문 클리닉에서의 경험을 통해 '일본학자 "고스기"는 전문 외래 프로그램을 제시하고 있다. 즉 자조 그룹에서 문 외래에 소개하는 것이 가능함은 물론, 환자와의 치료계약조건이 3가지 있는데, 원칙적으로 1개월에서 1개월 반 동안 매일 통원과 황주제를 병원에서 복용하는 것, 미팅에 출석하는 것, 자조그룹에 참가하는 것이 조건으로 자조그룹의 관련의 중요성을 인정하고 있다. 그리고 이러한 전문 외래가 성립하기 위한 조건으로서 단주회나 AA 등의 자조그룹이 지역에서 발전하고 있다는 점, 받침대로서의 성숙도가 높다는 점을 들고 있다. 이렇게 살펴보면 외래 의료의 경우에는 자조그룹에의 참가가 단주*단약을 계속하는데 아주 중요하다는 것을 알 수 있다.

*자조 활동의 향후 최근의 알코올/약물 의존증의 재활 활동이나 자조활동을 볼 때 큰 병화를 깨닫는다. 즉 약물의존 문제를 많이 가진 나라에서의 상황과 같은 경향이 아시아에서도 시작되고 있다는 것이다.

일본에서 근년의 사회문화적 동향이 서구화하고 있다고 하는데, 그 중에서 하나의 현상으로서 약물남용 문제가 있다. 시너, 본드 남용 문제로 거슬러 올라갈 필요도 없이 최근의 브론 남용들은 그 예이다. 약물 남용 문제는 널리 생각하면 사회적인 문제이지만, 의료 면에서의 대응이 요청되는 경우도 많다. 그리고 급성 중독, 신체 면에서의 대응이 요청되는 경우도 많다. 그리고 급성 중독 신체 면에서의 장애에 대한 치료는 가능해도 약물에 대한 정신의존 치료에는 어려움이 많이 따른다. 그러한 가운데 이 영역에서의 자조 활동의 의의는 알코올 자조 그룹의 활동 시작으로 약물의존 자조그룹 활동으로 바야흐로 크게 전개되고 있다고 할 수 있다.

이러한 활동의 전개는 의존중 체험자와 이를 지탱해 온 사람들의 헌신적인 실천 활동의 축적에 따른다. 그리고 향후 이러한 활동이 이용되기 쉬운 토양으로서 지역 차원의 정신보건 전반의 성숙이 기대된다.

7. 국내 약물중독 치료기관 몇 회복/재활 소개

1) 국내 지정병원 치료보호

보건복지부에서는 중독자 치료와 재범을 감소하기 위해 정부 지원금으로 치료보호제도를 활용하며, 1개월 이내의 관별 기간을 거쳐 12월 이내에서 비밀보장 하에 전액 국비로 입원 몇 치료를 받을 수 있다. 과거에는 치료보호 규정에 입원치료 절차만 있어서 외래치료가 이루어지지 않았으나 2014년 7월부터 외래치료 절차도 시행되어서 입원치료 뿐만 아니라 외래치료도 무료로 받을 수 있다. 검찰이 치료보호조건부 기소유예 적용 여부를 판단하여 치료 보호 기관에 입원 몇 외래 치료를 의뢰하는 경우나 약물 투약자나 보호자가 지정병원에 치료보호를 신청하면 판별검사를 실시 후 치료보호 지정병원에서 전액 국비로 치료를 받을 수 있다. 현재

국공립 의료기관 (그림7-4)과 민간 의료기관 포함 30개(내331개 병동)소를 치료보호 지정병원으로 운영하고 있다.

24년 12월 1일 중독자 치료를 위해 보건복지부는 권역 치료보호기관은 마약류 중독자 치료(입원, 통원) 기능을 강화하고 치료 접근성을 높이기 위해 지역 마약류 중독자 치료의 중심 역할을 할 수 있는 기관으로 기존에 지정된 치료보호기관(그림7-1) (9개 권역, 30개소)을 대상으로 하여 권역 치료보호기관을 공모한 결과 8개 권역에서 12개소가 신청하고 3개소는 환경 개선을 신청하였다, 이번 국가정책으로 향상되면서 예산 증액과 치료보호 기관 지원에 노력하였다.

(그림 7-4) 2024년 전국 지정 병원 현황

지역	구분	병원명	지정병상 수 (개)	대표번호
서울	은평구	서울특별시 은평병원	25	02-300-8114
	광진구	* 국립정신건강센터	2	02-2204-0114
부산	연제구	부산의료원	2	051-507-3000
	사상구	부산시립정신병원	8	051-310-7710
대구	서구	대구의료원	2	053-560-7575
	동구	* 대동병원	25	053-663-1008
인천	동구	인천광역시의료원	2	032-580-6000
	서구	* 인천참사랑병원	50	032-571-9111
광주	광산구	광주시립정신병원	5	062-949-5200
대전	중구	* 참다남병원	4	042-222-0122
	서구	마인드병원	2	042-528-6550
울산	남구	마더스병원	10	052-270-7000
경기	부천시	더블유진병원	1	032-321-1433
	수원시	아주편한병원	2	031-269-5665
	의정부시	* 경기도의료원의정부병원	5	031-828-5000
	용인시	용인정신병원	10	031-288-0114
		새로문경기도립정신병원	2	031-330-6200
	의왕시	계요병원	10	031-455-3333
	이천시	이천소망병원	5	031-637-7400
강원	춘천시	국립춘천병원	10	033-260-3000
충북	청주시	청주의료원	2	043-279-0114
충남	공주시	국립공주병원	2	041-850-5700
전북	익산시	* 원광대학교병원	2	1577-3773
	김제시	신세계병원	32	063-545-8700
	완주군	전라북도마음사랑병원	4	063-240-2100
전남	나주시	국립나주병원	10	061-330-4114
경북	포항시	포항의료원	3	054-247-0551
경남	창녕군	* 국립부곡병원	90	055-536-6440
	양산시	양산병원	2	055-379-0202
제주	제주시	* 연강참병원	2	064-759-9641
합계		30개 의료기관	331	-

*권역 치료보호기관

참조 : (출처, 구글.경인굿뉴스)

2) 교육이수 조건부 기소유예

정부는 마약류 투약사범의 사회복귀와 재범을 방지하기 위한 사법-치료-재활 연계모델을 실시하고 있다. 기소 유예자에 대한 정신건강의학 전문가를 통해 중독 수준을 평가하고 그에 따라 맞춤형 치료`재활을 진행한다. 한국마약퇴치운동본부에서 시행하는 40시간의 단약 프로그램에 참여하는 조건으로 검찰에서 기소를 유예하는 제도이다.

또한 선도조건부 기소유예란 사건의 죄질 몇 범정을 살펴 재범가능성이 희박하다고 여기지는 18세 미만의 소년범에 대해 범죄예방위원의 선도를 조건으로 기소를 유예하는 제도로 귀주처가 있는 선도유예소년과 접촉을 갖고 상담, 지도 등을 통해 소년의 반사회성 교정하고 지식과 기술을 습득 실시하며, 정서를 순화하여 선도유예소년의 재범을 예방하고 나아가 국가사회에 기여하는 건전한 사회인으로 복귀시키고자 하는 제도로 40시간의 단약교육과 6개월간 보호관찰을 받으면서 치료를 받는 조건으로 검찰에서 기소를 유예한다.

3) 수강명령과 치료명령

수강명령은 유죄가 인정된 습관 중독성 범죄자를 교도소 등에 구금하는 대신 자유로운 생활을 허용하면서 일정기간 보호관찰소 또는 보호관찰소 지정한 전문기관에서 교육을 받도록 명하는 제도로 준법정신 교취, 범죄의 해악성 자각, 심성개발과 자아확립, 사회적응력 배야 등의 효과가 있다. 이 제도는 1982년 영국에서 형사재판법에 의하여 비교적 비행성이 약한 21세기 미만의 범죄자에게 주말에 수강센터에 참석 강의를 받도록 한 것이 최초이다. 우리나라도 판결의 확정일 또는 처분의 결정일로부터 10일 내 조거지 관활 보호 관찰소에 본인이 신청한다. 기간은 형법, 소년법, 가정폭력법, 청소년 성보호법 각 형벌에 따라 수강명령시간이 다르다. 마약류는 40-80시간 단약교육을 받아야 한다.

차료명령은 형사 공판에서 선고유예나 집행유예와 함께 선고할 뿐이며 별도로 사건번호는 붙지 않는다. 대상자는 형법 제10조 형이 감형되는 심신장애, 알코올 중독자 상대로 법무부장관은 치료명령을 받은 사람의 치료기관을 지정하며, 치료명령은 검사지휘를 받아 보호관찰관이 집행한다.

4) 치료감호 와 단약자조집단

치료감호제도는 마약류 중독자에게 치료가 필요한 경우에 검사의 청구에 의하여 판사가 치료감호를 선고할 수 있다. 치료감호가 선고되면 충남 공주시 소재 법무부 치료감호소(국립법무병원)에서 최대 2년까지 여러 가지 치료 프로그램에 의해 치료 받는다. 단약자조집단으로는 국내에서 2004년 공식적으로 단약자조집단이 창설되었으며, 다음과 같은 모임을 운영하고 있다. 압구정, 당산동, 남양주, 인천, 부산NA 있으나 정부와 지방자치단체에서는 적극적 활성화에 지원정책이 필요하다.

5) 보호관찰

보호관찰이란 범죄인을 구금하는 대신 일정한 의무 조건으로 자유로운 사회생활을 허락하면서 국가공무원인 보호관찰관이 직접 또는 민간자원 봉사자인 범죄예방위원회의 협조를 받아 지도 감독 원호를 하거나, 사회봉사 수강명령을 집행함으로써 성행을 교정하여 건전한 사회복귀를 촉진하고 재범을 방지하는 선진형 형사제도이다. 이제도의 역사는 1896년 미국 메사츄세츠 주에서 입법화 된 이후 영국, 스웨덴, 일본, 독일, 대부분 선진국 국가에서 실시하고 있으며, 교도소 등 수용시설에 수용 시 예상되는 범죄오염과 가정 학교 등 사회와의 단절을 방지하고 전문적인 지도 감독을 통해 효과적인 재범방지는 물론, 사회 각계각층 범죄자 처우에 함께 참여함으로써 공동체 의식을 강화하면서도, 수용처우에 따르는 국가예산 절감의 효과를 가져올 수 있다.

6) 다르크 마약 중독 재활센터

다르크란 (DARC, Drug Adiction Rehabilitation Center) diranf 중독자가 직접 운영하는 치료재활 센터이다. 일본 도쿄에서 1985년도에 처음으로 운영된 이래로 현재 일본 전역에 95개의 센터가 운영되고 있다. 현재 한국 다르크의 경우에는 성인 남성 약물 사용자를 대상으로 함께 거주하면서 낮 시간 단약 프로그램을 통해 단약교육, 직업재활, 사회복귀를 지원하고 있다.

제8장

약물중독자 발생의
문제와 대책

제8장 약물 중독자 발생의 문제와 대책

제1절 약물중독자 사범 발생의 문제점과 대책

1. 확산되는 약물 (마약류)

우리나라 마약류 확산실태에 대한 분석은 2019년 16,044명에서 2023년 27,611명으로 확산, 급속 도록 3만 명 이상으로 실태를 볼 수 있다. 우선 공급자가 다양화 현상으로 전환되는 것을 볼 수 있으며, 특히 과거에는 중국, 미국 등 에서 대다수 마약류가 공급되었으나, 최근에는 태국, 중국, 베트남, 미국, 캐나다 등 53개 국가에서 국제우편, 특송화물, 항공휴대, 해양 경로와 품목, 경향 등이 다변화될 것으로 보인다. 이렇게 국내에 반입한 마약류를 사용하는 사용자들의 현상은 위해성에 대한 잘못된 인식, 국제화 개방으로 외국인, 국내유학생, 청소년 10대 (2015, 128명) ~ 20대(1,305명) 대학생, 외국의 근로자, 투약전과자의 재범자, 공급과 매매 등 북한탈북민 등이 중독되거나 호기심, 우연히, 친구 권유, 피곤해서, 색스하기 위해서 등의 이유로 사용자 증가 확산되었고, 공급 및 밀반입 과정에서 과거에는 인편을 이용소지, 버스화물, 기차화물, 배달방법으로 유통하였으나 최근의 밀반입, 공급, 판매과정은 인터넷, SNS와 메신저, 블로그, 텔레그램, 다크웹 등으로 특히 수사망을 피하기 위해 텔레그램이나 위챗, 통화를 분석 못하도록 텔레그램 사용이 증가하는 등 애플리케이션 변종 신종마약류 등을 공급자와 사용자에게 쉽게 연락 통해 과거와 다른 방법으로 마약류를 판매하고 있다. 그리고 과거 현금거래, 대포통장 사용하다가 최근에는 가상 화폐인 '비트코인'으로 거래하고 있으며, 밀반입에서도 국제우편, 특송화물, 외에 수립화물, 선원 등 위장인편 등으로 지속적으로 공항과 항만을 통해 밀반입되고 있다. 외국인 학원 강사, 근로자 들이 국내활동으로 자국의 마약류를 밀반입하여 판매 사실이 지속적 드러나고 있다. 2019년부터2023년까지 외국인사범이 1,529명이 2023년도에는 3,151명으로 증가되는 실태로 그 에 따른 중독정신범죄 사범은1만 명의비례에 의하여10만 명으로 추정하고 있다(보건복지포럼,2013,P,37).

2. 투약자, 기생지역 및 관련 단체

마약류 투약자의 내적의 접근에는 투약자 자신에 대한 문제와 갈등에 대하여 사회적, 개인적. 집단에서 문제에 직면하면 직접 스스로 해결보다는 다른 방법을 통해 정서적인 긴장, 불안, 우울, 권태, 외로움, 등의 상황에서 회피하려 할 때 마약류가 하나의 좋은 도피수단이 된다. 이를 도피하기 위해서 지속적, 반복적, 상습적으로 사용할 경우 목적은 실현되지 않고 중독자로 전환되는 것이다. 그리고 자아기능의 취약성으로 어린 시절의 빈곤, 낮은 사회계층, 우범지역의 생활 등을 노출과 이탈을 위하여 마약류에 접근하고 이들은 심리치료, 음악치료, 스포츠를 통해 치유하여야 한다. 그 이에도 생물학전인 치료와 유전적 치료의 문제점도 도출되었다. 그리고 외적인 마약류 범죄 접근으로는 지역별로 사범 검거사례를 보면, 2015년 한해 서울지역에서 6,271명, 경기 지역에서 6,678명, 인천지역에서 1,791명, 부산지역에서 1,951명, 대구, 대전, 경남, 광주 신흥지역으로는 볼 수 있으며,(대검 마약류백서,2023,P,158) 이러한 모든 지역에서 총 11,916명의 한해 검거 인원으로 이러한 검거지역에는 인구의 집중과 외국인 거주, 기업, 유흥가, 외국클럽, 지하경제와 시장경제가 활성화 지역, 소비와 낭비 과대하게 지출지역으로 추정할 수 있으며, 그런 장소의 지역에서 마약류 사범의 증가 실태를 보면 마약류에 접근하기 용이한 지역으로 볼 수 있다. 특히 서울지역에서는 강북지역의 마포, 서대구청 관할로 신촌에 대학가, 유흥업소, 클럽, 노래방, 식당가, 숙박업소, 극장, 오락실 등에서 청소년, 대학생, 직장인 등이 주로 야간에 활동은 지역과, 용산구 관할지역으로 이태원 미군, 외국인 밀집지역, 강남, 서초구 관할지역에는 청소년, 직장인 등 활동하고 있는 한국의 초생달 지역에, 대상업소 관련자의 실질적인 국가 차원에서 마약류 사범 예방차원으로 교육, 홍보, 관리관독 등이 전무하고, 지역단체도, 시군구 관심도 부족,(한국마약퇴치운동본부 및 지방지부) 보건소, NGO 단체 등이 미비한 차원에서 예방활동으로 확산되는 마약류사범 예방차단에 현실적으로 부족함에 따라, 마약류 중독정신사범은 지속적으로 증가 할 수 있다고 생각되며, 유흥업소, 음식점 등에는 정기적인 위생교육과 자생 단체 등은 활동 및 관할 군·구청과의 협력체제가 이루고 있는데, 마약류 관계만은 없다는 것 이 문제점이다.

3. 정신사범, 의료기관(취급자), 관리자(보관) 및 법 관련

국내 마약류의 사범의 유형을 보면 투약자가(향정) 60%이상 나타나고 있으나 투약자에 대한 사전적 국가, 지방자치단체, 민간단체, 언론 등에서 예방 차원의 정책은 미비하며, 형식적이며 단편적으로 대처에 문제점이 있으며, 특히 단순 투약자에 대한 검찰의 기소유예 제도 또한 미비하고, 치료기관 정부 지원 부족으로, 현실적 치료가 어려운 실정이다. 그리고 마약류 범죄의 전과자, 재범자에 대한 정부차원에서 재활과 치료 또한 심각하게 부족 실태이며, 마약류 중독자의 환청, 환후, 환시, 환촉, 환미 등이 발생으로 인하 묻지마 살인, 강도, 방화, 성폭력 등이 지속적으로 발생 되고 있어, 정부와 수사기관에서는 효율적인 수사를 위한 수사 인원 부족으로 대처가 미비하고, 교육기관에서 형식적으로 비전문가 활용 형식적인 교육을 실시하고 있는 실정이다. 외국의 사례 보면 유치원부터 성인까지 지속적인 전문가를 통해 예방교육에 전념하고 있는 실정이다. 그리고 국내에 마약류 범죄사범은 연 2만 명원으로 기준하면, 37~40%의 재범자가 발생하고 있는데 교도소, 구치소에서 전문가가 없는 공무원의 형식적 교육으로만 치료, 예방 교육 차원의 성과는 없는 것으로 볼 수 있다. 이러한 현상으로 마약류 범죄 투약자 사범에 대한 사전적 예방차단의 정책은 현실적 심각한 문제점으로 도출되고 있다. 그리고 국가 의료기관, 개인의료기관(병원, 의원)에서 의약품 관리가 부실하여 마약류 사범으로 전달될 수 있는 위험이 도출되고 있다. 실태에서 보듯이 지난 5년 동안 병원의 마약류 의약품 도난 109건, 분실이 34건 총143건에 넘게 발생되고 있는 것을 알 수 있다. 그리고 의원, 병원에서 취급기준을 위반해 행정처분을 받을 병원. 의원도 지난 1000여 곳에 달한다. 병의원 종사자의 경우 마음만 먹으면 언제든지 마약류를 손에 쥘 수 있는 환경에 노출 되고 있는 실정이다. 사례를 보면 지난 6월 의료용 마약을 훔쳐 소지하다가 적발된 한 성형외과 종사는 2개월 후인 8월 두 차례 연속 의료용 마약을 훔쳐 투약하다, 동료의 신고로 적발된 사례가 있으며, 심지어 이 종사자는 마약류를 훔치기 위해 병원에 위장 취업까지 한 사례도 있다. 또한 병원의 의료용 마약류관리 부실해 2011년부터 2016년 6월까지 행정처분을 받은 병원, 의원은 모두 958개소 적발된 건은 모두 1,038건으로 나타나 마약류 관리와 유통에 문제점이 발생되고 있다(데일리메디, 2016,9,21). 그리고 마약류 관련 법률에 대한 문제점으로 유해화학물질 관리법 43조1항2항은 예방보다는 처벌목적으로, 정신보 건법 시설에 대하여 장인들의 시설의 설립, 임의조항 형식에 불가하고, 장애인복지 법에서는 정신적장애에 정신분열증인 물질적 장애가 없다. 청소년보호법에서는 위 반자처벌만 규정하고 있으며 보호, 치료 규정이 없으며 약물남용의 청소년의 치료, 재활을 위한 대책이 미약하다. 국민건강증진법, 포괄적인 목적과 약물중독자의 치 료 및 재활체계가 수립되어 있지 않고, 광고 금지에서도 구체적으로 명시하지 않 았다. 도로교통법에 필수적으로 단속 시 검사하지 않고 있다. 이런 문제를 개선하 여 사전예방이 시행 되어야 한다. 그러므로 국가적 문제의 환각정신범죄 사범들이 각종 범죄에 부추기는 뇌관 되기도 하면서 분노의 범죄를 만들고 있다.

4. 예방의 홍보 미미

우리나라는 앞에서 원인을 보듯이 마약류 범죄 사범에 대한 국가, 지방자치단체 적극적인 홍보 실태를 보았다. 범죄예방에 역효과 현상도 있지만, 홍보에 의한 마 약류 범죄 차단을 어느 정도 효율성 있다고 보면서, 우리나라는 마약류관련 세계 와 국내 동향에 대하여 유일한 대검찰청 마약류 범죄백서 외 경찰청백서 검거와 관세청 인천공항 밀수동향, 국가정보원의 국제범죄 등에서는 검거 동향 중심으로 홍보사례와 학문적, 실태에 대하여 관련기관 등에 배부하는 실태이다. 최근 윤석열 정부에서 관심도가 높아 홍보와 치료 정책 등이 상승하고 있으나, 그 이외는 예방 광고 보고 듣고는 56% 정도의 미비한 실태이다. 일본의 사례를 보면 홍보와 치료 정책을 국가 차원에서 관심도 많으나 우리나라 경우 담배와 알코올에 비하면 마약 류에 대한 홍보는 검거·방법 등 외에는 유해성에 대하여 홍보가 다행히 정부 차원 에서 활발히 진행되고 있다. 그러나 마약류 범죄 발생 원인에 분석한 사례를 보면, 일반 국민 1,000명을 대상으로 한 약물중독예방사업 설문조사 결과 캠페인을 방송 매체(TV·라디오), 언론매체, 현수막 등 홍보물에서 듣거나 본 비율은 42.6%였으며, 57.4%에 예방캠페인을 접한 적이 없다는 통계를 볼 수 있다. 국내에서는 민간단 체인 한국마약퇴치운동본부· 지부, 서울 신문사 주관 걷기대회 이외는 찾아볼 수 없는 실태이다. 앞에서 말하듯이 예방캠페인을 접한 사람 중 62.2%는 방송매체

(TV.라디오), 23.7%는 인터넷,2.2%는 신문·잡지 등 문자매체, 6.3%는 보건 복지 관련(보건소. 복지관 등)의 포스터·팜플렛, 2.6%는 의료기관의 포스터·팜플렛을 통해 듣거나 본적이 있다고 대답하였다. 이렇듯 국가와 자치단체에는 마약류 중독자 및 유해성에 대하여 홍보 부제가 나타나는 것을 보면서 예방 차원에서의 한 부분의 문제점으로 생각된다.

5. 중독자 교육, 상담 및 재활 치료

국내 마약류 관련 유치원, 초·중고와 대학 등에서는 학교 교육과 관련 교육기관의 교육정책은 제대로 못하고 있는 실정이다. 형식적인 교육과 교육기관, 학교 등에서 불편하게 생각하는, 대다수 학교와 교육기관이다. 봉사활동으로 마약예방 교육을 제공하려고 해도 시간이 없다는 등 불편함을 자행하고 있으며, 국가, 지방자치단체에서도 관심도가 부족한 실태이다. 또한 법 규정에서도 처벌규정만 있으며, 교육, 재활, 상담 관련 법 규정은 미미하고 처벌이 경미한 실정이다. 이러한 형태가 국내 신종마약류 확산과 중독자 사범 확산이 예상되는 현상이다. 일부 중·고등학교에서는 비전문가 활용 예방교육을 실시하고 있는데 전문성 결여로 실효성을 얻지 못하고 있는 문제점이 발생되고 있다. 그리고 치료에 대한 문제점에 대하여 우리나라는 재범에 대한 치료제도가 예산 부족 등으로 미미하게 시행하고 있는 실정이다. 우선적으로 중독자 사범으로 진행하는 재범자 발생을 보면, 2019년 5,710명 ~ 2023년까지 5년간 9,058명으로 전체 32.8%에 달하고 있다. 이러한 발생에 대하여 보건복지부가 마약류중독자의 치료보호사업을 2014년부터 시행하고 있으나 치료보호기관로 지정된 전국 21개에서 2025년에는 31개로 지정 333병실을 확보, 의료기관 가운데 5개 국립 의료기관의 실적이 매우 저조한 것으로 나타났다. 5개 국립의료기관 중 국립정신건강센터(서울), 국립춘천병원, 국립공주법무병원, 국립나주병원, 등 4개 기관은 지난해 치료 실적이 미미하며 그나마 실적이 있는 국립부곡병원도 90개 병상을 가지고 있음에도 치료 실적이 2023년 현재 93명에 그쳤다. 강남을지병원은 민간병원으로 2개 지정병상 밖에 없음에도 83명을 치료하는 것과는 대비되는 수치이다.

제2절 약물 중독자 발생에 대한 예방책

1. 약물(마약류) 밀반입 및 관련법 개선

약물 밀반입에 대하여 최근의 동향을 분석에 따르며 텔레그램, 다크웹, 인터넷·SNS, 국제우편, 특송화물과 같이 다양한 경로를 통해 확산되고 있는 마약류 범죄의 접근에 일반인들이 용이한 점을 이용, 유통되고 있는 실태에 관련, 유통 단계에서부터 관세청, 인천공항, 항만 단속기관의 마약류 유입 및 불법거래 차단에 대하여 특송화물, 휴대품 등에 대하여 통관검사를 강화 하여야 하며, 인천공항, 항만에서는 전체 특송화물에 대해 체계적인 검사가 이루어 져야하며, 그리고 국제우편. 휴대물품에 대한 검사 강화를 위해 국제선이 취항하는 공항·항만 등에 배치한 '마약탐지조'운영을 보다 내실화하고, 마약탐지기와 탐지견, 장비확충 밀수 경로별 조사체계를 개선하여야 하고, 마약류 관련 정보(우범자, 적발사례, 마약범죄 동향)를 체계적으로 관리하기 위한 미약정보포털 시스템을 구축해 현장 마약수사관과의 정보 공유 등을 통해 사범 단속의 효과성을 높여나갈 계획을 수립하여야 한다. 또한 수사기법을 특별교육을 실시하고 해외 직구로 밀반입되는 마약류를 집중단속하고 통제배달 등 특수수사기법을 활용해 끝까지 검거 엄중 처벌해야 하며, 그리고 인터넷을 이용한 마약류 거래 집중단속 등을 위해 전국 14개 지역에 경찰 몇 해양경찰, 검찰 마약수사 합동단속반을 최초로 편성해 인터넷·SNS 이용 마약류 판매 사범, MZ세대, 청년 등에 대한 마약류 공급 사범, 외국인 마약류 유통단속과 클럽, 유흥가, 외국인 기생지역 등 집단사용 가능성이 있는 장소 기획수사 등 강력한 수사 활동을 실시하여야 한다. 또한 마약류 불법거래를 24시간 감시하는 '자동검색 프로그램(E-로봇)'을 구축해 2025년 전반기 마약 판매 광고 등을 빠짐없이 모니터링 하며, 불법 사이트가 발견되면 이를 즉각 차단, 폐쇄 조치하는 등 인터넷·SNS를 이용한 마약류 범죄사범에 대해 철저히 단속을 실시한다. 그리고 마약류 관리에 관한 법률에 대하여 인터넷을 통해 마약류 광고행위나 제조방법을 공유·제공행위 등도 처벌이 가능하도록 마약류 법으로 개정을 하여야 한다. 그리고 마약류 유사한 효과를 지닌 신종마약류 유통을 신속하게 차단하기 위해 신종마약류 물질의 분석 평과방법을 개선하여 임시마약류를 지정에 소요되는 시간을 최대한 단축을 하여야 한다. 사용단계에서는 신종마약류와 의료용 마약류 적극적으로 감독 관리하여야 하고, 사후관리 관계에서 중독자 연평균 38% 발생되는 재범자 최소화 정책과 재판, 재활 치료 공조체제를 확립하고, 마약류관련법규정에 대하여 현 실현과 적용할 수 있게 개정, 제정하여 중독자 정신장애자에 대한 법적 혜택을 정부로부터 받을 수 있어야 한다.

2. 국가. 지방자치단체 및 민간단체 예방책

국가기관에서 국무총리산하에 중독정신범죄 예방정책과를 개설하여 국내에서 발생되는 모든 약물 중독자 사범에 대하여 총괄 지휘, 사전차단, 예방 재활 상담 치료 등을 통해 감독하면서, 지방자치단체, 관련 부처에 실질적인 통괄이 필요하다. 관련 부처에서는 지방자치단체, NGO단체, 학술단체 등 적극적인 지원과 예방에 효율적인 방향을 제시하면서 적극적으로 관심을 가지고 실행하여야 한다, 그에 따라 지방자치단체 등에서는 기생지역 현장 중심으로 예방활동을 실시하여야 한다. 일부 구청에서는 상인들의 소득에 관심으로 외부, 노상 등에서 음주. 음악 등 소란 행위를 자행하도록 지원 사례도 있으며, 지역 주민들의 생각도 없이 선거의 표를 얻기 위한 정책을 자행하고 있다. 실적인 중독자 사범 발생에 대해 현장 중심이 중요하다. 관할 군·구청에서 업소 상대로 정기적인 교육과 종업원 상대로 철저한 교육이 필요하다. NGO 약물, 퇴치, 예방 등 민간단체에서는 마약류 접근 대상자 상대로 보건 건강과 마약류 사용에 따른 위해성에 대하여 교육과 상담 등 적극적으로 대처하면서, 정부, 지방자체단체 상대로 예산을 청구할 수 있는 현실 요구가 되어야 한다. 또한 단속관련 기관에서도 적극 홍보를 강화하여 마약류 범죄의 폐해에 대한 대국민 경각심을 높이고, 경찰, 검찰, 식품의약품안전처, 국민안전처, 국가정보원 및 세계관세기구 아태지역정보센터 와 공조를 강화해 글로벌 3.0 협업체계를 구축하여야 하며, 정기적 (분기별) 기생지역에 대하여 철저한 순찰과 암행단속 등으로 활동하며, 풍속담당 지원 상대 대상 업소, 종사자 관련자를 사전 소집하여 교육, 공급, 판매, 투약자에 대하여 신고체제를 갖추고 있다면 기초단계서 예방

할 수 있다고 생각되며, 또한 정부는 우선적으로 예산확대 지급과 자치단체, NGO 등이 적극적인 공조체제로 활동한다면, 절대적인 1만 명 이상의 마약류 확산과 정신범죄사범에 대하여 예방 할 수 있다는 것으로, 통계 및 사용자의 심리, 수사기관의 공조, 관련자료 통해 알 수 있다.

3. 의료기관 및 취급자 와 약국 판매자 개선 방안

　최근 의료기관과 약국에서 MZ세대, 청소년들이 진통제(펜타닐패치), 식욕억제제(펜터민), ADHD치료제(메틸페니데이트) 등을 여기저기 처방에 가지고 약국에서 대량으로 구매 투약 사용 확산에 따른 정부와 시민단체 등 심각하게 우려한 사실 있다. 청소년들의 중독으로 미래에 국가 발전과 연관될 수 있는 현상으로 강력범죄 등 발생할 수 있는 견해로 생각된다. 그럼 간단히 역사를 설명하면서, 국내에서 제조한 필로폰, 마약, 대마 등은 역사적으로 해방 후 국내에서 사용하였으나 2016년부터 외국산 마약류 신종 마약 등으로 확산되면서, 의료용 수면제인 프로포폴 미다졸람 ,로라제팜 ,페티딘, 모르핀, 펜타닐, 로라제팜 등 사고마약류의 종류이며, 약국, 의원, 도매업자, 수출입업자, 제조업자 동물병원에서 종사자들이 관리 불실로 2023년 12월까지 3,884건 매년 전체 95% 의료용 마약류가 도난과 분실 발생되고 있는 사실을 분석을 통해 보았다. 이에 따라 식품의약품안전처에서 발생방지를 위해 협의체를 운영하고 있다. 현행법상 의료용으로 처방하는 마약성 진통제나 마취제는 이중 잠금장치가 설치된 철제 금고에 보관하고 재고량과 사용자의 인적사항을 기록하도록 돼 있다. 그리고 병·의원 의료용 마약류 취급기준 위반사례도 심각한 정도로 지속적 증가추세이다. 내용으로 보면 관리대장 미 작성, 재고량 불일치, 저장시설 점검 부실, 허기변경사항 미신고 등으로 얼마든지 마약류가 유출, 허위기재 등으로 사용하는데 용이함으로, 병원·의원 최고 책임자는 법 규정에 의하여 취급관리 감독하고, 또한 취급자도 병원에서는 약사 자격증 소지가, 의원에서는 의사가 관리하게 되었는데, 형식에 의하지 말고 이를 철저히 관리 관독을 위해 책임 있는 관리자 선정, 지정하여 매주 사용자 등을 확인, 최고 책임자에게 보고하고, 일일 사용사항에 대해 당직 최고 책임자에게 보고하여야 한다. 그리고 식품의약품안전처에서는 일회성 교육정책을 시행하지 말고 실질적으로 의료용 마약류 취급자,

제조업자, 도매업자, 소매상, 원료물질 취급자를 분기별로 소집 철저한 교육과 홍보 등을 실시하고, 지방식품의약품안청 소속 중앙수사단에서는 취급자에 대해 분기별 지역별로 지정, 철저한 사용자 확인과 의료보험공단과 공조 마약류 사용 환자에 대한 인적사항 파악 확인 불사용에 대하여 확인하여야 한다. 그리고 보건 수사 관련 기관에서는 지속적인 합동 정밀감시와 의료용 마약류의 제조와 수출입 유통, 보관, 투약, 폐기 등 취급 전 과정에 대한 상시 모니터링(마약류 통합관리 시스템) 체계를 강화하며, 불법유통 및 과다처방을 방지하고 제약사, 병원, 약국 등 마약류 취급자 전체 대상으로 취급내역 보고를 의무화함으로써 관리체계를 강하며, 또한 의료용 도난과 분실에 대하여 책임자를 강하게 처벌하여야 미래의 강력한 마약류 중독자 사범을 사전에 차단할 수 있다.

4. 중독투약자 및 기생지역의 개선 방안

약물 상습 투약자는 모델링과 현실의 도피를 위한 방법으로 가족과 친구, 교도소 동료, 사회인 유명한 인사 등과 친밀한 관계가 있는 대상자들과 대화를 통해 투약한 동기와 원인 등을 상담을 통해 치유할 수 있는 방향을 스스로 찾아야 한다. 특히 재범들 경우 교도소 내에서 철저한 교육학습과 석방 후 재활기관 등을 스스로, 가족과 친한 교우, 여인. 지인들과의 상담을 통해 치유 목적으로 접근 시도하여야 한다. 또한 투약자 자신과 가족 등과의 등산, 스포츠, 여행, 신앙, 문화생활, 취업 등으로 자신에 대한 중독의 심리를 이탈하도록 노력에 우선적이다. 그리고 가족 친지, 친구들이 건전한 생활과 대우 해주며 성격을 치료하고 교육과, 사회생활을 지원할 수 있어야 한다. 복지차원에서 단순 투약자는 생물학적 원인을 도피하기 위하여 중독복지원 설립 허가하여, 재범과 상습투약에 접근을 방지하여야 하며, 유전적 원인을 도피책으로 단주, 단약모임, 중독자의 치료세미나 등에 접근도 필요하다. 그리고 국가 차원에서 적극적인 투약자 개인에 대한 보안과 사회적응 능력을 키워 주는 역할을 중독자 학습단체 및 자원봉사단체 등을 통해 마약류에 접근을 방지 하여야 한다. 이에 따라 전 국민들은 마약류 중독자들에 대한 이해와 사회 속에서 같이 영위 할 수 있도록 긍정적 대처가 필요하다. 그리고 투약자를 예방하기 위해서는 투약 할 수 있는 지역에서 국가와 지방자치단체, 예방정책과 학습장 관련 단체에서는 사전적 예방교육이 필요하다. 우리나라의 마약류 투약자 지역 순으로는 서울, 수원, 인천, 부산, 대구 등의 투약자 기생지역(유흥가, 청소년 밀집 클럽, 대상 업소, 외국인 집단지역, 대학가 대중음식점, 노래방 등) 유흥업주, 대학가 주변 업주, 외국인 집단지역 자치단체, 종사자, 풍속관련 단속기관 등에서 정기적, 분기별 소집 마약류의 확산과 유해성, 경제발전 저해, 환각정신 강력범죄의 발생, 대한 전문가를 통해 집중적으로 강제적 교육 실시가 필요하다. 또한 업소 등 자치단체에서는 자율적으로 마약류 확산과 유행성에 대하여 종업원 상대로 실질적인 교육을 실시 할 경우 우리나라는 절대적으로 마약류 정신사범은 증가 할 수 없다.

환각 정신질환 사범에 대하여 범죄 위험군으로 정부에서는 국민 정신건강차원에서 전문병원 확충과 동네 내과나 가정의학과에서 마약류 환각정신사범에 대한 1차 진단과 상담 서비스를 받을 수 있도록 조치가 필요하며, 또 정신과외래 진료 시 환자 본인 부담률을 현재 30~60에서 20%로 낮추고 청소년, 상습투약자, 재범자 등 사용자 위험군 상대로 심리 상담과 종합검사 등을 받을 수 있도록 해야 한다. 그에 따라 다시금 마약류에 의한 범죄가 발생하지 않도록 국립병원, 동네내과와 가정학과 등에서 실질적인 상담과 진료를 하여야 하고, 정부와 지방자치단체에서는 우선적으로 예산지원 하여야 하고 민간단체 및 자원봉사 단체에는 가족처럼 포용하고 내면을 단련시키는 밑거름을 제공하는 문화가 조성되어야 하며, 직업교육과 약물치료교육, 생활태도 개선 프로그램 등이 수행하고 정신사범에 대한 형사처벌 외에, 지속적 관리하는 의료관찰관제를 시행하면서 수사기관과 지방자치단체, 보건기관의 공조체제유지 적극적 지원정책이 필요하다. 그리고 중독자를 위한 범정부 협의체 구성 등 '원인맞춤형 예방대책'을 세워야 한다.

5. 홍보와 효율적인 교육

금연과 도박에 관련 국가정책에서는 어느 정도 시행하고 있다고 생각되나 심각한 마약류 오남용 상습 정신중독자 사범에 대하여 언론 등 홍보가 부족하다. 언론의 홍보는 검거에 따른 범행 기법만 사실 홍보하고 있다고 볼 수 있다. 그 에 따라 청소년들의 호기심에 의한 마약류 범죄 사범에 대한 국내의 사회적 현상이다. 그러므로 정부에서는 마약류의 위험성에 대한 사회적 경각심을 높이고 마약류 범죄 근절을 위해 UN이'세계마약퇴치의 날'로 정한 6.26일 법정 기념으로 지정하고 교육, 홍보사업 등을 실시하여야 한다. 그리고 이러한 홍보 예방 캠페인 정책을 국가와 지방자치단체는 법 규정을 통해 실시하여야 하며, 민간단체(한국마약퇴치운동본부, 약사회, 사회복지단체, 의사협회) 적극적 홍보와 예방캠페인, 봉사활동을 실시해야 하여야 하고, 교육기관에서는 실효성인 있는 전문가를 초빙하여 학생, 부모 등 교육을 실시하여야 한다. 또한 정기적인 학술세미나를 통해 마약류 유해성에 대하여 알리고, 청소년, 대학가 주변 업소소유자들을 상대로 정기적인 모임을 통해 마약류 접근에 방지와 투약자 발견 시 신고체제를 구축할 필요가 있다. 언론사, 인터넷 지상 방송사 등은 식생활에 광고(마약 김밥, 라면 등) 이에 유사한 상업 방송을 중지하고 국민의 예방관련 언론보도가 약물정신사범 예방 대책성에 중요한 역할이라고 필자는 생각된다. 그리고 국가와 자치단체에는 예산확보 지원하고, 마약류 예방, 재활, 치료 상담소를 대폭적으로 확대 실시하고 국가 차원에서 자격시험 거쳐 전문가를 양성 배치하여 한다. 또한 홍보 강화를 통해 마약류 투약자 특별자수기관 활성화하며, 식품의약품안전처, 경찰청, 검찰, 관세청 등 유관기관 및 언론사지방자치단체, 민간단체 등과 연계한 적극적인 홍보 활동과 방송, 신문, 홈페이지, 블로그, 전광판 시정소식지, 반상회, 간행물 등 다양한 홍보매체 활용하고, 중독자와 회복자 부모단체 상대로 치료센터와 병원, 동네의원, 가정학과 등을 통해 알선과 지원이 필요하며, 지역 종교단체 성직자와도 상호체제 유지 예방 및 치유 캠페인을 펼쳐야 한다.

6. 중독자 치료보호 및 교정 치료, 교육 강화

그리고 재활기관과 교도소, 병원 등 활성화 정책이 중요한 역할이라고 생각한다. 국내 마약류 중독자를 치료하는 제도로는 마약류 중독자에 대한 치료보호제도가 있다. 이는 마약 중독자에 대한 치료보호 규정에 근거한 제도이다. 치료보호제도는 현재 실시되고 있는 제도 중에서 다이버전 프로그램으로, 1976년 마약법 제50조와 1979년 향정신성의약품관리법 제31조에서 중독자의 강제수용과 치료를 규정하면서 처음 도입되었다. 내용으로 보면 마약류 중독자를 환자의 개념으로 접근하여 마약류에 대한 정신적, 신체적 의존성 극복과 재발 방지를 위한 치료적 수단을 통해 건전한 사회인으로 복귀할 수 있도록 지원하는 제도로서 종류는 첫째 기소유예제도와 검찰의뢰 치료 보호 둘째 중독자의 입원 치료 보호가 있으며, 31개 마약류 중독자 치료 보호시설 지정(5개 국립 의료기관)하여 운영하고 있으나 실적이 매우 저조한 실태이다. 5개의 국립 의료기관 중 국립정신건강센터(서울), 구립춘천병원, 공주법무병원, 국립나주병원 등 4개 기관은 지난해 치료 실적이 전무했으며, 그나마 실적이 있는 부곡국립병원도 200개 지정병상을 가지고 있음에도 치료 실적이 78명에 그쳤다. 민간병원인 강남을지병원은 2개 지정병상 밖에 없음에도 83명을 치료하는 것을 비교할 수 있다. 이러한 현상은 정부와 자치단체의 무관심, 중독자가 찾아오기만 기다리고 있는 정책, 그리고 검찰에서 기소유예 검찰의뢰 및 자의 입원 신청에 따른 절차에 어려움 등 홍보 부재를 간소화, 활성화하며 경찰과 검찰, 보건기관의 공조체제 확립 효율적으로 중독자 치료보호조치를 하여야 한다. 그리고 중독재활센터 및 상담을 한국마약퇴치운동본부에서 시행하고 있으나 정부의 예산 부족과 전문가 부족으로 큰 기대 효과는 없으나 유일한 국가지원 민간단체로, 홍보, 예방, 중독자 무료 또는 일정금액으로 운영되고 있다. 현 운영 실태를 보면, 12명의 내외를 20명으로 확대하고, 12개월 입소기간을 의사 및 상담을 통해 연장과, 단축 자유 치료가 필요하며, 단계별 프로그램을 개선하고, 중독재활센터 확장과 시설 등 예산확대 지급이 적극적 필요한 상태이다. 이를 정부에서는 적극적 대책을 마련하여야 하고, 단속기관의 최고기관인 대검찰청에서는 지속적인 치료·재활 정책 추진 및 내실화를 통해 마약류 투약자는 특정상 범법자이면서도 약물중독 환자라는 양면성이 있어 형사처벌 외에 교육 또는 치료보호 병행하여 실시하고 전국 검찰청에 단순투약자, 청소년 마약사범에 대하여 치료보호 조건부 기소유예 및 교육이수 조건부 기소유예 적극 활용토록 하여야 하고, 보건복지부에서는 마약류중독자를 종래범죄자로 인식하여 격리위주의 형사 처벌정책에서 치료해야 할 중독환자로 인식 전환하여 치료·재활정책을 적극 추진하고, 마약류중독자의 치료보호사업을 외래 치료까지 확대실시 시행하여야 하고, 마약류 투약자를 대상으로 적극적인 치료·재활정책을 추진을 통해 재범률 감소 노력하고 단순투약자의 경우 재범방지를 위해 한국마약퇴치운동본부 중독재활센터에서 마약류 폐해 및 재범방비를 위한 체계적인 교육실시하며, 마약류중독자(정신병환자)를 집중 관리할 수 있는 국립부곡병원 등 치료보호기관을 관할 검찰청과 연계하여 활용 대처하야야 한다.

그리고 교도소 교정시설 안에서 재소자들은 수감기간동안 제한된 사회적 역할을 가지게 된다. 수감되기 이전에는 한 가정의 가장으로, 직장의 직원으로 지역사회 시민으로서 역할을 해왔지만 오랜 시간 사회와 격리되면서 재소자 역할만을 담당할 때가 많다. 이러한 환경에서 출소 후 경제적으로 어려움이 봉착하는 경우가 많은데 출소자의 숙식해결, 취업, 경제적 자립부족, 등 원활하게 사회적응을 해나가지 못하고 다시금 마약에 접근한다. 이러한 재소자를 위한 직업훈련 프로그램 확대실시, 현 54직종의 기술 분야를 확대(기능사, 산업기사, 기사,)하고 전문분야(사회복지사, 경비지도사, 각종 기능별 상담사)에서도 상대성이 있는 재소자 상대로 교육 실시 자격증 취득하도록 교도소 프로그램을 개선하여야 한다. 그리고 수료자와 출소자를 지속적으로 관리 운영해야 하며, 재활프로그램은 관계 중심적, 동기 강화적이어야 한다. 그리하여 참여자의 동기를 극대화 시켜줄 수 있는 프로그램이 효과적 재범을 막을 수 있다. 법적 강제치료의 효과성과 중독자 자발적 치료를 활성화 하여야 한다. 철저한 보안을 유지하면서 법무부, 검찰청 주관되어서 비밀 보장하는 가운데, 전문가를 통해 교육시키고, 단기치료프로그램과 장기프로그램의 연구가 필요하며, 중간처우시설의 확충하고 이에 정부에서는 예산 지원을 하여야 한다. 교도소내의 치료재활프로그램을 개선하여 운영하여야 하고, 교정처우 시설의 소 규모화(50명 내)와 운영상 개선이 필요하다. 또한 '재활에 성공한 마약류 수용자의 적극적 활용 해라'는, 현 치료·재활 상대로 성공한 수용자를 통해, 공감대 형성을 유지하도록 하여야 하며, 그 통해 재범의 예방대책을 실현할 수 있도록 철저한 대우도 필요하다. 이를 위해 예산지원 극대화와 보안직원과 처우직원의 원활한 업무협조 체제 유지하고 구치소의 교정처우 활성화로 구치소의 교육기능강화 또 장기적으로 수용자의 사회복귀와 수용관리에 큰 도움을 주어 교정기관의 기반을 확고히 할 수 있다.

1) 약물 중독자 처벌 법규

우리나라 법에서는 정신장애 혹은 정신 능력의 조문이 많이 문제되지만 각 법의 입법 취지와 의학 및 법학의 발전에 따라 정신적 능력을 획일적으로 성문화시킬 수 가없다. 마약 관련 법률들이 여기저기 규정하고 있어, 어느 정도 법률적 차원에서는 정신적 중독 장애에서 물질적 장애, 마약, 향정신성 등 물질을 오남용하여 내성과 의존에 필요한 정신의학적 감정이 요구될 수는 있다. 그리고 중독에 정신분열증의 물질적 장애로 기분장애, 신체적 장애, 성격장애 부분에 대하여 세분하게 규정된 것은 없다.

(1) 형법

우리나라는 형법 제10조(심신장애자)는 ①심신장애로 인하여 사물을 변별할 능력이 없거나 의사를 결정할 능력이 없는 자의 행위는 벌하지 아니한다. ②심신장애로 인하여 전항의 능력이 미약한 자의 행위는 형을 경감한다. ③위험의 발생을 예견하고 자의로 심신장애를 야기한자의 행위에는 제2항의 규정을 적용하지 아니한다. 라고 규정되어 있다. 그러나 사회보호법상, 금고이상의 형에 해당 재범 치료감호처분에 처한다. 관련(판례: 1991.5.28.91도636)정신분열증대한 살인죄 처벌 불허에, 심신상실 인정한 것으로 마약류 상습 중독자 처벌은 검사의 기소유예처분으로 병원치료가 효율적으로 생각된다.

(2) 화학물질관리법

톨루엔, 초산에틸 또는 메탈알코올과 동물질이 들어 있는 시너, 접착제, 풍선 류또는 도료, 부탄가스, 이산화질소 흡입섭취행위 등에 대하여 규정을 보면 제22조제1항 누구든지 흥분, 환각 또는 마취의 작용을 일으키는 화학물질로서 대통령령으로 정하는 물질을 섭취 또는 흡입하거나 이러한 목적으로 소지하여서는 아니 된다. 제2항 누구든지 환각물질을 섭취하거나 흡입하려는 자에게 그 사실을 알면서도 이를 판매하가나 제공하여서는 아니 된다.

사례: 최근에 인천`경기와 서울 광주 부산 등에서 20~30대 젊은 층 사이에서 유흥가, 대학가 주변 클럽, 가정집 등에서 아산화질소 기체를 풍선('해피벌룬')에 넣어 흡입사례 급속으로 확산됨에 따라 2017년 8월1일 화학관리법 시행령을 개정

하여 아산화질소를 환각 물질로 규정하고 본드 중 톨루엔성분이 들어 있는 본드 흡입 시 동일하게 처벌하게 된다. 이러한 화학물질을 청소년 대학생 등이 흡입할 경우 수십 초의 짧은 쾌락 뒤에 신체 마비 증상 등 평생 치료되지 않으며 후유증으로 사회생활을 영위할 수 없다. 이러한 흡입 사전예방 창원에서 정부와 지방지치단에서는 중소형 마트, 철물점, 페인트 가게, 문구점 등 대상 업소에서는 화학물질 판매 시 신분증 구매자 인적사항 기록하여 추후 확산에 대처하여야 한다.

(3) 정신보건법 및 장애인 복지법, 청소년 보호법

제3조 5호 정신요양시설이라 함은 이 법에 의하여 설치된 시설로서 정신의료기관에서 의뢰된 정신질환자와 만성정신질환자를 입소시켜 요양과 사회복귀촉진을 위한 훈련을 해하는 시설을 말한다. 그리고 장애인복지법 제2조 2호에서도 정신적 장애로 발달장애 또는 정신질환으로 발생한 장애를 말한다. 또한 청소년 보호법에서 제2조 4호 가. 마약류관리에 관한 법률의 규정에 의한 마약류와 제33조의 2 위반자 처벌 제50조 벌칙, 3년이하 징역 또는 2천만원 이하의 벌금에 처한다.

(4) 국민건강증진법 및 도로교통법

제1조 (목적) 이 법은 국민에게 건강에 대한 가치와 책임의식을 함양하도록 건강에 관한 바른 지식을 보급하고 스스로 건강생활을 실천할 수 있는 여건을 조성함으로써 국민의 건강을 증진함을 목적으로 한다. 또한 제7조 광고의 금지 등에서 1호의 주세법에 따른 주류의 광고 규정하고 있다. 제25조 기금사용에서 금연교육 및 광고, 질병의 예방, 검진, 관리 및 암의 치료를 위한 사업 ,구강, 사업에 사용한다. 도로교통법 제45조 자동차 운전자는 과로, 질병 또는 약물 마약, 대마 및 향정신성의약품과 그 밖에 안전행정부령이 정한 것을 말한다.

* 세계 10대 주요 마약류(최고의 위험성)

(1) 코로코딜 (Krokodil)

모르핀의 일종 '데소모모르핀'이라고 불리며 러시아에서 크게 유행하면서 널리 확산되었다. 헤로인 가격의3/1수준인 1g20파운드(35000원)다. 페인트 시너나 휘발유 등을 사용해 만들기 쉽고 강력한 효과가 특징이다. 복용하면 살이 썩는 증상이 종종 발견된다. 러시아에서는 이 약물에 중독된 사람이 100만 명이 넘는다.

(2) 훙가 (Whoonga)

훙가는 인간면역결핍바이러스를 치료하는 항레트로바이러스 치료제에서 나왔다. 훙가 감염률이 폭발적으로 증가하고 있는 남아프리카에서 널리 확산됐었다. 거대 제약사들이 남아공에서 적정가의 항레트로바이러스 치료약보다 훨씬 저렴한 훙가에 손대기 시작했다. 훙가를 복용하면 위궤양, 뇌출혈 등 부작용을 겪다가 결국 사망에 이르게 된다.

(3) 베스 솔트

미국, 영국은 젊은이들 사이에서 유행하고 있는 신종 마약이다. 목욕할 때 넣는 소금과 유사해 '배스솔트'라는 명칭이 붙었다. 주요 성분에 메페드론 등이다. 베스솔트의 부작용으로는 정신질환, 발작 증상 등이 있으며 체온이 올라가면서 심장마비에 걸릴 가능성이 커진다. 2012년 미국 마이애미에서 이를 복용한 남자가 인육을 먹는 사건이 발생하기도 했다.

(4) 프래카

동물 마취제로 쓰이는 펜시이클리딘(PCP)의 합성 약물 버전이다. 2012년 미국 플로리다 주에서 처음 등장 했다. 복용하는 순간 심장이 빠르게 뛰고 온몸이 흥분하는 환각 상태가 나타난다. 프래카를 복용하면 감정을 조절하는 뉴런을 건드리게 되면서 영구적인 정신적 질환이 나타나게 된다. 심부전증에 걸린 가능성도 크다.

(5) AH-7921

마약성 진통제의 일종으로 한때 인터넷에서 구할 수 있는 등 합법적인 약물이었다. 그러나 2015년 1월 영국에서 1급 위험 마약으로 지정됐다. 모르핀을 복용했을 때 나타나는 환각 증상과 유사하다. 호흡 정지와 괴사 현상이 나타난다.

(6) 크리스탈 메스

필로폰의 다른 표현이다. 메트암페타민, 메탐페타민, 크리스탈, 아이스 등으로 불린다. 세계에서 가장 위험한 마약으로 불린다. 1887년에 처음 만들어졌으며 2차 세계대전 때 널리 확산됐다. 카미카제 특공대원들에게도 피로회복이나 공포감을 없애기 위해 필로폰이 제공되기도 했다. 나치 지도자 히틀러도 생전 심각한 필로폰 중독자였다. 장기간 복용하면 혈관과 뇌에 손상으로 사망 할 수 있다.

(7) 크랙 코카인

기존의 코카인이 코로 흡입하는 성상이지만, 크랙 코카인은 태워서 흡입한다. 코로 흡입하는 경우에 비해 태워서 연기를 흡수하는 게 효과가 빠르기 때문이다. 흑인들 사이에서 널리 퍼졌다. 2011년 27세의 나이로 요절한 천재 가수 에이미 와인 하우스가 죽기 전날 밤 1200파운드(약207만원)의 크랙 코카인과 헤로인을 구입 했다는 주장이 나오기도 했다.

(8) 헤로인

1874년 처음 등장했으며 세계에서 가장 오래된 마약으로 불린다. 만성질환 등 치료하는 진통제로 처음 만들어졌다. 71년 불법 약물로 규정되었다. 강한 마취작용을 일으키기 때문에 사용을 멈추면 식욕부진, 신경쇠약, 구토, 불안 등의 부작용이 나타난다. 심할 경우 호흡곤란을 증상을 일으키고 사망에 이를 수 있다.

(9) 스코폴라인

보라체로라는 식물의 씨앗을 가공해서 만든다. '주정뱅이'라는 뜻의 보라체로는 백합과 비슷한 외양의 하얀 꽃을 피우는 식물로 약물의 독극성이 매우 심각하다. 에콰도르, 콜롬비아, 베네수엘라 등 남아메리카 지역에서 재배된다. 얼굴에 뿌리면 온몸의 모든 감각을 잃게 되고 기억을 잃게 된다. 1g로 20명을 죽일 수 있다는 연구도 있다. 나치가 이 약물로 포로 대상 실험을 했으며, CIA도 자백제 용도로 스코폴라민을 사용했다는 주장도 있다.

(10) 퍼플 그랭크

힙합가수 제이스, 빅모 등이 노래 가사에서 언급하면서 유명해졌다. 90년대 힙합문화의 유행과 함께 널리 확산 되었다. 소다, 감기약(코데인성분), 설탕 등을 희석해서 제조한다. 감가약 성분 때문에 이를 복용하면 머리가 흐리멍덩해지는 기분이 든다. 신체 기능이 저하되고 심장마비가 나타날 수도 있다. 코데인 성분은 대사과정에서 마약성으로 전환되기 때문에 어린이 감기약에 사용 금지되었다.

참 고 문 헌

1. 국내문헌

강은영.외명(2004).『약물남용 예방교육의 실태와 효율화 방안』. 한국형사정책연구원.

_____ 외명 (2004).『약물남용 실태 몇 의식에 관한 연구 』형사정책연구원

경찰청. (2015). 『마약류범죄 동향』

권도운 외다수.(2011).『 중독 재활 총론』서울: 학지사

국정원. (2006).『해외국제 범죄 동향』.

극립정신건강센터.(2024). 중독정신건강 심포지엄   서울:대한법정신학회

_____. (2005a).『해외국제 범죄 동향』.

_____. (2005b).『마약류용어 해설』.

김경석 외9명 (2015).중독의 이해와 치료 경기: 양서원

김대근 외3명. (2004).『마약과 약물』.서울: 북스힐.

김란종.(2017).『마약류중독에 의한 정신범죄사범 실태와 대책에 관한 연구』.

김성이.(2005).『약물중독론』.서울: 양서원.

_____(2013)『.중독치유복지』. 서울:양서원

김이영.외5명.(2013).『정신건강론』.서울: 양서원

김익수.(2004)『마약류남용의 실태분석 대응방안에 관한 연구.』성균관대학교 행정대
    학원. 석사논문.

김정숙.(2006).『약물이란 무엇인가』.서울:동문선

대검찰청. (2022).『마약류 범죄백서』.

_____ .(2023).『마약류범죄백서』

마약퇴치운동본부.(2015).『마약류중독자 관리제도 개선방안에 관한연구』

_____.(2004)『 약물상담`재활전문교육 』.서울

문희경 역(2001) 『인간발달과 목회적 돌범』 서울:이레서원

.박옥부. (2002)『.마약의존자의 마약에 관한 접근 및 의존과정에 관한 연구. 성균관
대학교. 석사논문.

박수현. 외1명(2008)『.약물, 행동, 그리고 현대사회.』.서울: 시그마프레스

박상규.외7명 (2009)『 중독의 이해와 상담 실제.』서울:학지사

복지포럼.(2013).『4대 중독 원인 및 중독 예방 정책』서울.

.식품의약품안전처. (2016).『 마약류과학정보연구회 워크숍』.

_____(2014).『마약류과학정보연구회워크숍』.2003-23.

_____(2005)『마약중독자 치료보호활성화 연구』국립서울병원

신태용. (2005).『약물오남용』.서울: 신일상사.

_____..(2014)『.약물중독』 서울:신일서적

오세관. (2005). 『약물의존과 치료』서울:신일상사

오희섭. (2004).『아편』.서울: 수막사.

원사덕. (2004).『약물과보건』.서울: 계축문화사.

원사덕. (2004).『『약물남용 예방론』.서울: 계축문화사.

유정규. (2004) 마약류남용이 사회에 미치는 영향에 관한 연구.』 광운 대학교 석사학위논문.

윤귀남 (1997).『 숨겨진 중독』 서울: 참미디어

윤흥희. (2004). 청소년 약물남용 원인실태와 예방대책에 관한 연구. 한성 대학교 국제대학원. 석사학위논문

윤예니.(2011)『. 약물중독.』 서울: NUN.

이창기.(2004).『마약이야기』.서울: 서울대출판부.

이철희.(2012). 『한국의마약류중독자 치료.재활정책』.부산: 레드업.

중독포럼.(2018)『. 한국사회는 탈중독사회 』서울:국회토론회

전우섭 (2007)『 중독과 치유』서울:크이스찬 치유영생원

신태용 .(2014)『.약물중독』 서울:신일서적

..........,(2004).『 약물오`남용』서울:신일상사

손매남.(2018)『. 뇌에 수면시계가 있다』. 경기: 앤트복

-----.(2016).『당 생물학적 뇌 치유상담』.서울: 한국상담개발원 출판부.

-----.(2015).『뇌 충동조절관련장애 치유상담』.서울: 한국상담개발원.

-----.(2014).『뇌 중독치유상담학』.서울:한국상담개발원 출판부.

이미나.(2005), 『설명 설명서』서울:뿌리와이피리

이해주.외2명.『청소년문제론』.서울: 한국방송통신대학교출판부.

임상열. (2004).『 히로뽕 역사와 범죄에 관한 연구.』광운대학교.

윤예니.(2011).『약물중독 』서울:NUN

조성권.외5명.(2007).『마약의 이해』.서울: 한성대학교 출판부

.조성남.외다수(2021)『.마약류 중독의 이해와 치료』 서울: 학지사

주왕기. (1997).『환각제 이야기』. 서울: 신일상사.

_____. (1996).『필로폰이야기』.강원: 강원대학교 출판부.

_____. (1988a).『마리화나 이야기』. 서울: 신일상사.

_____. (1988b).『헤로인 이야기』. 서울: 신일상사.

주왕기 외1명. (2003).『약물과 사회 그리고 인간 행동』.서울: 라이프사이언스.

주일경.(2009).『 약물재활복지 이론과 실제』. .서울:정법

_____.(2011).『 약물중독 재활연구』서울:홍영사

지영환. (2004).『마약류 중독에 의한 정신범죄 연구』. 광운대, 정보복지대학원 석
        사학위논문.

최은영. (2008)『.약물중독.』서울: 학지사

_____외(2005).청소년 비행 및 약물중독상담.』 서울: 학지사

한국국제마약학회. (2004).『마약연구』.서울: 한성대학교 출판부

한국마약퇴치운동본부.(2018) 세계마약퇴치의 날 심포지엄 자료집.

----------------.(2016.)『마약퇴치연구소 심포지엄』자료집.

--------------(2015).『마약류중독자 관리제도 개선방안에 관한연구』.

-------. (2014).『마약류정책 국제심포지엄』자료집.

한국사회복지협의회.(2024).『마약범죄 악순환 끊기위한 약물법정제도의 도입.』.
서울 : 자료집

한국중독정신의학회.(2009)『중독정신의학.』(주)엠엘커뮤니케이션

한국형사정책연구원.(2023)『 청소년 마약류범죄실태몇대응방안연구』.

한국학교폭력상담협회 (2015)『중독의 이해와 치료 .』서울: 양서원 —

─────────── (2015).『세미나』.자료집.

_____ (2017.)『 신종마약류범죄발생실태와 통제정책』. _____

_. (2006a).『마약류원료물질 관리실태와 효율적인 관리방안 』.

_____. (2006b)『의료용 마약류관리 법제도 개선방안』.

_____. (2005b.『마약류 수유억제 및 마약류사범 처우합리화』.

_____. (2004).『동북아시아 마약문제의 실태와 해결방안』.

_____. (2003).『마약중독자의 치료재활 효율화방안연구』

_____.(2003).『약물법정제도 도입 방안 연구』

케이세퍼드.김지선옮김. 2013. 『음식중독』.사이몬북스.

-마이크애덤스.김아림옮김. 2017. 『음식의 역습』.루아크.

-박용우. 2015. 『음식중독』.김영사.

-MBC스패셜제작팀. 2017. 『지방의 누명』.(주)DKJS.

-키마카길. 강경이 옮김.2016.『과식의 심리학』.루아크.

-에이드리언 레인.이윤호 옮김. 2015. 『폭력의 해부』.흐름출판.

-잭캘럼;버트벅슨;멜리사D스미스. 발행년.『탄수화물 중독증』.북라인.

-권이혁. 발행년.『인구보건 환경』.서울대학교출판부.

-안경란;이은주;이경희.『간호대학생의 음식중독 예측요인의 융합적 연구』.학한국융합학회논문

2. 언론지 몇 방송자료

『경향신문』. (2005). 마약확산 실태의 문제

『국민일보』. (2001).청소년 마약확산

『뉴스저널리즘 (2024)10대 청소년235% 증가

『중부일보 』 (2024).청소년 약물 교육체계화

『 헬스경향 』 (2024) 마약확산 자원봉사활성화 .

『동아일보』. (2006). 경찰이 마약사범에 감형장사. 1.7.

『데일리팜』. (2015). 약물중독 ,향정, 대마, 마약 순 지원 홍보강화.11.12.

『문화일보 』 (2024)마약사범 3중1명 20대 온라인비대면 스마트폰 사용

『메니파나』. (2016).국가차원의 실효성 있는 대책마련 필요.10.12.

『일요신문』. (2016).국내 마약류확산 실태

『연합뉴스』. (2016a).마약 공급선 차단'안전지대는 아니다'.9.18.

_____ (2016b).세계 최대 마약생산국 '아프간' 올해 아편 생산 43% 증가 전망 10.24.

『서울경제』. (2016). 당신의 정신건강.4.1,

『서울신문』. (2016a). 마약에 취한 대한민국.8.23.

『koreatimes. com』. (2016).부모 먼저 마리화나 대처 교육 받으세요.1.25.

『Yakup.com』. (2016).마약환각상태 강력범죄 작년보다 4배 증가.10.12

  YTN (2024).청소년 마약사범 급증 ,5,5

_____(2023). 중독치료시설 부족 9.6

『TV조선(2』023). 대한민국 마약위협, 4.15

『자성병원.(2024).약물중독치료후에도 다시찾게 되는 이유.12.19

『가야임팩트코리아』.(2025)약물중독이란.1.22

『해피데이.』(2024).약물중독증상 5가지.1.19

『대한보건협회』.(2025).12단계 치료공동체 회복과정

『브런치스토리』(2025).12단계 첫걸음

『네이버브로그.(』2020). 중독장애는 어떻게 치료할까.12.24

2. 국외문헌

〈 일 본 〉

警察庁、2016年、１４５頁。

警察庁、2016年、１４５頁。

 厚生労働省 홈페이지 政府全体における取り組み」参照

「麻薬及び向精神薬取締法及び薬事法の一部を改正する法律」平成25年

    (2013년法律第17号。

厚生労働省地方厚生局麻薬取締部 홈페이지 「情報收集」参照

    http://www.ncd.mhlw.go.jp/jyoho.html; 최종검색: 2017.10.26

 厚生労働省地方厚生局麻薬取締部 홈페이지 「麻薬犯罪捜査」参照

    http://www.ncd.mhlw.go.jp/sousa.html; 최종검색: 2017.10.26

小河原 一浩. (2001). 最近の 薬物情勢と對策.『警察學論集』第54卷 第5號. 立花書房.

畝本直美. (2001). 麻薬特例法違反事件の捜査たついて.『警察學論集』 第53卷 第5號

    立花書房.

山田好孝. (2001). 藥物濫用防止對策の.『警察學論集』第53卷 第5號. 立花書房.

〈 중 국 〉

趙秉志. (1997). 現代世界毒品犯罪及基懲治. 北京: 中國人民公安大學出版社.

顧慰蔣. 劉志民. (1997). 毒品豫防勻管制. 北京: 經濟科學出版社.

國家禁毒委員會辦公室. (1997). 禁毒法規和公約. 北京: 經濟科學出版社.

馬模貞. 錢白强. (1997). 中國百年禁毒壓程. 北京: 經濟科學出版社.

〈 영 · 미 〉

United Nations Office on Drugs and Crime, NEW PSYCHOACTIVE SUBSTANCES, (2013a), p.2. (http://www.unodc.org/documents/drugs/printmaterials2013/NPS_leaflet/WDC13_
NPS__leaflet_ENLORES.pdf, (2017.9.20.)
United Nations Office on Drugs and Crime, The Challenge of new psychoactive substances,(2013b, p.1.)
(httpa://www.unodc.org/documents/scientific/nps_2013_

Arnett, J. J. (2000). Emerging adulthood: A theory of development from the late teens through the twenties. American Psychologist, 55(5), 469-480.

Arnett, J. J. (2007). Emerging adulthood: What is it and what is it good for?
Child Development Perspectives, 1(2), 68-73.

Arnett, J. J. (2012). Adolescence and emerging adulthood, 5th Edition. London: Pearson.

Arnett, J. J. (2014). Emerging adulthood: The winding road from the late teens through the twenties, 2nd Edition. New York: Oxford University Press.

Arnett, J. J. (2015). The oxford handbook of emerging adulthood,

New York: Oxford University Press.

Beck, N. & Wong, J. S. (2022). A meta-analysis of the effects of wilderness therapyn delinquent behaviors among youth. *Criminal Justice and*

SMART.pdf;(2017.9.20.)

US D·E·A. (2006a). *Chemical Control Training Seminar.*

US D·E·A. (2006b). *International Asset Forfeiture Seminar.*

Ball, J. C. & Lau, M. P. (1996). The Chinese Narcotic Addict in the United States. *Social Forces.* 45.

BJS. (2003). *Federal Sentences in State Courts, 2000* NCJ.

_____.(2002). *Federal Law Enforcement Officers,* NCJ, August 2003.

_____.(2001). *Federal Criminal Case Processing,* NCJ, January 2003,

_____. (1998a). *Drug Use, Testing and Treatment in Jails.* NCJ 2003(series).

_____. (1998b). *Federal Criminal Case Processing.* NCJ, April .

U.S. Census Bureau. (2002). *National Crime Victimization Survey.*

BKA. (2002). *Rauschgiftjahesbencht 2001.* Bundesrepublik Deutschland.

Coles, R. et al., (1970). *Drugs and Youth: Medical, Legal, and Psychiartic* New York: Liveright.

Mixner, G. L. et al. (1970).「Patterns of drug use among college students」. *American Journal of Psychiatry,*

Nightingale, S. L.. (1977).「Treatment for Drug Abusers in the United States」. *Addictive Diseases.*

NJc, (2003). *2000 Annual Report on Drug Use Among Adult and Juvenile Arrestees.* Drug Abuse Monitoring Program(ADAM), April 2003.

UNDCP, *Annual Reports Questionnaire Data.* Various Government Reports of Regional Bodies, UN.DCP estimates.

United Nations International Drug Control Programme(UNDCP). (1996).

Supply of and Trafficking in Narcotic Drugs and Psychotropic Substances.

3. 인터넷 자료 홈페이지

스마프 SMARPP(スマープ) 소개 관련 홈페이지, http://seishin. kanagawa-pho.jp/treat2/depend_intro.html, 2023년 1월 10일 검색.
• 연합뉴스, "마약성 진통제 유통·판매한 10대 42명 검거... 학교서도 투약", https://www.yna.co.kr/view/AKR20210520059700052, 2021년 5월 20일, 2023년 1월 20일 최종검색.
• 일본 다르크 홈페이지, http://darc-ic.com, 2023년 2월 2일 검색.
• 일본 아파리 홈페이지, https://apari.or.jp, 2023년 2월 2일 검색.
• 한국일보, "일본 약물중독자 마음의 고향 '다르크'를 아시나요", https://www.hankookilbo.com/News/Read/201801240459701426, 2018년 1월 24일, 2023년 1월 20일 최종검색.
• Canadian Medical Association Journal(CMAJ) 홈페이지, "Management of opioid use disorders : a national clinical practice guideline", https://www.cmaj.ca/content/190/9/E247
• Edwards, L., Jamieson, S. K., Bowman, J., Chang, S., Newton, J., & Sullivan, E, (2022), A systematic review of post-release programs for women exiting prison with substance-use disorders: Assessing current programs and weighing the evidence. Health & Justice, 10, 1-32.
• Federal Criminal Defense Lawyers&Prison Consultants 홈페이지, "RDAP Program|Residential Drug Abuse Program", https://federalcriminaldefenseattorney.com/prison-life/residential-drug-abuse-rdap, 2023년 2월 2일 검색.
• Goro Koto, Masayoshi Tarui, Harue Kamioka, Kanna Hayashi, "Drug use, regulations and policy in Japan", IDPC, Japan Advocacy Network For Drug Policy, 2020.

구글 (google) 다음.

대검찰청(http://www.sppo.go.kr)

한국마약퇴치운동본부(http://www.drugfree.og.kr)

식품의약품안전처(http://kfda.go.kr)

UN 마약통제계획(UNDCP:http://undcp.org)

美 국가마약정책실(OCDCP:http://projectknow.com)

美 마약단속청(DEA:http://usdog.gov.dea)

美 마약남용방지협회(NIDA:http://nida.nih.gov)
호주 약물남용재단(http://www.yarra.vicnet.net.au)
알콜과 마약관련 정보(http://www.health.org)
약물정책연구센터(http://www.rand.org/centers)
마리화나 약물정보(http://www.calyx.com/~olsen)

▣ 저 자 윤흥희 ▣

· 서경대학교 법학과 (법학사)
· 한성대학교 국제대학원 마약학과(국제마약학석사)
· 한성대학교 행정대학원 사회복지학과(사회복지학석사)
· 한성대학교 대학원 행정학 박사(마약범죄연구)

전) 서울경찰청 수사부 마약수사대 팀장, 강력계장
　　고려대미래교육원약물중독재활최고위과정 교수

현) 남서울대국제대학원글로벌중독재활상담학과 교수
　　(남서대학교 대학원 중독재활상담학과 박사과정)
　　한국행정개혁학회 마약특별 정책위원회 위원장 *
　　한국마약중독복지학회 회장
　　해양경찰청마약범죄수사자문위원회 위원

▣ 추 천 조현섭 ▣

약물중독 예방과 치료

2025년 05월 20일 인쇄
2025년 05월 25일 발행

저 자 윤흥희
추 천 조현섭
발행인 김현호
발행처 법문북스
공급처 법률미디어

주소　서울 구로구 경인로 54길4(구로동 636-62)
전화　02)2636-2911~2,　팩스 02)2636-3012
홈페이지 www.lawb.co.kr

등록일자 1979년 8월 27일
등록번호 제5-22호

ISBN 979-11-94820-10-9 (93350)

정가 30,000원

▌역자와의 협약으로 인지는 생략합니다.
▌파본은 교환해 드립니다.
▌이 책의 내용을 무단으로 전재 또는 복제할 경우 저작권법 제136조에 의해 5년 이하의 징역 또는
　5,000만원 이하의 벌금에 처하거나 이를 병과할 수 있습니다.

이 도서의 국립중앙도서관 출판예정도서목록(CIP)은 서지정보유통지원시스템 홈페이지(http://seoji.nl.go.kr)와 국가
자료종합목록 구축시스템(http://kolis-net.nl.go.kr)에서 이용하실 수 있습니다.

홈페이지　www.lawb.co.kr
페이스북　www.facebook.com/bummun3011
인스타그램　www.instagram.com/bummun3011
네이버 블로그　blog.naver.com/bubmunk

법률서적 명리학서적 외국어서적 서예·한방서적 등

최고의 인터넷 서점으로

각종 명품서적만을 제공합니다

각종 명품서적과 신간서적도 보시고

법률·한방·서예 등 정보도

얻으실 수 있는

핵심법률서적 종합 사이트

www.lawb.co.kr

(모든 신간서적 특별공급)

facebook.com/bummun3011
instagram.com/bummun3011
blog.naver.com/bubmunk

대표전화 (02) 2636 – 2911